Lh 4
2149

LES ARMÉES DU NORD ET DE NORMANDIE

Relation anecdotique de la Campagne de 1870-71

PAR

GRENEST

Villers-Bretonneux
Ham
Pont-Noyelles
Bapaume — Vermand
Saint - Quentin

Hécourt — Formerie
Étrépagny
Bosc-le-Hard — Moulineaux
Bourgtheroulde
Saint - Romain

DESSINS DE

L. BOMBLED

CARTES ET PLANS

GARNIER Frères, Libraires-Éditeurs, 6, rue des Saints-Pères, PARIS

LES ARMÉES DU NORD

ET

DE NORMANDIE

GRENEST

LES ARMÉES DU NORD

ET

DE NORMANDIE

RELATION ANECDOTIQUE

DE LA

CAMPAGNE DE 1870-71

D'APRÈS DE NOMBREUX TÉMOIGNAGES ET DE NOUVEAUX DOCUMENTS

Villers-Bretonneux	Hécourt — Formerie
Ham	Étrépagny
Pont-Noyelles	Bosc-le-Hard — Moulineaux
Bapaume — Vermand	Bourgtheroulde
Saint-Quentin	Saint-Romain

DESSINS DE **L. BOMBLED**

CARTES ET PLANS

PARIS
GARNIER FRÈRES, LIBRAIRES-ÉDITEURS
6, RUE DES SAINTS-PÈRES, 6

1897

AVIS AU LECTEUR

> « J'ai cherché sous les bois profonds les tertres les plus oubliés et je me suis demandé : « Qui repose là ? » (Jules Claretie. — *Cinq ans après*).

Ceux de nos lecteurs qui connaissent nos précédents volumes sur les armées de province en 1870, sont familiers avec notre méthode de travail ; pour les autres, nous croyons devoir la rappeler ici en quelques mots.

Nous sommes parti de ce principe que les campagnes des armées de la défense nationale n'étaient point assez connues du grand public et qu'il y avait là quelque chose à faire, la notion exacte des efforts tentés par notre pays pour sauver son honneur et reculer jusqu'à la dernière limite l'heure de sa défaite, ne pouvant, en effet, qu'aviver nos espoirs, réconforter nos âmes et augmenter d'autant nos chances de victoire à venir.

C'est qu'il s'est dépensé là, en efforts demeurés

stériles parce que non coordonnés, une somme de patriotisme, de bravoure, de dévouement réellement considérable, on ne saurait trop le redire, et nous avons voulu pour notre part l'établir d'une façon indéniable, en groupant les nombreux témoignages que nous avons pu recueillir et qui nous ont semblé particulièrement dignes de foi.

Ces témoignages, au moins d'une manière générale, nous ne les interprétons pas ; nous les donnons tels quels, nous permettant seulement de les accompagner des éclaircissements que nous jugeons indispensables ou de les faire suivre, à l'occasion, de quelques commentaires, le tout sous la forme d'une simple causerie.

En d'autres termes, après avoir fait pour nos lecteurs la chasse aux documents, nous venons leur en placer le produit sous les yeux. Voilà, leur disons-nous, des souvenirs provenant de survivants dignes de confiance : ceci est tiré des mille et un volumes, brochures ou plaquettes publiés pendant ou immédiatement après la guerre ; ce sont ensuite des articles de journaux locaux, écrits sur place, à l'instant même de l'action et qui se peuvent contrôler souvent les uns par les autres ; enfin, voici les historiques des régiments ainsi que les rapports — inédits encore pour la plupart — que le ministre de la Guerre avait demandés, en 1871, à tous les chefs qui avaient commandé un corps de troupes pendant l'année terrible.

Or, comme ces matières, ayant cent origines diverses, sont forcément variées, et d'esprit et de forme, et qu'elles constituent le livre lui-même, le public est amené à les lire, ce qu'il ferait sans doute moins volontiers, si on les lui servait en façon de notes au bas des pages, d'appendice ou de pièces justificatives à la fin du volume.

En ce qui regarde les historiques, il est certain que ceux des corps qui ont pris part aux mêmes actions de guerre, offrent souvent des analogies qui se traduisent, pour le lecteur, en répétitions désagréables; mais c'est là un inconvénient auquel nous ne pouvons nous soustraire, notre désir étant, avant tout, de mettre sous les yeux du survivant de la guerre le récit des faits accomplis par *son* régiment, par ses vieux compagnons d'armes.

On pourra objecter encore que les auteurs de ces historiques n'ont pas manqué d'amplifier et d'embellir les choses à leur profit; cette faiblesse est si humaine! Cela est fort juste, en vérité; aussi, avons-nous laissé de côté, après examen et contrôle, tout ce qui nous a paru suspect en ce sens.

A ce propos, vous pourriez croire que la palme reviendrait ici aux historiques des corps de notre midi, où l'imagination si aisément s'allume. Eh! bien, non; elle appartient de droit au récit du chef d'un bataillon de bons gardes nationaux mobilisés bourguignons que nous ne désignerons pas autrement. Au cours de son rapport sur un petit combat qu'il a livré, avec son seul bataillon, à une reconnaissance allemande, ne nous dit-il pas, sans sourciller, que ses propres pertes ont été de 2 tués et 1 blessé, tandis que l'ennemi a eu « 250 morts et 3 à 400 blessés ! » — Mais revenons à nos affaires.

Dénué, comme ses aînés, de toute prétention à être de l'Histoire, ce volume se borne à présenter une suite de scènes militaires, de petits tableaux de guerre, destinés à raviver, comme nous venons de le dire, les souvenirs des combattants de 70 et à montrer, par le détail, aux générations qui poussent, ce que n'a même pas connu celle qui les a précédées, celle des contemporains de la guerre. Intéresser, tout en restant dans la vérité, dans l'exactitude des dates et des faits, est ce que nous avons cherché.

D'ailleurs, qu'on nous permette de le dire, la façon dont le public a accueilli nos précédents ouvrages nous a prouvé qu'il nous avait compris et que notre idée n'était dépourvue ni de justesse ni d'à-propos.

Nous avons tenu, comme par le passé, à nous rendre aux pays mêmes où se sont livrés les principaux combats, afin d'y interroger les témoins, de jour en jour plus rares, de ces faits dont le récit nous point encore, ainsi qu'au premier jour, après plus d'un quart de siècle.

Parmi les ouvrages imprimés, nous avons toujours donné la préférence à ceux qui émanent de spectateurs des événements et qui portent une date rapprochée de celle des faits.

Un jour, Théophraste Renaudot, le fondateur de la *Gazette de France*, le créateur, sous Louis XIII, de la presse périodique dans notre pays, s'adressa aux chefs qui « font eux-mêmes les exploits dont la vérité doit être connue » pour leur demander de lui faire connaître eux-mêmes ladite vérité. «... qu'ils sachent, disait-il, que la postérité saura bien distinguer la naïveté de ce qui s'écrira d'une action en la même semaine qu'elle aura été faite, d'avec les artifices dont le temps déguise ordinairement l'histoire. »

Quand il disait cela, maître Renaudot parlait d'or, et nous avons voulu, nous aussi, dans notre petite sphère, tenir le plus possible à l'écart lesdts artifices.

Un autre soin a été pour nous de mettre en lumière la belle conduite des humbles et des petits, obscurs citoyens ou modestes soldats dont ne saurait évidemment s'occuper un docte et grave historien.

Nous avons tenu, d'autre part, à étaler au grand jour les cruautés exercées contre des populations inoffensives par nos ennemis. A propos de ces cruautés, et afin qu'on ne taxe pas d'exagération les auteurs qui les ont relevées et dont on trouvera des extraits au cours de ce volume, nous rappellerons ceci : quand parut, en pleine guerre, la circulaire diplomatique de M. de Chaudordy, signalant au monde civilisé les procédés barbares employés par les Allemands, les journaux anglais posèrent la question de savoir si ce document officiel s'appuyait bien sur des faits rigoureusement exacts. C'est alors que le *Daily Telegraph* publia l'article suivant, intitulé *Guerre de bandits*, et dû à la plume d'un de ses correspondants qui avait suivi la campagne depuis son début.

« ... Comme je suis le seul des correspondants anglais qui ait eu l'occasion, pendant les jours de la guerre actuelle, de voir à l'œuvre les deux armées belligérantes, j'ai été officieusement examiné (interrogé) au sujet de la circulaire de M. de Chaudordy, quant à la conduite des Prussiens en France, et j'ai répondu ce que j'affirme ici, que, dans la circulaire dont je vous transmets une copie, la conduite des envahisseurs a été grandement atténuée.

« Ce n'est pas maintenant l'heure ni le lieu d'approfondir l'affaire et de publier les faits dont j'ai été témoin depuis la première défaite des Français près de Wœrth. La vérité est puissante et elle se fera jour. Je serais fâché d'impliquer tous les officiers prussiens dans le verdict que le monde civilisé prononcera contre les lâches traitements dont ils ont usé envers les villageois sans défense. Mais s'il y a une justice dans ce monde ou dans l'autre, les souffrances que les Français ont eu à subir par la main de leurs envahisseurs seront vengées un jour.

« Pour ce qui concerne la circulaire de M. de Chaudordy, si j'étais placé sous l'affirmation d'un serment, je dirais qu'en me référant à ce que j'ai vu en Alsace, en Lorraine, dans le département de l'Oise et partout où les Prussiens ont été, cette circulaire *n'est pas allée au delà*, elle est restée *en deçà de la vérité.* » (*Moniteur du Calvados*, 26 et 27 décembre 1870).

Voilà nos lecteurs avertis.

En fait, et nous le disons sans parti pris, les Allemands ont passé la limite des rigueurs autorisées par l'état de guerre entre nations civilisées. C'est ce que le maréchal de Mac-Mahon exprimait par ces mots, à Versailles, quand il refusait tout d'abord la main que lui tendait Manteuffel : « Il s'est passé dans cette guerre des choses qui n'auraient jamais dû se passer. » — Nous citons de mémoire. Ayant surpris, désarmé, ce noble pays de France, si sensible aux procédés courtois, si facile à prendre par le cœur, les hommes d'outre-Rhin l'ont accablé sans faire preuve une seule fois, pendant les six mois qu'a duré la guerre, de générosité à son égard.

Un mot encore. A ceux qui s'étonneraient de nous voir traiter les petits combats de partisans livrés en Normandie, avec autant de soin et en d'aussi grands détails que les batailles de l'Armée du Nord, nous rappellerons cet article de notre programme : faire connaître de notre mieux les traits de bravoure et de patriotisme de tous, petits ou grands, des soldats comme des généraux. Or, il y a autant de mérite à exposer sa vie pour son pays dans une escarmouche que dans une bataille rangée. Bien mieux, entre deux combattants, l'un soldat régulier, ayant qualité reconnue de belligérant, et l'autre franc-tireur, qui auront tenu tête à l'ennemi dans des conditions de bravoure semblables, c'est au second qu'ira d'abord notre admiration, car nous nous dirons : celui-là était à peu près sûr de n'obtenir aucun quartier, s'il venait à tomber entre les mains de nos ennemis.

Enfin, pour revenir sous une autre forme à l'idée que nous émettions en tête de cet avertissement au lecteur, nous sommes profondément pénétré de cette pensée qu'il sera toujours bon de parler à nos compatriotes, si l'on veut soutenir leur moral et leur faire envisager avec confiance la guerre future, d'un fait de leur histoire qui peut se résumer en ceci :

Le 9 octobre 1870, Gambetta, sorti de Paris en ballon, arrive à Tours pour prendre la direction de la défense en province.

A ce moment, des deux armées que nous avions au début de la campagne, l'une est depuis plus d'un mois prisonnière en Allemagne, c'est celle de Sedan ; l'autre, bloquée dans Metz, mange ses derniers vivres, sans que son général ait jamais fait une tentative sérieuse pour rompre le cercle qui l'enserre, l'affame et va l'acculer à une capitulation où il laissera son honneur.

Paris est de même étroitement bloqué par les Allemands.

Que reste-t-il donc à la Délégation de Tours pour prolonger la lutte?

Des engagés volontaires, des jeunes soldats de la classe de 1870, quelques troupes à prendre dans les dépôts, enfin des mobiles dénués de toute instruction militaire.

Et cependant on lutte ; on fait surgir de ces éléments hétérogènes et épars, jusque-là sans organisation, sans uniforme, sans fusils, sans canons, des régiments qui, pendant près de quatre mois encore, vont combattre pied à pied l'envahisseur et, s'ils ne nous sauvent pas dans le présent, nous donneront du moins le droit de compter sur un meilleur avenir, car ils auront porté haut, quoi qu'on dise, l'honneur et le bon renom de notre pays.

Voilà, lecteurs, ce que nous voulions vous dire, avant de commencer le récit anecdotique de la campagne des « Armées du Nord et de Normandie ».

A Crouy. — Réquisition allemande interrompue.

CHAPITRE PREMIER

Premiers épisodes.

Les Prussiens dans l'Oise. — Uhlans, vieilles connaissances. — Espionnage allemand, bonasserie française. — Le blond Glaser. — Escarmouche à Crouy. — Les braves de Liancourt. — Blottières, le maître-couvreur. — Duc de Liancourt. — Lieutenant Maillet. — 3ᵉ bataillon de la Marne. — A Rantigny. — Albaret, le maire énergique. — Le combat. — Prussiens en fuite. — A Clermont. — Rentrée triomphale. — Enthousiasme. — 10.000 paysans en armes. — Les femmes s'en mêlent. — A beau jour, triste lendemain. — Grande guerre et guérilla. — Un passage de Von der Goltz. — Alarme. — L'ennemi approche. — La rencontre. — Pillage, incendie et massacres. — A Beauvais. — Les corbeaux de l'arrière. — A Armentières. — Hussards d'Espeuilles et dragons prussiens. — Nouveaux massacres. — Dupré, le garde-barrière. — Français rappelez-vous !

En Picardie. — Les Uhlans. — A peine la capitulation de Sedan est-elle signée, à peine Napoléon III a-t-il rendu son épée au roi de Prusse, que les Allemands se mettent en marche sur Paris.

Ils tournent la place forte de Soissons ; on les signale le 13 septembre à Attichy et à Compiègne, le 14 à Crépy, le 15 à Senlis, le 16 à Pont-Sainte-Maxence ; puis c'est à Creil, à Chantilly...

Arrêtons-nous ici un instant, afin de faire toucher du doigt à nos lecteurs la façon dont les Allemands avaient exploité l'hospitalité si franche et si loyale qu'ils avaient trouvée chez nous avant la guerre, et comment ils l'avaient mise à profit pour nous espionner et nous trahir.

Parmi les 12 uhlans qui avaient pénétré, le pistolet au poing, dans Compiègne, le 13 septembre au soir, il s'en trouvait trois qui avaient habité, tout récemment encore, cette petite ville. « L'un d'eux était un ancien ouvrier de la brasserie Ancelle ; un autre avait tenu une baraque à la foire des Capucins, et, quant au troisième, il avait travaillé *à la construction du théâtre de l'Empereur* [1]. »

Un maitre espion. — L'exemple qui suit fera encore mieux mesurer le degré de confiance imbécile que nous mettions dans ces Allemands, même quand leurs manœuvres, étalées au grand jour, crevaient littéralement les yeux.

A la tête des uhlans qui prirent possession de la gare de Creil, paraissait en bel uniforme tout chamarré, un ancien employé du chemin de fer du Nord, appelé Glaser, qui avait été longtemps en service dans cette gare.

Voici ce qu'on peut lire à son sujet dans l'ouvrage du baron Ernouf, *Histoire des chemins de fer pendant la guerre franco-allemande* [2].

---

1. Th. Lemas. — Un département pendant l'invasion 1870-1871. — Paris. Fischbacher, 1884.
2. *Librairie générale*, in-12, 1874.

.... « Cet homme était entré au service de la Compagnie sur la recommandation de personnes honorables.

« Glaser, blond, long et mince Prussien, fut d'abord employé comme agent réceptionnaire, c'est-à-dire chargé de l'examen du contrôle des fournitures du matériel. Il s'acquittait fort bien de ces fonctions; seulement on remarqua que, dans les usines où il avait affaire, il faisait beaucoup causer les contre-maitres, il s'informait et prenait note des affaires, des détails de la fabrication, etc...

« La chose alla si loin, qu'un des principaux fournisseurs de rails pour la compagnie s'en plaignit à l'ingénieur en chef, pensant que cet homme essayait de surprendre quelques procédés industriels pour en trafiquer dans son pays. Glaser fut changé de service.

« On le nomma inspecteur des disques, emploi qui nécessitait de fréquentes tournées sur tout le réseau.

« Là encore, on n'eût qu'à se louer de la façon dont il s'acquittait de son service. Seulement, on apprit qu'il faisait de grandes conversations avec les employés, qu'il les questionnait sur toutes les parties du service, et notamment sur la moyenne des différentes recettes; qu'il examinait avec attention l'emplacement, les abords des gares, et toujours prenait force notes et croquis. Il fut même plusieurs fois surpris furetant dans les bureaux ».

Eh, quoi! dites-vous, on ne se débarrassait pas au plus vite d'un tel individu, qu'on savait parfaitement n'être pas français!

Mais non, car « on sait trop, dit le baron Ernouf, que la défiance à l'égard des Allemands n'était nulle part à l'ordre du jour, en France ».

On se contenta de le mettre à un service plus sédentaire dans les bureaux de Paris.

« Cela ne faisait plus le compte de ce maitre observateur; aussi, pour la première fois, il remplit assez négligemment sa tâche. En conséquence, il ne fut pas compris, en 1870, parmi les employés gratifiés, et fut congédié quelques mois après.

« Il prit la chose on ne peut plus philosophiquement et écrivit même à cette occasion, à un de ses anciens collègues, que, dans sa disgrâce, il lui restait une consolation qui n'en serait pas une pour un Français, celle d'*avoir travaillé pour le roi de Prusse.* »

Voilà l'homme qu'on voyait réapparaître, cette fois à la gare de Creil, et en qualité d'officier de uhlans.

« Il venait, dit le baron Ernouf, d'être nommé membre d'une des cinq directions allemandes des chemins de fer français, celle de Reims », exactement : *Directeur des chemins de fer de la France du Nord envahie.*

« Le chef de gare de Creil, M. Lucas, était précisément un de ceux qui avaient eu maille à partir avec l'ex-inspecteur des disques, pour ses investigations secrètes; l'officier prussien avait à venger les injures de l'espion. Il fouilla les caisses de la grande et de la petite vitesse, se plaignant amèrement, là comme ailleurs, de ne pas trouver son compte. Il voulait forcer M. Lucas de rester à son poste. Sur son refus, il l'expulsa de la gare, en menaçant de lui faire un mauvais parti, s'il reparaissait.

« Glaser avait son quartier général à Creil. Ce grand observateur recueillait le fruit de ses travaux. A chaque station, il exhibait son carnet, *appelait par leur nom les employés*, les sommant de reprendre leur service au compte de S. M. le roi de Prusse...

« En très peu de temps, il fit et surtout prit quantité de choses, saccagea les gares interceptées, s'emparant de tout ce qui pouvait être utilisé dans le service qu'il rétablissait, *y compris le numéraire* qui a toujours son utilité. »

Comme Allemand, on le voit, le personnage était complet.

Escarmouche a Crouy. — Le 17 septembre, des Prussiens sont venus faire une réquisition à Crouy, canton de Neuilly-en-Thelle, arrondissement de Senlis. Leur présence n'est pas plutôt connue, que le canton tout entier court aux armes et l'on voit les gardes nationaux et les pompiers de Neuilly-en-Thelle, Chambly, Mesnil-Saint-Pierre, Belle-Eglise, Boran, etc., marcher immédiatement sur Crouy.

Ce serait mal connaître les Prussiens que de les croire capables de continuer, en essayant de la protéger à coups de fusil, leur réquisition commencée.

Ce qu'ils ont de plus pressé, c'est de fuir, abandonnant sur place l'avoine et les autres denrées qu'ils étaient en train d'empiler dans leurs voitures.

Pourtant, ils trouvent dans leur retraite, une hauteur si favorable à la défense, qu'ils s'y arrêtent et de là font, à bonne portée, une fusillade nourrie sur nos braves gens à qui leur armement de circonstance ne permet pas de soutenir la lutte. Nous perdons ainsi 4 tués et 4 blessés. Quant aux Prussiens ils éprouvent aussi des pertes, mais elles nous sont inconnues.

Ce petit combat n'était que la première manifestation d'un véritable soulèvement qui se préparait dans cette région du département de l'Oise, soulèvement qui aurait pu gêner considérablement l'ennemi, si ces braves paysans picards avaient trouvé des forces militaires régulières pour appuyer leur patriotique entreprise.

Le 25 septembre, lisons-nous dans le livre de M. Th. Lemas [1], à qui nous avons emprunté les détails qui précèdent, le signal de la résistance partit de la commune de Liancourt.

« A la nouvelle que les Prussiens se trouvaient à Laigneville, village situé entre Creil et Liancourt, les habitants du bourg s'excitent entre eux. M. Blottières, maître-couvreur, appelle la population aux armes; le clairon sonne et les gardes nationaux se trouvent bientôt réunis.

« Derrière eux, armés d'instruments de travail, de gros bâtons, de fusils de chasse, se rassemblent des cultivateurs, des ouvriers.

« Pendant que la colonne se forme, quelques citoyens courent chercher le duc de Liancourt, fils aîné de M. le duc de La Rochefoucauld. En sa qualité d'ancien colonel de cuirassiers, le commandement du petit corps lui est offert, et, ayant pour toute arme une carabine, le duc de Liancourt se met à la tête de ces braves gens. L'enthousiasme était général; *les femmes encourageaient les combattants.* »

Et voilà la colonne en marche sur Mogneville. En chemin, des nouvelles reçues font modifier la marche de nos braves paysans, qui est alors dirigée sur Laigneville.

« Des uhlans placés en vedette à l'entrée de ce village, les aperçoivent et donnent l'alarme. Aussitôt le détachement prussien se mit en devoir de battre en retraite précipitamment sur Creil. Les gardes nationaux trouvèrent donc Laigneville évacué. Quelques-uns d'entre eux plus ardents se lancèrent à la poursuite des Allemands, dont ils suivirent les traces jusqu'à Nogent-les-Vierges. Là, ils s'arrêtèrent et se préparèrent à reprendre le chemin de Liancourt, quand, à l'entrée de Nogent, un peloton de cuirassiers blancs fut signalé. Les gardes nationaux, sous les ordres du lieutenant Maillet, s'embusquèrent à droite et à gauche de la route et attendirent les cavaliers.

« Dès qu'ils furent en vue, au commandement du lieutenant Maillet, une vive fusillade éclata sur toute la ligne : un cheval tomba, les cuirassiers tournèrent bride et prirent la fuite en désordre vers Creil, où ils annoncèrent la marche d'un corps français.

« Le capitaine de Marrow [2], redoutant l'attaque de ce corps

---

1. M. Th. Lemas est aujourd'hui sous-préfet à Fougères.
2. Cet officier commandait la garnison de Creil, composée de fusiliers du 2ᵉ régiment de la garde et de deux pelotons de cuirassiers saxons.

dont ses reconnaissances lui mentionnaient également la présence, évacua Creil, emmenant le Maire en otage... »

Voyons à présent, si vous voulez, ce qui se passait non loin de là, à Clermont-sur-Oise.

A Clermont, l'administrateur du territoire, était M. Decuignières ; le même jour, 25 septembre dans la soirée, il voyait arriver d'Amiens le renfort de troupes régulières qu'il y avait demandé, soit un bataillon de mobiles de la Marne comptant 1400 hommes environ. Les habitants de Clermont, dont le patriotisme était surexcité par la nouvelle du succès obtenu par les gardes nationaux de Liancourt, firent aux enfants de la Marne une véritable ovation.

Disons en passant, que le bataillon envoyé d'Amiens était le 3e bataillon de la Marne, formé de 8 compagnies et composé de Rémois. Son chef était le commandant Charles du Hamel, vicomte de Breuil.

Si nous donnions maintenant, dans une courte digression, un aperçu des cadres de ce bataillon ? Il est toujours bon, n'est-il pas vrai, de savoir à qui on a affaire.

« Ces cadres, dit le comte de Breuil dans son historique officiel[1], appartenaient aux meilleures familles du pays ; beaucoup d'entre eux avaient pris du service volontairement dans ce moment critique, par sentiment d'honneur et pour donner le bon exemple que leur position de famille comportait.

« Ces jeunes gens étaient intelligents, instruits, pleins de sentiments élevés, de bonne volonté et de zèle. Ils comprirent de suite combien la discipline était indispensable, la respectèrent et surent plus tard la faire respecter. »

Malheureusement, dans ces cadres, bien peu de sujets avaient servi et connaissaient cette chose si importante, *la pratique du métier*.

Il n'y avait guère, remplissant cette condition que 4 capitaines envoyés de l'armée, 1 capitaine ancien officier démissionnaire, et 3 anciens sous-officiers servant comme volontaires : 8 *gradés en tout*. C'était bien peu.

Et c'est ainsi, pourtant, que le 3e bataillon de la Marne subira très honorablement pour la première fois le lendemain, l'épreuve du feu de l'ennemi.

A Rantigny. — Le 26 septembre, au lever du soleil, un détachement prussien composé d'une compagnie d'infanterie, d'un peloton de cuirassiers et d'un autre de uhlans et suivi d'une

---

1. Papiers d'Amédée Le Faure, historien de la guerre de 1870.

cinquantaine de voitures, arriva à Rantigny, village très industriel, de 6 à 700 habitants.

Le plus élevé en grade des 3 officiers du détachement fit mander M. Albaret, maire de Rantigny, et lui déclara, nous dit M. Th. Lemas, que « si un coup de feu était tiré sur ses hommes, il appliquerait à la commune, d'une façon impitoyable, ce qu'il appelait les lois de la guerre : « *l'incendie, le meurtre, le pillage et l'imposition de guerre.* »

UN MAIRE ÉNERGIQUE. — « Avec une énergie que n'eurent pas, à cette époque, tous les hommes placés à la tête des municipalités, M. Albaret répondit au capitaine prussien « que l'attitude de la population se ressentirait de l'attitude des soldats allemands. » — « La population de Rantigny, ajouta-t-il, est ouvrière et elle est fort surexcitée contre vous qu'elle accuse de vouloir affamer le pays. »

« Cette réponse, dit notre historien, ne parut pas satisfaire les Prussiens, car ils se remirent en route et prirent la direction de Clermont. Les cuirassiers blancs restèrent seuls autour des constructions. » Il s'agit ici des ateliers de construction de machines agricoles, en face desquels le détachement prussien s'était arrêté.

Vite, M. Albaret profite de ce que les Allemands n'ont pas coupé les fils du télégraphe, pour signaler à Clermont l'approche de l'ennemi et demander des troupes.

LE COMBAT. — « A peine le commandant de Breuil eut-il pris connaissance de cette dépêche, qu'à la tête du 3ᵉ bataillon de la Marne, il se porta vers Rantigny, pendant que, dans les villages avertis de l'approche de l'ennemi, le tocsin sonnait à toute volée et que de toutes parts les citoyens couraient aux armes.

« Mais déjà les gardes nationaux de Liancourt, sans attendre les troupes régulières, impatientés par la présence de l'ennemi, commençaient les premiers le feu.

« Ils attaquaient les uhlans de l'arrière-garde. L'un de ces uhlans, placé près du pont qui est situé sur la Brèche, entre Liancourt et Rantigny, fut blessé à l'épaule. Les Allemands répondirent et le garde-chasse du duc de La Rochefoucauld qui s'était avancé dans le parc, en face du pont, fut tué ».

Cependant les premières compagnies du bataillon de la Marne débouchent au pas gymnastique, de différents côtés, et commencent le feu sur les Prussiens près de la Maison-Blanche. Un Allemand est tué là, dès le début de l'action, puis le reste des

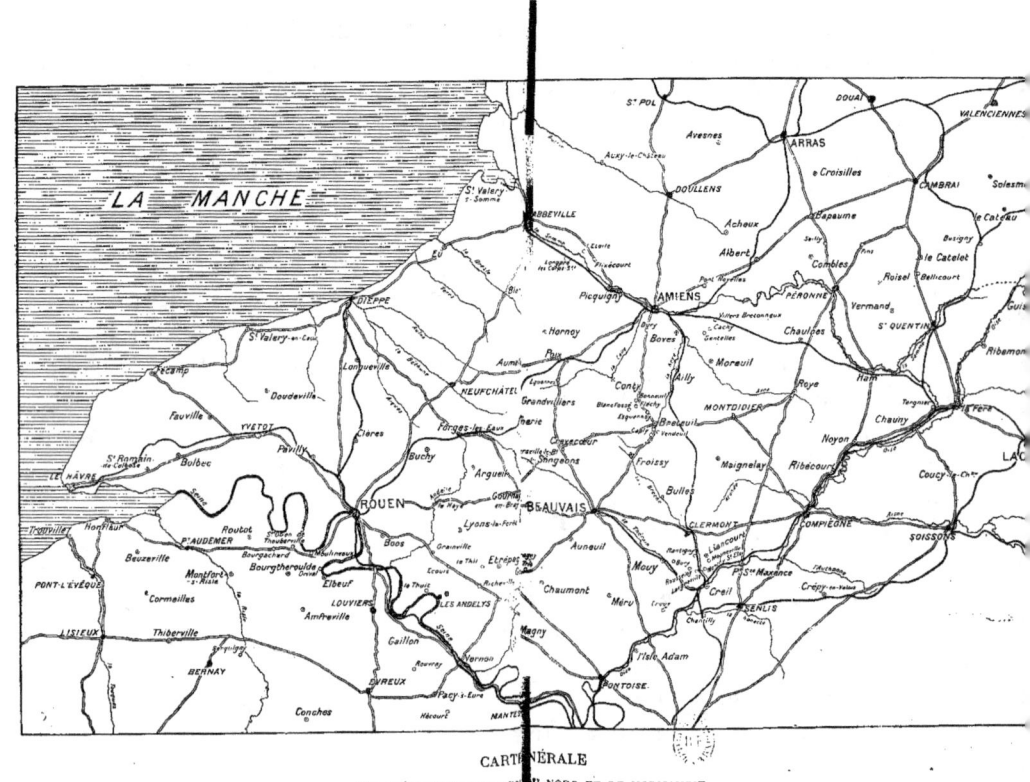

CARTE GÉNÉRALE
DES OPÉRATIONS DES ARMÉES DU NORD ET DE NORMANDIE.

mobiles arrive à son tour et le feu s'engage sur toute la ligne.

« ... Abrités derrière leurs voitures qu'ils avaient placées en travers de leur route, dit encore M. Th. Lemas, les Prussiens résistèrent quelques instants; mais, menacés d'être tournés, ils se décidèrent à reculer et à battre en retraite vers Creil.

« Les uhlans de l'avant-garde traversèrent Rantigny à toute bride ; derrière eux venaient les cuirassiers blancs, puis les chariots que protégeait l'infanterie. Les soldats de la garde prussienne, sur deux rangs, se défilant le long des maisons, fuyaient au pas de charge.

« En face de l'usine de M. Albaret, un soldat prussien tombe atteint par une balle ; deux de ses camarades le relevèrent et l'aidèrent à monter sur un chariot. Les gardes nationaux de Liancourt, qui s'étaient disséminés dans les marais et les bois de Rantigny, poursuivirent les Prussiens, avec les mobiles, jusque dans les fonds de Cauffry. C'est à cet endroit qu'un ouvrier mécanicien fut fusillé par les Prussiens, près du passage à niveau de Cauffry.

Six prisonniers, d'après M. Th. Lemas, sept si l'on en croit le rapport du commandant de Breuil, restaient entre nos mains. Ils avaient été trouvés blottis, éperdus de terreur, dans quelque coin du moulin Tremblot.

Mentionnons, avec notre historien, les hommes des villages d'Angy, de Cambronne, de Breuil-le-Vert, de Bailleval, de Breuil-le-Sec, de Fournival, d'Etouy, comme étant accourus bravement pendant la bataille, se joindre aux combattants.

La rentrée à Clermont, avec les prisonniers allemands, eut lieu au milieu d'un enthousiasme qui tenait du délire.

Nulle part ailleurs, dans le cours de nos précédents récits, ni dans l' « Armée de la Loire », ni dans l' « Armée de l'Est », nous n'avons rencontré de mouvement populaire aussi prononcé et aussi général que celui-ci, contre l'envahisseur.

« Cette journée du 26, dit M. Th. Lemas, la ville de Clermont présenta une physionomie dont le souvenir est resté dans toutes les mémoires.

« Jusqu'à six lieues à la ronde, le tocsin avait mis en émoi les populations. De tous les côtés arrivaient en ordre, armés de toutes armes, des compagnies de sapeurs-pompiers, des gardes nationaux *accompagnés de leurs femmes*.

« Toute la campagne des environs s'était soulevée et, sans aucune exagération, on peut estimer à 10.000 hommes le nombre de ces soldats improvisés qui étaient venus défendre Clermont.

« La confiance de ces masses donnait du courage, de l'espoir même ; leur enthousiasme était indescriptible, et, remplis d'une ardeur patriotique admirable, ces braves gens parlaient du combat qu'ils comptaient livrer le lendemain comme de vieux soldats habitués au feu. »

Cette belle journée, malheureusement, devait avoir un triste lendemain. Mais nos paysans à qui l'on a tant reproché leur égoïsme et leur mollesse, n'en ont pas moins montré là ce qu'on aurait pu faire en encourageant leur résistance et en leur donnant l'appui de nos forces régulières, au lieu de risquer ces dernières dans des batailles rangées où, inexpérimentées et mal commandées comme elles l'étaient, elles avaient tant de chance d'être battues.

Cette journée de Clermont, dans l'Oise, comme celles de Varize, de Civry, de Châteaudun, dans la Beauce ; de Rambervillers, de Châtillon-sur-Seine dans nos régions de l'Est, fait grandement ressortir l'erreur commise par la délégation de Tours lorsqu'elle prit le parti d'opposer aux Prussiens la grande guerre et non la guerre de guérillas.

A ce sujet, le passage suivant du général prussien Von der Goltz, tiré de son livre *Gambetta et ses armées*, est à retenir :

« Ce qu'il y a de plus dangereux pour les armées, qui se trouvent déjà atteintes dans leur énergie (allusion aux troupes de Frédéric Charles obligées de se battre sur la Loire après les rudes épreuves de Metz), c'est la guerre nationale, la guerre de guérillas.

« Dans les combats décisifs isolés, le courage, la confiance et la discipline se maintiennent encore. Mais ce qui est énervant, c'est le combat continuel, recommençant chaque jour, l'état de tension permanent devant un peuple hardi et nombreux, qui court aux armes comme un seul homme.

« A mesure qu'une armée d'invasion pénètre dans un pays, tous ses cadres s'affaiblissent, ses bagages deviennent plus embarrassants, les jeunes recrues montrent plus d'indépendance et le manque d'un nombre suffisant d'officiers subalternes, pour la conduite des opérations de moindre importance, se fait sentir. Tout cela favorise les entreprises des corps francs de l'ennemi.

« Gambetta cependant voulait faire la grande guerre... »

Nous connaissons l'objection qu'on va nous faire, c'est que la guerre de guérillas, par les représailles qu'elle suscite, mène bientôt à une guerre d'extermination. Nous répondrons qu'en tout cas cette guerre d'extermination eut été courte, que l'Allemand n'est pas fait pour résister longtemps à des attaques de partisans qui le privent de manger et de dormir ; qu'il est foncièrement de sa nature *prudent* et prompt à la retraite, quand il ne croit pas ses derrières absolument assurés. On brûle bien 10, 20, 100 villages, si vous voulez ; on s'arrête forcément quand on s'aperçoit qu'il faudra les brûler tous, et le jour où les Allemands auraient fait un pas, un seul pas de recul, était celui de leur défaite. Or, que serait-ce que la ruine de cent villages et plus, en regard de la perte de nos deux provinces, et que de désastres privés n'eût-on pas réparés avec les cinq milliards de notre rançon.

Mais sortons du rêve pour rentrer dans la réalité, qui fut pour nous si cruelle, dans ce petit coin de l'Oise, le 27 septembre 1870.

ALARME DANS CLERMONT. — Dès le soir du 26, un avis du maire de Rantigny, M. Albaret, informe les autorités clermontoises que de nombreuses forces prussiennes s'apprêtent à marcher de Creil sur Clermont. La petite ville est aussitôt en alarme, et, pour compléter son inquiétude, elle se voit abandonnée par le 3ᵉ bataillon de la Marne. Le commandant de Breuil, en effet, quitte la ville dans la nuit même, avec sa troupe, « oubliant ses munitions et bagages que l'ennemi devait piller le lendemain » (Th. Lemas). Il se retire sur Breteuil.

Ses instructions lui enjoignaient, paraît-il, de ne pas s'engager contre un ennemi supérieur en nombre.

Cependant des exprès sont envoyés de Clermont dans les villages, afin de demander l'aide de leurs habitants pour la défense de la ville, et nulle part ils ne sont éconduits. Tout le monde s'arme au contraire, à qui mieux mieux.

« A Mouy, dès deux heures du matin, le 27, lisons-nous dans l'ouvrage de M. Th. Lemas, la générale est battue dans les rues ; les gardes nationaux de cette commune, au nombre de 300, se rangent sur la place de l'Hôtel-de-Ville, et, sous le commandement de leur chef, marchent sur Liancourt ; à cinq heures du matin, tous les gardes nationaux de Rantigny, de Bury, de Liancourt, de Mello, de Saint-Waast, de Montataire, d'Angy, se trouvaient réunis dans la plaine qui s'étend entre Rantigny et Soutraine. Il y avait là environ 1.500 combattants. »

C'est la brigade de cavalerie (général Krug von Nidda) du 12ᵉ corps saxon, qui marche sur Clermont, le 17 au matin, soutenue par de l'infanterie.

« Les forces allemandes se composaient du régiment de cavalerie de la garde (colonel de Carlowitz), deux escadrons de uhlans n° 17 (colonel de Miltiz), un bataillon de fusiliers de la garde et quatre pièces d'artillerie » (Th. Lemas). Les Prussiens s'avançaient à la fois par la route de Clermont, par celle de Nogent-les-Vierges et par celle de Montataire à Rousseloy.

La rencontre. — Au point du jour, les adversaires se trouvèrent en présence, vers Rousseloy, séparés par la plaine de Bury. Les nôtres étaient postés dans un bois dominant la route de Mouy à Liancourt, et le combat s'engagea aussitôt par une vigoureuse canonnade de deux pièces ennemies établies au-dessus du val de Soutraine.

Rendons la parole à notre historien :

« Les gardes nationaux, abrités derrière les arbres du bois, ouvrirent le feu avec énergie. Mais les batteries prussiennes, habilement pointées, firent pleuvoir sur les bois d'Ars une quantité d'obus, de boulets, telle que la position devint impossible à défendre.

« Les armes des gardes nationaux ne leur permettaient pas de répondre d'une manière efficace à la fusillade roulante des Prussiens et bientôt, désespérés, ils battent en retraite dans toutes les directions laissant nombre des leurs sur le champ de bataille. Le général Krug donne alors le signal de la marche en avant, et à ce moment, cessant d'être des combattants d'une armée régulière, les Allemands deviennent de véritables bandits ».

Pillage, incendie et massacres. — Voilà donc les héros de cette facile victoire parvenus à Rantigny. Ce sont les fusiliers de la Garde.

« La première maison de cette commune, une auberge tenue par les époux Coquelet, est envahie. Tout ce qui s'y trouve est volé, brisé, et la maison elle-même devient la proie des flammes.

« Plus loin, chez MM. Roy et Hunter, ils se comportent de la même façon et fusillent à bout portant, près de l'entrée de la maison, en présence de sa femme, un nommé Bourgeois, mécanicien, beau-frère de M. Roy.

« Chez M. Breton, ils rivalisent de cruauté. Ils trouvent plaisant d'essayer d'étouffer un enfant de trois ans sous les yeux de sa mère ; ils tirent sur M. Breton un coup de fusil qui l'atteint au pied, et, après avoir volé tout l'argent qu'ils trouvent dans la maison, ils mettent le feu au mobilier. »

Ici, on croirait à quelque récit de la guerre de Trente ans.

« La scène que présente à cette heure Rantigny est horrible. Partout ce ne sont que cris, que pleurs, que gémissements ; le bruit du canon et le crépitement de la fusillade ne parviennent point à couvrir la voix des êtres sans défense qui tombent sous les coups des Allemands.

« Près des ateliers de M. Albaret, M. Legrand fils, ancien maître d'hôtel, est fusillé. Il expire non loin de la maison paternelle où son pauvre père, vieillard que ses cheveux blancs ne protègent pas contre la férocité allemande, est battu à coups de plat de sabre.

« Un autre vieillard, M. Dubois, est tué à coups de baïonnette. Ils incendient l'habitation de Mme Duvoir.

« Dans le bois de Mme Duvoir, un malheureux garde national de Mouy, Kirschmayer, est attaché à un arbre et des soldats s'exercent à le cribler de coups de baïonnette; ce n'est qu'après cet horrible martyre que le coup de grâce lui est donné... »

Citons encore, d'après le même auteur, les gardes nationaux d'Angy A. Lenoir, Jules Simon, Philippe Tiriot, Alfred Hulin, Pillon-Pommerie et Laurent Sainteville, comme ayant été arrêtés et accablés de coups par leurs généreux vainqueurs; et voyons ceux-ci poursuivre leur route sur Clermont et courir à de nouveaux exploits.

A CLERMONT. — Près d'Auvillers, ils incendient la ferme Robinson et ne dédaignent même pas de mettre le feu à la cabane d'une pauvre vieille de quatre-vingts ans. Dans le bois de Gouvieux, ils donnent la chasse à deux gardes nationaux qu'ils ont aperçus, tuent l'un, M. Denouroy et blessent l'autre mortellement.

Arrivés près de la ville, ils rencontrent deux citoyens inoffensifs, qui sont là en simples curieux; ils les fusillent à l'instant.

Ce sont les derniers exploits sanglants de ces braves, dans cette journée. Comme Clermont est sans défenseurs et a arboré le drapeau blanc, ils se contentent de se saouler de vin de champagne et d'empiler sur les chariots qui les suivent : farine, blé, avoine, paille, fourrage, riz, sel, café. Ils mettent à sec les bureaux de tabac, dévalisent quelques magasins, pour n'en pas perdre l'habitude, et regagnent ensuite Creil en emmenant des otages, après avoir pillé encore, en passant, quelques maisons de Rantigny, entre autres, celle de M. Battavoine, aubergiste.

La ville de Clermont avait eu là quatre heures terribles à passer; espérons qu'elle en conservera le souvenir... et le ressentiment.

LES CORBEAUX DE L'ARRIÈRE. — Le 30 septembre, c'est la ville de Beauvais qui est occupée, mais sans aucune résistance. Des épisodes intéressants seraient à noter ici encore, malgré le caractère pacifique de l'occupation, mais l'étape que nous avons à parcourir est longue; il faut nous borner. Nous ne citerons que ce passage du livre de M. Th. Lemas : « A la suite du corps expéditionnaire pénètrent dans Beauvais plus de 200 chariots; ces chariots vont se ranger sur le Franc-Marché.

« Derrière ces chariots viennent des gens à l'air étrange, aux vêtements déguenillés : ce sont les pillards de l'armée prussienne : ils sont à l'arrière-garde ce que sont les uhlans à l'avant-garde; corbeaux qui vivent des dépouilles des malheureux et qui n'attaquent que les faibles et les blessés! Sur leurs chapeaux ou leurs casquettes, ils ont des inscriptions : « Iéna! » « Revanche! » « 1813! ».

Et l'invasion que rien ne semble plus devoir arrêter, à cette époque de la guerre où nous n'avons plus de troupes régulières et où nos corps de partisans ne tiennent pas encore sérieusement la campagne, et l'invasion, disons-nous, s'étend à plaisir; elle va gagner la Normandie où nous ne tarderons pas à la suivre. Mais, pour le moment restons dans l'Oise; nous passerons ensuite un instant dans l'Aisne pour rappeler à nos lecteurs ce que fut la belle défense de Saint-Quentin.

A ARMENTIÈRES. — Le 5 octobre, une patrouille de notre 3e hussards de marche, régiment commandé par le brillant colonel d'Espeuilles, explorait le terrain dans le canton du Coudray-Saint-Germer (Oise), quand elle fut avertie que des cavaliers saxons réquisitionnaient au hameau d'Armentières.

Leur courir sus fut l'affaire d'un instant, et les Saxons détalèrent comme des zèbres, sans faire mine seulement de vouloir se défendre.

« Deux cavaliers allemands qui, au moment de l'arrivée des hussards français, étaient chez M. Vie-Leclerc, débitant de tabac, n'eurent que le temps de sauter à cheval, mais sans succès; car l'un d'eux fut fait prisonnier et l'autre grièvement blessé. Celui-ci parvint cependant à rejoindre ses compatriotes qui, poursuivis avec vigueur par les hussards, faillirent être cernés près de la barrière du chemin de fer, au lieu dit Pont-aux-Claies.

« Cette barrière était fermée à ce moment. Un Allemand réussit à l'ouvrir et le détachement saxon put ainsi s'échapper. Mais, en traversant le village, les Prussiens criaient : nous nous vengerons! Vous nous le paierez! » (Th. Lemas).

On va voir qu'ils tinrent parole. Et pourtant ils avaient eu affaire à une troupe régulière en reconnaissance; mais se venger de la peur qu'ils avaient eue par des sévices contre d'inoffensives populations incapables de se défendre, avait tant d'attrait, comme nous l'avons déjà dit, pour nos chevaleresques adversaires, qu'ils ne laissaient passer aucune occasion de s'en offrir le plaisir.

Donc, le lendemain, 4 octobre, dans la matinée, les habitants de la Chapelle-aux-Pots, village dont dépend le hameau d'Armentières, purent voir passer un détachement prussien composé de 2 compagnies du régiment à pied de la garde, avec 2 canons et un gros de cavalerie. A sa tête était le major von Gœrne, un nom à retenir.

UNE PREMIÈRE PROUESSE. — Déjà à ce moment, dit M. Th Lemas, « le sang d'un innocent avait coulé, et, près du *Pont-qui-penche* avait marqué le passage de la colonne expéditionnaire. A cet endroit, les Prussiens avaient rencontré un pauvre idiot, le nommé Sennequin. Les réponses incohérentes de ce malheureux, qui vivait d'aumônes et qui était inoffensif, les irritent, et des uhlans le tuent à bout portant ».

Cependant les Allemands se sont partagés en deux groupes, dont l'un se dirige sur Armentières pendant que l'autre se rend au passage à niveau, pour tirer vengeance de Dupré, le garde, qu'ils accusent d'avoir intentionnellement, la veille, fermé la barrière pour leur couper la retraite.

« A l'approche des Prussiens, Dupré, sa femme et des ouvriers terrassiers qui travaillaient à la voie s'étaient cachés dans la maison.

« Les Prussiens enfoncent la porte de la demeure de Dupré. Après des recherches, ils le découvrent dans la cave et ils l'entrainent, avec ses compagnons, hors de la maison.

« Là, le major de Gœrne interroge sommairement Dupré ; sans entendre un mot de défense, une seule explication, les officiers allemands décident qu'il sera fusillé. Une photographie de Dupré habillé en chasseur à pied leur sert de pièce à conviction pour donner à leur acte un semblant de justice.

« La femme de Dupré se jeta aux pieds du chef prussien ; ses supplications, ses prières, ses larmes ne purent fléchir le major de Gœrne, et, sous les yeux de sa femme, Dupré, attaché à un poteau, à quelques pas de sa maison, tomba sous les balles des soldats allemands.

« Cet assassinat commis, les Prussiens marchèrent sur Héricourt, emmenant avec eux les ouvriers terrassiers et la femme de Dupré. Celle-ci, placée entre deux soldats, sanglotait, et ses gémissements donnaient à cette marche une physionomie lugubre...

« A hauteur d'Héricourt, la colonne s'arrêta ; les pièces d'artil lerie furent pointées sur ce malheureux village et, en un instant, une pluie de boulets et d'obus détruisit ses maisons. Mais ce n'était pas assez; à chaque coin du village des incendies furent allumés et 60 maisons brûlèrent.

« Les habitants d'Héricourt assistaient consternés à la destruction de leurs habitations.

« A Armentières, la même scène se produisait et les flammes de ce village en feu jetaient au loin l'épouvante ». (Th. Lemas).

Nous oubliions les malheureux terrassiers emmenés prisonniers avec la veuve infortunée. Celle-ci fut relâchée, mais les terrassiers ne furent laissés libres par leurs bourreaux qu'après avoir été battus avec la dernière cruauté. « Les Prussiens firent coucher ces malheureux sur des tas de cailloux et leur donnèrent à chacun 20 coups de bâton. » (Th. Lemas).

Et voilà, bons Français, nos frères.

Après cela, si vous continuez à accueillir les Allemands chez vous, comme on dit que cela se fait encore, hélas! sur une grande échelle et surtout à Paris, c'est que vous aurez décidément l'humeur bénévole, le caractère bien fait et l'estomac solide.

Mais passons à des récits moins lugubres, nous n'aurons que trop tôt l'occasion de revenir à d'aussi sombres pages.

Pour le moment, une belle journée se présente, celle du 8 octobre; parlons donc de la défense de Saint-Quentin.

A **Saint-Quentin, le 8 octobre.** — Le capitaine Vouriot et la 3ᵉ compagnie défendent la barricade du pont.

CHAPITRE II.

Défense de Saint-Quentin.

Villes belliqueuses et villes pacifiques. — A quoi tient. — Anatole de la Forge à Saint-Quentin. — Les échappés de Sedan. — Trahison! Trahison! — Enthousiasme des Quentinois. — La résistance acclamée. — Le chant des *Girondins*. — A. de la Forge à Guise. — Les barricades à Saint-Quentin. — Au pont du Canal. — L'ennemi approche. — Le patriote Jules Lecointre.

— Aux Armes! — A. de la Forge à Gambetta. — Les défenseurs à leur poste. — Une nuit sous la pluie. — La défense. — « En avant, mes bons camarades! » — Le commandant Dufayel. — Un rapport officiel. — La cloche du beffroi. — La 3e compagnie à la barricade de la porte d'Isle. — Mort du caporal Martin. — Quatre heures de combat. — Les citations. — Capitaine Vouriot. — Adjudant Devienne. — Caporal Cherfils. — Franc-tireur Bosquette. — Commandant Baston. — Lieutenant Lafond. — Clairon Vallon. — Récit du capitaine Vouriot. — Trop de hâte. — Les morts et les blessés. — Une proclamation d'A. de la Forge. — Une dépêche de Gambetta. — Les récompenses. — Trop de fleurs! — Un tour dans l'Oise. — Bombardement de Breteuil. — Le 4e bataillon de la Somme.

Au cours de nos travaux sur la guerre de 1870 en province, une chose nous a toujours frappé, c'est la différence qui se marque dans la conduite de nos villes ouvertes, à l'approche de l'ennemi.

Les unes ne pensent qu'à la résistance, telles Rambervillers, Epinal, Châteaudun, Dijon, tandis que d'autres donnent d'emblée un facile accès à l'ennemi, telles Nancy, Chaumont, Gray, Chartres, etc. Nous avons déjà relevé ce fait dans l'Armée de l'Est.

Est-ce donc que notre France serait partagée en populations fières et belliqueuses d'un côté, débonnaires et craintives de l'autre?

En aucune façon, il n'est pas besoin de le dire. La différence résulte simplement de ceci qu'il s'est trouvé dans les premières un homme ou un groupe d'hommes doués de plus d'énergie et d'audace patriotique que n'en avait la masse elle-même et qui ont entraîné cette masse, tandis que, dans les autres, cet élément de résistance ne s'est pas rencontré. La masse est la même partout, prête à vous étonner par son courage, ou à vous faire honte par sa couardise, suivant la circonstance.

Chez nous, Français, toutes les qualités de courage, de fierté virile, existent à l'état latent; il faut, pour qu'elles se manifestent par des actes, un homme (ou un groupe d'hommes) qui les fasse se montrer en leur adressant un éloquent appel et, **surtout**, surtout, entendez bien, en prêchant d'exemple, en payant de sa personne au moment du danger.

Or, à Saint-Quentin, sans vouloir le moins du monde diminuer le mérite des braves gardes nationaux, on peut dire que le promoteur, l'auteur et la cause première de la belle résistance du 8 octobre, fut Anatole de La Forge, ancien rédacteur du *Siècle*, préfet de l'Aisne pendant l'invasion.

Cela dit, reprenons, si vous voulez, les choses d'un peu plus haut.

A Saint-Quentin, après nos premières défaites, c'est-à-dire vers le milieu du mois d'août, la garde nationale sédentaire avait été réorganisée et mise sous les ordres du commandant Dufayel.

A noter, dans l'ordre du jour adressé par cet officier supérieur à ses hommes, ces lignes fort sensées.

« Persuadés tous que la garde nationale est une institution excellente, nous n'y verrons point un jeu militaire, une parade vaine, non! mais nous la considérerons en gens de cœur qui, pour le salut de la patrie et le maintien de l'ordre public, veulent porter dignement les armes qui leur sont confiées ».

Quelques jours se passent, et le 2 septembre des débris de l'armée de Mac-Mahon, découragés et affolés par la défaite, traversent Saint-Quentin où l'on ne sait rien encore du désastre de Sedan. On l'apprend de la bouche de ces « soldats pâles, défaits, exténués de fatigue et de faim, » de cette foule où « le fantassin est pêle-mêle avec le cavalier, l'artillerie avec le génie. Tous ces soldats ont à la bouche ce mot de *trahison* qui ne cessera de retentir pendant toute la campagne[1] ».

Le 6, la République est proclamée au milieu de l'enthousiasme de la population.

Cependant les Prussiens approchent. Le 11, ils sont signalés à Chauny, et c'est à ce moment qu'apparaît le nouveau préfet de l'Aisne, « Anatole de la Forge, l'éminent rédacteur du *Siècle*, l'un des compagnons de Garibaldi à Marsala, sur le Volturne et à Varèse. La croix de la Légion d'honneur brille sur sa poitrine...[2] »

Une occasion ne tarde pas à se présenter, où le nouveau magistrat peut affirmer ses sentiments patriotiques. C'est l'enterrement de deux soldats, auquel assiste toute la ville, autorités en tête.

« Au nom du gouvernement provisoire que je représente, dit, au cimetière, Anatole de la Forge, je dépose sur la tombe de ces deux braves cette simple couronne. Je remercie la nombreuse assistance qui est venue faire cortège à ces victimes de la guerre. Ceux qui savent si bien honorer l'armée sauront la venger. *Ce jour-là, je vous demande l'honneur de marcher à votre tête...* »

---

[1]. Abel Deroux. — *L'Invasion de 1870-71 dans l'arrondissement de Saint-Quentin.* — Saint-Quentin, Meurisse-Hourdequin, 1871.
[2]. Abel Deroux.

Malgré la solennité du lieu, des cris enthousiastes répondent à ce fier langage.

Le même jour, Anatole de la Forge fait afficher une proclamation adressée aux habitants de l'Aisne, où nous lisons ce passage :

« Si l'ennemi se présentait à Saint-Quentin, nous le repousserions ensemble.

« Dans ce but, mettons-nous immédiatement à l'œuvre et organisons partout la résistance. »

Un comité de résistance est formé par ses soins, et le 20 septembre, nous voyons ce magistrat patriote passer une revue de la garde nationale et des pompiers de Saint-Quentin.

C'est en tenue militaire que se présente le préfet, celle des volontaires de la garde nationale parisienne, parce que, dit-il, ce costume oblige au jour du danger. « ..... Je vous demanderai comme une faveur, dit-il encore, de m'accepter dans vos rangs comme simple soldat. Ce jour-là, vous me jugerez. » Puis, s'adressant à la foule et aux ouvriers, il ajouta : « Prêtez-moi votre concours et travaillons tous ensemble, au maintien de la République. » (Abel Deroux.) On le voit ensuite embrasser le drapeau tricolore, et la foule, électrisée, entonne le chant des *Girondins* :

Mourir pour la patrie
C'est le sort le plus beau, le plus digne d'envie.

Quelques-uns pourront sourire de cette mise en scène ; mais ce ne sera pas nous. Qui sait en effet ce qu'il serait advenu de l'envahisseur, s'il eût trouvé partout sur ses pas semblable ardeur pour la défense ?

« M. de la Forge veut voir tout par lui-même ; il se rend à La Fère où, sur la place, l'attend l'artillerie de la mobile ; il passe une revue, inspecte l'arsenal et se rend au cercle des officiers. Il laisse partout des sympathies nombreuses.

« De là il se rend à Guise ; il marche là sur un terrain ami, au milieu d'une population dévouée à la République.

« Dans la ville de Camille Desmoulins, il est reçu par l'honorable M. Godin-Lemaire, conseiller général ; il visite le familistère, les ouvriers veulent le porter en triomphe et rédigent une adresse pour être portés sur la liste de la garde nationale.

« Partout sur son passage, le préfet excite l'enthousiasme et le patriotisme des populations accourues pour le voir. Elles vont avoir de terribles choses à supporter et les encouragements de M. de la Forge sont bien de circonstance. » (Abel Deroux.)

Cependant, les événements ont marché, les Prussiens aussi,

et, contrairement à ce qui s'est passé assez souvent ailleurs, l'ardeur de la population à vouloir se défendre ne fait qu'augmenter à mesure qu'on sent l'ennemi plus proche.

Pour le préfet, « sa résolution est inébranlable, dit-il devant la commission municipale ; si l'ennemi se présente en nombre et en forces quelconques, il ne distinguera pas s'il a devant lui une bande de partisans, une troupe de quelques cents hommes, ou bien une armée munie d'artillerie ; il résistera à outrance, ne restât-il à ses côtés qu'un peloton de combattants. » (Extrait du procès-verbal de la séance.)

La commission partage son avis sur « le devoir de résistance que le patriotisme et l'honneur imposent à tous les Français ; il ne faut pas souffrir qu'une ville, même ouverte, subisse les insultes et les déprédations de bandes ennemies ; elle est donc unanime pour approuver toutes les mesures qui tendent à assurer une défense locale contre de pareils outrages ».

Elle ne fait des réserves que pour le cas où la ville serait attaquée par « des forces évidemment écrasantes », et où toute résistance serait reconnue vaine.

Elle se demande alors si, lorsque les vaillants défenseurs de la ville, gardes nationaux, pompiers, ouvriers, auront sauvé l'honneur, on devra « laisser consommer un sacrifice désormais inutile ».

Et la séance est close par un vote « de confiance dans la juste appréciation que M. le Préfet voudra bien faire des difficultés de la situation ». (Abel Deroux.)

On le voit, avec une nuance dans l'appréciation, au sujet de la limite jusqu'où devait aller le devoir de se défendre, tout le monde à Saint-Quentin était prêt pour ce devoir et se montrait désireux de le remplir.

LES BARRICADES. — Quatre solides barricades avaient été construites dans la rue d'Isle, l'une sur le bord du canal, à l'entrée de la rue, deux autres à 200 mètres de distance, en dedans de la ville, la 4e en dehors, fermant la route de La Fère au haut du faubourg d'Isle. Elles étaient dues à l'ingénieur en chef des ponts et chaussées, M. Larmoyer.

La barricade du canal surtout était un ouvrage considérable, où dominait la pierre. « Le crénelage de la tête était fait au moyen de sacs à terre. Des madriers et des troncs d'arbres formaient la carcasse de cette construction qui ne mesurait pas moins de 3 m 50 de haut. Une porte charretière avait été ménagée au milieu »... (*Journal de Saint-Quentin*).

« ... Le pont du canal avait été disposé de manière à devenir infranchissable sans grands travaux. Les madriers repo-

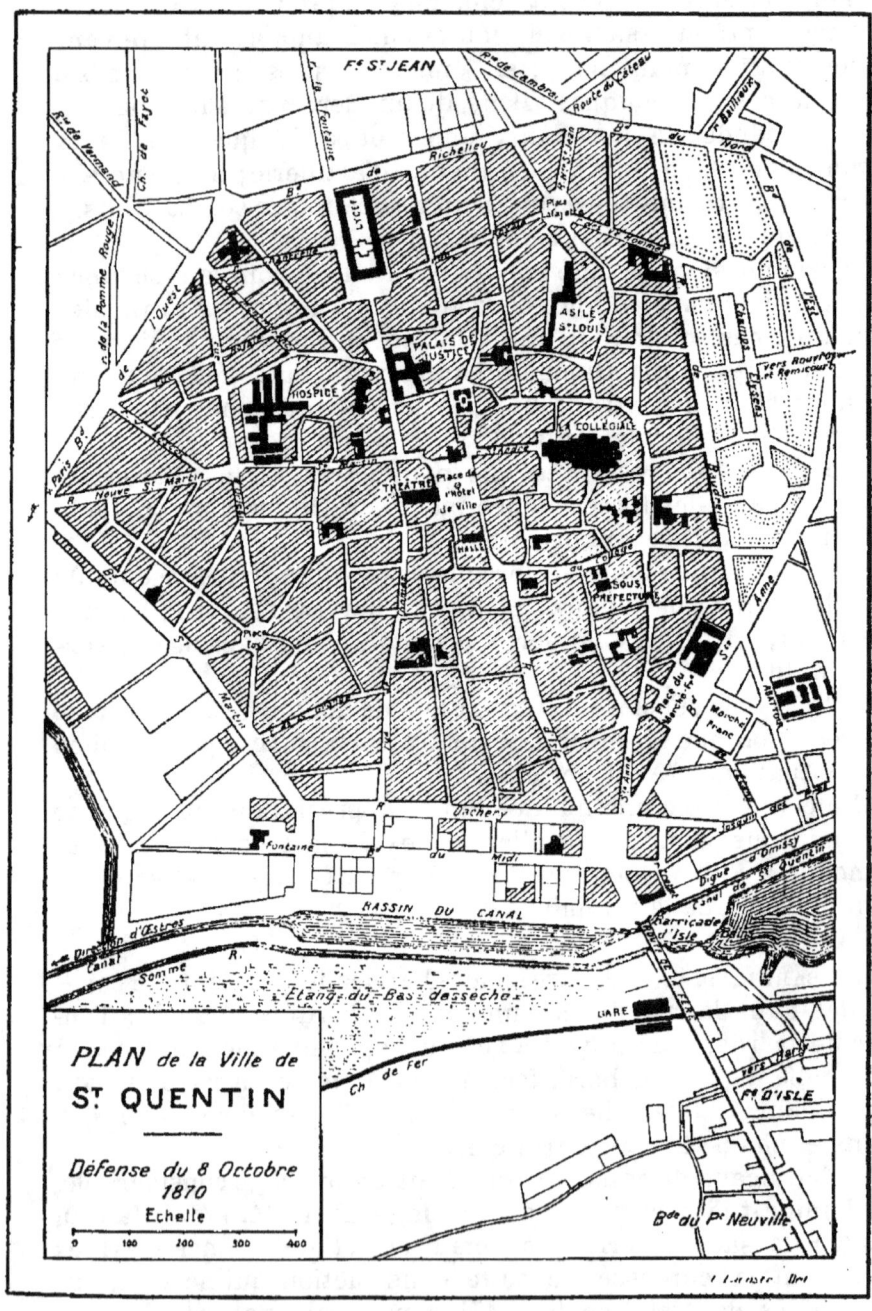

saient simplement sur les longrines, qui pouvaient elles-mêmes être sciées en un tour de main.

« A gauche, comme on devait prévoir que l'ennemi jetterait un pont volant sur le retrécissement de l'écluse, une levée de terre partait de la maison de M. Derôme et interceptait à la fois la digue d'Omissy et la petite rue Crétet »... (id.).

Nous en avons assez dit pour faire voir que la résolution de se défendre, chez les St-Quentinois, ne se bornait pas à des paroles, mais s'affirmait par des actes.

L'ENNEMI APPROCHE. — Le 6 octobre, le commandant Dufayel est investi du grade de lieutenant-colonel et chargé du commandement de toutes les gardes nationales et de toutes les compagnies de pompiers du département.

A la même date, le capitaine Baston, de la compagnie de pompiers de Saint-Quentin, est nommé chef de bataillon. Toutes les compagnies de l'arrondissement devront lui obéir.

Sur ces entrefaites, l'ennemi s'approche.

Le vendredi, 7 octobre, un citoyen dévoué et patriote, d'Aulnois près de Laon, M. Jules Lecointre, ex-géomètre du cadastre, sans calculer le danger auquel il s'expose, accourt à Saint-Quentin pour y annoncer l'approche des Prussiens et leur arrivée probable pour le lendemain.

C'est vers 9 heures du soir qu'il arrive lui-même à la barricade du Petit-Neuville. Il déclare que 600 à 800 Prussiens, cavaliers (dragons bleus), fantassins (landwehriens), traînant à leur suite de nombreuses voitures de réquisition, sont partis le jour même de Laon, et font route pour Saint-Quentin.

AUX ARMES ! — A onze heures du soir, la troupe ennemie est signalée de la Ferté-Chevresis et de Ribemont, et aussitôt Saint-Quentin court aux armes.

La générale bat dans les rues; la commission municipale s'établit pour siéger en permanence.

Quant au Préfet, toute la nuit sur pied, il envoie cette dépêche au gouvernement de la Défense nationale, à Tours :

« Nous serons attaqués demain à 4 heures du matin. Ayez confiance, la ville est barricadée, nous ferons notre devoir en Républicains ».

Voici, d'après M. Elie Fleury, directeur du *Journal de Saint-Quentin*, comment étaient placés les braves gardes nationaux.

1re compagnie. Au canal, en réserve, dans le magasin de charbon de M. Dufour ;

2e compagnie (capitaine Coutant). Au canal, dans les bâtiments des ponts et chaussées et rue Crétet ;

3ᵉ compagnie (capitaine Vouriot). A la barricade du pont ;

4ᵉ compagnie (capitaine Demamet). Sur le chemin de Rouvroy ;

5ᵉ compagnie (capitaine Basquin). Devant le pont de Rouvroy ;

6ᵉ compagnie (capitaine Lecomte). Au cimetière, qui avait été crénelé ;

7ᵉ compagnie. Au faubourg Saint-Jean; elle descendit ensuite tambours battants la rue d'Isle, ce qui eut pû lui coûter cher si les Prussiens n'avaient lâché pied à ce moment ;

8ᵉ compagnie (capitaine Maruy). A Remicourt.

Le temps est exécrable. Une pluie battante fait rage, mais elle n'empêche pas nos Saint-Quentinois de passer la nuit aux postes avancés.

Au matin seulement, comme l'ennemi n'a point paru, nos braves citoyens rentrent chez eux pour prendre un repos bien gagné. Toutefois, ils ont l'ordre de se tenir prêts à marcher au premier signal. Celui-ci ne devait pas tarder beaucoup à être donné.

Un aperçu de la défense. — Vers dix heures, le guetteur, placé au sommet du beffroi, annonce l'approche de l'ennemi et bientôt la fusillade s'engage, car les dévoués habitants n'ont fait qu'un bond pour courir à leur poste.

« ...Le préfet, M. Anatole de La Forge, vêtu de l'uniforme de simple garde national, dit la *Gazette de Cambrai*, se rend sur la place; tenant d'une main son sabre et de l'autre un revolver, il harangue la population et l'entraîne au combat. »

« Toujours nous nous souviendrons, dit à son tour le *Glaneur de Saint-Quentin*, de cet instant de mâle résolution où notre ville, apprenant que les Prussiens étaient aux portes, se leva tout entière, prête à mourir plutôt que de se rendre.

« En un instant, tout le monde fut à son poste, les uns à la barricade du pont d'Isle, les autres à Rouvroy, partout enfin où la ville était menacée.

« Résistance! s'écrie plus loin le *Glaneur*, tel est le mot d'ordre que Saint-Quentin donne à toute la France, telle est la route qu'elle vient de tracer vaillamment à son pays. »

Dans un autre article, nous lisons ceci :

« M. Anatole de La Forge était simplement sublime, sur le sommet de la barricade où il commandait le feu avec la précision et l'énergie d'un vieux général. *Allons, mes bons amis, en avant, mes bons camarades* s'écriait-il souvent, sous la grêle des balles, et il électrisait par son exemple et ses paroles les combattants... c'est comme un miracle, s'il n'a pas été tué vingt fois pour une... Le brave lieutenant-colonel Dufayel le secondait dignement.

« Si Saint-Quentin n'est pas au pouvoir de l'ennemi, si les contributions de guerre n'ont pas ruiné la cité, on le doit à ces deux vaillants chefs, à la confiance qu'ils inspiraient. » Les Prussiens, en effet, découragés par cette résistance, s'étaient retirés vers 4 heures.

La journée du 8 octobre allait avoir un retentissement énorme, et être exagérément grossie, enflée jusqu'à l'hyperbole.

Un rapport officiel. — Le rapport suivant, du colonel Dufayel, rapport officiel et tiré des archives de la guerre[1], en nous faisant connaître en détails la marche de l'action, en fixera, pensons-nous, les justes proportions, et l'on verra qu'elle fait encore, telle qu'elle est, fort bonne figure devant l'histoire.

« A Monsieur le préfet de l'Aisne, commandant militaire.

« Monsieur le Préfet,

« Suivant l'ordre que j'ai reçu de vous le 7 octobre à 10 heures du soir, j'ai fait immédiatement prévenir les chefs de compagnie d'avoir à porter leurs hommes sur la place d'armes.

« Aussitôt que les compagnies ont été rassemblées, vers 10 h. 3/4, je les ai établies dans l'ordre suivant :

La 3ᵉ (quartier d'Isle) à la barricade principale, porte d'Isle, appuyée à gauche par la 2ᵉ, à droite et légèrement en arrière par la 1ʳᵉ.

« La 4ᵉ compagnie gardait la hauteur à droite, où se trouve la briqueterie du Moulin Blanc, ayant à sa gauche et légèrement en avant la 5ᵉ qui prenait position sur la hauteur vis-à-vis exactement du pont de Rouvroy. Ces deux compagnies étaient appuyées en arrière et gardées par la 6ᵉ, à cheval sur les routes du Cateau et de Morcourt, tandis que la 8ᵉ portée en avant du village de Rouvroy, au pont du chemin de fer, dominait la vallée, éclairant en avant le village de Harly et protégeant en arrière celui de Rouvroy.

« La 7ᵉ compagnie gardait la route de Paris.

« La 9ᵉ compagnie, formée des subdivisions rurales d'Œstres-et Rocourt, gardait le pont d'Œstres et observait le marais de Gauchy.

Les 4ᵉ, 5ᵉ, 6ᵉ et 8ᵉ compagnies tenaient donc la campagne, de

---

1. Papiers d'Amédée Le Faure.

l'extrémité des Champs-Elysées au village de Harly, à 100 mètres de la route d'Homblières, et se liaient entre elles par un cordon de sentinelles.

« La barricade avancée du Petit-Neuville était gardée et éclairée par les sapeurs-pompiers, sous le commandement de leur chef de bataillon.

« La compagnie de francs-tireurs, capitaine Decaux, battait l'estrade en avant de nos lignes, vers le Mesnil-Saint-Laurent, Neuville-Saint-Amand et la plaine qui s'étend de ces villages au bois de Sissy.

« Vers 7 heures du matin, malgré diverses dépêches reçues de Moy et La Ferté-Chevrésis, aucun ennemi n'était en vue.

« Bien convaincu cependant qu'il n'abandonnait pas l'idée qu'il avait conçue de venir à Saint-Quentin, et après avoir éclairé la route de Marcy jusqu'à ce village, au delà d'Homblières, je fis rentrer en ville la garde nationale, laissant 50 hommes à chaque porte, et au guetteur du beffroi les ordres les plus formels pour une observation incessante.

« Le 8 octobre était jour de marché, et je comptais avoir de bonne heure de nombreux renseignements; mais j'avais compté sans la peur qu'ont d'être incendiés les habitants des villages qui dominent la plaine, et je vous citerai entre autres le Mesnil-Saint-Laurent et Mancourt, qui, distants de plus de 3 kilomètres des bois de Sissy, dont ils voyaient sortir l'ennemi, ont gardé un coupable silence.

« Vers dix heures du matin, la cloche du beffroi donna l'alarme. En un clin d'œil, la garde nationale et les pompiers furent sur pied, et je me portai rapidement, à la tête de trois compagnies, vers le faubourg d'Isle, en faisant battre la charge.

« Vous avez, du reste, pu juger par vous-même de l'état des choses, puisque, arrivé le premier, vous n'avez quitté le lieu du combat qu'à la fin et après avoir été blessé [1].

« Je poursuis néanmoins pour la régularité.

« A mon arrivée à la barricade de la porte d'Isle, je la trouvai occupée par la 3ᵉ compagnie dont elle était le poste de combat, et par les gardes nationaux des postes de la gare et de l'octroi

---

[1]. A propos de la blessure d'A. de la Forge, le *Journal de Saint-Quentin* s'est exprimé ainsi : « La question de sa blessure a été très discutée; les uns prétendent qu'il s'écorcha fortement le mollet à un éclat de bois, les autres qu'une balle, ricochant sur la corniche d'une maison, vint lui érafler la jambe. En tout cas, le médecin-major de la garde nationale, M. Lobjois, lui refusa formellement un certificat de blessure. A cela près, et c'est de peu d'importance, l'attitude de M. de la Forge n'en fut pas moins très crâne ».

de Guise, qui, ne pouvant penser à tenir, s'étaient rapidement repliés en bon ordre.

« Bientôt arrivent le chef de bataillon des pompiers et ses hommes qui, après avoir soutenu le feu autant que la chose était possible, et avoir tué et blessé plusieurs hommes à l'ennemi, se repliaient sur nous suivant nos ordres, afin d'éviter d'être tournés.

« J'appris qu'ils avaient perdu deux hommes, le nommé Heiwang, tué sur le coup, et le nommé Lecompte, frappé d'une balle à la cuisse *et achevé lâchement à coups de baïonnette* par l'ennemi, avant qu'il ait été possible de l'enlever.

« C'est alors qu'une fusillade nourrie, partant de la barricade principale, tint l'ennemi à distance et lui fit subir, dès le début, des pertes notables. Malheureusement, le caporal Martin, de la 3ᵉ compagnie, fut tué raide par une balle passant à travers un créneau.

« La fusillade dura près de quatre heures et, pendant ce temps la 3ᵉ compagnie, qui soutenait le feu, ne faiblit pas un instant.

« J'avais, aussitôt arrivé, dirigé sur Rouvroy les 4ᵉ, 5ᵉ et 6ᵉ compagnies et les francs-tireurs, avec ordre à ces derniers de se reporter au pas de course au-delà du pont, pour refouler la cavalerie qui, suivant moi, devait essayer de nous tourner par cette voie. La cavalerie comptait environ 400 dragons bleus.

« Les francs-tireurs, partant avec un admirable entrain, chassèrent la cavalerie sur la hauteur d'Harly et sans brûler une cartouche. Leurs armes n'étaient pas à longue portée; aujourd'hui, grâce à vous, c'est différent.

« J'avais fait occuper la digue de Rocourt et garder le pont vers Œstres, par deux compagnies.

« Vers trois heures, le feu parut se ralentir et n'alla plus effectivement qu'en s'affaiblissant. A quatre heures, on ne tirait plus; les sapeurs-pompiers avaient repris leurs positions et nous faisions quelques prisonniers dans le faubourg.

« Les renseignements que j'ai recueillis un peu partout portent à 78 le nombre des hommes tués, blessés ou prisonniers du côté de l'ennemi. De notre côté : deux pompiers et un caporal de la garde nationale.

« Quelques habitants furent blessés ou tués par suite de leur imprudence, en circulant malgré mes ordres, dans la rue d'Isle qui se trouve sous le feu plongeant des hauteurs du faubourg d'Isle.

« J'ai l'honneur de citer, comme s'étant le plus distingués :
1º du côté de la garde nationale :

« La 3ᵉ compagnie qui, son capitaine en tête (c'était le brave capitaine Vouriot), a seule soutenu le feu.

« L'adjudant sous-officier Devienne qui, du premier étage d'une maison, a tiraillé sur l'ennemi, à qui il a tué pas mal de monde. Ancien militaire.

« Le caporal Cherfils qui, du haut d'un belvédère, et à découvert, a continuellement tiraillé, armé d'un chassepot qu'il avait acheté. Il a frappé à plus de 1,000 mètres un capitaine de dragons bleus, parent du duc de Mecklembourg, suivant renseignements recueillis d'Erbemont. Il s'est ensuite avancé dans le faubourg à la tête d'une escouade et a ramené quelques prisonniers. Ancien militaire.

« Le garde national franc-tireur Bosquette, dont chaque balle a porté, car son adresse et son sang-froid sont passés en proverbe [1].

2° du côté des sapeurs-pompiers :

« M. Baston, chef de bataillon, homme calme, mais énergique et brave. Ancien militaire.

« Le lieutenant Lafond, ancien militaire, soldat résolu auquel l'ennemi doit quelques poitrines trouées, et dont la bravoure n'est pas contestable.

« Le clairon Wallon qui, armé d'un chassepot, a fait beaucoup de mal à l'ennemi.

« En général, chacun a fait son devoir.

« Il n'en pouvait être autrement, vous nous donniez l'exemple.

« J'ai l'honneur, monsieur le préfet, de vous prier, de vouloir bien recevoir l'assurance de mon dévouement sans bornes.

« G. Dufayel. »

Les Prussiens avaient commencé par occuper la gare, puis ils avaient essayé, en utilisant les saillies des maisons et les balustrades à claire-voie du chemin de fer, de se déployer ; mais tout cela ne leur permettait pas d'atteindre les défenseurs de la barricade qui, eux, leur faisaient subir des pertes cruelles.

Rappelons ici que les braves garde-nationaux, francs-tireurs et pompiers, n'avaient que d'anciens fusils. Si nous avions eu seulement 300 soldats munis de chassepots, disaient les habitants de Saint-Quentin, pas un Prussien ne se serait échappé.

Les Allemands purent emporter sur leurs chariots amenés

---

1. « On cite entre autres, dit la *Gazette de Cambrai*, le célèbre tireur Saint-Quentinois Bosquette, qui aurait tué ou blessé 5 ou 6 prussiens, dont un officier supérieur. »

pour un autre usage, leurs morts et leurs blessés. Ils laissaient entre nos mains une douzaine de prisonniers qui furent expédiés à Cambrai.

LE CAPITAINE VOURIOT. — A 600 mètres en avant de la barricade élevée à l'entrée de la rue d'Isle, et défendue par la compagnie Vouriot, s'en trouvait une autre, dont nous avons parlé, celle du Petit-Neuville; elle était occupée par les pompiers. Elle eût été sans doute défendue avec la même valeur que celle du pont, mais les pompiers durent l'évacuer devant l'ordre donné par Anatole de la Forge de couper le pont du canal entre les deux barricades.

« Je laissai donc enlever le plancher du pont » nous disait le capitaine Vouriot, mort aujourd'hui, mais que nous vîmes encore l'an dernier, à Saint-Quentin où il vivait entouré de l'estime et de la reconnaissance publique « puis, je montai sur la barricade pour essayer de voir l'ennemi.

« Une balle siffla; je me retournai pour voir nos gardes-nationaux qui arrivaient, et, voyant quelques volontaires aux créneaux, je les remplaçai par les hommes dans lesquels j'avais le plus de confiance.

« Vous me demandez mes impressions, hélas! je n'ai rien conservé de mes souvenirs et je ne vois personne à vous citer personnellement; beaucoup sont morts, d'autres ont disparu.

« Vous devez comprendre qu'avec des hommes mariés, pères de famille et n'ayant jamais vu le feu, je n'avais pas trop de toute mon attention pour diriger la défense. Je ne puis donc en citer aucun.

« Ce que je puis vous dire, c'est que ceux que j'avais placés aux créneaux, surtout, se sont parfaitement conduits. Ils étaient là une vingtaine d'hommes disciplinés, vaillants, solides, qui ont fait leur devoir et, en fait de récompenses, n'ont jamais rien réclamé...

« Sur notre organisation : nous existions depuis 1853, où en souvenir de 1557, le gouvernement nous avait autorisés à former un bataillon de 800 hommes, divisé en 8 compagnies.

« Nos gardes nationaux étaient choisis dans toute la ville et notre bataillon formé de négociants, rentiers, notaires, etc... enfin de ceux qui pouvaient faire les frais de l'habillement et de l'équipement, l'Etat ne nous donnant que le fusil ».

TROP DE HÂTE. — La commission municipale, on s'en souvient, avait déclaré qu'une fois l'honneur sauvé par une énergique défense, on pourrait laisser libre l'entrée de Saint-Quentin, ville ouverte, à l'ennemi. Vers 3 heures, elle jugea le moment venu et envoya des délégués aux combattants pour leur dire que l'honneur était satisfait et leur demander d'entrer en pourparlers avec l'ennemi, Un *non*! des plus énergiques fut la réponse de ces braves gens, et bientôt les Prussiens prenaient le parti de la retraite. Tant il est vrai, et on ne saurait trop le redire, que l'énergie, la persévérance, la tenacité sont, à la guerre, des qualités précieuses, inestimables. Sans le courage moral de ces hommes de devoir et de cœur, la ville était occupée et rançonnée 13 jours plus tôt par les Allemands, et nous ne comptions pas, dans nos annales, la défense *victorieuse* de Saint-Quentin.

Les victimes. — Voici, relevée dans le livre de M. Albel Deroux, la liste des tués et des blessés de cette glorieuse journée :

Martin, Victor-Louis, 42 ans, tué d'une balle à la barricade. Sans enfants.

Lecompte, Béloni, 40 ans, tué derrière le moulin incendié. Onze enfants.

Heiwang, 34 ans, mort par blessure.

Lobjeois-Brunot, 50 ans, blessé d'une balle à l'épaule.

Druelle, François, 48 ans, blessé à la jambe gauche, amputé.

Poucet, Clovis, 40 ans, blessé d'une balle à la tête.

Martinage, David, 21 ans, blessé d'une balle dans le dos.

Hourriez, Pierre-Joseph, 39 ans, balle au bras gauche.

Delval, Louis, 11 ans, balle à la cuisse.

Delmotte, Augustin-Joseph, 36 ans, balle à la tête.

Langrand, Henri, 26 ans, blessé au bras gauche.

Hachet, Alfred, 32 ans, blessé d'une balle au bras gauche.

Se trouvent joints à cette liste : Beauvais, Charles, 24 ans, blessé au genou droit par sa propre baïonnette, et Beauregard, Eudes, 52 ans, jambe fracturée en travaillant à la barricade.

Voici maintenant, d'après M. Elie Fleury, les circonstances de la mort du garde national Martin :

« La seconde balle tirée sur la barricade fit une victime : le garde national Martin se disposait à changer de place avec un de ses camarades et disait ces mots : « Je vais prendre une « chique », quand il reçut, les uns disent de plein fouet, les autres par ricochet contre un mur de la fabrique blanche, une balle dans la joue, à gauche du nez, qui le tua net. »

Quant aux pertes des Prussiens, l'ouvrage de leur grand état-major les évalue à : 1 officier blessé, 2 hommes tués et 12 blessés, 12 disparus, soit 1 officier et 20 hommes hors de combat. Ils avaient mis en ligne, au dire du même ouvrage, les forces suivantes :

1ᵉʳ régiment de dragons de Mecklembourg, n° 17, moins le 1ᵉʳ escadron.

1ʳᵉ et une partie de la 2ᵉ compagnie du bataillon de Cottbus du 2ᵉ régiment, combiné de landwehr du Brandebourg, n° 12/52.

Glorification et récompenses. — Le lendemain de l'action, Anatole de la Forge adressa à la ville et à ses défenseurs la proclamation suivante :

« Le préfet du département de l'Aisne, délégué du gouvernement de la Défense nationale.

« Félicite la garde nationale, les pompiers et les francs-tireurs de Saint-Quentin, de leur vigoureuse résistance. Jamais vieilles troupes n'ont montré au feu plus de sang-froid et de décision que les vaillants défenseurs de la ville, dans la journée du samedi, huit octobre mil huit cent soixante-dix.

« Cette date prendra place dans l'histoire de la cité, à côté de la glorieuse défense de 1557.

« La France, si douloureusement éprouvée, verra que les citoyens de la ville de Saint-Quentin, ville ouverte, n'ont pas dégénéré et qu'ils reçoivent aujourd'hui l'invasion prussienne comme leurs pères ont reçu jadis l'invasion espagnole.

« Honneur donc aux gardes nationaux, aux pompiers, aux francs-tireurs, ils ont, ainsi que la population de Saint-Quentin, bien mérité de la patrie.

« A Saint-Quentin, en l'hôtel de la Préfecture, le 9 octobre 1870.

« Anatole de la Forge. »

Bientôt le préfet reçoit cette dépêche :

« Tours, le 10 octobre 1870, 5 heures du soir.

« La délégation du Gouvernement de la Défense nationale, établie à Tours, félicite la ville de Saint-Quentin de sa belle résistance à l'ennemi, et la remercie du grand exemple qu'elle vient de donner à nos villes ouvertes.

« Léon Gambetta, amiral Fourichon,
A. Crémieux, Glais-Bizoin ».

Dès le 12 octobre, une revue est passée où le préfet et le général Dessaint donnent la croix de la Légion d'honneur au lieutenant-colonel Dufayel, au capitaine adjudant-major Teauzein, au capitaine Vouriot, le vaillant chef de la 3ᵉ compagnie, au commandant Baston, au lieutenant de pompiers Lafond, au garde national Bosquette, détaché à la compagnie des francs-tireurs de l'Aisne.

Un sabre d'honneur est en outre remis au capitaine Vouriot par le préfet, au nom de la 3ᵉ compagnie, et l'adjudant Devienne, de la garde nationale, est cité à l'ordre du jour pour sa belle conduite à la barricade du pont d'Isle.

De toutes parts, des félicitations arrivent à la courageuse cité. Lille, Tourcoing, Calais, Douai envoient des députations ou des adresses; la presse de toute la France publie des éloges dont quelques-uns, comme nous le disions plus haut, atteignent à l'hyperbole. L'*Echo du Nord*, entre autres, arrive au plus haut degré du lyrisme : « Inscrivons, dit-il, Saint-Quentin dans nos fastes guerriers, comme Lacédémone dévouait les Thermopyles à l'immortalité. »

Cette phraséologie est regrettable, quoiqu'elle puisse dans une certaine mesure, s'expliquer par la délirante joie que devait causer ce premier rayon d'espérance, après une suite ininterrompue jusque-là de jours sombres. Et puis, nous le répétons, ramenée à ses vraies proportions, la défense de Saint-Quentin est encore assez belle pour que la France en soit fière.

Par décret du 28 octobre, Anatole de la Forge recevait à son tour sa récompense. Il était fait officier de la Légion d'honneur, pour avoir : « déployé une grande énergie en défendant avec succès une ville ouverte, le 8 octobre 1870 ».

Escarmouche a Breteuil. — Avant de passer en Normandie, retournons un instant dans l'Oise, où a lieu, le 12 octobre, une petite rencontre entre Prussiens d'un côté, mobiles et gardes nationaux de l'autre. Ce nous sera l'occasion de présenter à nos lecteurs le 4ᵉ bataillon des mobiles de la Somme, commandé par le chef de bataillon E. Huré.

La première réunion du bataillon Huré s'est faite à Amiens, le 5 septembre. Quatre de ses compagnies arrivaient de Doullens et quatre de Saint-Ricquier.

Le 5 octobre, le bataillon est à Breteuil où il sera attaqué le 12, dans les circonstances que nous allons dire. Notre récit, est extrait du rapport officiel du commandant Huré.

« Le bataillon est attaqué par un corps de 4,500 Prussiens, 12 pièces d'artillerie et environ 1,200 cavaliers.

« Les avant-postes de Vandeuil, Caply, forcés par des régiments entiers soutenus par l'artillerie qui tire à mitraille, se replient sur le bataillon formé en bataille en avant de Breteuil.

« Les Prussiens établissent 2 batteries sur les hauteurs de Caply et de Vandeuil, et bombardent Breteuil, tandis que leur cavalerie tourne cette ville pour empêcher la retraite du bataillon sur Amiens.

« L'infanterie, descendant sur Breteuil par les routes de Paris et de Beauvais, engage une vive fusillade avec 4 compagnies qui, abritées derrière un rideau, ripostent avec avantage et maintiennent leur position en avant de Breteuil, depuis onze heures du matin, heure de l'attaque, jusqu'à deux heures de l'après-midi.

« Les 4 autres compagnies sont dans la plaine, entre Breteuil et le village d'Equesnoy, fusillant et tenant tête à toute la colonne de cavalerie qui, malgré de nombreuses charges, ne parvient pas à leur faire rompre leurs rangs.

« Vers 3 heures, tout le bataillon se reforme dans le village d'Equesnoy, tandis que 8 des pièces prussiennes, tirant par dessus Breteuil, les couvrent de mitraille qui, fort heureusement mal dirigée, ne leur fait subir aucune perte.

« En ce moment, 3 chevaux dont les cavaliers ont été tués, sont amenés au commandant.

« Vers 3 heures, 4 pièces de canon sortent de Breteuil, et tirent sur le bataillon reformé dans Equesnoy et en retraite, en ordre par compagnie, sur Bonneuil.

« Une nuée de cavaliers cherche à l'entamer ; mais plusieurs décharges bien dirigées la mettent en fuite. Le bataillon gravit la Montagne à Galets, poste important, sur la route de Paris à Amiens, et se range en bataille. Il était 4 h. 1/2.

« Les Prussiens ne dépassent pas le village d'Equesnoy ; leurs canons étaient impuissants à nous atteindre. Ils bombardent inutilement le bois de Bonneuil, ainsi que ce village où ils croyaient beaucoup des nôtres cachés, ce qui n'était pas, la plupart des hommes étant restés à leur poste.

« Le bataillon couche à Flers, à une lieue du champ de bataille. »

Au moment où la cavalerie allemande se portait vers Fléchy, dans l'intention de tourner Breteuil, un escadron rencontra des gardes nationaux de Blancfossé.

« Ceux-ci, au nombre d'une soixantaine, dit M. Th. Lemas[1] soutiennent vaillamment le premier choc. Ils vont plier et être faits prisonniers quand les mobiles de la Somme, qui s'étaient établis entre Equesnoy et Paillart, courent à leur secours. Au même moment, des uhlans qui avaient essayé de pénétrer dans Breteuil, sont vivement chassés par les gardes nationaux de la ville, et un uhlan est tué. »

---

1. *Un département pendant l'invasion 1870-1871.* Paris. Fischbacher 1884.

Rentrés dans Breteuil, après avoir poursuivi quelque temps les mobiles vers Bonneuil et Ailly-sur-Noye, les Allemands mirent la ville au pillage pendant deux heures. « Quand les Prussiens quittèrent le soir Breteuil, ils emmenèrent avec eux de pleins chariots d'objets volés ». (Th. Lemas.)

Nos pertes étaient, pour les mobiles, de 12 blessés, dont un officier, le capitaine Blin de Bourdon, et une cinquantaine de prisonniers. Les gardes nationaux de Bonneuil avaient eu un homme tué et ceux de Blancfossé, trois blessés.

« Un berger de Bonneuil, voyant passer sur le territoire de sa commune des dragons saxons, courut chercher son fusil et fit feu sur eux. Les dragons l'ayant arrêté, le tuèrent à coups de sabre ». (Th. Lemas.) Nous avons écrit au maire de Bonneuil, M. Cordier, pour avoir le nom de ce courageux patriote. Il s'appelait Dupont (Jean-Baptiste-Théophile), était né à Hardivillers (Oise) et avait 41 ans.

Les Prussiens qui étaient partis de Beauvais et de Clermont le matin, y étaient rentrés dans la soirée même, ramenant, au dire d'un habitant de Beauvais, 31 prisonniers. Ils avaient eu 2 tués, 1 blessé grièvement qui mourut le lendemain, et plusieurs blessés.

Cette rapidité d'évolutions s'explique par ce fait que leur infanterie avait voyagé sur des chariots.

Quittons à présent, si vous voulez, la Picardie pour le territoire normand. Nous trouverons là bien des petits faits à conter, avant d'arriver aux batailles rangées que va livrer une armée alors en formation, à Lille, et qui sera l'Armée du Nord.

Les cinq martyrs de Bazincourt.

CHAPITRE III

Les Prussiens en Normandie.

Les uhlans dans l'Eure. — Premières victimes. — Le coiffeur Fremanger. — A Gisors. — Les « glorieux ». — Les « danseux ». — Les « mâqueux ». — Une vue du pays. — La population et les troupes. — Voilà les uhlans! — Chassés de la ville. — Leur prompt retour. — Reçus de même. — Gisors veut se défendre. — Souvenir de Dijon et de Châteaudun. — La douche du général. — La défense en arrière. — Le combat du 9 octobre. — A Bazincourt. — Une poignée de héros. — Lieutenant Lebrun. — Sergent Marin-Boudier. — Théodule Gosse. — Alexandre Morin. — Alexandre Feugueur. — Eugène Raban. — Charles Lheurteux. — Femme Feugueur. — Cinq martyrs. — Lebrun père. — Gallais. — Porquié. — Marchand. — Viradoux. — Les psaumes de l'officier prussien. — 1er bataillon des Landes. — A Ecouis. — Lieutenant de Beuve. — Croix bien placée. — Ruse allemande. — Canons encloués. — Les tuyaux de poêle d'Hérimoncourt. — A Etrépagny. — Francs-tireurs trop pressés. — Capitaine Garnier. — Pas encore pris! — Nos forces en Normandie. — Suffisantes......, si l'on s'en servait.

A Pacy-sur-Eure. — C'est le 4 octobre, à deux heures de l'après-midi, que les uhlans font leur première apparition en Normandie, près de Pacy-sur-Eure. Ils appartiennent aux troupes qui assiègent Paris, et ils viennent de Mantes, pour une reconnaissance en vue de réquisitions futures.

Reçus, à hauteur d'Aigleville, par la fusillade de quelques francs-tireurs embusqués, ils n'en demandent pas davantage et font demi-tour.

Le lendemain, on voit revenir les Allemands, mais cette fois au nombre de 4 à 5.000 hommes, avec du canon; ils se dirigent sur Pacy.

« Les gardes mobiles de l'Eure, ainsi que ceux de l'Ardèche, qui étaient également en embuscade dans la forêt, commencèrent une fusillade qui démonta quelques-uns des cavaliers de l'avant-garde. L'artillerie prit aussitôt position et tira plusieurs coups de canon dans la direction de Pacy.

« Au même moment, nos gardes nationaux débouchaient sur la lisière de la forêt. Ils furent aperçus par l'ennemi qui dirigea son tir sur eux et les obligea à se replier derrière la forêt ».

Premières victimes. — Dans ce mouvement, un brave coiffeur d'Evreux, M. Fremanger, eut le malheur de tomber aux mains des Prussiens qui commencèrent par le taillader à coups de sabre et finirent par le tuer d'une balle de revolver.

Un second habitant, M. Blanchard, et un troisième, M. Prunier, également pris, parvinrent à se sauver, mais non sans que Blanchard eût été très violemment battu.

Ces victimes de nos chevaleresques ennemis étaient les premières d'un martyrologe normand dont nous ne pourrons forcément donner qu'un faible aperçu à nos lecteurs; car nulle part plus qu'en cette belle province, les Prussiens n'ont versé abondamment et comme à plaisir le sang innocent.

Après cette échauffourée, ils entrèrent dans Pacy. « A mesure qu'ils arrivaient, officiers et soldats se précipitaient dans les habitations, en pillant et en saccageant ». Ils repartirent le lendemain, dans la direction de Paris.

Tous ces détails, émanant d'un témoin des faits, sont extraits du *Journal de Coutances*, n° du 12 octobre 1870.

Rendons-nous maintenant à Gisors.

A Gisors.

LES « GLORIEUX » DE GISORS. — La guerre dans l'arrondissement des Andelys a eu pour historien un spectateur des faits très bien placé pour en tracer le tableau, M. Charles Dehais, sous-préfet des Andelys. Son livre[1], a été écrit au lendemain des événements. C'est lui que nous allons prendre pour guide.

Commençons par cette jolie description du pays.

« Il n'y a guère de situation plus pittoresque et plus coquette que celle de la ville de Gisors : une vallée très large, où on arrive sans descendre, d'où on sort sans monter; une rivière en plaine, avec des prairies, des arbres, des accidents de terrain; au milieu de tout cela, la Tour du Prisonnier et le vieux château, qui vous raconte ses défenses mémorables, ses vieilles murailles battues tantôt par l'Anglais, tantôt par le Français, restant encore fièrement debout; dans ces débris d'un autre âge, les promenades les plus délicieuses, où le rossignol chante, où l'amoureux vient rêver et le voyageur admirer. C'était par là que les Prussiens allaient pénétrer sur le sol normand.

« Au moins, faut-il dire, à l'honneur des habitants de Gisors, que cette porte de la Normandie ne leur fut pas livrée sans résistance, et que ceux qui la gardaient justifièrent, selon leur pouvoir, leur surnom : *les glorieux de Gisors*[2] ».

Jetons, avant d'aller plus loin, un coup d'œil sur les forces françaises qui se trouvaient à proximité de la petite ville menacée. Cet aperçu nous est nécessaire pour comprendre la situation.

« Le 9 octobre, il y avait aux Andelys un bataillon de mobiles des Landes, environ 1000 hommes, vêtus de blouses et de pantalons de toile... De Rouen, ils avaient été envoyés à Elbeuf, puis aux Andelys, aux avant-postes.

---

1. *L'Invasion prussienne dans l'arrondissement des Andelys.* — Evreux. A. Blot, 1872.
2. Les habitants de Gisors ne sont pas seuls à être gratifiés d'un surnom dans la contrée. On dit encore les *maqueux* (gourmands) de Gournay et les *danseux* des Andelys.

« Un bataillon des mobiles de la Loire-Inférieure, un bataillon de la Seine-Inférieure, un bataillon des Pyrénées-Orientales, étaient échelonnés depuis Vascœuil jusqu'à Romilly, le long de la vallée d'Andelle. A Fleury-sur-Andelle, se trouvaient environ 200 chasseurs (à cheval) qui avaient pu échapper à la capitulation de Sedan, commandés par des officiers distingués.

« L'état-major de cette petite armée était à Fleury...

« A ces troupes régulières, il faut ajouter les francs-tireurs. Une compagnie de 100 hommes se forma aux Andelys même, sous le commandement du brave capitaine Desestre, du lieutenant Mulot, du sous-lieutenant Lainé ».

Il y avait encore les francs-tireurs Desseaux, à qui les Andelys firent un chaleureux accueil; ils se disaient les éclaireurs de la garde nationale rouennaise.

Le général Gudin, qui commandait la rive droite de la Seine et le général Estancelin, commandant des gardes nationales dans l'Eure, le Calvados et la Seine-Inférieure, étaient chargés de la défense de l'arrondissement des Andelys. On avait surtout confiance dans le dernier, car il avait déjà expéditionné à Mantes et en avait rapporté *un ballon*.

La population avait une attitude parfaite. « Pendant que les maris montaient la garde, dit le sous-préfet Ch. Dehais, les femmes faisaient de la charpie; des quêtes en faveur de la Société de secours aux blessés avaient donné des résultats inespérés ».

Voila les uhlans! Ce cri retentit pour la première fois, à Gisors, dans les premiers jours d'octobre, mais ces cavaliers ne font que paraître et disparaître. C'était un dimanche; la garde nationale, qui rentrait d'une marche militaire, repart la nuit même dans la direction de Trye-Château.

On ne pense, dans le pays, qu'à défendre la ligne de l'Epte, qui sépare le Vexin français du Vexin normand, et que l'on regarde, avec raison, comme la clé de la Normandie. Mais l'autorité militaire sera d'un autre avis, c'est sur l'Andelle qu'elle voudra concentrer la défense, et cette divergence de vue, comme il est facile de le comprendre, n'aidera guère au bon résultat des choses.

Le maire de Gisors est M. Lepère. Le 6 octobre, il envoie demander des ordres au sous-préfet qui lui répond en lui conseillant de laisser agir la garde nationale, mais à une condition c'est qu'elle se défendra en dehors de la ville.

Le conseil municipal est en séance, quand on voit entrer en ville, au galop et pistolet au poing, huit uhlans « amenant avec eux un prisonnier, M. Désiré Barbier, qu'ils ont contraint à leur servir de guide ».

La ville de Gisors, nous dit notre historien, ne pouvait sans honte « se rendre à huit uhlans » et en vérité elle n'y songea pas un instant

« De chaque maison, nous dit-il encore, sort un homme armé, les uhlans, accueillis à coup de fusil, prennent la fuite, sans leur prisonnier qu'on a délivré. L'émotion était à son comble. Toute la nuit le tocsin sonna à Gisors et dans tous les villages environnants ; le cri aux Armes ! retentit partout. On s'assemble et l'on va s'embusquer dans les bois, en jurant de mourir plutôt que de se rendre ».

Nul doute que si l'ennemi s'était présenté alors, il aurait été reçu de la belle façon par ces braves citoyens. Nous sommes bien toujours les mêmes hommes en qui Richelieu, le grand cardinal, mettait tant de confiance quand on savait les utiliser sur le moment « à la chaude » selon sa propre expression. Mais, de toute la nuit et même de toute la journée du 7, l'ennemi ne reparut pas et le découragement se glissa dans les rangs des gardes nationaux. On se résigna alors à l'éventualité de se rendre sans combat, si l'on n'était pas soutenu par des forces venant du dehors.

Mais que la nuit fut dure, moralement, pour les *glorieux de Gisors !* « Se sentir une force, une volonté, et se voir obligé de se rendre à plus fort que soi, pour éviter d'incalculables désastres, parce que le général ou les généraux qui commandent à Rouen ne veulent pas défendre la ligne de l'Epte, mais la ligne de l'Andelle !... telle était la pensée qui accablait tous les esprits, pendant cette nuit d'angoisse ». (Ch. Dehais.)

Retour des uhlans. — Le 8, c'est un samedi, les cavaliers allemands reparaissent, et cette fois ils sont une quarantaine. Ils pénètrent dans la rue d'Eragny et demandent le maire, qui se rend auprès de leur chef. Il est accompagné des citoyens Passy, Radou, Lepage et Grillon.

L'officier prussien le prend de très haut. Il « exige les noms des habitants qui ont tiré sur les uhlans le jeudi soir ; le passage libre dans Gisors ; la livraison des armes et des cartes géographiques ; il réclame en outre deux chevaux, en remplacement de ceux qui ont été tués dans l'escarmouche du jeudi :

« M. Lepère répondit *qu'il ne donnerait satisfaction sur aucun point*, que Gisors ne se rendrait pas à une poignée d'hommes, et que, *s'ils osaient s'aventurer dans les rues de la ville, ils y seraient reçus à coups de fusil* ». (Ch. Dehais.)

Devant une telle réception, les Allemands qui ne se sentent pas plus rassurés qu'il ne faut, s'empressent de déguerpir, non sans avoir annoncé, cependant, qu'il reviendraient en forces le lendemain, et avec du canon.

« La vue de l'ennemi, nous dit notre historien, avait ranimé tous les cœurs ».

Ici, nous ne pouvons nous empêcher de faire remarquer l'analogie qu'il y a entre cette succession de faits et celle qui s'est produite en semblable occurrence, dans d'autres villes: Rambervillers, Epinal, Châteaudun, Dijon, etc.

Après une première période d'indécision, l'approche de l'ennemi vient réveiller les cœurs et relever les courages : Châteaudun rappelle les francs-tireurs de Lipowski renvoyés la veille, et Dijon les soldats de Fauconnet qui battent déjà en retraite par la route de Beaune.

Qui ne voit combien de ressources offraient pour la défense toutes ces bonnes volontés et tous ces courages, et qui ne sent qu'avec de l'instruction militaire d'une part, de la cohésion, de l'ensemble dans les efforts, nous serions très probablement sortis vainqueurs en 1870, de la plus terrible des épreuves.

Dès lors, quels horizons rassurants ne nous sont-ils pas ouverts, à présent que nous avons cette instruction militaire et que la haine du Prussien, qui nous était totalement inconnue en 70, viendra nous animer tous, chefs et soldats, lors de la grande lutte.

Donc, à Gisors, les cœurs se sont ranimés.

« On crie de nouveau : Aux armes! Plus de 200 personnes se dirigent vers la mairie, où était réuni le conseil municipal, et demandent le réarmement[1], des délégués sont admis au sein du conseil, et on décide d'aller en référer à M. le sous-préfet des Andelys. MM. Biquelle, Marion et Auzoux partent pour le chef-lieu, où ils apprennent que 600 mobiles des Landes, un détachement de la compagnie des francs-tireurs des Andelys sous le commandement du capitaine Desestre, partent pour Gisors ». Sur l'assurance que donne en outre le sous-préfet, qu'il a télégraphié à Rouen, au général Gudin, pour demander que les forces établies sur l'Andelle soient portées sur l'Epte, le Conseil municipal promet le réarmement.

Mais, tout cet enthousiaste patriotique, bien loin d'être encouragé, va être douché de la belle façon. Pendant la nuit, en effet arrive un télégramme du général Gudin qui blâme le sous-préfet

---

[1]. Les fusils avaient été rapportés à la mairie par la plus grande partie des gardes nationaux et des pompiers, le 7 au matin.

d'avoir envoyé les Landais au secours de Gisors, pendant que, sur l'Andelle, les troupes reçoivent l'ordre de ne pas bouger. Cependant le jour se lève, c'est dimanche (9 octobre) et dès la première heure, s'effectue le réarmement des gardes nationaux.

Il y a conseil de guerre à la mairie, auquel assistent le capitaine Desestre et le commandant des Landais, et, selon les instructions du sous-préfet, on décide bien que la défense aura lieu hors de la ville, mais, choix à première vue bizarre, *en arrière de la ville*, au mont de l'Aigle.

Quoi qu'il en soit, dès les neuf heures, le rappel se fait entendre « et la plus grande partie de la garde nationale de Gisors, les timides seuls restant chez eux, part pour le mont de l'Aigle, avec les mobiles des Landes. Les 25 francs-tireurs des Andelys vont les rejoindre et on prend position.

« Malgré l'approche du danger, on est gai, on plaisante, on doute que l'ennemi ose se présenter. Les gardes nationaux de Neauffles-Saint-Martin et de Bezu-Saint-Eloi viennent se joindre à ceux de Gisors ». (Ch. Dehais.)

Nous ferons remarquer ici, comme nous l'avons fait à propos de la défense de Rambervillers qui eut lieu exactement à la même date, que ces braves populations n'avaient pas encore éprouvé à cette époque le stimulant des proclamations enflammées de Gambetta. Elles n'en étaient que plus méritantes.

Voilà donc nos hommes sur le mont de l'Aigle, position bien choisie, en somme, puisqu'elle domine la ville et le cours de la rivière, et que ses défenseurs y avaient une retraite assurée par la forêt de Gisors. Ne sachant rien de la guerre et manquant d'un chef capable, ils se massent comme ils peuvent, s'adossant à la forêt. Ainsi que le dit notre historien, cette troupe « venait se battre pour l'honneur, comptant uniquement sur son courage ».

Tout à coup, l'on commence à apercevoir sur les hauteurs de l'autre rive de l'Epte, des cavaliers prussiens en reconnaissance. Ils se montrent au-dessus de la ferme de la Folie-d'Eragny, et bientôt l'infanterie et l'artillerie paraissent à leur tour, la première dessinant selon l'habitude un mouvement tournant, pendant que la seconde nous accable de ses obus.

De combat proprement dit, il n'y en eut pas, et dans ces conditions il ne pouvait y en avoir.

« Un obus tombe dans les rangs des mobiles, tue deux hommes et augmente le désordre. Quelques gardes nationaux, postés le long de la route de Bazincourt, répondent par des coups de fusils, à huit ou neuf cents mètres de la batterie; mais les mobiles des Landes, sur l'ordre de leur chef de bataillon, font déjà leur retraite dans la forêt, dans la direction de Bezu-Saint-Eloi, tandis que les francs-tireurs se portent sur la gauche, dans la direction de Saint-Paër, essayant des feux de peloton bien inutiles, auxquels l'artillerie répond par un feu meurtrier ». (Ch. Dehais.)

Chacun tire alors de son côté, pour échapper comme il peut au mouvement tournant de l'ennemi et la cavalerie n'a plus qu'à ramasser les fuyards qu'elle peut atteindre, dans son mouvement par Courcelles et le pont d'Inval.

Pour n'en pas perdre l'habitude, elle incendie en passant une ferme qui appartient à M. Lepere, la ferme des Bouillons.

Une poignée de héros. — « Pendant que ceci se passait sur la droite des Français, sur la gauche, un petit village de 200 habitants s'immortalisait en défendant ses ponts sur l'Epte contre la cavalerie prussienne.

« La garde nationale de Bazincourt, sous les ordres de MM. Leroux, capitaine, et Lebrun, lieutenant, avait promis aux troupes placées au mont de l'Aigle de garder les ponts, pour empêcher qu'elles ne fussent tournées : elle tint vaillamment sa parole.

« Dispersés en francs-tireurs, le long de la rivière, les gardes nationaux de Bazincourt défendent le passage des ponts. Quelques-uns passent même la rivière et vont sur l'autre rive se joindre aux habitants d'Eragny; là, ils se trouvent aux prises avec l'infanterie prussienne, qui, après la déroute des nôtres au mont de l'Aigle, avait marché en avant.

« L'ennemi, fidèle à son système, met le feu au village d'Eragny.

« L'intrépide lieutenant Lebrun, poursuivi par l'incendie et les balles, s'échappe à grand'peine, à l'aide d'un déguisement, après avoir fait subir aux Prussiens des pertes sensibles.

« Mais les uhlans ont réussi à passer le pont de Droittecourt et les habitants de Bazincourt se trouvent pris entre l'infanterie prussienne à Eragny, et la cavalerie qui a fait irruption sur leur territoire.

« Le sergent Marin Boudier tombe frappé d'une balle qui lui enlève le crâne. Théodule Gosse a le cou traversé; Alexandre Morin la cheville brisée: *tous deux sont lâchement achevés par l'infanterie ennemie.*

« Un peu plus loin, Alexandre Feugueur, Eugène Raban et Charles Lheurteux sont mortellement atteints par les balles; la femme Feugueur reçoit elle-même deux coups de feu, qui lui traversent le cou et le bras.

MM. Lebrun père, Alexandre Delaunay, Barcher, Bucart, **Viradoux**, Marchand, Louis Gosse, Boiselin, Porquié et Gorée sont faits prisonniers ». (Ch. Dehais.)

Cette héroïque résistance « dans laquelle le maire de Bazincourt, M. de Bricy, intervint avec beaucoup de cœur[1] » avait permis aux défenseurs du mont de l'Aigle de se soustraire à l'étreinte de l'ennemi.

CINQ MARTYRS. — Tout cela demandait du sang, suivant le code de nos ennemis. Aussi, après l'occupation de Gisors, le lendemain 10 octobre, cinq des gardes nationaux prisonniers : Lebrun père, Gallais, Porquié, Marchand et Viradoux furent assassinés froidement à St-Germer.

Ils avaient passé la nuit attachés à la grille d'une boucherie, gardés par une sentinelle allemande. Un officier prussien, ajoute Ch. Dehais, les avait engagés à se préparer à la mort, et leur avait lu, pour leur édification, des psaumes latins ; puis ils avaient été livrés au peloton d'exécution.

L'un d'eux, l'héroïque Lebrun, après avoir reçu deux balles, vivait encore, il en fallut une troisième pour l'achever. Le malheureux avait encore assez de force pour repousser le canon du fusil ».

Défense fut faite de procéder à un enterrement régulier pour ces martyrs du patriotisme ; ils durent être enterrés çà et là par leurs femmes dans leurs habits sanglants.

Trois des prisonniers qui restaient reçurent la bastonnade avant d'être relachés. M. Dehais nous donne leurs noms : Delaunay, de Thierceville ; Gorée, de Bazincourt et Gosse, d'Eragny.

La ville de Gisors dut payer un contribution de 18.000 francs, soit 5 francs pour chacun de ses 3.600 habitants.

Le commandant des forces allemandes à Gisors est le prince Albrecht de Prusse, neveu du roi Guillaume.

« C'est un homme d'environ trente-cinq ans. Il est très grand, mince, et d'une tournure très distinguée. Il habite la maison de M. Boispréault, où il est installé avec toute sa suite, dans laquelle se trouvent de nombreux domestiques en livrée... » (*Moniteur du Calvados*).

UNE EXCEPTION. — Il faut rendre cette justice à ce haut personnage, nous a dit à Gisors, M. Radou, ex-adjoint au maire en 1870, qu'il a toujours payé sa dépense personnelle.

Grand buveur, comme tous les Allemands, s'il vida en partie

---

[1]. *Procès-verbaux du Conseil municipal de la ville de Gisors.* — Beauvais. — D. Père, 1870.

les caves bien garnies de la maison Boispréault, abandonnée par son propriétaire, il paya intégralement ce vin, qu'il avait eu soin de faire estimer et inventorier avant de le boire.

1er Bataillon des Landes. — Il a été réuni à Dax, le 8 septembre, fort de 25 officiers et de 2.050 hommes; son chef est le commandant Condoumy. Le bataillon n'est exercé au maniement de son arme, le vieux fusil du modèle 1842, que pendant deux jours, avant de marcher à l'ennemi. Son uniforme consiste en un képi et une blouse de toile bleue. Le 3 octobre, le bataillon est aux Andelys d'où il fait des reconnaissances.

Le 11 octobre, (il y a là évidemment une erreur de l'historique, car c'est le 9 qu'a lieu la rencontre avec l'ennemi), deux de ses compagnies, la 3e et la 4e, sont envoyées sur Gisors. Elles rencontrent bientôt une colonne ennemie forte d'un millier d'hommes, qui les reçoivent par une décharge. Nos jeunes soldats surpris, ont un moment de trouble, mais leurs officiers les ramènent au combat, et ils commencent à riposter, quand des salves qui leur font croire à l'action de mitrailleuses du côté de l'ennemi, les mettent de nouveau en déroute.

Quelques hommes, cependant, restent groupés autour du chef de bataillon qui peut ainsi faire une retraite honorable. Le bataillon a eu trois hommes tués et douze blessés.

Quelques jours après, les Landais recevront des fusils Snyders qui leur donneront une grande confiance.

Ecouis. — Dès le lendemain de la prise de Gisors, les éclaireurs prussiens poussent leurs reconnaissances sur Etrépagny, qu'ils trouvent sans défenseurs, et y réquisitionnent à l'aise. Le 13 octobre, ils s'avancent jusqu'au Thil, mais ils sont obligés de s'enfuir à toute bride devant nos cavaliers du 3e hussards, qui ont un poste avancé à Ecouis.

« Le 14, lisons-nous dans la relation déjà citée du sous-préfet des Andelys, M. Ch. Dehais, ils reviennent en force: 300 uhlans et une centaine de fantassins, accompagnés de voitures d'ambulance.

« A Etrépagny, la colonne se divise : les uns marchent directement sur Ecouis par le Thil, les autres prennent la route de Hacqueville, Richeville, Suzay, Frenelles, battent le bois de Corny, les hauteurs des Andelys, et sont reçus dans les bois de Musegros par une décharge des francs-tireurs havrais (commandant Jacquot) et des francs-tireurs d'Elbeuf, qui tue deux uhlans.

« Les francs-tireurs se replient ensuite sur les Andelys. La colonne ennemie, arrêtée quelques instants, se remet en marche et se dirige par les fonds de Musegros et de Sauvagemare, sur Fresne-l'Archevêque, tournant ainsi les hussards d'Ecouis ».

Voilà donc nos gens entre deux feux, et pris s'ils n'arrivent à se dégager avant que le cercle ne soit complètement fermé. Ils y parviennent, en faisant le coup de fusil et même le coup de sabre; mais ils ont laissé en arrière un détachement de 15 hommes qui a été envoyé sur Saussay-la-Vache, en reconnaissance, sous les ordres du lieutenant de Beuve. Et cette poignée de braves se trouve complètement cernée, à mi-route d'Ecouis à la ferme de Brémulle, à un endroit qu'on appelle la Folie.

« Plutôt mourir que nous rendre! » s'écrie l'officier et, le chassepot d'une main, le sabre de l'autre, ils se jettent sur les uhlans et forcent le passage.

« En franchissant les fossés de la route, deux hussards sont *renversés par des branches d'arbres et tués par les Prussiens*; cinq autres blessés restent sur le lieu du combat.

« Les Prussiens ramassent à la hâte leurs blessés et leurs morts, dont un officier supérieur, et se replient devant les secours qui arrivent du camp de Grainville.

« Deux de nos blessés parvinrent, en se glissant dans les fossés de la route, à gagner la ferme de Brémulle, d'où ils furent conduits à l'ambulance du docteur Filloul, à Fleury-sur-Andelle. L'un d'eux était l'intrépide chef du détachement, M. de Beuve. Après avoir été renversé de cheval par un coup de sabre sur le cou, il avait encore tué un uhlan. Il avait été laissé pour mort sur le champ de bataille, puis il avait fini par retrouver assez de forces pour se trainer jusqu'à la ferme.

« Les trois autres : Merry, Pinard et Cheux, furent conduits à l'ambulance de Mlle Lenzeler, receveuse des postes à Ecouis, où ils reçurent les soins les plus dévoués.

« A côté d'eux mourut, dans la nuit, un uhlan abandonné par les Prussiens, qui avaient jugé sa position trop grave pour l'emporter. Le lendemain, une voiture d'ambulance vint chercher son corps.

« Nos ennemis avaient perdu, dans cette affaire, 7 soldats et 2 officiers ». (Ch. Dehais.)

A rapprocher de cette correspondance datée de Gisors, que nous trouvons dans un numéro du *Moniteur du Calvados* de 1870.

« Très souvent, nous voyons revenir à Gisors des blessés, des chevaux sans cavaliers, et des voitures qui ne contiennent pas de réquisitions. Il m'est impossible de vous parler de ces engagements : les récits qu'on en fait sont trop contradictoires. Je sais seulement que mercredi dernier, une forte reconnaissance de uhlans, composée de quatre-vingts hommes, s'étan avancée du côté d'Ecouis, des mobiles ou des francs-tireurs les ont reçus à coups de fusil, tandis que nos cavaliers les poursuivaient à fond de train.

« Les uhlans sont revenus à la débandade et au grand trot par Boisemont, Richeville, jusqu'à Dangu, où leur retour a causé une alerte qui s'est fait ressentir jusqu'à Gisors, car les bagages, les malles d'officiers, les allées et venues, l'ahurissement des soldats formaient le tableau le plus expressif. Et tout cela se sauvait au grand galop sur la route de Beauvais.

« Les Prussiens ont comme cela régulièrement une alerte tous les deux jours, et on rit à Gisors. C'est peut-être pour ces plaisanteries trop démonstratives qu'on ne nous permet plus de sortir de chez nous lorsqu'ils effectuent de semblables rentrées ».

Quelques jours après, on trouvait au *Journal Officiel*, un décret accordant des croix de la Légion d'honneur et portant cette mention :

« M. de Beuve, sous-lieutenant au 3e régiment de hussard, a reçu plusieurs blessures au combat d'Ecouis, en se frayant un passage à travers la cavalerie ennemie ».

Une chose en amène une autre, dit-on, c'est ainsi qu'en poursuivant la lecture des journaux de 1870, nous tombons sur cette affirmation que les Prussiens, pour effrayer les populations qui les voient passer, ont coutume de traîner après eux des canons français encloués : « Ça ne peut servir à rien dans la bataille, mais avant, ça fait nombre et ça fait peur ».

Pour nous, la chose est sans doute exacte. Il n'est pas chez nos ennemis de subterfuges ou de ruses qui ne soient réputés bons à employer à la guerre, et bien loin de trouver qu'ils ont tort d'agir ainsi, nous voudrions que les subterfuges et ruses de guerre fussent enseignés soigneusement dans nos régiments et jusque dans nos écoles de garçons.

Nous ne parlons pas, bien entendu, du stratagème infâme qui consistait à lever la crosse en l'air pour massacrer à l'aise nos soldats généreux et confiants. Celui-là est ignoble, il ne sera jamais français.

Mais, en voici un assez curieux et fort ingénieux qui nous fut conté naguère, dans les montagnes du Doubs, quand nous les parcourions pour écrire notre « Armée de l'Est ». Voyez-vous cette crête, nous disait un habitant de Montbéliard, en nous montrant le sommet d'une hauteur près d'Hérimoncourt. Eh ! bien, les Allemands y avaient établi une batterie, et comme ils n'avaient pu la garnir de canons qu'ils ne possédaient pas, ils avaient eu l'idée de les remplacer par des... tuyaux de poêle, qui d'ailleurs ont joué admirablement leur rôle.

Cette pseudo-batterie, dont les prétendues pièces allongeaient leurs cous noirs hors des embrasures, a tenu, en effet, bien longtemps en respect nos mobiles et nos francs-tireurs.

Du jour où nos soldats seraient initiés à ces stratagèmes, on serait sûr, du moins, qu'ils ne se laisseraient plus prendre à de telles fantasmagories, et ce serait quelque chose.

A Montdidier. — Pour ne point trop nous écarter de l'ordre chronologique, nous mentionnerons ici l'entrée des Prussiens dans Montdidier, qui prend date au 17 octobre.

La petite ville, tiraillée entre le sous-préfet qui voulait se battre et le maire qui ne le voulait pas, hissa le drapeau blanc après 25 minutes de bombardement. Elle comptait, comme défenseurs, 310 hommes (gardes nationaux et 250 mobiles du Gard).

Dans ce court bombardement, la ville avait reçu 48 obus qui tous avaient porté, détruisant des maisons, tuant ou blessant des citoyens.

Trois habitants avaient péri : MM. de Salaignac, chevalier de la Légion d'honneur ; Roze, receveur de l'enregistrement; Boursel, rentier.

Deux étaient blessés : M. Bertrand fils et Mlle Maria Pierra.

Trois mobiles étaient blessés et 150 furent emmenés prisonniers à Clermont, avec MM. Baudelocque, maire, et Paul Durand, pris comme otages, bien que la ville eût payé une contribution de guerre de 50.000 francs. (*Mémorial d'Amiens*, du 21 octobre 1870.)

Signalons à présent une escarmouche près d'Étrépagny (20 octobre) et nous arriverons ensuite à l'affaire plus importante du bois d'Hécourt, où les Prussiens de Mantes allaient avoir affaire aux Eclaireurs Mocquard, aux mobiles de l'Ardèche, etc... et trouver à qui parler.

Trop pressés. — Le 20 octobre, des Allemands représentés par des troupes des trois armes, se présentent en vue d'Etrépagny, alors que 300 francs-tireurs du Havre, qui ont passé la nuit dans les bois, sont postés dans ceux de la Broche, en avant de ce bourg.

La position est bonne, ainsi que le fait remarquer M. Charles Dehais, à la condition toutefois de laisser l'ennemi entrer dans Etrépagny, pour lui couper ensuite sa ligne de retraite.

« Les premiers uhlans sortaient à peine de Bezu-Saint-Eloi, à la pointe du jour, que nos francs-tireurs tiraient sur eux, à un kilomètre, sous le prétexte que leurs carabines Minié portaient à 1500 mètres.

Ils ne réussirent qu'à avertir l'ennemi de leur présence.

« Pointer leurs pièces sur le bois et le faire tourner par la cavalerie, fut pour les Prussiens l'affaire d'un instant.

« Les francs-tireurs purent s'échapper, grâce à des taillis impénétrables à la cavalerie; mais un des leurs, M. Garnier, capitaine des francs-tireurs de Louviers, se trouva cerné dans la maison du garde de M. de Corny, située au milieu des bois.

PAS ENCORE PRIS ! — « Les Prussiens chassent l'homme comme on chasse le blaireau ou le renard. Pour obliger leur ennemi à sortir de sa retraite, ils mirent le feu à la maison, dans le grenier de laquelle étaient réfugiés, avec M. Garnier, le garde, sa femme et deux petits enfants, qui, à demi étouffés par la fumée, demandaient grâce d'une voix suppliante.

« Le capitaine Garnier ne peut laisser périr ces braves gens. Il leur dit de le suivre; puis, le sabre dans une main et le revolver dans l'autre, il se présente à la porte, tue un uhlan qui lui barrait le passage, et gagne le taillis avec le garde et sa femme chargés de leurs enfants.

« Les balles sifflent autour d'eux, mais le capitaine seul est blessé. » (Charles Dehais.)

Alors, les Prussiens passent leur rage sur l'habitation de M. de Corny; ils y mettent le feu.

NOS FORCES EN NORMANDIE. — Avant d'aller plus loin, un coup d'œil jeté de nouveau sur nos forces en Normandie, ne sera peut-être pas superflu.

Ces troupes, désignées sous le nom d'Armée du camp de Grainville, ne se montaient guère à moins de 12,000 hommes; mais elles se composaient d'une foule d'unités, minuscules parfois, dépourvues entre elles de lien suffisant. Leur nomenclature à la date du 20 octobre, que nous donne le sous-préfet des Andelys, est curieuse et suggestive. Elle montre bien la somme de bonne volonté qu'apportait notre pays à se défendre contre l'envahisseur, bonne volonté qu'on ne sut pas mettre à profit.

« ... Les francs-tireurs du Havre s'étaient établis à Mesnil-Verclives; ceux du Nord, à Longchamps, Morgny, la Neuve-Grange; ceux des Andelys, à Lisors.

« Ces corps francs étaient ainsi postés en grand'gardes, en avant du corps d'armée, qui, logé dans les villages environnants de la vallée d'Andelle, s'y tenait obstinément immobile.

« A Lyons, se trouvaient les guides à cheval de la Seine-Inférieure, commandés par le chef d'escadrons Robert Lefort (duc de Chartres), et les francs-tireurs Desseaux ; au Thuit-sur-Andelys, la compagnie de marche et la compagnie de matelots de Dieppe... ; à Corny, Longuemare, Feuguerolles, les francs-tireurs de l'Orne, commandant de Beautot ; à Gaillarbois et à Cressenville, les mobiles du Havre ; à Ménesqueville, des soldats de la ligne, commandés par le brave capitaine Roussel ; à Charleval et à Grainville, les mobiles de la Loire-Inférieure ; à Perriers-sur-Andelle, les mobiles des Hautes-Pyrénées ; à Fleury et à Bourgbeaudoin, les hussards et les chasseurs ; à Pont-de-Pierre Douville, Ambreville-sous-les-Monts, les mobiles des Landes et quelques petits corps plus ou moins indépendants. »

Cette petite armée qui, nous l'avons dit, atteignait environ 12,000 hommes avait, pour artillerie... 2 canons !

Le 28 octobre, arriveront aux Andelys les 2.000 mobiles de l'Oise du lieutenant-colonel de Canecaude, et, comme le fait remarquer M. Ch. Dehais, on pouvait dès lors aisément, avec cette force de 14,000 hommes, « reprendre Gisors et le débarrasser des 3,000 pillards qui y avaient élu domicile », mais point, on ne bougea pas et on laissa l'ennemi rançonner, humilier et maltraiter à l'aise nos concitoyens.

Arrivons, à présent, au petit combat d'Hécourt.

A Bréval. — Les Prussiens obligent les habitants à mettre eux-mêmes le feu à leurs maisons.

CHAPITRE IV

Hécourt-Villegats. — Formerie.

Les Mocquards. — Braconnant le Prussien. — Une promenade du capitaine Guillaume. — Le schnaps interrompu. — Colonel Mocquard. — Combat d'Hécourt. — Ruse et jactance prussiennes. — L'attaque. — En chantant. — Avant et arrière-trains. — La déroute. — Le brave commandant Guillaume. — Un vrai Bas-de-Cuir. — Mobiles de l'Ardèche. — Eclaireurs du Calvados. — Com-

pagnie Trémaut. — Scission. — A Vernon. — Prussiens quinaulds.
— Braves habitants. — En sabots... — A Formerie. — Capitaine
Dornat. — 76ᵉ de marche. — Mobiles de l'Oise. — Bataillon Cadet.
— Compagnie Alavoine. — Hussards d'Espeuilles. — Une idée
juste. — Trop de retraites. — 1ᵉʳ bataillon du Nord. — Rude
journée. — Le *Moniteur du Calvados* et les Allemands. — A Bréval. — Vengeance teutonne. — Citadins et ruraux.

Les Mocquards. — Avant que nous leur fassions voir à l'œuvre les *Eclaireurs de Paris*, autrement dit les francs-tireurs Mocquard, nos lecteurs seront peut-être heureux d'avoir quelques renseignements sur les origines de cette vaillante troupe.

C'est par décret du 11 août que MM. Lafon et Mocquard avaient été autorisés à organiser un corps de volontaires destinés à faire le service d'éclaireurs. Ce corps, assimilé à l'armée régulière, devait être fort de 4 bataillons à 6 compagnies de cent hommes chacune, soit de 2.400 éclaireurs.

M. Lafon en était le colonel et M. Mocquard le lieutenant-colonel.

Nous n'avons à parler que des 2 premiers bataillons, commandants Robin et de Faby qui, aussitôt équipés et armés, étaient partis pour l'armée de Mac-Mahon (23 et 25 août 1870).

Disons ici que le commandant Robin, ancien capitaine d'infanterie de marine, est l'officier que nous retrouverons à l'armée de Faidherbe, général de division, commandant les mobilisés du Nord.

Comme nous n'avons pas à nous occuper des faits et gestes de l'armée de Mac-Mahon, venons-en tout de suite au 20 septembre, où le lieutenant-colonel Mocquard arrive à Vernon, avec ce qu'il reste des deux bataillons.

Le 25, nous trouvons les *Eclaireurs de la Seine* au château de Magnanville, d'où ils rayonnent sur tous les environs.

« Ce fut alors, dit le docteur Raspail, que commença cette terrible guerre d'embuscade qui, en quelques jours, décima la cavalerie ennemie occupée à fouiller sans cesse les environs de Mantes.

« Une fois l'appel fait, des escouades de 4 à 5 éclaireurs partaient dans toutes les directions et allaient au *braconnage* du Prussien. Peu de ces escouades revenaient sans rapporter des armes et des dépouilles sanglantes, et sans ramener des chevaux, le tout conquis sur les cavaliers qu'ils avaient surpris dans les villages ou au coin d'un bois.

« La hardiesse de ces hommes avait jeté rapidement une sorte de terreur parmi les Prussiens de ces parages. »

Le 28, les Mocquards entrent à Mantes. On va voir à quel point les fameux uhlans prenaient facilement peur alors.

Le même jour « le capitaine Guillaume sortit seul de Mantes, pour faire une promenade à cheval, et voulant donner un but à sa petite excursion, il la fit en *éclaireur*, c'est-à-dire vers les localités que fréquentaient les cavaliers ennemis.

« Il ne tarda pas à les rencontrer. En approchant d'un petit village, il se trouva, au détour d'un chemin, en présence de 4 uhlans qui avaient mis pied à terre à la porte d'une auberge, tenant d'une main leurs chevaux par la bride et tendant de l'autre un verre qu'une femme remplissait d'eau-de-vie.

« Prompt comme l'éclair à juger la situation, et sans hésiter une seconde, le capitaine Guillaume fondit sur eux en faisant feu de son revolver et en criant : En avant !

« Ces uhlans, se croyant chargés par une reconnaissance de cavalerie et n'ayant pas le temps de remonter à cheval, se jetèrent en toute hâte dans la maison et se sauvèrent par-dessus les murs du jardin, sous le coup d'une terreur que la disparition de tant de leurs camarades, depuis quelques jours, expliquait suffisamment.

« Le brave capitaine Guillaume rassembla les quatre chevaux, ramassa deux lances et un schapska abandonnés par les fuyards et revint en cet équipage vers Mantes, où il entra aux applaudissements de tous ceux qui se trouvèrent sur son passage[1]. »

A partir du milieu d'octobre, les deux bataillons en forment trois à quatre compagnies de 60 hommes chacune. C'est alors le 1er *régiment d'Eclaireurs de la Seine*. Son chef, le lieutenant-colonel Mocquard, est nommé colonel. M. de Faby est promu lieutenant-colonel; les chefs de bataillon sont MM. Lamy, Halbout et Guillaume. Le 19 octobre, les Mocquards viennent camper dans le bois d'Hécourt.

Le colonel Mocquard. — Quant au colonel Mocquard, voici le portrait que nous donne de lui le docteur Xavier Raspail, dans l'ouvrage que nous venons de citer.

C'est à Pacy-sur-Eure, le 1er novembre. Le docteur Raspail attaché à la 6e ambulance, alors à Serquigny, est venu à Pacy, avec ses confrères, MM. Moreau et Ricard et l'infirmier Matheu, attiré par la réputation des francs-tireurs Mocquard. Ces jeunes médecins ont avec eux une petite cantine pour les pansements.

---

1. Dr Xavier Raspail. *Relation de la guerre en Normandie* 1870-1871. Paris et Bruxelles. 1872.

« La voiture nous déposa sur la place de la mairie de Pacy, près d'un groupe d'officiers :

— Tenez, nous dit un de nos voyageurs, en nous désignant un de ces officiers portant en effet cinq galons, voici justement le colonel Mocquard.

« Malgré le calme dans l'expression, tout annonçait en cet officier une grande énergie; d'une taille au-dessus de la moyenne, il ne paraissait pas avoir plus de trente-cinq ans, bien que sa chevelure fût toute grisonnante; huit décorations et médailles s'étalaient sur sa poitrine. »

Plus loin, le docteur Raspail s'exprime ainsi, au cours du récit d'une entrevue qu'il a eue avec le colonel au camp d'Hécourt. On sait que le colonel, chef d'escadrons démissionnaire de l'armée, était fils de l'ancien secrétaire de Napoléon III.

« ... La conversation de plus d'une heure que nous eûmes ensemble me prouva que j'étais en présence d'un homme qui, en ce moment, ne connaissait plus de partis et n'avait qu'une pensée, qu'un but : chasser l'étranger et venger nos revers. Ce n'était ni un bonapartiste, ni un républicain, c'était un patriote ardent et enthousiaste qui offrait son dévouement entier, absolu, à la patrie... »

Abordons, à présent, le récit du combat d'Hécourt.

LE RAPPORT MOCQUARD. — C'est au rapport officiel[1] du colonel Mocquard, rapport adressé au général de Kersalaün, commandant à Evreux, que nous demanderons une vue d'ensemble du combat d'Hécourt. Les détails viendront après, selon notre règle habituelle.

« Pacy, 22 octobre 1870, 10 h. 15, soir.

« Aujourd'hui, à 11 heures, le camp du bois d'Hécourt a été attaqué par 6 pièces d'artillerie, 6 escadrons de cavalerie et 2 bataillons d'infanterie, au moment où nous allions déboucher du bois pour faire une forte reconnaissance en deux colonnes.

« Après une canonnade de 2 heures et une vive fusillade, l'ennemi fut successivement délogé de ses positions à Villegats et, craignant d'être tourné, cessa l'attaque pour songer à la retraite.

« Faute de cavalerie, la poursuite dut être abandonnée. Trois compagnies de l'Ardèche et la compagnie de Caen, qui marchaient avec nous, ont bien donné. Le bataillon de l'Eure a appuyé notre mouvement, et repoussé de Chauffour les éclaireurs prussiens qui s'y présentaient.

---

1. **Papiers d'Amédée Le Faure.**

« L'entrain des nôtres a été admirable. Nos pertes sont de : pour le 1er bataillon de l'Ardèche, 2 tués ; 4 tués dans le 1er régiment d'éclaireurs. Un chef de bataillon (M. Guillaume), bras gauche fracassé, 12 blessés ou fortement contusionnés, un maréchal des logis la jambe emportée.

« Les pertes de l'ennemi sont d'environ 200 tués dont un officier supérieur tué.

Signé : Mocquard.

Voyons maintenant, d'après des témoignages oculaires et quelques pièces, officielles ou autres, les détails de l'affaire.

FRANCS-TIREURS MOCQUARD. — Le 22 octobre, à 10 heures du matin, les rapports des grand'gardes signalent l'ennemi sur les hauteurs de Cravent, qui font face à la forêt d'Hécourt. Des pelotons de cavalerie prussienne se montrent en outre à Chauffour.

Les troupes qui se présentaient ainsi, marchant à l'attaque du bois d'Hécourt, se composaient, nous dit le Dr Raspail, d'infanterie et d'artillerie bavaroise et du 8e hussards prussien, soit 3.500 hommes et 6 pièces.

L'officier supérieur qui commandait ce petit corps passait pour avoir déclaré hautement, en quittant Mantes, qu'il se chargeait d'avoir raison de ces canailles de francs-tireurs et de les anéantir dans leur repaire. » (Dr Raspail.)

Les choses, on va le voir, devaient tourner tout autrement. Suivons le récit du docteur historien.

« En un instant, les Mocquards furent prêts à combattre.

« Une compagnie partit au pas gymnastique pour occuper le village de Villegats et s'y établir fortement, afin de gêner les communications entre Chauffour et Cravent ; le bataillon du commandant Lamy fila sous bois de façon à gagner du terrain sur la gauche de l'ennemi. En même temps, le colonel Mocquart expédiait un cavalier au commandant du bataillon de l'Ardèche, cantonné à Aigleville, lui prescrivant d'envoyer 3 compagnies à Villegats, puis de marcher avec le reste de son bataillon sur Chauffour, de s'en emparer et d'y attendre des ordres.

« Ces dispositions rapidement prises, les 3 bataillons, ayant à leur centre les Caennais, se déployèrent en tirailleurs au sortir du bois et marchèrent résolument sur la batterie établie sur une éminence de terrain entre Villegats et Cravent et qui venait d'ouvrir le feu de ses 4 pièces. »

Pourquoi, dira peut-être le lecteur, pourquoi quatre pièces et non pas six?

C'est que, sur les six pièces parties de Mantes, deux étaient hors de service. Les Allemands les avaient amenées cependant, car ils savaient si bien la guerre, qu'ils ne négligeaient aucun moyen d'agir sur le moral des populations, et, dame! le défilé de deux pièces de plus, sous les yeux de nos paysans, avait pour les Prussiens une valeur qu'ils se gardaient bien de dédaigner.

Revenons à nos Mocquards.

Les artilleurs ennemis ne tardent pas à souffrir du feu de nos tirailleurs, qui tirent sur eux de front pendant qu'une section des nôtres, occupant Villegats, prend la batterie de flanc à environ 500 mètres.

C'est alors que l'infanterie bavaroise entre en ligne à son tour. «... Elle s'avança au pas de course, poussant des hourras, avec l'intention d'aborder notre ligne de tirailleurs, de la culbuter et de la rejeter dans le bois d'Hécourt. Loin de se déconcerter devant ce déploiement de forces, les Mocquards et les Caennais s'avancèrent de leur côté sans hésitation; il n'y eut plus un coup de fusil de tiré à ce moment, si ce n'est du village de Villegats, où un combat sérieux s'engageait avec la cavalerie qui tentait de tourner sur la gauche et l'infanterie qui attaquait de face.

« Quand les Bavarois ne furent plus qu'à 300 mètres de leurs adversaires, ceux-ci s'arrêtèrent tout à coup et firent une décharge générale; l'effet en fut terrible, les rangs s'éclaircirent; on eût dit que toutes les balles avaient porté; un feu à volonté suivit et fut aussi heureux. Les Bavarois, démoralisés par la justesse du tir de ces hommes, qui mettaient autant de sang-froid à assurer leur coup que s'ils étaient en face d'une cible, n'écoutèrent plus leurs officiers et se sauvèrent en désordre, laissant une partie de leurs morts sur le terrain; ils se réfugièrent dans les bois taillis, en avant de Lommoye, d'où ils commencèrent à riposter par un feu nourri et soutenu. »

Cependant, l'artillerie, abandonnée ainsi à elle-même par l'infanterie, se hâte de reculer à son tour. Elle se hâte même tellement, qu'elle ne peut « enlever le corps d'un officier supérieur que l'on avait vu tomber de cheval, mortellement frappé, au moment où il activait le tir des pièces... »

La batterie fut s'établir dans une nouvelle position en arrière et nous envoya force projectiles; mais les Allemands n'en avaient pas moins reculé sur toute la ligne, devant nos 720 Mocquards, nos 80 Caennais et nos 300 mobiles de l'Ardèche.

C'*est* que, dit le Dr Raspail, « beaucoup de Mocquards répondaient de ne perdre, en moyenne, que deux balles sur trois ; puis, les Caennais, qui firent ce jour-là leurs débuts de manière à enthousiasmer leurs voisins de combat, étaient tous des jeunes gens grands amateurs de chasse et, par conséquent, d'excellents tireurs.

En chantant ! — Cible allemande. — « Ce fut alors que tous ces hommes marchèrent droit sur l'ennemi avec le plus grand entrain : les uns chantaient, les autres, qui s'étaient arrêtés pour bourrer et allumer leur pipe, couraient reprendre leur rang et recommençaient à faire le coup de feu. »

Ils avancent ainsi, malgré les balles et les obus, jusqu'à 150 mètres de la batterie qui n'en demande pas davantage ; elle amène ses avant-trains et fuit au grandissime galop, protégée par des cavaliers qui ne galopent pas moins vite qu'elle.

Ce qui suit est un peu rabelaisien ; mais, ne sommes-nous pas du pays de Rabelais ?

Si les artilleurs ont sauvé leurs avant-trains, les *arrière-trains* des cavaliers ont beaucoup à souffrir, car ces gens, ahuris par les balles qui leur sifflent aux oreilles, nous dit le Dr Raspail, se sont couchés sur l'encolure de leurs chevaux et nous présentent comme cible cette large... *postface* qui, de toute antiquité, a caractérisé les fils de la blonde Germanie.

Beaucoup de Prussiens sont ainsi frappés dans cette protubérance que nous pourrions qualifier de nationale.

« Les Bavarois abandonnèrent alors les positions qu'ils occupaient dans les jeunes taillis où ils s'étaient embusqués, et où ils durent faire des pertes assez importantes, car on trouva plusieurs casques troués de balles et des traces de sang dans beaucoup d'endroits. »

Décidément, c'est la fuite, et les nôtres précipitent l'allure aux cris de : « En avant ! à la baïonnette ! » Mais ils ont beau courir, les Prussiens se sauvent plus vite qu'ils n'avancent eux-mêmes, on ne rejoint que quelques attardés qui sont passés au fil de la baïonnette.

On se décide alors à sonner le ralliement. Mais combien n'avons-nous pas eu à regretter, dans cette circonstance, l'absence de quelques pelotons de cavaliers !

Ils eussent changé cette fuite accélérée en une véritable déroute.

Les pièces, en tout cas, fussent tombées entre nos mains, « car les artilleurs, en traversant une plaine détrempée par les pluies de la veille, les embourbèrent et ne purent les démarrer ; en outre, la peur les talonnant, ils coupèrent les traits et se sauvèrent avec les chevaux. Ces pièces restèrent ainsi abandonnées jusqu'au lendemain matin, à 5 kilomètres du champ de bataille, sans qu'un seul paysan vint l'annoncer au camp d'Hécourt. » (Dr Raspail.)

Nos pertes. — Selon notre historien, les Mocquards n'avaient perdu que 7 morts et 16 blessés; mais plusieurs de ceux-ci étaient atteints mortellement.

Les Ardèchois avaient 2 tués et 1 blessé.

« Le commandant Guillaume eut le bras emporté par un obus ; là, encore, malgré cette terrible mutilation, il ne perdit pas cette force de caractère dont il avait déjà donné tant de preuves : saisissant son képi de la main qui lui restait, et l'élevant en l'air, il cria avec élan : « Vive la France ! » Le maréchal des logis des hussards incorporés à Mézières, reçut un éclat d'obus qui lui emporta une partie de la cuisse; il mourut le lendemain. » (Dr Raspail.) Il s'appelait Fresneau.

Un vrai Bas-de-Cuir. — « Il y avait au régiment des tireurs de première force ; en voici un exemple : en poursuivant l'ennemi, un Mocquard paria de mettre « *la cervelle dans son casque* » à un Bavarois qui se sauvait à toutes jambes devant lui ; il ajusta avec soin quelques instants, le coup partit et le Bavarois tomba la face contre terre. En arrivant au corps, on constata que le pari était gagné: en effet, le casque était troué et le crâne fracassé par la balle. Le curé de Gadencourt posséda plus tard ce casque. » (Dr Raspail.)

Ce petit combat était glorieux pour nous, et pourtant il devait passer à peu près inaperçu, ainsi que tant d'autres épisodes honorables de cette malheureuse guerre.

Le Dr Raspail en voit la cause dans une question de transmission hiérarchique des rapports sur les combats, transmission qui se faisait mal pour les corps de partisans.

Nous la voyons plutôt, nous, dans ce fait qu'après la guerre il fut de bon ton de dédaigner et de passer sous silence tout ce qu'avaient pu faire de bien les troupes de la défense nationale, surtout les troupes irrégulières, et d'en parler le moins possible. On ne daignait s'occuper d'elles que pour discourir sur leur mauvaise organisation et leur manque de discipline.

Mobiles de l'Ardèche. — Le régiment des mobiles de l'Ardèche (41e mobiles), lors du combat d'Hécourt, est formé de 3 bataillons à 7 compagnies. Il a à sa tête le lieutenant-colonel Thomas, ancien capitaine du génie, officier de la Légion d'honneur. Ses

3 bataillons ont respectivement pour chefs les commandants de Guibert, Bertrand et de Montgolfier.

MM. de Guibert et de Montgolfier sont d'anciens capitaines de cavalerie, le premier retraité; le second démissionnaire; le commandant Bertrand est un capitaine d'infanterie en retraite, tous trois sont chevaliers de la Légion d'honneur.

Le régiment, fort de 3.600 hommes, arrivé dans l'Eure en la première quinzaine d'octobre, entre dans le petit corps d'observation commandé par le colonel Mocquard des éclaireurs de la Seine, qui a pour mission de gêner les Prussiens dans leurs incursions à travers le pays et de couvrir Evreux.

Le colonel Mocquard n'a pas d'artillerie et, en fait de cavalerie, il possède en tout une dizaine d'éclaireurs qu'il a montés avec des chevaux pris à l'ennemi [1].

Le combat d'Hécourt est la première opération sérieuse à laquelle ait pris part le régiment de l'Ardèche.

Le 22 octobre, le colonel Mocquard, qui surveille de près la garnison prussienne de Mantes, envoie son régiment en reconnaissance dans la direction de cette ville, et 3 compagnies de l'Ardèche (bataillon de Montgolfier) ne tardent pas à le suivre pour le renforcer. Elles le trouvent, vers 11 heures du matin, établi dans le bois d'Hécourt qui précède le village du même nom.

Là, les troupes sont divisées en deux colonnes qui devront aller se rejoindre au village de Lommoye, en avant de Mantes. Les compagnies de l'Ardèche se sont partagées entre les deux colonnes.

Juste au moment où l'on débouche du bois, la rencontre a lieu avec des troupes prussiennes également en reconnaissance et venant de Mantes.

« L'attaque fut des plus vives, surtout de la part de l'artillerie ennemie, dont les 6 pièces nous envoyèrent de nombreux obus; plusieurs de nos hommes tombèrent tués ou blessés. Aussitôt nos compagnies furent déployées en tirailleurs, et, à l'abri des bois et des fourrés qui les couvraient, elles soutinrent un feu bien nourri contre l'ennemi, qui fut arrêté dans sa marche et se borna à nous canonner de loin ; enfin toutes les troupes furent lancées au pas de course sur la batterie ennemie, qui se mit aussitôt en retraite et faillit être prise [2]. »

Malgré la vigueur de leur offensive et leur supériorité numé-

---

[1]. Au petit combat de Ville-et-Saint-Laurent le 1er septembre (armée de Mac-Mahon).
[2]. Lieut. col. Thomas. *Campagne de la garde mobile de l'Ardèche en Normandie*. — Largentière. — Herbin, 1872.

rique, les Prussiens s'enfuirent avec non moins de vitesse, poursuivis par les nôtres pendant plus d'une heure.

L'Ardèche avait perdu 2 tués et 7 blessés. Les éclaireurs de la Seine avaient fait une perte à peu près égale, numériquement, mais, au nombre de leurs blessés, se trouvait un chef de bataillon qui fut amputé d'un bras le lendemain.

« Chacun avait fait bravement et résolument son devoir, dit le colonel Thomas ; nos hommes avaient généralement déployé un entrain et une énergie remarquables chez des jeunes soldats non aguerris.

« Beaucoup d'entre eux s'étaient réellement distingués, en s'élançant intrépidement à la baïonnette sur la batterie prussienne. Le général de Kersalaün vint en personne remercier d'une manière flatteuse les mobiles de l'Ardèche de leur brillant début. »

Il nous reste à dire, à présent, ce qu'ont fait les Éclaireurs du Calvados.

ÉCLAIREURS DU CALVADOS. — La compagnie des *Éclaireurs du Calvados* a été formée à Caen, par deux patriotes dévoués, MM. Edmond Henry et Trémant, dès que nos premiers désastres ont pu faire prévoir la marche des Prussiens sur Paris. Son but est d'aller inquiéter nos ennemis dans cette marche et de se battre en corps franc jusqu'à ce qu'elle puisse prendre son rang dans l'armée régulière, sous une direction militaire sérieusement établie.

Elle compte une centaine de braves citoyens dont beaucoup sont d'excellents chasseurs. C'est M. Trémant, ancien militaire, qui en est nommé le capitaine ; quant à M. Edmond Henry, quoiqu'il ait eu le premier l'idée de former cette compagnie, comme il n'a jamais servi, il décline modestement tout grade et servira comme simple soldat.

Le reste du cadre en officiers est ainsi constitué : Un ancien sergent de l'armée, M. Lumière, avoué à Caen, est nommé lieutenant et M. Legras, ancien sergent, sous-lieutenant. L'adjudant Beaudelaire est un ancien maréchal-des-logis de chasseurs d'Afrique.

Un professeur au lycée de Caen, Alsacien d'origine, M. Costina, parlant admirablement la langue de nos ennemis, servira d'interprète pour l'interrogation des prisonniers.

Un négociant caennais, M. Philibert Lucas, — il ne faut pas oublier les dévouements les plus modestes — met sa voiture et son cheval à la disposition de la compagnie qu'il suivra comme **ambulancier**.

Les *Éclaireurs du Calvados* adoptent un uniforme sombre qui rappelle celui de chasseurs à pied.

Bientôt nous les trouvons à Evreux, où ils rencontrent les *Éclaireurs de la Seine* du colonel Mocquard; ils se joignent à ce corps et feront avec lui toute la première partie de la campagne [1].

Le combat d'Hécourt a été le vrai baptême du feu de la compagnie Trémant, dont la conduite est mise à l'ordre du jour, avec celle des francs-tireurs Mocquard.

« En effet, 1000 Mocquards, la compagnie de Caen et trois compagnies de l'Ardèche, qui voyaient le feu pour la première fois et furent même assez éprouvés par les obus, avaient mis en déroute complète le corps allemand de Mantes, venu pour les attaquer dans la forêt d'Hécourt. (*Les Francs-tireurs du Calvados.*)

Nous n'avions pas d'artillerie, et notre cavalerie se bornait à 14 chasseurs échappés de Sedan « qui, par des prodiges d'activité et de dévouement, éclairaient seuls tout un corps d'armée, en changeant quatre ou cinq fois de chevaux par jour... » (*Les Francs-tireurs du Calvados.*)

Leur maréchal-des-logis, on le sait, fut tué à Hécourt.

Pendant que nous tenons la compagnie Trémant, disons qu'une scission va bientôt s'y opérer, à propos d'une question d'interprétation du règlement. Une partie des hommes de cette compagnie qui s'est du reste considérablement accrue, choisira pour capitaine le lieutenant Lumière, avec l'agrément du général de Lauriston, qui commande à Lisieux, pendant que l'autre partie demeurera sous les ordres du capitaine Trémant.

Les *Éclaireurs du Calvados* vont donc incessamment former deux belles compagnies au lieu d'une.

Par décret du 25 novembre 1870, M. Guillaume, Ernest-Valery, commandant aux *Éclaireurs de Paris*, sera nommé chevalier de la Légion d'honneur, avec la mention suivante : « s'est particulièrement distingué au combat de Villegats (Eure), le 22 octobre 1870. » Le colonel Mocquard a dit de lui : « Brave comme son épée. »

A VERNON. — Le jour même où avait lieu le combat d'Hécourt, Vernon était l'objet d'un léger bombardement, dans les circonstances que nous allons dire et ses habitants montraient aussitôt beaucoup de courage et d'ardeur pour la défense.

« Le 22 octobre, lisons-nous dans le livre de M. Ch. Dehais, 200 uhlans, 300 hommes d'infanterie entassés dans des voitures

---

[1]. *Les Francs-tireurs du Calvados en* 1870-1871, par un ancien éclaireur du Calvados. — Caen, 1880.

réquisitionnées, et trainant avec eux 2 canons, partirent de Gisors par la route départementale de Gisors à Evreux, se dirigeant sur Vernon

« Arrivés en vue de la ville, ils se trouvèrent arrêtés par la Seine. Le pont de pierre et le magnifique pont du chemin de fer avaient sauté. »

Nous ferons remarquer ici, en passant, que les Prussiens n'étaient pas toujours aussi exactement renseignés qu'on veut bien le dire et qu'ils s'efforcent eux-mêmes de le faire croire. Les voilà donc en face de Vernon, fort déçus et quinauds, comme disaient nos pères.

Ils établissent leurs canons près d'un four à chaux, vis-à-vis la caserne du train, et, croyant avoir ainsi suffisamment intimidé les Vernonnais, leur chef réclame des bateaux qu'on lui refuse avec entrain; même, un brave gendarme, nous dit notre historien, envoie un coup de mousqueton dans les rangs des fantassins allemands qui sont restés en vue, l'arme au pied sur l'autre rive.

Alors, en avant les obus! Une cinquantaine de ces projectiles sont lancés sur la ville, sans lui faire grand mal à la vérité, et sans atteindre personne.

« ... Quelques bâtiments eurent à souffrir, entre autres les deux charmantes maisons situées à l'entrée du pont de pierre.

« Cependant, le tocsin sonnait, on battait le rappel dans les communes de Panilleuse, Mézières, Pressagny-le-Val, Hennezis, et les habitants, prenant leurs fusils, allaient s'embusquer dans les bois qui longent la côte de Saulseuse, où devaient repasser les Prussiens.

« En sabots, en blouses, armés, les uns de fusils de chasse, les autres de fusils à baguette, ces paysans allaient bravement au feu comme autrefois les chouans, même bravoure, même abnégation pour une cause plus belle.

« Dispersés dans la forêt, cachés derrière les arbres et les buissons, plusieurs se trouvèrent face à face avec les fantassins prussiens chargés, au retour, de fouiller le bois.

« Victor Gautier, d'Hennezis entouré par quatre fantassins, en tue un et s'échappe. Victor Bourdon et Désiré Fournier en étendent trois autres à terre. L'ennemi perdit en tout six hommes; plusieurs furent blessés. Les morts furent enterrés le lendemain à Gisors..... » (Ch. Dehais).

Le *Moniteur du Calvados*, du 27 octobre donne les détails supplémentaires suivants, sur l'effet des projectiles prussiens.

« Trente bombes environ ont été lancées sur la ville. Deux obus sont tombés sur l'église et le presbytère, dont les toitures ont été défoncées ; une bombe a éclaté dans le salon de la maison de M. Busquet, propriétaire, et une autre dans une chambre de la maison habitée par M. Benoist. »

Mais d'autres petits combats nous réclament, l'un qui est un succès : le combat de Formerie, et l'autre un échec : la petite affaire du Thil.

Formerie

Le 28 octobre 1870, un peu avant 9 heures du matin, une vedette de notre 3e hussards se repliait sur la petite gare de Formerie, dans l'Oise, près de Forges-les-Eaux, en annonçant l'arrivée des uhlans.

La station était occupée par une compagnie du 19e de ligne commandée par le capitaine Dornat, et faisant partie du 76e de marche.

Le capitaine Dornat, ayant placé très rapidement ses hommes, commence le feu, ce qui fait immédiatement tourner bride aux cavaliers ennemis. Notre officier les suit et ne tarde pas à se trouver en présence d'un détachement prussien qui occupe l'entrée de Formerie, vers Campeaux, avec une batterie d'artillerie.

Les adversaires se jettent dans les maisons à leur portée et une fusillade s'engage ainsi de très près. Elle dure plus d'une heure, quoique le canon prussien se soit mis de la partie et ait incendié quelques maisons.

Vers midi, la brave compagnie du capitaine Dornat est enfin appuyée par une compagnie de l'Oise sous les ordres du capitaine Alavoine.

Puis c'est le colonel d'Espeuilles et ses hussards, d'autres troupes encore, qui viennent soutenir les nôtres et repoussent l'ennemi, lequel se retire précipitamment. Le feu cesse vers une heure.

Passons aux détails de cette très honorable petite affaire.

76e DE MARCHE, 5e BATAILLON. — Le 5e bataillon de marche a été formé, en vue de la défense du Havre, d'un détachement du 62e de ligne (400 hommes) commandé par le capitaine Gignoux, et d'un détachement du 19e de ligne (414 hommes) arrivé au Havre le 21 septembre et venant d'Alençon, sous le commandement du capitaine Dornat. Ces troupes étaient bonnes. Elles se composaient d'anciens soldats rappelés et d'engagés volontaires pour la durée de la guerre. Elles furent aussitôt réunies sous les ordres du commandant Barrau. Malheureusement leurs cadres étaient très incomplets.

Le bataillon quitte Le Havre le 27 octobre, avec mission d'aller défendre la voie ferrée de Rouen à Amiens, menacée par l'ennemi, et, le soir même il cantonne à Formerie, Romescamps, Ablancourt et Fouilloy, en avant de la bifurcation de Forges.

En seconde ligne se trouve le 1er bataillon des mobiles de l'Oise, occupant Gaillefontaine, Forges et Longmesnil, tandis qu'à l'extrême-droite, Gournay est occupé par le 8e bataillon des mobiles du Pas-de-Calais, et qu'à Forges cantonne un escadron du 3e hussards, avec le vaillant colonel d'Espeuilles.

La défense de la gare de Formerie est confiée au capitaine Dornat, du 5e bataillon de marche, qui n'a avec lui qu'un sous-officier et 130 soldats, lorsque, le 28 octobre au matin, on signale l'approche des Prussiens. Ils s'avancent, dit-on, en une colonne nombreuse, appuyée par de la cavalerie et de l'artillerie.

Vers neuf heures et demie, en effet, on voit arriver dans le village quelques éclaireurs qui ne tardent pas à faire demi-tour et à disparaître. Le capitaine Dornat, se doutant bien qu'ils vont reparaitre en force dans Formerie, prend le parti énergique de se porter au devant d'eux et, après avoir laissé un poste à la gare, il se lance en avant avec le reste de sa compagnie. Il trouve en effet les Allemands déjà établis dans une partie des maisons qui entourent la place du village et un feu des plus vifs s'engage aussitôt.

« Fort d'environ 800 hommes, dit l'historique, l'ennemi fit un feu très nourri pour nous forcer à nous replier, mais ses efforts furent inutiles. Vers onze heures, il semblait déjà vouloir renoncer à son entreprise.

« Une demi-heure plus tard, une compagnie des mobiles de l'Oise vint renforcer la compagnie de ligne. Au même moment, se mettait en ligne le détachement d'Ablancourt, sous les ordres du commandant Barrau, qui chercha à couper la ligne de retraite de l'ennemi par Héricourt et Songeons. De nouvelles forces françaises arrivaient de Romescamps, Gaillefontaine et Forges, les Allemands ne songèrent plus alors qu'à la retraite et s'enfuirent en toute hâte, en laissant sur le terrain un grand nombre des leurs.

« Notre cavalerie, venue de Forges, chercha bien à poursuivre les fuyards, mais le terrain, fortement détrempé, était si mauvais pour les charges, qu'elle revint presque immédiatement.

« Nos pertes s'élevèrent à 7 tués et 18 blessés, les Prussiens eurent une cinquantaine d'hommes hors de combat. »

Le brave capitaine Dornat, blessé dans l'affaire, resta à Formerie avec sa compagnie et le 1er bataillon de l'Oise.

MOBILES DE L'OISE. — 1er BATAILLON. — Le 1er bataillon de l'Oise a été formé à Beauvais vers le milieu d'août, à l'effectif de 1321 hommes.

Le 7 septembre, il monte en chemin de fer pour se rendre à Paris, mais, arrivé à Creil, il lui faut rebrousser chemin et rentrer à Beauvais. A la même date, les 3 premiers bataillons de l'Oise sont constitués en régiment (53e mobiles) sous le commandement du lieutenant-colonel de Canecaude. Le 1er bataillon a à sa tête le commandant Cadet.

Le 12 septembre, le régiment part pour le Havre où il arrive le 18. Il fait partie de la 2e brigade (général de Lioux), de la 2e division (général Gudin), dans la petite armée qui se rassemble en Normandie.

Au commencement d'octobre, le bataillon Cadet est détaché du régiment pour faire partie d'un petit corps dit « de la défense du pays de Bray » qui agit sous les ordres du colonel d'Espeuilles du 3e hussards, lequel est à Gournay. Ce petit corps (5,000 hommes) occupe la ligne Gournay-Formerie. Sa composition est la suivante :

1er et 4e bataillons de l'Oise; 1er bataillon des Hautes-Pyrénées; 1er bataillon du Pas-de-Calais; 3e hussards; un peloton de gendarmerie.

Le 23 octobre, le colonel d'Espeuilles, qui est à Forges-les-Eaux, prévoyant une attaque des Prussiens sur Formerie, envoie un escadron de hussards à Gaillefontaine, et lui fait détacher un peloton à Formerie.

Les compagnies du bataillon Cadet sont alors réparties entre Gaillefontaine, Longmenil, Grusmenil, Haucourt et Vildieu.

Le 27, une compagnie du 5e bataillon de marche arrive à Formerie : c'est la compagnie du capitaine Dornat.

Le 28, l'attaque de Formerie commence et le bataillon de toutes parts, marche au canon. C'est la 6e compagnie qui arrive la première; elle se porte à la gare où va bientôt la rejoindre la 7e. C'est ensuite l'escadron des hussards, qui reste en arrière des maisons.

Quand la 2e compagnie de l'Oise (capitaine Alavoine) paraît à son tour, elle se lance dans le village, dont plusieurs bâtiments brûlent et où les Prussiens occupent déjà quelques maisons. Nos hommes secondent les efforts du capitaine Dornat.

Arrive alors le commandant Cadet, amenant de Forges les 1re, 4e et 5e compagnies. Par son ordre, les deux côtés de la rue qui va de la gare à la place de la Halle, sont occupés par les 4e et 7e compagnies, pendant que la 5e va reconnaitre la partie gauche de Formerie.

La 6e est restée à la gare; quant à la 1re elle va relever la 2e dont le chef, le capitaine Alavoine, a reçu une blessure à la main. La canonnade ne cessera que vers 2 h. 1/2.

« Le colonel d'Espeuilles arrive d'Argueil vers 1 heure, avec quelques escadrons de hussards. Il envoie la 4e et la 8e reconnaître les environs du bourg, et, accompagné de son lieutenant-colonel M. de Reinach, du commandant Cadet et de quelques hussards, il reconnait les positions...

« A 2 heures, le canon se fit entendre sur la gauche. En effet, de Grandvilliers, à 4 lieues, arrivait un bataillon de la mobile du Nord, avec quelques compagnies de mobiles du Gard et deux pièces qui, débouchant par Mureaumont, attaquaient de flanc et par derrière l'ennemi, manœuvrant dans la plaine située entre Formerie, Mureaumont et Campeau. Ce mouvement détermina la retraite de l'ennemi, dans le plus grand désordre. Il pouvait être 3 heures. » (Rapport du commandant Cadet.)

Le 4e bataillon de l'Oise atteignait à ce moment la gare, sous les ordres de son chef, le commandant de Thury.

Il venait d'Argueil, mais trop tard pour prendre part à l'affaire.

L'ennemi était venu par Marseille et par Songeons, où il avait couché. C'était un régiment de uhlans, le 2e bataillon du 2e régiment de la garde royale et 5 canons.

Son avant-garde, après avoir pénétré dans les premières maisons, vers huit heures et demie du matin, avait été accueillie, dans la rue de la Gare, par un joli feu de peloton de la compagnie de ligne; au même moment une dizaine de bâtiments se mettaient à flamber, incendiés par les Prussiens; on sait le reste.

Le bataillon Cadet avait perdu : 1 officier, 3 sous-officiers et 12 mobiles blessés.

« Les mobiles, dit le commandant Cadet, encadrés dans les soldats de la ligne et stimulés par ce voisinage, firent généralement preuve d'entrain et d'énergie.

« L'attitude qu'ils tinrent montre ce que l'on pourrait, à un moment donné, tirer de semblables troupes. Ce premier succès leur donna confiance en eux-mêmes, et, sans leur demander la résistance de vieux soldats, il est bien évident que les mobiles, en particulier, eussent pu rendre de réels services, mais il eût aussi fallu pouvoir *leur éviter les retraites* forcées qui finissent, à la longue, par rebuter. » — Critique indirecte et fort juste des généraux d'alors.

Mobiles du Nord. — 1ᵉʳ Bataillon. — Le 1ᵉʳ bataillon du 46ᵉ mobiles est composé des hommes de l'arrondissement d'Avesnes. Ses 2ᵉ et 4ᵉ bataillons sont formés d'habitants de l'arrondissement de Cambrai.

L'extrait suivant de l'historique rédigé par le lieutenant-colonel de Lalène-Laprade, est relatif au petit combat de Formerie.

« Par ordre du général Paulze d'Ivoy, commandant à Amiens, le 1ᵉʳ bataillon de la garde nationale mobile du Nord, sous les ordres du chef de bataillon de Lalène-Laprade (Joseph), et fort de 18 officiers et 1,200 hommes, partit d'Amiens le 27 octobre, à huit heures du soir, ayant avec lui deux pièces de 4 du 15ᵉ d'artillerie (lieutenant Joachim).

« Il cantonna la nuit à Poix (Somme). Le 28 octobre, il partit à quatre heures et demie du matin.

« En passant à Equennes, il s'adjoignit (par ordre) 360 mobiles pris dans le bataillon du Gard cantonné en ce lieu, et se rendit à Formerie (Oise) par Grandvilliers. On avait affirmé que les Prussiens occupaient cette dernière localité; il n'en était rien.

« Le bataillon continua sa marche vers Formerie. Il commença à prendre part au combat vers deux heures et le termina à quatre heures et demie...

« Lorsque l'ennemi, repoussé, eut disparu, le colonel d'Espeuilles, du 3ᵉ hussards, remercia le bataillon de son efficace concours et lui donna l'ordre d'aller cantonner à Granvilliers. »

La journée avait été extrèmement rude pour le bataillon. Indépendamment du combat où il avait perdu 2 hommes tués, 12 blessés et 6 disparus, il avait parcouru 47 kilomètres.

Le livre du docteur Chenu[1] nous donne les noms de deux des mobiles blessés, ce sont : Dupont, Saturnin et Fiévet, Jules, tous deux atteints par des balles.

La rude façon dont les Allemands avaient été reçus à Formerie, les rendit pour quelque temps beaucoup plus circonspects. Ce n'est guère que trois semaines après, qu'ils oseront s'aventurer de nouveau un peu loin de leurs garnisons.

D'ailleurs, l'extrême prudence des Prussiens, pendant cette guerre, chaque fois qu'ils n'étaient pas, pour une cause ou pour une autre, sûrs d'avance de la victoire, est une chose bien connue, bien avérée aujourd'hui.

A ce sujet, voici une lettre, écrite par un mobile, qui carac-

---

1. *Aperçu historique, statistique et clinique sur le service des ambulances et des hôpitaux...* Paris, Dumaine, 1874, 2 vol. in-quarto.

térise fort exactement la manière de nos ennemis. Elle est tirée du *Moniteur du Calvados.*

« Les Prussiens n'ont vraiment qu'une bravoure factice, c'est-à-dire qu'ils ne sont braves que quand ils sont certains que leur force va leur donner inévitablement la supériorité. Ils évitent toujours la lutte quand ils ont affaire à une force égale. Ce qu'ils redoutent particulièrement, c'est la baïonnette; ils n'ont au bout de leurs fusils qu'une sorte de lardoire qui fait rire les Français, et qui n'est pas de taille à lutter avec nos baïonnettes, surtout avec le sabre-baïonnette.

« Aussi, ils font tout leur possible pour éviter ce genre de combat. Leur lâcheté, quand ils sont pris, est égale à leur effronterie quand ils sont vainqueurs; les prisonniers pleurent comme des enfants et cherchent à vous apitoyer sur leur sort, en vous disant qu'ils sont mariés, pères de deux, trois et quatre enfants; puis quand on lit leur livret, on voit qu'ils sont célibataires. Quelques-uns ont tellement peur, qu'ils se jettent à genoux en nous disant : « *Oh! bonne francis, moi pas capout.* » Et quand on leur dit qu'on ne va pas les fusiller, ils sont enchantés et nous font toutes les caresses possibles. »

BRÉVAL INCENDIÉ. — Bréval est un village des environs de Mantes; la garnison prussienne de cette ville y faisait de nombreuses apparitions.

Or, le lundi, 31 octobre, 2 compagnies du 2ᵐᵉ bataillon des mobiles de l'Eure, campées dans le bois de Bréval, eurent vent de la présence des Allemands dans le village.

« Vers midi, lisait-on dans le *Journal de l'Eure*, les mobiles les surprennent déjeûnant, attablés dans la rue, au devant de la maison de M. Teissier, marchand de vins, ayant à côté d'eux leurs chevaux et une charrette chargée d'une réquisition d'avoine. Les mobiles font feu, tuent sept Prussiens et en blessent un autre qu'ils font prisonnier et transportent à l'hospice de Pacy.

« Bientôt les autres Prussiens, qui fourrageaient dans les environs, sont prévenus, retournent à Mantes, ramenant du renfort, s'assurent qu'il n'y a plus de mobiles dans le pays et mettent le feu à différentes maisons.

« Hier, mardi, les Prussiens *sont revenus pour activer l'incendie de la veille.* On nous dit que les principales maisons du pays, celles de MM. Leconte-Lenis, Renoult, toutes de la rue, les maisons principales jusqu'à l'église, la gare, la ferme sont la proie des flammes. A dix heures du soir, des côtes de l'Eure, à deux lieues et demie de Bréval, on apercevait encore les vives lueurs de l'incendie.

« Ce matin, 2 novembre, les troupes de mobiles campées dans la vallée d'Eure, vers Merey, ont du se porter à Bréval, trop tard certainement. »

Deux jours après, le 4 novembre, le docteur X. Raspail traversait Bréval dont les débris étaient encore fumants. Vingt-deux maisons, dit-il, achevaient de se consumer.

« Œuvre infernale de nos envahisseurs ! ajoute-t-il. Que leur avait donc fait ce village, pour s'attirer un pareil châtiment ? Absolument rien. Il en avait été ainsi de tous les villages qui eurent le même sort. »

Peu de jours auparavant, un de leurs détachements venant réquisitionner à Bréval, avait été reçu à coups de fusil par des mobiles appuyés de quelques francs-tireurs Mocquard.

« Le lendemain de cette petite affaire, un cavalier prussien parut à distance, fit le tour du village, et, s'étant convaincu qu'il ne s'y trouvait pas de troupes, il retourna ; dix minutes après, une vingtaine de cavaliers arrivaient et mettaient pied à terre au centre du village, en annonçant avec force jurons que tout le pays allait être brûlé ; en effet, ils se mirent de suite à l'œuvre.

« Quelques-uns de cette soldatesque trouvèrent un certain raffinement de cruauté à exiger que le feu fût mis par les paysans eux-mêmes à leurs propres habitations »... Nous avons déjà vu chose semblable à l'Armée de la Loire.

« Sur leurs indications, continue le docteur, on vit des hommes et des femmes apporter de la paille et des fagots, les entasser dans l'intérieur des maisons, puis, ne trouvant à opposer à l'injonction que des larmes et des gémissements, y mettre le feu...

« En passant à côté de groupes d'habitants réunis sur la place, nous ne pûmes nous empêcher de les faire rougir de leur lâcheté.

« Que pouvions-nous faire ? nous dit l'un d'eux.

« Montrer que vous aviez un peu de cœur en leur sautant à la gorge et en les étranglant comme des chiens qu'il sont, votre village aurait été brûlé après ?... Mais puisqu'ils venaient justement le faire sans motif contre vous, vous ne deviez pas vous attendre à perdre davantage. Ce qu'ils sont venus faire, ces vingt uhlans mal armés, — comme ils le sont généralement, — prouve assez tout le mépris qu'ils professent pour vous autres campagnards... »

Là ! Là !..... Nous ferons remarquer à l'intéressant historien que, en matière de défense opposée à l'envahisseur, les campagnes se sont montrées égales aux villes et n'ont rien à s'entendre reprocher par elles.

Si les villes de Châteaudun, Saint-Quentin, Rambervillers, Dijon se sont distinguées, les villages de Varize et de Civry, les braves ruraux du Clermontois, de Seveux, de Bazincourt ont également rempli leur tâche patriotique.

La vérité, c'est qu'il y a eu ici, comme là, des gens de cœur et des couards et qu'il faut travailler ardemment, en exaltant les premiers, à ce que les seconds soient moins nombreux à l'avenir, si la France est destinée à passer par de nouvelles épreuves.

Dans l'Eure. — Les femmes de Brosville, en armes, s'assurent de l'identité d'un capitaine de mobilisés arrivé dans le village.

CHAPITRE V

Le Thil. — Vernon. — Mollu
Débuts de l'Armée du Nord.

Panique à Etrépagny. — Mobiles de l'Oise. — Le Thil pillé. — Les pompiers de Gaillarbois. — Gouffier d'Etrépagny. — C'est pour Gretchen. — Mobiles de l'Ardèche. — En forêt de Bizy. — L'embuscade. — Trahison. — Léger combat. — Une prise. — Un vrai bazar. — A Evreux. — Les femmes de l'Eure. — A Brosville. — Combat de Mollu. — Municipaux de Vernon. — Capitaine

Rouveure — Lieutenant Leydier. — Sergent-major Belle. — L'*Avenue de l'Ardèche.* — Procédé courtois. — Une fois n'est pas coutume. — Au coin d'un bois— Selon Froissard. — L'armée du Nord. — Au 15 octobre. — Testelin à Lille. — Colonel Farre. — Patriotique ardeur.— Honneur à Gambetta.— Bourbaki à Lille.— L'armée de Manteuffel. — Marche sur Amiens. — Départ de Bourbaki.— Farre commandant en chef. — Notre petite armée.— Ses positions dans Amiens. — Compagnies de reconnaissance. — Commandant Bayle. — Les Prussiens approchent. — Escarmouche du 23 novembre. — Châtelain patriote. — Combat de Mézières. — Mobiles du Nord. — Jeune et brave marsouin. — «Je veux tuer un Prussien.» — Lieutenant Laviolette. — Uhlan et bonnetier.

Au Thil. — Le 5 novembre 1870, à la suite de la capture d'un uhlan par les francs-tireurs du Havre, à Etrépagny, les habitants du bourg, pris de la peur des représailles prussiennes, se mirent à fuir sur Ecouis avec ce qu'ils possédaient de plus précieux. « Le lendemain, la place d'Ecouis était couverte d'une véritable tribu de ces nomades, sans abri et sans pain ; bêtes et gens étaient également épuisés par la marche et le froid, et également affamés. » Ainsi s'exprime M. Ch. Dehais.

Cependant, le 3e bataillon (commandant Labitte) des mobiles de l'Oise est envoyé au secours d'Etrépagny. Comme il sort du village du Thil, le 6 au petit jour, par un brouillard intense, il se trouve face à face avec des cavaliers prussiens en reconnaissance.

« Le brouillard était si épais, dit le sous-préfet des Andelys, qu'on ne s'était ni vu ni entendu. Les nôtres tirèrent à bout portant sur les Prussiens *et se replièrent en désordre dans le Thil*. Ceux qui essayèrent de s'y cacher furent faits prisonniers (dans les granges de la ferme Marc); quelques-uns purent cependant s'échapper, grâce aux déguisements qu'on leur procura. »

Vous devinez que les Allemands vont passer leur fureur sur le village. Ils n'y manquent pas, en effet.

A dix heures du matin seulement, arrivèrent des renforts de notre côté au secours du Thil, mais le malheureux village avait été déjà bombardé, pillé et réquisitionné par les Prussiens.

« Une fois de plus, il fallut voir 10,000 hommes de troupes françaises, animés des meilleurs sentiments, rester l'arme au pied, tandis que 1,000 Prussiens pillaient un village à vingt kilomètres de leurs cantonnements ! »

Et l'historien ajoute, patriotiquement navré : « Ce dimanche 6 novembre 1870, nous avons été bien convaincu que la France était désorganisée et vaincue. N'y avait-il pas en effet de quoi décourager les plus résolus ? Il suffisait d'oser : la victoire était certaine et Gisors allait être délivré. »

Les pompiers de Gaillarbois. — Les paysans avaient pris les armes au bruit du canon. Les pompiers de Gaillarbois, sous le commandement de leur capitaine, M. Jullien, s'étaient réunis spontanément et avaient accompagné les mobiles et les francs-tireurs. Dévouement inutile !

Vers midi, les Prussiens, inquiets de voir devant eux un corps français considérable, et surtout d'entendre notre canon auquel ils n'étaient pas accoutumés, reprirent, sans être poursuivis et très tranquillement, la route d'Etrépagny, « *au pas des vaches qu'ils venaient de réquisitionner.* »

Ce canon (4 pièces), était celui du lieutenant-colonel de chasseurs Laigneaux, parti lui-même de Fleury au bruit du canon.

Au Thil, la colère des Allemands n'avait pas fait seulement des dégâts matériels.

« Un nommé Gouffier, d'Etrépagny, qui s'y était réfugié pendant la nuit, y fut tué ; un berger, nommé Lainé, y reçut une balle à l'épaule ; un ouvrier, Groscol, du Coudray, fut atteint d'un coup de lance au côté. » (Ch. Dehais.)

Les Prussiens ont pris le vicaire d'Etrépagny, qui a reçu un violent coup de lance à la tête et un coup de crosse de fusil dans le dos. Les frères Pichard ont été également maltraités.... Voici comment le *Moniteur du Calvados* raconte la mort de Gouffier :

« Un vieillard, nommé Gouffier, a été accosté par des Prussiens qui, sous prétexte qu'il pourrait bien être un franc-tireur, lui ont déchargé trois coups de fusil à bout portant ; puis, comme il n'était pas mort et poussait des gémissements, ils l'ont traîné sur la route et l'ont achevé de deux coups de feu. »

Une soixantaine de mobiles avaient été pris dans les maisons du Thil.

C'est pour Gretchen ! — « A quatre heures de l'après-midi, deux officiers prussiens, ivres, étaient encore à Etrépagny.

« L'un d'eux était entré, à cheval, dans l'épicerie du sieur Gosset, demandant des fleurs pour sa fiancée. Il ne se décida à partir que sur l'appel réitéré de son camarade, qui le menaçait des francs-tireurs. » (Ch. Dehais.)

Vernon

Mobiles de l'Ardèche. — Depuis que nous l'avons quitté, au combat d'Hécourt, le régiment de l'Ardèche (41ᵉ mobiles), s'est séparé du colonel Mocquard ou plutôt c'est celui-ci qui l'a quitté, appelé à Rouen avec son corps d'Éclaireurs de Paris.

Le colonel Thomas est devenu alors le chef du petit corps d'observation de l'Eure, qui s'est renforcé de la brave compagnie Trémant, des francs-tireurs de Caen. A la même époque, le corps reçoit des snyders en remplacement de ses vieux fusils à piston, et son moral s'en trouve encore rehaussé.

Jusqu'au 19 novembre, il conserve ses positions, de Vernon à Ivry-la-Bataille ; mais ce jour-là, il reçoit l'ordre de se retirer sur Gaillon, car le général de Kersalaün, qui commande à Evreux, a cru devoir faire évacuer cette ville qu'il a laissée ainsi sans défense. On voit là, une fois de plus, quelle timidité, quel manque de confiance en eux-mêmes caractérisaient nos malheureux généraux pendant cette guerre.

De Gaillon, on se replie encore avec l'ordre d'aller vers Beaumont-le-Roger et Bernay, couvrir la bifurcation de ligne de Serquigny.

Mais, le 21 novembre, à Louviers, le général Briand vient remplacer le général de Kersalaün, auquel il reproche « d'avoir abandonné Evreux, dont les Prussiens s'étaient emparés sans coup férir, trouvant la ville sans défense... » (Colonel Thomas.)

A ce moment déjà, malheureusement, la moitié du régiment de l'Ardèche s'est embarquée en chemin de fer et file sur Beaumont ; de sorte que le demi-régiment de gauche seul, environ 1,500 hommes, peut exécuter l'ordre que lui donne le nouveau commandant en chef, de se porter en arrière pour couvrir Vernon menacé.

Arrivée vers 3 heures du matin en avant de Vernon, par une nuit pluvieuse et d'une intense obscurité, l'Ardèche est dirigée sur les hauteurs de la forêt de Bizy, avec le concours de paysans requis pour lui servir de guides.

Une fois arrivé sur la position, le lieutenant-colonel Thomas montre, dans le placement de ses troupes, qu'il possède fort bien les principes de la petite guerre.

Les routes d'Evreux et de Pacy-sur-Eure, par où peuvent venir les Prussiens, sont gardées par des postes et des tirailleurs cachés sous bois, et des soutiens sont judicieusement disposés pour se porter là où la chose deviendra nécessaire.

Au point du jour, et malgré une pluie qui n'a pas cessé un instant, tout le monde est à son poste ; si les Allemands se présentent, on les laissera passer, dussent-ils même arriver jusque dans Vernon, afin de les prendre en queue et d'essayer de leur faire subir un désastre. Attaqué ainsi de haut en bas, son artillerie se trouvera en très mauvaise posture pour nous faire du mal.

« A 7 heures 1/2 on commença, dit le colonel Thomas, à entendre la sonnerie des trompettes prussiennes ; une première avant-garde passa rapidement, suivie, un quart d'heure après, d'une deuxième avant-garde de 100 hommes environ, cavaliers et fantassins. Le gros de la troupe suivait à 300 mètres de distance, escortant quelques pièces d'artillerie et une cinquantaine de fourgons ou chariots de toutes formes. Enfin, une arrière-garde de cavalerie et d'infanterie fermait la marche des Prussiens, qui ne se doutaient nullement qu'ils passaient au milieu de leurs ennemis. Leur passage dura près d'une heure. »

Cette belle confiance des Allemands s'explique parfaitement, car, — on le sut plus tard par les habitants, — l'ennemi avait fait reconnaître la forêt en tous sens, deux heures avant l'arrivée des braves Ardéchois.

Trahison. — Cependant la colonne prussienne a atteint Vernon, où la population sait fort bien que les environs sont gardés et que l'ennemi est tombé dans une sorte de souricière. A l'attitude ferme et légèrement goguenarde des habitants, à laquelle ils ne sont pas habitués, et surtout à quelques coups de fusil qui leur sont tirés, voilà nos casques à pointe pris de soupçons, et n'osant pas s'engager carrément dans la ville. Ils demandent des renseignements et c'est alors que « d'infâmes Français », selon l'expression très juste du colonel, leur révèlent la présence des nôtres dans les bois de Bizy.

Ils essaient de se retirer par la route de Paris, mais les hommes du commandant de Montgolfier placés là leur barrent le passage et leur envoient des coups de fusils. Affolés, ils se rabattent sur la ville et cherchent à tout prix un passage à travers bois. Ils le trouveront, hélas ! grâce à un autre acte de complicité de quelques habitants.

A force d'investigations, la cavalerie prussienne lancée en avant finit, guidée, à ce que croit le colonel de l'Ardèche, par des gardes de la forêt de Bizy, appartenant à un banquier d'origine allemande, par reconnaître divers petits chemins de service qui ne nous avaient pas été indiqués et qui, dès lors, n'étaient pas gardés. « Par ces chemins, les Prussiens s'empressèrent de faire filer leur artillerie et une partie de leur chariots escortés par leur cavalerie. En même temps, et pour protéger leur marche dans le bois, ils lancèrent leur infanterie sur notre centre pour nous contenir. » (Colonel Thomas.)

Alors la fusillade s'engage, très vive, et dure environ une heure, après quoi l'ennemi disparaît dans la forêt où on le poursuit jusqu'à la lisière, vers Pacy-sur-Eure. C'est, du reste, chez lui, une sorte de sauve-qui-peut, dans lequel il perd beaucoup de monde; il parvient, néanmoins, à emporter ses blessés et parmi eux un officier supérieur.

RAPINES ALLEMANDES. UN VRAI BAZAR. — Nous ne lui faisons que 4 prisonniers, mais il nous reste entre les mains, « outre des voitures de vivres brisées et abandonnées dans la forêt, 12 fourgons attelés chacun de quatre chevaux et remplis de bagages appartenant aux officiers ou à la troupe, des provisions de vivres et une grande quantité d'objets volés par l'ennemi dans diverses localités, tels que : pendules (naturellement), montres, jouets d'enfant, vêtements de femme, châles, cachemirs, manchons, pièces d'étoffe en drap, bijouterie, outils, sacs d'argent, thalers, et un petit canon qui était placé sur l'un des fourgons, resta aussi en notre possession.

« Toutes ces prises furent immédiatement dirigées sur Rouen où M. le général Briand qui les avait réclamées, après en avoir fait dresser l'inventaire par le maire de la ville, en présence de tous les consuls des puissances étrangères, les remit soit au Trésor, soit aux Domaines, pour en opérer la vente... » (Colonel Thomas.)

Nos braves Ardéchois avaient donc sauvé de l'occupation allemande la ville de Vernon. Ils s'y installèrent momentanément, au milieu des chaleureuses acclamations des habitants.

Mais que dites-vous des misérables traîtres dont parle le brave colonel ? Comme nous sommes loin avec eux, des forestiers si patriotes et si dévoués du Camp de la Délivrance, à l'armée de l'Est !

Le colonel Thomas nous apprend qu'il dut en faire arrêter deux, ainsi que l'intendant du château accusé, lui aussi, de connivence avec l'ennemi ; mais les choses n'allèrent pas plus loin, un ordre du ministre de la guerre étant venu de surseoir à leur jugement. C'est ainsi qu'on énerva trop souvent la défense.

Le 26 novembre, l'Ardèche se distinguera de nouveau à la petite affaire de Mollu que nous conterons tout-à-l'heure.

EVREUX ABANDONNÉ. — Nous avons parlé incidemment de l'évacuation trop prompte de la ville d'Evreux par le général de Kersalaün ; voici les quelques lignes que consacre à ce fâcheux évènement un témoin des faits, dans le *Courrier de l'Eure.*

« Dimanche matin (20 novembre) 8 heures.

Au moment où nous allions mettre sous presse, hier soir, à 4 heures, l'arrivée de détachements prussiens a été signalée aux abords d'Evreux.

Nos ateliers ayant été fermés, nous avons dû suspendre le tirage du journal.

Nous avons appris que trois uhlans s'étaient avancés en ville jusqu'au bas de la rue du Lycée, tandis qu'un gros de cuirassiers blancs était posté au pont du chemin de fer.

Le général de Kersalaün, avec quelques gendarmes et éclaireurs, et un certain nombre de gardes nationaux, s'est dirigé du côté de l'ennemi, qui occupait la Madeleine avec de l'artillerie.

Plusieurs obus ont été lancés sur la ville, où ils ont produit peu de dégâts. On a entendu une vive fusillade, qui a duré plus d'une heure.

Les Prussiens paraissent s'être ensuite retirés dans leurs campements.

Rentré à Evreux, le général de Kersalaün s'est empressé de se replier et de quitter la ville.

On sait que M. le préfet est retenu depuis quelques jours dans son lit par une grave maladie.

Un conseil a été tenu hier soir à l'hôtel de ville. Nous croyons devoir nous abstenir d'en faire connaître le résultat.

Cette nuit, vers 2 heures et demie, quelques exaltés ont pris d'assaut la tour du beffroi et y ont sonné le tocsin. Cette inutile démonstration, faite contrairement aux prescriptions de l'autorité, ne pouvait avoir d'autre résultat que d'introduire un nouvel élément de perturbation au milieu du désarroi général.

Les Prussiens ont fait plusieurs victimes, entre autres Mme Chérel, qui a été frappée d'une balle dans le côté, au moment où elle sortait de son domicile, route de la Madeleine. Elle a succombé quelques heures après. »

LES FEMMES DE L'EURE — Ici, nous ferons remarquer, comme nous avons déjà eu maintes fois l'occasion de le faire, que c'étaient ces exaltés grimpant au sommet du beffroi pour y sonner le tocsin, qui étaient dans le vrai et que c'est eux qu'il fallait appuyer et qu'il convient de louer.

S'il y avait eu plus d'*exaltés* et moins de résignés, la France était sauvée. Mais il semble que ceux qui auraient dû en susciter, des exaltés du patriotisme — nous parlons ici des autorités des villes et des villages — aient pris justement à tâche d'en diminuer le nombre.

Et pourtant que n'aurait-on pu faire dans cet ordre d'idées, sans aller plus loin qu'ici où nous sommes, aux alentours d'Evreux?

Voici ce qu'écrivait M. Boué de Villiers au *Progrès de l'Eure*, juste en ce mois de novembre 1870.

« Pendant que des hommes, des soldats, des officiers nous affligent des lâches faiblesses que l'on sait, il y a des femmes — il faut qu'on le sache! — qui s'improvisent hommes, soldats, officiers.

« Un brave capitaine de la mobilisée de l'Eure, qui a exploré ces dernières nuits l'arrondissement pour en organiser la défense, a trouvé dans plusieurs villages, dont tous les hommes étaient partis à Evreux, les postes occupés par des femmes, le fusil chargé à la main.

« A Tourneville, à Brosville, tous les citoyens étant à Evreux sous les armes, les citoyennes ont surgi. A son arrivée à Brosville, l'officier dont nous parlons prit gîte chez une de ses parentes. Toutes les femmes du village, informées de sa présence, veulent s'assurer de son identité. Quatre d'entre elles, en armes, se rendent à la maison où est l'officier, en ferment les portes derrière elles, et procèdent à un interrogatoire en forme, auquel son nom prononcé met fin aussitôt. L'officier, émerveillé de tant de courage et de sang-froid, interroge à son tour nos amazones et constate que leur instruction militaire est complète. — Il y a un mois que nous nous exerçons! lui disent-elles.

« Honneur aux citoyennes de Brosville? »

Mollu.

Le 26 novembre, le 3ᵉ bataillon de l'Ardèche garde la forêt de Bizy.

Il a placé des avant-postes sur la lisière du bois qui regarde Pacy, quand, vers neuf heures du matin, les Prussiens de la garnison de Mantes se présentent en forces et commencent l'attaque, principalement contre le village de Mollu.

« L'artillerie ennemie, dit le lieutenant-colonel Thomas, canonna vigoureusement ce village, que nous n'abandonnâmes qu'après une défense de trois heures et lorsque des projectiles y eurent mis le feu.

« Dès les premiers coups de canon, le lieutenant-colonel réunit à la hâte toutes ses réserves et les porta rapidement et sans sacs, avec un supplément de munitions, au secours des troupes attaquées. Une ambulance improvisée en ville devait suivre et les habitants envoyèrent des provisions de vivres. *La municipalité de Vernon nous prêta en toutes choses le concours le plus empressé et le plus patriotique.* »

« Au fur et à mesure de l'arrivée des renforts qu'il amenait, le lieutenant-colonel les distribua sur les points les plus faibles et surtout vers la droite, que l'ennemi menaçait déjà de tourner avec sa cavalerie.

« Le 3ᵉ bataillon, qui était de grand'garde dans la forêt, avait fait une vigoureuse défense et conservé tous ses postes; mais la plupart des compagnies avaient usé toutes leurs cartouches qu'il a fallu remplacer de suite. Pendant ce temps, deux des compagnies nouvellement arrivées (6ᵉ et 7ᵉ du 1ᵉʳ bataillon), ayant pris position devant le plateau de Mollu, du haut duquel l'ennemi nous canonnait, sortirent du bois et s'élancèrent à découvert et à la baïonnette sur la batterie ennemie, qui, voyant la vigueur de l'attaque et les renforts qui l'appuyaient, prit la fuite à travers champs dans une course des plus désordonnées.

« Dès lors, nous réoccupâmes la position de Mollu et nous poursuivîmes les Prussiens, qui battirent en retraite de tous côtés. Ils perdirent un officier supérieur et environ 150 hommes, qu'ils eurent, comme toujours, l'habileté d'enlever au fur et à mesure qu'ils tombaient. » (Lieutenant-colonel Thomas).

Ce petit combat vigoureusement soutenu et fort bien conduit par le régiment de l'Ardèche qui combattait là tout entier, lui coûta deux de ses meilleurs officiers : le capitaine Rouveure, du 3ᵉ bataillon, officier de marine démissionnaire et ancien élève de l'Ecole polytechnique, et le lieutenant Leydier, du 1ᵉʳ bataillon « tous deux pleins d'avenir et doués des plus brillantes qualités, tués au plus fort de l'action. »

Un brave sous-officier, le sergent-major Belle voulut arracher aux Prussiens le corps du capitaine Rouveure, mais il ne put y parvenir. Blessé dans cette lutte, il fut fait prisonnier avec onze hommes.

Le régiment avait eu encore 8 tués, 20 blessés et 3 prisonniers faits d'autre part, ce qui porterait à 14 le nombre des hommes tombés aux mains de l'ennemi.

Voici les noms de sept hommes tués le 26 novembre :

Cortial, à la 1ʳᵉ compagnie du 1ᵉʳ bataillon.

Tracol, 5ᵉ compagnie du 2ᵉ bataillon.

Crouzer, 5ᵉ compagnie, du 2ᵉ bataillon.

Béal, 3ᵉ compagnie du 3ᵉ bataillon.

Morel, 4ᵉ compagnie du 3ᵉ bataillon.

Forestier, 3ᵉ compagnie du 1ᵉʳ bataillon.

Bonnefoi, 1ʳᵉ compagnie du 1ᵉʳ bataillon.

A la rentrée des troupes à Vernon, elles furent l'objet de manifestations enthousiastes de la part des braves habitants. Ils prodiguèrent aux hommes les soins et leur distribuèrent des vivres et des effets en profusion.

Nos morts furent enterrés en grande pompe et la ville, pour consacrer le souvenir de cette honorable journée, décréta qu'une avenue, allant de Vernon dans la direction de la forêt de Bizy, s'appellerait l'*Avenue de l'Ardèche*.

Nous devons dire, pour être impartial, que les Allemands se montrèrent ce jour-là corrects et courtois, une fois n'est pas coutume, en nous rendant le corps du brave capitaine Rouveure, dans un cercueil orné d'une couronne de lauriers. Le lieutenant-colonel Thomas nous assure, en outre, que, dans le camp prussien, un général avait déjà rendu, dans un même discours, hommage à la valeur de l'officier tué par nous et du capitaine Rouveure. C'est fort bien, mais voici tout aussitôt un épisode qui les fait voir sous un jour moins flatteur.

Au coin d'un bois. — Le 28 novembre 1870, des mobiles de l'Oise ayant tiré sur des éclaireurs à quelque distance des Thilliers, le maire de cette commune, M. Florimont Defontaine, fut arrêté avec deux autres notables du pays, MM. Placet et Foubert, par ordre d'un colonel allemand. Et pourtant les coups de fusil n'avaient pas été tirés sur le territoire des Thilliers. Ce Fra Diavolo à casque pointu exigea bien vite de M. Defontaine le payement de 1,500 francs, *pour lesquels il se refusa obstinément à donner un reçu.*

Ils ont beau faire, ce n'est qu'un vernis bien mince de civilisation qui les recouvre, et le monde les a retrouvés tels, en 1870, qu'on les lui montrait au xıvᵉ siècle :

« Allemands de nature sont rudes et de grossier entendement, *si ce n'est à prendre leur profit*, mais à ce sont-ils assez experts et habiles ; item, moult convoiteux et plus que nulles autres gens, oncques (jamais) ne tenant rien de choses qu'ils eussent promis ; telles gens valent pis que Sarrazins ni payent (païens) »

(*Chronique de Froissard*).

Quittons à présent la Normandie, où nous aurons, d'ailleurs, à revenir bientôt, et voyons dans ses premières manifestations l'« Armée du Nord », celle de Villers-Bretonneux, de Pont-Noyelles et de Bapaume.

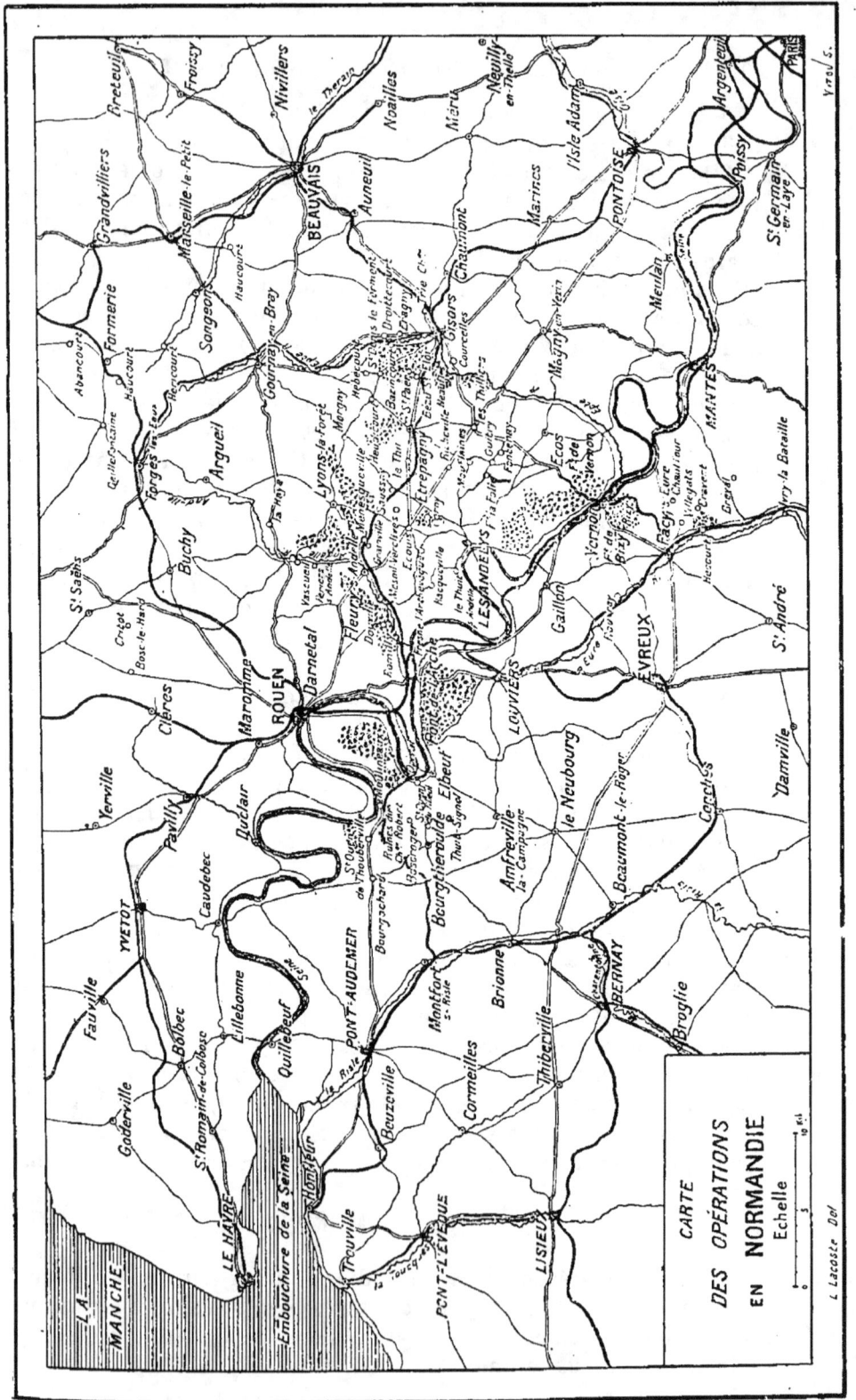

L'Armée du Nord.

Lorsque Gambetta, sorti de Paris en ballon, était arrivé à Tours le 9 octobre 1870, il lui avait fallu, en présence du manque presque absolu de tout élément de défense, un bien ardent amour pour la patrie et une foi extraordinairement robuste dans ses destinées, pour entreprendre de la sauver.

Dans le Nord, par exemple, où il trouva comme commissaire de la Défense, un patriote énergique, le docteur A. Testelin, il y avait eu jadis quelques milliers de vrais soldats à prendre dans les dépôts des régiments de la région, mais on les avait expédiés déjà en grande partie sur l'intérieur de la France; en artillerie « il n'existait à Lille qu'une seule batterie et encore était-elle hors d'état de marcher. Enfin, pour la cavalerie, le dépôt de 7e dragons pouvait à peine fournir quelques cavaliers d'escorte. » (Général Faidherbe).

Telle est la situation au 15 octobre, jour où le colonel (du génie Farre, promu général de brigade, est adjoint à la Délégation sur la demande du docteur Testelin et, le 6 novembre, on peut établir la composition de la 1re division d'un nouveau corps d'armée, le 22e (celui que nous allons voir combattre à Villers-Bretonneux), avec un effectif de 25.000 hommes et en mettant en ligne 42 pièces de canon.

Dans l'intervalle, le 22 octobre, le général Bourbaki est venu prendre le commandement supérieur de la région du Nord et a choisi pour chef d'état-major le général Farre.

Il y a là, à ce moment, un magnifique effort accompli, et les noms de ceux qui y ont prodigué le zèle patriotique ne sauraient être trop connus. Nous citerons parmi eux : le général Farre, le général Treuille de Beaulieu et le colonel Brian, de la direction d'artillerie de Douai, le colonel Lecomte évadé de Metz, le commandant d'artillerie Charon, évadé de Sedan, l'intendant en chef de l'armée Richard......... Mais qui avait fait naître, qui encourageait et soutenait cette ardeur? C'était Gambetta; il était le foyer d'où rayonnait partout et sur tous cette patriotique chaleur, ne l'oublions jamais.

BOURBAKI. — Le général Bourbaki ne devait pas rester longtemps au commandement de la région du Nord. C'est que, malgré l'appui qu'il avait donné à toutes les mesures prises en vue d'organiser la lutte, « la confiance dans l'efficacité de la prolongation de la défense lui faisait défaut. » (Général Faidherbe). Et puis, il faut le dire, à Lille, on se défiait de lui. Il était resté aux yeux des populations, l'aide de camp de l'Empereur, l'ancien commandant de la Garde et le familier des Tuileries. Sa sortie de Metz sous un déguisement, pour une négociation louche à laquelle l'ignoble Bazaine l'avait mêlé, sans doute pour se débarrasser de lui, jetait encore une défaveur sur le brillant soldat de Crimée et d'Algérie.

Tout cela prit corps un certain jour à Douai, où la population manifesta ses sentiments hostiles au général. Il remit alors (19 novembre) le commandement au général Farre, et partit pour Tours, emmenant avec lui le lieutenant-colonel Loysel et les autres officiers du corps d'état-major.

«... Tout se fût trouvé entravé, dit le général Faidherbe, si le général Farre, resté absolument seul, n'eût trouvé dans le lieutenant-colonel de Villenoisy (encore un nom à retenir) évadé de Metz, et dans quelques autres officiers du génie qui remplirent les fonctions d'officiers d'état-major, un dévouement complet à l'œuvre entreprise et de remarquables capacités.

Nous ne pousserons pas plus loin ces détails, les coups de fusil nous attendent, et comme nous donnons pour chaque corps de troupe à mesure qu'il arrive sous notre plume, un aperçu de ses origines, le lecteur se rendra compte petit à petit, rien qu'en suivant notre récit, de la façon dont a été mise sur pied l'armée du Nord.

Quant aux troupes prussiennes que cette armée encore embryonnaire va avoir à combattre à Villers-Bretonneux, elles viennent du siège de Metz. Elles ont quitté à la date du 7 novembre cette place, tombée en leur pouvoir le 27 octobre et se sont dirigées sur l'Oise.

Nous aurons assez à parler de ces troupes pour qu'il soit utile de les faire connaître, au moins en gros, à nos lecteurs.

Elles se composent de 2 corps d'armée, le Ier et le VIIIe, et marchent sous les ordres du général de cavalerie Manteuffel, qui est en même temps commandant du Ier corps. Le général von Gœben, commande le VIIIe corps. Chacun de ces corps comprend 2 divisions : von Bentheim et von Frietzelwitz pour le Ier corps; von Kummer et von Barnekow, pour le VIIIe.

A ces 4 divisions d'infanterie, se joignent : la 3e division de cavalerie (von der Grœben) et la 3e division de réserve (Schuler von Senden). Au total, Manteuffel a sous ses ordres : 56 bataillons, 46 escadrons et 204 pièces d'artillerie.

Le 20, à Soissons, il reçoit de Versailles l'ordre de se diriger sur Rouen, tout en faisant occuper Amiens par un détachement, quitte à marcher en forces sur cette dernière ville, s'il s'y trouve une sérieuse agglomération de troupes françaises. C'est à ce dernier parti que se range le général prussien ; car il vient d'apprendre qu'environ 20.000 des nôtres se tiennent prêts à défendre la vieille capitale de la Picardie.

Laissons marcher nos ennemis et rejoignons les troupes françaises que nous avons vues se formant sous l'active impulsion du général Farre.

Nous avons dit que Bourbaki avait quitté par ordre son commandement, à la date du 19 novembre, et l'avait remis au général Farre. Mais ce commandement, pour ce dernier ne devait être qu'un intérim; car le docteur Testelin avait obtenu de Gambetta que le vrai successeur de Bourbaki serait un Lillois déjà célèbre comme conquérant et pacificateur du Sénégal, le général Faidherbe, alors en Algérie.

Le 22 novembre, nos troupes (22ᵉ corps) se mettent en marche; elles vont se concentrer dans la vallée de la Somme pour protéger Amiens.

Elles se composent, à cette date, des éléments suivants :

1ʳᵉ *brigade* (général Lecointe): 7 bataillons, dont 3 de mobiles et 12 canons.

2ᵉ *brigade* (colonel Derroja) : 7 bataillons dont 3 de mobiles, 12 canons.

3ᵉ *brigade* (colonel du Bessol) : 7 bataillons, dont 3 de mobiles, 18 canons.

1 compagnie du génie avec un petit parc, 2 escadrons de dragons et 2 de gendarmes.

4 batteries de 4 et 3 de 12.

6 bataillons de mobiles non embrigadés occupant Amiens, sous les ordres du général Paulze d'Ivoy.

Total, bien modeste, bien mince, si on le compare aux deux corps d'armée de Manteuffel : 26 bataillons, *dont* 15 *de mobiles*; 4 escadrons 42 pièces.

En résumé, du côté des Prussiens, en chiffres ronds : 45 à 50.000 hommes, du nôtre : 20 à 25.000.

Nos positions sont bonnes. — « Le général Farre se décida, dit Faidherbe, à s'établir sur les hauteurs de la rive gauche (de la Somme) comprises entre la Somme et l'Avre, dont le point culminant était à la petite ville de Villers-Bretonneux et dont l'arête est occupée par les bois de Blangy et de Cachy.

« Dans cette situation, où les deux brigades cantonnées en dehors d'Amiens pouvaient être rapidement réunies, on faisait face au corps principal de l'ennemi à l'Est, en s'établissant le long d'une ligne transversale de Villers à Cachy et à Gentelles, la droite appuyée à la vallée de l'Avre.

« A Villers-Bretonneux comme pivot, commençait une seconde ligne défensive suivant l'arête qui descend de cette petite ville à Longueau, arête couverte de bois et qui prend en flanc les approches d'Amiens.

« La retraite vers la rive droite de la Somme pouvait s'opérer par les pentes douces qui descendent vers la rivière et les ponts nombreux conservés dans cette partie de son cours. »

Le général Faidherbe voit cependant un vice dans ces positions occupées par nos troupes, c'est qu'elles étaient trop étendues pour nos forces, et que néanmoins elles ne pouvaient être réduites sans perdre immédiatement leur valeur défensive. Il aurait fallu les renforcer en couvrant par quelques retranchements les abords de Villers-Bretonneux et de Boves, mais les Prussiens ne nous en laissèrent pas le temps.

Le colonel du Bessol aurait voulu, lui, qu'on défendît non ces hauteurs en avant de la Somme, mais bien la ligne de la Somme elle-même.

« J'avais demandé la ligne de la Somme, que les Prussiens n'auraient pas forcée, écrit-il plus tard à M. d'Heilly, maire de Villers-Bretonneux... Vous le savez, le préfet fut d'un avis contraire ; il est probable qu'il était guidé par des intérêts commerciaux que cette position semblait mieux couvrir, ou par une fausse appréciation. » (Lettre du 26 mars 1872) [1].

Quoi qu'il en soit, voici brièvement, comment étaient disposées nos 3 brigades :

La 1re (général Lecointe) à Amiens.

La 2e (colonel Derroja) à Boves-sur-l'Avre et à Camon, sur la Somme.

La 3e (colonel du Bessol) à Corbie, Villers-Bretonneux, Cachy, Gentelles.

Enfin, la ville d'Amiens avait été couverte du côté sud, par une longue ligne de tranchées, offrant de distance en distance des réduits pour les canons, car on avait pu se procurer 12 pièces pour la garnir.

Cette ligne partant du sommet de la côte du Pont-de-Metz, passait derrière le cimetière de Dury, venait traverser la route de Saint-Fuscien et aboutir, en s'infléchissant en arrière, à Saint-Acheul.

Nous avons vu les Prussiens se mettre en route sur Amiens. La cavalerie de von der Grœben les couvre à bonne distance,

1. Papiers d'Amédée Le Faure.

dans leur marche ; la prise de contact avec les nôtres ne peut donc qu'être prochaine. L'après-midi même du 23, elle a lieu par la rencontre inopinée d'une petite colonne volante commandée par le colonel Lüderitz et de quelques francs-tireurs.

Celle du lendemain, 24 novembre, sera plus sérieuse et amènera le petit combat de Mézières.

Mais voyons d'abord la rencontre du 23, entre la colonne Lüderitz et les compagnies de reconnaissance du commandant Bayle.

COMPAGNIES DE RECONNAISSANCE. — Ces compagnies étaient un petit corps de partisans formé et commandé par le commandant Bayle, ancien officier sorti de Saint-Cyr. Cet officier avait quitté l'armée pour cause de santé, après avoir fait de nombreuses campagnes, entre autres au Sénégal et en Cochinchine. C'était parmi les mobiles présents à Amiens (Somme, Marne, Gard), « hommes vigoureux, pleins de bonne volonté et faciles à conduire » que le commandant Bayle avait recruté sa troupe. « Bien encadrés », dit-il dans ses notes inédites sur la campagne, « et commandés par des officiers de l'armée régulière, ils auraient fait une troupe admirable. »

En passant, notons bien ce fait, tout à l'honneur des mobiles et de leur futur chef : aussitôt que des listes de volontaires avaient été ouvertes, à Amiens, avec l'assentiment du général Paulze d'Ivoy, elles s'étaient couvertes si vite que le commandant n'avait eu que l'embarras du choix. Cependant, il était bien entendu d'avance que les officiers et les sous-officiers ne toucheraient que la solde du simple soldat. Quant au commandant, donnant lui-même l'exemple du désintéressement, il voulut faire et fit en effet toute la campagne à ses frais, et sans vouloir accepter ni solde ni allocation d'aucune sorte.

Les compagnies de reconnaissance, au nombre de 6, comptaient chacune 20 hommes seulement, avec un officier, 2 sergents et 3 caporaux. Elles étaient armées de chassepots. Bientôt elles sortaient d'Amiens pour se mettre en campagne.

Cela se passait au commencement d'octobre. Un mois après, elles avaient si bien travaillé, si activement battu l'estrade, qu'on ne voyait plus à l'horizon et à 20 lieues à la ronde un seul uhlan isolé, et que les Allemands, n'osant plus suivre que les grandes routes, avaient resserré sensiblement le cercle de leurs réquisitions.

« Plus tard, disent les notes du commandant Bayle, les **habitants de Beauvais nous ont conté que dans les dernières** semaines de nos expéditions, lorsque la cavalerie envoyait en réquisition, les cavaliers d'avant-garde étaient tirés au sort, aucun ne se souciant de cette place d'honneur. » — Ceci encore est à noter, à l'honneur de nos paysans : « La population des campagnes se prêtait avec enthousiasme à toutes nos demandes de chevaux et de voitures. »

« C'était ainsi, ajoute-t-il, que nous pouvions nous montrer, dans la même journée, en plusieurs endroits différents et dérouter l'ennemi. Montdidier, Breteuil, Saint-Just, Crèvecœur, Moreuil, Le Quesnel, Crillon se souviennent encore, sans doute, des compagnies de reconnaissance et des hardis coups de main qui avaient valu à leur commandant l'honneur de voir sa tête mise à prix. »

Le 23 novembre, les compagnies de reconnaissance sont postées en avant du Quesnel, à l'angle du parc de M. Blin de Bourdon, en face de l'auberge du Petit Hangest, quand la reconnaissance du colonel Lüderitz est signalée. — Aussitôt le commandant Bayle fait embusquer ses hommes le long de la route, derrière la haie qui borde le parc, avec ordre de ne tirer qu'à son commandement et quand la moitié de la colonne aura passé.

« L'avant-garde prussienne ne tarda pas à paraître, et les premiers cavaliers nous avaient déjà dépassés, lorsqu'un uhlan aperçut un de nos hommes et fit feu sur lui. Celui-ci riposta et fracassa la tête du uhlan, tandis qu'une deuxième balle abattait son cheval. Nous étions démasqués; il n'y avait plus à attendre; je donnai l'ordre de sauter sur la route et de la balayer à coups de fusil.

« La tête de colonne du colonel Lüderitz se replia vivement en arrière, abandonnant ses morts et ses blessés, et disparut presque aussitôt sur le revers de la route, derrière le petit bois qui la borde. Nous continuâmes à tirer dans cette direction, et, si nous devons nous en rapporter au témoignage des gens du pays, un grand nombre de nos balles auraient porté. »

Le combat se borne ensuite à une canonnade prussienne et à deux charges de cavalerie qui n'aboutissent pas.

Chatelain patriote. — A 3 heures, le commandant, ramenant sa troupe à Villers-Bretonneux, la fait reposer un instant au village de Cayeux, chez le marquis de Doria.

« Quand je me présentai à la grille de son château, » dit le commandant Bayle, « cherchant de l'eau pour mes hommes, le marquis vint à moi, un peu ému, et me demanda ce que je prétendais faire.

« Je lui répondis en riant que, si je demandais de l'eau, c'était que je prétendais donner à boire à ma troupe.

— « Vous ne m'entendez pas, reprit le marquis de Doria, je
« vous demande si vous voulez vous battre ici, dans mon châ-
« teau, *auquel cas je vais armer mes gens et m'armer moi-même,*
« *pour faire le coup de feu avec vous.* » Il savait pourtant bien que son château aurait payé les frais de cette équipée. »

Combat de Mézières.

Cette petite affaire a lieu, le lendemain 24 novembre, entre une reconnaissance française de la brigade du Bessol et une troupe allemande composée d'un escadron et d'un détachement de chasseurs à pied, que le colonel Lüderitz a envoyée jusqu'à Hourges, sur la route de Roye à Amiens.

Le colonel Lüderitz, au bruit de la fusillade, arriva lui-même jusqu'à Mézières où il essaya de tenir ; mais il dut y renoncer et nous céder le terrain, sous peine d'être tourné par les nôtres qui montrèrent là un véritable entrain.

La reconnaissance française était, du reste, composée de bons éléments, comme on en pourra juger trois jours après, à la bataille de Villers-Bretonneux. C'étaient, entre autres, le 20ᵉ bataillon de chasseurs qui se distinguera à Gentelles et le bataillon du 43ᵉ de ligne qui empêchera pendant toute la journée les Prussiens de mettre le pied dans Cachy, quoi qu'en dise la relation du général Faidherbe, erronée sur ce point, comme sur plusieurs autres. Le détachement français se complétait par le bataillon d'infanterie de marine et une batterie de 4. Deux bataillons de mobiles étaient en réserve.

Les Prussiens furent rejetés au delà du Quesnel, vers Bouchoir où ils trouvèrent, pour les recueillir, des troupes de soutien envoyées de Roye par le général von der Grœben.

L'historique du 3ᵉ bataillon des mobiles du Nord donne sur ce petit combat d'assez intéressants détails.

MOBILES DU NORD. — 3ᵉ BATAILLON. — Le 3ᵉ bataillon du 46ᵉ mobiles (bataillon du Cateau) se forma au Cateau le 13 août 1870, et partit pour Cambrai le lendemain « au milieu d'une imposante manifestation spontanée de la cité tout entière, accompagnant ses enfants... ». (Récit du lieutenant-colonel Folliot de Fierville).

Nous ne suivrons pas le bataillon dans ses premières allées

et venues, qui ne sont marquées du reste par aucun fait important.

Le 18 novembre, son commandant, Folliot de Fierville est nommé lieutenant-colonel, et remplacé par le capitaine Pollet, du 2ᵉ bataillon. Le 22 novembre, il est à Amiens, et le 23 à Villers-Bretonneux.

Le lendemain, une reconnaissance sort de Villers ; le 3ᵉ bataillon en forme l'arrière-garde.

« Arrivés à 1 kilomètre de Demuin, les troupes quittèrent la route et entrèrent à droite et à gauche dans les champs où elles se formèrent en colonne par division à distance de peloton. Le 3ᵉ bataillon suivit le mouvement et se trouva placé : sa droite à la route et sa gauche à un bataillon du 43ᵉ de ligne. Le bataillon d'infanterie de marine, qui s'était déployé en avant des colonnes, envoya ses tirailleurs reconnaitre et fouiller deux petits bois situés à 500 mètres en avant.

« Ces bois, étant inoccupés, furent rapidement dépassés. Les colonnes continuèrent leur marche, descendirent les versants rapides qui forment la vallée de la Luce, et se formèrent successivement par le flanc, pour passer cette petite rivière.

« Le passage eut lieu au moyen d'un petit pont en pierre, de vieille construction et assez étroit. Après avoir franchi ce défilé en avant, les bataillons pénétrèrent dans l'intérieur de Demuin.

« Arrivés à peu près au centre du village, le 43ᵉ et le 46ᵉ mobiles prirent à gauche, passèrent sous les ruines d'un vieux château où Louis XIII habita, en 1636, et se jetèrent dans les jardins et les terres labourées qui se trouvent au pied de hauteurs aux flancs escarpés.... Par suite de ce mouvement, le 3ᵉ bataillon, débordé par le 43ᵉ de ligne, fut forcé de prendre la gauche de ce bataillon et devint ainsi l'extrême gauche de la ligne de bataille.

« Quelques instants après, je fus prévenu par un officier d'état-major que l'ennemi était en vue et signalé : qu'il occupait le plateau au pied duquel je venais de déployer le bataillon.

« J'envoyai aussitôt 2 compagnies en tirailleurs, avec ordre de couronner la hauteur et d'en débusquer, de concert avec le 43ᵉ de ligne, les tirailleurs ennemis.

« Le bataillon de la marine avait pénétré dans un petit bois qui couvrait une partie de ma droite. Déjà, il avait commencé le feu, lorsque mes deux compagnies apparurent sur le plateau. Ce fut à ce moment que les premiers obus de la journée furent tirés sur le bois et sur ma ligne.

« Entraînés par l'exemple des soldats de marine, nos mobiles jetèrent leur sac à terre et se ruèrent vaillamment sur l'ennemi.

Ce dernier, débusqué du bois et débordé, craignant d'autre part d'être tourné par mes tirailleurs, céda le terrain et s'enfuit, vigoureusement poursuivi par les marins, le 43ᵉ de ligne et mes hommes. Il chercha à se reformer derrière une briqueterie située à 300 mètres sur la gauche de la route, en avant du village de Beaucourt-en-Santerre ; mais ce fut en vain, rien ne pouvait plus arrêter l'élan des bataillons.

« L'artillerie acheva la déroute de l'ennemi, qui se retira en arrière des villages de Mézières et de Beaucourt. Là ne s'arrêta pas la retraite des Prussiens ; car ils ne se rallièrent que bien loin au delà du Quesnel.

« Il était près de 2 heures lorsque ce rapide et brillant résultat fut obtenu. A la même heure, un dragon vint de la part de M. le colonel du Bessol, m'apporter l'ordre de pénétrer dans le village de Beaucourt et de m'assurer si l'ennemi l'occupait encore. Je fis fouiller le village par une compagnie, et, prévenu qu'il était complètement évacué, j'y fis entrer le bataillon. » (Lieutenant-colonel de Fierville.)

Le bataillon se repose une heure sur la position enlevée et les braves habitants s'empressent d'apporter des rafraîchissements aux soldats.

Le régiment rentre à Villers-Bretonneux à 5 heures du soir, et à Amiens vers 11 heures.

En dépit de ce long récit, il est facile de voir que cette action qui dura, nous dit l'historique, près de quatre heures, fut à peine un combat pour le bataillon Pollet du 46ᵉ mobiles, dont les pertes se montèrent à... zéro. Mais les *moblots* n'en avaient pas moins vu fuir devant eux les casques à pointe et, comme effet moral, ce petit engagement avait été d'un excellent effet. C'est par des escarmouches semblables, d'où l'on a soin qu'elles sortent victorieuses, qu'on aguerrit de jeunes troupes et qu'on les habitue au bruit de la fusillade, au sifflement des projectiles et à la vue de l'ennemi.

Un témoin oculaire adressait au *Journal d'Amiens* la lettre suivante, qui montrera quelle somme de confiance animait nos troupes, après le petit succès remporté à Mézières.

« Partis à 5 heures du matin de Villers-Bretonneux, nous nous sommes avancés jusqu'à Demuin, sans rencontrer l'ennemi ; mais, au débouché de ce village, quelques coups de canon et de fusil nous ont été tirés. On s'est déployé en tirailleurs sur une ligne de trois ou quatre kilomètres, et nous avons enlevé successivement tous les bois et tous les villages, jusqu'à hauteur de la Maison-Blanche, c'est-à-dire à deux kilomètres avant d'arriver à Mézières. Là, la lutte a été sérieuse.

« L'infanterie de marine a été admirable.

« Accueillis par un feu terrible et à bout portant, les soldats de l'infanterie de marine ont chargé à la baïonnette. Vingt-cinq des leurs sont restés sur le terrain. Mais le bois était enlevé à droite de la route, tandis que le 41e enlevait le taillis à gauche.

« L'ennemi a fui, abandonnant pas mal de fusils, des casques, des gibernes, etc.

« *Nos soldats sont rentrés triomphants dans Villers, vers 2 heures.* Nous avons vingt à trente hommes hors de combat.

« Les mobiles se sont bien conduits.

« Nos canons ont lancé quelques obus au milieu de quelques escadrons de uhlans. En somme, enthousiasme général... »

Je veux tuer mon Prussien. — « Un jeune soldat d'infanterie de marine, vingt ans à peine, le nommé Maire, qui logeait chez moi et que j'avais vu partir tout tremblant, à 5 heures du matin, se trouvait en tête (lors de l'assaut des hauteurs). Il m'avait dit :

« Je tremble, docteur, j'ai grand'peur; mais, je vous le promets, je ne reviendrai pas sans tuer mon Prussien. »

« Quel ne fut pas mon étonnement, lorsque je le vis, sur le lieu du combat, à la Maison-Blanche, plein de joie. Il avait poursuivi son Allemand jusque dans la cuisine de la maison et l'avait tué à bout portant. » (Lettre du docteur Dubois, de Villers-Bretonneux.)

L'ouvrage du général Faidherbe mentionne en ces termes la rencontre du 24 novembre : « Un brillant combat fut livré près de Mézières. L'ennemi, repoussé à la baïonnette et chassé des bois, ne s'arrêta qu'à Bouchoir, emportant sept voitures de morts et de blessés. Nos pertes furent peu importantes; malheureusement, le lieutenant d'artillerie Laviolette fut atteint mortellement d'une balle à la poitrine. »

Le 25, nos avant-postes sont en contact permanent avec les éclaireurs ennemis.

Uhlan et bonnetier. — Ce jour-là, un sous-officier de uhlans blessé, entre à l'ambulance de Villers-Bretonneux. Il a reçu, de nos marsouins, une balle dans la tête, tirée à une distance de 1.100 mètres.

« Il fut conduit dans mon ambulance à l'hôtel de ville, où il mourut paralysé le matin même de la bataille du 27 novembre.

« Ce sous-officier de uhlans était un voyageur pour une maison de blanc de Saarbrück. Il faisait la place en Picardie, ainsi qu'il me l'avoua avant de mourir, et, parce qu'il me semblait le reconnaître, je l'avais pressé de questions à ce sujet. » (Docteur Dubois.)

Il venait acheter de la bonneterie dans nos fabriques, nous a-t-on dit dans le pays, et tout blessé grièvement qu'il fût, puisqu'il en est mort, il a parfaitement appelé par son nom notre curé qui lui donnait des soins.

Un sous-officier de uhlans reconnaît et appelle par son nom le curé de Villers-Bretonneux.

CHAPITRE VI

Villers-Bretonneux

Combat de Gentelles (26 novembre). — 24ᵉ de ligne. — 18ᵉ bataillon de chasseurs. — Evadés de Metz. — Mort glorieuse du commandant Jan. — 33ᵉ de ligne. — Approche des Prussiens. — Préparatifs de bataille. — Journée du 27. — A Gentelles. — A Cachy. — A Villers-Bretonneux. — A Dury. — Lieutenant de vaisseau Meusnier. — A Boves. — Commandant Zédé. — 19ᵉ bataillon de

chasseurs. — Giovanninelli. — Négrier. — Lieutenant Coquelet.
— 75ᵉ de ligne. — Lieutenants Dohen et Tournebize. — Soldat
Lucas. — 65ᵉ de ligne. — Lieutenant Barbier de Villeneuve. —
Capitaine Jamain. — Soldat Mirgalet. — 91ᵉ de ligne. — Lieutenant Lambeye. — Mobiles du Nord. — Prise de Gentelles. — A
Cachy. — Erreur d'optique. — Dans les lignes prussiennes. — Le
garde de Thézy. — Capitaine Gastuineau. — Bataillon de Lalène-
Laprade. — Même illusion. — Cachy non occupé par l'ennemi.
— Capitaine Kuhlmann. — Sergents Dupère, de Lalène-Laprade.
— Caporaux Dutrieux et Legrain. — Soldat Lenclus.

PETIT COMBAT DE GENTELLES. — La journée du 26 novembre devait amener un contact plus général, entre les avant-postes des deux armées et, par suite, un échange de coups de fusil qu'il nous faut relater en quelques mots.

Dans la journée, on voit le VIIIᵉ corps prussien occuper sans coup férir Esserteaux, Ailly-sur-Noye et Moreuil, et pousser ensuite une brigade jusqu'à Hailles et Domart-sur-la-Luce. Ce sont les troupes de tête de cette brigade qui rencontrent notre 18ᵉ bataillon de chasseurs (commandant Jan) près de Gentelles et le bataillon du 24ᵉ de ligne (commandant Tallandier) vers Boves.

Les Prussiens sont promptement refoulés, et un engagement très vif a lieu ensuite, pour la possession du bois de Gentelles qui rend maître de la route de Moreuil à Amiens.

Repoussés d'abord de ce bois, les chasseurs du commandant Hecquet (20ᵉ bataillon) en chassent à leur tour les Allemands, grâce à l'aide que leur donnent trois compagnies du 43ᵉ de ligne accourues de Villers-Bretonneux, au bruit de la fusillade. La nuit arrive et, finalement, le bois nous reste.

Voyons ce que disent les historiques, sur cette petite affaire.

24ᵉ DE LIGNE. — Le 1ᵉʳ bataillon du 24ᵉ de ligne, dont il est question ici, forme le 1ᵉʳ bataillon du 68ᵉ de marche, dont un autre bataillon du 24ᵉ (commandant Martin) et un du 33ᵉ (commandant Zédé) constituent les 2ᵉ et 3ᵉ bataillons.

Ce régiment a été organisé du 15 au 20 novembre 1870, avec les éléments ci-dessus, tirés des garnisons de Cambrai et d'Arras. Il est placé sous les ordres du lieutenant-colonel Pittié.

« Le 26 novembre, lit-on dans l'historique du 68ᵉ de marche, le 1ᵉʳ bataillon du régiment qui est autour d'Amiens depuis le 23, va prendre position en avant de Boves et repousse vigoureusement l'ennemi, à qui il tue un capitaine et blesse ou tue 22 hommes. Il a eu lui-même 1 officier blessé, 2 hommes tués et 9 blessés.

L'historique du 18ᵉ bataillon de chasseurs est plus explicite.

18ᵉ BATAILLON DE CHASSEURS. — Ce bataillon a été formé dans les circonstances suivantes.

« Quand le général Bourbaki vint prendre, au commencement du mois d'octobre, le commandement supérieur de la région du Nord, il trouva à Saint-Omer, avec les cadres de deux compagnies du dépôt du 1ᵉʳ bataillon de chasseurs, fait prisonnier à Sedan, 1200 hommes fournis la plupart par le contingent de la classe 1870 des départements de l'Eure, de la Loire-Inférieure, de la Somme, de l'Orne, du Calvados et du Pas-de-Calais.

« D'un autre côté, quelques sous-officiers du 1ᵉʳ bataillon, échappés de Sedan, étaient venus rejoindre le Dépôt du corps et avaient aidé les officiers des deux compagnies à instruire les recrues, à les former.

« Pour tirer de ces deux éléments tout le parti possible, le général fit quelques promotions, ordonna de choisir 200 hommes parmi les plus exercés et les mieux équipés, et en forma une compagnie de marche qui partit avec MM. Arcelin, capitaine, Kotzuski, lieutenant et Dufour, sous-lieutenant.

« Il se proposait d'en former d'autres par la suite et de les envoyer au fur et à mesure du côté de l'ennemi, le défaut de cadres ne lui permettant pas d'agir aussi rapidement qu'il l'aurait voulu, quand tout à coup la capitulation de Metz fit affluer à Lille un grand nombre d'officiers de l'armée du Rhin.

« Quatre cents environ se rendirent à son état-major, furent dirigés de suite sur divers dépôts de la région du Nord, y trouvèrent des hommes en quantité, les encadrèrent et bientôt l'armée du Nord compta 20 bataillons divisés en 3 brigades.

« Le dépôt du 1ᵉʳ bataillon reçut pour sa part M. Jan, capitaine adjudant-major au 12ᵉ de ligne, nommé commandant. »

Bref, le bataillon de marche fut constitué ainsi qu'il suit :

M. Jan, commandant.

2ᵉ Compagnie, MM. Edighoffen, capitaine ;
Thomain, sous-lieutenant ;
Mennequin, »

3ᵉ Compagnie, MM. Chevreux, capitaine ;
Martin Emile, lieutenant ;
Rouzié, sous-lieutenant.

4ᵉ Compagnie, MM. Milou, capitaine ;
Sommervogel, lieutenant ;
Amade, sous-lieutenant.

5ᵉ Compagnie, MM. Wasmer, capitaine ;
Joulié, sous-lieutenant ;
Kalme »

6ᵉ Compagnie, MM. Jan, capitaine;
Robert, sous-lieutenant;
Robin, »

Le 23 novembre, le commandant Jan part avec ses cinq compagnies (700 hommes). Il est transporté en chemin de fer jusqu'à Longueau et, le 24, à 6 heures du matin, il va prendre son rang de bataille vers Boves, à côté d'un bataillon du 24ᵉ de ligne et d'un bataillon du 33ᵉ.

Le 25, le commandant Jan fait une reconnaissance en avant de Villers-Bretonneux.

« Le 26, vers une heure de l'après-midi, l'ennemi est aperçu du côté du bois de Gentelles, c'est-à-dire vers le centre de nos lignes, en avant et à gauche de la ligne de défense confiée au bataillon. Aussitôt les 5ᵉ et 6ᵉ compagnies (Wasmer et Jan) sont déployées en tirailleurs; le reste du bataillon prend sa position de soutien et est rallié par la 2ᵉ compagnie (Edighoffen), que les premiers coups de fusil avaient fait revenir d'une reconnaissance en avant de Fouencamps.

Ce fut à ce moment que le commandant Jan, qui s'était avancé sur la ligne des tirailleurs pour reconnaître l'importance d'un mouvement tournant que l'ennemi dessinait sur notre gauche, reçut en plein ventre une balle qui lui donna la mort.

« Rendus furieux par cette perte cruelle, nos jeunes soldats résolurent de la venger. De leur première bataille, ils firent leur première victoire, et, vers 5 heures 1/2, à la nuit tombante, l'ennemi dut se replier devant un mouvement en avant, des plus vifs et des mieux prononcés. Quelques cadavres et quelques blessés restèrent entre nos mains.

« Le bataillon, sous le commandement du capitaine Milou, reprit possession de son cantonnement, en songeant au prix dont il avait payé le succès et en espérant pour le lendemain une vengeance plus complète. Fouencamps, ne put être réoccupé, l'ennemi avait saisi l'occasion qui lui était offerte d'y placer ses avant-postes, et la 5ᵉ compagnie (Wasmer), désignée pour le service de grand'garde, dut se déployer en tirailleurs dans la plaine.

33ᵉ DE LIGNE. — Bien que le bataillon du 33ᵉ de ligne soit arrivé trop tard pour prendre part à l'action, nous n'en profiterons pas moins de l'occasion pour le présenter à nos lecteurs.

C'est le 23 novembre que, par ordre du général Farre, le dépôt du 33ᵉ, mobilise son 5ᵉ bataillon, qui prend le nom de 1ᵉʳ *bataillon de marche du 33ᵉ*.

Il comprend 5 compagnies, formant un total de 773 hommes. Elles sont commandées respectivement par MM. Dumas, lieutenant, Petit, capitaine, Laborie, capitaine, Sicre, lieutenant et Audibert, capitaine. Le chef de bataillon Zédé commande le bataillon.

Arrivé dès le 24 novembre par le chemin de fer à Longueau, le bataillon est enrégimenté avec 2 bataillons du 24ᵉ de ligne, sous les ordres du lieutenant-colonel Pittié.

Le 25, le régiment part de Longueau pour Villers-Bretonneux, car l'ennemi vient d'être signalé dans la direction du sud-ouest.

Le 26, le bataillon prend les armes et sur les dires des paysans, les compagnies Dumas (1ʳᵉ) et Audibert (5ᵉ) se portent au pas gymnastique et sans sacs au secours du 1ᵉʳ bataillon de chasseurs soi-disant écrasé. Mais elles n'ont pas à intervenir car les Prussiens ont été repoussés avec pertes et se sont retirés sur Roye. Ces deux compagnies couchent à Cachy ; les trois autres rentrent en ville.

20ᵉ BATAILLON DE CHASSEURS. — Le bataillon, formé à Boulogne, d'éléments tirés du dépôt du 20ᵉ bataillon, a été constitué le 10 novembre 1870, sur l'ordre du général Bourbaki. Il est placé sous le commandement du chef de bataillon Hecquet et compte 5 compagnies.

Les officiers viennent soit du dépôt du 20ᵉ, soit de différents corps, et la plupart sont des évadés de Metz ou de Sedan. Quant aux chasseurs, ce sont, pour un quart environ, des engagés volontaires et pour le reste des jeunes soldats de la classe de 1870 ayant un mois de service environ. Il y a aussi quelques anciens soldats rappelés. Les jeunes soldats sont originaires du Pas-de-Calais, de la Gironde et de la Dordogne. « Il est à remarquer, dit l'historique du bataillon, certifié véritable par le commandant Hecquet, que ces derniers, très supérieurs aux autres comme moyenne intellectuelle, le furent aussi sous le rapport de l'entrain et de l'élan patriotique. »

C'est le 23 novembre que le bataillon quitte Boulogne à 1 heure du matin, et se rend à Corbie par les voies ferrées. De là, il se dirige sur Villers-Bretonneux où se trouvent l'état-major de la brigade et le 43ᵉ de ligne.

A ce moment, répétons-le, l'armée du Nord est limitée au seul 22ᵉ corps qui, sous les ordres du général Farre, forme, avec ses 3 brigades un demi-cercle autour d'Amiens, par Marcelcave, Villers-Bretonneux, Cachy, Gentelles, Boves, Saint-

Fuscien et Dury, couvrant ainsi les routes de Roye, de Montdidier et de Breteuil.

Le 20ᵉ bataillon de marche est placé dans la brigade du colonel du Bessol, qui est formée en outre du 69ᵉ de marche, (2 bataillons tirés du 43ᵉ de ligne), d'un bataillon d'infanterie de marine et du régiment des mobiles du Gard.

C'est sur les positions de Cachy et de Gentelles, situées entre les vallées de la Somme et de l'Avre, que le bataillon est dirigé. Il prend position sur un plateau que coupe la route d'Amiens à Roye, dans l'angle formé par les deux lignes ferrées d'Amiens à Ham et d'Amiens à Paris.

Les 2ᵉ et 4ᵉ compagnies (Roy et Carrère), sous les ordres du capitaine Roy, vont occuper Cachy ; le commandant Hecquet reste avec les 3 autres compagnies dans Gentelles.

Le 24, dans une reconnaissance que fait la brigade, les chasseurs entendent pour la première fois siffler les balles, près de Mézières et supportent bien cette épreuve.

Combat de Gentelles. — Le 26, comme il y a tout lieu de craindre une attaque de l'ennemi, le commandant Hecquet fait prendre, au petit jour, les armes à sa troupe et la dispose sur des hauteurs, entre la route de Roye et le ravin boisé qui va de Domart à Cachy.

A 10 heures, on rentre et l'on fait la soupe, quand, vers 1 heure, la compagnie de grand'garde (5ᵉ) commandée par le lieutenant Ambrosini, signale l'approche d'un millier de Prussiens précédés d'un peloton de cavalerie, et engage résolûment le combat, en avant d'une tuilerie (chemin de Gentelles à la route de Roye).

« Les 1ʳᵉ et 3ᵉ compagnies, lit-on dans l'historique, viennent au secours de la 5ᵉ, et déploient chacune une section en tirailleurs : la 1ʳᵉ (sous-lieutenant Thiébault), à droite de la Tuilerie ; la 3ᵉ (sous-lieutenant Herbin), à gauche. Bientôt après, les 2ᵉ et 4ᵉ compagnies accourent de Cachy et se placent en réserve.

« Pendant environ deux heures, une fusillade nourrie éclate sur toute la ligne. Le combat devient même très vif aux abords de la tuilerie, sans que l'ennemi réussisse à faire reculer nos jeunes soldats qui supportent bravement le feu, et y répondent avec vigueur.

« Vers 3 heures, le combat se ralentit, tandis qu'une nouvelle action s'engage dans la direction de Boves. Il reprend plus énergique devant Gentelles à 4 heures, lorsqu'une compagnie du 43ᵉ de ligne est venue appuyer la gauche du 20ᵉ bataillon. A la tombée de la nuit, les chasseurs, marchant en avant, rejettent définitivement les Allemands dans la vallée de la Luce.

« Dans cette marche, M. le sous-lieutenant Thiébault est blessé d'une balle dans le bas-ventre. »

L'affaire est terminée, les 2e et 4e compagnies sont placées en grand'garde et le bataillon rentre à Gentelles.

Dans cette escarmouche, le 20e bataillon avait *admirablement tenu*. Ces jeunes soldats avaient fait reculer des troupes supérieures en nombre, aguerries et rendues confiantes par de constants succès.

« Le capitaine Roy me disait le soir : « Nos petits chasseurs vont bien : ils se sont conduits comme des vieux de la vieille. » (Récit de M. J.-B. Jouancoux, ancien maire de Cachy).

Le bataillon avait perdu 1 officier blessé, et 14 hommes, dont 3 tués, 6 blessés et 5 disparus.

La journée du lendemain devait être plus sérieuse.

Ces incidents, qui montrent l'ennemi si près de nos lignes, ont naturellement donné l'éveil chez nous, et la journée ne s'achève pas sans que la 1re brigade (Lecointe), soit venue s'intercaler entre la 2e (Derroja) et la 3e (du Bessol).

Toutes les troupes de la 3e brigade sont placées à Villers-Bretonneux et on a renforcé les positions de Cachy et de Gentelles.

« La 1re et la 2e brigade eurent l'ordre d'envoyer le lendemain chacune 2 bataillons en reconnaissance sur la ligne des hauteurs, entre Villers-Bretonneux et Longueau, afin de bien éclairer le pays et de tenir le surplus des troupes prêtes à marcher, pour venir en aide aux points qui seraient menacés. Le temps était pluvieux, les terres labourées peu praticables et les efforts de l'ennemi n'avaient point paru assez considérables, le 26, pour faire présumer avec certitude une action générale le lendemain... » (Gal Faidherbe).

Ces prévisions, comme on va le voir, devaient être déjouées; une véritable bataille allait se livrer le jour suivant, 27 novembre : la bataille de Villers-Bretonneux.

Villers-Bretonneux.

Coup d'œil d'ensemble. — Le 27 au matin, les nouvelles de l'ennemi étant de plus en plus menaçantes, il est convenu que le général Paulze d'Ivoy ira avec toute la garnison d'Amiens, occuper les tranchées qui couvrent la ville. Une batterie de 12 servie par des marins débarque à l'instant même, venant de Douai ; on la lui donne.

Cependant, vers Boves et Gentelles, les Prussiens se sont présentés en forces et l'action s'est engagée vivement presque aussitôt.

A Gentelles. — Le général Lecointe, avec une partie de sa brigade, traverse le bois de Gentelles, repousse les Prussiens, dégage le village et continue, nous dit Faidherbe, « son mouvement offensif jusqu'à la nuit, sans éprouver de résistance sérieuse ailleurs qu'au bois de Domart, qui fut brillamment conquis par le 4e bataillon du Nord.

« Arrivé près du village de ce nom, le général Lecointe, sans nouvelles du reste de l'action, très éloigné d'Amiens, se retira sur Longueau, où il n'apprit qu'à 8 heures du soir le résultat de la journée. »

A Cachy. — Le village de Cachy est défendu par le bataillon Roslin, du 43e de ligne, avec tant de courage que tous les efforts des Prussiens viennent se briser contre cette vigoureuse défense. L'ennemi n'entrera dans Cachy, contrairement à ce que porte le livre du général Faidherbe, que le lendemain 28 novembre. A 2 heures et demie, 3 bataillons de la réserve ont été portés en ligne entre Cachy et Villers-Bretonneux, où nous faiblissions, et où le général du Bessol venait d'être blessé et d'avoir un cheval tué sous lui.

« Toutes nos réserves », dit Faidherbe, dont le récit est parfois entaché d'erreurs — le général n'assistait pas à la bataille — mais peut être néanmoins pris pour guide d'une manière générale, « étaient engagées et une partie de nos soldats perdait du terrain sur le côté méridional de la tranchée du chemin de fer.

« On n'épargna rien pour rétablir le combat de ce côté, et on fit porter bien en avant la batterie de 12 et la batterie de 8 établies à la gauche du village.

« De ce côté, l'infanterie de marine, le 2e bataillon de chasseurs et la compagnie du génie repoussèrent l'ennemi à grande distance, mais à la droite de Villers, malgré tous nos efforts, la garde mobile finit par céder en entraînant les troupes de ligne qui combattaient avec elle.

« Les 2 batteries de 4, portées à la droite du village, avaient épuisé leurs munitions pour soutenir les tirailleurs et répondre à plus de 40 bouches à feu ennemies, que nos 4 batteries avaient tenues en respect toute la journée.

« Enfin les munitions manquaient (la pénurie à cet égard était alors grande dans le Nord), la longue ligne de Villers-Bretonneux à Cachy ayant fléchi et une batterie prussienne qui put s'établir à peu de distance de ce dernier village nous prenant en flanc, le général Farre dut ordonner la retraite.

« Il chargea le lieutenant-colonel de Villenoisy de diriger par la route d'Amiens une partie des troupes, et le surplus fut dirigé sur Corbie, avec la majeure partie de l'artillerie appuyée par le 2e bataillon de chasseurs, l'infanterie de marine et la compagnie du génie.

A Villers-Bretonneux. — « Ces dernières troupes toujours victorieuses s'étaient avancées fort loin, elles rentrèrent à Villers avec l'ennemi, « quelques détachements d'infanterie de marine défendirent les rues du village avec la valeur éprouvée de ce corps. Nous eûmes à subir à ce moment nos pertes les plus sérieuses. La compagnie du génie fut enveloppée et ce n'est que pendant la nuit que ses deux capitaines et plus de la moitié des hommes parvinrent à rejoindre l'armée. »

A Dury. — Comme nous n'avions pu mettre que peu de monde à notre droite, laquelle du reste se trouvait appuyée par les retranchements élevés en avant d'Amiens, nos troupes durent se borner à rester derrière leurs épaulements.

« Arrêter l'élan de l'ennemi de ce côté, dit le général Faidherbe eût été difficile, sans l'arrivée d'une batterie de 12 rayé, servie par les marins de Brest et commandée par le lieutenant de vaisseau Meusnier.

« Ces courageux artilleurs répondirent avec énergie au feu des Prussiens, mais non sans éprouver des pertes, dont la plus regrettable fut celle de l'héroïque commandant Meusnier, coupé en deux par un obus après avoir reçu trois blessures.

« Cette batterie allait être totalement démontée, lorsqu'elle reçut l'appui de la compagnie des marins, commandée par les lieutenants Rolland et Bertrand, qui lui vint en aide avec des pièces de 4 empruntées à la garde nationale et prolongea la lutte jusqu'à la nuit. » Nous reviendrons sur le combat de Dury.

A Boves. — Une fois Dury et Saint-Fuscien occupés par eux les Prussiens tournèrent facilement la position de Boves, où les ruines du vieux château étaient gardées par une compagnie de chasseurs et les compagnies de reconnaissance du brave commandant Bayle.

« Le colonel Pittié, avec le 2e bataillon du 24e et le 4e bataillon des mobiles du Nord, devait reconnaître la rive droite de la vallée de l'Avre, tandis qu'un bataillon du 33e et une partie du 5e bataillon des mobiles du Nord devaient s'avancer vers Saint-Fuscien que l'on croyait encore au pouvoir des nôtres. Le 1er bataillon du 24e occupait en réserve la gare de Longueau.

« Toutes ces troupes furent attaquées avec une grande vivacité. La résistance énergique des compagnies retranchées dans les ruines de Boves empêcha l'ennemi de s'avancer directement et le contraignit de défiler au travers des marais... » (Faidherbe.)

Mais les troupes du colonel Pittié ne s'en trouvent pas moins tournées et rejetées sur Longueau.

La journée se termine de ce côté par une charge vigoureuse, à la baïonnette, ordonnée par le colonel Derroja, et dirigée par le commandant Zédé du 33e et un capitaine du 5e bataillon de mobiles. Celui-ci est grièvement blessé, mais la poursuite de l'ennemi est arrêtée.

« D'ailleurs l'ennemi, a dit le général Faidherbe, avait été tellement influencé par la lutte et par les pertes énormes qu'il avait éprouvées, que notre retraite ne fut point inquiétée, ni sur Longueau ni sur Corbie. »

A trois heures du matin, la retraite générale de l'armée du Nord est ordonnée.

Passons à présent aux détails de cette journée, ou le nombre seul de l'ennemi et la supériorité de son artillerie lui donnèrent la victoire, et où les nôtres, chefs et soldats, déployèrent une si grande bravoure.

Brigade Lecointe.

19e BATAILLON DE CHASSEURS. — Le bataillon a été formé à Douai en novembre 1870, avec des éléments tirés du dépôt du 2e bataillon; quant aux officiers, ce sont pour la plupart des évadés de Metz. Voici du reste la composition de son cadre d'officiers.

Le commandant Giovanninelli, ex-capitaine du 9e bataillon, est un évadé de Metz.

Le sont également les trois officiers de la 1re compagnie, qui sont: le capitaine de Négrier, le lieutenant Aymes et le sous-lieutenant Poncelet.

A la 2e se trouvent: le capitaine Bourély, évadé de Metz

(zouaves de la garde); le lieutenant Sabot, évadé d'une forteresse belge et le sous-lieutenant Bissière, évadé de Sedan (2ᵉ zouaves).

Les officiers de la 3ᵉ sont : le capitaine Thomas, le lieutenant Coquelet, évadé de Sedan, et le sous-lieutenant Jarrouille.

La 4ᵉ a le capitaine de Canisy, évadé de Metz; le lieutenant Grandjean, évadé de Metz et le sous-lieutenant Blaës.

Enfin la 5ᵉ a le capitaine Crépel, le lieutenant Cavaignac, évadé de Metz et le sous-lieutenant Friedmann.

Le médecin du bataillon est le docteur Utz.

Les compagnies ont de 150 à 175 hommes et ces jeunes soldats offrent cette particularité que ce sont presque tous des Bretons qui ne comprennent pas un mot de français.

Mais leur bonne volonté et leur endurance sont à toute épreuve.

Le bataillon est désigné pour faire partie de la 1ʳᵉ brigade de la 1ʳᵉ division du 22ᵉ corps.

Le 24 novembre, il se met en route d'Amiens vers Villers-Bretonneux.

Son historique, rédigé tout entier de la main du commandant Giovanninelli, le futur héros du déblocus de Tuyen-Quan, est particulièrement intéressant. Nous le reproduisons le plus longuement possible. Voici sa page de début, consacrée à la marche sur Villers-Bretonneux.

« Il faisait un temps splendide; égayés par le soleil qu'on n'avait pas vu sourire depuis si longtemps, heureux de se rencontrer avec les Prussiens qu'ils ne connaissaient pas pour la plupart, et qu'ils ne doutaient pas de battre, nos chasseurs animaient la route de leurs éclats de rire et de leurs chants. Et nous, leurs officiers, qui avions assisté à tant de désastres, en voyant cette gaieté et cette vaillance, nous nous laissions aller à partager leur espoir, et nous rêvions encore d'heureux jours pour notre pays. »

Cependant le bataillon rentrera dans Amiens sans avoir vu l'ennemi, que la brigade du Bessol seule a repoussé.

Le 26, le bataillon vient cantonner à Vaire, au N.-O de Villers-Bretonneux.

« Le 27 novembre au matin, nous reçûmes ordre de nous diriger de Vaire-sous-Corbie sur Villers-Bretonneux, pour rejoindre le reste de notre brigade. On s'attendait ce jour-là à une attaque générale des Prussiens, et il avait été décidé que, pour les recevoir, les troupes cantonnées à Villers-Bretonneux et aux environs, se formeraient sur deux lignes : 1ʳᵉ ligne, brigade du Bessol; 2ᵉ ligne, brigade de Gislain.

« Le bataillon arriva vers midi à Villers-Bretonneux. Là,

mobiles, mobilisés, soldats de la ligne, soldats d'infanterie de marine, encombraient les maisons et les rues; on mangeait, on buvait surtout, dans les troupes nationales principalement, aux succès de la France, dame, c'était bien permis !

« Les rues étaient jonchées des sacs, des fusils et des fourniments que ces bons mobiles laissaient là pour aller visiter, qui son père, qui sa tante, qui son cousin.

« Le commandant nous massa en colonne derrière le village, on forma les faisceaux, et personne ne dut s'en écarter.

« A ce moment même, nos grand'gardes signalaient les Prussiens ; nous étions surpris et surpris en désordre.

« On est embarrassé à moins; aussi, d'abord, ne sut-on que faire. Enfin, le colonel du Bessol, sur les instances du commandant Giovanninelli, et voyant les Prussiens à deux pas de nous, consentit à lancer le bataillon de chasseurs en avant. On rompit les faisceaux : nous passâmes à la hâte en avant du village et nous nous déployâmes devant la ligne du chemin de fer d'Amiens à Paris.

« En cet endroit, la voie est assez profondément encaissée et il n'est possible de la traverser que sur deux ponts. En avant du pont de gauche, se trouvaient des amas énormes de sable, où des soldats d'infanterie de marine avaient creusé une sorte de tranchée-abri. Ces dunes, avec cette tranchée, formaient une véritable tête de pont, qui fut occupée par la 1ʳᵉ compagnie (de Négrier). La droite du bataillon s'étendit jusqu'au deuxième pont.

« Devant nous se déroulait une plaine unie comme glace, sans un seul obstacle pour s'abriter, bordée, à 2 kilomètres environ de notre ligne, par une série de petits bois.

« Débouchant des arbres, l'artillerie prussienne nous couvrit d'abord d'une masse d'obus, puis, voyant ses projectiles produire assez peu d'effet, l'ennemi se décida à lancer son infanterie, en tournant notre gauche. Elle parvint à déloger la 1ʳᵉ compagnie et une section d'infanterie de marine, des amas de sable qui couvraient le pont de gauche ; mais, ramenés en avant par le brave colonel de Gislain, nos chasseurs y rentrèrent à la baïonnette.

« A ce moment, l'action était devenue générale ; grâce au mouvement hardi du bataillon qui s'était présenté fièrement devant des forces peut-être dix fois supérieures, le reste de la division s'était formé et avait pu entrer en ligne à notre droite.

« Notre artillerie, accourue au galop de Corbie, avait commencé à répondre, avec succès même, à l'artillerie prussienne. On nous laissa défendre les positions que nous occupions au commencement de l'engagement ; jusqu'à quatre heures, nous nous maintînmes, gagnant plutôt du terrain que nous n'en perdions.

« Cependant, vers quatre heures, la résistance était bien désorganisée, nous avions, presque dès le début, vu tomber notre commandant qu'on dut enlever du champ de bataille, puis successivement, les capitaines de Négrier, de Canisy, Thomas; les lieutenants Aymes, Cavaignac et Coquelet. La lutte devait donc présenter alors beaucoup de décousu, et, en effet, elle était devenue tout individuelle.

« Les chasseurs combattaient, groupés dans la plaine autour des officiers encore debout, et, comme on disait qu'ailleurs tout allait bien, personne ne songeait à la retraite.

« Mais il nous parut bientôt que l'on s'était trompé. Vers cinq heures, nous vîmes l'artillerie amener ses avant-trains, atteler ses canons et s'engager au grand trot sur la **route d'Amiens**; elle n'avait plus une gargousse à brûler.

« Nous, alors, n'ayant plus de cartouches, ne sachant où en trouver de nouvelles, enfin menacés d'être **tournés par la gauche** et coupés de la route d'Amiens, ne recevant d'ailleurs aucun ordre, nous prîmes le parti de suivre l'artillerie.

« Le bataillon, qui couvrait un front immense, **ne pouvait se** réunir tout entier. Aussi, dans la retraite, se forma-t-il deux groupes, l'un composé du capitaine Bourély, **des lieutenants** Sabot et Grandjean, du sous-lieutenant Poncelet et d'une centaine d'hommes, escorta l'artillerie jusqu'à Corbie. Là on fut forcé de s'arrêter : les hommes, harassés, n'eussent pu faire un pas de plus. Partis le 26 au matin d'Amiens, ils avaient marché toute la journée par une pluie battante, **sur un terrain** argileux et excessivement glissant, s'étaient couchés le 26 sans manger, avaient à peine eu le temps de prendre **un café** le 27, avaient marché ensuite toute la matinée et **combattu** toute l'après-midi du même jour.

« Il fallut faire une réquisition de voitures dans **Corbie**, pour les ramener à Amiens où nous arrivâmes à une heure assez avancée de la nuit... »

Le commandant Giovanninelli chiffre les pertes **du bataillon** à 300 ou 350 tués ou blessés, et à 100 ou 150 **hommes faits** prisonniers par les Prussiens. En tout cas, de 800 hommes, **la journée** du 27 l'a réduit à 300.

Nous citerons parmi les blessés, les sergents **Renaud**, Antoine et Lanson, Henri; les chasseurs Franchet, **François**; Lemaître, Eugène; Lande, François; Madoux, Jean-Baptiste; Momont, Emile; Montillet, Henri; Neil, Louis; Pemont, **Janvier**;

Poney, Pierre-Marie; Sallenave, Jean; Fraboulet, Auguste; Leblond, Louis et Lecomte, Jules. Un seul, le chasseur Neil était atteint d'éclat d'obus, tous les autres avaient reçu des balles.

Nous verrons bientôt reconstituer ce brave bataillon, qui se distinguera à Pont-Noyelles, comme il l'a fait à Villers-Bretonneux.

Par décret du 3 janvier 1871, le commandant Giovanninelli (Ange-Laurent) sera élevé au grade d'officier dans la Légion d'honneur, avec cette mention : « Blessé très grièvement, a montré beaucoup de sang-froid et de résolution ».

À la même date, le lieutenant Coquelet, « amputé de la main droite », sera fait chevalier.

75e DE LIGNE (1er bataillon). — C'est dans l'historique du 67e de marche, régiment dont a fait partie le 1er bataillon du 75e de ligne, que nous trouvons des données, trop succinctes, sur ce bataillon.

Le 1er bataillon du 75e (commandant Aynès) était parti de Lille le 21 novembre et arrivé le 22 à Amiens. Le 24, il fait une reconnaissance sur Villers-Bretonneux et va coucher à Corbie.

« Le 27, à 10 heures du matin, il prit part au combat de Villers-Bretonneux, combat où le corps d'armée dut céder devant les forces prussiennes supérieures.

« Dans cette affaire, le bataillon perdit 4 officiers :
MM. Dohen, lieutenant,
Tournebize, lieutenant,
Heutte, sous-lieutenant,
Gache, sous-lieutenant. Il eut 200 hommes hors de combat.

Nous pouvons citer, parmi ces derniers, les noms de 6 blessés par coups de feu : Jœgher, Désiré-Benjamin ; Lavarde, Exupère, caporal ; Lesur, Victor ; Lucas, Pierre ; Pottier, Narcisse et Pourroy, Laurent. Le soldat Lucas avait reçu pour sa part deux coups de feu.

Le 2e bataillon du 75e (commandant Tramont) qui a fait partie également du 67e de marche, ne prit aucune part au combat du 27 novembre. Il se trouvait alors détaché à Bray.

65e DE LIGNE (1er bataillon). — Le 1er bataillon de marche du 65e régiment de ligne avait été formé le 16 novembre 1870, de jeunes soldats de la classe de 1870 et de quelques échappés de Metz et de Sedan. Il comprenait 5 compagnies de 150 hommes et était placé sous les ordres du chef de bataillon Endurand.

Ses compagnies avaient, en officiers, la composition suivante :

1re : MM. Malafosse, capitaine; Barbier de Villeneuve, lieutenant et Bouchez, sous-lieutenant.

2e : Estrabeau, capitaine; Darnaud, sous-lieutenant.

3e : Jamain, capitaine ; Blanc, sous-lieutenant.

4e : Aubert, lieutenant; Moreau et Bourguignon, sous-lieutenants.

5e : Chevalier, lieutenant; Mollard et Paulet, sous-lieutenants.

Le 22 novembre au matin, il arrive à Amiens, où il est placé dans le 67e de marche, dans la composition duquel entrent encore un bataillon du 75e et un du 91e de ligne. Ce régiment est commandé par le lieutenant-colonel de Gislain.

Le 26, à la suite d'une reconnaissance, il va cantonner à Corbie et c'est de là qu'il part le lendemain 27, pour Villers-Bretonneux, où il arrive à 10 h. 1/2.

Le combat vient de s'engager, et les 3 premières compagnies, Malafosse, Estrabeau et Jamain, sous les ordres du commandant Endurand, viennent se placer sur la gauche, en avant de Villers-Bretonneux.

Citons l'historique : « Les 4e et 5e compagnies (Aubert et Chevalier), furent envoyées pour protéger une batterie d'artillerie établie en avant de Villers-Bretonneux, et furent déployées en tirailleurs presque aussitôt, pour repousser l'ennemi qui cherchait à s'emparer des pièces d'artillerie; à l'issue du combat, les 3 premières compagnies se replièrent sur Corbie, et les 4e et 5e sur Amiens.

« Les pertes du bataillon s'élevèrent à 3 officiers :

MM. Barbier de Villeneuve, lieutenant, blessé mortellement ;

Paulet, sous-lieutenant, blessé ;

Kunzel, sous-lieutenant, blessé et fait prisonnier. »

Le sous-lieutenant Kunzel, comptait comme officier au bataillon depuis la veille seulement.

Les pertes en hommes s'élevaient à 120 tués ou blessés.

Les noms de 13 blessés nous sont connus :

Bourjaillat, Louis et Boyer, Nicolas, sergents ; Girma, Etienne, caporal ; Afchain, Ernest ; Chaudesaigues, Pierre ; Cavrot, Ferdinand ; Choart, Oscar ; Anglare, François ; Denoullet, Pierre ; Huguin, Modeste ; Mirgalet, Martial ; Pichon, Joseph ; Ramond, Auguste. Tous étaient blessés par des balles, sauf le caporal Girma et le soldat Chaudesaigues, qui l'étaient par des éclats d'obus. Le soldat Mirgalet avait reçu deux balles.

Le 3 janvier 1871, le capitaine Jamain recevra la croix de

la Légion d'honneur : « a montré beaucoup d'énergie et d'entrain au feu ».

91ᵉ DE LIGNE (1ᵉʳ bataillon). — Le 19 novembre, le dépôt du 91ᵉ de ligne, à Lille, reçoit l'ordre de former immédiatement un bataillon de 5 compagnies de 150 hommes chacune, avec 3 officiers par compagnie.

Le bataillon formé eut pour commandant le chef de bataillon Cottin. Le 22 novembre, il était à Amiens, placé sous les ordres du lieutenant-colonel de Gislain, et incorporé dans la 1ʳᵉ division (Lecointe), 1ʳᵉ brigade (Gislain).

Le 26, il est à Corbie.

« Le 27, dit l'historique signé du lieutenant-colonel Delpech, le bataillon quitta Corbie à 8 heures du matin, et, conduit par des guides pris dans le village, se dirigea sur Cachy à travers le bois de Gentelles. Des chariots suivaient, avec des pelles et des pioches destinées à creuser des tranchées-abris, mais la bataille s'engagea si rapidement que l'on n'eut pas le temps de commencer le travail.

« Villers-Bretonneux était occupé par le 75ᵉ de ligne, les marins et l'artillerie; Cachy par le 43ᵉ de ligne et le 1ᵉʳ bataillon de chasseurs à pied [1].

« A 9 heures 1/2, le bataillon déploya 3 compagnies en tirailleurs sur la lisière du bois.

« Le rôle du 91ᵉ était de relier Cachy à Villers-Bretonneux, qui se trouvait sur la gauche.

« A 10 heures, le combat s'engagea par une vive fusillade du côté de Cachy, puis l'action devint générale et l'artillerie entra en ligne des deux côtés. Le bataillon fit une marche en avant et prit position le long d'une petite route reliant Cachy à Villers, mais ce petit nombre d'hommes ne suffisant pas à occuper cette longue bande de terrain, on fit entrer en ligne à droite la 1ʳᵉ compagnie en avant de Cachy ; à gauche la 2ᵉ section de la 5ᵉ compagnie et 2 compagnies de mobiles.

« La ligne de bataille se composait donc de tirailleurs sans soutien et n'ayant pour ligne de retraite qu'un chemin étroit et difficile à travers le bois de Gentelles, qui est en cet endroit d'un accès impraticable en dehors des sentiers. » C'est évidemment du bois l'Abbé et non du bois de Gentelles, qu'il est question ici.

« En avant, se trouvait une batterie prussienne qui bom-

---

[1]. Les mobiles du Nord gardaient l'intervalle entre Cachy et Gentelles occupé par le 20ᵉ bataillon de chasseurs à pied (note de l'historique).

barda Cachy et finit par l'incendier. Derrière cette batterie, était rangée une nombreuse cavalerie et des bouquets de bois masquaient l'infanterie.

« Le bataillon du 91ᵉ conserva ses positions pendant toute la journée. Enfin, vers 5 heures et demie, la gauche faiblit à Villers où se livrait l'action principale.

« A 6 heures, l'obscurité interrompit le combat. Le bataillon reçut l'ordre de battre en retraite sur Corbie. Il laissa 2 compagnies de grand'garde à Fouilloy. A minuit, ces 2 compagnies durent se retirer sur Corbie, car on allait faire sauter les deux ponts du canal et de la Somme. »

Le bataillon Cottin n'avait eu qu'un officier blessé, le lieutenant Lambeye et 15 hommes blessés.

Parmi ceux-ci, nous pouvons citer les soldats Hellambraud, Etienne (éclat d'obus) et Lourme, Alexis (coup de feu).

Nous aurons bientôt à reparler du bataillon, à propos de la surprise de Ham.

Mobiles du Nord. — Le 26 novembre, le bataillon Pollet est venu cantonner à Daours-les-Bussy, pendant que le 1ᵉʳ bataillon est à Aubigny et le 2ᵉ à Vecquemont.

Dans la nuit, un ordre supérieur envoie le 1ᵉʳ bataillon occuper un bois en arrière de Cachy et de Gentelles et à la droite du bataillon du 91ᵉ de ligne ; quant aux 2 autres bataillons du 46ᵉ mobiles, ils durent le lendemain matin aller se placer à la droite du 1ᵉʳ. Cachy et Gentelles, au dire du colonel de Gislain, dans son ordre de mouvement, étaient occupés par nos troupes.

Avant midi, lit-on dans le récit du colonel de Fierville, nos bataillons étaient déployés et couverts par de nombreux tirailleurs. Le premier bataillon occupait la gauche du régiment en arrière de Cachy, ayant lui-même à sa gauche le 91ᵉ de ligne.

Le 2ᵉ bataillon se trouvait à découvert entre les 2 villages et le 3ᵉ, en arrière de Gentelles.

« Midi. — La bataille venait de commencer. Le canon tonnait sur toute la ligne, lorsque nos tirailleurs engagèrent le feu avec l'ennemi. *Les Prussiens occupaient les deux villages de Cachy* [1] *et de Gentelles*, ce qui me surprit d'autant plus que l'ordre du colonel de Gislain m'avait annoncé qu'ils étaient occupés par nos troupes.

[1］ Les Prussiens n'ont à aucun moment de la bataille occupé Cachy, et ce qu'avance là l'historique des mobiles tendrait à confirmer ce que nous ont dit les habitants de Cachy, qu'à un moment donné les mobiles placés en arrière de ce village tirent feu sur des chasseurs du 20ᵉ qui défendaient la droite de Cachy, du côté de Gentelles.

« Le 20ᵉ bataillon de chasseurs disputait avec acharnement à l'ennemi l'occupation de celui de Gentelles. Ecrasés par le nombre, une partie des hommes de ce bataillon étaient venus se reformer en arrière du centre de ma ligne.

« J'envoyai en hâte deux compagnies, les 1ʳᵉ et 5ᵉ du 3ᵉ bataillon porter secours aux chasseurs qui tenaient bon autour du village. Je donnai au plus ancien capitaine, M. Gastumeau, qui en prenait le commandement, l'ordre de ne pas perdre de vue, tout en prêtant le concours le plus efficace au 20ᵉ chasseurs, que sa mission principale, selon l'ordre du commandant de la brigade, était de ne pas laisser couper la ligne et de défendre à outrance la route d'Amiens.

« Ces deux compagnies vinrent se placer à la gauche du 20ᵉ chasseurs (il était une heure), et tinrent l'ennemi en échec.

« Prévenu des efforts constants que l'ennemi tentait toujours sur ma droite, j'envoyai une nouvelle compagnie pour appuyer et renforcer mes tirailleurs. Enfin, devant tous ces efforts réunis, les Prussiens cédèrent ; ils abandonnèrent Gentelles. Nos tirailleurs y entrèrent de vive force avec les chasseurs. Ils y tuèrent un grand nombre d'hommes, dont un officier, et y firent une vingtaine de prisonniers, dont deux officiers blessés. Il était 3 heures, lorsque ce fait eut lieu.

« L'occupation de Gentelles empêcha ma droite d'être tournée.

« Peu de temps après cette occupation, un officier d'état-major vint me dire, de la part du général Lecointe, de faire porter nos 3 bataillons à la hauteur du moulin de Cachy, situé sur le sommet du plateau.

« Le mouvement s'exécuta à mon commandement. Le régiment tout entier, bataillons déployés, se porta en avant, sous le feu de l'artillerie et de la fusillade ennemie. Nos tirailleurs ripostèrent vaillamment ; mais, écrasés par le nombre, ils se replièrent sur leurs bataillons respectifs.

« Le moment, pour une jeune troupe non encore aguerrie, et dont, pour la première fois, beaucoup d'hommes allaient au feu et voyaient les effets bruyants et terribles de l'artillerie, devenait critique.

« J'étais arrivé sans trop de peine sur l'emplacement que j'avais reçu l'ordre d'occuper, mais complètement à découvert. L'ennemi était invisible ; la fumée seule de son artillerie indiquait sa présence ; son éloignement, calculé à l'œil, était au moins de 1,200 à 1,500 mètres et la portée efficace de nos armes (600 m). était impuissante à l'atteindre.

« Je ne perdis pas de temps et, profitant d'un bourrelet de terrain qui régnait sur le côté gauche du chemin qui conduisait de Cachy à Gentelles, je fis coucher mes hommes, les abritant ainsi contre l'ouragan de fer et de plomb dont ils étaient menacés et couverts en partie.

« Pendant que j'abritais ainsi le 2ᵉ bataillon, le 1ᵉʳ se jeta résolument dans Cachy. Les Prussiens, voulant l'en déloger, incendièrent ce village, mais ils n'obtinrent pas le résultat sur lequel ils comptaient, car le bataillon tint bon.

« De son côté, le 3ᵉ bataillon, qui déjà avait dépassé Gentelles, s'embusqua dans les jardins, vergers et en partie dans une carrière qui couvrait les avancées de ce village, sûr que les deux villages étaient ainsi solidement occupés.

« Je tentai de nouveau de porter le 2ᵉ bataillon en avant. A ma voix, il se leva et partit bravement; mais, à peine avait-il parcouru 200 mètres, que, tourbillonnant sous la grêle des obus, il hésita (ce bataillon assistait pour la première fois à une affaire). Je jugeai alors prudent d'éviter une débâcle. A cet effet, pied à pied, lentement et en ordre, je fis replier le bataillon sur Gentelles; là, les capitaines rétablirent l'ordre dans leurs compagnies.

« J'étais tranquille. Cet effort avait été infructueux, il est vrai, mais il n'en avait pas moins paralysé celui de l'ennemi sur les villages de Cachy et de Gentelles, car, à partir de ce moment, il ne tenta plus de reprendre ces deux villages. En ce moment, du reste, des événements sérieux et importants se passaient du côté de Boves, où la lutte contre un mouvement tournant des Prussiens était arrivé à son plus haut degré de résistance et de ténacité.

« Le 2ᵉ bataillon ayant été rallié sur la lisière du bois de Gentelles, un officier suédois (j'ignore le nom)[1], remplissant les fonctions d'aide de camp près du général Lecointe, m'apporta, de la part du général, l'ordre de me porter sur la route d'Amiens à Roye, pour soutenir une ligne de tirailleurs du 24ᵉ qui, aux prises avec l'ennemi, réclamait du secours.

« J'envoyai aussitôt les 4ᵉ et 5ᵉ compagnies (capitaines Hérent et Canone) pour renforcer ces tirailleurs et, avec le reste du bataillon en réserve, sous le commandement de son chef, M. Boitelle, je suivis le mouvement.

« Devant ce renfort, l'ennemi recula mais lentement et se laissa poursuivre. La nuit arrivait et il comptait sur elle pour se dérober à notre poursuite, mais je m'aperçus bientôt que, dans leur ardeur, le bataillon et les tirailleurs étaient allés trop loin, car ils avaient dépassé le village de Thézy-Glimont et

---

1. C'était le lieutenant de Rapp. †

étaient arrivés jusqu'à l'entrée de celui de Bertancourt. Il était environ 5 heures.

« Bientôt le feu des bivouacs ennemis m'apprit que je m'étais fourvoyé au milieu de ses lignes. Pour me tirer de ce mauvais pas, je fis arrêter un paysan et le forçai à nous servir de guide pour regagner la route d'Amiens à Roye.

« Le hasard voulut que cet homme fût le garde particulier du château de Thézy-Glimont. Ce guide, patriote dévoué, nous reconduisit à travers les labourés défoncés par les pluies, et passant presque sous la lumière des bivouacs prussiens, nous arrivâmes à Gentelles à 11 heures du soir. »

Voilà, certes, mon colonel, des bivouacs prussiens bien mal gardés, et c'était peut-être le cas de leur donner une leçon de vigilance en leur envoyant quelques bonnes salves en passant, ainsi que nous l'avons vu faire à l'armée de la Loire, par le brave capitaine Chabrillat.

« Cachy brûlait encore et projetait de temps en temps quelques lueurs fugitives sur Gentelles. Un silence de mort régnait partout. Ignorant par qui ce dernier village était occupé, j'envoyai à sa découverte un homme intelligent et résolu, le caporal Séguin, Alfred, du 3ᵉ bataillon.

« Il revint bientôt et m'annonça que le village était occupé par une ambulance française. Je fis entrer le bataillon dans Gentelles et donnai aux hommes le temps nécessaire pour se restaurer; ils n'avaient rien pris depuis le départ de Daours. »

A 2 heures du matin, le 46ᵉ mobiles rentrait à Amiens. La bataille avait duré près de 6 heures, de midi à la nuit complète.

Pourtant le 46ᵉ mobiles n'avait eu, d'après le colonel lui même, que 4 hommes tués, 25 blessés, dont 2 officiers et 200 disparus qui rejoignirent presque tous le lendemain.

Les 2 officiers portés comme blessés étaient le capitaine Gastumeau (forte contusion à la hanche) et le commandant Boitelle; mais ce n'était pas au feu de l'ennemi que cet officier supérieur devait son accident ; il s'était simplement foulé le genou dans une chute, au cimetière de Gentelles. Le régiment ramenait à Amiens 18 Prussiens prisonniers.

MOBILES DU NORD. — 1ᵉʳ BATAILLON. — « Vers 1 h. 1/2, dit l'historique du 1ᵉʳ bataillon, le général Farre, commandant en chef. lança le 1ᵉʳ bataillon (commandant de Lalène-Laprade Joseph) *sur Cachy occupé par l'ennemi* qui se replia. » Répétons ici ce que nous avons déjà dit : à aucun moment de la journée du 27, Cachy ne fut occupé par les Prussiens. « Ce village avait déjà été occupé par l'infanterie française, car il y avait, dans un jardin, des havresacs de la ligne.

« Le 2e bataillon (commandant Boitelle) et le 3e bataillon (commandant Pollet) furent peu après lancés vers Gentelles, sous les ordres du lieutenant-colonel Folliot de Fierville. L'ennemi, repoussé de ces deux villages, ne tenta plus de les reprendre.

« Le 1er bataillon occupa jusqu'à la nuit les hauteurs en avant du moulin de Cachy, répondant à la fusillade par un feu très nourri de mousqueterie et de 6 pièces d'artillerie.

« Le 3e bataillon garda aussi, jusqu'à la nuit, Gentelles et ses abords.

« Le 2e bataillon fut envoyé vers 4 heures du soir sur la route de Roye, pour appuyer une ligne de tirailleurs du 24e de ligne. Le lieutenant-colonel suivit ce mouvement. L'ennemi fut aussi repoussé sur ce point. »

Le 1er bataillon ira, à 10 heures du soir, occuper le village de Rivery.

Ses pertes étaient de 4 hommes tués, 21 blessés et 32 disparus. Il comptait également 1 officier disparu.

Par décret du 30 décembre suivant, le commandant de Lalène-Laprade sera fait officier de la Légion d'honneur. Son grade de chevalier dans l'Ordre remontait au 20 mai 1859.

Par le décret du même jour, seront nommés chevaliers :

MM.

Kuhlmann (Jules-Frédéric), capitaine.

Gastumeau (Louis), capitaine.

Seront médaillés : le sergent Dupère (Léon), le caporal Legrain (Charles), le caporal Dutrieux et le soldat Lenclus (Guislain).

A Gentelles. — Le 68ᵉ de marche, ayant chassé l'ennemi du village, délivre les mobiles prisonniers.

CHAPITRE VII

18ᵉ bataillon. — Heureuses dispositions. — Une belle résistance. — Sous-lieutenant Kalme. — Chasseur Collin. — Capitaines Edighoffen et Chevreux. — 68ᵉ de marche. — Prisonniers délivrés. — Commandant Zédé. — Capitaine Danos. — Sergents Flory, Blanchard et Casenave. — Soldat Sassougeas. — 33ᵉ de ligne. — Lieutenants Souville, Sicre et Audibert. — Mobiles du Nord. — Bataillon Latour. — Compagnies de reconnaissance. — Aux ruines de Boves. — Entre deux feux. — Commandant Bayle. —

Ingénieur Maroger. — Sergent Coste. — Le brave Giraud. — Batterie Lannes. — Brigade du Bessol. — 20ᵉ bataillon. — Sous-lieutenant Herbin. — Lieutenant Rousset. — Pleurant de rage. — Quelques noms de blessés. — Mobiles du Nord. — Capitaine de Brigode. — Lieutenants Cocheteux et Poulpe. — Cités. — Père et fils. — Bataillon Phalempin. — Capitaine Carton. — Commandants de Brigode et Benoît de Laumont. — Capitaine Minet. — Sergent-major Dambricourt. — Soldat Deput. — Tambour Dumortier. — Dragons du Nord. — Maréchal-des-logis Jacques. — 2ᵉ compagnie du génie. — Sapeurs Aman et Manceau. — Admirables Français. — Bons Prussiens! — Hercule-Notaire. — Les monuments.

18ᵉ BATAILLON DE CHASSEURS. — Reprenons l'historique du bataillon au point où nous l'avons laissé, c'est-à-dire après le combat de Gentelles, le 26 novembre, où il a perdu son intrépide chef, le commandant Jan.

« Le lendemain 27, le bataillon assistait à l'enterrement du commandant Jan, quand la 5ᵉ compagnie, déployée depuis la veille, engagea sur tout le front un feu des plus vifs. Toute l'armée de Manteuffel se heurta contre nos trois brigades, et le canon grondait de Dury sur notre droite, à Villers-Bretonneux sur notre gauche.

« Aussitôt les 4 compagnies, quittant le cimetière, coururent au secours de la 5ᵉ, soutenues en arrière par un bataillon du 33ᵉ et, à gauche, par un bataillon du 24ᵉ, qui se reliait lui-même aux troupes placées à Villers-Bretonneux.

« L'engagement était dirigé de notre côté par le commandant Tallandier du 24ᵉ de ligne et, plus spécialement pour le bataillon, par le capitaine Milou.

« Cet officier profita habilement des marais qui défendent de front l'abord des ruines du château de Boves, plaça une compagnie à droite des marais, une autre (la 2ᵉ) en réserve dans les ruines mêmes, le reste du bataillon à cheval sur la voie ferrée, en avant du village et à gauche des ruines.

« Ce fut dans cette position que nos jeunes soldats résistèrent pendant 8 heures environ.

« MM. Sommervogel et Rougié furent mis hors de combat, avec 200 chasseurs environ, et quand, sous le feu des tirailleurs prussiens et des batteries qui nous attaquaient de front, le bataillon plia enfin, le capitaine Edighoffen et le sous-lieutenant Robin, placés en haut des ruines, avec un bon commandement sur la plaine, soutinrent la retraite et résistèrent jusqu'à ce que la pluie de mitraille que lançaient les batteries prussiennes établies à Saint-Fuscien sur leur flanc droit, eût rendu impossible la prolongation d'une lutte inégale et sanglante.

« Ce fut alors que le sous-lieutenant Kalme fut grièvement

blessé en plein visage, au moment où, avec quelques chasseurs d'élite, il essayait de retarder par une lutte corps à corps, la marche de l'ennemi.

« Cependant les débris du bataillon essayaient de gagner Longueau, en traversant le village de Boves, et en se défilant autant que possible des batteries de Saint-Fuscien. Il était temps d'ailleurs de se replier sur Amiens...

« Dans cette retraite, le capitaine Milou et le sous-lieutenant Thomain, furent faits prisonniers, ce qui portait à six le nombre des officiers que nous avions perdus.

« De Longueau, où le capitaine Wasmer prit le commandement du bataillon, on se replia sur Amiens, puis, après quelques heures de repos, sur Doullens, où le bataillon fut cantonné le 28 au soir, et enfin sur Arras, où l'on fit, dans un des faubourgs de la ville, à Achicourt, une halte de 3 jours. »

Le chasseur Collin, Marie, en particulier, s'était battu comme un lion et avait été blessé d'un coup de feu et d'un coup de sabre.

Le 3 janvier 1871, le capitaine Edighoffen (Jacques), recevra la croix d'officier de la Légion d'honneur : « a tenu jusqu'à la dernière extrémité une position difficile devant Amiens, et a réussi à se retirer sans être fait prisonnier, non plus que la troupe qu'il commandait. »

A la même date, le capitaine Chevreux sera fait chevalier : « a entraîné deux fois sa compagnie dans un retour offensif. »

68ᵉ DE MARCHE. — Le 27 novembre, le 1ᵉʳ bataillon (Tallandier) quitte son cantonnement à 3 heures du matin et fait une reconnaissance sur la route de Roye ; il rentre à 7 heures. A 8 heures et demie, l'ennemi attaque. Le bataillon quitte Boves et prend position :

La 5ᵉ compagnie, capitaine Mariguet, se porte sur le bois de Cachy, marche entre Cachy et Gentelles et se dirige sur Villers-Bretonneux, en repoussant l'ennemi.

La 2ᵉ compagnie se porte entre Gentelles et Boves et lutte contre des forces ennemies considérables établies sur la route d'Amiens.

La 3ᵉ compagnie, qui était de grand'garde, combat en avant de ses positions ; elle s'établit à cheval sur la route de Montdidier, le chemin de fer et le marais.

La 1ʳᵉ compagnie est en réserve.

« Le bataillon, ainsi placé presque en entier en tirailleurs, dit l'historique, qui porte les signatures du lieutenant-colonel Tramond et du colonel Pittié, combattit avec succès jusqu'à la nuit.

« Le 2e bataillon (Martin) part de Longueau et arrive sur le champ de bataille au début de l'engagement. La 1re compagnie se porte à droite de Gentelles occupé par l'ennemi. La 2e et la 3e compagnie, à gauche, attaquent le village perdu par la mobile au commencement de l'action. Gentelles est enlevé et occupé; l'ennemi y abandonne 50 tués ou blessés; les mobiles prisonniers sont délivrés et prennent part à l'action qui suit la prise.

. . . .

« Le 3e bataillon (Zédé) part de Camon à 3 heures du matin, en reconnaissance sur Cagny et Saint-Fuscien. Deux de ses compagnies détachées à Cachy rentrent à Camon. Le commandant Zédé, entendant la canonnade sur la gauche, se rabat de Saint-Fuscien sur Boves, où il établit ses trois compagnies avec des compagnies du 20e bataillon de chasseurs et des mobiles.

« Une lutte très vive s'engage en avant de Boves, sur leque l'ennemi concentre le feu de deux batteries placées, l'une à Saint-Fuscien, l'autre à la sortie du bois. L'ennemi, vers 3 heures, occupe Cagny et le bataillon, extrême-droite de l'armée, soutient jusqu'à la nuit une lutte inégale. Une compagnie est entièrement entourée; tout le reste passe sur la rive droite de l'Encre, après avoir jeté un pont sur le marais et gagne Longueau.

« Le 1er et le 2e bataillon battent en retraite par suite de l'échec des deux ailes de l'armée.

« Le régiment se retire en bon ordre jusqu'à Amiens.

« M. Desquilbé, sous-lieutenant, a reçu un coup de feu à la main gauche; l'aide-major Mousseau a une contusion à la cuisse, provenant d'un éclat d'obus, et le sous-lieutenant Lacrampe a une contusion semblable à l'épaule.

« Dans la troupe, il y a 35 tués, 77 blessés et 139 disparus.

« L'action du régiment dans cette journée, dit l'historique, fut remarquable. Les 2 premiers bataillons luttèrent toute la journée.... Le 3e bataillon très engagé, presque isolé, se battit avec la plus extrême vigueur. Les 3 compagnies employées furent presque complètement désorganisées; mais *cette journée nous laissait pleins d'espérances.*

« *Nos jeunes soldats s'étaient bien battus.* »

Le capitaine Danos, du 24e de ligne, sera fait chevalier de la Légion d'honneur, le 3 janvier 1871 « s'est distingué par son énergie et sa bravoure ».

Nous pouvons citer trois noms de soldats blessés : Pouplier, (Victor), Persyn (Henri) et Duretz (Julien), atteints par des balles.

Les sous-officiers et le soldat dont les noms suivent seront médaillés :

Flory (Jacques), Blanchard et Casenave, sergents au 24e de ligne; Sassougeas, soldat au même régiment.

Voyons l'historique particulier du bataillon Zédé.

33e DE LIGNE. — Le 27 novembre, vers 10 heures du matin, le bataillon du commandant Zédé a été appelé à Longueau (moins la compagnie Audibert qui est à Lamotte-Brebière). Toutes les troupes sont sur pied; de fortes reconnaissances vont être envoyées dans toutes les directions.

« M. Zédé, dit l'historique, reçoit le commandement de l'une d'elles, avec mission d'aller reconnaître le village de Boves et le terrain en avant de la forêt du même nom.

« Laissant à Longueau la 1re compagnie très fatiguée par ses marches et contremarches de la nuit précédente, il prend avec lui les 2e (Lieutenant Procès), 3e (Labrié) et 4e (Lieutenant Sicre), auxquelles vient se joindre un détachement de mobiles. La petite colonne traverse l'Avre, sur le pont de Longueau et dépasse Cagny.

« Décidément, l'ennemi s'avance en force; ses éclaireurs ont été signalés par les grand'gardes. Une section de chasseurs à pied et des francs-tireurs occupent les ruines de l'ancien château des comtes d'Amiens, et couronnent en tirailleurs les hauteurs situées au sud du village de Boves.

« Le commandant Zédé, qui voulait, dans le principe, pousser jusqu'à Saint-Fuscien au sud-ouest, et s'était déjà engagé sur ce chemin, tourne alors brusquement à gauche, jette en avant le lieutenant Procès avec la 2e compagnie déployée, pendant que la 3e, avec le capitaine Labrié, doit tourner par les marais. Le restant de la colonne suit le sentier, à quelques centaines de mètres de ses tirailleurs.

« L'ennemi est bientôt en vue. Une de ses batteries canonne Boves, pendant que son infanterie s'avance par le chemin de Sains et par celui de Cottenchy.

« La fusillade s'engage; la supériorité de notre tir tient près de 2 heures les colonnes prussiennes en respect. Cependant les obus ont mis le feu à quelques maisons du village et nous ont fortement éprouvés. De nombreux pelotons débouchent de tous côtés et tentent l'attaque. Une lutte terrible commence; les ruines sont héroïquement défendues par les chasseurs et la compagnie Procès; mais, devant le nombre sans cesse grossissant des assaillants, il faut céder. La retraite se fait en bon ordre, bien qu'exécutée dans les plus mauvaises conditions;

attendu que la nature du sol nous oblige à une marche de flanc excessivement meurtrière. Le terrain est disputé pied à pied.

« Le lieutenant Souville (3e) est frappé à mort, le lieutenant Sicre (4e), blessé en défendant la sortie de Boves, tombe au pouvoir de l'ennemi avec ce qui lui reste d'hommes. La compagnie Labrié (3e), tournée et enveloppée par des forces quintuples des siennes, est faite entièrement prisonnière avec ses officiers.

« La compagnie Procès (2e) seule, ralliant les débris de la 4e, avec le sous-lieutenant Turbert, parvient, au prix d'incroyables efforts et de pertes énormes, à regagner en combattant Cagny, où les obus et les cavaliers prussiens les poursuivent encore, mais vainement.

« Pendant que se succèdent les diverses péripéties de cette lutte aussi glorieuse que fatale pour le bataillon, le capitaine Audibert (5e), resté comme on le sait à la Motte-Brebières seul avec sa compagnie arrête les fuyards cherchant à se réfugier dans Amiens par les routes qu'il a fait garder, les organise et se trouve bientôt à la tête de plus de 600 hommes.

« La bonne contenance de ce détachement résolument placé en travers de son chemin, ne laisse pas que d'en imposer à l'ennemi, lequel renonce à s'avancer de ce côté.

« La 1re, laissée en réserve à Longueau, ne reste pas inactive. Sa 2e section, avec le sous-lieutenant Herbillon, garde le village, pendant que la 1re, avec le lieutenant Dumas, va protéger 2 batteries, établies à gauche de la gare du chemin de fer, pour contrebattre l'artillerie prussienne en position entre Boves et Saint-Fuscien.

« Avec l'aide d'une compagnie de mobiles ralliée à grand'-peine, elle tient l'ennemi en respect et couvre la retraite. Grâce à sa présence dans les redans construits en avant de la gare, et au tir de précision qu'elle dirige sur les tirailleurs prussiens qui osent s'avancer, elle permet l'évacuation du matériel du chemin de fer, et préserve Longueau d'une attaque de vive force.

« Cette première affaire, connue sous le nom de bataille d'Amiens ou de Villers-Bretonneux, coûte au bataillon 246 hommes tués, blessés ou disparus et 4 officiers, dont 1 tué. Elle lui fait le plus grand honneur, malgré les circonstances désavantageuses dans lesquelles ces recrues ont fait leurs premières armes; elles se sont montrées à hauteur de vieux soldats et se sont bien battues. »

Les 4 officiers perdus sont MM. Labrié, capitaine blessé et prisonnier; Souville, lieutenant, tué; Sicre et Argout, lieutenants, prisonniers.

Dans le rapport officiel de la bataille, le commandant Zédé est cité pour s'être particulièrement distingué en chargeant, à la tête de deux de ses compagnies, une colonne prussienne qui cherchait à déboucher par la route de Saint-Nicolas.

Les lieutenants Sicre et Audibert seront décorés le 3 janvier, le premier avec la mention : « Mérite hors ligne, a reçu une blessure grave », le second avec cette note : « a fait preuve d'une grande vigueur pendant toute l'expédition d'Amiens ».

Dans la nuit, le bataillon se trouve réuni à Camon et vers 2 heures du matin, dit l'historique, « de sourdes détonations nous apprennent que les ponts sur la Somme sont détruits, et que l'armée entière est passée sur la rive droite ».

Mobiles du Nord. — 4ᵉ bataillon. — Le bataillon, sous les ordres du commandant Latour est réuni à Douai, le 14 août 1870. Ce n'est que le 1ᵉʳ septembre, qu'il aura son armement, et encore, sur 1.286 fusils (à tabatière) qui lui seront distribués, 700 auront besoin d'être réparés avant de pouvoir servir. Le bataillon occupe alors Cambrai.

Le bataillon Latour forme, dès le 4 septembre, le 47ᵉ régiment avec le 5ᵉ bataillon en garnison à Douai et le 6ᵉ à Lille. Le régiment est commandé par le lieutenant-colonel Galliez qui réside à Lille et ne vient pas une seule fois voir le bataillon, ni à Cambrai, ni même plus tard à Amiens. (Historique.)

Passons.

Le dimanche 27 novembre, le bataillon se trouve réuni à la gare de Longueau à 7 heures du matin.

« Vers 10 heures, dit le rapport du commandant Latour, nous partîmes, avec le lieutenant-colonel Pittié, faire une reconnaissance sur la gauche de Boves, lorsqu'en arrivant vis-à-vis du bois de Gentelles, qui est traversé par la route nationale d'Amiens à Roye, nous entendîmes la canonnade et la fusillade, sur notre droite vers Boves, et sur la gauche vers Villers-Bretonneux.

« Je fis de suite déployer en tirailleurs la 1ʳᵉ compagnie, capitaine Tellier, à la droite de la route, pour se relier avec les tirailleurs du 24ᵉ de ligne. La 2ᵉ compagnie, capitaine Adam, fut déployée à gauche, et, sur un ordre du général Farre, je m'emparais du bois de Gentelles avec vigueur, après y avoir mis en fuite les quelques Prussiens qui s'y trouvaient. J'opérais ce mouvement avec la 3ᵉ compagnie, capitaine Marcenarch, la 4ᵉ, capitaine Meunier et la 5ᵉ, capitaine Petit, tous trois anciens militaires.

« A la sortie du bois de Gentelles, nous fûmes rejoints par le général Lecointe, qui nous donna l'ordre de marcher en avant. La 1re compagnie (Tellier) était restée avec le 24e de ligne, et je déployai la 3e (Marcenarch) en tirailleurs, gardant comme soutien les 4e (Meunier) et 5e (Petit). La 2e (Adam) était sur la route de Roye, à notre extrême droite.

« A ce moment, nous fûmes assaillis par une grêle de balles venant de notre droite, du côté de Boves. J'envoyai de suite une section de la 4e compagnie, en reconnaissance de ce côté, pour nous empêcher d'être tournés, et nous continuâmes notre mouvement en avant, refoulant l'ennemi jusqu'au delà du bois de Domart.

« Pour nous empêcher d'avancer, les batteries prussiennes, établies près d'un bois en face de Cachy, nous envoyèrent des obus qui blessèrent quelques hommes. Enfin, à 5 heures du soir, l'ennemi ne répondant plus, le général Lecointe, qui ne nous avait pas quittés, n'entendant plus rien, nous donna l'ordre de battre en retraite sur Longueau, dont nous étions à 10 kilomètres.

« A cette première affaire, le 4e bataillon s'est très bien comporté et le général Lecointe voulut bien nous témoigner sa satisfaction. » Les pertes étaient de 4 tués et de 8 blessés, de plus, l'ambulance qui se trouvait dans une maison en arrière de la ligne de bataille, ayant été cernée par les Prussiens, ils y firent prisonniers l'aide-major Caffeaux et 2 aides-infirmiers.

COMPAGNIES DE RECONNAISSANCE. — « Le 27 novembre, à huit heures du matin, lisons-nous dans la relation inédite du commandant Bayle, les compagnies de reconnaissance étaient rangées en face de la mairie de Boves, attendant une distribution de cartouches que j'avais fait demander au chef de bataillon Pittié, du 24e de ligne, qui remplaçait, dans le commandement des troupes cantonnées à Boves, le commandant Jan, tué la veille.

« Le commandant Pittié, arrivé récemment à Amiens, ne connaissait pas les compagnies de reconnaissance. Il demanda à me parler et m'exposa ses projets pour la journée...

« Par son ordre, les habitants de Boves avaient travaillé une partie de la nuit à construire des retranchements sur la route de Moreuil à Amiens. C'était à la défense de ces retranchements qu'il réservait son bataillon et celui des chasseurs à pied.

« Il me pria de garder les hauteurs et les ruines du château de Boves. Je devais y trouver une grand'garde de 15 à 20 chasseurs à pied qui, joints à mes 117 hommes, donnaient un effectif de 130 à 140 hommes.

« J'acceptai cette mission, mais avant de prendre position dans les ruines, je dirigeai une reconnaissance sur le plateau, dans la direction de Cottenchy, jusqu'au-dessus de la ferme des Ecatelets, où nous fîmes halte. Nous ne tardâmes pas à y être assaillis par une grêle d'obus tirés des hauteurs de Domart.

« Il est vrai que nous venions de signaler notre présence à l'ennemi, en blessant à mort un chef d'escadron qui s'était aventuré avec son escorte en avant de la chaussée du chemin de fer; d'un autre côté, les chasseurs à pied dispersés en tirailleurs, dans la vallée, nous fusillaient impitoyablement, croyant avoir affaire à une troupe ennemie. Il fallut rétrograder vers les ruines et y attendre les événements. A une heure de l'après-midi, tandis que les batteries de Dommartin tiraient sur Boves, et maltraitaient le bâtiment de la mairie où se trouvaient les ambulances, deux uhlans, en reconnaissance, vinrent tomber au milieu de nous. C'était un signe non équivoque de l'approche de l'ennemi. J'envoyai demander du renfort au commandant Pittié et une compagnie de chasseurs à pied vint prendre position dans les ruines. A deux heures, l'ennemi déboucha sur le plateau, entre Cagny et Boves, à 1,500 mètres environ de nous.

« Nous comptâmes plusieurs escadrons de cavalerie, de nombreuses compagnies d'infanterie et deux batteries d'artillerie. Du même côté, nous avions vu arriver un quart d'heure avant, un bataillon du 33e de ligne, commandant Zédé, qui s'était arrêté sur le plateau, à 800 mètres environ des ruines. Les premiers obus prussiens furent pour lui mais ce bataillon ayant quitté la place presque aussitôt, l'ennemi tourna ses batteries vers nous, et ce fut, pendant une demi-heure, par paquets de six, que les obus s'abattirent sans arrêt, sur la butte des ruines.

Dans les ruines. — « Les ruines, comme je l'ai dit plus haut, étaient occupées par une compagnie de chasseurs à pied ; à 5 ou 6 mètres en contre-bas, étaient alignées les compagnies de reconnaissance, sur le revers d'un grand fossé.

« Cependant l'ennemi, protégé par son artillerie, escaladait la hauteur et déjà ses tirailleurs n'étaient plus qu'à une trentaine de mètres du fossé, lorsque la compagnie de chasseurs à pied se retira. Elle revint presque aussitôt à son poste, mais pour le quitter tout à fait quelques minutes après. Placé sur une position plus élevée et mieux à même de voir le mouvement tournant de l'ennemi, le capitaine qui la commandait avait ordonné la retraite, sans nous prévenir.

« Nous y trouvâmes cinq ou six chasseurs à pied, qui n'avaient pas entendu le signal de la retraite. L'infanterie prussienne venait d'atteindre le sommet du plateau du côté ouest ; *elle n'était plus qu'à une dizaine de mètres des ruines*, arrêtée par une barrière en bois qui borde le premier fossé, lorsque nous entendîmes de grandes clameurs derrière nous. Nous étions tournés. L'ennemi débouchait sur le plateau, essoufflé, les yeux hors de la tête, hurlant et tirant. Il n'était plus qu'à 5 ou 6 mètres de de nous. Comment j'échappai a ses balles et comment je parvins à me dégager avec une dizaine d'hommes, je ne m'en suis pas encore rendu compte. Sans doute le groupe le plus nombreux de mes compagnies, qui faisait face à l'attaque du fossé entre les deux panneaux des ruines et que les assaillants purent apercevoir en ce moment, détourna leur attention et leur tir de ce côté, Ah! si les chasseurs à pied n'étaient pas partis, avec quelle facilité nous aurions précipité tout ça sur les toits du village de Boves!

« Je perdis ce jour-là l'élite de ma troupe. Ils auraient tous péri, entre les deux panneaux [1] si les nouveaux assaillants n'avaient pas craint de tuer les leurs, qui arrivaien en ce moment dans les ruines après avoir franchi le dernie r fossé. Maroger, ingénieur des mines, fut fait prisonnier en combattant ; ses vêtements étaient criblés de balles. Le sergent Coste, élève de l'Ecole des mines de Paris, tomba frappé d'une balle au cœur. Une plaque de marbre noir, placé e dans l'Ecole des mines, conserve le souvenir de cette mor glorieuse.

Giraud, le meilleur et le plus brave de mes sous-officiers, eu l'épaule fracassée et mourut des suites de sa blessure.

Je devrais citer ici tous ceux qui combattirent dans les ruines de Boves, jusqu'à la fin et y déployèrent l'énergie, le courage et le sang-froid des vieilles troupes régulières.

« Les compagnies de reconnaissance étaient détruites ou dispersées. Je versai ce qu'il en restait dans le bataillon de mobiles et je suivis le général Paulze d'Ivoy, jusqu'à Lille, décidé à recommencer la partie, si le général Faidherbe, qui venai d'être nommé commandant en chef, voulait bien m'y autoriser. »

Nous retrouverons le commandant Bayle et ses braves à Querrieux, le 20 décembre.

BATTERIE LANNES DE MONTEBELLO. — La 3e batterie *bis* du 12e d'artillerie monté a été formée à Douai le 14 novembre 1870, d'éléments tirés en grande partie de la 3e batterie du régiment, échappée au désastre de Sedan avec le 13e corps (Vinoy).

---

1. Du château de Boves, il reste principalement deux très hauts pans de mur.

Son chef est le capitaine Lannes de Montebello, auquel on a adjoint le lieutenant Halphen. Le 23, la batterie reçoit le sous-lieutenant Nicolas. Le 25, elle est à Amiens, où elle est affectée à la 2ᵉ brigade (Derroja) de la 1ʳᵉ division (Lecointe).

Le jour de la bataille de Villers-Bretonneux, elle arrive sur le champ de bataille à 1 heure de l'après-midi, et prend immédiatement position près de Villers, entre la voie ferrée et la route de Péronne.

Elle ouvre aussitôt son feu et le dirige sur les troupes ennemies qui garnissent les hauteurs de Marcelcave et de Villers-Bretonneux.

« L'ennemi, est-il dit dans l'historique manuscrit de la batterie rédigé par une commission d'officiers, l'ennemi avait cet avantage sur nous que toutes ses positions dominaient les nôtres. La demi-batterie de droite se porte en avant et à droite près de la ligne du chemin de fer, ayant à sa droite la 2ᵉ batterie principale et la 1ʳᵉ du 15ᵉ régiment ; en avant, le 2ᵉ bataillon de chasseurs à pied, en arrière le 91ᵉ régiment de mobiles.

« L'autre demi-batterie ne put suivre ce mouvement, car elle eut plusieurs chevaux tués à la sortie du village, se rendant au champ de bataille. Alors, elle fut obligée de s'arrêter et de faire feu à la place qu'elle occupait, c'est-à-dire près d'un moulin à vent situé à 100 mètres du village, où déjà était établie une demi-batterie du 12ᵉ régiment (3ᵉ batterie principale).

« La demi-batterie de droite a dû changer plusieurs fois de position, étant accablée par le feu incessant des tirailleurs ennemis placés à 400 mètres de là, et retranchés derrière le terrassement du chemin de fer. Néanmoins, elle continua son feu jusqu'à 4 heures, ayant à sa droite le 43ᵉ de ligne.

« La demi-batterie de gauche tira d'abord au même point où tirait la demi-batterie de droite qui, elle, put se servir des boites à mitraille, car l'ennemi se trouvait à 600 mètres. Mais bientôt, l'aile droite de l'armée prussienne voulant tourner notre gauche, on envoya les 3 pièces de gauche sur la route de Villers-Bretonneux à Péronne. Ces 3 pièces repoussèrent la cavalerie ennemie, qui déjà s'avançait sur nous, et continuèrent leur feu jusqu'à 4 heures 1/2 du soir, luttant toujours et se croyant victorieuse, ne se doutant nullement que la droite de l'armée fût vaincue. Ce n'est qu'à cette heure qu'elle reçut l'ordre de se rallier aux 3 pièces de droite et d'opérer sa retraite sur Corbie. La cavalerie ennemie était sur le point d'entrer à Villers-Bretonneux, de sorte qu'une compagnie du génie, qui ne suivit pas le mouvement, fut faite prisonnière presque en totalité. »

La batterie n'arrive à Fouilloy qu'à 8 heures du soir, tellement la route est encombrée. De là, elle se rend à Corbie, puis à Douai, où elle arrive le 29 novembre.

Elle a perdu, le 27 novembre, 5 hommes blessés et 6 disparus, plus 13 chevaux.

Le 3 décembre, le lieutenant en premier Halphen sera nommé capitaine et passera à la 2e batterie du 15e régiment. Il sera remplacé à la 3e du 12e par le sous-lieutenant Robert nouvellement promu.

Brigade du Bessol.

20e BATAILLON DE CHASSEURS. — Le 27 novembre, le commandant Hecquet n'ayant aucune nouvelle de l'approche des Prussiens, a laissé vers 10 heures ses chasseurs entrer dans Gentelles, pour y faire la soupe, en gardant toutefois la 1re compagnie (Paret) rassemblée à l'entrée du village et prête à soutenir les deux compagnies de grand'garde, qui sont les 2e et 4e (Roy et Carrère).

« Vers 11 heures, avant que les hommes aient eu le temps de manger, des masses prussiennes considérables, descendant des hauteurs boisées sur Domart, gravissent les pentes du plateau occupé par les Français, et se dirigent à la fois sur Boves, sur Gentelles, sur Cachy et sur Marcelcave. Cette fois, c'est l'armée de Manteuffel tout entière qui se porte à l'attaque des positions françaises.

« La compagnie Roy (2e) reçoit le choc la première, se replie sur la Tuilerie et s'y maintient, tandis que la compagnie Parent (1re) se déploie sur la gauche, afin de couvrir le ravin par lequel l'ennemi cherche à gagner Cachy, et que la compagnie Carrère (4e) engage l'action devant le cimetière.

« En un instant, la 3e compagnie (lieutenant Rousset) est venue se placer entre les deux premières, et la 5e (lieutenant Ambrosini) à côté de la 4e. L'action, très vive dès le début, s'étend rapidement, à droite jusqu'à Boves, à gauche, jusqu'à Cachy, occupé, depuis la veille au soir, par un bataillon du 43e de ligne. Pendant longtemps, le 20e bataillon soutient, sans céder de terrain, l'effort croissant de l'ennemi et lui fait éprouver des pertes énormes, constatées par les rapports de l'état-major prussien.

« Mais le nombre des assaillants va en augmentant de minute en minute. Bientôt, deux batteries prussiennes, s'établissant à l'extrémité du plateau, en dehors des coups de nos tirailleurs, couvrent d'obus tout le terrain situé en avant de

Gentelles et le village lui-même, tandis qu'aucun secours, soit en infanterie, soit surtout en artillerie, n'apparaît du côté des Français.

« La position des chasseurs devient intenable. Alors, pour se conformer aux ordres de l'état-major général, qui prescrivent au 20ᵉ bataillon au cas d'une attaque supérieure en forces, d'avoir à se replier sur le grand bois situé en arrière de Gentelles et de Cachy, et de s'y défendre avec acharnement, le commandant Hecquet fait sonner la retraite et la dirige dans l'intervalle qui sépare Gentelles de Cachy. Il est à ce moment environ 1 heure.

« Malheureusement, la ligne des tirailleurs étant très étendue, cette retraite n'est pas exécutée en même temps par toutes les compagnies.

« Tandis que les 1ʳᵉ, 2ᵉ et 3ᵉ, et une partie de la 5ᵉ se dirigent en bon ordre, quoique sous une pluie de projectiles, vers un moulin à vent, dans la direction du grand bois, la 4ᵉ compagnie et le reste de la 5ᵉ, à l'extrême gauche de la ligne, au lieu d'obliquer à gauche, se rabattent à droite, de sorte que le bataillon se trouve partagé en deux tronçons.

« Dans cette retraite, M. le lieutenant Rousset a la cuisse trouée par une balle.

« Le tronçon de gauche, resté sous les ordres du commandant, prend position le long du chemin qui relie les deux villages et y soutient, contre les Prusssiens devenus maîtres de Gentelles, une lutte meurtrière. Là est tué M. Herbin, sous-lieutenant à la 3ᵉ compagnie.

« A 2 heures et demie, le commandant Hecquet reforme sa troupe en arrière de Cachy, sur la lisière du bois.

« Alors seulement, le général Lecointe arrive devant Gentelles, à la tête de quelques troupes de ligne et de mobiles. Le tronçon de droite du 20ᵉ bataillon rentre dans le village d'où les Prussiens sont chassés avec pertes. L'ennemi, d'ailleurs, à ce moment, porte toutes ses forces sur Villers-Bretonneux, ne laissant devant Gentelles et Cachy, qu'un rideau de troupes, et une batterie qui met le feu à ce dernier village.

« A 4 heures, le tronçon de gauche du bataillon reprend position à droite de Cachy, prêt à recommencer la lutte ; mais le combat a cessé de ce côté, et vers 9 heures du soir seulement, arrive, avec la nouvelle de la prise de Villers-Bretonneux, l'ordre de battre en retraite au plus vite sur Corbie.

« Les chasseurs, pleurant presque de rage, traversent de nouveau, à la lueur des maisons de Cachy, le champ de bataille couvert de morts, puis Gentelles rempli de blessés des deux nations, et par une route affreuse de 14 kilomètres, sans lâcher quelques prisonniers faits pendant la bataille, gagnent Blangy, afin d'éviter Villers-Bretonneux. De là, remontant la Somme, ils arrivent exténués et affamés à Corbie, à 2 heures du matin.

« Quant au détachement resté sous les ordres du **capitaine Carrère**, il s'est retiré sur Longueau, pour venir prendre quelques heures de repos dans le faubourg d'Amiens. Le 28, il ira coucher à Doullens, et rejoindra, le 29, le reste du bataillon à Arras.

« Tel est le rôle rempli par le 20e bataillon de chasseurs à pied de marche, dans cette sanglante bataille de Villers-Bretonneux, où 10.000 Français ont lutté contre plus de 30.000 Allemands et leur ont fait éprouver des pertes considérables.

« Celles du bataillon se résument en :

« 1 officier tué ;
« 1 officier blessé ;
« 25 hommes tués ;
« 67 hommes blessés ;
« 130 disparus. »

Après deux heures de repos à Corbie, le bataillon, avec le reste de la brigade, se remet en marche sur Arras à 4 heures du matin, escortant la batterie d'artillerie du capitaine Pigouche. Il sera à Arras le 30 à 6 heures du soir, d'où il regagnera Boulogne, par les voies ferrées, pour s'y réorganiser.

Nous retrouverons le 20e bataillon, à la bataille de Pont-Noyelles.

Parmi les blessés nous avons relevé les noms de six chasseurs du 20e : Bétourné, Aristide ; Bouret, Jean ; Giraudeau, Bernard ; Hurtrel, Léandre ; Lorge, Joseph et Pascaud, Jean ; tous atteints de coups de feu.

HEUREUSE AUDACE. — « A la reprise de Gentelles par les Prussiens, un jeune caporal de chasseurs natif de Bordeaux (5e compagnie, 8e escouade) âgé de 20 ans, se trouvant en queue, fut tiré par les Prussiens à 25 mètres, ils le manquèrent. Ce fait se passait dans la rue de Hailles, à Gentelles, près du puits qui est au bout de cette rue. Malgré le danger qu'il courait, cet intrépide soldat ne perd pas sa présence d'esprit, il ajuste un Prussien, le tue raide, fond sur l'autre à la baïonnette; malgré les supplications d'une vieille femme sourde qui lui tient le bras et le prie d'épargner son ennemi, il achève son œuvre.

« Quelques instants après, il était poursuivi par une bande de Prussiens ; il ne se déconcerte pas encore. Il tourne autour du puits, bat en retraite, puis s'enfuit à 150 mètres dans la ruelle qui longe l'église, prend une rue détournée et rejoint son bataillon qui se trouvait dans la campagne. »

Gentelles n'est occupé que le lendemain soir à 10 heures.
(Lettre du D' Dubois).

43ᵉ DE LIGNE. — Le 1ᵉʳ bataillon du 43ᵉ de ligne, sous les ordres du commandant Roslin, est venu occuper Cachy le dimanche matin, 27 novembre, vers 8 heures et demie; le gros du bataillon y a été précédé par un détachement en reconnaissance conduit par le lieutenant Lagrenée. Le commandant Roslin va loger chez M. Jouancoux, maire du village; le docteur Pingaud, aide-major du bataillon, chez le frère de ce magistrat. Des grand'gardes sont placées.

Entre 10 heures et 11 heures, des coups de fusil se font entendre et vers 11 heures et demie c'est une fusillade nourrie. Le bataillon prend les armes.

Le commandant Roslin (prononcez Rosline) laisse la compagnie Wahlen en réserve derrière une meule de paille et déploie son bataillon au midi et à l'ouest, c'est-à-dire vers la vallée de la Luce et vers Gentelles, pendant que sa gauche s'étend jusqu'au chemin de Cachy à Domart.

Il est midi environ.

Le combat s'engage avec une extrême vivacité. Les cadres du bataillon Roslin « étaient formés d'officiers jeunes et énergiques, dont 10 sur 13 étaient des échappés de Metz, lesquels avaient, selon l'expression de l'un d'eux, *la rage dans le cœur* ». (Récit de M. Jouancoux.)

Cependant le lieutenant Lemaitre tombe blessé grièvement d'une balle à la cuisse. Le sous-lieutenant Jouvainroux qui le remplace a la poitrine traversée de part en part ; sa blessure est mortelle. Bientôt le brave commandant Roslin lui-même tombe en héros, blessé mortellement de deux balles, l'une à la tête, l'autre au cœur. Des soldats veulent le relever : « C'est inutile, mes enfants, leur dit-il, je suis perdu, laissez-moi mourir. »

Malgré ces pertes, le 43ᵉ tient bon ; parfois reculant de quelques pas, mais pour revenir aussitôt en avant avec une ardeur nouvelle, il tient toute la journée le village de Cachy, faisant complètement échec aux Prussiens qui finissent par se retirer sur Domart, vers 4 heures du soir. Le bataillon Roslin à Cachy restait maître du champ de bataille. C'est là une belle page, pour l'histoire du 43ᵉ.

RÉCIT D'UN HABITANT. — Cet habitant, témoin oculaire absolument digne de foi, est M. Jouancoux, alors maire de Cachy et avec qui nous avons eu l'honneur de causer de la journée, du 27 novembre lors de notre voyage aux champs de bataille de la Somme, en mai 1896.

Les lignes suivantes sont extraites de son intéressante brochure [1] : *Le combat de Cachy*.

La fusillade est devenue sérieuse, le bataillon Roslin a pris les armes.

« Une grande partie du bataillon attendait dans la rue, devant ma porte, son commandant qui prenait ses armes, examinait son revolver..., et partait. Je tenais à lui montrer les quatre pommiers dans la direction desquels il devait s'avancer pour arriver à la position qu'il voulait occuper ; je marchai donc avec lui jusqu'au coin des haies du village et lui indiquai la direction à prendre. Les balles prussiennes commençaient à siffler autour de nous ; le commandant me le fit observer, me remercia, me serra la main et me dit qu'il était temps de me retirer.

L'ÂME FRANÇAISE. — « Je revins sur mes pas à travers la colonne du 43ᵉ qui sortait du village. Je vois encore ces braves jeunes gens partir au combat : beaucoup d'entre eux chantaient le sublime refrain : « *Allons, enfants de la patrie,* » et parfois la voix d'un officier se mêlait à la voix des soldats. Ce bataillon-là avait l'âme française... »

UN INTRÉPIDE. — Nous avons dit qu'une compagnie avait été laissée en réserve, derrière une meule de paille.

« S'imaginerait-on, dit plus loin M. Jouancoux, ce que faisait l'officier qui la commandait, pendant que les balles prussiennes tombaient autour de lui et de ses soldats ?

« Il se promenait tranquillement, les mains dans les poches, *en avant de la meule*, examinant le champ de bataille, attendant son tour de marcher au feu. Cet officier avait logé chez moi le mardi soir et je le connaissais bien : c'était un échappé de Metz, le capitaine Welen (Wahlen).

« De quoi ne sont pas capables des soldats auxquels leurs chefs donnent de pareils exemples de sang-froid et de mépris du danger ! »

M. Jouancoux nous cite parmi les officiers du 43ᵉ tués ou blessés : commandant Roslin, lieutenants Jouvainroux, Herbin; sous-lieutenant Blain tués; capitaines Wahlen et Pincherelle, lieutenants Lemaitre, Dangla, sous-lieutenant Lagrenée, blessés.

---

[1]. Amiens. — T. Jeunet, 1884.

A la nuit, grâce au soin et à la diligence du maire, de son frère, de son neveu, M. Anatole Jouancoux, âgé de 15 ans alors et aujourd'hui maire de Cachy, ainsi que des habitants, les blessés, au nombre de 75 (60 chez le maire) avaient été ramenés au village, où le docteur Pingaud leur prodiguait ses soins avec beaucoup de dévouement.

Le lendemain, au petit jour, le maire fit à leur tour rapporter les morts, au nombre de 24.

« La voiture qui ramena le corps du commandant Roslin, s'arrêta à ma porte. Roslin était encore ganté ; sa mâle figure, un peu souillée de terre jaunâtre, restait presque souriante. Sa main n'avait pas abandonné l'épée : le bras était resté levé dans l'attitude du commandement, et il semblait dire encore : « En avant ! »

Le moral des blessés. — « Les officiers sont plus fermes que les soldats. Il nous en vint trois : MM. Lemaître, Jouvainroux et Lagrenée. Chez eux, pas un cri, pas une plainte. Une seule chose les inquiétait ; ils ne faisaient qu'une seule question : « Eh bien ! Monsieur, sommes-nous vainqueurs ? — Tout « va bien, leur répondions-nous; soyez tranquilles. » Et un éclair de joie passait sur leur mâle visage contracté par la souffrance. »

Brunet le Jurassien. — « Je me rappelle aussi un jeune soldat qui nous arriva des premiers ; une balle lui avait brisé le bras, tout près de l'épaule.

« Étendu sur un lit, perdant tout son sang, pâle et la voix affaiblie, il me disait : « Ah ! monsieur, ces brigands de Prus-
« siens... ils m'ont bien arrangé... sont-ils rossés, au moins ?...
« je n'ai pas de chance... dire que je n'ai pu tirer que deux
« coups ? »

« C'était un Jurassien, des environs de Lons-le-Saulnier. Il a eu l'épaule désarticulée ; l'opération a parfaitement réussi ; je l'ai gardé chez moi jusqu'au 7 mars. Il est parti avec un bras de moins, mais complètement guéri et rétabli : il s'appelait Brunet. » (Récit de M. Jouancoux.)

« Figurez-vous, nous disait M. Anatole Jouancoux, lors de notre visite à Cachy, figurez-vous que l'autre jour, en remuant la terre du jardin, on a retrouvé le bras de ce bon Jurassien, car je me rappelais parfaitement où il avait été enterré. Si je m'étais souvenu de l'adresse de ce brave soldat, je lui aurais écrit pour lui annoncer un fait qui le touche de si près ; j'aurais été heureux, à cette occasion, d'avoir de ses nouvelles. Qui sait ? peut-être lira-t-il votre livre et nous donnera-t-il signe de vie... »

Un état, signé du major Fradin de Linières, et daté d'Amiens, 24 novembre 1870, donne les noms des officiers *évadés de Metz*, qui servaient alors au 43e de marche. Voici les noms de ces hommes intrépides qui tinrent tête si vaillamment à l'ennemi, le 27 novembre :

Roslin, chef de bataillon, capitaine du 15e de ligne ;
Jallu, capitaine du 57e ;
Wahlen, capitaine du 73e ;
Leleu, lieutenant du 19e ;
Lemaitre, lieutenant du 6e ;
De Curson, lieutenant du corps ;
Pincherelle, lieutenant du 6e ;
Cazenave, lieutenant du corps ;
Dancla, lieutenant venu des sous-lieutenants du 3e voltigeurs ;
Pagès, lieutenant, venu des sous-lieutenants du 46e de ligne ;
Nanty, sous-lieutenant, venu des sous-lieutenants du 81e ;
Jouvainroux, sous-lieutenant, venu des sous-lieutenants du corps ;
Béor, sous-lieutenant, venu des adjudants du 10e ;
Lelièvre, sous-lieutenant, venu des sergents-majors du 6e.

Passons à présent au 48e régiment de mobiles, formé des 7e, 8e et 9e bataillons du Nord.

Mobiles du Nord. — Le 48e mobiles, se trouve à Corbie depuis quelques jours, lorsque son chef, le lieutenant-colonel Duhamel, reçoit, le 26 novembre à 4 heures du soir, l'ordre suivant :

« Au reçu de cette dépêche, vous réunirez vos 3 bataillons et vous vous mettrez en route pour me rejoindre à Villers-Bretonneux, votre nouvelle résidence. Ne perdez pas de temps, on tire des coups de fusils près de nous.

« Du Bessol. »

Le colonel Duhamel s'occupe immédiatement de rassembler son monde, et, grâce à des ordres bien donnés, le régiment peut arriver à Villers-Bretonneux à 7 heures du soir. Après qu'on lui a distribué des billets de logement, il rompt les rangs, mais avec l'ordre de se réunir le lendemain devant la mairie, dès les 6 heures du matin.

Le 27, aussitôt le régiment réuni à l'heure indiquée, le colonel du Bessol envoie la compagnie franche du 7e bataillon, en reconnaissance. Elle est commandée par le capitaine Carton.

A 8 heures et demie, les troupes sont renvoyées à leurs logements pour faire la soupe et nettoyer l'armement, et avec l'avis qu'il n'y aurait sans doute aucune prise d'armes dans cette journée. A peine ces ordres viennent-ils d'être donnés que la fusillade crépite aux avant-postes. Voilà comme nous avons été éclairés et renseignés pendant toute la campagne.

« Vers 10 heures du matin, dit le rapport du lieutenant-colonel Duhamel, il n'y avait plus de doute, nos postes avancés se repliaient sur Villers-Bretonneux. Le colonel fit battre le rappel pour rassembler le régiment, afin d'être prêt à tout événement.

« Vers 11 heures, le 48ᵉ mobiles était réuni ; le 8ᵉ bataillon, commandé par M. Monnier, reçut l'ordre de prendre position sur la route qui conduit de Villers-Bretonneux à Lamothe, pour en surveiller les approches. Il resta en observation jusqu'à environ 1 heure et demie après-midi, heure à laquelle on vint le prévenir que l'action était engagée en avant de Villers-Bretonneux, du côté opposé, au delà du chemin de fer. Son chef fit faire demi-tour et prit position à quelques centaines de mètres en avant de Villers-Bretonneux, où le lieutenant-colonel Duhamel le retrouva vers 3 heures.

« Les deux autres bataillons, conduits par le lieutenant-colonel Duhamel, et dirigés par le colonel du Bessol, allèrent se placer à environ 50 mètres en avant du pont de Villers-Bretonneux, l'un à droite, l'autre à gauche de la route conduisant à Demuin.

« Il était environ midi. Les deux bataillons étaient en réserve, et couchés, pour être moins exposés aux projectiles qui déjà les atteignaient ; la ligne qui les couvrait pliait sensiblement.

« Le colonel du Bessol, s'apercevant qu'une batterie, sur la droite, était complètement démontée et allait être prise par l'ennemi, fit partir au pas gymnastique la 1ʳᵉ compagnie du 7ᵉ bataillon, commandée par le capitaine Hinet, pour la soutenir. Grâce au concours de cette compagnie, cette batterie, très compromise, resta en notre pouvoir et put attendre l'arrivée de nouveaux attelages, pour la conduire et la mettre en action.

« Cette compagnie resta dans cette position jusqu'à la fin de la journée, sans recevoir d'ordres, et ne quitta le champ de bataille qu'à la dernière extrémité.

« A couvert derrière un petit retranchement, elle fit éprouver des pertes sensibles à l'ennemi, chaque fois qu'il se présentait en quittant le bois de Cachy, où il restait masqué.

« **Au même instant, on vint nous prévenir que l'ouvrage du** pont, occupé par quelques compagnies de mobiles, était menacé, que la petite troupe qui l'occupait allait être obligée de l'abandonner... Aussitôt, le colonel du Bessol, plein d'entrain, enleva le 9ᵉ bataillon, et l'ouvrage en question fut aussitôt partiellement occupé, et le lieutenant-colonel Duhamel, ralliant ce qu'il put du 7ᵉ bataillon, le rejoignit. »

Une note du rapport que nous citons ici nous apprend en quoi consistait cet ouvrage du Pont. C'étaient de petits retranchements qu'on avait ébauchés près du pont du chemin de fer, à 1,000 mètres environ de Villers-Bretonneux, en profitant des terres de déblai du chemin de fer. « Ces terres, dit le colonel, formant une butte d'environ 200 mètres de longueur et élevée de 3 à 4 mètres au-dessus du sol, dominant la plaine en avant de Cachy et de Gentelles, aurait présenté un obstacle sérieux à la marche des Prussiens, s'il avait été solidement occupé au début de la bataille. »

Mais le mouvement brillamment exécuté par le colonel du Bessol, avait amené un grand désordre parmi ses jeunes troupes sans cohésion qui se trouvèrent, aussitôt après, à l'état de véritable troupeau de moutons, et sans pouvoir riposter, exposées aux coups de l'ennemi. Le 9ᵉ bataillon perdit là beaucoup de monde. « Le capitaine de Brigode et les lieutenants Cocheteux et Poulpe furent atteints mortellement. Le colonel du Bessol, qui avait eu un cheval tué sous lui, fut, à son tour, contusionné par un éclat d'obus et forcé de quitter le champ de bataille... »

« Il était alors environ deux heures. Le lieutenant-colonel Duhamel fut, dès lors, abandonné à lui-même. Sans direction et sans ordres, n'étant nullement initié au plan de campagne, n'ayant reçu aucune instruction sur la conduite à tenir, il se trouvait dans une position extrêmement critique. Il crut sage et prudent d'attendre des ordres en se maintenant le plus longtemps possible au poste qu'il occupait. »

Vers 3 heures, notre artillerie commence à manquer de munitions; elle diminue son feu et s'apprête à se replier. L'ennemi, enhardi, s'avance; nos cartouches s'épuisent également, il faut bien se résoudre à céder le terrain, si l'on ne veut être tourné.

Quatre heures. — L'artillerie se retire décidément, n'ayant plus de gargousses; la bataille est évidemment perdue, il n'y a plus qu'à se replier en tenant la meilleure contenance possible. Le colonel Duhamel s'y emploie tout entier; il fait coucher sa troupe, en avant du pont de Villers, en ne la faisant tirer que le moins possible, pour ménager ses dernières munitions.

On tient ainsi jusqu'à 4 heures et demie où n'ayant plus de

cartouches et l'ennemi étant arrivé à 200 ou 300 mètres, il faut s'en aller.

« C'est alors seulement, dit le rapport cité, à quelques mètres du pont de Villers-Bretonneux, que le lieutenant-colonel Duhamel aperçut, pour la première fois, le général Farre, dans cette malheureuse journée. »

On franchit le pont. La compagnie franche du capitaine Carton, quelques hommes de l'infanterie de marine et des chasseurs prennent position pour soutenir la retraite, et, grâce à leur intrépide dévouement, on peut gagner la nuit avant que l'ennemi soit en mesure de changer, par une poursuite efficace, notre retraite en déroute.

En somme, et malgré des défaillances partielles, comme il s'en rencontre dans les meilleures troupes lorsque le commandement supérieur fait plus ou moins défaut, un jour de bataille, les mobiles s'étaient conduits en gens de cœur. En bons Français qu'ils étaient, ils avaient fait plus qu'on ne pouvait attendre d'hommes sans instruction militaire, sans discipline, mal équipés, mal armés et mal commandés. C'est là un fait incontestable.

Comme le fait remarquer le colonel Duhamel, la troupe était à jeun, voilà pour le physique; et, quant au moral, on avait laissé consamment ces soldats d'occasion sans ordres, sans instructions et sans direction.

A 8 heures du soir, le régiment arriva à Amiens, par Corbie.

Le colonel Duhamel termine son rapport, en signalant la belle conduite de ceux qu'il a remarqués personnellement, au cours de la journée.

« Au début de la bataille, le capitaine Hinet, du 7e bataillon.

« En partant pour l'ouvrage du Pont : le capitaine de Brigode et le lieutenant Cocheteux, tués au pied de cette butte; les capitaines de Lagrange et Caron, et le sous-lieutenant Quevreux, brillants d'entrain.

« Le capitaine Carton, du 7e bataillon, au delà du chemin de fer, près d'une meule de paille où les obus et la mitraille pleuvaient comme grêle.

« Enfin, dans la dernière position occupée, quand tout le monde battait en retraite, le brave commandant Monnier, du 8e bataillon, toujours debout. »

Il doit encore signaler, dit-il, le sang-froid imperturbable des capitaines Deliles et Aubert du 8e bataillon et un brave ecclésiastique soignant les blessés sous le feu, auquel il serra la main pendant la bataille. « Ce doit être, dit-il, le P. Mercier. »

Le colonel Duhamel fait remarquer qu'il ne parle que de ceux qu'il a vus, mais qu'il ne peut avoir la prétention d'avoir tout vu.

Après le rapport du colonel Duhamel qui vise l'ensemble des opérations du 48e mobiles, voyons celui d'un de ses bataillons, le 7e.

Mobiles du Nord. — 7e Bataillon. — Le 7e bataillon du Nord, a été réuni à Lille, le 11 août 1870. Il en part le 1er septembre, pour Valenciennes où il est enrégimenté. Après une pointe à Saint-Quentin, et retour à Valenciennes, le bataillon qui a à sa tête un brave soldat de Crimée, le commandant Phalempin, décoré et ancien capitaine du 2e grenadiers de la garde, part pour Corbie et de là, le 26 novembre, pour Villers-Bretonneux. Le 48e régiment est alors réuni.

Le 27, dans la matinée, dit le rapport du commandant Phalempin, « le canon gronde, l'ennemi s'approche.

« On bat la générale, les troupes se réunissent au lieu de rassemblement ; elles sont prévenues de se tenir prêtes à la première alerte.

« A 10 heures, la 2e compagnie, dite *Compagnie franche*, reçoit l'ordre de se porter en éclaireur et, après avoir fouillé le terrain, prend position, à gauche et en avant de la 1re compagnie, au débouché d'un bois.

« Une fausse indication a d'abord fait supposer que les Prussiens s'avancent par Corbie, tandis qu'ils arrivent par la route d'Amiens, côté opposé.

« Vers midi, le régiment exécute un changement de front, traverse Villers-Bretonneux et va se placer en colonne serrée sur la droite de la route. L'action s'engage sur toute la ligne.

« Il est midi 30, le colonel du Bessol mande une compagnie, pour protéger une batterie d'artillerie placée à l'extrême droite, près du village de Cachy.

« Les Prussiens se sont aperçus que cette batterie, par la justesse de son tir, leur tue beaucoup de monde ; ils cherchent à la tourner. La 1re compagnie est désignée ; elle prend position et ne se retire qu'à la dernière extrémité, sous le commandement de M. Aynès, chef de bataillon au 75e.

« Pendant ce temps, je fais porter les 4e, 5e et 6e compagnies sur la droite du chemin de fer, où se trouve placée une ligne de tirailleurs composée d'infanterie de marine, de ligne et de chasseurs à pied ; notre droite est appuyée par un bataillon du 75e, notre gauche par le 1er bataillon de chasseurs à pied. Une fusillade des plus nourries est engagée.

« J'ordonne aux hommes de se coucher à différentes reprises, en gagnant du terrain, et leur enjoins de ne tirer qu'à coup sûr. Tout en avançant, cette manœuvre leur permet de se défiler le plus possible du feu de l'ennemi.

« Cependant, vers 3 heures, les munitions s'épuisent, notre feu se ralentit, celui des Prussiens redouble; ils viennent de recevoir des renforts considérables. Quelques tirailleurs lâchent pied; la retraite, commencée en bon ordre, prend bientôt les proportions d'une véritable déroute.

« Je dois cette justice aux hommes du bataillon, qu'ils se conduisent avec le sang-froid de soldats aguerris.

« Le capitaine Carton, commandant la 2e compagnie (Compagnie franche), avait reçu l'ordre du général Farre de se sacrifier, lui et sa compagnie, pour soutenir la retraite. Il fit de nouveau déployer en tirailleurs et brûla sa dernière amorce, ce qui permit au gros de l'armée de traverser la ville sans trop d'encombre. (Tués : 1 lieutenant, 4 soldats; blessés : 52 soldats).

Le bataillon sera en réorganisation à Saint-Omer, quand le commandant Phalempin, ainsi que les deux autres chefs de bataillon et le colonel du 48e mobiles, seront mis en disponibilité (12 décembre). Là s'arrêtent donc les souvenirs de cet officier supérieur.

Voici, sans distinction de bataillon, les noms de vingt-cinq mobiles du Nord blessés, tels que nous les donne le docteur Chenu :

Devienne (Henri), caporal; Pouillé (Florian), caporal; Bétermieux (Emile), Brisbaert (Henri), Calonne (Auguste), Carette (Paul), Couplet (Auguste), Delannoy (Henri), Denisart (Alfred), Derique (Alexandre), Dilliès (Edouard), Dorge (Pierre), Duriez (Jean), Flinois (Adolphe), Fourneau (Emile), Gengembre (Auguste), Jourdain (Adonice), Lemoine (Emile), Noël, Leverd (Paul), Loridan (Florin), Philippe (Henri), Tramoy (Joseph), Ultré (Clément) gardes. Tous ces blessés avaient reçu des balles, sauf le sergent Delcroix et le mobile Gengembre, qui étaient blessés par des éclats d'obus. Le sergent Delcroix avait le pied gauche littéralement emporté.

Par décret du 30 décembre 1870, seront nommés chevaliers de la Légion d'honneur : MM. de Brigode-Kemlandt (Pierre-Oscar) chef de bataillon au 48e mobiles, « services très méritants devant l'ennemi »; Benoît de Laumont, chef de bataillon, « s'est distingué aux combats de Villers-Bretonneux et d'Amiens »; Hinet (Martial), capitaine, « a conduit sa compagnie d'une manière remarquable sous Amiens, n'a quitté le champ de bataille qu'à la dernière extrémité, en emportant ses blessés ».

Seront médaillés : le sergent-major Daubricourt (Henri), « a montré une grande énergie, admiré par ses hommes » ; le sergent-fourrier Théry (Raymond), « a montré de la vaillance et de l'énergie » ; le soldat Deput (Henri), s'est fait remarquer par *son ardeur et par son calme* » ; le tambour Dumortier (Alexandre), « a quitté sa caisse pour prendre un fusil et faire le coup de feu », le soldat Claine (Alexandre). Ce dernier appartenait au 10e bataillon des mobiles du Nord, commandé par le chef de bataillon Benoît de Laumont.

Père et fils. — A propos de la mobile du Nord et de la mort du capitaine de Brigode, un ancien officier, témoin des faits, et acteur dans la bataille, M. Laguesse, aujourd'hui directeur de la maison de Poissy, a bien voulu nous transmettre l'émouvant récit qu'on va lire.

« Le 9e bataillon des mobiles du Nord était commandé par le comte de Brigode. Son fils, Hyacinthe de Brigode y commandait une compagnie.

« Le 27 novembre 1890, le bataillon prit les armes, vers 10 heures du matin, à Villers-Bretonneux, où il était cantonné depuis la veille.

« Les troupes allemandes s'avançaient de toute part et on distinguait leurs masses profondes du haut des constructions donnant sur la plaine.

« Au moment où le bataillon défilait pour aller prendre position au delà de la voie ferrée, la compagnie du capitaine de Brigode, partie quelques heures avant en reconnaissance, déboucha par une voie transversale juste à temps pour reprendre son rang dans la colonne.

« Le capitaine sauta au cou du commandant son père, et reprit allègrement sa place de bataille.

« Le bataillon arrive dans la campagne après avoir franchi le pont du chemin de fer. On fait coucher les hommes car déjà le terrain est battu sérieusement par l'artillerie ennemie.

« Puis la compagnie de Brigode est portée en avant en tirailleurs. A peine cette formation est-elle prise que le jeune capitaine (25 ans) est frappé d'une balle au milieu de la poitrine. On l'entraine mourant pour l'abriter dans une petite ferme abandonnée. Il ne reçoit que très tardivement les soins nécessaires et il meurt en arrivant à l'ambulance.

« Le père, le commandant de Brigode, prend part à l'action avec le reste de son bataillon. C'est un vieux gentilhomme qui accepta son grade en 1868, à la formation de la mobile. Il semblait alors que cet uniforme ne serait qu'une élégante tenue, destinée à rehausser l'éclat des fêtes et des salons officiels!

« Au jour du danger, à 56 ans, sans avoir été soldat, le commandant de Brigode est parti bravement et a fait courageusement son devoir.

« Monté sur un petit poney double, il est à la tête de ses jeunes soldats, lorsqu'il apprend que son fils blessé grièvement est à l'ambulance voisine. Mais avec un courage antique, il refoule son angoisse et fait toujours face à l'ennemi.

« La nuit est arrivée. Après une défense brillante, le 9e bataillon de mobiles diminué par le feu, prisonnier ou éparpillé, marche en retraite sur Corbie. Des voitures d'ambulance dépassent la colonne qui appuie à droite. Le commandant de Brigode s'inquiète timidement, avec épouvante, du sort de son fils. Il interpelle un médecin :

« — Docteur, auriez-vous parmi vos blessés, un capitaine de mon bataillon?

« — Il est mort, mon commandant!

« M. de Brigode chancelle sur sa monture; mais il reste à son poste. De temps à autre, un sanglot se fait entendre, en dépit du brouhaha de la colonne en retraite.

« Nous arrivons dans un petit village vers minuit. Nous y cantonnons tant bien que mal. Le commandant s'occupe encore de l'installation de ses hommes et le hasard me loge dans la même maison que lui.

« Il s'enferme aussitôt, et j'entends cette invocation suprême : « Mon pauvre Hyacinthe! »

« Ce stoïque peut enfin donner libre cours à sa douleur... »

DRAGONS DU NORD. — Lors de l'organisation de l'armée du Nord, le général Bourbaki avait fait former deux escadrons, par la réunion : 1° des hommes du dépôt du 4e dragons restés à Lille; 2° de petits détachements des 2e, 5e et 12e dragons; 3° des hommes évadés de Sedan et de Metz. Le général leur avait donné le nom de *Dragons du Nord*.

Un peu plus tard, ces 2 escadrons, portés à 4, entreront dans la formation du 7e dragons de marche.

Le 24 novembre, les 2 premiers escadrons, arrivés de la veille à Amiens, prennent part au petit combat de Mézières. Ils ont un blessé, le brigadier Bosc.

Le 27, ils combattent à Villers-Bretonneux, « soutiennent l'artillerie pendant toute la journée et protègent la retraite jusqu'à la tombée de la nuit. » (Historique du 7e dragons.) Ils ont deux hommes tués, 3 blessés, 5 disparus.

Le 9 décembre, du côté de Flavy-le-Martel, le maréchal des logis Jacques, du 2ᵉ escadron, au cours d'une patrouille de nuit, fera prisonniers 9 hommes d'infanterie prussienne. Notre brave sous-officier n'ayant avec lui que 4 dragons.

Le 15, au Quesnel, le 4ᵉ peloton du 1ᵉʳ escadron, sous les ordres du lieutenant Delamarre, prendra à l'ennemi 31 hommes, 27 chevaux et une voiture chargée d'armes.

Nous reviendrons sur cette brave troupe, pour signaler sa ferme contenance à la bataille de Saint-Quentin, le 19 janvier.

2ᵉ COMPAGNIE DU GÉNIE. — La 2ᵉ compagnie S *bis* de sapeurs, du 2ᵉ régiment du génie, a été formée à Montpellier le 13 octobre 1870. Elle en est partie le 20, pour Lille, à l'effectif de 2 officiers, 8 sous-officiers, 184 caporaux et sapeurs, 8 conducteurs et 12 chevaux. En passant à Lyon, elle prend son parc et arrive à Lille le 26 octobre. Le 31 octobre, elle reçoit pour chef le capitaine Allard évadé de Sedan.

Le 23 novembre elle est à Blangy, près d'Amiens, et le 27, le capitaine Allard quitte ce village avec 128 sapeurs, pour se rendre à Villers-Bretonneux, laissant à Blangy le capitaine en second M. Boyenval, avec le reste de la compagnie pour garder le parc.

« A 6 heures du matin, dit l'historique [1] anonyme du 2ᵉ régiment du génie, en était arrivé à Villers-Bretonneux. Peu après, la canonnade de l'ennemi commençait ; la 2ᵉ entamait des épaulements pour deux batteries : une au pont du chemin de fer et l'autre à 1 kilomètre environ à l'est de Villers. Vers 11 heures, la 2ᵉ *bis*, ayant quitté ses outils, sous les ordres du capitaine Allard, se déploya en tirailleurs en avant du Moulin, et soutint une batterie à l'aile gauche sur la route de Péronne.

« Après le départ de cette batterie dans la direction d'Amiens, le capitaine Allard conduisit son détachement à Villers, occupé déjà, sans qu'il s'en doutât, par les Prussiens. Il était nuit, le détachement fut enveloppé, plusieurs hommes furent blessés, ceux qui purent s'échapper allèrent à Corbie.

« Le capitaine Allard et le lieutenant Lucchini furent de ce nombre et durent, comme d'autres, se déguiser pour s'évader.

« Le lendemain, à Corbie, on put constater que la 2ᵉ *bis* avait perdu 2 sous-lieutenants prisonniers, 61 sous-officiers, caporaux ou sapeurs prisonniers, environ 10 sapeurs tués ou blessés, enfin 8 disparus. »

1. *Historique du 2ᵉ régiment du génie.* Paris. H. Lavauzelle, 1893.

Nous pouvons donner les noms de 2 sapeurs blessés : Aman, Paul (éclat d'obus) et Manceau, Eugène (coup de feu).

Le 17 décembre, à Corbie, le capitaine Sambuc remplacera le capitaine Allard nommé chef de bataillon.

Par décret du 29 décembre, le commandant Georges Allard sera nommé chevalier de la Légion d'honneur « pour la part qu'il a prise à la bataille de Sedan et au combat de Villers-Bretonneux ».

Nous retrouverons également ces braves sapeurs à la journée de Saint-Quentin, le 19 janvier.

ADMIRABLES FRANÇAIS. — Ceux que nous appelons ainsi, ce sont les habitants de Villers-Bretonneux, dont la conduite pendant ces jours d'épreuves, ne saurait être trop vantée.

Bien avant le 27 novembre, dit le Dr Dubois, dont un récit manuscrit de la bataille nous a été communiqué par un ami du docteur, bien avant le 27 novembre, ils avaient mis le plus grand dévouement à héberger, nourrir, soigner nos soldats et à les aider à creuser des lignes de défense. Après le combat, ils furent admirables dans les soins qu'ils donnèrent aux blessés.

« Rien n'avait été prévu pour recevoir une avalanche de 700 blessés français et, si les secours n'ont pas été plus complets, il ne faut s'en prendre aux bons et patriotiques habitants. Bientôt chacun eut fourni son lit le meilleur, sa chambre la mieux chauffée et chaque maison un peu spacieuse fut transformée instantanément en ambulance.

« Déjà antérieurement à cette date, une souscription faite par le conseil municipal, et les dames patronesses avait réuni près de 4.000 francs et des voitures de linge et de literie, qui permirent de disposer deux ambulances, chacune de 12 lits.

« Les deux médecins de Villers-Bretonneux offrirent gratuitement leur concours à ces deux ambulances. »

Le 21, les troupes françaises arrivent et prennent leurs cantonnements au milieu de la joie la plus exubérante de ces braves populations. « Jamais, dit le docteur Dubois, exaltation patriotique ne fut plus grande dans la commune de Villers-Bretonneux, que pendant les jours qui précédèrent la bataille. C'était bien un spectacle magnifique de voir chaque jour, au son du tambour municipal, partir riches et pauvres, armés celui-ci d'une pioche, celui-là d'une pelle, courir à la tranchée et travailler avec joie et entrain.

« Les généraux eux-mêmes manifestaient leur étonnement d'un pareil élan de la part de la population de Villers. Lors des combats plusieurs habitants firent le coup de feu et se mêlèrent aux soldats..., »

La lettre officielle suivante n'est pas moins significative.

« Villers-Bretonneux le 4 décembre 1870.

« Monsieur le Maire,

« ... Si l'on considère que nous avons relevé plus de 625 blessés à Villers-Bretonneux, sur le champ de bataille du 27, et que, presque tous ces blessés ont été recueillis avec empressement par les habitants de cette localité ; depuis le maire jusqu'au simple artisan, on éprouve le besoin de constater ce fait qui témoigne hautement du patriotisme du pays...

« Un dernier fait m'a démontré une fois de plus combien la population du pays est bonne et dévouée en présence des événements si pénibles qui viennent de se produire et des souffrances de nos braves soldats.

« Beaucoup de demandes, pour avoir des blessés, m'ayant été remises, j'avais eu la pensée d'en retirer *aux habitants peu aisés qui en ont un grand nombre. Personne, pas plus le pauvre que le riche, n'a voulu donner un seul blessé...* »

« Le sous-intendant militaire de la 2ᵉ division du 22ᵉ corps.

« Signé : Létang. »

La petite ville de Villers-Bretonneux a mérité, on le voit, pendant cette guerre, l'admiration et la reconnaissance de tous les Français. Son maire, M. d'Heilly, son instituteur, M. Pécourt [1], son curé, M. Delaplanque, ont, dans ces dures épreuves, rivalisé de dévouement et de zèle patriotique. Quatre sœurs de Saint-Vincent-de-Paul, dit le docteur Dubois, soignèrent admirablement, à l'ambulance de l'hôtel de ville, 88 *blessés* !

CES BONS PRUSSIENS ! — « En entrant dans Villers, dit encore le docteur, les Prussiens avaient fusillé deux habitants inoffensifs *et se livrèrent pendant 2 heures au pillage de la ville*. Pendant ce temps, des habitants courageux, aidés de voitures et même de brouettes, allaient ramasser les morts sur le champ de bataille. »

UN NOTAIRE ET UN HOMME ! — Le fait suivant, qui est parfaitement connu de tous, aux pays où l'on s'est battu le 27 no-

---

1. M. Pécourt est l'auteur d'une très intéressante *Relation du combat de Villers-Bretonneux*.

vembre, tendrait à prouver que la grave et tranquille profession de notaire n'exclut, chez ceux qui l'exercent, ni l'énergique décision du caractère, ni la vigueur du bras.

M. Baudry, ancien notaire et veuf, allait souvent faire sa cour à une jeune personne, devenue sa femme depuis, qui habitait la ferme de Hourges, ancien relais de poste, sur la route de Roye.

Or, le 27 novembre au matin, M. Baudry se trouvait à la porte de la ferme, quant un Prussien à moitié ivre, se présenta et lui demanda du vin.

Sur son refus, l'Allemand en colère dégaina et voulut frapper le notaire qui s'arma d'une bêche et, tout en se défendant, battit en retraite dans la cour, jusqu'à un sous-sol servant de fournil, où se trouvait sa fiancée.

Il parvint à s'y enfermer solidement ; mais un second Prussien était accouru, et tous deux passaient leurs sabres à travers la porte, menaçant de tout tuer et de mettre le feu.

Devant l'effroi de sa future, M. Baudry s'arma d'un lourd morceau de bois, dont il s'était servi pour étayer la porte qu'il entrebailla un peu.

Un Prussien, alors, voulut passer ; mais M. Baudry, d'un vigoureux coup de bûche sur la tête, l'étendit mort à ses pieds. Le second parut aussitôt et n'eût pas meilleur sort.

Aidé de sa fiancée, M. Baudry jeta les deux cadavres dans la citerne de la ferme et prit la fuite vers Hangard, où il changea de vêtements et de là se dirigea sur Lille.

Ce récit nous a été fait à Cachy, par M. Jouancoux, fils de l'ancien maire et aujourd'hui maire lui-même de cette patriotique petite commune.

Les Monuments. — A Cachy. — Au cimetière de Cachy, et sous l'ombrage d'un énorme sycomore, s'élève un monument érigé à la mémoire des combattants tombés sur cette glorieuse partie du champ de bataille. Quarante corps sont enterrés là.

Sur le soubassement carré de la stèle, on peut lire les noms suivants.

A l'ouest :

Roslin, chef de bataillon.	Gabriel de Bonijol du Brau, sergent.
Blain, sous-lieutenant.	
Jouvainroux. »	Greux, Arthur, caporal.
Herbin. »	Leblanc »
Bouchette, Pierre, sergent.	Prével »

Au midi :

Venet, soldat.	Fayart, soldat.
Servant »	Verdière »
Ledez »	Fontaine »
Gauvelet »	Lecoze »
Plouvier »	Grintelle »
Houvain »	

Au nord :

Bonnet, Adolphe, soldat.	Bienvenu, Mathurin, soldat.
Guérin, Jean »	Philippini »
Saint-Aubert »	Ringard »
Alvédin »	Verécques »
Bouché »	Gérard »
Deneuville »	

La stèle elle-même porte diverses inscriptions ; voici celle de la face principale :

A la mémoire
des officiers et soldats
du 43ᵉ de ligne
qui succombèrent
le 27 novembre 1870
en défendant
la position
confiée à leur honneur.

A Gentelles. — Sur la pyramide élevée au cimetière de Gentelles, nous avons copié ceci :

20ᵉ bataillon de chasseurs.
Herbin, Georges, Henri,
(sous-lieutenant)
Cailloux, Jean-François,
(sergent)

Bonneau, Pierre, dit Chéri.	Lacoste, Pierre-Théodore.
Bossevelle, Hilaire-Clovis.	Camoureux, Jean.
Ducrotoy, Emile-Raoul.	Rodrigue, Joseph.
Dussolier, Jean.	Texté, Joannin.
Etienne, Ernest-Victor.	Vérecque, Elie.

10 soldats anonymes sont enterrés en ce lieu.

A Boves. — Nous avons relevé les noms qui suivent sur le monument érigé à Boves : *A la mémoire des Français morts pour la défense de la Patrie.*

Face sud :
24ᵉ régiment de ligne.

Sergent-major Rodox, Étienne.
Allard, François-Joseph.
Barnabé, Alfred-Adolphe.
Barole, Claude.
Broc, Jean-Baptiste.
Charrier, Claude.
Chevalier, Louis.
Clerc, Alfred-François.
Courbet, Alfred.
Grelot, Jules.
Dousseaux, Frédéric.
Duhamel, Charles-Marie.
Fleuru, Léopold.

Fort, Jean.
Jacquemin, François.
Lenoir, Charles.
Leroy, Joseph.
Levant, Bernard.
Mahé, Jean-Marie.
Poncin, Marcelin.
Roméas, Pierre.
Raoux, Jean-Auguste.
Ribière, Maurice.
Roger, Victor-Alexandre.
Scribe, Joseph.

Face nord :
18ᵉ bataillon de chasseurs à pied, formé du 1ᵉʳ bataillon.

Commandant Jean, Jean-Louis.
Sergent Simond, Jean-Baptiste.
Bouillot, François.
Chassard, Antoine-Théodore.
Cirard, Louis-Mathurin.
Coilette, Louis.
Dautrenay, Auguste.
Descave, Numa.
Delaporte, Nathalis-C.-Alphse.
Dufour, François.
Dumas, Gilbert.
Dupont, François.
Engelmann, François.

Garnier, Pierre.
Goumy, Auguste-Henri.
Heydel, Martin.
Lachaud, François.
Levesque, Julien-François.
Mollin, Octave-Alphonse.
Routier, Laurent.
Sion, Aimé.
Thomas, Frédéric.
Verniol, Charles-Alphonse.
Vernoux, Jean-Baptiste-Pierre
Mellier, Pierre, chasseur du 20ᵉ bataillon.

Face est :
33ᵉ régiment de ligne.

Lieutenant Souville, Louis.
Sergent Fréchin, Jean.
 — de la Trade, Marc-Antoine.

Sergent Lettré, Victor-Lucien.
Caporal Concé, Victor.
Charlot, Louis.
Danglard, Pierre.

Joly, François.
Lebègue, Louis.

Lefebvre, Henri.
Ricouart, Émile.

Bataillon de la garde mobile du Gard.

Coste, Louis.
Horus, Clovis.
Pierrot, Aimé.
Verset, Louis.

Un inconnu.
Lepert, chasseur du 18e bataillon et 14 autres soldats français.

Défense de la citadelle d'Amiens. — Mort du capitaine Vogel.

CHAPITRE VIII

Villers-Bretonneux (*Suite*). — **Aux tranchées de Dury. Évacuation d'Amiens. — Chute de la citadelle.**

Dury. — Au bois d'Hébécourt. — 2º chasseurs. — Compagnie Duvignau. — Capitaine de Boisguyon. — Caporal-fourrier Deguise. — Aux tranchées. — Général Paulze d'Ivoy. — Capitaine de Thannberg. — L'héroïque Meusnier. — Les braves de Toulon et de Brest. — 2º batterie mixte. — Les marins. — Quartier-maître Pichon. — Matelot Laluque. — La garde nationale. — Lieutenant

Chintegreil. — Mobiles du Gard. — Mobiles de la Marne. — Mobilisés de la Somme. — Les récompenses. — La retraite. — Ordre et désordre. — Enfants d'Amiens. — A la citadelle. — Commandant Vogel. — Sommations vaines. — L'attaque. — Mort du brave Vogel. — La reddition. — Un blâme officiel. — Souvenir de l'an II. — Le château du général Ferrand. — Noté par Jourdan. — La statue de Fabert. — L'armée dans les places du Nord. — Faidherbe, général en chef. — Manteuffel marche sur Rouen. — Suivons-le.

Combat de Dury. — Avant de parler de l'évacuation d'Amiens et de la prise de sa citadelle par les Allemands, il nous faut revenir sur le combat de Dury.

Nous avons acquis, en effet, cette conviction que les historiens de 1870 n'ont pas fait à ce coin du champ de bataille du 27 novembre la part qui lui revenait légitimement, et nous allons essayer de la lui faire.

Certes, le combat de Dury n'a été, à proprement parler, qu'un duel d'artillerie entre Français et Prussiens; mais cette action fut de notre côté très vigoureusement soutenue.

Le général Paulze d'Ivoy y tint si vaillamment en respect les Allemands, qu'il se trouvait tout prêt à les combattre encore le lendemain matin, quand il reçut l'ordre de la retraite.

Divers récits, émanant de témoins de l'affaire, vont en graver les points principaux dans l'esprit de nos lecteurs.

Au bois d'Hébécourt. — De ce côté, le combat commence à quelques kilomètres en avant de Dury, aux bois d'Hébécourt, vers 9 heures du matin.

Voyons là-dessus l'historique du 2ᵉ bataillon de chasseurs à pied.

2ᵉ Bataillon de chasseurs. — Formé le 2 octobre, à Douai, le 2ᵉ bataillon se composait d'abord de trois compagnies de 200 hommes chacune, tirés des 1ᵉʳ, 2ᵉ et 17ᵉ bataillons. Il était placé sous les ordres du commandant Boschis.

Manteuffel se dirigeant sur Amiens, le bataillon reçoit l'ordre de se porter vers cette ville et on le trouve le 25 novembre, à Salein.

« Le 27, dit l'historique du bataillon signé du capitaine Pierra et du commandant Boschis, il fut chargé de la défense de Dury et du bois situé à environ 3 kilom. en avant.

« A 8 heures du matin, une reconnaissance, conduite par le capitaine Barneaud, rencontre l'ennemi un peu en avant du bois et aussitôt l'action s'engage.

« Pendant deux heures, trois compagnies du bataillon soutinrent la lutte et éprouvèrent des pertes assez sérieuses: cent cinquante hommes tués, blessés ou disparus, et un officier blessé. A la faveur d'un brouillard et de l'épaisseur du taillis, l'ennemi arriva si près *qu'on se battit corps à corps et à coups de crosse*, dans le bois.

« Ces trois compagnies durent céder devant le nombre et se replièrent sur les tranchées de Dury; l'une d'elles, commandée par M. Duvignau, n'entendant pas la sonnerie: *en retraite!* resta dans le bois après le départ des autres, fut cernée et faillit être prise. L'officier qui la commandait fut saisi par un officier prussien et ne put se dégager qu'en lui envoyant un coup de revolver.

« Pendant ce temps, une compagnie, sous le commandement de M. Arcelin, était aux prises avec l'ennemi dans la plaine. Deux escouades, qui flanquaient la colonne, furent chargées par la cavalerie qui sortit brusquement du bois, et furent sabrées ou prises.

« Grâce à un renfort de deux nouvelles escouades, la cavalerie fut obligée de se retirer en abandonnant ses blessés. La compagnie se retira ensuite dans les retranchements.

« Tout le bataillon se trouvait alors dans la tranchée; l'artillerie ennemie vint se placer à environ 1200 m. et ouvrit son feu sur les retranchements.

« Le bataillon n'éprouva que peu de pertes, et son feu, bien dirigé, força l'artillerie ennemie de reculer jusqu'à 2000 mètres.

« A environ 200 mètres des retranchements, se trouvait le cimetière de Dury, défendu par le lieutenant Kotzuski, lequel, pendant près de vingt minutes, fit faire des feux de peloton sur l'artillerie prussienne et des colonnes d'infanterie qui voulaient aborder les tranchées. Nos feux, envoyés à bonne portée, forcèrent l'infanterie à gagner le village à la débandade.

« A 3 heures de l'après-midi, une batterie d'artillerie vint s'établir sur la route, au centre du bataillon, pour répondre à l'artillerie ennemie. Les feux durèrent jusqu'à cinq heures; notre batterie fut tellement maltraitée qu'à un moment, les chasseurs durent faire le service de canonniers. Le capitaine adjudant-major, M. de Boisguyon, y fut tué.

« A la tombée de la nuit, le feu cessa des deux côtés et on s'occupa à reconstruire les ouvrages détruits par le tir ennemi.

« A 5 heures du matin, le bataillon reçut l'ordre de se replier par la route de Doullens, pour se diriger sur Arras, où il arriva le 30 novembre. »

Passons maintenant au combat sur la ligne même des tranchées. Une intéressante lettre de l'aide de camp du général Paulze d'Ivoy, le capitaine de Thannberg, du 8ᵉ dragons, va nous en donner un aperçu des plus pittoresques et des plus mouvementés.

Rappelons d'abord que, depuis l'arrivée du général Paulze d'Ivoy, la ville d'Amiens avait fait de grands efforts et dépensé beaucoup d'argent pour habiller, baraquer ses troupes, et établir quelques petits ouvrages; que pourtant nos mobiles étaient encore fort mal pourvus, les épaulements, surtout à droite, à peine finis et les pièces de position sans munitions prêtes sous la main.

« C'est dans cet état, lisons-nous dans la lettre du comte de Thannberg, datée du 29 novembre, surlendemain de la bataille, c'est dans cet état que dimanche 27, à 11 heures, notre 2ᵉ bataillon de chasseurs était attaqué en avant de Dury, et se repliait derrière les petites tranchées.

« Venus en voiture, nous arrivions retrouver nos dadas juste pour les premiers coups de feu, et c'est en gravissant la dernière hauteur, que les 2 premiers blessés apparaissaient.

« Vite, il a fallu inspecter toute la ligne de gauche (de Dury à Saint-Acheul et Pont-de-Metz).

« La première était la plus menacée; ordre de la garnir de troupes. Au retour, les obus faisaient déjà caracoler nos chevaux. Le général et moi mîmes pied à terre pour parer au plus pressé, répartir quelques hommes des chasseurs, du 43ᵉ, de la marine, entre les moblots armés de leurs absurdes tabatières qui ratent les trois quarts du temps et n'ont pas de portée.

« Les uhlans avançaient leurs lignes de tirailleurs, très bien posés et soutenus par une compagnie cachée dans les herbes. Une batterie s'établissait en avant du village et sur la lisière du bois de Dury; nous, pas une gargousse, juge *quelle situation !!!*

« On s'est canardé jusqu'à 1 h. 1/2 sans trop de pertes, parce que les obus passaient au-dessus de nous et tombaient un peu loin.

« A ce moment-là, M. Meusnier, lieutenant de vaisseau qui venait de débarquer à la gare d'Amiens, accourut, sous sa propre inspiration, avec la batterie mixte de 12, rayée, servie par des marins sous son commandement. Alors quelques trains embarrassent leurs roues dans les arbres, le long des fossés en voulant tourner de la route sur le terrain derrière nos épaulements: frayeur des chevaux, vu le tapage des batteries ennemies et confusion pendant laquelle le tas, avec ses attelages blancs, sert de point de mire à l'ennemi. Enfin ces rudes chevaux traversent les fossés tant bien que mal et les 6 pièces de 12 viennent prendre position, assez près les unes des autres, à gauche de la route de Dury.

« Mais là, les Prussiens s'évertuent à tout démonter et je m'égosille pour que, les caissons une fois en place, les chevaux se rabattent sur la ville.

« Par bonheur, les marins ne se déconcertent pas pour si peu et pointent à ravir. La batterie de 12 perd tous les servants d'une pièce, a des affûts démontés, mais continue quand même.

« Les ouvrages n'avaient même pas d'embrasures ; *il fallait en percer par les premières décharges*. Je te citerai la conduite splendide du lieutenant Meusnier, qui, blessé à trois places différentes, continua de servir une pièce jusqu'à ce qu'un boulet vînt lui couper les reins.

« Il était venu me remettre sa sacoche avec cinq mille francs, sa gourde ; je lui avais fait prendre un peu de vin d'Espagne, mais il pâlissait déjà, et c'est après avoir abîmé un état-major prussien, qu'il est tombé comme un héros.

« Nous n'avions pas assez de monde ; il a fallu que ces braves de Toulon et de Brest, du bâtiment l'*Aveyron*, vinssent servir tantôt une pièce, tantôt l'autre, de sorte qu'un tir très irrégulier (et cela d'autant plus que nous n'avions que 72 coups par pièce de 12) répondait fort mal à leurs salves rapides et d'extrême précision.

« Vers 3 heures 1/2, 4 pièces de 4 rayées de la garde nationale (notre aile droite) ont été amenées par elle sur le terrain... Trois obus allemands démolissaient immédiatement 4 chevaux, un caisson et un conducteur, tout cela haché.... N'empêche qu'elle a fait bonne contenance.

« .... La nuit venue et après avoir reçu 2.000 obus, nous gardions nos positions.

« Le général a été superbe de bravoure et d'entrain, riant tout le temps, blaguant avec les hommes pour les empêcher de se laisser abattre, relevant la tête des mobiles, se promenant d'un bout à l'autre. Il ne voulait pas me laisser le suivre et se fâchait de ma désobéissance.

« J'ai traversé trois fois, pour porter des ordres, la ligne des batteries et la route où les arbres étaient tous cassés, je t'assure que je ne flânais pas. Il m'a embrassé le soir, j'étais ému jusqu'aux larmes. Il a bien voulu dire à la Préfecture et à la subdivision qu'il était content de moi et écrire à son fils, aujourd'hui, que j'étais maintenant *son second enfant*. Juge si je suis heureux!... »

Voyons à présent à l'œuvre nos braves canonniers.

2ᵉ Batterie mixte. — Après la mort de l'héroïque commandant Meusnier, c'est le lieutenant de vaisseau Gaigneau d'Etiolles qui a pris le commandement de la 2ᵉ batterie mixte :

« 42 marins, écrira-t-il un peu plus tard, ont été touchés sur un effectif de 73 combattants, ce jour-là; un adjudant d'artillerie, adjoint à la batterie, a été tué.

« 10 marins sont restés sur le champ de bataille :

Rovrach, quartier-maître canonnier.	Girard, matelot.
Jarnic —	Lebourhis, —
Rozier, matelot.	Gobert, —
Tanguy, —	Voyas, —
	Caubert, —

« Parmi les marins blessés, une dizaine sont morts des suites; mais je n'ai pas ici les listes nécessaires pour les retrouver.

« Les matelots de Bertrand, qui servaient les 2 pièces de 4 à la gauche, et les matelots de Roland, qui servaient les 2 pièces de 4 à la droite, doivent, avec les miens restés sur place à Dury, faire une trentaine de morts; donc : 2 lieutenants de vaisseau et 30 marins.

Marins. — Compagnie Rolland. — Voici le rapport officiel du lieutenant de vaisseau Rolland, commandant la 1ʳᵉ compagnie du 3ᵉ bataillon de marins.

« Mon Général,

« J'ai l'honneur de vous adresser un rapport sur l'action engagée du côté des ouvrages avancés d'Amiens, dans la journée du 27 novembre dernier.

« D'après votre ordre reçu vers midi, je me suis porté, avec ma compagnie, sur la route de Dury, pendant que mon lieutenant, M. Jacquemier, enseigne de vaisseau, se rendait sur la place Longueville, pour aller prendre la batterie de 4 appartenant à la garde nationale de la ville.

« A mon arrivée aux ouvrages, l'action étant déjà engagée, je fis placer mes hommes derrière les parapets, aucune pièce d'artillerie n'étant disponible.

« Vers une heure, 2 pièces de 4 arrivèrent sous la conduite d'un lieutenant de la garde nationale mobilisée ; je les fis placer ensuite à droite de la route. En peu d'instants une des pièces eut 3 chefs de pièce tués, un 4ᵉ blessé grièvement. Ce sont les nommés :

Renaudot, Jeuilly, Le Crosnier, tués.

Fautrat, blessé.

« Le quartier-maître Pichon, pointant une des pièces, démonta successivement deux canons prussiens.

Pendant le même temps, 2 autres pièces de 4 arrivèrent à gauche de la route de Dury, en débouchant par celle de Saint-Fuscien. Elles continuèrent leur feu pendant tout le temps de l'action.

« En résumé, mon général, sur les 4 pièces servies par mes hommes, j'ai eu 3 d'entre elles fortement avariées, 2 caissons démontés et 5 chevaux tués. Un conducteur appartenant à la garde nationale a été tué ; trois pointeurs ont été tués, un 4e blessé grièvement et j'ai eu, en outre, une vingtaine de blessés plus ou moins sérieusement.

« Je me permettrai en outre, mon général, de vous signaler les personnes qui se sont particulièrement distinguées.

« Le lieutenant de vaisseau Bertrand, dont la compagnie se trouvait dans une position moins menacée, est venu volontairement diriger le feu des pièces de 4. Il a été assez grièvement blessé à la jambe, après avoir dirigé le feu avec une énergie et un sang-froid remarquables.

« M. Jacquemier, enseigne de vaisseau, lieutenant de ma compagnie, a eu un cheval tué pendant qu'il le tenait par la bride ; la voiture qu'il conduisait a été brisée complètement. Cet officier a fait preuve d'une bravoure peu commune et son calme, son énergie et son sang-froid ne se sont jamais démentis.

« Le matelot Laluque, quoique malade, a pointé une pièce pendant tout le temps de l'action, avec beaucoup de calme et de précision.

« Je termine, mon général, en disant que la conduite de mes hommes a été digne de tous les éloges, et qu'ils ne demandent qu'à mériter de nouveau les appréciations bienveillantes dont vous avez bien voulu les récompenser.

Signé : « ROLLAND. »

Transporté à l'hôpital d'Amiens, le lieutenant de vaisseau Bertrand ne voulut pas y demeurer lors de l'entrée des Prussiens. Il exigea, malgré les supplications du médecin et des sœurs qui le soignaient, qu'on l'évacuât.

Le 28 à 6 h. du matin, on l'embarqua pour Abbeville ; il mourut en y arrivant.

Cet autre rapport va nous donner des détails sur le combat soutenu par les pièces des mobilisés d'Amiens et sur la conduite héroïque du lieutenant Chantegreil.

D'après l'ordre du général Paulze d'Ivoy, les trois sections de la 1re batterie de 4 de la garde nationale mobilisée de la Somme, se portent successivement en ligne, aux retranchements, pour coopérer à la défense.

La section du centre, sous les ordres du lieutenant Chantegreil, ancien sous-officier d'artillerie de l'armée, arrive vers une heure aux retranchements de Dury.

Les deux pièces de la section remplacent, l'une sur la route de Dury, l'autre à la droite de cette route, une pièce de 12 lisse et un obusier de 16 qui n'ont plus de munitions.

Lieutenant Chantegreil. — La pièce de la route est d'abord seule en batterie, et son feu des plus vifs. En moins de 25 minutes, 40 coups sont tirés. Le lieutenant Chantegreil se multiplie; tout à l'heure il manœuvrait l'écouvillon, à présent il remplace le pointeur blessé.

Il confie ensuite la pièce de gauche à un sous-officier et fait mettre en batterie celle de droite qui commence aussitôt à tirer à son tour. Jusqu'à 3 heures, malgré l'intensité de la riposte des Prussiens, nous n'avons pas de blessés, mais à cette heure-là un obus éclate dans la batterie et jette sur le carreau les 4 servants et le lieutenant Chantegreil. Seul des cinq, l'officier se relève, il est sérieusement blessé à la tête et perd beaucoup de sang; il n'en continue pas moins le feu, grâce à des chasseurs qui sont venus se mettre à sa disposition et s'improvisent artilleurs.

A ce moment, arrive le général Paulze d'Ivoy; il ordonne au brave lieutenant d'aller se faire panser, mais celui-ci refuse. De 3 heures 1/4 à 4 heures 1/2, les servants sont enlevés trois fois à la pièce de droite, tandis que la pièce de gauche, très bien abritée, n'a perdu personne. Pendant ce temps-là, le lieutenant Chantegreil a reçu un deuxième éclat à la tête et une balle à l'oreille droite; il n'en conserve pas moins son poste de combat jusqu'à ce que la retraite ait été ordonnée.

Dans les tranchées se trouvaient plusieurs bataillons de mobiles et de mobilisés. Comme le feu des Prussiens était exclusivement dirigé sur nos pièces, ils eurent peu ou point à souffrir. Une chose dont il faut tenir compte à ces troupes qui entendaient le fracas des projectiles pour la première fois, c'est leur bonne attitude. Tous les témoignages s'accordent à leur rendre ce témoignage.

Donnons quelques détails sur ces bataillons.

Mobiles du Gard. — « Le 2e bataillon du Gard a été formé

à Nîmes le 20 août 1870. Dirigé d'abord sur Brest, il est envoyé ensuite à Abbeville et se trouve le 12 novembre réuni, à Amiens, au 3ᵉ bataillon.

Celui-ci a été formé à Uzès, le 21 août. Il est acheminé en premier lieu sur Landerneau, d'où il est envoyé à Péronne, pour prendre part à la mise en état de défense de la place. Le 12 novembre, il forme avec le 2ᵉ bataillon (Nîmes) le 44ᵉ régiment de mobiles, commandé par le lieutenant-colonel Saignemorte.

« Le 27 novembre, le régiment occupait les postes avancés et retranchés établis sur les routes de Beauvais et de Rouen. Le 2ᵉ bataillon était à l'extrême droite. Venait ensuite le 3ᵉ bataillon, qui avait à sa gauche le 3ᵉ bataillon de la Marne (mobiles). Les troupes étaient ainsi réparties jusqu'à Saint-Fuscien dernier point à gauche où étaient établis des retranchements.

« La résistance fut opiniâtre, surtout à Dury, où les pertes furent considérables du côté de l'ennemi.

« Le combat, commencé à 8 heures du matin, dura jusqu'à 4 heures de l'après-midi. »

Le colonel Saignemorte constate que le régiment n'a éprouvé aucune perte.

Mobiles de la Marne, 3ᵉ bataillon. — Ce bataillon est celui de Reims, que nous avons vu faire ses premières armes à Clermont, vers la fin de septembre.

Le 24 novembre, à Domart, il a eu avec l'ennemi un petit engagement dont il s'est tiré honorablement et où il a eu 3 hommes blessés.

Arrivons au 27 novembre.

« ... Les deux tiers du bataillon, lisons-nous dans la relation officielle du commandant du Hamel, étaient absents du camp vers onze heures, quand on entendit les premiers coups de canon. Un tiers de l'effectif était au travail des tranchées, un tiers était en route pour relever le premier tiers qui travaillait depuis le matin. Du reste, nous savions quelle position nous devions prendre à la première alerte, et nous y allâmes de suite, avec les hommes présents. Ces positions étaient à quelque cent mètres de nos baraques, dans les tranchées, à droite et à gauche de la route d'Amiens à Dury. Sur cette route était une batterie servie par les marins.

« A peine arrivés à notre poste, nous y fûmes rejoints par le bataillon des mobiles de la Somme, et par un bataillon de chasseurs qui devait également se tenir sur ces tranchées, et, au même instant, commença contre nous une canonnade des plus fortes partant du village de Dury. De midi à la tombée de la nuit, nous pouvions compter plus de 10 gros projectiles à la minute passant au-dessus de nos têtes. Plusieurs fois, des colonnes ennemies cherchèrent à s'avancer vers les tranchées, mais une fusillade nourrie, dirigée sur elles dès qu'elles apparaissaient, les forçait à rentrer derrière le village en flammes ou dans le bois situé entre Dury et Saint-Fuscien.

« Evidemment, les Prussiens nous crurent bien plus nombreux que nous ne l'étions en réalité, car si, à droite de la route, les hommes étaient encore assez nombreux, à gauche, entre Dury et Saint-Fuscien, ils étaient à 7 ou 8 mètres l'un de l'autre, surtout pendant la première heure, où nos tirailleurs n'avaient encore pu nous rejoindre...

« La nuit arriva et le bataillon passa la nuit dans la tranchée. Somme toute, nos pertes, grâce à ces petits travaux en terre, avaient été faibles, si on les compare à l'intensité du tir ennemi.

« Le bataillon de la Marne ne dut avoir que 7 hommes tués et 35 blessés, parmi lesquels 1 officier... »

Mobilisés de la Somme. — Quelques mots sont nécessaires ici touchant leur formation.

Quand le commandant supérieur arriva à Amiens, le 4 novembre 1870, la mise sur pied de la garde nationale mobilisée de la Somme n'était encore qu'à l'état d'ébauche très imparfaite.

Elle devait se composer de 9500 hommes et 3 bataillons seulement se trouvaient réunis : le 3e bataillon de la 3e légion (Montdidier), le bataillon de la ville d'Amiens et un bataillon de volontaires. Ce dernier bataillon, à moitié équipé et habillé, n'était armé encore que très incomplètement de carabines Minié, Wilson et Snyders. Il avait été levé facilement, grâce à une solde spéciale de 3 francs par jour. (Rapport du commandant Babouin.)

Quand les Prussiens de Manteuffel commencent à inquiéter les environs d'Amiens, le bataillon de Montdidier est envoyé à Péronne, place qui se trouve le plus directement menacée, et le bataillon des volontaires de la Somme est expédié à Ham, tandis que le bataillon d'Amiens (1er de la 1re légion) est désigné pour rester dans cette ville. On choisit en même temps 200 hommes pour former le noyau de l'artillerie mobilisée du département et servir les pièces de tout calibre dont dispose celui-ci.

« Malheureusement, dit le rapport du commandant Babouin,

les officiers de ces artilleurs improvisés étaient, à peu d'exceptions près, aussi novices que leurs hommes, et, parmi les pièces qu'ils avaient à servir, il s'en trouvait qui, achetées à l'étranger, ne pouvaient être d'aucune utilité, comme deux canons Armstrong arrivés d'Angleterre avec leurs affûts de navire et 3 pièces Withworth de la même provenance, *dont personne ne connaissait la manœuvre et les tables de tir.* »

En outre, les dix pièces restantes n'avaient que le tiers de leurs attelages, peu de munitions et des harnachements déplorables. Le lieutenant-colonel Crouzat, ancien capitaine d'artillerie, s'ingéniait avec beaucoup de zèle à tirer de ces faibles moyens tout le parti possible.

Le 27 novembre, jour de la bataille de Villers-Bretonneux, le bataillon d'Amiens et celui des volontaires de la Somme défendaient, avec 6 bataillons de mobiles, une batterie de marins et l'artillerie mobilisée, les ouvrages élevés en avant d'Amiens.

« L'affaire se borna, dit le commandant Babouin, à une vive canonnade, devant laquelle le bataillon mobilisé, qui voyait le feu pour la première fois, garda l'excellente attitude que sa composition de jeunes gens instruits et d'ouvriers de la ville pouvait d'ailleurs faire prévoir.

« Il en fut de même de l'artillerie mobilisée, qui servit avec entrain les batteries en face de Dury. Les pertes de ces deux corps furent d'ailleurs insignifiantes, et, en dehors de l'excellente attitude qu'elles présentèrent, le seul fait remarquable à noter fut la belle conduite du lieutenant Chantegreil, de l'artillerie mobilisée de la Somme qui, blessé à la tête par un éclat d'obus, n'en resta pas moins à son poste jusqu'à la fin de l'action. »

Les volontaires de la Somme étaient demeurés en réserve.

Le bataillon d'Amiens se retira sur Abbeville, puis sur Boulogne, où les 1re et 2e légions de mobilisés de la Somme se trouvent réunies le 2 décembre, au nombre de 4000 hommes.

Nous retrouverons les mobilisés à Abbeville.

Pour terminer, nous reproduirons le rapport du général Paulze d'Ivoy, daté de Lens, 3 décembre, dans lequel il demande au commandant en chef des récompenses pour les combattants qui se sont distingués sous ses ordres.

..... « Je dois placer avant tout autre M. le lieutenant de vaisseau Meusnier, qui a fait l'admiration générale, par une bravoure hors ligne, servant encore avec trois blessures une pièce de 12 de sa batterie, et succombant enfin coupé par un obus.

« M. Gaigneau, enseigne de vaisseau, qui a pris et soutenu très bravement la rude tâche de remplacer son capitaine.

« M. de Kertanguy, enseigne de vaisseau, l'a secondé et s'est montré plein d'élan pendant toute l'action.

« MM. Rolland et Bertrand, lieutenant de vaisseau, ce dernier blessé en servant les pièces de 4.

« M. Jacquemier, enseigne de vaisseau, a fait preuve d'une bravoure peu commune.

Matelots. — « Legat, quartier-maître.

Pichon, quartier-maître, a démonté 2 pièces ennemies.

Tanguy, matelot, jambe emportée.

Brunclet, matelot, jambe emportée.

Lalugue. Bien que malade, a pointé une pièce pendant tout le temps de l'affaire.......

Le commandant Boschis, du 2ᵉ chasseurs à pied, a bien dirigé un bataillon.

Le commandant de Lignières, du 43ᵉ de ligne, même note.

Le capitaine de Thannberg, mon officier d'ordonnance, dont j'ai été forcé, à plusieurs reprises, d'arrêter l'élan.

Les sous-lieutenants Pinot et Marietti, du 8ᵉ dragons, qui portèrent avec entrain des ordres nombreux, et furent bien secondés par deux jeunes gens de la ville d'Amiens, MM. Creton et Sainte-Marie, de la garde nationale à cheval, qui supportèrent bravement le baptême du feu. »

Nous ne saurions passer sous silence, d'autre part, les propositions concernant le 43ᵉ de ligne et l'affaire de Dury.

Elles sont signées du major Fradin de Linières, commandant le régiment, et datées du 2 décembre 1870.

Pour la croix.

MM. de Brouard, capitaine ; Roger, caporal : s'est distingué d'une manière éclatante, à l'affaire de Dury, en allant rechercher, malgré la mitraille, une pièce qui avait été abandonnée, l'a ramenée, l'a mise en batterie et a, par cet exemple, encouragé des volontaires à la servir.

Pour la médaille.

Bourzat, sergent ;
Lécossois, sergent-fourrier ;
Laflèche, sergent ;
Guérineau, sergent ;
Berniaud, sergent-fourrier.

Pour l'avancement.

Lieutenant de Granès ; sous-lieutenants Outhier et Lelièvre ; Virtel, sergent : a fait une action d'éclat et s'est distingué d'une manière éclatante, à l'affaire de Dury sous Amiens, en allant rechercher, malgré la mitraille, une pièce qui avait été abandonnée.

Guilbert, et Humbert, sergents-majors.

Fradin de Linières, sergent. »

Nos lecteurs savent à présent ce que fut le combat de Dury ; nous pouvons passer aux épisodes de la retraite et de l'évacuation d'Amiens...

La retraite. — Nous avons dit que la retraite de l'armée vers le Nord avait été ordonnée par le général Farre, dans la nuit du 27 au 28, à 3 heures du matin.

« Le mouvement commença à 5 heures et demie du matin, à Amiens comme à Corbie, en quatre colonnes ; la 1re, sous les ordres du général Lecointe, se dirigea vers Doullens ; la 2e, conduite par le général Paulze d'Ivoy, suivit la route de Pas. Le général Farre se dirigea directement vers le Nord avec la 3e, tandis que la 4e suivait la route longeant le chemin de fer, par Albert et Achiet. » (Général Faidherbe.)

Les troupes de ligne, à peu près seules, conservèrent l'ordre et la discipline durant cette opération toujours si critique avec de jeunes troupes.

« ... Une partie des gardes mobiles, dit Faidherbe, et il faut l'avouer, quelques-uns de leurs officiers, se débandèrent pour retourner isolément chez eux.

« A Amiens, une circonstance fâcheuse troubla l'ordre à la queue des deux premières colonnes. Des gardes nationaux déchargèrent leurs armes afin de les briser ; ces coups de feu occasionnèrent du désordre parmi les troupes qui recevaient une distribution de cartouches.

« On crut à une attaque et l'escadron de gendarmerie, qui devait faire l'arrière-garde, partit au galop, et coupa la colonne. Cet incident regrettable fut cause de la perte d'une ligne de caissons vides et d'une certaine quantité de cartouches qui furent noyées, mesure nécessaire ; car une partie de troupes ennemies étaient armées de fusils Chassepot.

« Néanmoins, le colonel Crouzat, de l'armée auxiliaire, commandant l'artillerie de la garde nationale, réussit à emmener vers Abbeville et Montreuil la majeure partie des pièces appartenant à la ville ou au département. La ville d'Amiens fut donc évacuée presque sans pertes. On laissait une garnison dans la citadelle. »

Enfants d'Amiens. — C'est avec grand plaisir que nous plaçons ici cet autre extrait du rapport du brave commandant Babouin adressé au général Paulze d'Ivoy.

« ... Ce qui mérite le plus d'éloges, c'est assurément l'attitude qu'offrit le lendemain (28 décembre) le 1er bataillon de la première légion.

« Ce bataillon, composé entièrement d'enfants d'Amiens, n'était pas caserné ; il y avait à craindre qu'en présence de l'impunité que leur assurait l'occupation imminente de la ville par l'ennemi, un grand nombre de gardes n'oubliassent leur devoir. Or, le lendemain à 5 heures du matin, sur un effectif de plus de 850, *33 hommes seulement manquaient à l'appel* de ce brave bataillon. »

A la citadelle.

L'armement de la citadelle d'Amiens consistait en 22 pièces lisses de différents calibres. Ces canons avaient pour les servir 130 artilleurs de la 1re batterie de la mobile de la Somme, sous les ordres du commandant Voirhaye. La garnison d'infanterie comptait 360 hommes environ, comprenant 3 compagnies des mobiles du Nord (1e, 2e et 7e compagnies du 10e bataillon). « Dès le premier jour, 50 hommes de la garnison désertèrent[1]. »

Dans la matinée du 28, la municipalité d'Amiens envoie au capitaine Vogel, officier de l'état-major des places, et commandant de la citadelle, des délégués pour savoir quelles sont ses vues et ses intentions. Sur la prière qui lui en est faite, il consent à promettre qu'il se bornera à la défensive, la citadelle étant largement approvisionnée en vue d'un siège.

Vers midi, ce sont les Prussiens qui s'approchent à leur tour, précédés de trompettes et demandant à parlementer.

Vogel se rend auprès des officiers allemands. Sommé de se rendre, il répond que « même avec les conditions avantageuses promises, la citadelle ne se rendrait pas, mais qu'il ne prendrait pas l'initiative des hostilités. » (Gén. Faidherbe.)

Une parenthèse. Nous avons eu l'honneur de connaître personnellement, le capitaine Vogel, alors que notre régiment occupait la citadelle d'Amiens quelque temps avant la guerre.

Cet Alsacien blond, resté svelte et d'apparence jeune dans sa

---

1. Rapport du conseil d'enquête sur les capitulations.

redingote à revers écarlates, toujours étroitement boutonnée, faisait un absolu contraste avec le type si connu jadis de l'ancien officier de place, du *vert-de-gris* hargneux, redouté et haï des sentinelles et des chefs de poste. Le *commandant Vaujelle*, comme nos hommes l'appelaient, en prononçant son nom à la française, était, au contraire, quoiqu'il fût strict dans le service, aimé de tout le monde. Mais reprenons notre récit.

Le soir du même jour, 28 novembre, un autre parlementaire allemand se présente, apportant une lettre insidieuse et flatteuse au capitaine Vogel : la résistance est impossible, l'armée française a fui au loin, l'honneur est largement sauf, etc..... Notre brave officier ne se laisse pas prendre à cet artifice, il fait encore la même réponse : il ne se rendra pas.

Pendant la nuit du 28 au 29, l'ennemi ne reste pas inactif, il se met à créneler toits et murailles dans les maisons de la ville ayant des vues sur les remparts. Fort de ce qu'il croit une menace capable d'intimider l'intrépide commandant, il risque un troisième parlementaire ; mais celui-ci n'a pas plus de succès que les deux premiers. Cet envoyé annonce alors, en prenant congé, que le feu va commencer.

Au bout d'un instant, en effet, la fusillade crépite, dirigée des maisons de la ville.

Mais, dans la citadelle, le rappel a battu et tout le monde, artilleurs et mobiles, est à son poste, répondant avec vigueur et par le fusil et par le canon.

Vogel est précisément un de ces hommes froids et calmes dans la vie ordinaire, que l'action réveille et à qui le fracas de la poudre et le sifflement des projectiles semblent donner tous leurs moyens.

Il parcourt le rempart, se montrant là où son devoir veut qu'il aille, sans aucun souci des balles qui lui sifflent aux oreilles. Un bon chef doit montrer l'exemple de la bravoure, il le donne sans compter.

Un peu après midi, il arrive au bastion 5 où doit se terminer cette périlleuse visite. « Ne tirez plus sur la ville, dit-il au maréchal des logis chef Savary, puisque les Prussiens ne répondent plus. »

— C'est vrai, mon commandant, qu'ils ne tirent plus pour le moment, mais ils sont là derrière ce bureau d'octroi qui nous fait face, et aussitôt que quelqu'un se montre ils ne nous ratent pas. Je voulais démolir ce bureau.

— Ah ! c'est différent, dit alors le commandant et il s'approcha de l'embrasure pour se rendre compte par lui-même de l'obstacle à détruire. Il ne fut pas plutôt aperçu par l'ennemi qu'une balle, pénétrant par l'embrasure, le frappa au flanc droit et lui traversa le corps. Il tomba mortellement blessé.

Avec lui, disparaissait l'âme de la défense.

Le commandement échut au commandant le plus ancien de la mobile, celui de l'artillerie, et le combat continua jusqu'à la tombée de la nuit, où l'ennemi se retira. Nulle attaque ne vint troubler la soirée et la nuit suivante.

Mais la reddition n'en fut pas moins décidée pendant cette nuit.

«Vers minuit», lisons-nous dans le récit du général Faidherbe, « et alors que personne ne s'y attendait, le médecin et le vicaire représentèrent au commandant et aux chefs de corps qu'une lutte plus longue était devenue impossible, le commandant de la citadelle ayant été tué et les artilleurs de la mobile, tous enfants d'Amiens, se trouvant dans la situation pénible d'être obligés pour se défendre, de diriger leur feu sur leurs propres demeures. Un conseil de guerre fut réuni, et il fut décidé d'entrer en pourparlers.

« Le commandant fit alors planter un drapeau blanc sur les bastions 1 et 5 et, ces dispositions prises, attendit l'arrivée du jour. »

Comme nous avons autre chose à faire que nous attarder aux détails d'une capitulation, disons qu'à 7 heures les officiers prussiens se présentaient et qu'à 8, la citadelle était rendue au général von Gœben, et sa garnison prisonnière de guerre.

Le général accordait aux officiers, parce qu'ils avaient résisté à trois sommations et ouvert les portes de la citadelle dans un but d'humanité pour les habitants d'Amiens, « de garder leurs armes, chevaux et tout ce qui leur appartenait personnellement ».

Ajoutons, pour en finir, que le conseil d'enquête sur les capitulations, réuni après la guerre, sous la présidence du maréchal Baraguay-d'Hilliers, a déchargé les mobiles amiénois de toute responsabilité, tandis qu'il a formulé contre le capitaine Vogel, un blâme sévère, ainsi motivé :

. . . .

« Le commandant de place, capitaine Vogel, sur la demande que lui fit la municipalité de ménager la ville, s'engagea à ne pas tirer sur l'ennemi, si celui-ci ne l'attaquait pas.

« Une telle détermination mérite le blâme le plus sévère, car l'ennemi en profita pour élever des batteries et placer des tirailleurs sur tous les points qui avaient vue sur la citadelle, et quand, le 29, il ouvrit le feu, ces tirailleurs entravèrent beaucoup la défense. »

En ce qui concerne les mobiles et leur chef :

« Cet officier (le commandant Woirhaye), agissant avec la même faiblesse que son prédécesseur, empêcha de tirer sur la ville, dans la crainte de faire des victimes et de nuire à la population.....

« Le conseil est d'avis que le commandant Woirhaye, ayant été investi du commandement dans des circonstances très difficiles et qu'il ne dépendait plus de lui de modifier, ne saurait être rendu responsable de la perte de la citadelle d'Amiens. »

Cette responsabilité, il l'a fait porter en grande partie sur le général en chef (Farre), qui aurait dû laisser dans la citadelle une garnison suffisante pour en assurer la garde.

« Si on peut demander, dit-il, à des hommes de grands sacrifices pour défendre la ville qu'ils habitent, on ne peut exiger d'eux la ruine de leur famille et de leurs propres foyers. »

Quelles que soient la valeur de cette dernière théorie, et l'autorité qu'elle emprunte au conseil qui l'a émise, opposons-lui le trait suivant, qui nous reporte à une des plus belles époques de l'héroïsme dans nos armées, à l'an II de la République une et indivisible.

Nous laissons la parole à M. Sohier qui était maire dans la localité où s'est passé le fait.

« Le général Ferrand était propriétaire de l'ancien château féodal de la commune d'Houdain. Par sa grandeur et sa construction, il aurait pu devenir un poste dangereux, si les ennemis, qui déjà envahissaient le pays, s'en étaient emparés.

« Le général, commandé pour la défense de Valenciennes, ne voulant pas que son château pût servir d'asile aux Autrichiens, *ordonna à un détachement de ses troupes d'aller le brûler.* Le château fut complètement détruit [1]. »

Voilà un exemple de désintéressement et de dévouement patriotique tout à fait digne d'être cité aux jeunes gens de nos écoles, qui seront nos soldats, nos artilleurs de demain.

Vous objecterez peut-être que le général Ferrand, quand il faisait détruire son château, ne risquait pas du moins d'attenter à la vie des siens, ce qui était le cas, au contraire, pour les canonniers amiénois. Mais alors et quoique l'on ne puisse guère exiger des soldats qu'ils soient tous des héros, nous vous rappellerons la belle parole prononcée par le maréchal Fabert et

---

1. Il s'agit du général Ferrand de la Caussade, qui avait 58 ans alors, étant né en 1736. Plus tard, à l'armée de Sambre-et-Meuse, son général en chef Jourdan lui donnera les notes suivantes : « Soldat au régiment de Brie en 1765, a passé par tous les grades et fait toute cette guerre. Bon officier, un peu cassé ; *excellent pour un commandement de place importante.* »

fixée sur le socle de sa statue, à Metz; elle non plus ne saurait être trop connue :

« Si, pour empêcher qu'une place
que le Roi m'a confiée
ne tombât au pouvoir de l'ennemi,
il fallait mettre à la brèche
ma personne, ma famille et tout mon bien
je ne balancerais pas un moment à le faire. »

Le monument de Dury. — Au bord de la route de Paris, à 4 kilomètres d'Amiens, et à quelques centaines de mètres en deçà de Dury, se voit le monument élevé en commémoration de la bataille du 27 novembre.

Un socle quadrangulaire qui disparait perpétuellement sous un amoncellement de couronnes, supporte un obélisque couvert d'inscriptions sur trois de ses côtés.

Sur la face est, tournée vers la route, on lit :

La
garde
nationale
d'Amiens
à
la mémoire
des
braves soldats
français
morts glorieusement
pour la défense
de la
Patrie.

Sur la face nord :

Marins
de
Brest
2ᵉ batterie
(mixte) de 12.
Le lieutenant
de vaisseau
Meusnier
commandant
la batterie
pointa lui-même
les pièces jusqu'à
sa troisième et
dernière blessure.
Son adjudant
et 10
sous-officiers
furent tués
près de lui.

Sur la face ouest :

17^e
bataillon
de
chasseurs
à pied
2e de marche.
Le capitaine
adjudant-major
vicomte de
Boisguyon,
le caporal-fourrier
Deguise
et 22 chasseurs
furent tués.

43^e
régiment
de ligne
3 hommes tués.

Laissons, pour l'instant, notre petite armée se diriger vers les places du Nord où elle va se refaire et se compléter sous son nouveau chef le général Faidherbe. Nous ne tarderons pas à lui revenir, pour la montrer enlevant Ham par surprise et luttant vaillamment à Pont-Noyelles.

Pour le moment, retournons en Normandie, où les Prussiens ont continué leurs jeux favoris, le pillage, l'incendie et le massacre. C'est de ce côté d'ailleurs que ceux de Manteuffel vont se diriger en quittant Amiens, avec Rouen pour objectif.

Notre devoir est de les suivre à la piste dans leur chemin toujours semé de honteuses sauvageries; quelque pénible que soit cette tâche, pour nos lecteurs et pour nous-même, nous la remplirons jusqu'au bout.

Il faut courir sus avant tout à la fausse, stupide et pernicieuse *légende du bon Prussien*.

A la ferme Campigny. — Les Prussiens s'acharnent sur le corps du fermier, après l'avoir percé de plusieurs balles et criblé de coups de baïonnette un instant avant, déjà en présence de sa fille.

CHAPITRE IX

Massacres à Guitry, Hébécourt, etc... Nuit d'Etrépagny

Comme entrée de jeu. — A la ferme Campigny. — L'adjoint et sa fille. — Bien Allemand. — Incendie, vol et massacre. — Toute la lyre! — Perle à enchâsser. — « Pas d'honneur en France. » — A Hébécourt. — Le calvaire d'un prêtre. — La nuit d'Etrépagny. — Saxons en ripaille. — Mobilisation de pianos. — Au camp français. — Les 3 colonnes. — Au centre. — La surprise. — Le patriote Lecouturier. — La méprise. — Capitaine Chrysostome. — Le mur du jardin Belhoste. — Au lever du soleil. — Un beau carnage. — Lieutenant Marsaa. — Dieu te guérisse! — La colonne de droite aux Thilliers. — Affaire peu reluisante. — Le général Briand à Gambetta. — La vengeance. — Etrépagny brûle. — Le comble de la vilenie. — 76ᵉ de marche. — Mobiles du Havre. — Loire-Inférieure. — 2ᵉ batterie du 10ᵉ. — Colonne de gauche. — A Saint-Denis-le-Ferment. — Une marche vigoureuse. — Postes prussiens enlevés. — A Trye-Château. — Vaine attente. — Deux croix. — Le monument du souvenir. — Des vers de Soulary. — Le psaume du roi Guillaume.

COMME ENTRÉE DE JEU. — Le 7 novembre 1870, la garnison prussienne de Gisors et celle de Magny-en-Vexin, exécutent une reconnaissance combinée sur les Andelys, pour se rendre un compte exact des forces françaises qui se trouvent dans la région.

La première colonne prend la route départementale qui passe par Mouflaines, la seconde se dirige par Tourny et Fontenay.

« A six heures du matin, dit le sous-préfet des Andelys, la 1ʳᵉ colonne était à Mouflaines qu'elle pillait en passant ; la seconde à Fontenay, où elle s'occupait à défoncer les tonneaux du château de Beauregard, appartenant à Mme de Laborde. Tout à coup, une avant-garde de uhlans fut accueillie, aux bois de la Couarde, par une décharge de la contre-guérilla rouennaise..... »

Cette troupe, c'est guérilla et non contre-guérilla, qu'il faut lire, était postée dans les bois situés entre Mouflaines, Forêt-la-Folie et Guitry.

Cependant les Prussiens se sont portés en hâte vers le lieu de cette attaque. « Dans les villages on les laisse passer; pas un coup de fusil ne leur est tiré. Mais, dans les bois, une décharge générale leur fait éprouver des pertes assez sérieuses. » (Ch. Dehais.) Toutefois, devant le nombre des Allemands, les francs-tireurs rouennais et les gardes nationaux de Forêt-la-Folie qui sont avec eux, se retirent vivement en escaladant les murs et les haies pour ne pas tomber au pouvoir des Prussiens.

Ici, il faut reproduire intégralement le récit du sous-préfet des Andelys qui écrivit au lendemain même de la guerre, ayant à sa disposition tous les éléments nécessaires pour bien connaître des faits.

« Les Prussiens ont vu plusieurs francs-tireurs escalader les murs de la ferme de M. Campigny, adjoint au maire. Ils s'y précipitent, frappent à la porte avec violence et menacent de l'enfoncer. M. Campigny était alors seul dans sa maison, avec sa fille, Mme Armand Flichy.

Le malheureux, ignorant la présence des francs-tireurs autour de sa ferme, terrifié par le bombardement qui semble dirigé surtout sur les bâtiments de son exploitation, ouvre sa grande porte. Aussitôt, et avant qu'il puisse faire un pas en arrière, vingt baïonnettes se croisent sur sa poitrine, et les cris « A mort! à mort! » se font entendre. Cinq balles l'atteignent en pleine poitrine. Il respirait encore, ses meurtriers l'achèvent à coups de baïonnette. Baigné dans son sang, il se débat quelques instants dans les dernières convulsions de l'agonie, et meurt sous les yeux de sa fille éplorée.

« En vain, Mme Flichy, à demi morte elle-même de douleur et d'effroi, implore la pitié de ces forcenés. Ils la relèvent brutalement et, la poussant devant eux, la contraignent à les guider dans tous les bâtiments de la ferme.

Bien allemand. — « Exaspérés de l'inutilité de leurs recherches, ils reviennent auprès du corps de M. Campigny, traînant toujours avec eux la malheureuse fille, et *s'acharnent sur le mort* avec une rage infernale.

« Ils tournent et retournent le cadavre déjà froid, et le criblent de balles! les deux bras sont brisés, le crâne emporté. Puis, selon l'usage allemand, après l'assassinat, le vol : ils fouillent leur victime et s'emparent d'un agenda contenant 750 fr. en billets de banque. Trois meules de grain brûlaient tout près de là, et l'incendie éclairait cette scène sauvage.

Le garde Lainé. — « Après M. Campigny, M. Lainé : les Prussiens l'arrachèrent de son foyer pour le fusiller sur le seuil de sa porte. Celui-là, garde des bois où les francs-tireurs avaient surpris l'ennemi, avait fait le coup de feu sur les envahisseurs. Il mourut en brave pour la patrie. »

L'abbé Degenetay, curé de Forêt-la-Folie a montré, pendant ces scènes de sauvagerie, beaucoup de charité et de courage, en s'attachant aux pas des officiers allemands, malgré toutes sortes de mauvais traitements, pour les supplier en faveur de ses paroissiens.

A Guitry. — Reprenons le récit de M. Ch. Dehais.

« M. le curé de Guitry donna, pendant cette fatale journée, le même exemple de dévouement et de courage. A Forêt-la-Folie, on avait affaire à des Prussiens à jeun ; mais, à Guitry, on vit à l'œuvre des Prussiens ivres.

« On se souvient des soudards qui envahirent et pillèrent la cave du château de Beauregard; on les lâcha sur Guitry. M. le baron Ernouf, auteur d'un récit émouvant de cette triste histoire de l'invasion en Normandie, a décrit avant nous ces scènes odieuses. Il n'a eu que trop de raison de dire, à propos des horreurs commises à Forêt-la-Folie et à Guitry : « Ce ne fut pas là une de ces exécutions opérées *suivant toutes les règles de l'art* (kunstgerecht), dont parle un historien allemand de cette campagne; c'était la guerre à la manière des sauvages. »

« Partis de Fontenay, ivres et furieux, les Prussiens arrivent à Guitry en criant : Capout! capout! vingt de ces brutes se jettent sur M. Besnard, aujourd'hui (1872) député à l'Assemblée nationale, qui se trouvait dans sa ferme, et veulent le mettre à mort. On a, disent-ils, tiré sur eux d'un pavillon inhabité où ils le conduisent en le maltraitant.

PERLE A ENCHASSER. — « Ils n'y trouvent personne ; mais la rage et le vin troublent à ce point tous les cerveaux, que les officiers qui se tenaient prudemment en dehors du village, entendant les coups de fusil de leurs propres soldats, s'imaginent qu'on tire sur eux. Ils ne se connaissent plus. En vain M. Besnard leur jure sur l'honneur qu'on n'a pas tiré de Guitry sur leurs troupes : « Il n'y a pas d'honneur en France », répondent les honnêtes suppôts de l'honorable M. de Bismark, et ils donnent l'ordre, immédiatement exécuté, d'incendier la ferme de M. Besnard. »

Dans la bouche des Prussiens : « Il n'y a pas d'honneur en France » était réellement trouvé, n'est-il pas vrai? — C'est un mot qui mériterait évidemment de passer à la postérité, une véritable perle. Mais, voyons, avec M. Ch. Dehais, ce que vont faire à Guitry, ces raffinés d'honneur.

« ..... Voici comment ces chevaliers sans peur et sans reproche traitèrent une population innocente : ils mettent le feu aux écuries, aux étables, aux bergeries de M. Besnard, à sa maison même ; sous ses yeux et malgré ses énergiques protestations, ils fusillent deux malheureux charretiers, François Tréguier et Georgelin, qui, au bruit de la fusillade, avaient quitté leurs chevaux pour rentrer dans le village ; Désiré Cauchois, qui revenait également des champs, reçoit une balle qui lui traverse le cœur et l'étend raide mort; Jouan est frappé de la même manière ; Gossent père et Lamourette traversaient une cour pour rentrer chez eux: les Prussiens les aperçoivent et les assomment à coups de crosse ; ils fouillent les maisons: dans l'une, ils tuent Léopold Fleury à bout portant; dans une autre, un ouvrier de la sucrerie de Fontenay, Constant Stortz, qui avait passé la nuit à l'usine, se levait au bruit du pillage et de l'incendie : une balle le cloue dans son lit ; ce n'était pas assez : ces furieux mettent le feu à sa maison, sous les yeux de sa femme et de ses parents ; monsieur le curé parvient à arracher aux flammes le malheureux Stortz, qui rend le dernier soupir dans la cour.

« Si tous les habitants de Guitry n'eurent pas le même sort, tous furent menacés et maltraités. Un grand nombre furent frappés à coups de crosse et de plat de sabre, et virent brûler leurs chaumières et leurs récoltes... »

Il faut vous rendre cette justice, Messieurs les Allemands, vous avez largement semé et fait grandement les choses.

M. Ch. Dehais attribue, d'après un témoin oculaire, ce déchaînement de fureur bestiale chez les Prussiens, à ce qu'un de leurs officiers aurait eu le bras cassé par une *chevrotine*, c'est-à-dire un projectile lancé évidemment par une arme de chasse. Cela vient encore à l'appui de ce que nous avons déjà eu tant de fois l'occasion de faire ressortir, que c'était surtout la crainte qui tenait tous ces gens aux entrailles ; et que, si la guerre de francs-tireurs avait été organisée en grand, ils auraient fini, vaincus par ce sentiment de mortelle inquiétude qui ne les quittait jamais, par rentrer chez eux plus vite qu'ils n'étaient venus chez nous.

Autres gaîtés prussiennes. — A Hébécourt. — Le village d'Hébécourt est situé non loin de Gisors, dans la vallée de la Levrière, où passaient souvent des reconnaissances prussiennes.

Le village se partage entre le fond de la vallée où se trouvent l'église et le cimetière et une hauteur de la rive gauche de la rivière.

Le 10 novembre, une petite troupe de 14 francs-tireurs vint s'embusquer dans le chemin de Mainneville qui longe le cimetière, et fit feu vers 11 heures du matin sur des uhlans en reconnaissance ; le chef de ces éclaireurs allemands fut tué.

Ces cavaliers étaient venus au nombre de 7.

« Les 6 survivants, dit M. Ch. Dehais, montent la côte au galop et vont chez le maire, où ils se répandent en menaces qui devaient être bientôt suivies d'exécution. Ils repartent en effet pour Gisors, et reviennent à 3 heures de l'après-midi, avec 400 fantassins, 200 uhlans et 2 pièces de canon.

« L'artillerie couvre la vallée d'une grêle d'obus, tandis que la cavalerie cerne le village et met le feu à toutes les maisons, après s'être fait fournir des allumettes par les habitants.

« Le village de la vallée ne fut bientôt qu'un immense brasier : trois fermes et dix maisons furent détruites. »

L'honorable sous-préfet des Andelys commente ainsi les actes de la barbarie tudesque :

« On ne connaît bien la cruauté prussienne que lorsqu'on a vu cette grande manœuvre de l'incendie s'exécuter froidement et militairement.

« Les pleurs et les cris des femmes et des enfants qui se roulent aux pieds des soldats n'y font rien. Quand la consigne est de brûler, on brûle. Et cette consigne odieuse, les chefs ne la ménagent pas. C'est un des secrets du nouvel art de la guerre, inventé et professé par les de Moltke et les de Roon. Là surtout triomphe le génie allemand. »

Le calvaire d'un prêtre. — Cependant les uhlans ne pouvaient réellement pas s'en retourner sans avoir versé le sang humain. Ils avisent le curé d'Hébécourt, l'abbé Hébert, âgé de 60 ans, et le font prisonnier.

« Les uhlans l'emmènent, dit M. Ch. Dehais, et le forcent à gravir la rampe rapide qui conduit à la partie du village située sur la colline. Ils le piquent de leurs lances, non pour le faire marcher, mais pour le faire courir. Il tombe une première fois, une seconde fois, n'importe ; il faut qu'il se relève et qu'il coure ! A la troisième fois, il tombe pour ne plus se relever, et il meurt dans les bras de ses bourreaux. »

La nuit d'Étrépagny va donner à ces braves une leçon malheureusement trop incomplète.

Étrépagny.

Combat nocturne. — Les Saxons, au nombre de 2,500, qui venaient de remplacer les Prussiens à Gisors, envoyèrent, le 29 novembre, 750 hommes à Étrépagny, où ils couchèrent, pendant que 500 autres cantonnaient aux Thilliers.

Aussitôt arrivés à Étrépagny, dans la soirée du 29, les Saxons du comte de Lippe s'étaient mis à faire bombance, suivant leur habitude. Une de leurs fantaisies avait été, ce jour-là, de mettre en réquisition, afin de chanter et danser à l'aise, tous les pianos que renfermait la petite ville. Puis ils s'étaient installés, pour cuver leur vin, dans trois vastes maisons, par groupes d'environ 200 hommes. Ils n'avaient osé trop s'éparpiller, sans doute, à cause de la proximité de nos troupes. Néanmoins, leurs officiers étaient allés se loger en ville, qui à l'hôtel, qui chez les particuliers.

Cependant, le général Briand, à Fleury-sur-Andelle, assemblait un conseil de guerre où il était décidé qu'on marcherait cette nuit même pour aller surprendre Gisors et trois colonnes étaient formées sur-le-champ.

Celle du centre, commandée par le général Briand en personne, devait marcher par Étrépagny; celle de droite, sous les ordres du lieutenant-colonel de Canecaude, du régiment des mobiles de l'Oise, se dirigerait par les Thilliers-en-Vexin; celle de gauche, ayant à sa tête le colonel Mocquard des Éclaireurs de la Seine, devait tourner Gisors par Hendicourt, Saint-Denis-le-Ferment, Bazincourt, et intercepter, à Trye-Château, la route de Beauvais.

« Toutes les charrettes des cultivateurs, dit l'historien Ch. Dehais, furent requises pour porter nos troupes. Avec quelle joie on vit ce mouvement se décider et s'accomplir! Pendant une nuit, on crut à la délivrance du Vexin. »

Les 3 colonnes. — A la colonne de droite marchaient les 3 bataillons du régiment de l'Oise, la compagnie de marche de Dieppe, les francs-tireurs des Andelys.

A celle de gauche, les tirailleurs Mocquard, les volontaires Rouennais, Elbeuviens et du Nord, les francs-tireurs de l'Orne.

Celle du centre, qui va seule livrer un véritable combat, mérite un peu plus de détails.

On y voyait : le 2ᵉ bataillon de marche, tiré des 41ᵉ et 94ᵉ de ligne, et commandé par le chef de bataillon Rousset;

Un bataillon de mobiles de la Loire-Inférieure;

Un bataillon de mobiles des Hautes-Pyrénées;

Un bataillon de mobiles des Landes;

Trois sections de 4 rayé et deux sections de 12, sous les ordres du commandant Sauvé;

Une réserve était composée du 2ᵉ bataillon de mobiles de la Seine-Inférieure (commandant Rolin) et du 12ᵉ régiment de chasseurs (lieutenant-colonel Laigneau).

Le commandant Rousset et le commandant de mobiles Rolin, ancien officier, inspiraient grande confiance au général Briand.

Il en était de même du brave colonel Laigneau, officier vigoureux ayant derrière lui une longue et glorieuse carrière. Tombé blessé, comme chef d'escadrons au 3ᵉ chasseurs d'Afrique, sur le champ de bataille de Sedan et fait prisonnier par les Prussiens, il était parvenu à s'évader, sous un déguisement, et était venu offrir ses services à Gambetta.

Avec trois officiers de cette trempe, on pouvait espérer que bonne besogne serait faite, et que le lendemain 30 novembre verrait les Français dans Gisors.

Avant de partir d'Ecouis, le général Briand y avait réuni ses chefs de corps, afin de leur donner ses dernières instructions. Rendez-vous était pris, pour les trois colonnes, sous les murs de Gisors, à 5 heures du matin.

Mais, entre cette dernière réunion et l'heure de partir, le général reçut la nouvelle que les Saxons venaient d'occuper, comme il a été dit plus haut, Etrépagny.

Il jugea alors, en bon militaire, qu'il était trop tard pour rien changer dans ses ordres et qu'il valait mieux essayer de passer sur le ventre à MM. les Saxons qui venaient ainsi se mettre en travers de notre voie.

Etrépagny se trouve sur la route de Paris à Rouen par Gisors, dans une vallée que traverse un mince affluent de l'Epte, la Bonde. Un pont de pierre fait communiquer les deux rives du petit cours d'eau.

Nos troupes se sont mises en marche.

Il est minuit environ, quand la colonne du centre arrive au village du Thil. Là, le général Briand, entouré des officiers de son état-major, « harangue sa petite armée » (Ch. Dehais) et prend ses dispositions d'attaque contre Etrépagny.

Dans la petite ville, les Saxons se gardaient si mal, nous dit le sous-préfet des Andelys, « que M. Lecouturier [1], de Fleury-sur-Andelle, qui accompagnait le général Briand en qualité de guide volontaire, put s'avancer seul jusqu'au milieu du bourg, sans rencontrer une sentinelle.

« Sur son rapport, le général Briand se précipita dans la Grande rue, pour gagner en toute hâte l'autre extrémité du village et fermer ainsi à l'ennemi la route de Gisors. Il était ne heure et demie du matin; la nuit était obscure.

« Les habitants, bientôt réveillés par la fusillade, assistèrent au plus affreux spectacle.

« *Les Saxons surpris et terrifiés poussaient des cris effrayants ;* leurs officiers essayaient en vain de les rallier, ils

---

[1]. Huit jours après, pour punir M. Lecouturier de son patriotisme, les Prussiens de Manteuffel, en passant à Fleury-sur-Andelle, incendièrent sa maison.

fuyaient effarés et tombaient en foule sous les balles de nos soldats.

« Cependant le général Briand, suivi des francs-tireurs des Andelys et des soldats de la ligne (commandant Rousset), avait atteint le cimetière, à l'extrémité d'Etrépagny, du côté de Gisors.

« Comme le général l'avait prévu, c'est par là que les Saxons, revenus de leur première terreur, essayèrent de faire retraite. Une colonne de cavalerie parvint à se former dans le village, et, n'osant s'aventurer dans les rues latérales qu'elle connaissait mal, vint heurter de front les troupes françaises. Mais elle ne put forcer le passage. Le carnage fut terrible ; ceux que n'atteignirent pas les balles n'échappèrent pas aux baïonnettes.

Sanglante méprise. — « C'est alors que se produisit une de ces méprises si fréquentes dans les combats de nuit.

« Les soldats de la ligne et les francs-tireurs, qui avaient traversé Etrépagny, revenaient vers le centre du bourg pour le fouiller, les troupes entrées à leur suite les prirent pour des ennemis et déchargèrent sur eux leurs fusils. Le capitaine Chrysostome, de la ligne, tomba mortellement frappé par une balle française. Il expira le lendemain dans les plus cruelles souffrances. C'était un ancien militaire qui avait repris du service par patriotisme, et qui méritait une autre mort.

« La déroute des Saxons continuait. Par malheur, Etrépagny n'ayant pas été cerné, nombre d'entre eux purent fuir par les derrières du bourg, en escaladant les haies et les murs. »

La peur donne des ailes. — « Des officiers, logés chez M. Belhoste, sautèrent avec leurs chevaux un mur de 2^{m}50 de hauteur [1].

« Un de leurs caissons, engagé dans la rue du pont Roch, tomba dans la rivière. Des artilleurs emmenaient un canon ; nos soldats les rencontrèrent devant l'hôtel Avice, tuèrent les conducteurs, et s'emparèrent de la pièce. Un autre canon nous échappa par la route de Gamaches.

« A part la charge de cavalerie que nous avons racontée, et où se distinguèrent MM. Lecouturier, qui fut blessé au

---

[1]. Nous sommes allé voir le mur du jardin Belhoste, et nous devons dire que s'il a environ 2 mètres à 2^{m}20 du côté de la rue, il a sensiblement moins de 2 mètres du côté du jardin, d'où se sont élancés les Prussiens.

doigt, Giguel, capitaine d'état-major, le capitaine de frégate Olry, l'aide de camp, officier de spahis, Du Puch, et Marsaa, lieutenant d'état-major, il n'y eut, à proprement parler, pas de résistance.

« Vers 3 heures du matin, la fusillade était terminée. On fouilla les maisons, on ramassa des prisonniers et la retraite commença...

« Le lendemain, quand le soleil levant éclaira les rues d'Etrépagny, la population fut épouvantée du spectacle qu'elle avait sous les yeux. Des morts et des blessés gisaient sur le sol, dans des flots de sang. Au milieu des armes et des casques qui jonchaient la route, près du cimetière, 40 chevaux éventrés formaient une barrière infranchissable. On essaya de venir en aide aux blessés ; et, tandis qu'on cherchait les objets nécessaires à ces premiers soins, on trouvait, ci dans une armoire, là dans une cave, des Saxons effarés qui demandaient grâce.

« Parmi les prisonniers saxons, tous hommes lourds et épais, qu'avait emmenés le général Briand, se trouvaient 3 officiers : le comte de Lœben, adjudant-major, Oscar Hœbler, lieutenant, et le comte de Keller, capitaine. Le comte de Keller et un soldat prisonnier restèrent chez M. Lainay, notaire et maire d'Ecouis, jusqu'à l'envahissement définitif de l'arrondissement, qui eut lieu huit jours après.

« Ce que M. et Mme Lainay montrèrent de dévouement en ces temps difficiles, il faut le demander aux blessés, leurs hôtes. » (Ch. Dehais).

DIEU TE GUÉRISSE! Nous relevons le détail suivant dans une brochure[1] publiée par un acteur de la bataille, M. de Civry.

Un jeune officier d'état-major, M. Marsaa, attaché au 12º chasseurs et placé, ce jour-là, à l'escorte du général, fit maints coups d'épée ; chaque fois il criait à son adversaire : « *Je te touche, Dieu te guérisse!* »

C'était là, comme nous le fait observer l'auteur, une réminiscence des paroles d'Henri IV à la journée d'Arques et de celles des rois de France lorsqu'ils touchaient les écrouelles.

Nous avons dit que la retraite avait commencé à 3 heures, pour les nôtres à Etrépagny.

On peut s'étonner, avec tous les historiens de cette nuit fameuse, de voir nos troupes se retirer ainsi au lieu de poursuivre leur chemin vers Gisors.

C'est d'abord que les mobiles de la colonne du centre se trou-

---

1. *La Camisade d'Etrépagny*, Londres, Roques, 1879.

vaient être en quelque désordre, à la suite de ce combat nocturne, et que la colonne de droite avait subi un échec des plus complets en face des Thilliers. Et pourtant, là, les nôtres étaient 3000 contre 500 Saxons, et peut-être ceux-ci étaient-ils moins nombreux encore.

Voici ce qui s'était passé.

« Les mobiles de l'Oise et les francs-tireurs du Havre, au nombre d'environ 3000 hommes, sous le commandement du colonel de Canecaude, s'étaient présentés aux Thilliers vers deux heures du matin. Ils avaient été accueillis à coups de fusil par le poste saxon, qui faisait bonne garde.

« Les premiers rangs ayant reculé sur ceux qui suivaient, et ceux-ci sur ceux qui venaient derrière, toute la colonne battit en retraite, assurant qu'elle avait été reçue par des mitrailleuses. La vérité est que les forces des Saxons aux Thilliers étaient de 300 fantassins et de 200 cavaliers, pour la plupart couchés et endormis à cette heure matinale, mais gardés par des sentinelles plus vigilantes que celles d'Etrépagny » (Ch. Dehais).

Un mobile avait été tué.

Voilà certes une affaire peu brillante. Mais qui ne voit que c'est le manque de direction qu'il faut surtout rendre responsable de ce fâcheux épisode.

Avec un chef capable, avisé, de caractère énergique, sachant la petite guerre, le résultat eût été tout autre, fort probablement.

Avisé, il eût été renseigné sur les conditions de l'occupation des Thilliers, et eût averti ses troupes qu'elles allaient probablement essuyer la décharge d'un poste, décharge qui ne devrait pas les arrêter et encore moins les mettre en fuite.

Energique, il se fût mis en tête de l'attaque, comme l'avait fait le général Briand à Etrépagny et l'issue de la journée, ou plutôt de la nuit, eût été tout différent.

Voilà ce qu'il faut considérer avant d'incriminer la conduite des combattants.

D'un bout à l'autre de cette guerre, c'est la direction qui a manqué à nos soldats.

Quant à la 3e colonne, formée, comme nous l'avons dit, des Mocquards et des francs-tireurs du Nord, d'Elbeuf et de Rouen, elle arriva au point du jour, là où elle devait être, d'après le plan d'attaque, c'est-à-dire à Eragny, Bazincourt et Trye-Château, à une demi-heure de marche de Gisors.

N'apercevant aucun des signaux convenus, elle dut se replier à son tour.

Voici le rapport adressé par le général Briand à Gambetta, le lendemain 30 novembre, à 11 heures 20 du matin, sur l'affaire d'Etrépagny.

« La nuit dernière, j'ai voulu tenter une attaque sur Gisors et j'ai trouvé sur une route l'ennemi occupant Etrépagny.

« Retranché dans les maisons, il a opposé une vive résistance ; mais, après une lutte acharnée, Etrépagny a été enlevé et l'ennemi contraint à fuir dans toutes les directions. Cette affaire nous a coûté 1 capitaine grièvement blessé, 5 tués et bon nombre de blessés ; l'ennemi a perdu 4 officiers tués, 3 officiers prisonniers, dont 1 officier supérieur grièvement blessé, 60 tués, une centaine de prisonniers, 1 canon, 3 caissons remplis de munitions et plus de 250 fusils ; nombre de chevaux morts encombraient les rues d'Etrépagny. »

Terrorisés. — Nous avons vu, d'après la relation de l'honorable sous-préfet des Andelys, que des Saxons s'étaient sauvés d'Etrépagny par les jardins. « Ils s'égarèrent pour la plupart, dit cet historien, mais l'uniforme allemand inspirait une telle terreur, *qu'on les remit obligeamment sur leur route* et qu'ils purent gagner Gisors. » Triste, n'est-ce pas ?

« Un uhlan, ajoute-t-il, préféra prendre le chemin d'Ecouis, où il vint se constituer prisonnier ; *il avait erré toute la journée dans la campagne sans que personne songeât à l'arrêter !* »

Les Prussiens étaient, on le voit, arrivés à leurs fins ; nos paysans étaient pour la plupart absolument terrorisés.

Etrépagny brûlé. — Bientôt arrivent de Gisors des cavaliers, qui viennent pour s'assurer que les Français sont bien partis.

Ils sont suivis de près par un détachement d'incendiaires munis de tout ce qui concerne leur métier ; seaux de pétrole, bottes de paille, etc.

Les exécuteurs, envoyés de Gisors par le général comte de Lippe — un nom à retenir — arrivèrent, nous dit Ch. Dehais, vers 2 heures. « Il y avait alors 10 heures que la lutte était terminée, et la colère des soldats avait eu le temps de tomber.

« Comme à Bazeilles, comme à Saint-Cloud, l'incendie fut ordonné de sang-froid par le général et allumé de sang-froid par les soldats.

« Rien, dans ces exécutions impitoyables, qui ressemblât à de la colère, rien, par conséquent, qui en puisse atténuer l'atrocité. L'art de brûler les villes a, chez les Allemands, ses principes et ses règles qu'on suivait rigoureusement.

« Un soldat enduisait d'abord de pétrole les portes, les fenêtres, toutes les boiseries de la maison, puis un camarade approchait la torche de paille enflammée. Les autres pillaient. Supplications, larmes, gémissements des enfants et des femmes, rien ne les touchait. »

Vilenie ! — Mais oyez le comble de la vilenie...
« Quelques habitants trouvèrent pourtant le moyen de sauver leurs maisons : ils parvinrent à émouvoir le cœur des incendiaires... en leur offrant de l'argent. » (Ch. Dehais.)
Ajoutons encore ce détail que donne le même historien.
« ... Pendant qu'une partie des soldats versaient le pétrole et y mettaient le feu, d'autres couraient aux pompes et les brisaient. »
C'est complet, comme vous voyez, toute la lyre !
Ce jour-là, 53 maisons, 57 fermes étaient brûlées.
Et le lendemain, 1er décembre, on voit les malheureux habitants d'Etrépagny, se presser tous à l'enterrement des victimes de la lutte. « Depuis, dit Ch. Dehais, ils se sont fait un pieux devoir d'honorer d'une façon particulière la mémoire de ces sept glorieuses victimes, et leur ont élevé, à frais communs, un mausolée. »
Ce petit monument, entouré d'une grille, s'élève au fond du cimetière.
Il porte cette inscription :

<blockquote>
A la mémoire glorieuse
du capitaine Chrysostome,
du caporal Labbé,
des soldats Derroin, Faim et autres,
tués au combat d'Etrépagny
le 30 novembre 1870.
La ville d'Etrépagny
reconnaissante.
</blockquote>

Passons maintenant, mais aussi succinctement que possible aux historiques des corps qui ont pris part à la lutte.

76ᵉ DE MARCHE. — 2ᵉ BATAILLON. — Créé le 7 octobre 1870, le 2ᵉ bataillon de marche est organisé par le commandant Rousset, avec 3 détachements des 41ᵉ, 93ᵉ et 94ᵉ de ligne, formant au total 1,200 hommes.

La 1ʳᵉ et la 2ᵉ compagnies sont formées d'hommes du 41ᵉ. La 1ʳᵉ a pour officiers le capitaine Chrysostome et le sous-lieutenant Leroyer, la 2ᵉ, le lieutenant Jayet.

Les 3ᵉ et 4ᵉ, sont tirées du 93ᵉ ; la 3ᵉ a deux officiers : le capitaine Hernot et le sous-lieutenant Chapuizot, la 4ᵉ, le sous-lieutenant Bienvenu.

Les 5ᵉ et 6ᵉ sont fournies par le 94ᵉ. La 5ᵉ est commandée par le lieutenant Dumazer, la 6ᵉ par le capitaine Boulay et le sous-lieutenant Hamel.

C'est le 30 novembre que cette brave troupe part de Mesnil-Verclive, pour marcher sur Gisors.

Citons l'historique.

« Le général Briand choisit le bataillon pour marcher en tête de la colonne du centre qu'il commande en personne. Le départ est fixé à 11 heures du soir, afin de pouvoir arriver à la pointe du jour devant Gisors, situé à 25 kilomètres de Mesnil-Verclive.

« La colonne se met donc en marche à 11 heures dans le silence le plus profond.

« Le général avait prévenu que la colonne passerait à Etrépagny, village établi sur la route de Mesnil-Verclive à Gisors, à 15 kilomètres du point de départ. Etrépagny était occupé.

« Le général, désirant que l'on passât dans ce village sans s'arrêter, fit, à 600 mètres, mettre la baïonnette au canon et prendre le pas gymnastique.

« Les avant-postes ennemis font feu sur la compagnie d'avant-garde, commandée par le capitaine Boulay ; nos soldats continuent à marcher, les mettent en fuite et, à leur suite, tout le bataillon pénètre dans le village.

« Les Prussiens, surpris et réveillés en sursaut à une heure du matin, veulent fuir ; on les fusille à bout portant. La cavalerie surtout, qui veut s'ouvrir un passage, est foudroyée et jonche la route des cadavres de ses hommes et de ses chevaux.

« Cependant, les postes allemands établis dans le village résistent, et font essuyer un feu assez vif aux deux premières compagnies qui montrent un moment d'hésitation. Mais la bravoure héroïque du général Briand, du commandant Rousset et du capitaine Boulay ranime leur énergie et ces vaillants officiers les entraînent à leur suite jusqu'au bout du village.

« Le général s'aperçoit alors qu'il n'a pas été suivi par le reste de la colonne. Effectivement, le bataillon était coupé ; la 2ᵉ compagnie, qui avait perdu sa distance dans la marche au pas gymnastique, s'était vu arrêter par un feu meurtrier. Les soldats se jettent en arrière pour éviter les projectiles, se débandent et le désordre se propage successivement jusqu'à la queue du bataillon.

« Mais les officiers peuvent enfin rallier leurs hommes, grâce à leur énergie et à leur activité. Ils les font passer en masses serrées, en les abritant du feu bien nourri des grenadiers saxons, par des barricades établies avec quelques voitures chargées des bagages des Prussiens. Mais il fallut lutter près de deux heures; aussi le général, ne songeant plus au mouvement sur Gisors, ordonna-t-il la retraite.

« Cette affaire coûta au 2ᵉ bataillon de marche 7 hommes tués et 32 blessés.

« Le brave capitaine Chrysostome fut frappé mortellement à la tête de sa compagnie, et expira le lendemain des suites de ses blessures.

« Les Prussiens eurent 62 hommes tués ou blessés; on leur fit une centaine de prisonniers; ils perdaient aussi un canon, trois caissons et une grande quantité d'armes et de bagages. »

A la suite de cette petite affaire, le capitaine Boulay, commandant la 6ᵉ compagnie, qui avait montré de grandes qualités militaires, fut proposé pour chef de bataillon et le sous-lieutenant Duchon pour la croix de la Légion d'honneur.

Trois sous-officiers et dix soldats le furent pour la médaille.

Le bataillon était rentré directement à Mesnil-Verclive. Après l'évacuation de Rouen, le 5 décembre, il se rendra au Havre, où commande le capitaine de vaisseau Mouchez.

Le 8 janvier, ce bataillon, réuni au 5ᵉ bataillon de marche, formera avec lui le 76ᵉ régiment, dont le chef de bataillon Rousset, promu lieutenant-colonel, prendra le commandement.

MOBILES DU HAVRE. — Le 2ᵉ bataillon de la Seine-Inférieure était composé de tous les jeunes gens de l'arrondissement du Havre appelés sous les drapeaux par la loi du 1ᵉʳ janvier 1868.

Il comptait 8 compagnies.

Son chef était le commandant Welter.

Le bataillon, vêtu de vareuses de drap et armé de fusils à tabatière, quitte le Havre et arrive à Rouen le 12 octobre, où il reçoit des havresacs, mais non des effets et ustensiles de campement.

C'est dans ces conditions qu'il entre en campagne active et va rejoindre, le 15 octobre, nos troupes sur l'Andelle.

Le 19, son adjudant-major, M. Rolin, ancien lieutenant d'infanterie et élève de Saint-Cyr, est nommé chef de bataillon, en remplacement du commandant Welter, nommé antérieurement lieutenant-colonel.

A l'affaire du Thil, 6 novembre, les mobiles ne sont pas engagés, mais ils reçoivent quelques obus et font bonne contenance.

Le 29 novembre, le bataillon arrive à Ecouis; dans la soirée, il est passé en revue par le général Briand. Vers huit heures, l'ordre arrive de se préparer à marcher sur Gisors.

Le bataillon est désigné pour la colonne du centre ; il en constituera la réserve, avec le 12ᵉ régiment de chasseurs (colonel Laigneau).

On se met en route vers 9 heures. Le froid est vif et la nuit très noire.

Vers 1 heure du matin, l'action s'engage à l'entrée d'Etrépagny. Bientôt l'action devient si vive que le bataillon, quoique formant réserve, se trouve engagé.

« Deux compagnies d'abord, la 1ʳᵉ (capitaine Lebrun, compagnie de Bolbec) et la 2ᵉ (capitaine de Croixmare, compagnie de Criquetot) furent demandées comme renfort ; les autres suivirent peu de temps après et furent employées à fouiller les maisons qui avoisinent les halles, où elles firent de nombreux prisonniers.

« L'une de nos compagnies, dirigée par le général Briand lui-même, fut lancée dans la direction de la gare, où l'ennemi opposait encore une vive résistance. Le reste du bataillon traversa Etrépagny dans toute sa longueur, franchissant de véritables barricades d'attelages renversés et de chevaux tués ou mourants. »

Le bataillon est ainsi parvenu à l'autre issue d'Etrépagny. Il s'attend, tout rempli d'ardeur, à continuer sa marche sur Gisors, quand arrive l'ordre de la retraite. Ce bataillon n'a ni tués ni blessés. Il n'en sera pas de même quelques jours après, à Bosc-le-Hard.

Pour l'instant, il va reprendre ses anciens cantonnements, à Gaillardbois et Cressenville.

Mobiles de la Loire-Inférieure. — 1ᵉʳ bataillon. — Le 1ᵉʳ bataillon de la Loire-Inférieure est composé des mobiles d'Ancenis et de Châteaubriand. Il a à sa tête le commandant Ginoux et compte 1450 combattants répartis en 7 compagnies.

Son cadre d'officiers laisse beaucoup à désirer sous le rapport de l'expérience et de l'instruction militaire, car le capitaine adjudant-major Baudry et le commandant lui-même, sont les seuls qui aient déjà servi comme officiers.

Arrivé à Rouen, par le chemin de fer, le 27 septembre 1870, le bataillon est envoyé, sans perdre de temps à Fleury-sur-Andelle, Grainville et environs.

Le 29 novembre, le bataillon est campé depuis 3 jours en avant d'Ecouis, lorsque, sur le soir, le général Briand arrive sur le terrain et convoque les chefs de corps pour recevoir des instructions.

« Le bataillon Ginoux, dit l'historique du 1ᵉʳ bataillon de la Loire-Inférieure, est désigné par le général pour prendre avec le 2ᵉ bataillon d'infanterie de marche, commandant Rousset, la tête de la colonne dirigée sur Gisors par la route d'Etrépagny.

« A 9 heures du soir, le mouvement commence. Le général Briand marche en tête. . . . .

« Grâce à l'obscurité de la nuit et au silence observé dans les rangs, la colonne n'est aperçue des vedettes prussiennes qu'à 500 mètres environ de la ville.

« Les troupes prennent le pas gymnastique et peuvent arriver jusqu'aux premières maisons, d'où l'on déloge la grand' garde ennemie, après une vive résistance.

« Le bataillon entre en ville.

« Un poste de 300 fantassins, protégé par une barricade et deux pièces de canon, ne peut, malgré ses efforts, arrêter l'élan de nos hommes qui tuent chevaux et artilleurs et s'emparent des pièces.

« La lutte dans la rue continue pendant une heure et demie. Les Prussiens tirent par les fenêtres, le combat devient plus vif; les hommes qui pour la première fois se trouvent à une attaque de nuit, sont d'abord étonnés, et plusieurs fois les officiers les ramènent à la charge.

« Le feu a cessé.

« Les Prussiens s'enfuient à la débandade, et *beaucoup d'entre eux peuvent échapper grâce aux habitants*. Ils laissent sur le terrain un canon, 5 caissons, une grande quantité de fusils et de chevaux. »

Sur l'ordre du général, le bataillon rentre à Ecouis. Il ramène avec lui les 150 prisonniers qu'il a faits à l'ennemi. Ses propres pertes ne sont que de : 1 tué, 18 blessés et 5 disparus.

On aura remarqué cette phrase du commandant Ginoux, rédacteur de l'historique manuscrit du bataillon : « Beaucoup d'entre eux (les Prussiens) peuvent échapper grâce aux habitants ». Il sera dit que cet acte déplorable aura été commis par des Français un peu partout pendant cette malheureuse guerre.

Il faut espérer que l'enseignement donné dans les écoles de la République a pris à cœur ces choses, et que nos professeurs, nos instituteurs mettent leur soin à montrer aux jeunes gens tout ce qu'il y a d'insigne et criminelle faiblesse dans une telle conduite.

Comme nous n'aurons sans doute plus guère l'occasion de parler du bataillon Ginoux, disons que, dans les premiers jours de janvier 1871, il sera appelé à former, au Havre, le 2ᵉ bataillon du 93ᵉ régiment de marche.

Voici, pour finir, les dernières lignes de l'historique du bataillon.

« Le commandant signale particulièrement à M. le ministre la conduite du capitaine adjudant-major Baudry, des capitaines de Fleuriot, Meslier et Borner, des lieutenants Poydras et Georges Lévesque, du sous-lieutenant Perraud, qui a rempli avec le plus grand zèle les fonctions d'officier-payeur.

« Le commandant est heureux de placer également sous les yeux de M. le Ministre, le nom de l'abbé Mainguy, aumônier du bataillon et des deux aides-majors Kermisson et Bureau qui, pendant trois épidémies de petite vérole où le bataillon a perdu beaucoup de monde, n'ont cessé de donner aux malades les soins les plus dévoués... »

2e BATTERIE DU 10e. — C'est la 2e batterie (capitaine Lenhard) du 10e d'artillerie, ou du moins deux de ses sections (lieutenant Paulmier et sous-lieutenant Trémoulet) qui, après le combat d'Etrépagny, est chargée de ramener le matériel pris à l'ennemi: une bouche à feu, 3 caissons, 300 fusils.

CHEZ LES MOCQUARDS. — Revenons à la colonne de gauche, dont la marche n'a pas été sans présenter quelques épisodes qui sont à recueillir.

Parmi ses 1.800 hommes, composés d'éclaireurs de Paris, de francs-tireurs du Nord, d'Elbeuf, de l'Orne, de Rouen et de Vengeurs du Havre, figure le peloton d'Eclaireurs commandé par Robert-le-Fort, *alias* le duc de Chartres.

A Saint-Denis-le-Ferment, « le colonel Mocquard se fait indiquer la demeure du maire, chez lequel il se rend dans le but d'obtenir des renseignements, et est accompagné de quelques officiers, entre autres du capitaine Dazier et du capitaine Stevenin, des tirailleurs d'Elbeuf.

« Il frappe inutilement quelques coups, quand soudain débouchent d'une ruelle voisine de la maison même, une quinzaine de Prussiens qui font une vive fusillade en se sauvant. Le capitaine Dazier tombe, ayant le bras droit fracassé. » (Relation inédite du colonel Mocquard)[1].

La 4e compagnie du 3e bataillon est envoyée en avant pour poursuivre les fuyards. Elle débusque un poste à qui elle tue 9 hommes, qui restent sur le terrain.

Au passage de la voie ferrée, se trouve un autre poste. La sentinelle est tuée par 2 éclaireurs, sous les ordres du sous-lieutenant Bonjean et 10 hommes sont massacrés ; seuls les cavaliers s'échappent.

---

1. Papiers d'Amédée Le Faure.

Un autre poste de 52 hommes est à l'entrée d'Eragny. Il est culbuté et perd 17 hommes.

On arrive ainsi à Trye-Château, où les colonnes d'attaque sont formées aussitôt, et l'on attend.

Ne voyant rien venir, les officiers supérieurs se réunissent en conseil.

On y décide qu'il faut rétrograder, quitte à revenir si l'on entend la fusillade.

Mais on n'entend rien, et pour cause, et l'on est de retour à Longchamps à une heure, après 13 heures de marche et de contre-marches (colonel Mocquard).

La colonne a eu un officier et 3 hommes blessés. Elle ramène 5 prisonniers; mais son officier-payeur a été fait lui-même prisonnier par l'ennemi. On voit que les Eclaireurs de la Seine et leurs braves compagnons avaient bien rempli la tâche qui leur était dévolue.

Par décret du 12 décembre, M. Marsaa (Eugène-Antoine-Léopold), lieutenant d'état-major stagiaire au 12º régiment de chasseurs, était nommé chevalier de la Légion d'honneur, avec cette mention inscrite à l'*Officiel* : « Belle conduite au combat d'Etrépagny, dans la nuit du 29 au 30 novembre 1870. »

M. Marsaa recevra son 3ᵉ galon quelques semaines après, à la suite des combats de Bourgtheroulde et de Château-Robert. Il est aujourd'hui colonel du 125ᵉ de ligne à Poitiers.

A la même date, 12 décembre, la croix était également donnée à M. Lecouturier, propriétaire à Fleury-sur-Andelle : « A fait preuve d'un courage et d'un sang-froid remarquables, au combat livré à Etrépagny et a reçu une blessure grave. »

Sur une petite place d'Etrépagny, appelée depuis *Place du Monument*, et qui pourrait s'appeler *Place du Souvenir*, a été élevée par souscription, en 1873, une pyramide qui porte ces différentes inscriptions :

30 novembre
1870
Les Allemands
chassés
d'Etrépagny
se vengent
par l'incendie
de la ville

—

N'oublions pas!

—

Soyons unis
pour être forts

—

Ainsi se termine le mois de novembre; il a vu les Prussiens qui ont mis le pied en Normandie le mois précédent, se livrer dans cette province à des exactions de toutes sortes. Comme on a pu le constater par nos précédents ouvrages, ces exactions ils les exerçaient dans toute la France envahie, et c'est de la fin de novembre qu'est datée cette protestation véhémente, violente même, d'un de nos plus fins et plus doux poètes, protestation qu'il est de notre devoir de faire connaître à nos lecteurs.

Son auteur est Joséphin Soulary, le poète lyonnais, le délicat auteur des *Sonnets*, à qui ses compatriotes ont récemment élevé un monument. Nous avons extrait du *Moniteur du Calvados*, n° du 20 décembre 1870, cette pièce qui a pour titre *Le Psaume du roi Guillaume*.

Après avoir montré le vieil empereur mystique adressant une invocation au Dieu des armées, le poète le fait parler ainsi :

Qui soutiendra le choc des miens? De vos valises
    Qui sondera la profondeur,
De Tann, héros pillard; Werder, brûleur d'églises,
    Et Trescow, gendarme pendeur.

De nouveaux Philistins j'ai défait la cohorte ;
    Mais plus avisé que Samson,
J'ai rencontré de Moltke, — une mâchoire forte,
    D'un engin Krupp de ma façon.

Ces Francs, fils de Baal, n'ont-ils pas l'impudence
    De combattre en pleine clarté ?
Nous, Seigneur, que tu fis serpents par la prudence
    Et loups par la férocité,

Dans les ravins obscurs, sous la forêt diffuse,
    Nous glissons furtifs et rampants,
Dix contre un! Nous fondons par l'éclat de la ruse,
    L'héroïsme du guet-apens.

J'ai rasé sous le feu des chaumières souillées,
    Et j'ai fait fumer à ton nez
Suave encens, les chairs des pauvresses grillées
    Et des paysans calcinés.

Le lion renaîtrait d'une race nouvelle ;
    Pour supprimer le lionceau,
Sur les angles des murs j'ai broyé la cervelle
    Des petits enfants au berceau.

Ta justice, ô Seigneur! est comme la tortue,
    Lente, mais sûre d'arriver.
La mienne a pris son temps; ma rancune têtue
    Mit cinquante ans à la couver.

Oui, depuis Iéna, je n'ai pu sans souffrance
    Digérer le rite latin.
Digérer est le mot : s'ils sont tout cœur en France,
    Chez nous on est tout intestin.

Bismark a des conseils loyaux sur toutes choses;
    Il me souffla l'avis divin
D'envoyer nos enfants, chiens couchants doux et roses,
    Mendier au pays du vin.

Comment se défier de ces souples carrures?
    Tout foyer leur fut indulgent.
Mes chérubins ont pris l'empreinte des serrures,
    A moi la cave! à moi l'argent!

O saint espionnage! ô fausse clef du traître!
    O couteau sournois du poltron!
Grâce à toi, j'accomplis la parole du Maître :
    « J'arriverai comme un larron! »

Si j'ai, dans leurs celliers où l'aï coule à source,
    Défoncé jusqu'au dernier fût,
Si, jusqu'au dernier sou j'ai cueilli dans leur bourse
    L'argent, vil métal, s'il en fut,

Grand Dieu! c'est pour ton bien. Leur luxe était leur crime.
    Car les vertus du Germain blond
Disent assez la grâce attachée au régime
    De la choucroûte et du houblon.

Marche à présent sans peur, ma Prusse et t'achemine!
    Au Chanaan que tu rêvais!
Vas-y fleurir à l'aise, ô mystique vermine
    Qui pullules et sens mauvais!

Impose un frein, Seigneur, à la voix qui me loue,
    Fais que mon cœur soit sans détour!
Mon peuple me nomme aigle : on me flatte, et j'avoue
    Que je suis à peine un vautour.

Donne-moi de braver le dégoût de l'histoire .
    Où j'entre d'un saut, tout botté;
Fi du respect humain! pour ta plus grande gloire
    Son mépris n'est-il pas compté?

Et pourtant, s'il te plait de m'éprouver, ordonne !
    Puisque avec toi j'ai fait hymen,
Pour toi je souffrirai tout... — même la couronne
    D'empereur d'Occident. *Amen.*

Joséphin SOULARY.

(27 novembre 1870.)

Entrons à présent dans le mois de décembre et montrons nos jeunes troupes, incapables et par leur nombre et par leur organisation de lutter contre les soldats de Mauteuffel, se retirant sur Rouen où l'ennemi va entrer quatre jours après, hélas! sans coup férir.

A Rouen. — Les membres d'un conseil de guerre prussien entonnent gravement l'air de la Coupe du roi de Thulé.

CHAPITRE X

Buchy. — Bosc-le-Hard. — Les Prussiens à Rouen.

Les Prussiens marchent sur Rouen. — Arriver à la mer ! — La première gelée. — Journée du 4 décembre. — A Buchy. — Les Mocquards. — 76ᵉ de marche. — Mobiles de la Marne. — A Bosc-le-Hart. — Les Havrais. — En avant ! pour l'honneur. — Dans le cimetière. — Au verger Ratel. — Sur la voie ferrée. — La retraite. — Von Elern, major. — Les pertes. — Des noms — Vengeance allemande. — Cités à l'ordre. — Capitaines de Croixmare, Hélouis et de Maraimbois. — Chasseur Galibert. — Un adroit tireur. — Journée du 5. — Les Prussiens à Rouen.— Sans coup férir. — A qui la faute? — Une affiche du maire. — Réponse du général Briand. — « Dans de telles nuits, on ne dort pas ». — Désarroi partout. — Vexations prussiennes. — Fêtes et bombances. — Madeleines et ribaudes.— Dur, le métier de vaincu. — *Faust* en cour martiale. — En retraite sur le Havre. — Gais quand même. — Dans la neige à Harfleur. — Pas de vivres... on danse! — Au Havre. — Patriotique ardeur. — Deux proclamations. — Entrée sensationnelle. — Général Peltingeas. — Vaincre ou mourir. — A l'armée du Nord.

« Arriver à la mer était, a dit le général Faidherbe, le désir le plus ardent de l'armée prussienne. » Aussi voyons-nous, aussitôt après la prise d'Amiens, la première armée se former pour marcher sur Rouen et tâcher de détruire la petite agglomération de troupes du général Briand. Elle aurait pu tout aussi bien se diriger sur le Nord pour essayer d'en finir avec les troupes du général Farre ; mais un historien allemand, le colonel d'état-major comte de Wartensleben, dans son ouvrage sur les opérations de la Ire armée, nous dit que nos troupes de Normandie paraissaient les plus dangereuses à Manteuffel, en ce qu'elles menaçaient plus directement l'investissement de Paris, et que la défaite nocturne subie par les Saxons du comte de Lippe « à 2 milles à peine à l'ouest de Gisors » avait contribué à faire pencher la balance vers la marche sur Rouen.

Pendant cette marche, l'armée de Manteuffel serait couverte par le général von Gœben qui, avec 1 brigade d'infanterie, 1 brigade de cavalerie et 3 batteries demeurerait à Amiens, d'où il enverrait des détachements couper les chemins de fer et les lignes télégraphiques vers Abbeville, Arras et Cambrai.

Manteuffel marchait donc sur Rouen avec 43 bataillons, 31 escadrons et 168 canons.

Il commence son mouvement le 1er décembre, « par la première gelée de l'hiver ». — Le soir de ce jour il est à Conty, le 2 à Granvillers; le 3, ses avant-gardes arrivent sur l'Epte, à Forges et à Gournay.

A son aile droite se trouve le VIIIe corps, sur la grande route d'Amiens à Rouen ; à l'aile gauche le Ier corps, sur la route de Breteuil à Rouen. La réserve, 2 régiments d'infanterie et 2 de cavalerie, occupe le centre de la ligne, à Songeons et environs.

Les ordres pour le 4 sont d'occuper Buchy (VIIIe corps) et Argueil (réserve); quant au Ier corps, il ira se relier aux Saxons du comte de Lippe vers Fleury et Étrépagny.

Cette journée amènera quelques rencontres à Buchy, Bosc-le-

Hard, etc..., à la suite desquelles nos jeunes troupes, déjà en retraite, seront définitivement refoulées vers l'ouest, et parfois, il faut le dire, en très grand désordre.

Un passage de la brochure[1] publiée par Raoul Duval pendant la guerre même, nous apprend d'ailleurs dans quelles conditions déplorables ces jeunes gens allaient combattre, le 4 décembre,

« Ces malheureux soldats, abandonnés par l'intendance, n'avaient pas mangé *un morceau de pain* de toute la journée (du 3). Ce n'est que la nuit que l'adjoint au maire de Rouen, M. Barrabé, leur apporte 2.500 kilog. de pain et autant de viande. »

La journée du 4 décembre n'en présente pas moins quelques faits honorables pour ces soldats improvisés et dénués de tout. Les documents que nous allons reproduire en font foi.

Francs-tireurs Mocquard. — Le régiment a pris position à Forgette, le 4 au matin, avec 2 pièces de 12 lisses commandées par un sous-officier. S'y trouvent également le bataillon Peyronnet, de la Marne, et un bataillon de mobilisés de Rouen, sans compter les Vengeurs du Havre, compagnons fidèles des Mocquards.

A sept heures et demie paraissent les éclaireurs prussiens ; ils sont mal reçus et font demi-tour. Revenus bientôt, ils sont accompagnés d'une artillerie nombreuse qui accable les nôtres ; mais son tir est d'abord beaucoup trop haut et nous fait peu de mal.

Au bout d'une vingtaine de minutes, elle rectifie son tir et démonte une de nos deux pièces.

L'ennemi dessine alors son inévitable mouvement tournant.

De nouvelles pièces lui arrivent ; de nouvelles colonnes débouchent de Roncherolles ; enfin notre unique pièce n'a plus de munitions.

Les mobilisés lâchent à droite ; les Marnais faiblissent ; mais le régiment tient bon. Resté le dernier, il perd 53 hommes ; de plus 2 de ses compagnies, la 2ᵉ du 1ᵉʳ et la 4ᵉ du 3ᵉ, sont forcées d'abandonner leurs sacs à l'ennemi. Sa retraite se fait en bon ordre, au milieu des mobiles et mobilisés en déroute, pendant que le 5ᵉ bataillon de marche protège le mouvement. (Rapport officiel du colonel Mocquard.)

« Mocquard a été vraiment admirable, lit-on dans le *Moniteur*

---

[1]. *Comment Rouen n'a pas été défendu.*

du Calvados du 9 décembre, il avait fait coucher ses hommes autour de lui, dans un ravin, tandis que seul, debout, au milieu d'une grêle d'obus, il surveillait les mouvements de l'ennemi, prêt à saisir l'occasion de lancer son monde, pour protéger la retraite... »

Continuons par l'historique du 76ᵉ de marche.

76ᵉ DE MARCHE. — 5ᵉ BATAILLON. — Le 5ᵉ bataillon arriva vers Buchy le 3 décembre à midi, et dans la même journée vinrent s'y concentrer d'autres corps tels que les mobiles de la Marne, ceux du Pas-de-Calais, des Landes, des mobilisés de Rouen et, dans la soirée, les francs-tireurs Mocquard qui furent envoyés séance tenante à Bosc-Roger, pour couvrir l'armée.

Pont-de-l'Arche était occupé, de son côté, par des bataillons de mobiles, le 2ᵉ bataillon de marche et les francs-tireurs du Nord, chargés de parer à un mouvement tournant.

Le lendemain, 4 décembre, dès les six heures du matin, les Prussiens arrivèrent au contact et le combat s'engagea entre eux et les francs-tireurs Mocquard.

Ceux-ci, qui avaient à leur gauche un bataillon de mobiles de la Marne, soutinrent vigoureusement le choc, qui avait débuté par une vive canonnade de l'ennemi.

Nous n'avions, pour y répondre, que 2 pièces de 12, lisses. A huit heures, les Mocquards, numériquement trop faibles pour résister plus longtemps, demandèrent du secours ; c'est alors que le 5ᵉ bataillon de marche se porta en avant.

« La 1ʳᵉ compagnie fut déployée en tirailleurs, à droite de la route de Bosc-Roger à Buchy, la 2ᵉ et la 3ᵉ à gauche ; les francs-tireurs vinrent se reformer derrière notre ligne et l'ordre de retraite fut aussitôt donné » (Historique du 5ᵉ bat. de marche). Le 5ᵉ bataillon avait perdu un sous-lieutenant et une vingtaine d'hommes.

MOBILES DE LA MARNE. — 2ᵉ BATAILLON. — Le 2ᵉ bataillon de la Marne, comprenant les mobiles du canton d'Épernay, et ayant pour chef le commandant de Peyronnet, avait été réuni à Châlons, du 5 au 12 août. On lui avait donné là des fusils à tabatière dont 20 pour 100 avaient besoin de réparations.

Le 26, il est dirigé sur Amiens.

Il faut arriver aux premiers jours de décembre, pour trouver dans son historique un fait digne d'être signalé.

Le 3 au soir, le bataillon va prendre position sur les coteaux en avant de Forgette, où doit se trouver également le colonel Mocquard avec un bataillon de ses éclaireurs et 2 pièces d'artillerie. Il s'agit de garder la route de Forges-les-Eaux où sont les Prussiens qui s'avancent vers la capitale de la Normandie.

Le 4, a lieu un petit engagement fort honorable pour le 2ᵉ de la Marne. Voici le rapport qu'en a fait le commandant de Peyronnet, au général Mouchez qui commandait au Havre.

« Mon général,

« J'ai l'honneur de vous adresser le rapport sur la part prise par mon bataillon (2ᵉ de la Marne), à l'engagement de Forgette, en avant de Buchy.

« Cantonné, le 3 au soir, au petit village de Bosc-Roger, je recevais, dans la nuit du 3 au 4, l'ordre de me porter sur Forgette dès le point du jour, et d'y prendre position sous les ordres du colonel Mocquard.

« Arrivé au petit jour à l'endroit désigné, mon bataillon fut placé à gauche de la route de Buchy à Forges, occupant les hauteurs dominant Forges, mes hommes placés derrière les broussailles et les haies. Une de mes compagnies était détachée auprès des 2 pièces d'artillerie.

« Vers 8 h. 1/2 les cavaliers prussiens se portent en éclaireurs et reçoivent le feu de nos tirailleurs avancés.

« Peu après, l'artillerie ennemie était mise en batterie et, par un feu bien dirigé, atteignait quelque-uns de nos tirailleurs qui conservèrent leur position. Pendant ce temps, des bataillons ennemis cherchent à nous tourner vers la gauche, en s'avançant, précédés de nombreux tirailleurs.

« Un feu très vif s'engagea, 2 compagnies de mon bataillon furent plus particulièrement engagées, celles des cantons d'Anglure et d'Epernay, la 1ʳᵉ et la 4ᵉ, et soutinrent bien le choc. Mais la supériorité numérique de l'ennemi rendait impossible une résistance plus grande. A 11 heures, le colonel Mocquard ordonna la retraite. Sept compagnies de mon bataillon opérèrent ce mouvement; je restai, avec une compagnie, pour protéger la retraite. Cette compagnie, suivie de très près par l'ennemi pendant 3 kilomètres, se retira en bon ordre, ripostant au feu de l'ennemi. Son capitaine a fait preuve d'une grande énergie.

« J'ai la satisfaction de pouvoir dire que mon bataillon qui entendait le feu pour la première fois, s'est bien conduit, et que nos mobiles, à quelques malheureuses et rares exceptions près, ont eu la meilleure attitude.

« Dans cette affaire, le chiffre de nos pertes n'est pas encore exactement connu. Je l'estime à 30 ou 35 hommes... »

Bosc-le-Hard.

A notre gauche, le même jour, a lieu le petit combat de Bosc-le-Hard, où le 2° bataillon de mobiles de la Seine-Inférieure (Havrais) montre beaucoup de solidité et de bravoure, sous le commandement de son chef, le commandant Rolin.

MOBILES DU HAVRE. — Nous avons laissé les Havrais du commandant Rolin, après la nuit d'Etrépagny, à leurs cantonnements de Gaillardbois et Cressenville.

Quarante-huit heures après, arrive la nouvelle d'une *grande victoire* remportée sous Paris : *Ducrot a passé la Marne avec 100.000 hommes*. Ordre est donné au général Briand de réunir tout son monde et de marcher sur Paris.

Le bataillon s'apprête avec joie à partir et, le surlendemain matin, 4 décembre, il monte en wagon à la gare de Fleury; mais il apprend là que ce n'est pas vers Paris qu'on va s'acheminer, mais sur Rouen où l'on ira se mettre à la disposition du capitaine de vaisseau Mouchez.

Arrivé à Rouen, à midi un quart, le bataillon en repart bientôt, car le canon c'est fait entendre vers Buchy, mais alors on lui fait prendre la ligne de Dieppe. Il arrive ainsi, vers deux heures, à la station de Bosc-le-Hard, ou des uhlans sont en vue. Ces éclaireurs se retirent vers Augeville, non sans avoir fusillé un pauvre mobilisé de Bully, qui lui avait servi de guide.

Le bataillon débarque et le commandant Rolin apprend des habitants que l'ennemi est partout en forces aux environs, presque en même temps le chef de gare de Critot accourt l'informer que sa station est au pouvoir des Prussiens, qui marchent sur Bosc-le-Hard avec 3 ou 4000 hommes.

Il faut laisser parler ici le rapport officiel du commandant Rolin. Le petit combat de Bosc-le-Hard en vaut la peine.

« Le bourg de Bosc-le-Hard, le plus important de la contrée, est situé au point d'intersection de l'embranchement de Dieppe à Buchy, avec la route de Fontaine-le-Bourg à Bellencombre; il est distant d'environ cinq kilomètres N. E. de Clères et de 15 kilomètres N. O. de Buchy. De la gare à l'extrémité de la rue Vilaine, il offre un développement de près de 3 kilomètres : c'est dire qu'un millier d'hommes était insuffisant pour le défendre ; aussi attendais-je avec anxiété l'arrivée du bataillon de marche qui devait nous suivre. »

Un train est justement signalé, mais ce n'est pas le renfort attendu, c'est l'intendant Gutzwiller et des officiers porteurs d'ordres pour le capitaine de vaisseau Mouchez. Ces messieurs rebroussent chemin, en apprenant que l'ennemi est proche, et le télégraphe coupé. Le commandant Rolin charge l'intendant de mettre le général Briand, à Rouen, au fait de la situation et la fusillade s'engage avec l'ennemi.

Au lieu de commencer le feu, le brave commandant pourrait, se trouvant ainsi en l'air avec des forces insuffisantes, faire renverser, lui aussi, la vapeur et regagner Rouen, mais il a l'honneur d'être au poste périlleux, à l'avant-garde, il comprend qu'il est de son devoir « de combattre... et de sauver au moins l'honneur du drapeau ».

« C'est dans cette disposition d'esprit, dit-il, que, mes hommes étant débarqués, je pris mes préparatifs de défense et fis occuper Bosc-le-Hard. Je laissai sur ma gauche la 7ᵉ compagnie (compagnie Hélouis, mobiles de Lillebonne et Saint-Romain), à la gare, avec mission de couvrir, au moyen de tirailleurs, l'espace situé entre la station et le bourg ; cette position étant très importante, je fis plus tard déployer toute la 7ᵉ compagnie en lui donnant la 6ᵉ pour soutien (compagnie de Houdetot-mobiles du Havre (Sud).

« Sur ma droite, dans le village même, plusieurs cavaliers ennemis étant venus s'éclairer de trop près, entraînèrent à leur poursuite les plus ardents de mes hommes ; pour les soutenir, et dans l'impossibilité où j'étais d'occuper tout le village, je donnai l'ordre à M. le capitaine adjudant-major de Croixmare de faire déployer en tirailleurs la 5ᵉ compagnie (compagnie de Marainbois-mobiles du Havre (Nord), avec mission de couvrir les routes de Touffreville et d'Augeville.

« A peine ce déploiement était-il achevé, que le feu, commencé par nous, s'étendait sur toute la ligne entre nos tirailleurs et ceux de l'ennemi couchés à plat ventre, à 2 ou 3 cents mètres de nos positions. »

Mais bientôt les Prussiens mettent en batterie 2 pièces sur le chemin de Buchy et 3 sur celui d'Augeville, et ouvrent un feu violent dont, heureusement, les projectiles passent presque tous au-dessus de la tête de nos braves moblots.

A noter, dans cette canonnade, que le tir des Allemands s'acharna avec une telle constance sur le cimetière, où du reste nous n'avions personne, qu'il n'y laissa pas une pierre tombale debout.

« L'engagement dura près de deux heures, en variant d'intensité ; mais, pendant 45 minutes, nous fûmes exposés au feu d'artillerie et de mousqueterie le plus violent; c'était une pluie de balles et une grêle d'obus.

« Le lieu où la lutte fut la plus chaude, est un grand verger attenant à la ferme Ratel. Là, les 1re, 2e et 4e compagnies (compagnie Guillemaut, mobiles du Havre (Est), déployées derrière les fossés, ouvrirent un feu dont l'ennemi eut d'autant plus à souffrir qu'il était complètement à découvert.

Corps a corps. — « Sur ma gauche, vers la gare, nos tirailleurs et les tirailleurs ennemis, embusqués derrière les talus opposés, échangeaient des coups de fusil à bout portant et, de temps à autre, montaient sur la voie ferrée, pour s'aborder à la baïonnette. »

La lutte aurait pu être encore soutenue ainsi par les vaillants Havrais, mais 6 compagnies sur 7 étaient engagées et nul renfort n'apparaissait à l'horizon. Que les Allemands dessinent un mouvement tournant, il faudra bien s'en aller. C'est justement ce qui arrive. « En conséquence, dit le commandant Rolin, je donnai le signal de la retraite ». Il se retire par la route de Biennais.

« Ce mouvement s'opère en très bon ordre, la droite en tête, et comme sur le champ de manœuvres; nos jeunes recrues restèrent cousus comme des vétérans, et, bien que je n'aie peut-être pas le droit de faire leur éloge, il m'est bien permis de dire cependant, puisque c'est rendre hommage à la vérité, qu'ils ont montré autant de sang-froid pendant la retraite que d'intrépidité dans l'attaque. »

Pourtant, la première section de la 7e compagnie, celle de la gare, devait tomber entre les mains de l'ennemi, avec son capitaine. Cet officier, occupé à couvrir la retraite, s'étant trop attardé dans le village, la cavalerie allemande parvint à l'envelopper.

Il y a là un fait d'armes digne d'être cité, car la section « qui s'était ralliée dans un chantier de pierres attenant à la gare, continua à tirer jusqu'à ce qu'elle eût épuisé ses munitions, et, tenant l'ennemi en échec jusqu'à la nuit, l'empêcha de sortir du village et de nous poursuivre.

« Je pus ainsi, non sans faire exécuter à la 6e compagnie un feu de haie contre les tirailleurs qui devenaient trop entreprenants, me replier sur Biennais, toujours escorté par la cavalerie ennemie.

« De là je me dirigeai par Frichesmenil, sur Clères où j'arrivai vers sept heures et demie... »

On vient de voir, par ce récit, ce qu'on pouvait attendre de **nos mobiles lorsqu'ils étaient bien commandés.**

« Ce qui manque à la défense nationale, disait excellemment à cette époque même le *Moniteur du Calvados* (15 décembre), c'est une direction ferme, intelligente et homogène, sous laquelle chaque chef de corps puisse compter sur le nombre de soldats raisonnablement nécessaire pour tenir tête à l'ennemi et compter en même temps sur son propre lendemain. » Si nos forces, en effet, n'avaient pas été employées à l'état décousu, de ci et de là, sans lien entre elles, la somme de courage et d'efforts déployée par elles en Normandie et dans le nord de la France était amplement suffisante pour tenir tête aux Allemands dans cette partie du territoire, pour les fatiguer, les user et probablement les vaincre.

Le bataillon des Havrais avait perdu 6 tués, 24 blessés dont 12 grièvement, 79 prisonniers, et non 100 comme le disent les Prussiens. Parmi ces derniers, se trouvait le capitaine Stanislas Hélouis, originaire de Notre-Dame-de-Gravenchon.

Les 5ᵉ (de Maraimbois) et 7ᵉ (Hélouis) avaient le plus souffert.

Les pertes des Prussiens n'ont pas été exactement évaluées ; mais on sait par une pièce officielle signée Von Elern, major du 29ᵉ régiment prussien et datée de Bosc-le-Hard, 4 décembre, qu'une voiture contenant 12 blessés, très grièvement atteints, a été acheminée sur Neufchâtel ; ce papier était adressé au maire de cette localité ; une liste nominative des blessés y était jointe.

Nous pouvons ajouter que 3 de ces blessés moururent en route et que 2 autres décédèrent peu après.

On sut de plus qu'une ambulance allemande établie chez Mᵐᵉ veuve Dumesnil avait encore le lendemain matin 18 blessés et que chez le fermier M. Leroux, plusieurs autres, trop gravement atteints, demeurèrent jusqu'à l'armistice.

« Quant aux morts, dit encore le commandant Rolin, à en juger par les effets d'armement et d'équipement recueillis par les habitants, ils ont dû être nombreux ; mais, sauf 3 catholiques gradés que le curé de Bosc-le-Hard a été requis d'inhumer en terre sainte, et est allé relever le lendemain matin sur le champ de bataille, les autres paraissent avoir été enterrés dans les fossés des châteaux et les carrières des environs.

« Ce qui, d'ailleurs, indiquerait suffisamment que les pertes des Prussiens ont été sensibles, c'est que le soir de l'affaire ils ont exercé dans Bosc-le-Hard de sanglantes représailles ; qu'ils y ont tué un habitant inoffensif, en ont blessé deux autres et ont enlevé 9 otages, dont 3 sont morts à Stralsund par suite des mauvais traitements qu'ils avaient subis. »

Voici d'après l'historique déjà cité, les noms des tués et des blessés du bataillon, au combat de Bosc-le-Hard.

TUÉS.

2ᵉ compagnie. Hauville (Gustave-Ernest), caporal, d'Etretat.

5ᵉ — Legrand (Adrien-Edmond), mobile de Sainte-Adresse.

7ᵉ compagnie. Dupont (Albert), sergent-major, de Lillebonne ; Roux (Noël-Albert), mobile, de Gommerville ; Dégénetais (Emile), de Saint-Romain ; Marin (Emile-Pierre), d'Hermeville.

BLESSÉS.

1ʳᵉ compagnie. Lamuré (Gustave-Ernest), de Beuzeville-la-Grenier ; Dupray (Eléonore-André), de Gruchet-le-Valasse.

2ᵉ compagnie. Chambrelan (François), mobile, de Turetot ; Randon (Arthur-François), de Saint-Jouin, (sera amputé) ; Maubert (Arthur), d'Etretat.

3ᵉ compagnie. Lecoutre (Albert-Honoré), mobile, des Loges ; Bénard (François), de Fécamp.

4ᵉ compagnie. Seminel (Léon-Casimir), caporal, du Havre ; Leporck (Albert-Eugène), clairon, du Havre ; Tourres (Alphonse-Etienne), mobile, du Havre ; Paumier (Edouard-Pierre-François), du Havre.

5ᵉ compagnie. Loisel (Jean-Frédéric), mobile, de Montivilliers ; Laignel (Dominique-François), de Bléville ; Durel (Auguste-Jean), du Havre ; Fagot (Alfred-Gustave), du Havre ; Ménard (Auguste-Alfred), du Havre ; Morel (Charles-Eugène), de Montivilliers ; Lesauvage (Henri-Eugène), de Gainneville ; Théberge (Gustave-Auguste), du Havre.

7ᵉ compagnie. Bouchez (Georges), caporal, de Saint-Maurice-d'Etelan ; Delamotte (Alfred), mobile, de Saint-Vincent-de-Cramesnil ; Leprette (Charles-Césaire), de Graimbouville ; Gaillard (Victor-Léon), de Saint-Gilles ; Billon (Henri-Bertrand), de Saint Romain.

Sur ces 24 blessures, 2 provenaient de coups de baïonnette, 2 d'éclats d'obus et 20 de balles. Nous avons déjà vu, à Villers-Bretonneux, les blessures par la fusillade être infiniment plus nombreuses que celles dues à l'arme blanche ou au canon.

Un autre rapport du commandant Rolin inséré dans le *Moniteur du Calvados* (numéro du 12 décembre 1870) met à l'ordre du bataillon les officiers et soldats suivants :

M. le capitaine adjudant-major de Croixmare, qui, après avoir posté les tirailleurs de la façon la plus intelligente a brillamment enlevé les sections de soutien.

M. le capitaine Malherbe de Maraimbois et M. le sous-lieutenant Bourgneuf de la 5ᵉ compagnie, qui ont essuyé avec un grand sang-froid un feu des plus violents.

M. le capitaine Hélouis ; et surtout M. le lieutenant Bocq, de la 7e compagnie qui, embusqué avec sa section derrière le talus du chemin de fer, a attendu les tirailleurs ennemis jusqu'à les aborder à la baïonnette, et a permis au reste du bataillon de se replier tranquillement sur Clères.

Je dois également vous signaler la conduite de deux militaires qui, bien qu'étrangers à mon corps, ont participé au combat de Bosc-le-Hard et s'y sont particulièrement distingués ; ce sont :

1e M. le Dr Weyl, chirurgien major, qui, *n'ayant pas voulu reprendre le train avec l'intendance à laquelle il est attaché, a dirigé avec un courage voisin de la témérité le feu d'une demi-section de nos tirailleurs;*

2e Le chasseur Louis Galibert, du 12e régiment, détaché près de moi en qualité de planton, et qui, seul cavalier de ma colonne, a su se multiplier pour m'éclairer sur le nombre et la manœuvre de l'ennemi.

Une lettre écrite par un soldat havrais et publiée dans le *Moniteur du Calvados*, nous montre, au cours de l'action, le capitaine de Malherbe de Maraimbois, connu pour son talent d'adroit tireur, faisant le coup de feu et *descendant* trois Prussiens en trois coups de fusil.

Wartensleben, l'historien de la Ire armée, dit que les troupes prussiennes se composaient, à Bosc-le-Hard, d'un détachement de flanc (de la 31e brigade), composé de 2 bataillons, 1 escadron et une batterie sous les ordres du major Elern. On voit que les Havrais avaient eu affaire à forte partie, de l'aveu même des Prussiens.

Le bataillon Rolin n'aura plus à combattre ; nous n'aurons donc plus à parler de lui. Disons que le 9 janvier il sera incorporé dans le 94e régiment de mobiles (commandant de Peyronnet), dont il constituera le 1er bataillon, et qu'il sera licencié à la date du 18 mars.

Nous avons, à présent, à parler du départ de Rouen de l'armée du général Briand en retraite sur le Havre, et de l'occupation, sans coup férir, de la capitale de la Normandie par les Prussiens de Manteuffel.

A Rouen. — Pas de défense. — Le 5 décembre, les Prussiens continuant leur marche arrivent dans la matinée, le VIIIe corps (Von Gœben) à Quincampoix, à 11 kilomètres de Rouen et le Ier corps entre Lyons-la-Forêt et La Haye. Ce même jour, le général de Gœben poursuit son chemin dans la direction de

Rouen où il entre sans résistance à 4 heures de l'après-midi, par les routes de Darnetal, Bois-Guillaume et Malaunay.

Que s'est-il donc passé à Rouen, pour que cette grande ville ne se soit pas défendue avec l'aide des troupes du général Briand ? Un placard affiché par ordre de l'autorité civile sur les murs de la cité le jour de l'entrée des Prussiens, va nous donner là-dessus une première indication.

« *Le Préfet de la Seine-Inférieure, l'Administration et le Conseil municipal de Rouen.*

« A leurs concitoyens,

« Hier, nous faisions appel pour la défense de la ville à votre dévouement patriotique. L'autorité militaire promettait une énergique défense.

« Ce matin, à 4 heures, le général Briand nous confirmait cette détermination, et la garde nationale au son de la générale, s'assemblait sous les armes.

« A 5 heures, le général Briand prévenait le maire qu'il jugeait toute défense impossible, en face de forces trop imposantes, et qu'il donnait l'ordre de battre en retraite.

« Un des adjoints, accompagné de plusieurs officiers de notre garde nationale, est allé lui demander encore ses dernières résolutions. Le général a persisté dans sa décision ; il a quitté la ville avec toutes les troupes placées sous ses ordres.

« Dans cette cruelle extrémité, il importait de vous faire connaître la part de responsabilité qui incombe à chacun.

« D'autres et pénibles devoirs vont naître : nous nous efforcerons de n'y pas faillir. »

Le préfet,
DESSEAUX.

Le maire,
NÉTIEN.

Les adjoints,
THUBEUF, LEFORT, NION, DELAMARE, BARRABÉ et LEMASSON.

Les membres du Conseil,
FLAUBERT, DESCHAMPS, etc.

Mais « qui n'entend qu'une cloche n'entend qu'un son » dit le proverbe ; donnons à présent ce passage d'une lettre du général Briand, datée de Saint-Sauveur-le-Vicomte, 31 décembre 1870, et adressée au Conseil municipal de Rouen :

« Quant à l'insinuation de n'avoir pas défendu Rouen, je ne dirai que ceci : je me suis toujours prononcé pour la résistance à outrance ; tous les chefs de corps et autres officiers qui ont reçu mes instructions pourront affirmer si j'y étais disposé, et comment j'ai passé la nuit du 4 au 5 décembre. Mais, quand, à quatre heures du matin, heure convenue pour l'appel aux armes, j'ai trouvé la ville endormie, les rues désertes, et après avoir vainement attendu une demi-heure qu'on battit la générale (je me suis moi-même rendu au poste de la Préfecture, croyant y trouver des tambours), j'ai pensé, avec tous ceux qui m'entouraient que la ville n'était pas résolue à la résistance. Dans le courant de la nuit, M. le maire vint me dire, à l'hôtel de la division, qu'on ne sonnerait pas le tocsin à cause de l'alarme et de l'émoi que cela pourrait jeter dans la population. Cette détermination me parut au moins extraordinaire dans une circonstance si grave pour la ville de Rouen.

« C'est pourquoi j'ai dû penser, à quatre heures et demie du matin, qu'on ne battrait pas plus la générale qu'on n'avait sonné le tocsin. C'est donc en présence de ce silence bien significatif que j'ai dû prendre une résolution immédiate. J'ai prescrit alors à mes officiers de se porter, avec toute célérité possible, à la ligne de défense et de donner l'ordre aux troupes qui s'y trouvaient de battre en retraite; il n'y avait plus un moment à perdre afin d'ôter à l'ennemi la possibilité de nous inquiéter.

« Pendant que mes officiers couraient à la ligne de défense, je me rendis à la mairie, où, m'adressant à M. le maire, je lui dis : « Je viens d'envoyer l'ordre aux troupes de se retirer et d'évacuer la ville, car je n'ai pas trouvé le concours énergique que j'attendais. »

« M. le maire me dit qu'on battait la générale; je répondis : « Il est possible qu'on la batte maintenant (il était alors près de cinq heures), mais j'ai vainement attendu plus d'une demi-heure ce suprême appel aux armes. »

« Je n'ai pas pu dire, ainsi que l'avance la déclaration du conseil municipal, que des renseignements nouveaux sur la force de l'ennemi me déterminaient à ordonner la retraite, car je n'avais reçu, pendant la nuit, aucun renseignement de cette nature.

« Je déclare donc, encore une fois, que le mouvement de retraite n'a été ordonné que parce que la ville n'a pas répondu à l'heure convenue, à l'appel solennel que j'attendais.

« Dans de telles nuits, on ne dort pas, et tout le monde ne doit-il pas être debout à l'heure dite?... »

Dans une seconde lettre écrite quatre jours après, le général revenant sur le même sujet, s'exprime ainsi :

« A qui voudra-t-on faire croire que celui qui, quatre jours avant l'affaire de Buchy, enlevait Etrépagny à la tête des francs-tireurs des Andelys et du bataillon du commandant Rousset qui sont encore dans vos murs, a voulu sacrifier sans défense la ville de Rouen? Comment! J'aurais tenu dans mon cabinet, pendant une grande partie de la nuit du 4 au 5, tous les commandants de troupes, pour leur indiquer leur place, la ligne de défense, et cela, avec l'intention de les faire replier ensuite sans combattre? franchement, on ne se défend pas contre de telles imputations. J'ai indiqué la cause de la retraite de mes troupes; elle réside, je le répète, dans le silence qui régnait autour de moi, à quatre heures du matin, le 5 décembre, quand cette heure avait été désignée pour le suprême appel aux armes.

« Ce n'était pas à moi à faire sonner le tocsin, ni à faire battre la générale. Mais mes officiers savent si j'en ai attendu impatiemment le signal. » (*Moniteur du Calvados* du 8 janvier 1871.)

Quant à la démarche signalée par le placard municipal, comme ayant été faite *ici en premier* auprès du général, celui-ci la place « vers 7 heures ou 8 heures », c'est-à-dire beaucoup trop tard pour qu'il fût possible de faire reprendre aux troupes les positions de défense, puisque la plus grande partie d'entre elles avait déjà passé la Seine.

Nous avons indiqué ici sommairement les plaintes des deux parties. Laquelle des deux avait raison? Pour notre part, nous croyons que le général est dans le vrai quand il estime que *dans une ville résolue à se défendre, on ne dort pas*, lorsque l'ennemi est aux portes.

Mais, d'autre part, n'est-ce pas au chef militaire, à qui l'état de guerre donne en de telles circonstances absolument tous les droits, à exalter le patriotisme des populations, à user au besoin de coercition, afin d'arriver à faire marcher tout le monde, pour le salut de la patrie, ou, tout au moins, pour sauver l'honneur?

Ici comme partout, les responsabilités sont partagées et les plus graves incombent en définitive, au découragement, au désarroi moral qui caractérisa chez nous cette désastreuse époque et rendit souvent la tâche si facile aux Prussiens.

Bref, un correspondant du *Standard*, dans une lettre datée de Rouen le lendemain de l'entrée des Prussiens, nous paraît donner la note juste quand, après avoir montré l'indécision dans les esprits, le désarroi et la contradiction dans les ordres, etc., il s'écrie : « Le manque d'ordre et d'énergie avait produit ses conséquences logiques. »

« Vers trois heures, le major Sachs, désigné pour commander la place, se présenta à l'Hôtel de Ville et fut introduit dans la salle du conseil.

« Après avoir salué le maire de Rouen, qui lui rendit son salut, sans qu'aucun des membres quittât son siège, il déclara qu'il venait prendre possession de la ville, au nom de son général.

« Le maire (M. Nétien) répondit au major prussien :

— Vous êtes ici par la force. Les troupes françaises nous ont quittés ce matin; nous sommes ainsi contraints de subir vos ordres[1]. »

Le métier de vaincu. — Si l'action des Prussiens à Rouen ne leur a coûté ni grand effort ni perte en hommes, les Rouennais ne se verront pas pour cela épargner les contributions de guerre ni les vexations.

« La ville est triste et morne, écrit au lendemain de l'occupation le correspondant du journal le *Havre*. Elle est silencieuse, elle est déserte comme une solitude.

....

« Au reste, les Prussiens ne ménagent pas à nos pauvres vaincus les humiliations et les moqueries.

« Dans les rues, on les entend souvent poursuivre les troupes d'épithètes blessantes et faisant allusion à la reddition de la ville, ils ne se gênent pas pour crier aux passants : « Rouennais, lâches, lâches. »

« Et les pauvres gens ainsi apostrophés, pour la plupart braves gardes nationaux qui n'avaient demandé qu'à faire leur devoir, passent leur chemin, la tête basse, indignés et frémissants. »

« A sept heures, on bat le rappel pour les femmes, à huit heures pour les hommes. Cette heure passée, la ville n'est plus qu'un tombeau, çà et là visité seulement par les patrouilles prussiennes... » (*Moniteur du Calvados* du 16 décembre 1870).

D'une autre correspondance, celle-ci du 25 décembre, nous extrairons ceci :

« Le soir, après le rappel de neuf heures, la saturnale commence. MM. les officiers de la Ire armée de S. M. le roi de Prusse sont maîtres du pavé. Grand carnaval, avec accompagnement, pas tous les jours, il est vrai, de coups de feu dans les glaces des cafés où l'on est mal servi. La vie, du reste, est très facile dans l'état-major prussien.

« A l'Eldorado, vingt-deux artistes des deux sexes, chanteurs et chanteuses, les uns Français, les autres Allemands (les officiers prussiens ont pensé à tout), jouent la pantomime et chantent la gaudriole.

---

[1]. *Comment Rouen n'a pas été défendu*. Brochure sans indication d'éditeur et sans date, par Raoul Duval.

« Le parterre est joyeux et bruyant. Il y a galante compagnie.

« A Bicêtre, vivaient dans la retraite une centaine de dames à mœurs légères, jadis enlevées par la police des rues de Paris et expédiées franco, par voie administrative, avant le siège de la capitale, dans la maison d'arrêt de Rouen.

« Les gentilshommes au casque pointu se sont hâtés de leur rendre la liberté dorée, les soupers fins, les orgies nocturnes.

« Pendant huit jours, lingères et couturières n'ont pas chômé, et redevenues princesses du pavé, les captives d'hier figurent avec plaisir, sinon avec honneur, dans les spectacles bouffes des compatriotes de Schiller et de Gœthe.

« Au reste, les Prussiens se sont conduits avec une gracieuse équité ! Les portes de la prison n'ont pas été seulement ouvertes aux Madeleines pénitentes, mais à tous les détenus, aux vagabonds comme aux escrocs, et comme à côté du plaisir la charité doit trouver sa place, ils ont convié les pauvres de la ville à une vaste distribution de bois, charbons, farines, viandes, en un mot de toutes les provisions de la prison départementale.

....

« Il est vrai que, par contre, un conseil de guerre fonctionne en ville, et, de temps à autre, fait fusiller quelque pauvre diable coupable de s'être rappelé qu'il était Français !... »

Quelques-uns de nos lecteurs nous ont reproché, lors de la publication de nos précédents ouvrages, de nous être complu, en quelque sorte, dans la peinture des humiliations et des misères de tout genre que nous valait l'occupation prussienne. Hélas ! nous ne nous sommes pas corrigé, et nous allons encore exciter leurs plaintes, s'ils nous font l'honneur de lire ce livre. C'est que nous croyons utile de faire voir, de faire sentir à tous, surtout aux jeunes hommes qui seront soldats demain, combien est dur le métier de vaincu.

Terminons ce tableau de Rouen sous les Prussiens, par une touche assez inattendue et certainement originale.

Le roi de Thulé. — « ... La cour martiale tenait dernièrement sa séance chez un de nos amis...

« Les officiers supérieurs qui siégeaient à ce tribunal redoutable avaient expédié quelques misérables soldats prussiens, coupables d'infractions à la discipline, quand notre ami fut tout surpris d'entendre chanter la Cour.

« Dans l'intervalle de deux affaires, un officier prussien, furetant par hasard dans la salle d'audiences, avait mis la main sur une traduction de *Faust*.

« Toute la compagnie en épaulettes de se jeter aussitôt sur le petit volume, plein de patriotiques souvenirs, et, transporté d'enthousiasme, rêvant qu'il revoyait les bords nuageux et mystiques où s'était inspiré le grand poète national, le tribunal, moitié en allemand, moitié en français, s'était mis à entonner gravement la complainte du roi de Thulé. » (*Moniteur du Calvados*, 25 décembre 1870.)

Mais laissons ces choses et retournons parmi nos troupes. Celles du général Briand s'acheminent donc par tous les chemins vers le Havre, car là, du moins, avec la mer qui empêche d'être investi et assure le ravitaillement, on est certain de faire bonne défense.

Suivons un instant, dans leur marche, les éclaireurs Mocquard.

GAIS QUAND MÊME. — On ne saura jamais assez quel fonds de gaîté, — en campagne, ce n'est rien autre chose que de la force morale, cette chose si précieuse — recèle l'âme du troupier français.

Voyez les braves éclaireurs du colonel Mocquard, dans la période de misères et de fatigues qui suit l'abandon de Rouen.

Le 6 décembre, affamés, harassés, ils marchent sur Honfleur.

« On fit une halte à Fiquefleur.

« En approchant de Honfleur, les choristes de la 1re du 1er entonnèrent leur air favori :

« Contr' l'étranger, tous volontaires. »

et réglèrent le pas cadencé et régulier des autres compagnies.

« Ils étaient vraiment impossibles, tous ces vieux durs à cuire! la fatigue était oubliée, ils étaient prêts à tout entreprendre dès le lendemain; et cela durait ainsi depuis le mois d'août! Pas un seul n'était resté sur la route de Bourg-Achard à Pont-Audemer; et pourtant si des hommes se sont trouvés souvent dans le dénuement le plus complet, c'étaient ceux-là.

« Beaucoup ne possédaient en tout, pour se garantir du froid, qu'une blouse-vareuse, en laine, rentrée dans le pantalon souvent en lambeaux; je dus même, à ce sujet, faire monter dans la voiture d'ambulance un gaillard que le fond de sa culotte abandonnait impitoyablement malgré les ficelles prodiguées à l'excès pour le retenir. » (Dr Raspail.)

Autre exemple s'appliquant à la même troupe et tiré du même auteur :

« **Nous sommes au 28 décembre, la misère et les fatigues**

n'ont fait que s'accroître, le froid et la neige sont devenus terribles. Le régiment a atteint péniblement Harfleur, se rendant au Havre, la neige tombe serrée, on arrive à Harfleur, à 10 heures du matin, les hommes n'y voyant pas à vingt pas.

« Là, pas de train pour le Havre. Une heure s'est passée à attendre dans la neige, quand un télégramme arrive, ce sera pour midi seulement; les Mocquards sont furieux : « Comme s'ils ne pouvaient pas le dire plus tôt, s'écriaient-ils, on avait deux heures pour faire sa petite pot-bouille. »

« Et de fait rien ne vous dispose à ressentir plus cruellement l'impression du froid que lorsque l'on a l'estomac vide. Pas de combustible, pas de chaleur, partant mauvaise humeur dans la machine. »

Attention !

« Mais tout à coup une gaie fanfare éclate; notre clairon-major — un artiste — profite de l'occasion pour montrer ce qu'il est parvenu à tirer de cet instrument à notes limitées.

« Une demi-douzaine d'éclaireurs essayent de se dégourdir en faisant un vis-à-vis; leurs voisins se dérident tant soit peu, et les imitent, simplement pour ne pas geler sur place; les autres rient des gambades, des entrechats plus ou moins réussis; il n'en faut pas plus; adieu les mines renfrognées; adieu les grognements par trop accentués; la contagion gagne toute la ligne, tout s'ébranle dans un quadrille monstre, insensé, faisant voler en tourbillon de poussière la neige qui couvre le sol.

« Aux clairons qui redoublent d'allégresse et d'entrain, se mêle le bruit des marmites, des bidons, du fourniment qui s'entrechoquent à qui mieux mieux, en produisant un accompagnement qu'il serait impossible de rendre aussi bizarre et aussi varié dans une orchestration calculée avec soin. »

Rappelez-vous, je vous prie, si vous avez lu l'*Armée de l'Est* le concert dans la neige, à Chagny, et allez demander quelque chose de semblable à nos ennemis ! Ah ! nous en sommes bien persuadé, nous qui avons fait la guerre et longtemps vécu avec nos hommes, un général qui saurait apprécier cette qualité de notre troupier, faire fond sur elle et en tirer parti, obtiendrait des merveilles.

Au Havre. — Avant de quitter nos troupes de Normandie pour retourner à celles du général Farre, que nous avons laissées se retirant vers les places du Nord, disons un mot de ce qui s'est passé au Havre.

A un moment où on ne pensait point encore à un envahissement possible de la Normandie par les Prussiens; cette ville patriote avait commencé à fortifier les hauteurs d'Harfleur à Sainte-Adresse.

Les autorités havraises avaient résolu de faire de leur ville une place forte, elles surent mener à bien ce projet, de sorte que les Allemands qui désiraient ardemment la possession de ce grand port, durent y renoncer, en présence de la nécessité qu'il y aurait eu pour eux d'en faire le siège et d'y affecter des forces considérables.

A la nouvelle de l'entrée des Prussiens à Rouen, c'est une véritable exaltation patriotique qui s'empare des autorités et que les citoyens partagent entièrement. Elle ne fait que s'accroître les jours suivants. Nous en avons un exemple dans cette proclamation du sous-préfet, M. Ramel :

RÉPUBLIQUE FRANÇAISE
LIBERTÉ — ÉGALITÉ — FRATERNITÉ

Citoyens,

L'ennemi vient d'attaquer nos avant-postes : nous allons enfin pouvoir venger l'honneur de la Normandie et montrer à la France que les cités républicaines ne capitulent pas.

Bien armés, ayant derrière nous la mer, devant nous l'ennemi, il faut résister jusqu'à la mort !

Nous l'avons maintes fois promis : soyons dignes des espérances que fonde sur nous le pays.

Je viens de jurer au gouvernement de la défense nationale que je répondais de la victoire.

Il a pris acte de mon serment.

Je sais que je puis compter sur vous.

Comptez sur moi !

Car je suis fort du concours des dignes représentants de notre cité, du dévouement de nos chefs militaires et de l'enthousiasme républicain de la garde nationale et de notre population tout entière.

J'attends donc avec confiance l'heure prochaine où la **république décrétera que le Havre, comme Châteaudun, a bien mérité de la patrie !**

AUX ARMES
Vive la République, une et indivisible !

Le sous-préfet,
E. RAMEL.

Un incident qui se produit alors met en émoi toute la population ; elle se lève comme un seul homme. Il s'agit de troupes qu'on dit avoir vues s'embarquer, dans le port du Havre, à destination de Cherbourg. Des délégués sont envoyés au commandant Mouchez, et celui-ci ne disperse la foule qu'en l'assurant qu'il partage ses sentiments et qu'il fera tout pour leur donner satisfaction.

Ces braves citoyens sont bientôt apaisés par la proclamation suivante affichée à la mairie :

Citoyens,

Au moment où l'ennemi approche du Havre à marches forcées, la municipalité, fidèle interprète de la population tout entière, s'est émue à l'idée que des troupes s'embarquaient pour Cherbourg, alors que l'ennemi était à nos portes.

Le sous-préfet, le maire et ses adjoints se sont rendus à neuf heures du soir auprès du brave général Briand, pour lui exposer les sentiments de la population, et le prier de suspendre l'embarquement des troupes qu'il devait conduire à Cherbourg.

Le général, forcé d'obéir à des ordres précis, était placé entre son devoir, qui était de partir, et le désir de satisfaire aux demandes d'une population dont il apprécie le patriotisme.

En conséquence, il n'a pu différer son départ, mais il a consenti à laisser au Havre toutes ses troupes, sauf le corps déjà embarqué.

La défense est donc pleinement assurée, et la municipalité est heureuse d'en prévenir la population.

Le maire,
GUILLEMARD.

Encore ce détail, avant que nous quittions la vaillante ville.

Le général Briand parti, le capitaine de vaisseau Mouchez a demandé au gouvernement de lui envoyer un général de l'armée de terre pour se porter en avant à la tête des troupes, tandis que lui-même s'occupera surtout de la défense de la ville.

ENTRÉE SENSATIONNELLE. — A la fin de décembre, on voit arriver le général demandé. C'est le général de brigade Peltingeas.

Son entrée, légèrement théâtrale, ce dont nous ne sommes pas ennemi d'ailleurs, pourvu que la vigueur des actes réponde à la fierté des attitudes, séduit les Havrais.

« En mettant le pied sur le quai du Havre, nous dit le *Moniteur du Calvados*, le général Peltingeas, soulevant son képi, a prononcé ces paroles : « Salut au Havre ! Je viens me mettre à la tête des braves troupes réunies dans cette patriotique cité qui veut se défendre. Comme citoyen et comme général, je vous promets de vous mener à l'ennemi : ma devise est : *vaincre ou mourir.* » Ces paroles ont été couvertes d'applaudissements et de cris de : Vive la République! Vive le général!...

« Le général Peltingeas est un homme de quarante-cinq à cinquante ans au plus.

.... « Son arrivée au Havre est déjà un succès, et tout le monde en augure bien. Ce qu'il nous faut en ce moment, au Havre, comme dans tout le reste de la France, c'est un général qui s'appelle En avant!... »

La suite nous apprendra si cet ancien officier de gendarmerie devait répondre à ce qu'attendaient de lui les Havrais.

Pour le moment allons retrouver l'Armée du Nord.

Surprise de Ham. — Officiers prussiens pris jouant au billard.

CHAPITRE XI

Faidherbe à l'armée du Nord. — Surprise de Ham.

Après Villers-Bretonneux. — Réorganisation de l'armée. — Le général Faidherbe. — Son premier ordre du jour. — Composition de l'armée. — En marche. — Surprise de Ham. — Les Prussiens capitulent. — Deux cents prisonniers. — 91ᵉ de ligne. — Bataillon Cottin. — Lieutenant Vinciguerra. — Prussiens pris en ville. — Capitaine Philippot. — Poursuite en bateau. — Cloué au mur. — Lieutenant Oudard. — Capitaine Martin. — Sur le chemin de fer. — Un coup manqué. — 17º bataillon de chasseurs. — Au pont de Guiscard. — Batterie Bocquillon. — Parlementaire prussien. — Extrait du *Glaneur*. — Au café du Commerce. — En jouant au billard. — Collés sous bande. — La reddition. — Chassepots, robes de soie et jupons de femmes. — Soldats Figuier et Sauret. — Les récompenses. — Soldat Maréchal. — Sergent Marchal. — Enthousiasme des troupes. — Vive Faidherbe !

Le général Faidherbe. — Après Villers-Bretonneux, l'armée du Nord, ayant besoin de se réorganiser et de se compléter, vit tous ses corps dirigés sur leurs dépôts ; partout l'activité la plus grande fut déployée pour la mettre en état de reprendre la campagne.

La bataille de Villers-Bretonneux est du 27 novembre ; dès le 8 décembre, l'armée du Nord reprend ses opérations, commandée cette fois par le général Faidherbe.

Le nouveau commandant en chef arrive d'Algérie, où il commandait la division de Constantine.

C'est un officier sortant de l'Ecole polytechnique et appartenant à l'arme du génie.

Il n'est âgé que de 52 ans, mais sa santé, atteinte par un long séjour aux colonies et par l'excès de travail, car cet ancien gouverneur du Sénégal est un savant et un laborieux acharné, sa santé, disons-nous, est ruinée à demi.

Sa prise de commandement date du 5 décembre. Elle est annoncée à l'armée par l'ordre du jour suivant.

« Officiers, sous-officiers et soldats ; appelé à commander le 22ᵉ corps d'armée, mon premier devoir est de remercier les administrateurs et les généraux qui ont su, en quelques semaines, improviser une armée qui s'est affirmée si honorablement les 24, 26 et 27 novembre sous Amiens.

« J'exprime surtout ma reconnaissance au général Farre qui vous commandait, et qui, par une habile retraite devant des forces doubles des siennes, vous a conservés pour le service du pays.

« Vous allez reprendre de suite les opérations avec des renforts considérables qui s'organisent chaque jour, et il dépendra de vous de forcer l'ennemi à vous céder à son tour le terrain.

« Le ministre Gambetta a proclamé que, pour sauver la France, il vous demande trois choses : la discipline, l'austérité des mœurs et le mépris de la mort.

« La discipline, je l'exigerai impitoyablement.

« Si tous ne peuvent atteindre à l'austérité des mœurs, j'exigerai du moins la dignité et spécialement la tempérance. Ceux qui sont aujourd'hui armés pour la délivrance du pays sont investis d'une mission trop sainte pour se permettre les moindres licences en public.

« Quant au mépris de la mort, je vous le demande au nom même de votre salut. Si vous ne voulez pas vous exposer à mourir glorieusement sur le champ de bataille, vous mourrez de misère, vous et vos familles, sous le joug impitoyable de l'étranger. Je n'ai pas besoin d'ajouter que les cours martiales feraient justice des lâches, car il ne s'en trouvera pas parmi vous. »

Au moment où elle rentre en campagne, la petite armée se compose donc d'un corps d'armée, le 22e, à 3 divisions de 2 brigades chacune. Les 3 divisions sont respectivement sous les ordres du général Lecointe, du général Paulze d'Ivoy et de l'amiral Moulac.

Nous ne donnerons pas de plus longs détails sur cette première organisation, car elle est destinée à disparaître bientôt pour faire place à la formation de l'Armée du Nord en 2 corps d'armée, formation, définitive cette fois, que nous verrons à l'œuvre sur les champ de bataille de Pont-Noyelles, de Bapaume et de Saint-Quentin.

C'est avec 30.000 combattants et 60 pièces d'artillerie, comme il nous le dit lui-même, que Faidherbe s'ébranle le 8 décembre 1870. Dès le lendemain nous aurons à signaler un heureux coup de main, l'enlèvement par surprise de la citadelle de Ham.

Ham.

C'est le 9 décembre que la 1re division (Lecointe) se dirigeant sur Saint-Quentin, arrive à Ham. Il est 6 heures du soir ; la nuit est obscure.

Voici le court récit consacré par le général Faidherbe à la prise de ce château historique où furent enfermés, après la révolution de 1830, les ministres de Charles X et plus tard le prince Louis Bonaparte, le futur empereur Napoléon III.

« Trois colonnes d'un bataillon, appuyées chacune de 2 pièces d'artillerie, traversèrent la ville par divers passages, et arrivèrent à l'esplanade du fort. L'une d'elles détacha une compagnie vers la gare du chemin de fer qui fut enlevée avec ses défenseurs.

« Après une sommation qui ne fut pas écoutée, on tira quelques coups de canon contre les tours, sans obtenir de résultat. La porte d'entrée, difficile à apercevoir, était d'ailleurs fortement barricadée.

« Cependant, vers deux heures du matin, les défenseurs demandèrent à capituler. Cette capitulation nous livra 210 prisonniers dont 12 officiers ou ingénieurs et, en arrivant le 10 à Ham avec le reste du corps d'armée, le général en chef trouva, en s'avançant vers le sud, le pays libre d'ennemis. »

Entrons à présent dans quelques détails et citons pour cela l'historique du 72e de marche, régiment dont va bientôt faire partie le 1er bataillon du 91e de ligne.

91e DE LIGNE (1er bataillon). — Le 9 décembre le bataillon partit de Saint-Quentin à 10 heures et prit la route de Ham.

« La marche continua jusqu'à cinq heures, sans que personne pût se douter du but de l'expédition. A 2 kilomètres de Ham, après un repos rendu nécessaire par une marche pénible faite sur des routes couvertes de neige non battue, M. le commandant Cottin réunit les officiers et leur apprit que le bataillon était *chargé de la prise de Ham.*

« M. le lieutenant Vinciguerra fut envoyé en avant-garde avec une section et 2 cavaliers, avec ordre d'enlever un poste prussien de plusieurs hommes qui devait se trouver à l'entrée de la ville. Chaque compagnie reçut des ordres particuliers et on reprit la marche au milieu du silence le plus complet.

« La nuit survint au moment où on approchait des premières maisons de la ville, où l'avant-garde était entrée sans coup férir. On prit alors le pas gymnastique.

« Chemin faisant, les habitants indiquaient aux officiers les maisons où se trouvaient des Prussiens; on laissait quelques hommes et on continuait la marche. Plusieurs officiers et plusieurs soldats furent ainsi surpris dans les maisons où ils logeaient.

« La 1re compagnie et la 2e section de la 4e furent lancées sur l'esplanade du château et bloquèrent la porte d'entrée, après avoir blessé grièvement un sous-officier et pris un officier.

« La 2e compagnie et la 1re section de la 4e prirent le chemin de la gare. Le capitaine Philippot, chargé d'enlever le poste qui s'y trouvait, lança une section pour lui couper la retraite, et, avec le reste, tourna le poste. La sentinelle fut tuée à bout portant; les quelques hommes qui se trouvaient dans le poste prirent l'alarme, et se sauvèrent après avoir fait feu, mais tombant sur la section arrêtée sur la route, ils changèrent de direction et se jetèrent dans les marais qui baignent les murs du château-fort. Là, on les perdit de vue. *On les pourchassa en bateau*, mais la nuit était si sombre qu'on ne put les atteindre.

« Le sous-officier qui commandait le poste chercha à résister et fut cloué au mur d'un coup de baïonnette.

« La 3ᵉ compagnie pénétra dans une rue et arrêta plusieurs soldats et officiers.

« Enfin, la 5ᵉ fut placée sur la route de Lihons, pour prévenir l'arrivée de renforts prussiens.

« Le commandant Cottin envoya M. le lieutenant Oudard, avec un soldat parlant allemand, pour parlementer. A peine le soldat eut-il prononcé quelques mots, qu'une décharge de mousqueterie tua l'interprète et blessa M. Oudard.

« Les Prussiens ont prétendu depuis qu'ils n'avaient pas compris qu'ils avaient affaire à un parlementaire. Du reste, *nous n'avions ni drapeau blanc ni clairon.* » Voilà qui peint bien l'absolue ignorance dans laquelle se trouvaient alors nos officiers, des plus simples usages de la guerre.

« Chacun resta dans ses positions, jusqu'à quatre heures du matin. M. Martin, capitaine, se présenta de nouveau aux Prussiens pour les engager à capituler. On finit par s'accorder sur les principaux points, et les portes du château s'ouvrirent à six heures du matin.

« On fit prisonniers de guerre : 13 officiers et 200 hommes de troupe.

« Les pertes furent :
1 officier blessé (M. Oudard), 3 soldats tués et 10 blessés.
Le 10, on séjourna à Ham.

Coup manqué. — Le 11, le bataillon se remit en route, et sa marche sur Tergnier fut signalée par un incident qui, sans la maladroite précipitation d'un bataillon de chasseurs, pouvait faire tomber encore plusieurs centaines de Prussiens entre nos mains.

Vers cinq heures du soir, comme la nuit était venue et que le bataillon marchait sur la voie du chemin de fer, un train allemand fut signalé, venant de La Fère. Il était chargé de troupes qui venaient sans doute pour nous surprendre à notre tour dans Ham.

« Il marchait lentement, dit l'historique, précédé de 3 hommes, l'un d'eux portant un falot, chargés de vérifier le bon état de la voie.

« Un bataillon de chasseurs, qui précédait la colonne commença, dès qu'il aperçut le train, un feu à volonté, et grâce à cette précipitation, le mécanicien eut le temps de renverser la vapeur et de reprendre la route de La Fère, à toute vitesse. Le soldat qui portait le falot, restait sur la voie, avec la cuisse cassée. »

Profitons de la circonstance, c'est-à-dire de la coopération du 17e chasseurs à pied de marche, à la prise de Ham, pour vous présenter ce brave bataillon.

17e BATAILLON DE CHASSEURS. — Le 17e bataillon de chasseurs à pied de marche a été formé à Douai, le 15 novembre, à 5 compagnies, avec des éléments tirés du dépôt du 17e bataillon. Il est commandé par le chef de bataillon Moynier.

Les cinq compagnies sont respectivement commandées par les capitaines Surloppe, Danflous, de Poussargues, Bailleux et Braun.

Dirigé le 26 novembre sur le 22e corps, il commence sa campagne dès le lendemain, en donnant la chasse à des éclaireurs et à des réquisitionnaires ennemis, à Sailly, Chipilly, etc...

Le 30 novembre le bataillon est de retour à Douai; le 3 décembre il rejoint sa division (1re du 22e corps) à Rumilly, près de Cambrai. Il fait partie de la 2e brigade (Pittié).

COUP DE MAIN DE HAM. — Le 9 décembre, la 1re division arrive près de Ham occupé par les Prussiens et s'y cantonne, vers cinq heures du soir.

« D'après les ordres de M. le général Derroja, lit-on dans l'historique[1] du bataillon, le 17e bataillon doit relever les avant-postes des faubourgs, monter rapidement la grande rue et s'établir solidement au pont sur la Somme, route de Guiscard, en détachant une compagnie en avant, de manière à isoler la citadelle.

« Une section d'artillerie (batterie Bocquillon) doit suivre ce mouvement et canonner les remparts.

« Les chasseurs, jeunes soldats d'un mois de service, sont pleins d'entrain et enlèvent sans hésitation les maisons où on signale l'ennemi, et font des officiers et des soldats prisonniers.

« Le pont de Guiscard occupé, le bataillon s'établit en partie dans les maisons qui entourent la citadelle, pour répondre au feu des remparts, à 50 ou 60 mètres, tandis que l'autre partie construit, au moyen de fagots, des barricades et des traverses, pour se protéger contre une fusillade qui a déjà blessé plusieurs hommes.

1. Papiers d'Amédée Le Faure.

« Vers minuit, un officier prussien prisonnier est amené aux avant-postes de la 3ᵉ compagnie (capitaine de Poussargue, sous-lieutenants Chabaille et Guillaume), par ordre de M. le général de division, afin de parlementer avec la garnison de la citadelle, qui conclut d'abord un armistice de 4 à 6 heures du matin, et se rend ensuite prisonnière de guerre. »

Enfin, nous avons trouvé dans le *Glaneur de Saint-Quentin*, quelques particularités qui achèveront de faire connaître en détail ce petit succès.

... « L'attaque avait été si rapide et si silencieuse, que quelques officiers n'eurent pas le temps de sortir du *Café du Commerce* où ils jouaient au billard. Sur l'indication des bourgeois, on fit plusieurs prisonniers dans les maisons particulières; le plus grand nombre fuyaient dans la direction du fort, les Français les pourchassaient à la baïonnette à travers les rues et les arbres du rempart; les fuyards répondaient par une vive fusillade, on voulait prendre le fort d'assaut.....

« A 1 heure du matin, le capitaine Martin, de la 1ʳᵉ compagnie du 91ᵉ, se présente en parlementaire en compagnie d'un officier prussien déjà prisonnier; dans l'entrevue avec le commandant de la forteresse, on stipule les bases de la capitulation. La place sera rendue à 6 heures et un échange d'officiers prisonniers pourra avoir lieu.

« A l'heure dite, le commandant Cottin, le capitaine Martin, le lieutenant Mayaud entrent dans le fort. Ils trouvent les Prussiens en rang et désarmés; le lieutenant Mayaud fait détruire les retranchements de terre et de pavé que les Prussiens avaient élevés contre les portes.....

« Les pertes des Français sont de 3 hommes, dont un officier, plus 8 blessés. Les Prussiens ont eu un officier tué, 2 blessés, 12 morts, une quinzaine de blessés. Presque toutes les blessures sont occasionnées par les baïonnettes. Le nombre des prisonniers s'accroît d'heure en heure. Au moment où on nous donnait ces renseignements que nous publions, 11 Prussiens, outre ceux que l'on a pu voir à Saint-Quentin, étaient amenés. On suppose que quelques ennemis sont encore cachés dans les maisons et les marais; les soldats se livrent à des perquisitions minutieuses...

« On a pris 20 magnifiques chevaux, un grand nombre de chassepots, des *robes de soie*, *des jupons de femme*, un violon, etc. »

Nous pouvons citer parmi les blessés les nommés Figuier, François, soldat au 91ᵉ de ligne et Sauret, François, chasseur au 17ᵉ bataillon.

Par décret du 3 janvier, seront faits chevaliers de la Légion

d'honneur, le capitaine Martin, Edouard, du 91e de ligne:
« S'étant distingué devant Amiens, a grandement contribué à
la prise de Ham », et le lieutenant Oudard du même régiment:
« Cité après la bataille d'Amiens, a été grièvement blessé à
Ham. »

A la même date, la médaille militaire sera conférée au soldat
Maréchal, du 75e de ligne : « Une blessure grave ; très brave soldat », et au sergent Marchal, du 91e de ligne : « Blessé à
Amiens, s'est signalé à Ham. »

Les femmes de Lens. — Vareuses et culottes. — Avant
d'aller plus loin, nous avons à signaler le maire de Lens et ses
braves administrés, comme ayant montré un véritable dévouement à l'égard des troupes du général Paulze d'Ivoy, qui étaient
allées s'y refaire après Villers-Bretonneux.

« Nous quittons cet excellent maire de Lens, M. Spriet-Demayer, qui nous a soignés gratis chez lui comme la prunelle
de ses yeux. Braves gens que ceux de ce pays ; ils ont raccommodé nos mobiles, pendant que ces pauvres gens dormaient.
Leurs vêtements en guenilles ont donc fini par inspirer de la
pitié ; l'intendance ne fait rien et nous continuons la campagne
d'hiver avec des haillons. Quoi qu'il en soit, nous sommes prêts
à marcher avec rage, aucune difficulté ne rebute plus... » (Lettre
du capitaine de Thannberg, du 10 décembre 1870.).

Après le coup de main de Ham, nos troupes ont continué leur
route, pleines d'ardeur et de confiance dans leur nouveau général
en chef. Il ne nous reste qu'à les suivre.

Combat de Querrieux. — Les Prussiens chassés du bois.

CHAPITRE XII

Avant Pont-Noyelles. — Combat de Querrieux.

Pointe sur La Fère. — Marche sur Amiens. — Etonnement des Prussiens.— Ils rebroussent chemin. — Faidherbe sur l'Hallue. — De Daours à Contay. — Les mobilisés arrivent. — Nouveaux généraux. — 22ᵉ corps (Lecointe). — 23ᵉ corps (Paulze d'Ivoy). — Mobilisés Robin. — Instructions de combat. — Un événement **grave**. — Dans la mobile. — L'élection des officiers. — Opinion de Faidherbe. — Les leçons du passé. — En 1792 et 1793. — Les généraux Biron et Santerre. — Le conventionnel Aubry. — Combat de Querrieux. — 18ᵉ bataillon de chasseurs. — Charge à la baïonnette. — Le bois enlevé. — Effet moral. — Nos pertes. — 33ᵉ de ligne. — Bataillon Zédé. — Deux colonnes prussiennes. — Vif combat. — Capitaine Audibert. — Compagnies de reconnaissance. — Une dépêche et un ordre du jour. — Sur les positions de combat. — Répétition générale.

Continuant, de Ham, sa marche vers le sud, le général Faidherbe est allé reconnaître la ville de La Fère. Après avoir constaté qu'il n'était guère possible de songer à l'enlever de vive force, et ne voulant pas en entreprendre le siège, il prend le parti de se diriger sur Amiens. Le 15 décembre, la petite armée est en marche vers ce nouvel objectif. Les deux divisions Lecointe et Paulze d'Ivoy se réunissent pendant cette marche qui s'exécute dans un ordre remarquable, et bientôt la 3ᵉ division (Moulac) fait à son tour sa jonction. On arrive ainsi tout près d'Amiens, où l'on a des nouvelles des Allemands. Ceux-ci, en apprenant que la petite armée française, qu'ils croyaient avoir anéantie à Villers-Bretonneux, était ressuscitée plus vaillante que jamais, et allait leur chercher noise jusque sous les murs de La Fère, avaient arrêté bien vite leur marche vers Le Havre et s'étaient mis à rebrousser chemin. On croit savoir chez nous, d'autre part, que des rassemblements de troupes allemandes ont lieu au sud, vers Montdidier et Breteuil. Dans ces conditions, Faidherbe juge que ce qu'il y a de mieux à faire, ce n'est pas de chercher à occuper Amiens, — la citadelle est au pouvoir des Prussiens qui peuvent détruire la ville, comme ils en ont fait la menace, — mais de chercher une bonne position de combat pour attendre l'ennemi.

Cette position, Faidherbe la trouve sur les hauteurs de la rive gauche de l'Hallue, petit affluent de la Somme, à quelques kilomètres d'Amiens et faisant face à la citadelle.

Notre ligne, appuyée par sa gauche à la Somme dont tous les ponts sont coupés, s'étend de Daours à Contay, à travers les villages de Bussy, Querrieux, Pont-Noyelles, Bavelincourt, Béhencourt et Vadencourt, où nos troupes sont cantonnées et s'apprêtent à recevoir l'ennemi.

En même temps que se prennent ces mesures stratégiques, les trois divisions du 22ᵉ corps s'augmentent d'une division de mobilisés et l'armée se scinde alors en deux corps d'armée, le 22ᵉ, commandé par le général Lecointe et le 23ᵉ par le général Paulze d'Ivoy. Ces deux officiers sont nommés généraux de division.

Le général Farre, nommé au même grade, remplira les fonctions de major-général de l'armée du Nord, les colonels Derroja et du Bessol, sont promus généraux de brigade.

La 1re division du 22e corps (Lecointe), marche sous les ordres du général Derroja ; elle comprend les brigades Aynès (lieutenant-colonel) et Pittié (colonel). La 2e division a à sa tête le général Dufaure du Bessol, ses deux brigades sont respectivement commandées par les colonels Fœrster et Gislain.

Au 23e corps (Paulze d'Ivoy), la 1re division est commandée par le capitaine de vaisseau Moulac: elle comprend les brigades Michelet (lieutenant-colonel du génie) et de Lagrange (capitaine de vaisseau). Quant à la 2e division, c'est celle des mobilisés du Nord, que commande le général Robin, avec les deux brigades Brusley (colonel) et Amos (colonel).

Nous ne pousserons pas plus loin le détail de cette nouvelle formation, le récit des combats et le rôle que chacun va y jouer suffiront amplement à faire connaître à nos lecteurs l'affectation des différents corps de troupes.

Voyons maintenant et en gros les positions de chacun.

Le 22e corps (Lecointe) est établi le long de l'Hallue, de Daours à Contay; il a 6 batteries d'artillerie.

Le 23e (Paulze d'Ivoy) a sa 1re division (Moulac) à Corbie et environs, ayant avec elle 3 batteries plus 2 batteries de réserve.

Quant aux mobilisés du général Robin, ils sont en seconde ligne, dans les villages au sud-ouest d'Albert, avec un régiment détaché à Bray, pour surveiller le cours de la Somme.

En cas de combat, chacun est dûment averti de ce que le général en chef attend de lui.

A l'extrême gauche, la division Moulac, du 23e corps, viendra, de Corbie, occuper les hauteurs dominant Daours et Bussy, vers la Somme.

A sa droite, la division du Bessol (2e du 22e corps) fera face à Pont-Noyelles, Querrieux et Fréchencourt.

A l'extrême droite, enfin, la division Derroja (1re du 22e corps) défendra les positions jusqu'à Contay, et sera appuyée par la division de mobilisés Robin.

« D'après les instructions du général en chef, les villages au fond de la vallée ne devaient être défendus que peu de temps par les tirailleurs. Les efforts devaient se porter sur la défense des positions en arrière, sauf à reprendre les villages quand l'ennemi aurait été repoussé des hauteurs qu'on supposait devoir être sérieusement attaquées par lui. » (Faidherbe.)

Voici l'ordre donné par Faidherbe à son armée le 19 décembre. Il est daté de Corbie.

« Nous sommes revenus sous Amiens, où il y a 20 jours, l'armée du Nord a infligé des pertes si considérables à l'ennemi. J'espère qu'il viendra nous y attaquer dès qu'il aura réuni des forces suffisantes. Aujourd'hui, que vous êtes plus nombreux et que nous ne manquerons pas de munitions, vous lui ferez subir, je n'en doute pas, une défaite complète.

« Nos têtes de ligne sont excellentes et les mobiles montreront qu'ils sont dignes de marcher à côté des meilleures troupes. Tâchons d'inaugurer l'ère des victoires. »

« Faidherbe. »

Une lettre du général Robin. — Si le général de division Robin, ex-officier de marine, improvisé général par le commissaire de la défense Dr Testelin, n'a pas été, à bien des points de vue, à hauteur de sa mission, comme le fera voir d'ailleurs la suite de ce récit, il n'en avait pas moins, lors de sa prise de commandement, montré la plus grande bonne volonté et tout l'esprit militaire qui doit animer un bon chef et un brave soldat. La lettre suivante, adressée au général Paulze, en fait foi. Nous avons pour principe, on le sait, de chercher à rendre justice à chacun.

« Albert, 22 décembre 1870,

« Mon Général,

« Je vais, suivant vos instructions, transporter mon quartier général à Franvillers. Pour la facilité de communication, en étudiant la carte, je crois que je serai plus près de vous, en étant plus au centre de mes brigades, à Bonnay ; si vous m'en donnez l'autorisation j'irai demain soir.

« J'ai absolument besoin d'être, pendant deux ou trois jours encore, près d'une station de chemin de fer, pour recevoir le complément de mon habillement. J'ai eu dix-huit jours pour armer et habiller ma division. Il manque encore bien des petits détails, bien que nous soyons prêts au combat.

« Je vous demande indulgence pour mes situations : mes régiments constitués en quelques jours, ont des fluctuations énormes. Des réfractaires rejoignent ; des exemptions venues du Gouvernement, diminuent l'effectif ; des gens non réformés sont renvoyés dans leurs foyers. J'ai peu de trainards, grâce à la sévérité absolue que j'exige des chefs ; je n'ai pu cependant réussir à les faire disparaître complètement. Mes communication avec Bray étant lentes, j'ai peur que ma 1re brigade n'ait pas demain ses plantons à l'ordre du quartier général. Je veillerai à ce qu'il n'y ait pas d'autre retard.

« Mes cantonnements sont Lahoussoye, Franvillers, Baizieux, Warloy pour la 2e brigade, Bray, Chipilly, Albert, pour la 1re brigade.

« Je profite de la première occasion de service pour vous affirmer, mon Général, mon absolu dévouement et la ferme volonté que j'ai de faire exécuter les ordres que vous me donnerez. La position difficile qui m'est faite par mon âge, mon inexpérience et celle de mes troupes, ne peut se racheter que par une activité incessante et une énergique volonté de bien faire, pour arriver à la délivrance de la patrie.

« **Je vous promets cela sans restriction et je crois pouvoir vous affirmer que vous pouvez compter sur mes régiments comme sur de vieilles troupes** ».

« Je suis avec respect, mon général,
« Votre obéissant et dévoué serviteur,
« *Signé :* CHARLES ROBIN. »

Un évènement grave venait de se produire à l'armée du Nord, nous parlons de l'élection des officiers de la mobile; voici en quels termes, un peu vagues, en parle le général Faidherbe : « La manière dont s'étaient conduits un certain nombre d'officiers de mobiles, nommés sous l'Empire, engagea le commissaire de la défense dans la région du Nord, et le général en chef à faire procéder, conformément à la nouvelle loi, à l'élection des officiers de la garde mobile.

« Cette opération, faite avec beaucoup de précipitation et en face de l'ennemi, produisit de bons résultats dans certains corps et de mauvais dans d'autres.

« Quelques officiers, qui n'avaient pas été réélus, précisément parce qu'ils prenaient le service au sérieux, furent nommés adjudants-majors. On fut bientôt obligé de révoquer un certain nombre de nouveaux élus; on les remplaça par des officiers de l'armée et les choses marchèrent assez bien. »

La mesure, pour nous, était au point de vue militaire intempestive et des plus mauvaises. Si les leçons du passé n'étaient pas, la plupart du temps ignorées ou méconnues, on aurait pu, avant de prendre la mesure en question, interroger nos devanciers, on aurait trouvé chez eux les témoignages suivants, entre autres, que des républicains n'auraient pu récuser, car ils émanent de deux généraux de 1792 et d'un conventionnel :

« .... L'intérêt des élections est destructif de tout respect pour les supérieurs et de toute fermeté envers les subordonnés;

il est rare que ces officiers jouissent de quelque considération dans leurs troupes et qu'ils soient obéis... »

Ces lignes sont extraites d'une lettre écrite par le général Biron au ministre Servan, en 1792.

« .... Un homme instruit et sans passion, qui connaît tous les mouvements du cœur humain », écrivait à son tour à la Convention nationale le député Aubry, en tournée à l'armée du Midi, « ne peut se persuader que, dans l'état militaire surtout, où les devoirs sont renfermés dans une obéissance passive, cette obéissance puisse exister dans son entier, du volontaire à son officier qu'il a fait lui-même. »

Enfin, Santerre lui-même écrit, de l'Armée des côtes de la Rochelle aux citoyens membres de la Commune de Paris, le 20 juillet 1893 : « ... le plus grand abus de nos armes, c'est le choix des officiers fait par les soldats...

« L'on m'objectera que les soldats savent bien distinguer un bon officier; oui, j'en conviens, lorsque l'officier est en place et tient bien sa compagnie, mais le distinguer lorsqu'il exerce, ou le choisir, cela est, ce me semble, tout autre chose. Il ne me paraît pas aisé de choisir un homme et, à plus forte raison, lorsqu'il faut distinguer un germe de talent. »

Cela dit, voyons ce qui se passe à Amiens.

Dans Amiens. — « Le commandant prussien Hubert, de la citadelle, lisons-nous dans une lettre du capitaine de Thannberg, datée du château de Querrieux, 19 décembre, se conduit d'une manière ignoble, tirant à obus sur le moindre groupe d'habitants, sur des diligences, etc., etc.

« *Chaque jour à midi, les Amiénois doivent apporter les vivres nécessaires à la garnison, sous peine de bombardement.* Quand pourrons-nous étrangler ces sauvages-là ! En traversant le Santerre, les villageois ruinés à plate couture pleuraient tous de nous revoir... »

Mais l'heure des combats est proche; dès le lendemain même, un premier choc va se produire à Querrieux.

Combat de Querrieux.

Le 20 décembre, les éclaireurs de la petite armée signalent une forte reconnaissance ennemie, 2.000 hommes avec deux canons, qui s'avance vers nos lignes, venant d'Amiens. Elle se dirige sur notre centre, vers Querrieux.

Nos grand'gardes prennent les armes et le feu ne tarde pas à s'engager. Le 18e bataillon de chasseurs à pied et un bataillon du 33e de ligne s'élancent sur l'ennemi, le rejettent au delà du bois de Querrieux et l'obligent « à une prompte retraite ». (Faidherbe.)

Le récit du général en chef ne parle pas de l'action des 300 éclaireurs du commandant Bayle ; c'est une lacune que nous comblerons tout à l'heure.

L'affaire a été si lestement menée que notre artillerie n'a pas eu le temps d'y prendre part.

Nous avons perdu 7 tués et 20 blessés. Quant à l'ennemi, le livre du général Faidherbe accuse pour lui une perte de 10 tués et 14 blessés. restés sur le terrain, sans compter une cinquantaine de blessés emportés sur quatre voitures.

Les historiques des trois corps de troupe engagés au combat de Querrieux vont nous donner des détails sur cette honorable petite affaire.

18e BATAILLON DE CHASSEURS. — Nous avons laissé le bataillon à Arras, à la date de la fin de novembre.

Le 4 décembre, il a regagné son dépôt, à Saint-Omer, pour se réorganiser. Là, des promotions sont faites et les 5 compagnies du bataillon se trouvent encadrées ainsi, en officiers :

2e compagnie. Edighoffen, capitaine ; Leguen, lieutenant ; Mennequin, sous-lieutenant.

3e compagnie. Martin (Eugène), capitaine ; Robin, lieutenant ; Naudin, sous-lieutenant.

4e compagnie. Martin (Emile), capitaine ; Franck, sous-lieutenant ; Amade, sous-lieutenant.

5e compagnie. Wasmer, capitaine ; Joxe, lieutenant ; Berquès, sous-lieutenant.

6e compagnie. Jan, capitaine ; Joulin, lieutenant ; Robert, sous-lieutenant.

Le 10, le bataillon s'embarque en chemin de fer, et le 11 il est à Achiet-le-Petit, et va cantonner pour la nuit à Albert.

Le 12, on traverse Péronne par une pluie glaciale et un épouvantable verglas, et l'on arrive à Bray-sur-Somme. Bref, après de pénibles marches on atteint le 16 Marcelcave où se concentre la brigade (1 bataillon du 33e de ligne, 2 du 91e, le régiment de mobiles Somme et Marne, 18e bataillon de marche de chasseurs, 1 batterie d'artillerie). Le commandant de la brigade est le colonel de Gislain.

C'est là que le capitaine Wasmer est nommé chef de bataillon au 19e de marche et remplacé par le lieutenant Leguen.

Le 17, après avoir passé la Somme à Corbie, on va cantonner à Querrieux.

A ce moment déjà, toute l'armée du Nord est échelonnée le long du cours de l'Hallue, la gauche à Daours, le centre à Querrieux, la droite à Bavelincourt. Le quartier général est à Corbie.

Le 18 arrive au bataillon une nouvelle compagnie (n° 7). Elle est commandée par le capitaine Burlin, évadé des ambulances de Metz. Les compagnies sont portées à 175 hommes.

Le 20, des compagnies du 33e placées dans le bois de Querrieux d'où l'on peut suivre les mouvements de l'ennemi, signalent sa sortie d'Amiens.

« Vers onze heures, en effet, dit l'historique rédigé par le capitaine Martin, une fusillade assez vive s'engageait vers la droite, au débouché du bois, entre des tirailleurs prussiens et la compagnie des éclaireurs du Nord.

« Les troupes cantonnées à Querrieux prirent immédiatement les armes. La 2e compagnie fut déployée à gauche de la route, jusqu'au moulin à vent; la 2e section de la 3e à sa gauche, du moulin au chemin de Bussy-Daours. Les 5e, 6e et 7e étaient déployées à droite de la route d'Amiens, la 4e en réserve. A midi, la fusillade était engagée sur toute la ligne.

« Désespérant de sortir du bois, les Prussiens eurent un mouvement de recul. Ce fut pour les nôtres le signal de la charge. Tous s'ébranlèrent au pas de course et, tandis que les 3e (Martin Eugène) et 4e (Martin Emile) contournaient le bois à gauche, les 5e (Leguen), 6e (Jan) et 7e (Burlin) à droite, la 2e (lieutenant Robert) se précipitait par la route du milieu, et, en moins d'une demi-heure, le bois fut enlevé à l'ennemi. Il se met dès lors en pleine retraite sur Amiens.

« Ordre fut donné de s'arrêter, pour ne pas tomber sous le canon de la citadelle et, à 5 heures, chacun rentrait dans ses cantonnements.

« Ce combat qui coûta au 18e bataillon une vingtaine d'hommes tués ou blessés, eut sur nos jeunes troupes une influence morale des plus salutaires. Il réaccoutuma à l'odeur de la poudre ceux d'entre eux qui avaient déjà combattu à Villers-Bretonneux et qui, depuis un mois, n'avaient plus aperçu l'ennemi.

« Il encouragea ceux qui pour la première fois se trouvaient en présence des Prussiens. Enfin, tous, officiers et soldats sentaient qu'ils avaient à leur tête un général qui commandait et dans lequel ils pouvaient placer justement leur confiance...

33e DE LIGNE (1er bataillon de marche). — Après la bataille

d'Amiens, le bataillon Zédé s'est retiré d'abord sur Doullens, puis sur Arras où il s'est reconstitué.

A la date du 10 décembre nous le trouvons formé de 5 compagnies : Dumas, lieutenant; Maus, Magnier, Turbert et Pouzet, sous-lieutenants ; le bataillon n'a plus qu'un capitaine, c'est M. Audibert, qui commande le bataillon, le commandant Zédé ayant été nommé chef d'état-major de la 2e division du 22e corps. — L'effectif du bataillon est reporté à 658 hommes.

A partir du 15 décembre, où le bataillon est à Chaulnes, il est averti qu'il fait partie de la 2e brigade, de la 2e division, du 22e corps.

Le 18 décembre, le bataillon est à Querrieux, où il reçoit de son dépôt un détachement de 24 hommes amené par le sous-lieutenant Piccavet.

Le 19, le bruit se répand que Manteuffel vient d'arriver à Amiens, avec son avant-garde, ramenant son armée de Normandie, et que le gros de ses troupes le suit de près.

RECONNAISSANCE PRUSSIENNE. — Le 20 décembre, s'avancent deux colonnes prussiennes, l'une par le chemin de Coisy à Cardonette, en se masquant du bois de Mai; l'autre par la route d'Amiens en se masquant du bois d'Allonville. Ces troupes comptent au total environ « 2.000 fantassins, 2 canons et quelques pelotons de cavalerie légère » (historique).

« Une section de francs-tireurs du Gard, placée à l'avancée, les aperçoit assez à temps pour nous éviter le désagrément d'une surprise. Elle engage immédiatement le feu. Tout en battant en retraite d'arbre en arbre, elle fait sa jonction avec la grand'garde du 20e (18e) bataillon de chasseurs accourue à la rescousse, et donne ainsi le temps aux troupes cantonnées à Querrieux et Pont-Noyelles de prendre les armes.

« Trois compagnies de chasseurs se déploient à droite et à gauche du chemin d'Allonville, et marchent droit sur le bois dont les Prussiens ont fini par s'emparer complètement.

« Les 3e (Magnier) et 4e (Turbert) compagnies du bataillon du 33e se portent en même temps à leur gauche, pendant que les 1re et 2e (Dumas et Maus) s'étendent à droite, de manière à déborder l'ennemi sur les deux ailes.

« Bientôt sur toute la ligne s'engage une lutte très vive, dans laquelle nous ne tardons pas à avoir l'avantage, malgré le tir à obus si précis dirigé sur notre ligne de bataille et sur l'entrée du village où sont placées nos réserves (2 compagnies de chasseurs et une du 33e).

« En moins d'une heure, le bois est repris et l'attaque repoussée victorieusement sur tous les points. L'artillerie prussienne ne réussit à nous échapper qu'à la faveur d'une fuite précipitée. Quelques pièces arrivent de notre côté, et nos obus accompagnent la colonne en retraite jusque sous les murs de la citadelle, pendant que nos tirailleurs s'avancent à hauteur de la ferme des Alençons (route de Rouen à Valenciennes) à 4 kil. tout au plus d'Amiens.

« Cette petite affaire, vigoureusement menée, nous coûte une trentaine d'hommes (en grande partie francs-tireurs et chasseurs). L'ennemi laisse entre nos mains une douzaine de tués, autant de blessés et quelques prisonniers, ce qui, avec les 60 à 70 blessés enlevés par eux porte leurs pertes à plus de 100 hommes hors de combat.

« Dans cet engagement connu sous le nom de combat de Querrieux, M. le capitaine Audibert se fit remarquer par son sang-froid, ainsi que par la justesse de ses conceptions et la précision de son coup d'œil. Il est vivement félicité. Une proposition pour le grade de chevalier de la Légion d'honneur, bientôt suivie d'effet, est la récompense de sa belle conduite.

« Le soir, nous arriva d'Arras un nouveau détachement d'une trentaine d'hommes... »

COMPAGNIES DE RECONNAISSANCE. — Les francs-tireurs du Gard dont il est question ci-dessus, appartenaient aux compagnies de reconnaissance du commandant Bayle, dit *Petit-Gris*, que nous avons laissées presque anéanties, si le lecteur s'en souvient, après leur belle défense des ruines de Boves, le 27 novembre.

C'est que, sur la demande de leur ancien chef, le général Faidherbe avait eu l'heureuse idée de les faire renaître de leurs cendres et le brave commandant Petit-Gris s'était empressé de lever, dans les régiments de mobiles, une nouvelle troupe de 300 volontaires, avec laquelle il reprit le service aux avant-postes de l'armée.

« Le 20 décembre, lit-on dans ses notes inédites, nous reçûmes le premier choc des troupes du général Bock, en avant du bois de Querrieux. Je faisais, ce jour-là, à la première heure, une reconnaissance sur la lisière du bois, du côté d'Amiens, lorsque je vis sortir de ville une troupe ennemie qui se dirigeait vers Querrieux, par la route d'Allonville...

« Je n'avais qu'un moyen de prévenir l'armée de ce mouvement, celui que j'employais chaque fois et qui me réussissait toujours. C'était d'attaquer brusquement l'ennemi quel que fût son nombre, en dissimulant le plus possible la force numérique de ma troupe. Je fis en conséquence appuyer mes compagnies au bois et quand l'ennemi arriva à la portée de nos chassepots, nous ouvrîmes sur lui un feu nourri et continu. La colonne du général Bock s'arrêta brusquement ; son artillerie fut mise en position et la canonnade sur le bois commença. Nous l'entretînmes par des feux de chassepots pendant un quart d'heure environ, et persuadés alors, que les troupes de Querrieux l'avaient entendue et qu'elles étaient sur leurs gardes, nous battîmes en retraite à travers le bois jusqu'aux avant-postes des chasseurs à pied, c'est là que je rencontrai le général Paulze d'Ivoy et lui donnai des renseignements sur le mouvement de l'ennemi. Sur mes indications le général lança le 18ᵉ bataillon de chasseurs à pied dans les coteaux boisés qui bordent la route à droite, fit avancer sur cette route un bataillon du 33ᵉ de ligne et, à ma demande, me donna l'ordre d'aller garder le chemin qui descend d'Allonville à Querrieux. C'était par là que le gros de l'ennemi s'avançait et que le plus grand effort fut donné. »

L'affaire fut menée rapidement des trois côtés et les troupes du général Bock, mises en déroute, perdirent environ 80 hommes tués, blessés ou prisonniers. De notre côté nous avions eu dix hommes tués, *six appartenaient aux Compagnies de reconnaissance.*

Le 22 décembre, le général Faidherbe télégraphiait au commissaire général de la défense à Lille, ce qui suit :

« L'engagement du 20 à Querrieux a été plus grand qu'on ne
« l'avait cru. Les bataillons prussiens repoussés par nous ont
« eu au moins 80 hommes tués ou blessés, mais n'en ont
« laissé qu'une partie entre nos mains, nos pertes s'élèvent à
« 20 hommes tués ou blessés ; l'ennemi avait 8 pièces d'artillerie,
« nous n'avons pas eu besoin d'engager la nôtre.

« Les compagnies d'éclaireurs de la mobile composées de
« 300 hommes, sous les ordres du commandant Bayle, ont pris
« une grande part à cette brillante affaire. Ces compagnies,
« toujours aux avant-postes rendent des services très précieux
« à l'armée. »

RÉPÉTITION GÉNÉRALE. — Le lendemain, 21, en vue d'une bataille qui devient de plus en plus probable à bref délai, Faidherbe fait porter sa petite armée sur les positions qu'elle doit occuper en cas d'attaque. Elle y reste jusqu'à la nuit, les pièces en batterie derrière de petits épaulements passagers. Aussi, quand l'ennemi se présentera, le surlendemain matin 23, serons-nous prêts à le recevoir. Ce sera la BATAILLE DE PONT-NOYELLES.

Le 21, au soir, Faidherbe dicte l'ordre général suivant :

« L'ennemi ne s'est pas présenté aujourd'hui ; la force de notre position, la vigueur des troupes qui ont repoussé la sortie d'hier, la confiance qui règne dans toute l'armée du Nord, le font sans doute hésiter. Demain, nous irons encore l'attendre ; nous verrons ensuite ce que nous aurons à faire. Je recommande de nouveau de ménager les cartouches et les munitions d'artillerie, comme cela se fait dans l'armée prussienne ; on punira très sévèrement les hommes qui tireraient inutilement, *on les enverra au feu en première ligne sans cartouches.* »

Pont-Noyelles. — Le garde mobile Picquet, du Pas-de-Calais, tue un capitaine prussien.

CHAPITRE XIII

Pont-Noyelles.

23 décembre. — Par une belle gelée. — Les masses prussiennes. — A gauche. — Au centre. — A droite. — Attaque générale. — Faidherbe à Testelin. — Victorieuse défense. — 22ᵉ corps. — Division Derroja. — 67ᵉ de marche. — A Contay. — Capitaine Didio. — Sous-lieutenant Stefani. — Sergents Pichi et Telot. — Soldat Bertrand. — Bataillon du 65ᵉ de ligne. — Mobiles du Pas-de-

ARMÉES DU NORD ET DE NORMANDIE

Calais. — Comme nous nous éclairions ! — A Beaucourt. — Ruse allemande. — « Rendez-vous, mes amis ! » — Mobile Picquet. — Capitaine Barra. — Lieutenant Gros. — Prise de Béhencourt. — Le lieutenant Dhuime. — Blessé à mort. — Enlèvement de Bavelincourt. — Clairon Barbier. — Mobiles Quénet, Delplanque, et Paindavoine. — Commandant Matis. — Lieutenant Dhuime. — Sergents Trappler et Lenoir. — Caporal Thorez. — Mobile Dumont. — Brigade Pittié. — 17e chasseurs. — Capitaines Braun et Bailloux. — Sergents Sève et Colette. — Sapeur Mazeral. — Chasseurs Wadel et Veuillez. — 68e de marche. — Commandant Martin. — Capitaine Mariguet. — Sergents Jacquemain et Lebert. — Clairon Tavernet. — Soldats Vergez et Debreux. — Mobiles du Nord. — Bataillon de Lalène. — Une panique. — Rentrée dans Béhencourt. — Sous-lieutenant Rousseau. — Capitaines Siéber et Dupont. — Lieutenant Motte. — Sergent Lefèvre. — Clairon Marat.

Le 23 décembre, vers 9 heures du matin, par une belle gelée et un temps clair, nos grand'gardes du bois de Querrieux font savoir que d'importantes colonnes ennemies se dirigent sur nos positions, venant d'Amiens.

Aussitôt nos troupes vont occuper leurs emplacements respectifs. Elles n'y sont pas encore établies que l'ennemi leur envoie ses obus. Il est 11 heures du matin.

La 1re division (Moulac) du 23e corps (Paulze d'Ivoy) ne pourra arriver en ligne que vers midi et demi, à notre gauche vers Daours. Jusqu'à ce moment la division de gauche (du Bessol) du 22e corps (Lecointe) sera obligée de s'étendre pour résister au choc de ce côté. Elle s'en acquitte fort bien, du reste, et soutient l'attaque.

Cependant les masses prussiennes se succèdent à tel point que nos détachements qui occupent les villages, le long de la petite rivière l'Hallue, sont forcés de les abandonner. On se rappelle, d'ailleurs, que l'événement avait été prévu par le général en chef. Bientôt après, vers 3 heures, la lutte acquiert son maximum d'intensité. La bataille est engagée alors sur une ligne de plus de 12 kilomètres, de Daours à Contay.

L'ennemi placé sur les hauteurs de la rive droite nous oppose 80 pièces environ.

« Sur la rive gauche, dit Faidherbe, nos batteries étaient plus clairsemées, mais nos lignes de tirailleurs, établies sur les pentes, présentaient à l'ennemi un cordon de feu non interrompu qui ne lui permit pas de s'avancer.

A GAUCHE. — « L'action atteignit une vivacité extrême vers la gauche, du côté de Daours. Les marins de l'amiral Moulac soutinrent bravement le feu. Quatre batteries, dont deux de 12 qui occupèrent le plateau, eurent beaucoup à souffrir. Plusieurs pièces furent mises hors de service et elles durent se retirer successivement pour se remettre en état d'agir. De fortes colonnes ennemies pénétrèrent dans le village de Daours et serraient de près nos tirailleurs. »

Au centre. — Au centre, la lutte n'est pas moins ardente. Un instant des nuées de Prussiens sortent des villages de Querrieux et de Pont-Noyelles, essayant de gravir les pentes de la rive gauche. Ils vont y arriver, quand ils sont arrêtés et repoussés « jusqu'à la rivière par une compagnie de mobiles de Somme et Marne, capitaine d'Hauterive, et par les réserves de la 2e division » (Faidherbe). Ils rentrent dans Pont-Noyelles où nos obus qui vont les y chercher mettent le feu au village.

A droite. — De ce côté, la division Derroja qui a su maintenir deux bataillons sur la rive droite de l'Hallue, en façon de crochet offensif menaçant la gauche de l'ennemi, fait en outre un excellent usage de son artillerie et empêche ainsi d'une façon absolue les Prussiens de s'étendre vers leur gauche et de dessiner un de ces mouvements tournants qui leur sont si habituels.

Attaque générale. — Ce mouvement, c'est nous qui le tenterons vers 4 heures, en même temps qu'une attaque générale des positions prussiennes. Malheureusement, il est tard, la nuit tombe, et cette offensive se voit forcément arrêtée avant d'avoir produit les résultats qu'en attendait le général en chef.
Toutefois Pont-Noyelles et Daours sont « envahis avec la dernière vigueur » (Faidherbe); Bavelincourt est enlevé brillamment et occupé par la division Derroja. Mais si cette division conserve sa conquête, il n'en est pas de même à Daours et Pont-Noyelles où, à la faveur de la nuit, les Prussiens « restés en grand nombre dans les maisons, appuyés par de forts détachements qui tournèrent en silence les villages » parviennent à nous reprendre ces deux points en nous faisant 400 prisonniers.
Voici en quels termes Faidherbe a rendu compte, immédiatement après la bataille, de l'incident capital de la journée, dans son rapport adressé à Lille, au commissaire de la défense Testeslin :
« Vers trois heures et demie, voyant que la canonnade avait commencé à tonner des deux côtés, l'ordre fut donné sur toute

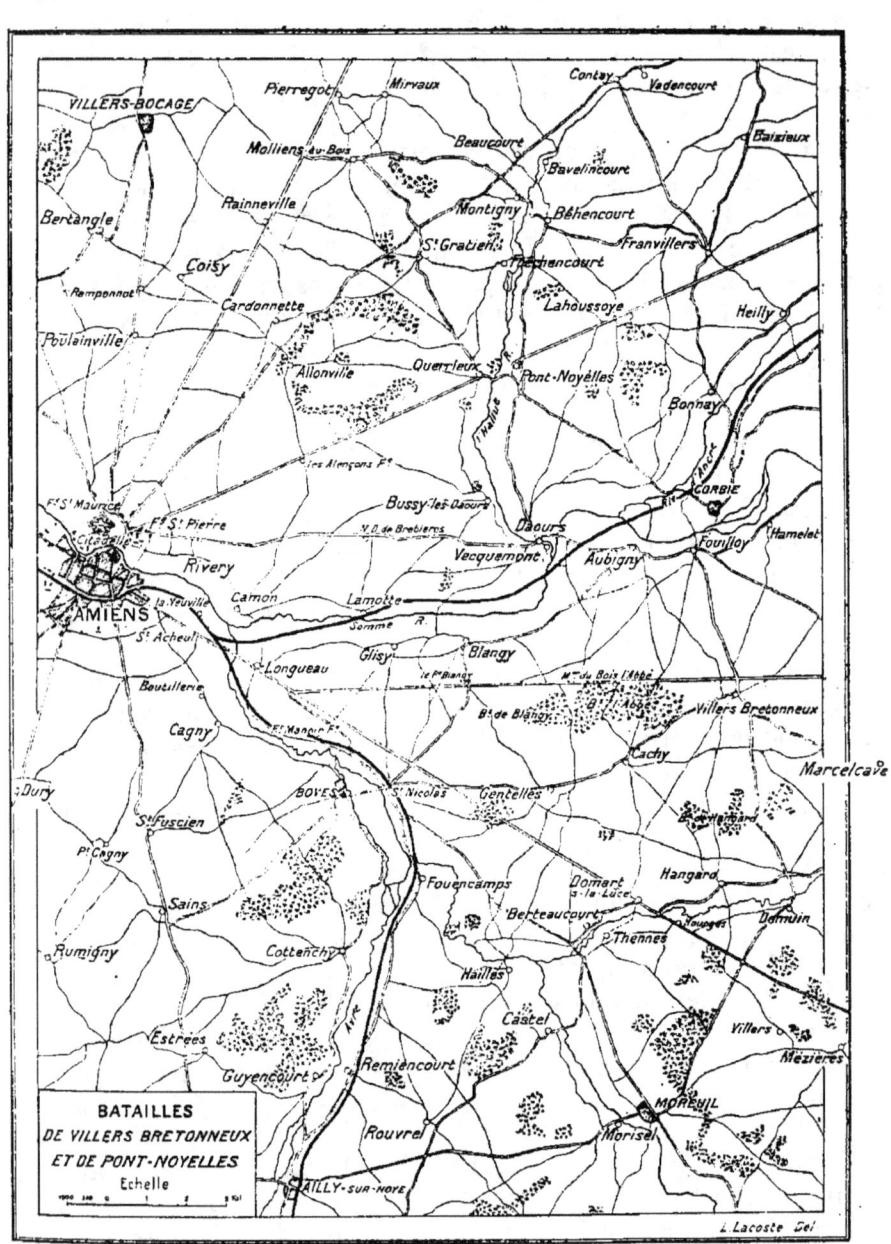

la ligne à notre infanterie de charger l'ennemi et de le chasser de ses positions.

« Cet ordre fut vigoureusement et brillamment exécuté.

« A l'extrémité gauche, la division Moulac s'empara de Daours et de Vecquemont, et la division du Bessol prit d'assaut Pont-Noyelles et Querrieux.

« La division Robin (gardes mobilisés du Nord), entra dans le village de Béhencourt, et finalement la division Derroja à droite chargea les villages de Bavelincourt et de Fréchencourt, poursuivant l'ennemi à quelque distance.

« A cinq heures, le succès était complet partout, mais la nuit vint, et quand il fut impossible de distinguer les amis des ennemis, les Prussiens en profitèrent pour réoccuper Daours, Querrieux et Béhencourt, sans rencontrer de résistance. »

Malgré ce contre-temps, dû évidemment à l'infériorité de nos chefs dans la pratique de la guerre et, comme ici, dans l'art de garder les positions conquises, malgré ce contre-temps, nous avions tenu tête victorieusement aux Prussiens. C'est ce que Faidherbe tint à faire bien constater à sa petite armée, en lui faisant passer la nuit suivante, pourtant extrêmement froide, au bivouac sur ses positions de combat.

Bien que très rude aussi ait été la lutte, nos pertes sont relativement faibles. Faidherbe les évalue à 141 tués, dont 5 officiers et à 905 blessés dont 45 officiers, plus « quelques centaines de prisonniers et un millier de disparus ». — La plupart de ceux-ci — mobiles et surtout mobilisés débandés — devaient rejoindre bientôt leur corps.

L'ouvrage du grand état-major borne les pertes des Prussiens à 900 hommes environ.

Toujours est-il que ses blessés affluèrent en telle quantité dans Amiens que la ville en fut encombrée, et qu'il est un fait certain c'est que le feu de notre artillerie, admirablement servie, dit Faidherbe, avait « abîmé » les Allemands.

Voyons à présent le rôle particulier joué dans la bataille par chacun de nos régiments.

22ᵉ corps. — Division Derroja.

67ᵉ DE MARCHE. — Le régiment a été formé à Contay (Somme), le 20 décembre 1870, sous le commandement du lieutenant-colonel de Linières, avec le 1ᵉʳ bataillon du 65ᵉ de ligne et les 1ᵉʳ et 2ᵉ bataillons de marche du 75ᵉ.

Il est à l'effectif de 2,400 hommes, avec cadres complets, et prend place dans la 1re brigade (colonel Aynès) de la 1re division (Derroja), du 22e corps (Lecointe).

« Le 23 décembre, dit l'historique, rédigé par une commission d'officiers présidée par le lieutenant-colonel de Linières, le régiment prit une part glorieuse à la bataille de Pont-Noyelles, dans les circonstances suivantes : il occupait (en arrière de Contay), avec la batterie Bocquillon et le 2e bataillon de marche de chasseurs à pied (commandant Boschis), l'extrême droite de la ligne de bataille, ayant à sa gauche le bataillon de mobiles du Pas-de-Calais, et en arrière, comme soutien, une brigade de mobilisés, commandée par le colonel Amos.

« Vers la fin de la journée, le lieutenant-colonel Fradin de Linières, commandant le régiment, fit passer la Luce (l'Hallue) à deux de ses bataillons (1er du 55e et 1er du 75e), au bataillon de chasseurs et à deux pièces de la batterie Bocquillon, pour se rabattre sur l'aile gauche de l'ennemi qui, à la suite de ce mouvement et après quelques heures de combat, fut forcé de se retirer.

« Cette simple opération attira sur le régiment les éloges du général, qui prescrivit d'aller occuper le lendemain matin les positions conquises, afin de bien accentuer, aux yeux de l'ennemi, ce petit fait d'armes.

« Dans ces deux journées (23 et 24 décembre) qui, pour le régiment, prirent le nom de *combat de Contay*, 2 officiers furent blessés : MM. Didio, capitaine (grièvement); Stéfani, sous-lieutenant; et 50 hommes mis hors de combat.

Les capitaines Fagginelli et Vanghelle recevront la croix, et la médaille sera donnée aux militaires suivants :

Pichi (blessé), Bourgeois et Danes, sergents; Telot, sergent-fourrier (blessé), Tessier, caporal et Bertrand, soldat (blessé).

Voici quelques noms de blessés du 67e de marche, que nous avons pu recueillir : Casten, caporal, atteint de deux coups de feu; Bertrand (Auguste), et Guérin (Joseph) (coups de feu), Dubois, Odilon (éclat d'obus).

Nous retrouverons le 67e à Bapaume.

Mobiles du Pas-de-Calais. — 5e Bataillon. — Le 5e bataillon du Pas-de-Calais (Boulogne-sur-Mer) a été appelé à l'activité le 16 août 1870. Il a été réuni ce même jour à Boulogne, sous le commandement de son chef, le commandant Matis, ancien lieutenant démissionnaire du 45e de ligne.

C'est le 20 octobre seulement qu'il part pour Arras, à l'effectif de 8 compagnies. Le 7 novembre il organise 4 compagnies de marche à 150 hommes chacune, auxquelles s'ajoute une compagnie franche de 150 hommes déjà organisée.

Le 25 du même mois, il forme, avec les 6° et 7° bataillons du Pas-de-Calais, le 91° mobiles, auquel on donne pour chef le capitaine Fovel, du 33ᵉ de ligne, évadé de Metz, et nommé lieutenant-colonel.

Le 26 novembre, nous trouvons le bataillon Matis occupant Albert avec un bataillon du 75ᵉ commandé par le chef de bataillon Tramond.

Le 27, il est à Bray où il prend les armes pendant qu'on se bat à Villers-Bretonneux ; mais il n'est en rien mêlé à la bataille.

Le 11 décembre, le 91° mobiles a ses 3 bataillons réunis à Montigny. Il fait partie de la 1ʳᵉ brigade, de la 1ʳᵉ division du 22ᵉ corps de l'armée du Nord. Les 6ᵉ et 7ᵉ bataillons du 91ᵉ sont respectivement commandés par les chefs de bataillon Pessez et Nègre-Lespine.

C'est le 19 décembre que le 91ᵉ vient prendre position sur les bords de l'Hallue, le bataillon Matis à Beaucourt (rive droite), les bataillons Pessez et Nègre (6ᵉ et 7ᵉ) à Bavelincourt (rive gauche).

Nos reconnaissances, en 1870. — « Le 22, à 9 heures, étant au rapport à Bavelincourt, dit la relation du commandant Matis, un officier d'ordonnance du général Lecointe vint me prévenir de me tenir sur mes gardes, que l'ennemi se disposait à m'attaquer.

« A sept heures du matin, par ordre, j'avais envoyé une reconnaissance composée de 25 hommes commandés par un officier de mon bataillon, à 3 ou 4 kilomètres de mon front, dans la direction de Villers-Bocage. Rapport verbal, au retour de l'officier : « Aucun indice de la présence de l'ennemi ».

23 *décembre* 1870 : « Même reconnaissance que la veille et dans la même direction : *Pas un seul uhlan ne fut aperçu* ».

Voilà comment on s'éclairait chez nous en 1870. On peut alléguer que la cavalerie faisait à peu près défaut, à l'armée du Nord ; mais cette raison n'a pas grande valeur, car, à l'armée de Metz, où nous étions, pas plus qu'à l'armée de Bourbaki dont nous avons raconté l'histoire, la cavalerie ne manquait et l'on ne s'y éclairait ni mieux ni plus au loin. La vérité qui domine toute cette désastreuse histoire, nous le répéterons mille fois s'il le faut, c'est que nos chefs ne savaient pas **un traître mot de la science de la guerre.** Se figuraient-ils seulement que cette science existât? On pourrait en douter. Les succès faciles des campagnes d'Afrique avaient tout perdu.

« Vers dix heures du matin, je reçus de mon lieutenant-colonel la note suivante : « Prenez les positions que vous avez déjà occupées et attendez de nouveaux ordres. Que vos grand'gardes soient attentives et se tiennent en relation continuelle avec vous ».

« A onze heures du matin, au moment où j'allais être attaqué, je reçus une seconde note que je copie : « Disputer le village et le passage de Beaucourt, pour nous donner le temps de nous former ».

« C'est ici le moment de transcrire mon rapport sur la journée du 23 décembre.

BATAILLE DE PONT-NOYELLES. — « ... Le 23 décembre, après l'appel d'onze heures, je fis former les faisceaux et poser les sacs à terre, en recommandant à ma compagnie de grand'garde, la 1re du 5e, capitaine Barra, d'exercer la plus grande vigilance du côté d'Hérissart. Cette compagnie était protégée au Nord par un petit taillis ayant la forme d'un parallélogramme rectangle, ainsi qu'il s'en trouve dans les grandes chasses réservées.

« Avant de rentrer au château de Beaucourt, où j'étais logé, je voulus encore une fois interroger l'horizon. Bien m'en prit! A deux kilomètres environ, sur ma gauche, perpendiculairement à la route d'Amiens à Arras, dans la direction du N.-O., j'aperçus un corps armé qui était au repos, et que je pris tout d'abord pour nos soldats en reconnaissance.

Mais la longue-vue me détrompa. C'était bien l'ennemi qui attendait ses renforts avant de prononcer son mouvement en avant. Il était placé dans un chemin creux adossé à un bouquet de bois, à l'est du village de Mirvaux.

« Au même moment, un dragon en vedette vint me prévenir.

« A la hâte, je fis prendre les armes et atteler mon caisson de munitions qui devait traverser le pont de Beaucourt, pour se réunir aux voitures du convoi de la division.

« Je pris les dispositions suivantes :

« Derrière mes grand'gardes, dans un chemin d'exploitation, je fis avancer la 2e compagnie, lieutenant Gros, afin de leur servir de soutien et de les empêcher d'être tournées sur leur droite.

« Sur ma gauche, les 4e et 6e compagnies furent placées aux abords du village, en potence; une section déployée en tirailleurs, l'autre en réserve, abritée par un moulin et par un réduit à proximité.

« La 3ᵉ compagnie, au centre du village, près de l'église, pour se porter où le besoin s'en ferait sentir.

« Au même moment, je vis la colonne ennemie faire par le flanc gauche, comme pour se diriger sur le village de Contay, mais changer de front et de direction, en opérant une conversion sur son centre et marcher sur le village de Beaucourt, en deux colonnes serrées, la cavalerie en tête (cuirassiers) masquant l'infanterie et l'artillerie. Nos tirailleurs les saluèrent, tout en se retirant en bon ordre sur le village.

« Sur ma gauche, les 4ᵉ et 6ᵉ compagnies, auprès desquelles je m'étais posté, se replièrent les premières, dans la crainte d'être coupées de leur ligne de retraite ; mais quel ne fut pas mon étonnement, en galopant vers ma droite, de trouver mon caisson de munitions, tourné du côté de l'ennemi, engagé dans un chemin étroit et barrant tout moyen de retraite à nos soldats.

« Le conducteur, qui avait perdu la tête, n'avait pas compris mes instructions. Je lui fis faire volte-face, avec l'aide de mobiles dévoués.

« C'est alors que nous reçûmes, de fort près, une décharge de mousqueterie et un obus. L'ennemi avait essayé de profiter de notre embarras en tirant sur notre caisson, dans l'espoir de nous faire sauter avec lui.

« Plusieurs de nos hommes furent blessés. Un capitaine d'infanterie allemande osa même s'avancer seul et s'écrier, en s'adressant à mes hommes de la 2ᵉ compagnie : « Rendez-vous, rendez-vous, mes amis ! » lorsqu'un garde mobile de cette même compagnie, nommé Picquet, lui envoya une balle qui le désarçonna... il était mort ! Le sabre et le cheval de l'officier furent pris par nous.

« Menacé sur ma gauche, les Prussiens ayant attaqué en forces le château de Montigny ; nullement protégé sur ma droite par mes troupes qui étaient cantonnées à Contay et qui avaient gagné les hauteurs du versant de la rive gauche de l'Hallue, dès que l'ennemi avait dessiné son attaque, je n'avais plus qu'à battre en retraite vers le pont de Beaucourt.

« Grâce au courage déployé par la 1ʳᵉ et la 2ᵉ compagnie, l'ennemi fut ralenti dans sa marche. Il fut encore tenu en respect par la 2ᵉ compagnie, après le passage du pont.

« Si je n'ai pas perdu plus d'hommes dans cet engagement, c'est grâce à l'énergie et à l'entrain du capitaine Barra, de la 1ʳᵉ compagnie, et surtout du lieutenant Gros de la 2ᵉ. C'est lui qui a eu l'honneur de traverser le pont le dernier, et de résister pendant une heure au moins aux tirailleurs ennemis. Sans son efficace résistance, les Prussiens m'eussent fait un grand nombre de prisonniers.

« Après avoir passé l'Hallue, mes recherches pour découvrir mon régiment ayant été infructueuses (le 91ᵉ était embusqué derrière un bois, sur les hauteurs en face de Bavelincourt) je me suis replié en colonne par peloton à distance de section, et placé à la gauche du 24ᵉ de ligne, en train de faire des tranchées pour se couvrir.

« Vers quatre heures, le général Farre, seul, sans officiers d'ordonnance, m'ordonna de prendre part au mouvement général en avant et de chercher à repousser les Allemands du village de Béhencourt.

« Je pénétrai dans ce village, sans éprouver de résistance, en même temps que le chef de bataillon de Laprade, des mobiles du 1ᵉʳ bataillon du Nord (46ᵉ régiment); mais, en avançant dans une rue du village, nous fûmes arrêtés par un feu des plus violents. Nous fîmes sonner la charge. Ceux qui essayaient de s'avancer du côté du château de Montigny furent tués ou faits prisonniers.

« C'est là que tomba le lieutenant Dhuime, de la 1ʳᵉ compagnie de mon bataillon, frappé de deux balles qui lui fracturèrent le bras droit.

« De concert avec le commandant de Laprade, nous cherchâmes à tourner le village par la gauche, mais mes mobiles, ne nous voyant plus, se replièrent en dehors du village, ce qui nous obligea à abandonner ce projet. Il était du reste trop tard pour le tenter avec succès, il faisait nuit noire.

« Ne recevant pas d'ordre, livré à ma propre initiative, je me suis dirigé, avec le commandant de Laprade, vers le village de Franvillers.

« Pendant ce temps-là, je l'ai appris le lendemain, les 6ᵉ et 7ᵉ bataillons du 91ᵉ mobiles reprenaient à la pointe de la baïonnette le village de Bavelincourt, qu'ils occupaient avant la bataille et qu'ils avaient abandonné par ordre, sans y être contraints par l'ennemi, dès le début de l'action.

« Je me fais un devoir de citer tout particulièrement : le capitaine Barra, officier plein de bravoure (1ʳᵉ compagnie); le lieutenant Dhuime (1ʳᵉ compagnie), blessé grièvement de deux coups de feu au bras droit. Fait prisonnier, mais trop grièvement blessé pour être emmené en Allemagne, il fut laissé à mon chirurgien, qui le fit transporter à l'hôpital d'Albert. Il y est mort le 27 janvier, sans avoir eu la consolation d'apprendre sa nomination au grade de chevalier de la Légion d'honneur (promotion du 2 février); le lieutenant Gros (2ᵉ compagnie), blessé légèrement à la main droite. C'est un officier plein d'élan et d'une bravoure dont je ne saurais trop faire l'éloge.

« J'ai laissé à Beaucourt et à Béhencourt des tués, des blessés et des prisonniers. Parmi les premiers, sont :

Barbier, clairon ; Quénet (Auguste), Delplanque, Desfachelles, 2ᵉ compagnie ; Paindavoine (Florent), 1ʳᵉ compagnie.

« Pour son baptême du feu, mon bataillon n'a pas le droit de se plaindre. Il a reçu dans cette journée les premières et les dernières balles de l'ennemi. »

Le commandant Matis recevra lui aussi la croix ; les sergents Trappler et Lenoir, atteints chacun de deux blessures ; le caporal Thorez et le mobile Dumont, tous deux blessés, auront la médaille. — Les mobiles Choquet et Magnier (Bazile), entre autres, étaient blessés de coups de feu.

Mobiles du Pas-de-Calais. — 6ᵉ bataillon. — Le 6ᵉ bataillon du Pas-de-Calais a été formé à Montreuil-sur-Mer, de mobiles appartenant à l'arrondissement de Montreuil et au canton de Samer. Il est placé sous les ordres du commandant E. Pessez et part de Montreuil pour Arras, le 24 novembre 1870.

A Pont-Noyelles, il fait partie du 91ᵉ mobiles.

Le 19 décembre, il a pris position à Bavelincourt. Le 23, jour de la bataille, il va occuper les hauteurs qui dominent Bavelincourt, à 1 heure de l'après-midi.

Vers 4 heures et demie du soir, sur l'ordre du général Derroja, dit le rapport du commandant Pessez, je me suis emparé avec entrain et à la tête de mon bataillon du village de Bavelincourt, à la baïonnette. Nous avons fait une dizaine de prisonniers, tué 5 hommes, dont 1 officier, et mis le surplus de la colonne en fuite.

« Nos pertes sont nulles : 1 sergent et 4 hommes blessés, dont un, mort des suites de ses blessures.

« Le soir de ce même jour, le général Derroja félicita tout le bataillon, en la personne de son commandant, de l'entrain qu'il avait montré dans la reprise du village... »

Mobiles du Pas-de-Calais. — 7ᵉ bataillon. — Ce bataillon est celui de Saint-Omer ; il a à sa tête le commandant Nègre. Nous n'avons, le concernant, que quelques passages de souvenirs inédits d'un ancien sergent du bataillon (7ᵉ compagnie) M. L. Légier, aujourd'hui professeur de musique à Montreuil-sur-Mer.

La compagnie du sergent Légier était commandée par le capitaine de Neuville, frère du célèbre peintre militaire.

Jusqu'à 4 heures du soir, le rôle du bataillon, dont les fusils à tabatière ne peuvent lutter contre les armes des Prussiens, se borne à attendre sur les hauteurs de Bavelincourt. Les hommes ont retiré leurs sacs et sont couchés à plat ventre sur le sol gelé. Pour tous vivres, on n'a depuis la veille que quelques biscuits à grignoter.

De temps à autre, des projectiles ennemis nous font quelques blessés.

Un beau spectacle. — « Derrière nous, à 25 mètres environ, dit le sergent Légier, nous avions une scène imposante et magnifique à la fois.

« Une pièce d'artillerie de montagne, servie par des marins et commandée par un jeune lieutenant dont j'ignore le nom, a démonté trois fois de suite la pièce ennemie placée en face de nous, à environ 2 ou 3 kilomètres, et que l'on voyait très bien. — On distinguait parfaitement une douzaine de Prussiens, les uns à pied, les chefs à cheval, chargeant leur canon et se préparant à tirer; mais, tout à coup, pif! paf! boum!! nos marins, qui étaient prêts depuis longtemps, leur envoyaient une de leurs prunes et soudain le canon prussien gisait à terre, les roues cassées, c'était magnifique!

« Et nous, dans notre admiration, de crier : « Bravo! hourrah! vivent les marins! »

« Mais, déjà les nôtres avaient rechargé leur pièce, que les Prussiens en étaient encore à remettre la leur en état, ils n'y étaient pas plus tôt arrivés, se préparant à faire feu, qu'un autre obus français les accommodait de la même façon, tandis que nos Mathurins rechargeaient pour la troisième fois, en riant, leur petit canon; une troisième fois encore les Allemands sont renversés, ils se décident enfin à s'en aller, pendant que nous crions de plus belle : « Vivent les marins! »

Sonnez la charge! — « Enfin, vers 4 heures, le général Derroja arrive au galop de son cheval : « Allons, mes enfants, crie-t-il à son tour, baïonnette au canon! nous allons les attaquer ces lâches-là, et reprendre les lits que nous avions la nuit dernière! » Ce sont ses propres paroles, je ne les oublierai jamais.

« Aussitôt, tout le monde se lève; on reboucle les sacs et l'on met la baïonnette au canon en se demandant comment ça allait se passer.

« Alors, le général Derroja, levant son sabre : « Allons, les clairons, en avant, sonnez la charge ! »

« Comme aucun clairon ne se présente d'abord, je prends un de leurs instruments qui se trouvait par terre, devant moi, et tout en tenant mon fusil de la main gauche, je sonne la charge à pleins poumons.

« Quel est cet homme ? demanda le général au capitaine de Neuville. Capitaine, vous me donnerez son nom. » Le lendemain, en effet, je fus cité à l'ordre et proposé pour la médaille ; mais je l'attends encore.

« D'autres clairons arrivèrent se joindre à moi et c'est au pas gymnastique que nous partîmes, pendant que les Prussiens, qui connaissaient bien la sonnerie de la charge, fuyaient déjà comme des lapins.

« Nous allions si vite que ma compagnie arriva fort décousue dans Bavelincourt ; 5 hommes d'un côté, 10 de l'autre ; pour moi, j'avais derrière moi 4 hommes seulement.

« Nous arrivons dans une des premières maisons, et j'y trouve 4 Prussiens attablés. Je m'arrête d'abord à cette vue, la baïonnette en arrêt, quand un des Prussiens s'écrie : « Bonne Française, bonne camérade, moi pas capout ; canaille Bismarck ! canaille Napoléone ! »

« Cependant j'ai aperçu leurs 4 fusils dans un coin ; je saute sur ces armes en criant : « Vous êtes mes prisonniers ; le premier qui bouge, je lui casse la tête, *capout* ! »

« Et je remets les gaillards aux mains de mes soldats.

« Toujours baïonnette en avant, j'arrive sur la place où l'on sonne bientôt le ralliement du bataillon..... »

Quittons à présent la brigade Aynès pour la brigade Pittié.

17° BATAILLON DE CHASSEURS. — Le bataillon occupe Béhencourt depuis le 19 décembre.

Le 23, la brigade Pittié prend les armes à 11 heures du matin et occupe les hauteurs de Béhencourt, en arrière de l'Hallue.

« L'armée prussienne, sous les ordres du général Manteuffel, dit l'historique, porte tous ses efforts sur Querrieux et Pont-Noyelles.

« Le bataillon est en réserve, au début de l'action, en face de Querrieux. Vers midi, la 6° compagnie se porte sur ce village avec 2 batteries, chargées de contrebattre l'artillerie ennemie.

« Les autres compagnies sont déployées en tirailleurs et engagent aussitôt avec l'ennemi une vive fusillade jusqu'à la nuit.

« Le bataillon se réunit à la brigade, qui bivouaque sur le plateau, dans la neige et par un froid de 11 degrés.

« Le 24, à 6 heures du matin, les compagnies reprennent les positions de combat de la veille; par un feu soutenu et bien dirigé, elles empêchent l'ennemi de gagner du terrain et de tourner notre droite.

« Les Prussiens, obligés de se retirer dans les villages, ne tentent plus, dans la journée, aucun mouvement offensif sur nos positions.

« Vers 4 heures du soir, les différents points sont abandonnés successivement, dans le plus grand ordre, par le bataillon qui rejoint la brigade sur le plateau de Béhencourt, afin d'aller cantonner près d'Arras.

« Dans ces deux journées, le 17e bataillon de marche compte 2 officiers et 118 hommes hors de combat.

« M. le colonel Pittié, commandant la brigade, adresse ses félicitations au bataillon pour sa belle conduite, ainsi que pour son courage à supporter le froid et les privations. »

La croix sera accordée aux capitaines Braun (amputé de la jambe droite), et Bailloux; la médaille aux sergents Sève (blessé) et Colette; au sapeur Mazeral et aux chasseurs Wadel et Veuillez tous trois blessés à l'ennemi.

Nous connaissons les noms de blessés suivants :

Braun, Marie-François, capitaine, et Ladent, Félix, chasseur (éclats d'obus); Delattre, Louis, caporal; Duvinage; Boquet, Albéric, François; Bottiaux, François; Dehon, Gustave; Duquesne, Victor; Gosselin, Paul; Hildebrand, Ernest; Prudent; Marécaux, Jean; Tavenaux, Paul, chasseurs (coups de feu).

68e DE MARCHE. — A la réorganisation de l'armée du Nord, le 17 décembre, le régiment est placé dans la 2e brigade (Pittié) de la 1re division du 22e corps.

Le même jour, le lieutenant-colonel Cottin est nommé au commandement du 68e, en remplacement du colonel Pittié, qui a pris le commandement de la brigade.

A partir du 19 décembre, le régiment est cantonné à Béhencourt.

La bataille est engagée (le 23 décembre) vers dix heures du matin. L'ennemi attaque; le régiment va reprendre ses positions.

Le 2e bataillon se place en arrière de Béhencourt; le 1er en arrière de Bavelincourt et le 3e en soutien, à côté des batteries de la réserve. Un violent combat d'artillerie s'engage, vers une heure, devant les positions du régiment.

Suivons les développements donnés par l'historique :

« 1er *bataillon*. — La 3e compagnie, capitaine Lebel, de grand' garde en avant de Béhencourt, reste dans le village une partie de la journée. Elle coupe les ponts du moulin ; mais, menacée d'être entourée, elle se rabat en tirailleurs sur le 2ᵉ bataillon.

« Vers cinq heures, la 5ᵉ compagnie, capitaine Mariguet, forme tête de colonne à un bataillon de mobiles qui, sous les ordres directs du général Derroja, commandant la division, enlève le village de Bavelincourt; elle marche sur Béhencourt, d'où elle est repoussée.

« Les trois compagnies restent sur les positions.

« *2ᵉ bataillon*. — La 1ʳᵉ et la 2ᵉ compagnies, capitaines Bosch et Levavasseur, marchent sur Béhencourt vers cinq heures ; elles sont repoussées.

« Le 3ᵉ *bataillon* appuie d'abord le mouvement sur Béhencourt et sur Bavelinconrt, puis il est porté au pas gymnastique entre Béhencourt et Fréchencourt, où la retraite précipitée d'un régiment de mobiles avait découvert la gauche du régiment.

« A la nuit, le régiment s'établit en entier sur sa position de la journée. Vers huit heures, la 4ᵉ compagnie du 2ᵉ bataillon, capitaine Thierry, repousse une sortie de l'ennemi vers Béhencourt.

« On passe la nuit à creuser des tranchées-abris. Le froid est excessivement rigoureux, les distributions de vivres ne peuvent se faire et beaucoup d'hommes ont les pieds gelés. Toute la nuit est une veille, l'ennemi étant très rapproché.

« Le lendemain, le feu recommence sur nos positions ; mais, à quatre heures, toute notre ligne se porte en retraite sans être inquiétée par l'ennemi, dont le feu est complètement éteint.

« Le colonel Pittié, commandant la brigade, a été contusionné à la jambe droite par un coup de feu. Le sous-lieutenant Lacrampe a reçu une atteinte analogue à l'épaule. La troupe a eu 2 tués, 15 blessés et 2 disparus. Ces pertes sont minimes ; mais, dans la nuit, 72 *hommes* ont les pieds gelés.

« Cependant l'esprit se maintenait très bien ; on sentait que l'ennemi, sans être battu, n'avait pas été victorieux. Nos soldats, fatigués par le froid, étaient toujours animés du meilleur esprit, la discipline était excellente.

« L'ennemi laissait dans nos mains 12 prisonniers faits à Bavelincourt. » (Historique.)

Le commandant Martin et le capitaine Mariguet, du 24ᵉ de ligne, seront faits chevaliers de la Légion d'honneur ; les sergents Jacquemain (blessé) et Lebert ; le clairon Tavernet et les soldats Vergez et Debreux seront médaillés.

MOBILES DU NORD. — A partir du 10 décembre, le bataillon

de Lalène-Laprade fait partie avec le reste du régiment, de la brigade Pittié. Il va cantonner à Montigny, le 19 décembre.

« Le 23, vers 10 h. 1/2 du matin, lisons-nous dans le récit officiel du colonel de Lalène-Laprade, le commandant de la brigade envoya l'ordre de prendre les positions de combat. Le régiment avait 42 officiers et 2.290 hommes présents.....

« Le 1ᵉʳ bataillon, sous les ordres du chef de bataillon de Lalène-Laprade, Joseph, commandant le régiment, occupa en tirailleurs la rive gauche de l'Hallue, faisant face à l'ouest; la droite appuyée au pont de Montigny et la gauche vers Fréchencourt. Le bataillon couvrait 1200 mètres environ.

« L'ennemi attaqua ce point vers midi 1/2 et y fut tenu en échec jusqu'à 3 h. 3/4 du soir environ, par ce seul bataillon et une section du 24ᵉ de ligne. Il fléchit enfin, sous un effort très vigoureux de l'ennemi se précipitant plus en nombre. L'arrivée, pleine d'inexpérience et d'hésitation, d'un régiment de mobilisés (celui d'Armentières, je crois) contribua à cette défaillance, car, tout en voulant aider le bataillon, il y porta l'indécision et le trouble.

« Beaucoup de mobiles, qui avaient épuisé leurs cartouches par un tir trop précipité, crurent que des troupes fraîches venaient les relever, et cette pensée donna naissance à un mouvement de retraite.

« Cependant, le bataillon fut rallié à la sortie de Béhencourt et rentra dans le village; mais, la nuit survenant, et l'ennemi étant en force, nous fûmes en partie cernés: il nous fut fait des prisonniers et le chef de bataillon dut à regret ordonner la retraite; on ne voyait plus clair.

« Le 2ᵉ bataillon (commandant Paris) et le 3ᵉ bataillon (commandant Pollet) occupèrent, pendant les journées des 23 et 24, une position de réserve, derrière un bois, sur les hauteurs dominant vers l'est le chemin de Béhencourt à Fréchencourt. Ils appuyèrent l'artillerie.

« Plusieurs compagnies de cette portion du corps furent déployées en tirailleurs, mais n'eurent presque pas à agir; la 2ᵉ compagnie du 2ᵉ bataillon (capitaine Soum) fut la seule sérieusement engagée. Ces deux bataillons passèrent cette nuit si rigoureuse sur les crêtes, sans feu de bivouac, par un froid de plus de 10 degrés.

« Vers 8 heures du soir, le 1ᵉʳ bataillon alla cantonner à Franvillers » (Histor.).

Le soir du 24, le régiment alla coucher à Forceville (Somme).

Le 1ᵉʳ bataillon avait perdu 1 officier tué, 2 blessés et 5 prisonniers; 14 soldats tués, 48 blessés, 56 prisonniers et 36 disparus

Le 2ᵉ bataillon n'avait eu que : 1 officier et 11 hommes blessés, et le 3ᵉ bataillon, 3 hommes blessés seulement; ce qui portait pour le régiment les pertes à 4 officiers et 62 hommes tués ou blessés; 5 officiers et 107 hommes prisonniers ou disparus.

L'officier tué était le sous-lieutenant Rousseau Emile; les 3 officiers blessés étaient le capitaine Sieber Henri, atteint à la hanche, le capitaine Dupont, clavicule brisée par coup de feu, et le lieutenant Motte, Alfred, atteint de cinq coups de feu (mort un mois plus tard de ses blessures).

Les prisonniers étaient le capitaine Dervillée, le lieutenant de Robaulx de Beaurieux, et le sous-lieutenant Largillière, qui furent internés à Glogau (Silésie); le sous-lieutenant Mariscal, qui s'évada, et le médecin aide-major Cordier, qui s'était attardé à soigner les blessés sur le champ de bataille.

Remis en liberté quelques jours après, le docteur Cordier rendit compte que plusieurs cadavres de mobiles du 1ᵉʳ bataillon avaient été retirés de la rivière l'Hallue, près de Béhencourt, et n'avaient pas été reconnus. Ce seraient donc autant de morts à ajouter aux chiffres précédents.

Les capitaines de Lalène-Laprade et Soum seront décorés de la Légion d'honneur. La médaille sera donnée aux sergents Lefèvre et Fiévet (blessé), au clairon Marat et aux mobiles Meunier et Guinet, blessés tous deux.

Le décret porte que le sergent Lefèvre a entraîné ses camarades et ses hommes, et que le clairon Marat a tué un officier prussien.

Parmi les blessés des mobiles du Nord (46ᵉ et 48ᵉ régiments), nous avons recueilli les noms du sergent Dupré, Louis, du caporal Noyelle, Edmond et des mobiles Caille; Degaud, Louis; Dubar, Gaspard; Allaire, Louis; Arnaud, Charles; Bertaux; Cerisier, Ferdinand; Coquelet, Alphonse; Delaval, Henri; Gremillie, Alphonse; Lebrun, Jean; Loridan, Charles; Louchard, Augustin; Moniez, Louis; Pruvot, Victor; Quartier, Emile; Quévreux, Charles; Tinchon, Emile, tous atteints de coups de feu; le mobile Cassau, Adolphe, seul avait été blessé d'un éclat d'obus.

Pont-Noyelles. — Le capitaine Audibert entraîne à la charge le bataillon du 33ᵉ de ligne

CHAPITRE XIV

Pont-Noyelles (Suite).

Division du Bessol. — 20ᵉ bataillon de chasseurs. — Commandant Hecquet. — « Sans murmurer ». — La lutte. — Lieutenant Crimes. — Sous-lieutenant Virot. — L'attaque française. — Arrêtés par la nuit. — Dure nuit. — La compagnie Parent. — Deux braves. — Sergent Claudel. — Chasseur Phélip. — 69ᵉ de marche. — Commandant Perrier. — Capitaines Peltey et Leleu. — Sergents

Semaine, Lemoine et Colin. — Caporal Mongin. — Soldats Lecerf et Perroux. — Mobiles du Gard. — Bataillon Poilpré. — Usage absurde. — Infanterie près des canons. — Mobile Guinet. — 18e bataillon de chasseurs. — En avant! — Capitaine Martin. — Capitaine Edighoffen. — Journée glorieuse. — Commandant Vaon. — Lieutenant Naudin. — Capitaine Jan. — Croix et médailles. — Lieutenant Joxe. — Sous-lieutenant Naudin. — Sergent Gringault. — 72e de marche. — L'attaque de 4 heures. — Lieutenants Vinciguerra et Trichet. — Sous-lieutenants Desorthès et Leschi. — Lieutenant Miannay. — Bataillon du 33e de ligne. — Défense de Querrieux. — Dans Pont-Noyelles. — Compagnie Herbillon. — La charge. — Capitaine Audibert. — Lieutenant Maus. — Croix et médailles. — Sergent Vilhem. — Sergents Siegel, Maritz et Chaillet. — Caporal Barjot. — Clairon Bouvier. — Soldats Marchal et Cathelain. — Mobiles de la Marne. — Commandant de Breuil. — Mobile Liévins. — 3e batterie du 12e. — **Maréchal des logis** Bernert. — Canonnier Villars.

Division du Bessol.

20e BATAILLON DE CHASSEURS. — Comme nous l'avons vu, le bataillon du commandant Hecquet s'est réorganisé, à Boulogne, dans les premiers jours de décembre.

Ses compagnies sont commandées par les officiers suivants : 1re capitaine Parent, 2e capitaine Roy, 3e lieutenant Troly, 4e capitaine Carrère, 5e lieutenant Ambrosini.

Le 17 décembre, le 20e bataillon, qui a quitté Boulogne le 12, est en position avec le reste de la brigade sur la rive droite de la Somme, dans l'angle formé par ce fleuve avec son petit affluent l'Hallue. Il occupe Vecquemont, avec un bataillon des mobiles du Gard; le reste de la brigade est à Daours. Il fait partie de la 1re brigade (col. Foerster), de la 2e division (du Bessol), du 22e corps (Lecointe).

Pendant les 6 jours qui séparent le 17 du 23, jour de la bataille, le 20e bataillon fournit une compagnie de grand'garde sur le chemin de fer et sur la route qui se dirige vers Amiens, par la rive droite de la Somme. Il forme ainsi l'extrême gauche de l'armée qui, à cheval sur la route d'Amiens à Corbie, a son quartier général dans cette dernière ville, son centre à Querrieux et Pont-Noyelles et sa droite à Saint-Gratien.

« Ces grand'gardes nullement abritées », dit l'historique, et nous appelons l'attention du lecteur sur ce passage, « constituent un service extrêmement pénible, en raison d'incessantes alertes, en raison surtout de l'intensité du froid terrible, durant les longues nuits de décembre. L'existence des soldats est d'ailleurs très dure, pendant toute cette campagne. Le pays réquisitionné, foulé par l'ennemi, n'offre plus aucune ressource. Les villages sont misérables et les paysans avares. En outre, l'administration française ne peut parvenir à assurer des distributions régulières de vivres. Mais là où de vieux soldats se plaindraient amèrement, les *soldats de l'armée du Nord supportent tout sans murmurer.* »

LA BATAILLE. — « Le 23 décembre, à 9 heures du matin, une violente canonnade éclate dans la direction de Pont-Noyelles. Les instructions données au 20e bataillon de chasseurs sont de se porter d'abord à la sortie du village de Daours, c'est-à-dire à l'extrême gauche des positions françaises, de tenir là jusqu'à l'arrivée du 23e corps venant de Corbie, et de rejoindre ensuite sa brigade sur le sommet du plateau.

« En conséquence, le commandant Hecquet, laissant, pour défendre les abords de Vecquemont, la compagnie de grand'garde qui est celle de M. Ambrosini nouvellement nommé capitaine, prend position, avec son bataillon, sur les pentes méridionales du plateau.

« Il garde la 3e compagnie (capitaine Troly) en réserve, et porte la compagnie Parent (1re) à droite, sur un bouquet de bois; la compagnie Carrère (4e) à gauche sur la lisière du village de Daours, enfin la compagnie Roy (2e) dans l'intervalle, et jusque sur les bords de l'Hallue.

« Un vif combat de tirailleurs s'engage, dans lequel M. Crimes lieutenant à la 2e compagnie, et qu'on saura plus tard être nommé capitaine depuis le 12, est tué, et M. Virot, sous-lieutenant à la 4e compagnie, blessé au genou.

« Une batterie servie par des marins accourt de Corbie, s'établit près du bouquet de bois sous la garde de la 1re compagnie (Parent), et, pendant environ une heure, attire les obus prussiens sur cette position. Enfin, vers midi, le 23e corps arrive, occupe ses positions et le 20e bataillon se rallie pour aller prendre sa place de bataille. Il est rejoint en route par la 5e compagnie (Ambrosini), laquelle, cédant à des forces très supérieures, s'est trouvée un moment compromise dans Daours, où les Prussiens pénètrent après un combat acharné avec les fusiliers-marins du 23e corps.

« Il est environ 2 heures, lorsque le 20e bataillon rejoint sa brigade. Là, la position étant pour ainsi dire inexpugnable, les Prussiens se bornent à la canonner violemment, sans causer toutefois de grands ravages parmi ses défenseurs. Mais, du côté de Querrieux et de Pont-Noyelles, éclate une fusillade terrible... A 3 heures, l'armée française a repoussé victorieusement toutes les attaques dirigées contre le plateau. A 4 heures elle prend l'offensive sur toute la ligne.

« La brigade Fœrster descend dans la vallée, sous le feu ralenti de l'artillerie ennemie, le bataillon étant couvert par sa 1re compagnie (Parent) déployée en tirailleurs.

« En même temps, le village de Querrieux est vigoureusement attaqué par la division Derroja. Heureusement pour l'ennemi, la nuit arrive; les tirailleurs du bataillon, hésitant dans l'obscurité, s'arrêtent et, sans répondre aux inutiles décharges que les Prussiens accompagnent de grands cris, se rallient, non sans peine, sur le bataillon qui, lui-même, ne parvient que difficilement à retrouver le noyau de sa brigade.

« De crainte d'une surprise et, pour être prêt à reprendre le combat le lendemain, l'armée du Nord couche sur le champ de bataille.

« Les soldats de Pont-Noyelles n'oublieront jamais cette nuit terrible, passée sans feu, sans pain, sans eau potable, par un froid de 12 degrés au-dessous de zéro, et sur un plateau nu, exposé au vent glacé et semé de cadavres gelés. Les chasseurs du 20e bataillon supportent avec courage cette épreuve plus pénible que la bataille elle-même dans laquelle ils ont perdu 1 officier tué, 1 blessé, 1 homme tué, 10 blessés et 17 disparus. »

Le lendemain, 24 décembre, ne sera signalé pour le bataillon, que par un feu de tirailleurs engagé avec l'ennemi en face de Querrieux, par la compagnie Parent (1re), qui aura un homme tué et 4 blessés.

A 2 heures, l'ordre arrivera de battre en retraite sur Arras.

« La bataille de Pont-Noyelles, dit l'historique du 20e bataillon, est en somme une journée glorieuse pour l'armée du Nord, car la puissante diversion, but du mouvement sur Amiens, est opérée et, comme l'a dit le général en chef lui-même, les Prussiens la suivent, mais ne la poursuivent pas. »

Signalés particulièrement pour leur bravoure, le sergent Claudel et le soldat Phélip, recevront la médaille militaire.

Les noms de 5 blessés nous sont connus; trois de ces hommes: Briffaut, Alphonse; Dumez, François; Penel, Benoît avaient reçu des balles, Dumez en avait reçu deux pour sa part; quant à Chevrier, Guillaume et Groisselle, Xavier, ils avaient été blessés par des éclats d'obus.

Le bataillon sera le 31 décembre à Agny, à 4 kil. d'Arras et y passera la journée du 1er janvier 1871; c'est là que nous le retrouverons.

69e DE MARCHE. — **Le régiment a été formé à Béthune,** le

11 décembre, de 2 bataillons du 43ᵉ de ligne. Il est complété, le 20, par l'adjonction d'un bataillon du 2ᵉ régiment d'infanterie de marine, qui constitue le 3ᵉ bataillon du régiment.

Malheureusement pour nous et pour nos lecteurs, l'historique du 69ᵉ de marche est extrêmement succinct. Nous n'en ferons pas compliment au lieutenant-colonel Perrier qui l'a signé à Rueil, le 4 septembre 1871. Il n'est pas permis de réduire à ce néant les faits et gestes d'un régiment qui a eu pendant la campagne du Nord 24 officiers et plus de 500 hommes hors de combat.

« Le 23, attaque générale des avant-postes par l'ennemi. Ceux-ci se replient sur le régiment qui occupe toujours les hauteurs. La bataille commence à 11 heures; l'ennemi tente en vain de déloger le régiment de ses positions. A 3 h. 1/2, le régiment se porte en avant et, après un combat meurtrier, il passe l'Hallue et repousse l'ennemi, qui lui offre cependant une résistance longue et vigoureuse, soutenue par des forces très supérieures. Le soir, le régiment vient réoccuper ses premières positions et y passe la nuit. » Un point, c'est tout.

Disons que, depuis le 18 décembre, le régiment est commandé par le lieutenant-colonel Pasquet de La Broue, qui a remplacé le lieutenant-colonel Fœrster, nommé au commandement de la brigade.

A la suite de Pont-Noyelles, le commandant Perrier sera fait officier de la Légion d'honneur, et les capitaines Peltey et Leleu (blessés) nommés chevaliers.

Des médailles militaires seront conférées au sergent-major Wable, aux sergents Semaine, Lemoine et Colin, au caporal Mongin, et aux soldats Lecerf et Perroux. Ce dernier a reçu deux blessures — nous trouvons de plus sur les listes de blessés les soldats Ducrotoy, Constantin (éclat d'obus) et François, Charles (coup de feu).

Mobiles du Gard, 3ᵉ bataillon. — Du 3 au 11 décembre, le bataillon d'Uzès (commandant Poilpré, capitaine en retraite, chevalier de la Légion d'honneur) est à Lens, où la formation du 5ᵉ bataillon du Gard lui enlève 2 compagnies. Il est placé à la même époque à la 1ʳᵉ brigade de la 2ᵉ division du 22ᵉ corps.

Le 17, il est en position sur l'Hallue, à Bussy-les-Daours.

« Le 23 décembre, dit l'historique dû à la plume du commandant Poilpré, la 1ʳᵉ compagnie (Beauquier), de grand'garde au bois de Querrieux, et la 2ᵉ (Chabanon), déployée en tirailleurs en avant de Bussy, furent attaquées, vers 10 heures du matin, par des forces considérables et obligées, après un sérieux combat d'une heure environ, dans lequel elles perdirent 18 hommes, de se replier sur le bataillon en traversant l'Hallue sous le feu de l'ennemi.

« Pendant toute la journée, le bataillon eut à souffrir de l'artillerie ennemie, qui ripostait à une batterie de 4 placée entre le 5ᵉ bataillon et nous.

« Deux compagnies du 43· avaient été placées dès le commencement de la bataille en avant de nos positions, ce qui ne nous permit pas d'utiliser nos feux, quoique nous fussions exposés à la mousqueterie prussienne. » On reconnaît bien là la marque de l'époque : troupes d'infanterie placées près des batteries de façon à ce qu'aucun des projectiles ennemis envoyés aux dites batteries ne fût perdu, ou bien laissées non abritées, quoique non employées et mises dans l'impossibilité de rendre à l'adversaire les balles que lui adressait celui-ci.

« Vers 4 heures du soir, ordre fut donné de marcher en avant et le bataillon exécuta une marche en bataille jusqu'au bord de l'Hallue, en repoussant l'ennemi. A la nuit, il rejoignit les positions précédemment occupées et y passa la nuit.

« Les pertes du bataillon, dans cette affaire, s'élevèrent à 6 morts et 21 blessés, dont 1 officier. »

Le mobile Guinet recevra la médaille militaire.

18ᵉ BATAILLON DE CHASSEURS. — Le 23, vers 9 heures du matin, nos vedettes et nos grand'gardes annoncèrent l'approche de fortes colonnes prussiennes qui s'avançaient sur Querrieux.

« Les 2ᵉ (Robert) et 7· (Burlin) reçurent l'ordre d'occuper le village et d'arrêter assez longtemps l'ennemi pour permettre au reste de l'armée de prendre position en arrière.

« A cet effet, la 2ᵉ compagnie fut déployée à gauche en tirailleurs, en avant de la rue principale, à l'entrée de laquelle une compagnie du génie construisait à la hâte une barricade.

« La 7ᵉ compagnie fut envoyée à la droite de Querrieux, sur le chemin d'Allonville. Le capitaine Burlin, qui la commandait, déploya 3 escouades en avant du village, laissant la 2ᵉ section (sous-lieutenant Planté) à l'entrée de la rue, derrière une 2ᵉ barricade.

« Le feu commença immédiatement.

« L'effort principal de l'ennemi paraissant se porter sur la droite du village, le capitaine Burlin demanda une section de renfort à la 2ᵉ. M. Mennequin, sous-lieutenant, lui fut envoyé.

« Pendant ce temps, les 4 autres compagnies avaient traversé Pont-Noyelles et s'étaient formées en colonnes de section la droite en tête, à gauche de la route d'Albert.

« La 1re section (Naudin) de la 3e (Martin Eugène) fut déployée sur la droite de la batterie Chastang ; la 2e section (Robin) un peu en avant et à gauche de la même batterie. La 2e section (Amade) de la 4e, également déployée, reliait la 3e compagnie à la route.

« 1re section (Franck), en arrière et parallèle à la route.

« La 5e (lieutenant Joxe), fut envoyée à droite en soutien de la batterie Montebello. Enfin, la 6e (Jan) en réserve derrière les 3e et 4e compagnies. Ces dernières avaient l'ordre de se maintenir sur leurs positions jusqu'à la dernière extrémité, et d'empêcher les Prussiens de déboucher de Pont-Noyelles. Elles y réussirent pendant plus de cinq heures, en entretenant un feu modéré et bien dirigé.

« Elles furent admirablement secondées par 2 escouades de la 4e (lieutenant Franck) qui, ayant traversé la route, étaient venues s'embusquer derrière des peupliers, perpendiculairement à elles, et arrêtaient les Prussiens par des feux de salve, chaque fois qu'ils essayaient de sortir des maisons.

« Vers 5 heures, le cri de : En avant ! se fit entendre sur toute la ligne. Tous se précipitèrent avec le plus grand entrain. Mais une fusillade serrée et à bout portant ne permit pas à ce mouvement offensif d'être couronné de succès. Force fut de se replier sur les positions que l'on occupait le matin.

« Enhardis par ce mouvement de retraite, les Prussiens sortaient des maisons où ils étaient si bien embusqués. Mais la 4e compagnie, ralliée dans un chemin creux par le capitaine Martin (Emile), arrêta leur élan par des feux à commandement. Les Prussiens furent même obligés d'abandonner à la hâte deux pièces de la batterie Chastang, dans laquelle ils avaient déjà pénétré, et de se retirer en toute hâte dans Pont-Noyelles.

« Grâce au sang-froid des hommes et des officiers de la 4e compagnie, les 3 autres compagnies du bataillon purent se reformer en arrière, et reprendre, à la fin de la journée, les positions qu'elles occupaient le matin.

« Pendant ce temps, la 1re section de la 7e et la 2e de la 2e prenaient à la gauche de ces compagnies une part aussi active qu'inutile à cette charge à la baïonnette. C'est tout ce qui restait de ces deux compagnies, car, dès le début de l'action, le capitaine Edighoffen fut blessé, ses hommes laissés à eux-mêmes se répandirent dans le village de Querrieux et furent presque tous faits prisonniers par les Prussiens qui y entrèrent immédiatement.

« Menacé sur sa gauche, le capitaine Burlin dut abandonner

sa position et gagner le pont de Pont-Noyelles. Il était temps, car déjà le village était cerné par l'ennemi, et M. le lieutenant Planté, qui prit trop tard ses dispositions de retraite, fut pris avec sa section dans le parc du château.

« Cette journée peut compter dans les pages glorieuses du 18ᵉ bataillon de marche. Appelés au moment où les plus grands malheurs s'étaient déjà abattus sur la France, *ces jeunes soldats supportaient sans se plaindre les privations auxquelles ils étaient soumis, la rigueur de la saison qui était excessive, la mort qui les décimait, sentant bien qu'à ce moment suprême leur seul devoir était de venger leur patrie.*

« Malheureusement on eut à déplorer des pertes nombreuses. M. le commandant Vaton reçut un coup de feu à la jambe à bout portant. M. le lieutenant Naudin eut le bras traversé d'une balle. M. le capitaine Jan trouva, en entraînant ses hommes, une mort glorieuse, digne de celle que le 18ᵉ avait eu déjà à déplorer en la personne du commandant Jan, son frère, tué à Boves. Enfin, une moyenne de 40 hommes tués ou blessés par compagnie attestait que tous dans cette journée avaient noblement fait leur devoir.

« Le soir, le bataillon, sous le commandement de M. le capitaine Burlin, fut rallié à droite de la route d'Albert,.... » (Hist.).

Le bataillon, suivant le mouvement général de l'armée sur Arras, sera le 29 à Plouvain.

Nous le retrouverons bientôt à la bataille de Bapaume.

Il recevra 3 croix et 4 médailles, pour sa belle conduite à Pont-Noyelles. Les décorés de la Légion d'honneur seront : le lieutenant Joxe (1 blessure), le sous-lieutenant Naudin (1 blessure) et le sergent Gringault (3 blessures). Les médaillés : sergent Magnin, fourrier Barbé (1 blessure), caporal Schub (1 blessure), caporal Ingreneau, chasseurs Meyer (1 blessure) et Montsarrat (2 blessures).

Figurent parmi les blessés soignés dans les ambulances, les chasseurs dont les noms suivent : Daboval, Arthur et Luquet, Jacques, atteints chacun de deux balles ; Duchossoy (Léon), Evard (Louis), Kautret (François), Luquet (Jules), Médard (Auguste); Schub (Victor), caporal, Veltz (Antoine), blessés également par des balles, et Lecoq (Jules) atteint d'un éclat d'obus.

DEUX CHASSEURS DE PONT-NOYELLES. — Deux jeunes gens de Pont-Noyelles, Cagnart (Edouard) et Sagez (Roch), servaient à ce bataillon de chasseurs et comme tels durent se battre, le 23 décembre, dans leur propre village. « Ce jour-là, nous ont-ils écrit, la 7ᵉ compagnie, qui avait logé à Pont-Noyelles et se trouvait de grand'garde au bois de Querrieux, est attaquée par l'ennemi. Notre bataillon alors va se placer en arrière de Pont-Noyelles, sur la hauteur, et à 50 ou 100 mètres au delà du monument élevé depuis. Il allait de la route aux champs de la Mare.

Les uns couchés, les autres à genoux, nous obéissions au commandement de notre lieutenant Robert, qui nous ordonnait de tirer ou de cesser le feu, suivant le cas, quand le capitaine Jan, frère du commandant Jan tué à Boves, s'écria : « Qui m'aime me suive ! » Aussitôt, sortit des rangs une brave demi-section, qui se précipita à la baïonnette, à la suite du vaillant capitaine, et chargea sur les Prussiens, abrités derrière un rideau, qui furent promptement mis en fuite.

« Après cet acte de vigueur, la demi-section vint s'abriter dans un trou dit de la Panneterie, d'où elle se lança bientôt de nouveau sur l'ennemi qui s'avançait. C'est alors que le capitaine Jan fut tué, ainsi que quelques braves, parmi lesquels Péret, Luzier, Delanoix.

BRAVES GENS ! — « Nous avons encore vu ceci, qui mérite d'être cité. Quelques chasseurs de la 7ᵉ compagnie, qui étaient de grand'garde, firent face à l'ennemi pendant plus de 2 heures. Forcés enfin de se replier sur nous, ils traversèrent l'Hallue dans l'eau, par un froid de 10 degrés, puis, bien que mouillés jusqu'aux os et transis de froid, vinrent se remettre en ligne avec nous et continuer à se battre.

. . . .

« Vers 5 heures du soir, nous eûmes sous les yeux un spectacle qui nous déchirait le cœur : Pont-Noyelles flambait là, devant nous ; c'étaient peut-être nos propres maisons, où étaient restés nos vieux parents, qui brûlaient ainsi, et impossible de le savoir ! *Ils* nous paieront tout cela en bloc, espérons-le. »

72ᵉ DE MARCHE. — C'est à la date du 20 décembre que la réunion de 3 bataillons de marche : 1 du 33ᵉ de ligne et 2 du 91ᵉ donne naissance au 72ᵉ régiment d'infanterie de marche (lieutenant-colonel Aynès). Le régiment, toutefois, n'est d'abord désigné officiellement que sous le nom de *Régiment d'infanterie de la 2ᵉ brigade de la 2ᵉ division*, tandis qu'on l'appelle communément 91ᵉ. Ce ne sera que le 12 février, c'est-à-dire la campagne finie, qu'il sera appelé 72ᵉ de marche.

Le nouveau régiment est placé dans la 2ᵉ brigade (colonel de Gislain), de la 2ᵉ division (général du Bessol), du 22ᵉ corps (Lecointe).

Les corps qui complètent la 2e brigade sont le régiment de mobiles de Somme et Marne et le 18e bataillon de chasseurs à pied.

Dès le surlendemain, le colonel Aynès sera remplacé par le lieutenant-colonel Delpech.

Le 21, à midi, le régiment prend les positions qu'il devra occuper en cas d'attaque ; à 2 heures, Faidherbe passe devant le front de son armée ainsi disposée et toute prête à la bataille que l'on sent prochaine.

Voici pour le régiment, les cantonnements occupés avant la bataille.

Le bataillon du 33e (Audibert) est à Querrieux avec le 18e bataillon de chasseurs et les états-majors de la division et de la brigade, tandis que les 2 bataillons du 91e occupent Pont-Noyelles et se trouvent séparés de Querrieux par une prairie et la dépression du sol où coule le ruisseau de l'Hallue.

Le 23, vers 9 heures, l'ennemi est signalé et les positions sont prises comme on l'a fait l'avant-veille.

Les grand'gardes du 33e et des chasseurs ont reçu l'ordre de défendre pied à pied les abords de Querrieux et le village lui-même afin de donner aux troupes le temps de se reconnaître.

« Le régiment, dit l'historique, fut dirigé sur les hauteurs à l'est de Pont-Noyelles, le 1er bataillon du 91e en colonne par division à demi-distance, le 2e bataillon à la droite du 1er, le bataillon du 33e, à la gauche du 1er, occupait les gradins qui forment une sorte de cirque traversé par la route de Pont-Noyelles à Lahoussoye.

« Les trois bataillons, établis un peu en arrière de la crête, étaient couverts par des lignes de tirailleurs déployés à mi-côte. L'artillerie prussienne, établie sur les hauteurs, à gauche de la route d'Albert, ouvrit son feu contre les villages de Querrieux et de Pont-Noyelles. Mais bientôt toute notre artillerie prit position et lutta avec avantage. Toutefois nous fîmes des pertes sensibles.

« Vers quatre heures du soir, l'ennemi gagnait du terrain. Le général Faidherbe ordonna alors un mouvement en avant sur toute la ligne. Les bataillons exécutèrent une marche en bataille en avant, au son de la charge, précédés par leurs lignes de tirailleurs.

« Le 1er bataillon du 91e débusqua successivement deux lignes prussiennes et s'empara des premières maisons du village, où il fit 30 prisonniers.

« Le mouvement du 2e bataillon, gêné par un bataillon de

mobiles de Somme et Marne en panique, fut plus difficile. Quelques jeunes soldats, entraînés par le mauvais exemple, furent bientôt ralliés et conduits en avant. Le bataillon du 33ᵉ chargea aussi les Prussiens sur la gauche et pénétra jusque dans le village.

« La nuit survint et, le feu ayant cessé de part et d'autre, la division se reporta sur les hauteurs occupées le matin. Le régiment se replia et vint occuper les mêmes hauteurs sans être inquiété dans sa marche. La division bivouaqua sur ses positions. »

Les pertes du régiment furent grandes.

« Une section entière de 58 hommes du 33ᵉ disparut dans la défense du village. M. le capitaine Audibert, qui commandait le bataillon du 33ᵉ, voulant aller chercher le soir, jusque dans Pont-Noyelles, deux compagnies qui n'avaient pas encore rallié le bataillon, tomba au pouvoir de l'ennemi. »

On compta en outre :

2 officiers tués : MM. Vinciguerra et Trichet, lieutenants au 91ᵉ ; 4 officiers blessés : MM. Desorthès et Leschi, sous-lieutenants au 91ᵉ ; Miannay, lieutenant au même régiment et Maus, lieutenant au bataillon du 33ᵉ, plus un officier disparu, le capitaine Audibert. Le capitaine Soulice, du 91ᵉ, recevra la croix de la Légion d'honneur.

Dans la troupe, il y eut : 27 tués, 193 blessés et 207 disparus.

Voici les noms des blessés relevés sur les listes du service médical :

Albaric, François; Bally, François; Baudhuit, Bertrand, caporal; Beauvais, Philippe; Bellier, Joseph; Berthelot, Ernest; Boidin, Henri; Brasseur, Louis; Cadet, Fortuné; Cadet, Marie; Caron, Joseph; Carron, Hildefonse; Crametz, Charles; Cartel, Pierre; Cosmao, Alain; David, François; Dechelde, Edouard; Deltour, Jean; Devillard, Jules; Delubac, Jean; Dumercha, François; Deudon, Henri; Leroux, Joseph (deux coups de feu); Lambert, Pierre; Lebrun, Bénoni; Lefebvre, Abeilard; Lourme, Alexis; Malvezin, Césaire; Mouzon, Jean (deux coups de feu); Piedevache, Célestin; Pascal, Gustave, caporal; Provot, Marie, Joseph; Reynaud, Henri; Rommelaere, Louis; Tréhon, Jules; Deuhez, Régis; Dumarsac, François; Dumortier, François; Dusart, Jules; Falloux, Gustave; Gasnier, Félix; Grar, Louis; Guerbaut, Victor; Lecerf, Joseph; Lemoult, Alfred; Leroy, Louis; Lilière, Henri; Martin, Jean; Mille, Jean-Baptiste; Noël, Joseph; Olivier, François; Parvieux, Pierre; Picaudon, Henri; Pignaux, Louis; Régnier, Fleury; Sintomer, Henri; Souchère, Antoine; Telotte, Alphonse, tous atteints par des balles; Deltour, Désiré ; Dran, Victor ; Jaudon, Alexandre ; Lotigier, Victor ; Maupas, Léon et Naulleau, Louis, par des éclats d'obus.

33° DE LIGNE. — Le 23 au matin, le bataillon s'apprête à travailler à des ouvrages en terre destinés à renforcer sa position, quand, vers 9 heures, une nuée de tirailleurs et de fourrageurs prussiens est signalée, précédant l'armée de Manteuffel qui est sortie d'Amiens et se dirige vers nous.

« Nos postes avancés, dit l'historique, ne tardent pas à ouvrir le feu sur les assaillants, dont la marche se trouve ainsi ralentie. Une section du génie établit rapidement une barricade à l'entrée du village de Querrieux, que M. le capitaine Audibert a reçu la mission périlleuse de défendre avec 2 compagnies, l'une de chasseurs et l'autre du 33° (la 3° commandée par le lieutenant Magnier).

« La 2° (Maus) se trouve seule de grand'garde, et occupe, déployée par escouade sur la lisière extérieure des bois, toute l'étendue de notre front. Elle soutient bravement le premier choc.

« Pendant plus d'une heure, ses tirailleurs, embusqués derrière des arbres, dans les fossés, partout où ils trouvent un emplacement favorable, tiennent tête aux masses ennemies sans perdre un pouce de terrain, mais ensuite, menacés d'être tournés par leur gauche, ils se mettent en retraite en bon ordre sur Querrieux, où ils arrivent en même temps que la compagnie des chasseurs de soutien et quelques francs-tireurs du Gard, qui se sont déployés sur la droite dès le commencement de l'action, mais en formant un échelon à plus de 1200 mètres en arrière de la compagnie Maus.

« L'ennemi bat le village, du feu plongeant de son artillerie établie à couvert sous bois. De fortes colonnes s'avancent à l'assaut par différents chemins. Une plus longue résistance n'est ni possible ni même nécessaire car, à ce moment, toute l'armée est déployée en arrière des crêtes et notre artillerie, promptement mise en position, contrebat déjà, avec un certain avantage, les batteries prussiennes qu'elle contraint à aller chercher un abri derrière les plis du terrain. M. Audibert commande et dirige la retraite.

« Querrieux est abandonné pour Pont-Noyelles, où les Allemands pénètrent en même temps que nos soldats. Le combat continue dans les rues. Peu s'en faut que le lieutenant Maus, grièvement blessé à la cheville droite, ne tombe entre les mains de l'ennemi qui nous fait là un certain nombre de prisonniers.

Ce qui reste des défenseurs du village repasse l'Hallue sur le pont. Quelques-uns, avec l'adjudant Sibiud, serrés de trop près et coupés du gros de la troupe, sont obligés, pour regagner la rive gauche, de traverser à gué la rivière, malgré la rigueur du froid.

« La 4ᵉ, commandée par le lieutenant Herbillon, s'est déployée à quelques centaines de mètres du village, au pied des hauteurs pour protéger la retraite. Arrêtés par son feu, les Prussiens renoncent à la poursuite et se bornent à envoyer quelques balles, des maisons dans lesquelles ils se sont embusqués.

« Les autres compagnies du bataillon sont en tirailleurs sur les gradins naturels de la rive gauche et leurs meilleurs tireurs dirigent dans les rues du village de Pont-Noyelles un feu plongeant qui, malgré la distance (900 mètres), ne laisse pas que d'être très meurtrier.

« Il est environ une heure ; à ce moment, nous avons abandonné tous les villages dont la défense devait être subordonnée au déploiement de nos troupes; nous entrons dans la deuxième phase de la bataille.

« Le canon se fait presque exclusivement entendre. C'est, pendant trois heures, une lutte terrible et grandiose, véritable duel d'artillerie auquel l'infanterie n'assiste, pour ainsi dire, que comme témoin. Près de 100 pièces tonnent avec rage. Les Krupps ont enfin trouvé à qui parler. Nos batteries de 12, servies par les marins de la flotte, leur répondent fièrement, et finissent par les réduire en partie au silence. Pendant ce combat, les pertes de l'ennemi, en hommes, chevaux et matériel, sont énormes.

« Manteuffel, n'espérant plus nous vaincre à coups de canon, veut le tenter à coups d'hommes.

« De nombreux bataillons sont massés dans les villages les plus rapprochés des saillants de nos positions. Vers trois heures, protégés par le tir à outrance de toutes leurs batteries convergeant sur les points désignés à l'attaque, de profondes colonnes se lancent résolument à l'assaut (?) derrière un épais rideau de tirailleurs.

« La bataille entre dans sa troisième phase. »

Devant cette attaque exécutée avec ordre et méthode, nos jeunes soldats se sentent impressionnés et hésitent un moment; « quelques compagnies de mobiles se débandent ; des bataillons entiers battent en retraite en désordre, et l'ennemi avance toujours. » (Historique).

Mais, devant l'imminence du danger, nos troupes se reprennent, leur courage s'affermit, et les rangs se reforment. « Une terrible fusillade répond à celle de l'ennemi. Notre artillerie, un instant muette, a trouvé des positions favorables et vomit des torrents de mitraille sur les assaillants. Ceux-ci hésitent à leur tour. D'admirables feux d'ensemble, exécutés par quelques bataillons, font de larges vides dans leurs rangs. Bientôt, le terrain couvert des cadavres prussiens, est reconquis.

« En vain Manteuffel fait-il avancer ses réserves; les clairons français ont sonné la charge; notre ligne de bataille s'est ébranlée sur tout son front. A notre tour d'être agresseurs ! C'est le quatrième moment de la journée, le moment décisif.

« Entraînés par leur élan, nos soldats pénètrent jusque dans les villages qui ont été fortifiés et que des troupes fraîches défendent avec acharnement. Le feu terrible, dirigé sur les nôtres des combles des maisons, à travers les créneaux, par un ennemi invisible, n'empêche pas Bavelincourt, Béhencourt, Daours et Pont-Noyelles d'être repris. Le bataillon a concouru avec toutes ses forces à l'attaque de ce dernier village.

« Mais la nuit arrive, accompagnée d'un épais brouillard. Aux lueurs des incendies, le combat continue bien encore quelques instants, mais cesse bientôt de lui-même.

« Cependant, à la faveur de l'obscurité, les troupes que l'ennemi a habilement masquées aux environs de Daours et de Pont-Noyelles, parviennent à entourer ces villages, à y pénétrer et à s'en emparer, presque sous les yeux de l'armée française qui ne s'en doute même pas.

« Le capitaine Audibert, croyant l'état-major de la division installé au château de Pont-Noyelles, quitte le bataillon et va au village chercher des ordres. Il tombe, tête baissée, au milieu d'une patrouille prussienne qui se saisit de sa personne, le désarme et l'emmène prisonnier. Toute l'armée bivouaque dans la vallée ou sur les plateaux.

« Le capitaine Dumas, appelé par son ancienneté à remplacer M. Audibert dans le commandement du bataillon en réunit les débris épars (350 hommes environ, beaucoup se sont égarés et ne rentreront que plus tard). Officiers et hommes sont répartis en 4 pelotons. Les cartouches sont complétées, grâce à notre caisson de réserve, et le bataillon reprend sa place de bataille, à la gauche du 91e.

« Vers 8 heures (du matin), toute l'armée du Nord est rétablie en ordre sur les emplacements qu'elle occupait la veille, prête à recommencer la lutte et désireuse de poursuivre le cours de ses succès. »

Le bataillon a donc perdu 2 officiers, le lieutenant Maus, blessé, et le capitaine Audibert, tombé aux mains de l'ennemi.

Quant aux pertes en hommes, il a eu 11 tués, 31 blessés et 85 disparus. Minimes en eux-mêmes, ces chiffres n'en représentent pas moins la proportion de 1 officier sur 4 et 1 soldat sur 5.

Une croix et sept médailles militaires seront accordées au bataillon du 33e. Le sergent Wilhem, blessé, recevra la première ; les médailles iront aux sergents Siégel (blessé), Maritz et Chaillet, au caporal Barjot, au clairon Bouvier et aux soldats Marchal et Cathelain.

Les états du service médical nous donnent les noms des 5 soldats suivants, tous blessés par des balles : Bemmer ; Ducrocq, Léopold ; Duvivier, Louis ; Françoise, Alexandre et Mantz, Henri.

Mobiles de la Marne. — 3e bataillon. — Depuis que nous avons quitté le bataillon de Reims, au lendemain de Villers-Bretonneux, des choses importantes se sont passées.

Le 5 décembre, à Harnes, le cadre d'officiers a été soumis à l'élection.

« Le 5 décembre, dit le commandant du Hamel, au moment où l'on s'y attendait le moins, je reçus l'ordre de faire procéder à l'élection des officiers.

« Cette mesure fut des plus fâcheuses, sous tous les rapports. Elle excita toutes les passions mauvaises et poussa à l'indiscipline des hommes qui, jusque-là, n'avaient eu que les rapports les meilleurs avec leurs chefs. Les nouveaux choix ne pouvaient, du reste, être que malheureux, puisqu'au lieu d'officiers qui, depuis quatre mois, s'étaient mis au courant de leurs nouvelles fonctions, on nomma des jeunes gens avec lesquels tout était à refaire, et cela devant l'ennemi. Le général en chef trouva même deux de ces choix si indignes, qu'il les cassa aussitôt après l'élection. Pour les officiers non réélus, ordinairement parce que jusque-là ils avaient trop bien fait leur devoir, ce fut une blessure profonde ; pour l'autorité militaire tout entière, ce fut la perte de tout prestige, puisqu'on lui enlevait toute immixtion dans l'avancement.

« Malgré l'excellent esprit du bataillon, il se ressentit beaucoup de ce fâcheux précédent. »

A Lens, le 11 décembre, le 3e bataillon de la Marne forme, avec le bataillon des mobiles de Doullens, le *régiment de Somme-et-Marne* composé de 3 bataillons. C'est que, avec les 5 premières compagnies de Doullens, on a formé un bataillon qui prend le n° 1 dans le nouveau régiment et marche sous les ordres du commandant Huré, pendant que des 6e et 7e compagnies de Doullens et des 6ᵉ, 7ᵉ et 8ᵉ de Reims, on a composé le 2ᵉ bataillon (comm. Boully) et que les 5 premières compagnies de Reims ont formé le 3ᵉ bataillon (commandant du Hamel de Breuil). Le commandant Boully, du 2ᵉ bataillon, est un officier échappé de Metz.

Le régiment de Somme-et-Marne fait partie de la 2ᵉ brigade, de la 2ᵉ division, du 22ᵉ corps.

Le 13 décembre, 10 à 12 hommes choisis dans chaque compagnie forment des compagnies de reconnaisances.

Le 17 décembre, le régiment arrive sur les positions de l'Hallue; les 2 premiers bataillons vont cantonner à Fréchencourt, pendant que le 3ᵉ (du Hamel) prend position à Saint-Gratien, c'est-à-dire très près de l'ennemi. Ce bataillon est renforcé, le 20 décembre, par 2 compagnies du 1ᵉʳ bataillon (Huré).

« Le 23 décembre, à midi, lisons-nous dans la relation du commandant du Hamel, une attaque violente des Prussiens a lieu vers Querrieux; on nous met en bataille sur les hauteurs qui dominent Pont-Noyelles, parallèlement à l'Hallue et perpendiculairement à la route de Lahoussoye à Pont-Noyelles.

« Une partie de la journée, le rôle du régiment de Somme-et-Marne se borna à garder les batteries de notre armée, sous un feu meurtrier.

« Vers le soir, on ordonna une marche générale en avant et l'on exécuta une charge sur toute la ligne.

« Une partie du bataillon de Reims entra dans Pont-Noyelles, en repoussant l'ennemi, la baïonnette dans les reins et lui tuant beaucoup de monde; mais l'artillerie ennemie rendit cette position intenable et il fallut sortir de ce village.

« La nuit survint sur ces entrefaites et l'on nous fit coucher sur nos positions par un froid affreux. Plusieurs hommes furent gelés... »

Le commandant de Breuil sera décoré et le mobile Liévins, qui a reçu deux blessures, médaillé.

La relation ne parle pas des pertes subies par le régiment; mais nous relevons sur les états d'ambulance, les noms des blessés suivants, comme appartenant au régiment de Somme-et-Marne : Coquité, Louis (coup de feu et éclat d'obus); Ménil, Joseph et Monnon, Georges (2 coups de feu chacun); Daullé, Eugène (coup de feu).

Compagnies de reconnaissance. — Le 23 décembre, les compagnies du commandant Bayle, occupent le poste avancé de Saint-Gratien. Au-dessous d'elles les mobiles de la Somme, qu'un accident de voiture a privés de leur brave chef, le colonel

Brouard, garde le village de Fréchencourt, sous les ordres du commandant Huré.

A onze heures du matin, nous dit dans ses notes inédites le commandant Bayle, tandis que nous éloignons à coups de fusil les reconnaissances de cavalerie qui descendaient de Rainneville, on vint nous prévenir que le commandant Huré abandonnait Fréchencourt et donnait l'ordre de couper le pont derrière lui... et derrière nous. Nous nous repliâmes précipitamment sur ce village, où nous ne trouvâmes plus, en effet, que l'arrière-garde du commandant Huré opérant son mouvement de retraite. Je défendis à l'officier du génie de toucher au pont, qui pourrait nous servir dans le courant de la journée, et j'allai installer mes 300 hommes en tirailleurs sur une seule ligne, face à ce pont, sur les premiers gradins du plateau de Lahoussoye. Un quart d'heure après le colonel de Gislain descendait des hauteurs, pour me prévenir qu'une division ennemie marchait sur Fréchencourt, et me recommander de ne pas lui laisser franchir le pont.

« De la position que j'avais choisie, le tir de mes 300 chassepots convergeait vers ce pont et en rendait le passage très dangereux. L'ennemi, après quelques tentatives infructueuses, en fut réduit à s'éparpiller sur la rive droite de l'Hallue et à s'embusquer dans les maisons du village, d'où il faisait pleuvoir sur nous une grêle de balles. Nos hommes étaient couchés par mon ordre et tiraient dans cette position. Malheur à celui qui relevait la tête, il était immédiatement frappé, car il passait sur eux une véritable nappe de projectiles.

« Cependant les munitions s'épuisaient. Nous n'avions au début de la bataille que 50 cartouches par homme et il n'en restait plus qu'une dizaine à tirer. — Si nous suspendions le feu, les troupes de Strubberg ne manqueraient pas d'en profiter pour franchir le pont. A ce moment, une compagnie de chasseurs à pied du 18e bataillon vint se placer à notre gauche, sur les pentes de Lahoussoye. Je me détachai pour aller leur demander soit de nous donner des cartouches, soit de venir relever ma troupe qui n'en avait plus. C'est dans ce trajet que je fus grièvement blessé à la cuisse. Curieux effet du sort dans les batailles! Seul de ma troupe j'étais resté debout pendant deux heures, allant d'une extrémité à l'autre de ma ligne pour modérer le tir. Une rafale de balles passait sans interruption au-dessus et autour de moi. Les you you aigus de ces milliers de projectiles avaient fini par agacer mes nerfs et semblaient entrer dans mes chairs comme des aiguilles ; mais je n'étais pas touché. Ce n'est qu'en sortant du champ de tir pour aller demander aide aux chasseurs que je fus atteint. Il était 4 heures environ. La nuit commençait à tomber, je n'avais plus à craindre un mouvement en avant de l'ennemi, surtout depuis l'arrivée des chasseurs à pied ; je me laissai emporter hors du champ de bataille.

« Quelques jours après, le général Faidherbe, sur mes propositions, fit de nombreuses nominations dans ma troupe et confirma dans leurs grades, mes capitaines, lieutenants et sous-lieutenants, en leur attribuant les soldes afférentes à ces grades. » — Quant à leur commandant, rappelons que, de toute la campagne, il ne voudra recevoir ni solde, ni allocations d'aucune sorte. — Le 25, à Arras, les compagnies devenues *Bataillon de reconnaissance* passeront sous les ordres du général Lecointe ; le commandant Bayle, blessé, sera remplacé à leur tête par le capitaine Jourdan.

3ᵉ BATTERIE DU 12ᵉ. — A Pont-Noyelles, la 3ᵉ batterie principale du 12ᵉ (capitaine Beauregard), combat jusqu'à épuisement complet de ses munitions. Elle perd 13 hommes blessés et 6 chevaux tués. Parmi les blessés, nous trouvons, les noms de Bernert François, maréchal des logis et Villard Joseph, atteints tous deux d'éclats d'obus.

RÉCIT D'UN HABITANT. — Les souvenirs qui suivent sont ceux d'un habitant de Pont-Noyelles, M. Alfred Debeauvais, cultivateur ; ils nous ont été transmis par un obligeant patriote, M. Marquant, Omer, aubergiste et lieutenant des pompiers de Pont-Noyelles.

» Le 23 décembre 1870, vers 11 heures du matin, je remontais de ma cave pour me rendre un peu compte de ce qui se passait, quand je vis dans ma cour un soldat du 91ᵉ de ligne aux prises avec deux Prussiens.

« La colère me prit à cette vue ; mais avant que j'eusse pu intervenir, mon brave petit troupier avait tué ses deux adversaires, après quoi il s'enfuit par le jardin. Là, il rencontra un nouvel ennemi et le tua de même. Il se penchait sur l'Allemand pour voir s'il était bien mort, quand il tomba lui-même atteint d'une balle au front. Je courus vers lui pour le secourir, mais il était bien mort. Son képi était tombé près de lui ; je le ramassai, l'examinai et, dans la doublure, je découvris une carte portant ce nom : Lecomte, 30, rue de la Truanderie, 30, Roubaix.

« Au moment où je rentrais dans ma maison, j'aperçus une vraie chasse à l'homme. Un chasseur à pied, baïonnette basse, poursuivait un Prussien. Il allait l'atteindre quand d'autres ennemis placés dans une cour en face, le virent et le tuèrent, au moment où il passait en courant devant la porte de cette cour.

« Voilà pour la matinée.

« Le soir, vers 3 heures, de nombreux Prussiens envahirent ma maison et montèrent au grenier où ils se postèrent. Ils m'obligèrent à leur porter de l'eau, et me frappèrent avec la dernière brutalité, parce qu'ils trouvaient que je n'allais pas assez vite.

« Voyant cela, je me sauvai; mais à peine étais-je dehors que je vis flamber, à 50 pas de là, la maison de mon frère. Je me rappelle qu'à ce moment même, un cheval tout harnaché sortit de la maison, flambant lui-même, la pauvre bête. Il n'alla pas loin du reste et tomba à 30 pas de là, achevé par les balles qui sifflaient de tous côtés.

« La vue de toutes ces misères m'avait comme anéanti; j'étais accablé et sans forces, je rentrai alors et m'assis au coin du feu. Les Prussiens étaient toujours dans le grenier, faisant le coup de feu sur nos braves soldats.

« Il y avait à peu près une demi-heure que j'étais ainsi, quand la fusillade éclata plus terrible que jamais. C'était le 91e de ligne, posté jusque-là sur la hauteur, à l'ouest de Pont-Noyelles, qui descendait, se précipitant à la baïonnette sur le village.

« Un certain nombre d'hommes entrèrent dans mon jardin, où ils furent accueillis par la fusillade prussienne partant du grenier. Mais les Allemands allaient le payer cher.

« Rendus furieux, les pantalons rouges se ruèrent dans la maison. Je m'élançai à leur rencontre et leur fis signe que les Prussiens étaient en haut. Ils s'y précipitèrent bravement et pendant 10 minutes je crus que ma pauvre demeure allait s'écrouler, sous les secousses et dans le fracas d'une lutte effroyable.

« Un Prussien paraît en haut de l'escalier, il veut fuir, manque la première marche : dégringole à la renverse et tombe à mes pieds, mort sur le coup. Deux ou trois autres arrivent ensuite et se jettent à mes genoux en criant: « Grâce! grâce! bon Français! » Mais je m'éloigne, la tête comme perdue, courant çà et là dans la maison. Revenu dans la première pièce, je me trouve en face, non plus de trois mais bien de vingt-cinq Allemands qui s'y sont réfugiés et la lutte continue toujours sur nos têtes.

Enfin les Français, en ayant fini là-haut, descendent et j'assiste alors à une scène de carnage dont le souvenir me fait encore frémir après vingt-six ans. Les vingt-cinq ennemis.

tombèrent tour à tour sous les baïonnettes ou sous les balles et en demandant grâce. Je n'eus que le temps de crier que j'étais Français; sans cela, j'y passais comme les autres.

« Je vivais comme dans un cauchemar. Les Français repartis par le jardin, je fus tiré de cet état par le galop de plusieurs chevaux; c'étaient trois officiers prussiens qui pénétraient dans la cour.

« Je me précipitai au-devant d'eux; ils descendirent et me mirent en main la bride de leurs montures; mais le froid était tel que cette bride s'échappa de mes doigts engourdis et que les chevaux se sauvèrent dans la cour. Il fallut les rattraper; quand cela fut fait, les officiers, pour me punir de ma maladresse, me giflèrent à tour de main.

« C'en était trop, je pris la fuite, comptant sur l'obscurité qui était venue pour me sauver. J'étais tellement exaspéré cette fois que, passant près d'un Prussien que j'aperçus adossé à une haie, je lui plongeai sans pour ainsi dire interrompre ma course, mon couteau dans le ventre. Bientôt, ce fut une autre aventure : en courant dans la nuit je tombai dans un trou où gisaient des morts et des blessés. Tout ce que je sais c'est que j'entendais râler autour de moi et qu'en tâtonnant pour me relever, dans cette obscurité je rencontrai, des corps froids comme le marbre.

« Sorti de là, non sans peine, je n'avais pas fait trente pas que j'entendis gémir et appeler au secours, d'une voix éteinte. C'était un pauvre soldat français dont un éclat d'obus avait labouré le ventre.

« J'étais très robuste, à cette époque; je le pris dans mes bras comme un enfant et le portai, tout près d'un kilomètre, entre Lahoussoye et Pont-Noyelles, au Garderon, où je trouvai un poste français, qui se chargea de faire porter le blessé à l'ambulance.

« De là, j'allai à Hénencourt retrouver ma famille. Voilà ce que j'ai vu le 23 décembre, voilà ce qui représente pour moi, monsieur l'historien, la bataille de Pont-Noyelles. »

Pont-Noyelles. — Mort du sergent Merlin, des mobilisés du Nord.

CHAPITRE XV.

Pont-Noyelles (suite).

23ᵉ corps. — Division Moulac. — 19ᵉ bataillon de chasseurs. — A Daours. — Lieutenant Cohendet. — Lutte terrible. — A bout portant. — Dure nuit. — Croix et médailles. — Capitaines Bourèly et Sabot. — Sergents Bardet et Rampin. — Chasseurs Carpentier, Sallenave et Grivolat. — Mobiles du Nord. — Lieutenant-colonel Degoutin. — A Daours. — Commandant Tauchon. — La retraite.

— Vainqueurs, vaincus, nous évacuons toujours. — Commandant Vernhette. — Capitaine Bouxin. — Sergents Gros et Derache. — Caporaux Laguiel et Laurent. — Batterie du Pas-de-Calais. — Belvallette et Lagache. — La naissance d'une batterie. — En face de Daours. — L'ennemi à 300 mètres. — A mitraille! — La canonnade du 24. — Canonnier Alex, deux fois blessé.

23ᵉ corps. — Division Moulac.

19ᵉ BATAILLON DE CHASSEURS. — Le bataillon, reconstitué à Douai avec des éléments pris dans le dépôt du 2ᵉ bataillon, a vu ses compagnies portées à l'effectif de 150 hommes au moins.

Ses cinq compagnies ont respectivement pour chefs les capitaines de Négrier (absent pour blessure), Bourély, Sabot, de Chastel (évadé de Metz) et Crépel.

C'est dans la nuit du 13 au 14 décembre seulement qu'il a quitté Douai en chemin de fer pour Saint-Quentin, où il est resté jusqu'au 16.

Ce jour-là, le capitaine Regnier, évadé de Metz, prend le commandement de la 1ʳᵉ compagnie.

Le 18, à Corbie, le chef de bataillon Wasmer vient prendre celui du bataillon. Ce fut seulement alors que le bataillon prit sa nouvelle dénomination de 19ᵉ *bataillon de marche*, et passa de la 3ᵉ division du 22ᵉ corps à la 1ʳᵉ du 23ᵉ.

« Pendant que nous nous rassemblions à Corbie, dit l'historique, l'ennemi se concentrait également aux environs d'Amiens. Aussi, dès notre arrivée, s'attendait-on à une action générale; elle eut lieu le 23 décembre.

« D'après le général en chef, elle devait inaugurer pour nous l'ère des victoires. Ce ne fut qu'une affaire indécise, car, si les Prussiens reculèrent le 24, nous battimes de notre côté en retraite.

« Nos lignes couvraient des hauteurs en demi-cercle, qui partent de la Somme et suivent la direction d'un petit cours d'eau marécageux qui coule du nord au sud. Ces hauteurs ont leur crête à deux kilomètres de La Neuville (faubourg de Corbie) et s'abaissent en pente douce jusqu'à ce village que l'on pourrait considérer comme le centre de la courbe qu'elles tracent.

« Du côté d'Amiens d'où venait l'ennemi, elles descendent assez brusquement pour se relever de l'autre côté des marais; leur pied est marqué par les villages de Daours, Querrieux, Pont-Noyelles que nous occupions.

« Une route, parallèle à la Somme, mène de la Neuville au

premier de ces villages, et c'est par là que le bataillon vint prendre position sur la portion du plateau qui domine Daours, à un petit bois situé à 5 ou 600 mètres de l'endroit où la route commence à descendre vers cette localité. Des quatre compagnies du bataillon présentes (la 4e avait été chargée de garder à notre gauche le pont d'Aubigny, sur la Somme), deux, les 1re et 2e, ne quittèrent point le petit bois, de toute l'action, lançant seulement à droite et en avant quelques tirailleurs qui se fusillèrent toute la journée avec les tirailleurs ennemis, et les forcèrent plusieurs fois à reculer.

Les pertes de ces compagnies furent peu sensibles, mais il n'en fut pas de même pour les 3e et 5e.

« Appelée, vers trois heures, pour tenter de reprendre le village de Daours, que les Prussiens avaient enlevé au régiment de marins, la 5e compagnie se porta immédiatement sur le village. Accueillie à l'entrée, par un feu bien nourri, elle fut forcée de s'abriter, à droite et à gauche de la route, derrière des clôtures et des meules de paille. Mais un instant après, enlevant ses hommes au pas gymnastique, le lieutenant Cohendet, qui commandait la compagnie (le capitaine Crépel, nommé capitaine-major au 2e bataillon, nous avait quittés le matin même) réussit à pénétrer dans le village.

« Là, la 5e compagnie fut renforcée, vers quatre heures, par la 3e; la lutte alors devint terrible. On se battit à bout portant et les Prussiens, embusqués et barricadés dans les maisons, avaient tout avantage sur nos chasseurs qui, pour gagner du terrain, étaient obligés de marcher à découvert. Il est vrai de dire que ceux-ci se vengeaient, en perçant impitoyablement de leurs baïonnettes tout ennemi qui leur tombait sous la main.

« A la nuit, la position n'était plus tenable; le lieutenant Cohendet, ayant été tué, les deux compagnies avaient *perdu plus de la moitié de leur effectif*, et on ne recevait pas de renforts ; il fallut battre en retraite. »

Le brave Cohendet était un ex-sous-lieutenant du 60e, évadé de Thionville.

« A 400 mètres du village, nos hommes rencontrèrent le capitaine de vaisseau Payen, qui les renvoya à l'attaque; il fut obéi, on se fait encore tuer quelques hommes, après quoi les deux compagnies reçurent l'ordre de rejoindre celles qui étaient restées sur le plateau.

« C'est là que nous passâmes la nuit, sans rompre nos rangs, car on s'attendait toujours à une attaque. Les hommes osaient à peine frapper du pied pour se réchauffer, ne pouvant, à plus forte raison, allumer du feu.

Nous étions à 4 ou 500 mètres des Prussiens, et la moindre lueur nous attirait des coups de fusil, auxquels, dans l'obscurité, nous ne pouvions répondre. Il faisait un froid de 8 à 10 degrés au-dessous de zéro, et des hommes périrent de froid dans la nuit.

« Le lendemain, nous restâmes encore sur nos positions jusqu'à 3 heures, mais les Prussiens refusèrent le combat, et l'on battit en retraite, le bataillon formant l'extrême arrière-garde. »

Le bataillon est le 25 à Bapaume, le 26 à Vitry et le 27 à Brébières.

Nous le retrouverons à Bapaume.

A la suite de la journée de Pont-Noyelles, les capitaines Bourély et Sabot seront faits chevaliers de la Légion d'honneur: les sergents Bardet et Rampin; les chasseurs Carpentier, Sallenave et Grivolat (blessé) seront médaillés.

MOBILES DU NORD. — 48ᵉ RÉGIMENT. — Après Villers-Bretonneux, où nous l'avons vu combattre honorablement, le 48ᵉ mobiles est allé se réorganiser à Saint-Omer, où il a reçu un nouveau chef, le lieutenant-colonel Degoutin (3 décembre).

« Le lieutenant-colonel imprima de suite une vive impulsion aux opérations de réorganisation commencées. Il se préoccupa tout d'abord de secouer l'abattement général et s'attacha à faire comprendre qu'il fallait se mettre en mesure de rentrer promptement en ligne. Cette troupe, chez laquelle il y avait de la jeunesse et du ressort, reprit bien vite son assurance et travailla avec ardeur aux préparatifs d'une nouvelle entrée en campagne » (Rapport du colonel Degoutin).

A la date du 13 décembre, le régiment a 3 nouveaux chefs de bataillon, ce sont MM. Pyot, capitaine au 24ᵉ de ligne, Vernhette, capitaine au 3ᵉ bataillon de chasseurs et Tauchon, capitaine du régiment.

Le 48ᵉ fait partie alors de la 1ʳᵉ brigade de la 1ʳᵉ division, du 23ᵉ corps, avec le 19ᵉ bataillon de chasseurs à pied, le régiment de fusiliers-marins du capitaine de vaisseau Payen (commandant de la brigade) et la batterie Halphen.

La journée de Pont-Noyelles trouve le régiment cantonné à Corbie. Le 21, jour de la répétition générale de la bataille attendue, la brigade Payen est placée à l'extrême gauche de la ligne, face à Daours et à Bussy et s'appuyant à la Somme.

Le 23 décembre, à midi, les troupes reprennent leurs positions du 21, alors que la bataille est déjà sérieusement engagée au centre, vers Querrieux et Pont-Noyelles.

« Le 19ᵉ chasseurs et les marins, dit le rapport du colonel Degoutin, furent engagés les premiers. Leur rôle étant purement défensif, ils se bornèrent à occuper solidement Daours et à couronner, vers le nord, les crêtes qui commandent la vallée.

« Le régiment, laissé en réserve, envoya vers une heure et demie deux bataillons, le 8ᵉ (commandant Tauchon) et le 9ᵉ (commandant Vernhette) renforcer la première ligne. Le 7ᵉ bataillon (Pyot), formant alors seul la réserve, appuya à gauche et se plaça à 200 mètres en arrière de la batterie Halphen, qui, du plateau, ouvrait un feu très vif contre les batteries ennemies établies sur les hauteurs qui dominent la rive droite de l'Hallue, entre Daours et Bussy.

« En ce moment, le combat était presque uniquement un combat d'artillerie ; les 3 batteries de la division y prenaient une part très active et très glorieuse. Le 8ᵉ bataillon fut, par ordre de l'amiral Moulac, engagé dans le village de Daours, où il prit une vigoureuse offensive contre les Prussiens qui commençaient à y pénétrer par le côté ouest.

« Le 9ᵉ bataillon se déploya sur les pentes au nord de Daours; les hommes s'embusquèrent de leur mieux, pour échapper à la vue et aux coups de l'ennemi, et dirigèrent immédiatement un feu très nourri contre les Prussiens, qui cherchaient à passer l'Hallue entre Daours et Bussy.

« Ils les maintinrent en respect et leur firent éprouver des pertes sérieuses, quand, après avoir passé la rivière au sud de Bussy, ils cherchèrent à gravir les pentes et à aborder les hauteurs en les tournant à la faveur d'un chemin creux. Le 9ᵉ bataillon (Vernhette), dirigé par son commandant, se maintint jusqu'à la nuit dans cette position, et en interdit l'accès à l'ennemi, en n'essuyant que des pertes relativement peu sérieuses.

« Dans le village de Daours, le combat prenait vers 2 heures et demie, un caractère très vif : le 8ᵉ bataillon, parvenu sur la place de l'église, trouva son chemin barré par une colonne prussienne, contre laquelle il ouvrit un feu meurtrier, presque à bout portant. Le commandant Tauchon montra, en cette circonstance, une rare vigueur et un grand sang-froid.

« L'attaque fut soutenue par les Prussiens avec une grande ténacité.

« Après cette première fusillade échangée de part et d'autre, on chercha à s'abriter dans les maisons qui bordent la rue. Des créneaux furent immédiatement percés et, de ces meurtrières, des fenêtres, des greniers, des toits, commença un feu très vif, dans lequel, par suite de leurs renforts successifs et de l'arrivée de fortes colonnes, les Prussiens finirent par avoir le dessus.

« Les marins et les chasseurs supportaient en ce moment une lutte très vive dans la partie sud du village.

« Vers 3 heures et demie, le 7ᵉ bataillon (commannant Pyot) reçut l'ordre de pénétrer dans le village et d'appuyer le mouvement offensif qu'allait renouveler le 1ᵉʳ bataillon. Le 7ᵉ bataillon entra dans le village juste à temps pour recueillir les débris du 8ᵉ bataillon qui, entraîné par son chef, venait de tenter un dernier effort pour repousser l'ennemi au delà de l'église.

« Ce dernier épisode de la lutte fut très sérieux. Le commandant Tauchon y fut blessé et tomba ainsi entre les mains de l'ennemi.

« Les Prussiens qui, après ce choc, avaient pris à leur tour l'offensive, vinrent se briser contre le 7ᵉ bataillon qui occupait l'issue du village par où ils voulaient le déborder. Ils furent obligés de se replier.

« La nuit, survenue en ce moment, mit fin à la lutte ; nos troupes évacuèrent alors le village et vinrent prendre une bonne position en arrière sur les premières crêtes. » Naturellement : on évacuait toujours de notre côté, c'était une règle absolue chez nos généraux. On en verra encore des exemples topiques à Biefvillers et à Bapaume, les 2 et 3 janvier. « Le 9ᵉ bataillon resta dans sa position. Ses grand'gardes, placées sur les pentes qui s'abaissent vers le village et la rivière, échangèrent toute la nuit des coups de feu avec les grand'gardes ennemies, dont elles étaient très rapprochées. On bivouaqua sur place et on passa cette nuit sans abri, sans feu et sans munitions, par un froid de 8° au-dessous de zéro. »

Le lieutenant-colonel Degoutin évalue les pertes du 48ᵉ, à Pont-Noyelles, à : 3 officiers blessés et 1 disparu, 8 soldats tués, 91 blessés et 181 disparus.

Le commandant Vernhette et le capitaine Bouxin seront décorés de la Légion d'honneur; le sergent Gros, le fourrier Derache, les caporaux Lagniel et Laurent recevront la médaille militaire.

BATTERIE MONTÉE DU PAS-DE-CALAIS. — L'origine de cette batterie est assez curieuse. Deux jeunes gens de Boulogne-sur-Mer, âgés d'une vingtaine d'années, le lieutenant d'artillerie de la mobile, Belvallette (Alfred) et le sous-officier Lagache, impatients de l'inaction dans laquelle on les laissait à Saint-Omer, avaient remarqué qu'à l'aide de quelques canons de 4 qui se trouvaient inutilisés eux-mêmes dans cette petite place, et d'un certain nombre d'attelages du train des équipages, on pourrait facilement mettre sur pied une batterie d'artillerie. Férus de cette idée, ils s'en allèrent résolument trouver à Lille et à onze heures du soir — cet heureux âge ne connaît pas d'obstacles — M. Testelin, qui, non seulement les accueillit avec bienveillance, mais encore leur donna immédiatement satisfaction.

Ainsi naquit la batterie montée des mobiles du Pas-de-Calais. Elle avait pour capitaine M. Dupuich, d'Arras, pour lieutenant en 1er M. Delattre, de Calais, et pour lieutenants en 2e MM. Belvallette, de Boulogne, et Delalé, d'Arras.

Les maréchaux des logis étaient des jeunes gens de la mobile pris, ainsi que les servants et conducteurs, dans les différentes batteries du département. Quelques conducteurs appartenaient au train d'artillerie, ainsi que trois brigadiers.

Le 17 décembre, elle rallie son corps d'armée, le 23e (Paulze d'Ivoy) à Albert, puis elle pousse jusqu'à Corbie.

Le 21, a lieu cette curieuse répétition générale de la bataille, que s'apprête à donner Faidherbe aux Allemands. Ce jour-là, la batterie reçoit les compliments du général en chef qui parcourt la ligne, à cause de l'idée qu'elle a eue d'élever à la hâte des retranchements en terre et gazon devant chaque pièce, et en demi-cercle.

Le 23 décembre, le capitaine Dupuich est en train de passer avec ses lieutenants une revue du matériel et des attelages, quand, vers 11 heures du matin, le premier coup de canon se fait entendre. C'est le 22e corps qui est engagé. Un ordre arrive aussitôt de se reporter en toute hâte sur le plateau que l'on occupait l'avant-veille.

Partie au grand trot, la batterie arrive sur le lieu du combat vers midi et demi et reçoit des instructions pour s'établir en face de Daours et canonner ce village.

« Le plateau, sur la gauche duquel nous recevons l'ordre de nous placer, disent les notes de campagnes inédites du capitaine Belvallette, est, à ce moment même, le point où se concentre le feu des batteries prussiennes.

« Une batterie de 12 de la marine est obligée de se replier, après avoir perdu la moitié de ses hommes et de ses chevaux, et avoir eu bon nombre de ses pièces hors de service.

« La batterie montée du Pas-de-Calais, il faut l'avouer, a un moment d'hésitation, mais il est de courte durée. La 1re section (lieutenant Delattre) s'établit avec ses 2 pièces à peu près à l'endroit qu'elle occupait l'avant-veille ; la 1re pièce de la 2e section (lieutenant Belvallette) va se placer au sommet de la route qui conduit de Corbie à Daours, et d'où elle domine tout le village. La 2ᵉ verse et n'est relevée qu'à grand'peine. La 1ʳᵉ pièce de la section du lieutenant Delalé, qui a suivi le mouvement, va s'établir à la droite de la 3ᵉ, la 6ᵉ pièce reste en arrière sous le commandement du capitaine Dupuich et du lieutenant Delalé et s'établit avec la 4ᵉ relevée, dans un chemin creux, d'où elle peut envoyer quelques obus sur l'extrême gauche du village.

« Les deux premières sections dirigent, pendant près d'un quart d'heure, un feu des plus nourris contre les troupes ennemies qui se sont retranchées dans Daours, et contre une batterie qui leur répond vigoureusement, quand tout à coup l'infanterie prussienne débouche du village et s'élance sur la colline, dans l'intention évidente de s'emparer des pièces ; 300 mètres à peine les en séparent !

« Protégés par une escouade de fusiliers-marins qui les couvrent, les mobiles tirent à mitraille les quelques boîtes qu'ils ont à portée et se replient ensuite devant une attaque que le manque de soutien ne leur permet pas de repousser.

« Cette retraite a lieu sans précipitation et les 2 lieutenants ne tardent pas à rallier le reste de la batterie, dont le rôle, pour cette journée, était alors terminé... »

La batterie obtint la permission d'aller passer la nuit dans Corbie, afin de pouvoir nourrir ses hommes et ses chevaux, mais à la condition qu'elle serait de retour sur son emplacement le lendemain à 5 heures du matin.

Ce jour-là, qui fut celui de la retraite de l'armée du Nord, la batterie tira encore quelques coups de canon, dans les conditions suivantes.

La 3ᵉ section (lieutenant Delalé) avait été, dès le matin, détachée au village de Fouilloy, sur lequel on croyait que l'ennemi allait diriger une attaque. Mais quelques cavaliers audacieux, seulement, s'approchèrent jusqu'à 200 mètres des pièces qui les mirent en fuite par une seule volée. Les 2 autres sections furent placées en face du village de Bussy et sur les hauteurs, qui, à cet endroit, dominent toute la plaine.

« Une colonne ennemie, qui marchait à 3.000 mètres parallèlement au front de la ligne française, fut saluée par nous de quelques obus qui, malgré la distance, l'atteignirent avec une précision remarquable, lui firent éprouver quelques pertes et l'obligèrent à un changement de direction. Ce résultat cessera de paraître étonnant quand nous aurons dit que, depuis 2 jours, la batterie avait reçu comme pointeurs 6 canonniers brevetés de la marine ».

La batterie montée du Pas-de-Calais venait de recevoir le baptême du feu, et si elle avait, au début de l'action, éprouvé une légère émotion bien facile à comprendre, elle n'en devait plus laisser voir, dans la suite, la moindre trace.

Nous la retrouverons bientôt à la 1re journée de Bapaume. Le capitaine Dupuich, proposé pour la croix, la recevra le 2 février 1871 ; le canonnier de la mobile Alex, qui a deux balles dans la jambe, sera médaillé.

EN FAMILLE. — Le bataillon de marins, dans le fameux mouvement offensif de 4 heures, avait foncé sur Pont-Noyelles, à l'extrémité N.-E. du village et en avait chassé les Prussiens. Deux de ses braves soldats, Edouard Delapierre et un de ses camarades entrèrent dans la cour de la maison Pierre, sur le bord de la route de Rouen, et ne tardèrent pas à entendre un bruit étouffé, derrière une porte. C'était la porte d'un réduit où s'étaient blottis une trentaine de Prussiens. Delapierre avertit son camarade de se tenir prêt à tirer, ouvrit brusquement la porte et aussitôt l'autre fit feu dans l'intérieur du réduit où l'on ne voyait goutte, car la pièce était obscure et de plus la nuit était venue. Les Allemands, épouvantés et perdant la tête, en présence de cette attaque dont ils ne se rendaient pas compte, *s'entre-tuèrent les uns les autres dans l'obscurité*, pendant que nos deux marins s'éloignaient. A ce moment, le camarade de Delapierre, qui marchait le premier, fut tué d'une balle et Delapierre lui-même vit un Prussien qui s'apprêtait à l'embrocher de sa baïonnette ; il le tua, mais bientôt une balle lui traversa la cuisse, et il tomba sans connaissance.

Le froid l'ayant ranimé, il parvint à se traîner sur la neige jusqu'à Etampes-sur-Corbie, où on le reçut à l'ambulance.

(Récit de l'ex-marin Edouard Delapierre).

Etrépagny. — Des officiers prussiens, talonnés par la crainte d'être pris, font franchir à leurs chevaux le mur très élevé du jardin Belhoste.

CHAPITRE XVI

Pont-Noyelles (*Suite*).

Division Robin. — Mobilisés du Nord. — Bataillon du Cateau. — Ses débuts. — Capitaine Dornay. — Mauvais fusils. — Bataillon d'Armentières. — Le colonel Chas. — Deux communes patriotes. — Houplines et Armentières. — A Louvencourt. — Braves habitants. — Le premier obus. — Un moment de trouble. — Sergent Merlin. — **Pas de commandement.** — Les pertes. — Un simple calcul. — Noms à retenir. — Capitaine Dansette. — Un Belge bien Français. — Capitaine Lachèvre. — Devant Béhencourt. — Capitaine Boucherie. — Sergent Vagnair. — Lepère et Jeanne. — Un volontaire de cinquante ans. — Venu de San Francisco. — Docteur Dufour. — Maladresse insigne. — Dont acte.

Division Robin.

Mobilisés du Nord. — 2ᵉ bataillon de voltigeurs. — Le bataillon de mobilisés du canton du Cateau est organisé à la fin d'octobre, à l'effectif de 727 hommes.

Le 2 décembre, il est à Lille où il reçoit des chassepots et où, à la suite d'une revue passée par le général Robin, il est cité à l'ordre, pour son attitude correcte et son instruction déjà très avancée.

Après une seconde revue du général, celui-ci décide que le bataillon sera détaché de sa légion pour devenir 2ᵉ bataillon de voltigeurs de la 2ᵉ brigade de la 2ᵉ division du 23ᵉ corps. Le 16, la division quitte Lille pour entrer en campagne.

Le 22 décembre, le bataillon est à Lahoussoye.

Voici, tirée du récit officiel du commandant Lacourt, la part qu'il a prise le lendemain à la bataille de Pont-Noyelles.

« Dès 7 heures du matin, nous faisons une excursion autour des bois de Querrieux; nous plaçons des grand'gardes. Tous les divers corps de l'armée du Nord sont réunis dans les villages circonvoisins, on s'attend à une affaire. En effet, rentrés à notre poste de réserve, près de Lahoussoye, nous entendons commencer un duel d'artillerie. A 11 heures, l'action atteignait une certaine vivacité; nous recevons l'ordre d'entrer en ligne à 2 heures.

« Mon bataillon s'avance alors en tirailleurs, sous le feu de notre artillerie qui se trouvait serrée de très près.

« Le bataillon plie un peu tout d'abord, par suite du funeste exemple de la part des fuyards. Je rallie sous les balles ceux qui restent (environ 170 hommes) et nous commençons un feu continu qui donne un entrain admirable. L'action, devenue acharnée, se prolonge, malgré l'obscurité, jusqu'à 7 heures.

« Par suite de mon mouvement en avant, nous avions descendu les pentes, et les projectiles ennemis passaient fort au-dessus de nous. Les tirailleurs ennemis, en retraite, furent canonnés dans Pont-Noyelles qui fut incendié.

« On bivouaqua sur place, par cette nuit obscure, à une température de 7 à 8 degrés au-dessous de zéro, sans feu, et avec du pain gelé pour tout aliment.

« Cette rude épreuve fut supportée avec assez de patience, par suite de la satisfaction qu'on avait de tenir tête.

« Je suis heureux de rappeler de nouveau la belle conduite de M. Anselme Dormay, capitaine en 1er de la 1re compagnie, l'action qu'il a montrée pendant cette journée est digne de tout éloge. »

Les pertes étaient de 3 tués, dont un sous-officier : 23 blessés dont un officier et 5 sous-officiers. Trois des blessés moururent peu après de leurs blessures. Il y avait, en outre, 127 disparus. Ces hommes s'étaient débandés, dès le commencement de l'action, comme il a été dit.

Une circonstance atténuante doit leur être accordée, c'est que parmi les chassepots qu'on avait distribués au bataillon, bon nombre étaient incapables de servir.

Le commandant fait remarquer ici que le bataillon ne manquait pas d'hommes capables d'y faire les réparations voulues, mais on avait négligé de leur fournir, à Lille et ailleurs, les outils nécessaires à ce travail, outils « maintes fois demandés en vain ».

Mobilisés du Nord. — 3e régiment de marche. — Le premier bataillon qui fut rassemblé, dans le 3e régiment des mobilisés du Nord, fut celui d'Armentières, vers le 20 octobre. Il prit le n° 1. Il eut pour commandant le chef de bataillon H. Chas qui devint plus tard lieutenant-colonel et commanda le régiment. Cet officier, nommé d'emblée capitaine à l'élection, n'avait jamais servi. Les deux autres bataillons se concentraient à Lille.

Une particularité est ici à noter. Dans deux communes, Armentières et Houplines, on vota des sommes : 60 centimes par homme à Armentières, 50 à Houplines, pour indemniser les ouvriers de la perte de temps qu'ils subissaient en se rendant aux exercices. De même, on y alloua une solde à d'anciens sous-officiers que l'on avait chargés de l'instruction des mobilisés.

Cela, dit le rapport du colonel Chas, « contribua beaucoup à faciliter l'organisation et l'instruction des hommes. »

Nous devions citer cet exemple de patriotisme donné par les deux vaillantes communes d'Houplines et d'Armentières.

Le canton d'Armentières se distingua si bien, dans la grave question de l'habillement et de l'équipement des hommes, que lors de la réunion du régiment, à Lille, son bataillon fut le seul à se trouver habillé et équipé dans les conditions nécessaires pour faire la rude campagne qu'on allait entreprendre.

« A Lille, nos jeunes soldats, au dire de gens compétents, ne faisaient pas trop mauvaise figure, complètement habillés, sac au dos, avec tentes, piquets de tente, couvertures, marmites, bidons, etc., alors que ceux des autres cantons de la légion arrivaient la plupart en blouse, et même quelques-uns sans fusils. » (Colonel H. Chas).

Les autres bataillons de la 3e légion étaient ceux de : Pont-à-Marcq, Haubourdin, La Bassée, Séclin et Cysoing.

Le bataillon d'Armentières, le mieux équipé et habillé, comme nous l'avons vu, et aussi le mieux instruit, reçut bientôt, lui seul, des chassepots, alors que, dans l'armement des autres bataillons se voyaient des armes anciennes et disparates ; on y trouvait jusqu'à des fusils de « modèle 1812. »

C'est peut-être 1822 que veut dire le colonel.

Vers le 10 décembre, Armentières, La Bassée et Séclin furent désignés pour former le 3e régiment, qui entra le 15 dans la 2e brigade de la 4e division du 22e corps. Mais, à la formation du 23e corps, il entra dans la 2e brigade de la 2e division de ce corps d'armée. Le 4e régiment (Valenciennes) complétait la brigade.

Le départ de Lille, pour entrer réellement en campagne, a lieu le 16 décembre. Le régiment compte 75 officiers et 1723 hommes de troupe.

Braves habitants. — Le 19, après une marche de près de 50 kilom. sous la pluie, le régiment exténué arrive à Louvencourt. « Le village, dit le colonel Chas, était encombré de troupes. Nos hommes imprévoyants avaient gaspillé leurs rations et trouvèrent difficilement à manger.

« Rendons ici l'hommage au patriotisme des habitants de Louvencourt, qu'ils s'empressèrent de mettre tout ce qu'ils possédaient de vivres à notre disposition... »

Le 23 décembre, le régiment est à Franvillers. Il fait congrument l'exercice jusqu'à 11 heures du matin, et vient de rentrer au village pour manger la soupe, quand on entend le canon et l'on voit des habitants venant du côté où il gronde, s'enfuir affolés. Vers midi, l'ordre arrive enfin de battre le rappel, et l'on part aussitôt vers Béhencourt, avec la mission de garder la route d'Amiens, de façon à parer un mouvement sur notre droite.

« ... Nous prîmes à travers champs, en sortant de Franvillers, vînmes nous établir, partie à gauche de la route, sur les collines voisines, dans un terrain fort accidenté et partie à droite dans un bois, ayant à notre droite l'artillerie de la division et le 4ᵉ régiment (mobilisés) resté sur les derrières, en réserve, et qui ne donna pas autrement, de la journée.

« Nous étions à peine en place, que nous reçûmes l'ordre de nous porter en avant sur le village de Béhencourt qu'occupaient les Prussiens.

« Nous nous mîmes en marche de suite, inclinant à droite, et descendîmes la pente au pas de course, sous une grêle de balles et d'obus dirigés d'en face contre notre ligne de bataille avançant en bon ordre, déployée sur deux rangs: le 1ᵉʳ bataillon sur la gauche du chemin, les deux autres dans les champs sur la droite.

« J'eus l'honneur insigne de recevoir le premier obus ennemi qui éclata aux pieds de mon cheval et me jeta à terre.

« A ce moment, nous venions de traverser les positions occupées par le 24ᵉ, qui abritait ses tirailleurs derrière des retranchements de campagne, les hommes se trouvant couchés et à peu près garantis. Une compagnie gardait un petit bois à 300ᵐ environ.

« Au moment où nous nous élancions ainsi, le colonel de ce régiment, qui n'avait pas d'ordres, voulut nous arrêter, disant que nous nous exposions sans nécessité à un grand danger, que nous allions tous nous faire tuer, que ses dispositions étaient prises pour la défense du passage et qu'il y suffirait bien.

« Nous n'eûmes que le temps de lui faire part de l'ordre d'attaque que nous venions de recevoir et de nous lancer de nouveau en avant, car la position n'était pas tenable à découvert.

« Les Prussiens, profitant de ce moment d'arrêt pour rectifier leur tir d'artillerie, et leur feu de mousqueterie étant mieux dirigé, blessèrent quelques hommes.

« Grâce à la rapidité de notre élan, nous évitâmes en partie les décharges ennemies portant trop en arrière ou trop en avant, en raison de la pente assez forte de la colline.

« Sur la droite, l'attaque était commencée par les mobiles (Pas-de-Calais, je crois) qui, déployés en tirailleurs, faiblissaient déjà, et jetèrent même un certain désarroi dans nos compagnies qui arrivaient dans leur direction.

« Quoi qu'il en soit, nous entrâmes ensemble et par toutes les issues dans le village, dont les maisons furent évacuées à notre approche, l'ennemi se retirant dans le château dominant les environs, cachant ses tirailleurs derrière les arbres assez épais, et dirigeant sur nous un feu bien nourri.

« Les seules troupes qui se trouvaient là étaient celles que je commandais et un bataillon de mobiles. Elles se répandirent dans le village qu'elles occupèrent totalement, sauf le château et ses environs.

« Nous fîmes plusieurs tentatives pour en déloger l'ennemi, mais nous fûmes constamment accueillis par un feu très vif, heureusement assez mal dirigé ; car il ne nous causa pas autant de pertes qu'il aurait pu nous en infliger, en raison de la masse compacte que nous présentions, si les tireurs ennemis avaient été plus habiles.

« Nous échouâmes, et nous dûmes nous borner, faute d'artillerie pour canonner le château et en enfoncer les portes, à placer des tirailleurs dans les maisons, abrités dans les encoignures des portes, aux fenêtres, pour répondre au feu de l'ennemi et l'empêcher de sortir. Ceux d'entre eux qui essayaient une tentative de ce genre, furent bien vite atteints par nos balles et couchés sur la place.

« Qu'on me permette, en passant, de mentionner un épisode de la lutte qui fait honneur au courage de son auteur. Malheureusement, celui-ci paya plus tard de sa vie cet acte de témérité.

Le sergent Merlin. — « Le nommé Merlin (Charles-Gustave-Joseph), sergent du 3ᵉ bataillon, venait de tuer ainsi un ennemi cherchant à sortir. Il se précipite hors de la maison d'où il tiraillait, pour lui prendre ses armes en souvenir de la bataille. Mais il arrive à peine qu'il tombe grièvement blessé sous une véritable pluie de balles. On le croit mort. Plus tard, il fut ramassé encore vivant par les Prussiens et emmené prisonnier à Glogau, où il décéda, le 18 janvier, des suites de ses blessures. »

Pas de commandement. — Ces jeunes troupes animées de tant de bonne volonté, voici comment elles étaient abandonnées à elles-mêmes. « Nous restâmes ainsi jusqu'à la nuit tombante, dans une position fort indécise, ne recevant pas d'ordres, inexpérimentés des choses militaires, n'ayant avec nous ni le colonel, chef de brigade, ex-capitaine évadé de Metz, ni quelqu'un qui pût mieux nous conseiller, menacés par les batteries prussiennes, sans nouvelle aucune de l'action autour de nous, une partie des troupes ayant, du reste, spontanément quitté le village, en raison de la grande confusion qui y régnait — certains prétendent même que des mobiles ne distinguant plus nos uniformes, et réciproquement, avaient tiré sur nous — nous résolûmes de nous retirer, ce que nous fîmes sans encombre...

« Nous ne fûmes pas inquiétés dans notre retraite, et tous ceux qui le voulurent purent aisément sortir.

« Nous restâmes même longtemps après les autres, le docteur Dufour et moi, sur le champ de bataille, à proximité des maisons, pour y recueillir les blessés et les traînards.

« Quand nous le quittâmes, il était nuit noire, et depuis longtemps le gros du régiment était rentré dans les cantonnements de la veille. Nous regagnâmes alors lentement le haut de la colline, traversant de nouveau les positions du 24ᵉ de ligne, qui faisait bonne garde et continuait ses terrassements dans la crainte d'une attaque nocturne ; mais les Prussiens ne firent aucune tentative de ce genre.

« Nous avions fait quelques prisonniers. »

LES PERTES. — « La journée, dit le colonel H. Chas, nous coûta 22 morts, 35 blessés et 95 disparus ou prisonniers, parmi lesquels un certain nombre de blessés probablement.

« Ces chiffres sont d'une exactitude absolue ; les 22 morts reposent dans des fosses qui ont été creusées près du village ; leurs noms ont été depuis vérifiés et constatés à la mairie de Béhencourt.

CALCUL PROPORTIONNEL. — « Les pertes totales de la bataille de Pont-Noyelles ayant été [de 136 soldats et 5 officiers, il s'ensuit que la part de notre régiment fut des 22/136 ou 11/68 de tués. Nous eûmes 5 officiers blessés sur 45 de toute l'armée, soit 1/9, 35 soldats blessés sur 560 que donna l'armée entière, soit 1/16. Nous supposons même que le nombre des blessés fut plus considérable, car les premiers rapports que nous reçûmes furent fort incomplets, en raison du peu d'habitude qu'avaient les officiers de l'exercice de leurs fonctions. »

Le colonel Chas a raison de se montrer fier de la belle conduite de ses mobilisés à Pont-Noyelles. Il fait ressortir avec raison que si, plus tard, à Bapaume et à Saint-Quentin, on n'obtint d'eux qu'une énergie moindre, il faut en accuser les conditions d'extrême fatigue et de privations qu'ils devaient connaître plus tard. A Bapaume, dit-il, les mobilisés avaient été, pour ainsi dire, deux jours sans manger. A Saint-Quentin, ils restèrent de même sans manger 19 heures sur pied, dans la boue, la neige fondue « tous frappés d'inertie physique au moins autant que d'inertie morale, conséquence de la première ».

Que conclure de là ? Évidemment ceci, que, lorsque tout sera prévu pour amener une troupe française(même improvisée, **dans de bonnes conditions sur le champ de bataille, on pourra** beaucoup attendre de nos braves soldats. Voilà la leçon qui doit se dégager pour nous du récit intéressant du brave colonel.

Quelques noms a retenir. — Empruntons-lui maintenant les noms de ceux qui se sont particulièrement distingués dans la bataille :

« Au cours de l'action, dit-il, le capitaine Dansette, entre autres, et l'adjudant-major Lachèvre eurent une attitude des plus courageuses. »

Chose à noter, le capitaine Dansette (Charles) était un volontaire belge, qui, depuis, se fit naturaliser français.

Dans une autre partie de son rapport, le colonel Chas lui attribue une « conduite exemplaire » et un « courage excessif ».

Quant au capitaine Lachèvre, c'était un ancien sous-officier de l'armée; « quoique malade, il montra la plus grande valeur. »

Ces deux officiers, ainsi que le capitaine Boucherie, blessé, furent proposés pour la croix.

« Le sergent Vagnair, membre de l'Université, volontaire, et le fusilier Lepère, volontaire aussi, âgé de 50 ans, venu tout exprès de San Francisco pour assister à la guerre, le fusilier Jeanne, firent le coup de feu à découvert, s'élancèrent plusieurs fois contre le château et risquèrent leur vie avec le plus grand courage.

Le sergent Vagnair (Jules) était professeur de seconde au lycée de Grenoble, marié et père de famille. Il « ne put résister au désir de risquer sa vie pour son pays, ce qu'il fit en toute occasion » (colonel Chas). Vagnair, Lepère et Jeanne furent proposés pour la médaille.

« Le Dr Dufour, apercevant de loin des blessés dans les rangs des mobiles, se précipite, à la tête de son personnel, pour leur porter secours, et, descendant rapidement la colline, arrive sur le terrain de l'action où il reste tout le temps exposé au feu de l'ennemi, et courant les plus grands risques pour donner des soins aux blessés.

« Nous eûmes 5 officiers blessés, avons-nous dit plus haut. Ce furent MM. Boucherie, Duviez, Houdart, capitaines, dont deux faits prisonniers; MM. Gaudin et Laignel, sous-lieutenants, dont un resta prisonnier.

« Plusieurs officiers eurent, en outre, une attitude très patriotique, ce sont : MM. Vigneron, capitaine, qui eut le fourreau de son sabre emporté par une balle; Quatremère, lieutenant, qui fit le coup de feu comme un simple soldat; l'adjudant Plouvier, qui fut blessé à la joue d'un éclat d'obus; le lieutenant Bouchez, mort malheureusement depuis, de la petite vérole, à l'hôpital de Douai, qui, bien que malade, refusa d'aller à l'ambulance, ainsi du reste, que le lieutenant Quatremère, pour pouvoir partager les dangers de ses amis.

« Il en est bien d'autres, ajoute le colonel Chas, parmi les officiers, sous-officiers et soldats, dont il faudrait consigner les noms dans ce rapport, si je ne craignais de l'étendre outre mesure. »

Le lendemain, le brave régiment, un peu reposé, est parti pour aller reprendre ses positions de la veille, mais « au lieu de le lancer de nouveau sur le village, *comme chacun s'y attendait* » on lui assigne une autre position plus à droite, vers Contay et, vers 2 heures, il bat en retraite. Faidherbe avait beaucoup des qualités qui font les bons généraux, il n'avait peut-être pas l'audace qui naît à la fois de la confiance en soi-même et du désir de vaincre à tout prix. Nous reviendrons sur ce sujet.

MALADRESSE INSIGNE. — Le régiment repassant sur Franvillers commet l'insigne maladresse d'y laisser les prisonniers prussiens à la garde d'un poste établi à la mairie. Nos ennemis, qui vont suivre les traces de l'armée du Nord, feront ce poste prisonnier et délivreront du même coup leurs camarades. A-t-on l'idée d'une pareille incurie? Dans son rapport, le colonel Chas attribue la chose à la méconnaissance de ses ordres, ce dont nous lui donnons acte.

LES MONUMENTS. — Au sommet de la colline à laquelle se trouve adossé Pont-Noyelles, en un point d'où la vue s'étend au loin et sur la petite rivière et sur la plaine qui en borde la rive droite, se dresse un monument commémoratif élevé par souscription en l'honneur des combattants des 23 et 24 décembre.

Sur la face principale du socle, qui supporte une colonne surmontée d'une croix, face tournée vers l'Hallue, on lit :

L'armée du Nord
(Général Faidherbe)
Contre la 1re armée allemande
(Général von Manteuffel)
A la mémoire
des Français
morts pour la défense
de la
PATRIE

23-24 décembre 1870.

La face Nord énumère les troupes qui composaient le 22ᵉ corps ; la face sud celles du 23ᵉ corps ; la face est les troupes attachées au grand quartier général.

La colonne, elle-même, divisée par zones, porte, dans l'un de ses anneaux :

RESURGENT PRIMI.

Dans un autre :

MORS ILLORUM IMMORTALITATE PLENA EST.

Un autre monument, recouvrant un ossuaire, se voit au bas de la colline, en un ravin que surplombe la grande route d'Amiens à Albert.

Nous y avons relevé les noms ci-après.

Face sud :

18ᵉ bataillon de marche.

Jan Jules, capitaine.
Baudet, Hippolyte.
Blaise, Louis.
Brélimier, Mathieu-Pierre.
Dollat, Etienne.
Drapier, Auguste-François.
Follebarbe, Alexandre-Albert.
Furet, Alfred-Ponat.
Gamicheau, Jean.
Hannart, Nicolas.

Janin, Florentin.
Luzier, Jean-Antoine.
Payen, Alfred.
Perret, Jean-Baptiste.
Poulet, Charles.
Resbeut, François-Alexandre.
Touche, Eugène-Joseph.
Rioton, Joseph.
Vallé, Jules.
Voisin, René.

10 chasseurs.

Face est :

2ᵉ d'infanterie de marine.
Badichon, François-Louis-Adolphe, sergent.
Lhuissier, Julien-Louis,
et un soldat.

—

12ᵉ d'artillerie.
Cottier, Pierre-Ferdinand
4 fusiliers-marins
et un franc-tireur.

—

Mobiles du Gard.
Espanet, Louis. — Giran, Eugène. — Hourry, Basile.

Face nord :

26ᵉ de ligne.
1 soldat.

33ᵉ de ligne.
Couture. — Bâtonnier, Jean-Pierre. — Thorez, Ernest, et un soldat.

65ᵉ de ligne.
2 soldats.

91ᵉ de ligne.
Colombey, François.
Delcor, Raphaël. — Lefebvre, Emile-Jules, et 24 soldats.

Dans le cimetière de Pont-Noyelles, une tombe renferme les restes de 68 combattants ; on y lit cette inscription :

Parmi ces braves reposent :
Adonice Brunel. — Emile Devisme.
De Halloy-les-Pernois.

Halloy-les-Pernois est un village de l'arrondissement de Doullens.

Avant de suivre l'armée de Faidherbe dans sa retraite et de la montrer combattant héroïquement à Bapaume, il nous faut jeter un coup d'œil sur ce qui s'est passé en Normandie, pendant les derniers jours de 1870.

A Saint-Ouen-de-Thouberville. — Le sergent Caruel, des eclaireurs du Calvados, fait un petit détachement prussien prisonnier.

CHAPITRE XVII

En Normandie et sous Abbeville.

A Saint-Ouen-de-Thouberville. — Eclaireurs du Calvados. — Sergent Caruel. — Un ancien zouave. — L'écurie-souricière. — Le médaillé de Sadowa. — A Elbeuf. — Eclaireurs de Louviers. — Compagnie Lumière. — Clairon Scheffer. — Sergents Caruel et Dufour. — Un brave de la mobile. — Francs-tireurs de Seine-et-Oise. — Capitaine Poulet-Langlet. — Francs-tireurs de l'Eure. — A Bolbec.

— 76ᵉ de marche. — Bataillon Dornat. — Prussiens en fuite. — Sous-lieutenants Dulargès et Lacroix. — Sous Abbeville. — Mobiles du Pas-de-Calais. — Bataillon de Béthune. — Commandant de Peretti. — Petit combat de l'Etoile. — Un succès. — Triste lendemain. — Combat de Longpré. — Dans le village. — La 7ᵒ. — Capitaine Spriet. — Souvenir d'Austerlitz. — « On dirait les pompiers de mon village! » — Le képi de Boudry. — Capitaine Bideret. — Lieutenant Renard. — Sous-lieutenant François. — « Feu sur ces lâches! » — Les braves habitants de Longpré. — Sauvagerie allemande. — Les Béthunois! — Dans Abbeville. — Pas de capitulation! — Honneur au commandant Babouin. — Générosité et véracité allemandes. — Revenons à Faidherbe.

Saint-Ouen-de-Thouberville. — Eclaireurs du Calvados. — La Compagnie Lumière, du Calvados, est à Hauville, le 21 décembre, quand un habitant le prévient que l'ennemi se présente fréquemment à Saint-Ouen et qu'il y aurait peut-être lieu d'aller l'y surprendre. Le capitaine assemble aussitôt ses gradés, leur expose la situation et une expédition est arrêtée pour le soir même ; on partira sans sacs au milieu de la nuit.

Laissons la parole à un témoin oculaire, l'auteur de la brochure : *Les Francs-tireurs du Calvados en* 1870-1871 (1).

« A sept heures du matin, on était embusqué en avant du village : le capitaine, accompagné du sergent Caruel, se porte en avant, pour placer une sentinelle plus avancée, quand, tout à coup, au détour d'un chemin ils aperçoivent sept dragons prussiens venus en éclaireurs.

« Ils se jettent derrière le talus du fossé, et tirent à courte distance. Un dragon est tué, un autre blessé, mais, au même moment, les cinq autres cavaliers répondent à bout portant et prennent la fuite, suivis du cheval qui emportait le blessé attaché à la selle, suivant l'usage des éclaireurs allemands.

« Aucun des nôtres n'est atteint, fort heureusement. Ils sautent aussitôt dans la route et continuent à tirer sur les dragons qui s'enfuyaient. »

Cependant la journée n'est pas finie.

Dans l'après-midi, vers 3 heures et demie, les éclaireurs calvadosiens voient venir à eux, par la route blanche de neige, 2 compagnies du 41ᵒ prussien.

Elles sont reçues à coups de fusil ; les Allemands répondent un moment, mais bientôt, croyant sans doute qu'ils ont affaire à une troupe nombreuse, et bien qu'ils soient 300 contre nos 83 combattants, « ils prennent la fuite dans toutes les directions,

---

(1) Caen — Adeline — 1889.

laissant un certain nombre de morts et de blessés sur la place. Quelques-uns même jettent leurs armes en s'échappant. »

Le sergent Caruel. — Voici comment l'auteur de la brochure nous raconte l'acte de vigueur et d'audace accompli par un brave sous-officier :

« Le sergent Caruel, ancien zouave d'Italie et d'Afrique, qui rêvait toujours de mettre la baïonnette au canon, comme dans le bon temps, se met à travers champs à la poursuite d'un groupe d'Allemands, sans se préoccuper de savoir s'il était suivi.

« Il les voit entrer dans l'étable d'une ferme isolée et enjamber par-dessus une petite porte basse. Il saisit au collet le dernier qui entrait, en le menaçant de son revolver, et celui-ci, en se défendant, fait partir le coup, qui l'atteint a la jambe. Caruel, dont le fusil était déchargé, reste près de la porte en leur criant : « Rendez-vous ! »

« On entendait les Allemands *hacher de la paille*, pour emprunter l'expression pittoresque de Caruel, c'est-à-dire discuter ce qu'ils allaient faire. Pendant ce temps, l'éclaireur Bertin, qui plus tard fut pharmacien rue Saint-Pierre, arriva prêter main forte au sergent, en se plaçant de l'autre côté de la porte.

« Enfin, un premier fusil est passé par-dessous la porte, un second et, ainsi de suite, jusqu'à huit. Il s'agissait de savoir si toutes les armes étaient rendues. Bertin prenait les fusils et les jetait, au fur et à mesure, dans une mare à purin. La porte s'ouvre et les Prussiens défilent devant les deux hommes. Il y avait sept simples soldats et un grand sergent médaillé de Sadowa. *Le blessé lui-même s'était mis dans le rang.*

« Le sous-officier, s'apercevant qu'il s'était rendu à deux hommes, fit un simulacre de résistance, mais couché en joue aussitôt, par Caruel, dont le chassepot était déchargé, il se résigne, en montrant tristement sa médaille de Sadowa, avec un geste de désespoir.

« Le dernier Allemand sorti portait encore deux fusils

« Le sergent prussien, renonçant à toute résistance, fait ranger ses hommes, qui obéissent comme à l'exercice, de façon à laisser croire qu'il y a un règlement prévu dans l'armée allemande, pour la manière de se placer quand on est fait prisonnier. Pendant ce temps, les éclaireurs Baudry, Lesques, Hanau, Daniel et Leterrier étaient arrivés.

« Le sergent allemand fut interrogé par l'éclaireur Costina, alsacien d'origine, encore aujourd'hui (1889), professeur d'allemand au lycée de Caen !

« A toutes les questions qu'on lui fit, il répondit : « J'ai fait la campagne du Sleswig-Holstein ; j'ai fait celle qui s'est terminée par Sadowa ; j'ai assisté aux plus grandes batailles depuis la campagne de France. Vous êtes francs-tireurs, et, si nous vous avions pris, vous étiez fusillés immédiatement. Vous êtes libres de me rendre la pareille ; mais, quant à vous donner un renseignement quelconque, vous ne l'aurez pas ». Tout cela était dit en versant des larmes de dépit.

« Ce qui parut le consoler un peu, ce fut lorsqu'il apprit qu'il avait été fait prisonnier par un ancien sergent de zouaves ».

L'auteur ajoute que ces prisonniers furent les seuls qu'on put voir à Caen pendant toute la campagne. Il nous apprend aussi, que, quelques jours avant l'affaire de Saint-Ouen, l'autre compagnie des Eclaireurs du Calvados, la compagnie Trémant, avait poussé une pointe aussi hardie jusqu'à Elbeuf et en avait ramené prisonnière une escouade allemande.

Cette pointe est, en réalité, du 26 décembre et voici comment en a rendu compte le *Moniteur du Calvados* du 1er janvier 1871.

« Le 26 décembre, la compagnie Trémant, poussant une reconnaissance en avant, a pénétré jusque dans l'intérieur d'Elbeuf. Au moment où elle entrait dans la ville, 200 Prussiens environ se présentaient à une autre entrée pour pénétrer également et, en tout cas, couper la retraite. Mais l'enthousiasme était tel que les acclamations de la foule qui, pour la première fois, voyait une troupe française, effrayèrent les Prussiens qui n'osèrent poursuivre leur route.

« Un mot aurait suffi pour révolutionner la ville qui, tout entière, demandait des armes ; mais le moment n'était pas encore venu et il fallait éviter des malheurs probables avant que la résistance ne fût organisée.

« Le capitaine alla jusque sur le quai, où il vit, à 150 mètres, les sentinelles prussiennes, sur l'autre côté de la rive de la Seine.

« Nous ne pouvons décrire l'enthousiasme inexprimable des Elbeuviens. Les hommes demandaient des armes, les femmes avaient les larmes aux yeux, et certes, si les 200 Prussiens avaient osé pénétrer en ville, il n'en serait pas ressorti un seul, tant la foule était surexcitée.

« Ce coup de main hardi a réussi parfaitement, malgré toutes les embuscades tendues sur la route.

« Nous nous rappellerons longtemps l'émotion profonde des Elbeuviens en revoyant nos francs-tireurs après cette atroce occupation prussienne..... »

Mobiles de l'Eure. — Le 2ᵉ bataillon de l'Eure a été formé dès le 13 août, à Bernay. Peu d'anciens militaires en faisaient partie; il faut citer l'un d'eux pour le zèle et le dévouement qu'il mit à organiser et à instruire le bataillon, c'est l'agent-voyer de Bernay, M. Duparc. En campagne dès le 5 octobre, on échange des coups de fusil avec des cavaliers prussiens au combat d'Hécourt et ensuite dans plusieurs petites rencontres.

C'est le 10 décembre que le bataillon, commandé jusque-là par des chefs provisoires, reçut pour commandant le capitaine de vaisseau de Guilhermy, à Bernay.

Le 14, une sédition éclate dans cette petite ville, où un certain nombre de gardes nationaux sédentaires voulaient forcer le commandant à quitter sa position, sur la Risle, pour marcher « à la rencontre de Prussiens imaginaires. » (Relation officielle du commandant Ferrus). Le conflit s'apaise ce jour là, mais 3 jours après, sur la place de la Sous-Préfecture, en plein jour, le commandant Guilhermy tombe frappé d'une balle, alors qu'il cherchait à expliquer à ses hommes qu'il tente encore de défendre leur ville de Bernay, qu'il a dans sa poche l'ordre de se retirer « à 40 lieues en arrière ». Le commandant avait en effet l'ordre du Gouvernement de se retirer sur les lignes de Carentan.

C'est le lieutenant-colonel Roy des mobiles du Calvados, qui prend le commandement du bataillon.

Le bataillon quitte la Risle le 23 décembre. Le 25, il campe à Berville, près de Bourgtheroulde, devant la forêt de la Londe, occupée par les Prussiens.

Heureuse audace. — Le surlendemain, dans une reconnaissance, le vicomte des Maisons, lieutenant de la 6ᵉ compagnie, se distingua, en exécutant, seul avec son ordonnance, une ronde dans la forêt qu'il connaissait pour habiter dans son voisinage. « Après s'être assuré que la station du chemin de fer, encore occupée la veille, était évacuée, il monta sous bois jusque devant le poste de la Maison-Brûlée, et, saisissant le fusil de son soldat, fit feu sur le factionnaire qui en gardait l'entrée.

« Etonnés par cette brusque attaque, et voyant leur camarade tomber, les 16 ou 18 soldats qui gardaient le poste s'enfuirent en désordre jusqu'à Moulineaux. » (Commandant Ferrus).

« Le lendemain, 29, (c'est le 30) ajoute le commandant du 2ᵉ bataillon de l'Eure, toutes les positions convoitées sont enlevées, depuis le château de Robert-le-Diable, jusqu'au château d'Orival, en suivant la ligne du chemin de fer... »

Attaque de la forêt de la Londe. — Le général Roy a décidé pour le 30, l'attaque de la forêt de la Londe.

Les *Souvenirs d'un mobile du Vexin*[1], rédigés dès 1871 par un soldat de la 2ᵉ compagnie du 1ᵉʳ bataillon de l'Eure, vont nous conter cette petite affaire.

Nous avons devant nous plusieurs postes prussiens disséminés dans la première partie du bois, un vaste ravin qui suit le chemin de fer, dont la gare et les tunnels sont gardés par nos ennemis, enfin, une pente abrupte, couverte de neige, au sommet de laquelle ils occupent la *Maison brûlée*, les ruines du château de Robert-le-Diable, le bois des Essarts et le pavillon d'Orival.

« Le commandant Ferrus marche sur ce dernier point avec son bataillon et de concert avec le commandant de Montgolfier, de l'Ardèche.

« Le capitaine de Rostolan, commandant par intérim le 3ᵉ bataillon, éclairé par des francs-tireurs, sur le château Robert.

« Le commandant Guillaume sur la gare de la Londe et la Maison-Brûlée, où il doit opérer sa jonction avec d'autres bataillons de l'Ardèche.

« La 2ᵉ compagnie reste au piquet au Bougtheroulde, tandis que notre lieutenant sert d'adjudant-major au 1ᵉʳ bataillon. La neige tombe serrée.

« A deux heures de l'après-midi, grand tonnerre de mousqueterie et d'artillerie dans toute la forêt. Le silence se rétablit vers 4 heures. Puis les bataillons reviennent, précédés de lugubres charrettes, d'où partent des gémissements. La compagnie qui suit est silencieuse. Celles de la gauche chantent et causent.

« Nous apprenons qu'après une heure de combat, toutes ces rudes positions ont été enlevées. Les Prussiens fuyaient dans Grand-Couronne.

« Malheureusement, le 3ᵉ bataillon a beaucoup souffert d'une batterie ennemie sournoisement embusquée à mi-côte, et a perdu un officier aussi brave que sympathique, le comte de Champigny, blessé mortellement par un éclat d'obus. »

Le jeune lieutenant Conrad de Champigny mourra des suites de l'amputation d'une jambe.

Éclaireurs de Louviers. — La Compagnie a été créée le 19 septembre et armée de carabines Minié. Son chef est le capi-

---

[1] Paris et Gisors. — 1871.

taine Garnier, que nous avons vu naguère se défendre courageusement dans le parc de M. de Corny et s'échapper blessé de la maison du garde. Le 30 décembre, à Orival, la compagnie a un homme tué, c'est l'éclaireur Bucé de la section de Neubourg. Le lendemain, dans une reconnaissance vers le même lieu, le lieutenant Duchemin sera tué et le tirailleur Dache aura le pied fracassé par une balle. Le capitaine Garnier cite comme s'étant signalés pour leur belle conduite : le lieutenant Gobvin, le sergent Tablares et les éclaireurs Dache et Duret, blessés.

Compagnie Lumière. — La compagnie Lumière partait de bon matin en reconnaissance avec deux compagnies de mobiles de l'Eure.

En chemin, elle apprend que Moulineaux est occupé par les Prussiens et le capitaine Lumière, sans une minute d'hésitation, jette son monde au pas de course sur le village.

A la sonnerie de la charge exécutée par le jeune et intrépide clairon Scheffer, les deux sections de la compagnie, ayant en tête leurs officiers et deux sergents, Caruel et Dufour, arrivent sur la position, suivies par les compagnies de francs-tireurs des Landes et de Seine-et-Oise, qui prennent part au combat.

« Caruel, contusionné d'une balle au genou, continue d'avancer. Le sergent Dufour, de son côté, qui avait tourné le village, presse tellement les Prussiens, qu'un certain nombre jettent leurs fusils pour s'échapper plus vite. On les poursuit jusqu'à la position de Grand-Couronne, très fortifiée et garnie de canons, et qu'il était d'autant moins possible d'attaquer que nos troupes, elles, n'en avaient pas.

« Un sergent de mobiles, tombé la jambe cassée d'un coup de feu, dès le début de l'action, n'avait pas voulu qu'on l'emportât, et n'avait cessé d'exciter les hommes engagés qui passaient près de lui, à marcher en avant[1]. »

Le même ouvrage nous donne encore les renseignements suivants :

« La compagnie comptait, entre autres, un certain nombre de jeunes gens de 17, 18 et 19 ans, qui, de l'avis de tous, se sont admirablement conduits en toute circonstance.

« Nous pouvons citer parmi eux MM. Legoux-Longpré, dispensé du service militaire, qui avait tenu à faire son devoir comme les autres ; Boivin-Champeaux, le fils de notre procureur général d'alors ; Lesques, Cahagnet, Le Terrier jeune, Scheffer, Sausse, Bouillon, etc., etc. »

1. *Les Francs-Tireurs du Calvados en 1870-1871*, Caen. Adeline. 1889.

Revenons au jeune clairon que nous avons vu entraîner tout à l'heure les francs-tireurs à l'attaque.

« Scheffer, aujourd'hui (1889) capitaine, dit la brochure en question, était issu d'une famille de professeurs de musique de notre ville.

« Aussi remarquable clairon qu'habile dessinateur, à dix-sept ans, il faisait, pendant la campagne, des croquis militaires à la Neuville, réellement remarquables. Son plus vif désir était de sonner la charge une bonne fois.

« Le capitaine ayant décidé l'attaque des Moulineaux, lui dit alors : « Tu vas être content, je t'ordonne de la sonner. »

« Le jeune clairon se mit alors à marcher sur le milieu de la route, balayée par les balles, avec une telle témérité qu'on fut obligé de lui faire suivre la lisière du bois..... »

Les pertes principales, dans cette petite action, furent subies par les mobiles de l'Eure, qui s'étaient avancés en terrain découvert sous le canon prussien de Grand-Couronne.

Francs-tireurs de Seine-et-Oise.—Cette compagnie, placée sous les ordres du capitaine Poulet-Lenglet, propriétaire à Poissy et ancien officier de cavalerie, a été formée vers le 10 novembre. Elle est forte de 120 hommes. Sa première rencontre importante avec l'ennemi a eu lieu le 18 décembre, où elle a mis en déroute une reconnaissance prussienne dans les bois de Bosc-Robert.

Le 30, le capitaine Poulet-Langlet a l'ordre de s'emparer du village de Moulineaux, et d'y attendre les mobiles de l'Eure.

A midi, la compagnie s'engage dans les bois de la Londe, par des chemins encombrés de neige et de glace. Le poste prussien placé sur la ligne du chemin de fer n'attend pas son attaque et se replie en désordre sur Moulineaux, avec les grand'gardes ennemies, à qui un coup de fusil prématuré a donné l'alarme.

« La position prise, dit dans son rapport le capitaine Poulet, je donnai l'ordre aux 3 sections (3e, 4e et 5e) parties en tirailleurs (sur la droite) de presser leur mouvement, malgré les difficultés des chemins complètement gelés, et malgré la pluie de balles que les Prussiens commençaient à nous envoyer, de s'établir sur les hauteurs coûte que coûte, et de riposter vigoureusement au feu de l'ennemi.

« Au bout d'une demi-heure, la perte de l'ennemi devait être considérable ; plusieurs cadavres abandonnés, des armes, des casques, des sacs trouvés à chaque pas, indiquaient de la manière la plus précise le commencement de la déroute des grand'gardes prussiennes. » Le capitaine accentue alors son mouvement en avant, fait entrer dans Moulineaux sa 3ᵉ section, et se dirige en hâte vers les hauteurs à gauche, espérant y être assez tôt pour couper la retraite à l'ennemi. Mais les pentes sont si raides et les chemins si mauvais qu'il arrive trop tard. Il voit de là les colonnes prussiennes se retirer en bon ordre par la route de Grand-Couronne. « Leurs clairons, dit-il, *sonnèrent pour nous tromper l'air de la « Casquette »*, mais leur ruse ne nous fit pas cesser le feu. » On aurait pu les poursuivre et les atteindre, sans la mésaventure arrivée aux mobiles de l'Eure et qui nous priva de nos réserves. La compagnie avait deux caporaux grièvement blessés : Leroy, ancien sergent de l'armée et Bourguignon, blessé d'une balle au bras droit. Le brave Leroy avait eu la cuisse traversée par une balle en courant sur l'ennemi, baïonnette basse, et avait néanmoins continué toute la journée à combattre. Les sous-lieutenants Paley et Joigneaux sont cités, dans le rapport du capitaine, pour leur « habileté et leur rare courage ».

Château-Robert. — Le 31 décembre 1870, le sous-préfet de Bernay télégraphiait ce qui suit à son collègue de Lisieux : « Notre brave et énergique général Roy a attaqué hier, 10 heures du matin, les Prussiens et les a délogés de leurs positions sur les hauteurs de la Bouille, d'Orival et de Château-Robert à 4 heures du soir. Succès complet.

Le général Roy, nouvellement promu et nommé commandant des subdivisions de l'Eure et du Calvados par Gambetta, « avait annoncé, à Bordeaux, qu'il chasserait les Prussiens de l'Eure » (Amédée Le Faure). Il avait sous ses ordres environ 10,000 hommes et 14 canons.

Ce même jour, 31 décembre, le général prussien Bentheim sort de Rouen pour dégager un peu sa position, pour « se donner de l'air » et vient se heurter à nos troupes aux Moulineaux.

Voici la dépêche du général Roy annonçant le petit combat qui en résulte.

« Les Prussiens ont attaqué ce matin les positions que nous leur avions prises hier. 300 Prussiens avaient entouré le château de Robert-le-Diable, occupé par 100 hommes, qui domine Moulineaux et la Maison-Brûlée. Ils avaient repris cette position après un combat acharné, lorsque j'ai pu envoyer des secours suffisants pour reprendre nous-mêmes notre première position.

« Je signale encore une fois la déloyauté des Prussiens, dont un officier est venu se rendre, offrant son sabre détaché à un capitaine de mobiles ; et, quand le capitaine eut donné l'ordre de ne pas tirer, ils ont fait feu à bout portant sur la compagnie à laquelle ils se rendaient.

« Dans la défense du château de Robert-le-Diable et dans sa reprise, nous avons eu 5 morts, 36 ou 40 blessés, dont 10 gravement. Un certain nombre de disparus, prisonniers ou égarés. Les pertes des Prussiens doivent être assez considérables puisqu'ils ont été repoussés de partout.

« Signé : Général Roy. »

Le château avait été repris très brillamment par les mobiles de l'Eure et de l'Ardèche.

Voyons à présent l'intéressante relation du commandant Ferrus.

« Le 31, les Prussiens tentent un retour offensif et, à l'aide d'une surprise, enlèvent dès le matin la position de Château-Robert.

« La situation devenait critique : la ligne se trouvait coupée; deux compagnies du 2ᵉ bataillon de l'Eure, la 2ᵉ, capitaine de Saint-Vulfran et la 6ᵉ, capitaine de Bonnechose, sont lancées à l'assaut des ruines occupées alors par deux compagnies prussiennes du 41ᵉ, soit 500 hommes environ.

« Au bout d'une demi-heure d'une fusillade extrêmement nourrie, les talus sont enlevés à la baïonnette et la position reprise. Les ennemis, obligés de redescendre la côte sous un feu roulant, laissent la moitié au moins de leur effectif dans leur trajet jusqu'à Moulineaux.

« Le lieutenant des Maisons, déjà cité, était le premier dans les retranchements et l'affaire, vivement conduite, n'avait coûté que quelques blessés.

« Le lendemain, 1ᵉʳ janvier 1871, le bataillon est envoyé à l'autre extrémité de la ligne, pour renforcer la position d'Orival, occupée par un bataillon de l'Ardèche, et où venait d'avoir lieu un joli combat d'artillerie soutenu avec avantage par une petite batterie d'obusiers de montagne, commandée par le lieutenant Rabeille, des Côtes-du-Nord : deux pièces prussiennes avaient été mises hors de service.» (Commandant Ferrus.)

Francs-tireurs de l'Eure. — 2ᵉ compagnie. — Cette compagnie a été formée le 9 octobre, à Évreux, par le capitaine Thionnet, ex-économe du lycée de cette ville. Le 1ᵉʳ novembre, elle compte 60 hommes et est envoyée au commandant Bertrand, du 2ᵉ bataillon de l'Ardèche, à Ivry-la-Bataille. Vers le 15, le franc-tireur Poulain, étant en sentinelle avancée, tue 2 cavaliers ennemis. Le 19, le capitaine Thionnet en démonte un d'une balle de chassepot. Le 30 décembre, nous le trouvons à la tête de 50 hommes, à Château-Robert où il a l'ordre de tenir ferme.

« J'avais échelonné en avant de nous, dit-il, 40 hommes des mobiles des Landes et 5 des miens dans la direction de Grand-Couronne, avec ordre, à l'apparition de l'ennemi, de faire feu et de se retirer lentement. » Au lieu de cela, le 31, quand l'ennemi se présente, la grand'garde détale sans tirer; les hommes du gros prennent peur à leur tour et se sauvent, à l'exception d'une trentaine de francs-tireurs et d'une dizaine de Landais.

« C'est le franc-tireur Poulain qui, placé à mes côtés, ouvrit le feu, en descendant un capitaine à cheval qui s'avançait sur le grand chemin, dans le bois. Le général Roy et un commandant d'un bataillon des Landes se trouvaient auprès de nous... Il fallait protéger leur retraite. Nous avons pu lutter, 2 heures environ, contre 2 compagnies prussiennes...

« Je recommande le franc-tireur Poulain, qui est resté cinquième avec moi et a pu, je ne sais trop comment, s'échapper. » Quant au capitaine Thionnet, il est fait prisonnier avec son sous-lieutenant. Il a eu 2 de ses hommes tués et 2 blessés. Il termine son historique, en demandant avec instance la médaille pour le brave franc-tireur Poulain.

Passons sur l'autre rive de la Seine.

BOLBEC. — 76ᵉ DE MARCHE. — 5ᵉ BATAILLON. — Le 30 décembre, le commandant Dornat, cantonné à Beuzeville, et chef d'une colonne mobile qui comprend le 5ᵉ bataillon de marche, 3 compagnies de tirailleurs havrais, 2 de tirailleurs d'Elbeuf et une batterie de 4, est avisé qu'une colonne ennemie forte de 400 hommes, arrivant d'Yvetot, se propose d'aller réquisitionner le lendemain matin à Bolbec.

Il en avertit le général Peltingeas, qui commande au Havre et celui-ci lui donne carte blanche pour agir.

« A trois heures du matin, le bataillon est sous les armes. Le commandant divise sa troupe en trois colonnes : le capitaine Sauvage va occuper Nointot, avec sa compagnie; le capitaine adjudant-major Nicolas suit la ligne du chemin de fer et va s'embusquer entre Languetot et Bolleville, avec 3 compagnies; le commandant Dornat, suivi de 2 compagnies et de 2 pièces d'artillerie, s'établit un peu en avant de Bolbec.

« Pour appuyer le mouvement, le commandant Rousset, du 2ᵉ bataillon de marche, s'était porté pendant la nuit, aux environs de Nointot. Les différents détachements occupaient leurs positions vers 6 heures du matin.

« A 9 heures, on commença à apercevoir les éclaireurs ennemis. Ils approchèrent, pour explorer la route, *jusqu'à une vingtaine de mètres de nos hommes* sans les découvrir. Leur colonne, qui suivait à 200 mètres derrière eux, avait déjà dépassé nos embuscades, quand, à la vue de deux de nos soldats cherchant sans doute leur compagnie, les dragons jetèrent un cri d'alarme...

« La colonne prussienne s'arrête, reçoit l'ordre de battre en retraite et se replie. Pour nous donner le change ou nous contenir, quelques fantassins allemands sont envoyés vers nos positions et s'approchent à quelques mètres, baïonnette au canon. Il n'y avait pas à hésiter ; le capitaine Nicolas donna l'ordre d'attaquer immédiatement.

« Après un combat de 20 minutes, les Prussiens s'enfuient précipitamment vers Yvetot, laissant entre nos mains 15 prisonniers et, sur le terrain, une dizaine de morts... » Cette escarmouche ne nous coûta qu'un caporal tué. A partir du 10 janvier, le 5ᵉ bataillon de marche deviendra 1ᵉʳ bataillon du 76ᵉ de marche, commandé par le lieutenant-colonel Rousset.

La relation écrite de la main même du commandant Dornat donne quelques détails complémentaires qui prouvent que certains de nos officiers savaient à l'occasion combiner un plan et prendre de judicieuses positions de combat pour recevoir l'ennemi.

« La colonne du capitaine Nicolas et celle du capitaine Sauvage, devaient se tenir à environ 1000 mètres de la route, éviter de se montrer et laisser arriver les Allemands près du commandant Dornat, qui aurait fait placer ses deux pièces d'artillerie de manière à enfiler la route pour recevoir l'ennemi, et, au moment où le commandant Dornat aurait fait cesser le feu, les 2ᵉ et 3ᵉ colonnes se seraient portées près de la route, pour exécuter un feu bien nourri.

« Enfin, l'ennemi étant en déroute, le cercle devait se former et le détachement en entier eût été pris. »

D'après le commandant Dornat, la colonne ennemie était forte d'une compagnie d'infanterie du 5ᵉ régiment et d'un escadron du 10ᵉ dragons.

C'est le sous-lieutenant Dulargès, embusqué avec sa section, à 700 mètres de la route, qui aurait commencé le feu, en même temps que le sous-lieutenant Lacroix, posté à sa droite. Quant au capitaine Nicolas, placé dans une ferme à environ 1 kilomètre de la route, il ne serait arrivé sur le terrain de la lutte qu'après la fuite des Allemands. Quoi qu'il en soit, les Prussiens s'étaient enfuis, à toutes jambes, prenant tout juste le temps de sauver les blessés sur leurs voitures.

Sous Abbeville.

Il n'entre pas dans le plan de notre ouvrage de traiter de la défense de nos villes en 1870, aussi, ne dirons-nous que quelques mots du blocus d'Abbeville ; mais nous parlerons des petits combats livrés les 27 et 28 décembre, par les troupes de la garnison de cette place, à l'Etoile et Longpré-les-Corps-Saints.

L'historique du 4ᵉ bataillon des mobiles du Pas-de-Calais est intéressant à reproduire sur ces deux escarmouches.

Mobiles du Pas-de-Calais. — Le 4ᵉ bataillon du Pas-de-Calais, comprenant les mobiles de l'arrondissement de Béthune, a été formé à Arras, le 15 août 1870. Deux jours après, il va tenir garnison à Saint-Omer, où il est mis à la disposition du génie pour le travail des fortifications de la petite ville.

« Les éléments étaient bons. L'habillement détestable ! Les hommes disposés à marcher, mais..... sans souliers ! » (de Peretti della Rocca, commandant du bataillon).

Le 20 novembre, le commandant de Peretti reçoit l'ordre de former 5 compagnies de marche, dont il prendra le commandement. Il désigne les 1ʳᵉ, 2ᵉ, 3ᵉ, 6ᵉ et 7ᵉ compagnies, ce qui, à 150 hommes par compagnie, le met à la tête de 750 soldats.

Ce petit bataillon part le 7 décembre à 11 heures du soir par le chemin de fer pour Abbeville, où il arrive le lendemain à 4 heures du matin, avec un bataillon de marche du 91ᵉ de ligne, commandant Frémiaux.

Petit combat de l'Etoile. — « Le 27 décembre 1870, nous dit le commandant de Peretti, par ordre du commandant supérieur Plancassagne, je suis commandé pour aller relever ma 6ᵉ compagnie, cantonnée depuis 6 jours à Longpré, et qui avait été inquiétée journellement par des uhlans, du côté de l'Abbaye.

« Le chemin de fer ayant été mis à ma disposition, je partis d'Abbeville avec ma 1ʳᵉ compagnie, environ 130 hommes. Il était 11 heures du matin.

« En descendant à la station de Longpré-les-Corps-Saints, j'entendis une fusillade assez nourrie. Les paysans effarés m'entourent, me disant qu'une fraction de la 6ᵉ compagnie, en reconnaissance, est sérieusement engagée avec les Prussiens. J'ordonne le pas gymnastique.

« Au sortir du village de Longpré, et dans les maisons qui sont sur la route de l'Etoile, je ramasse tout ce que je puis des mobilisés d'Orchies (Nord).

« Nous enfilons la route qui mène au village de l'Etoile ; nous passons un premier pont sur une petite rivière qui traverse le premier marais, et nous arrivons à un second, mais qui était coupé et servait à traverser la Somme.

« Là, sous le feu, je fais déployer mes hommes en tirailleurs, protégés par les berges peu élevées de la rivière ; et la fusillade s'engage vivement.

« Un premier feu de peloton met le désordre dans la troupe ennemie.

« Les Prussiens occupaient le village et les pentes assez raides qui donnent accès à l'ancien camp de César. Il font feu sur nous, des maisons, cachés dans les greniers, abrités derrière les fenêtres et les portes, ayant crénelé les murs en paillotis des maisons. Le tir le plus dangereux nous venait d'un puits situé à mi-côte et où étaient embusqués leurs meilleurs tireurs.

« Le pont sur la Somme étant coupé, — pas de bac, sinon au Moulin-Bleu, trop distant du reste — nous ne pûmes forcer le village à la baïonnette.

« Après 3 h. 1/2 de feu, je donnai l'ordre de la retraite.

« En cette rencontre, mes mobiles, qui voyaient le feu pour la première fois, firent très bien leur devoir et avec entrain.

« Je n'eus qu'un mobile tué à mes côtés et deux blessés. »

Le commandant de Perretti n'avait sous ses ordres que 130 hommes de la 1re compagnie et 40 de la 6e qui étaient accourus du Moulin-Bleu, où ils étaient engagés avec des uhlans.

« C'était un succès, dit-il, et j'étais heureux d'avoir reçu avec mes hommes, le baptême du feu.

« Mais, hélas ! les jours se suivent et ne se ressemblent pas. »

Combat de Longpré. — Reprenons la narration du commandant :

« Le 28 décembre, sur les huit heures, une reconnaissance envoyée sur l'Etoile distant de 4 kilomètres de Longpré, avertit que les postes confiés aux mobilisés du Nord sont fort mal gardés. Les mobilisés sont au cabaret ; pas de factionnaires.

« *Neuf heures* : Cette même reconnaissance, commandée par le lieutenant François, de la 7e compagnie de mobiles, signale quelques uhlans sur la route de Condé à Hangest.

« *Dix heures* : Le commandant des mobilisés du Nord rassemble son bataillon qu'il déploie en bataille sur les hauteurs, au sud de Longpré, sa gauche au chemin de fer, près de Condé-Folies.

« *Onze heures* : le lieutenant François avertit qu'un escadron de uhlans arrive par la route d'Hangest, ses soldats, embusqués dans les broussailles, leur tuent quelques hommes.

« *Onze heures et demie* : des Prussiens sont signalés sur la route d'Airaines. Le lieutenant Renard, à la tête de 20 hommes, va pour porter secours au poste des mobilisés du château de Longpré. A peine arrivé sous la haie, par un chemin couvert, il est reçu par des coups de feu à bout portant.

« L'ennemi s'était emparé du château et de ses dépendances par surprise. Retraite en bon ordre de ces 20 hommes, qui viennent se retrancher derrière le mur du cimetière du village, défendant pied à pied le terrain. Dans ce mouvement, un mobile est tué, un autre a le bras cassé.

« Au bruit des premières détonations, nos 3 compagnies de mobiles rassemblées depuis le matin sous la gare, sautent sur leurs armes et partent au pas gymnastique.

« C'étaient la 1re compagnie, la 2e et la 7e. La 6e était retournée à Abbeville, rien ne faisant supposer un mouvement offensif avec tant de forces, de la part de l'ennemi.

« Le commandant Saphore, des mobilisés, avec quelques compagnies, se place à la barrière du chemin de fer de Longpré, sur la route de Longpré à Condé-Folies, et y reste tout le temps de l'action, sans s'engager.

« Pourtant, nos dispositions étaient prises : la 2e compagnie prend position à gauche de l'église du village, derrière la brasserie ; la 7e à droite de l'église ; et la 1re compagnie longe le chemin de fer, à droite du village, escaladant les crêtes pour tomber sur les derrières de l'ennemi.

« Avec un entrain remarquable, les hommes de la 7e pénètrent dans les maisons déjà occupées, en chassent les Prussiens et ouvrent le feu, à l'abri des murailles.

« A l'extrême droite, les mobiles de la même compagnie, abrités sous un grand pli de terrain, font beaucoup de mal aux tirailleurs ennemis. A un certain moment, leur feu bien nourri, à la distance de 150 mètres, fait des trouées dans la masse d'un bataillon prussien qui cherchait à couper la 7e, de la 2e compagnie.

« Vers 4 heures, sa droite tournée par la cavalerie, sa gauche par l'infanterie, menacée de front par 3 pièces d'artillerie, la 7e en retraite à l'abri des plis de terrain et fait feu par peloton, à chaque rideau qu'elle rencontre. A la 3e décharge, le capitaine Spriet tombe, la jambe cassée. Les hommes, réunis par le sous-lieutenant François, rejoignent la 1re compagnie qui effectue son mouvement de retraite par les marais.

« La 2ᵉ compagnie, du côté gauche de l'église, était plus maltraitée. Acculée dans le cimetière, elle brûle toutes ses cartouches ; écrasée par le nombre, l'ennemi lui fait 40 prisonniers.

« Le capitaine, le lieutenant et le sous-lieutenant sont pris aussi...

« Ma première compagnie, qui avait fait les plus grands efforts pour tourner l'ennemi sur la droite de Longpré, fut obligée de céder le terrain.

« La cavalerie faisant un mouvement tournant pour lui couper sa retraite sur le chemin de fer et la route de Pont-Remy, le capitaine, par une manœuvre habile, se lança dans le marais très heureusement gelé et fut assez heureux, après avoir recueilli les mobiles des autres compagnies, pour leur faire passer le bac sur la Somme, à Long.

« Cette retraite fut fort difficile, les Prussiens étant maîtres des hauteurs. Sur les 8 heures du soir, nous étions rentrés à Abbeville, non pas découragés, mais le cœur très gros.

« Nous perdîmes 10 hommes tués ; nous eûmes hors de combat 16 blessés et les prisonniers dont le chiffre est plus haut. Nos trois compagnies avaient eu devant elles : deux régiments prussiens, le 67ᵉ et le 68ᵉ, trois escadrons de cavalerie et trois pièces d'artillerie. »

Souvenir d'Austerlitz. — On ne s'attendait guère à voir ce nom en cette affaire. « La position de Longpré, dit le commandant de Peretti, était désastreuse pour nous ; un entonnoir perfide, dominé par des hauteurs et fermé par des marais, avec la Somme à traverser.

« Le major Pestel, qui commandait ces forces — celles des Prussiens — voulait une revanche à l'affaire de l'Etoile. Il espérait nous faire tous prisonniers, et les canons étaient là tout simplement pour casser la glace sous nos pieds, si nous étions refoulés dans les marais. Un souvenir d'Austerlitz ! »

Les mobilisés d'Orchies avaient eu 140 prisonniers, dont leur chef de bataillon, et un grand nombre de morts et de blessés.

Traits de courage. — « Je ne puis résister, mon général, au désir de vous citer quelques traits, pour vous montrer l'entrain de mes hommes.

« Le capitaine Spriet, de la 7ᵉ, tombe, la jambe fracturée ; son ordonnance l'enlève au milieu des balles et le cache dans une maison, d'où le courageux officier se fait rapporter dans la nuit sur une charrette, à Abbeville, et par un froid de 18 degrés.

« Au début de l'action, un mobile, apercevant devant lui les

Prussiens, s'écrie en gouaillant : « On dirait les pompiers de mon village ! »

« Un autre engage un pari avec son camarade, que, de son premier coup de feu, il abattra un cavalier que l'on voit galoper à une grande distance, et le cavalier, en effet, roule sur la neige.

« Le garde Binet, de la 7e compagnie, se promène de long en large, son fusil à tabatière, cassé, en bandoulière, attendant qu'un de ses camarades tombe pour avoir un fusil. Un mobile, en effet, est atteint ; il s'empare tranquillement de son fusil et continue le feu.

« Du côté de l'église, le mobile Boudry, abrité derrière le mur du cimetière, fatigué d'attendre les Prussiens qui persistent à ne pas se montrer au bout de la rue d'Airaines, pose son képi sur le mur. Aussitôt l'attention de l'ennemie est attirée : les balles sifflent ; il profite du temps d'arrêt pour recharger et tire à coup sûr. Ce manège lui réussit ; les camarades l'imitent avec succès.

« Le capitaine Bideret, de la 2e compagnie, entouré dans le cimetière, fait le coup de feu comme un simple soldat.

« Un mobile de la 7e compagnie reçoit une balle dans le dos, *qui lui sort par la bouche*. Fou de douleur, il se relève, s'abrite derrière un mur de briques et tue plusieurs ennemis, avant de se retirer.

« Le lieutenant Renard, de la 7e compagnie, bat en retraite avec 15 hommes dans la grande rue de Longpré, fusillé de toutes les maisons occupées par les Prussiens. Après mille dangers, coups de feu à bout portant, etc.., il est assez heureux pour rejoindre la 1re compagnie qui opérait sa dangereuse, mais seule possible, retraite par les marais.

FEU SUR CES LACHES ! — « Le sous-lieutenant François, de la 8e, embusqué derrière la barrière du chemin de fer qui donne accès dans la grande rue de Longpré, tient bon. Il stimule une vingtaine de mobilisés qu'il place en tirailleurs. Le feu devenant très vif, les mobilisés fuient ; le fier et intrépide lieutenant se retourne et dit à ses hommes : « Feu sur ces lâches! », ce qui fut fait. »

Le commandant Della Rocca termine son récit du combat du 28 en rendant un chaleureux hommage « au patriotisme des braves habitants de Longpré, qui nous aidèrent, tirant avec nous sur l'ennemi. Les braves paysans ! Aussi, ils payèrent cher leur bravoure : beaucoup furent fusillés, une femme, entre autres. »

Ne quittons pas cette intéressante relation, sans en reproduire cet autre passage :

« Un fait cruel à la charge des Prussiens : dans une maison avec un drapeau d'ambulance, était étendu un pauvre mobile blessé à la jambe, le médecin du village le pansait. Entrent les sauvages, et l'un d'eux tire sur le blessé un coup de fusil qui lui brise les reins. Mon pauvre mobile mourut 8 ou 10 jours après à l'hôpital d'Abbeville. »

Donnons encore la péroraison du brave commandant.

« Voici, mon général, les faits et gestes de mon bataillon. Il était bon, très bon ; mes officiers animés du meilleur esprit, braves et dévoués. Ils me considéraient comme leur père et je les aimais comme mes enfants.

« Quoique je n'eusse jamais été militaire, ils avaient toute confiance en moi. Du reste, je ne puis mieux terminer qu'en vous citant la dernière phrase d'une lettre d'adieux que m'adressa d'Etaples notre général Babouin.

« Mon cher commandant,

« Recevez, pour vous et vos officiers, qui formiez le seul élément solide et dévoué de la brigade, les compliments empressés de votre tout dévoué.

« Signé : « BABOUIN. »

Nous dirons enfin, avec ce brave officier supérieur : le bataillon « a donné ce qu'il pouvait ; s'il n'a pas fait plus, c'est qu'on ne lui a pas demandé davantage. Il s'est toujours montré dévoué et patriote... »

Nous enregistrons avec plaisir cet hommage aux Béthunois.

DANS ABBEVILLE. — LE COMMANDANT BABOUIN. — Nous venons de rappeler le nom du commandant Babouin, déjà cité à propos du combat de Dury. Ce brave officier qui devint bientôt général au titre auxiliaire, était venu, à la suite des affaires de Longpré, remplacer le colonel Plancassagne dans le commandement d'Abbeville. Voici quelques détails sur cette prise de possession ; ils sont de nature à intéresser nos lecteurs.

C'est le 30 décembre, à minuit, que le commandant Babouin, des mobilisés de la Somme, reçoit à Boulogne, l'ordre de se rendre dans Abbeville menacé par l'ennemi, tellement menacé même, qu'on est en train d'y traiter de la capitulation.

Voici, en effet, ce qui s'était passé.

Après notre échec à Longpré, la colonne ennemie, forte de 2.000 hommes au plus, et sans artillerie, s'est portée à Saint-

Ricquier, à 9 kilomètres d'Abbeville et de là, a l'audace d'envoyer deux parlementaires, vers 4 heures de l'après-midi, pour sommer la garnison.

Et pourtant, grâce au désarroi qui règne dans la petite place, cette outrecuidante démarche va réussir. « Après une délibération assez confuse du conseil de défense, le colonel Plancassagne, dit le rapport du commandant Babouin, envoya, à 6 heures du soir, deux parlementaires à Saint-Ricquier, demander les conditions que ferait l'ennemi. »

Les Prussiens se frottent déjà les mains, en présence de ce résultat sur lequel ils osaient à peine compter, mais, comme on va le voir, il y a loin de la coupe aux lèvres, et il y avait encore de braves gens chez nous.

Le préfet de la Somme, retiré dans Abbeville, a télégraphié à Lille où l'on a reçu sa dépêche à 10 heures du soir, et 2 heures après, arrive à Boulogne l'ordre dont nous avons parlé plus haut.

Il est ainsi conçu : « *Général en chef à commandant supérieur Babouin Boulogne. Très urgent.* Partez de suite et par train spécial pour Abbeville où l'on prend peur; faites arrêter Plancassagne, s'il refuse de se battre, donnez ordre d'emmener vos Withworths avec munitions et demandez quelques pointeurs à Calais qui a ordre de les donner. Vous mettrez vos pièces sur le rempart dont l'ennemi n'osera approcher : ne capitulez sous aucun prétexte, les forces de l'ennemi sont minimes. »

Par ordre, le chef d'État-major signé : « Villenoisy ».

La défense d'une place, comme le dit fort bien le brave commandant Babouin, est l'occasion la plus favorable qui soit donnée à un officier de se distinguer. « Les conditions dans lesquelles elle m'était offerte, ajoute-t-il, étaient particulièrement flatteuses. Je partis donc à deux heures du matin, avec un officier d'ordonnance et quelques milliers de cartouches, non sans quelque inquiétude, au sujet de la situation dans laquelle je laissais à Boulogne mes malheureuses légions; mais avec le contentement de me rapprocher de l'ennemi.

« A quatre heures du matin, j'entrais à Abbeville et j'y trouvais les conditions de la capitulation qui venaient d'arriver. Elles n'offraient rien de particulier; la garnison devait être prisonnière de guerre, sauf les officiers qui s'engageraient à ne plus servir, etc... le tout, sous réserve de l'approbation du général Von Gœben, auquel on m'offrait d'envoyer un officier.

« J'y répondis immédiatement par la lettre suivante :

« A Monsieur le colonel Von Pestel, commandant les forces
« allemandes à Saint-Ricquier.

« Monsieur,

« Accouru cette nuit de Boulogne, prendre le commandement
« de la place, je trouve, en arrivant, les conditions qu'avec une
« courtoisie que je me plais à reconnaître, vous avez bien voulu
« indiquer pour une capitulation éventuelle de la garnison.

« Vous comprendrez sans doute que je n'ai pas même à les
« examiner.

« Agréez, etc...
                « Le commandant supérieur de la place,
                    « *Signé* : BABOUIN »

Le Prussien se le tint pour dit et abandonna Saint-Ricquier le soir même.

Ah! on éprouve un véritable soulagement, n'est-il pas vrai, à rencontrer ainsi un brave militaire ferme, droit et franc du collier, au milieu de tant de défaillances. Honneur au commandant Babouin.

Nous regrettons de ne pas pouvoir montrer l'énergique officier relevant les cœurs des Abbevillois et de la garnison; mettant la place à l'abri d'un coup de main par de nombreux ouvrages, tirant parti de tout et faisant flèche de tout bois pour sauver son honneur et celui de la petite cité qui ne fut occupée, en effet, par l'ennemi qu'après l'armistice.

GÉNÉROSITÉ ET VÉRACITÉ ALLEMANDES. — « L'affaire de Longpré, dans laquelle les Prussiens eurent l'*infamie de massacrer les blessés*, nous coûta environ 300 hommes tués, blessés ou prisonniers.

« Dans sa dépêche officielle, le commandant prussien Von Pestel,... exagéra ridiculement son triomphe; au lieu des 630 hommes auxquels il avait eu affaire et qui appartenaient en effet à 3 bataillons différents, il se vanta d'avoir battu 3 bataillons, appuyés par 3 escadrons qu'il n'avait vus que dans son imagination.

« Il en est de même des 3 drapeaux, dont sa dépêche enregistre emphatiquement la conquête, et qui ont été enlevés, sans grands dangers apparemment, *dans une armoire de la maison de ville*. Mobiles et mobilisés n'avaient en effet aucun drapeau. » (Commandant Babouin).

Retournons à l'armée de Faidherbe en retraite sur les places du Nord.

Villers-Bretonneux. — Le commandant Giovanninelli réclame l'honneur de lancer son bataillon, pour repousser la première attaque de l'ennemi.

CHAPITRE XVIII

De Pont-Noyelles à Bapaume.

Quelques réflexions. — Les généraux de la défense nationale. — Timidité chez les meilleurs. — D'Aurelle et Reyau à Coulmiers. — Chanzy à Beaugency. — Bourbaki sur la Lisaine. — La retraite, après Pont-Noyelles. — L'armée sur la Scarpe. — Mobilisés lillois. — Oh ! ce sac ! — Souvenir d'un mobilisé. — Honneur à Carvin. — Le général Robin. — La discipline de l'armée du Nord. —

Exécutions militaires. — Un air de la *Grande Duchesse*. — Chanteurs *di primo cartello*. — Un discours du général Robin. — Accueil glacial. — Une revue de Faidherbe. — Proverbe menteur. — Lettre de bonne année. — Vive Gambetta! — Une description de Lille à la fin de décembre. — Jeunesse indigne. — Triste affaire à Souchez. — Au *Cheval-Blanc*. — Sous Péronne. — Les uhlans d'Eterpigny.

QUELQUES RÉFLEXIONS. — Ainsi que le lecteur a pu le voir par l'historique de différents corps de troupe, la nuit qui suit la journée de Pont-Noyelles, nuit passée au bivouac par nos troupes, est extrêmement dure, le thermomètre y descend à 9 ou 10 degrés au-dessous de zéro, de nombreux cas de congélation se produisent, et la retraite est ordonnée par Faidherbe, le 24, vers le milieu du jour.

On a pu voir également, par la lecture de ces historiques, qu'en présence du moral des troupes, singulièrement accru encore par la défense victorieuse qu'elles venaient de faire des positions de l'Hallue, cet ordre de retraite n'était rien moins qu'attendu.

Mais il était écrit, sans doute, que jamais, dans cette guerre, nous ne verrions nos chefs tenter de poursuivre un succès.

Il est avéré du reste que tous les généraux des armées de la défense nationale, même les meilleurs, avaient l'esprit frappé outre mesure par les succès foudroyants de nos ennemis. Ni d'Aurelle, ni Chanzy, ni Faidherbe n'échappent à cette obsession.

Ils voient constamment les Prussiens plus nombreux et plus forts qu'ils ne le sont réellement, et se croient toujours sur le point d'être victimes d'une de ces manœuvres d'enveloppement si chères à notre ennemi et qui lui ont toujours réussi, précisément par le fait même de notre passivité.

D'Aurelle, victorieux à Coulmiers, alors que la petite armée de von der Tann, s'est sauvée si vite devant lui qu'elle est déjà à plus de 15 lieues sur la route d'Etampes, songe, savez-vous à quoi? A repasser la Loire pour aller reprendre en Sologne ses positions du camp de Salbris.

A Beaugency, le général Chanzy, le 8 décembre, second jour de la lutte, se figurant qu'il a devant lui les trois corps de Frédéric-Charles, ce qui n'est pas, n'a qu'une préoccupation, la crainte d'être tourné, alors que mieux renseigné et plus soucieux d'offensive, il s'apercevrait bientôt que c'est lui qui est considérablement supérieur en nombre aux Allemands et parfaitement capable de les tourner lui-même par leurs deux ailes.

Et ce général de cavalerie qui, ce même jour de Coulmiers, n'ose pas s'avancer *avec ses 40 escadrons*, pour tourner la droite des Bavarois de moitié moins nombreux que nous, parce qu'on a aperçu, vers la gauche française, quelques hommes en uniforme sombre qui sont des francs-tireurs Lipowski, et en qui le pauvre général, qui a 40 escadrons à sa disposition pour s'éclairer, voit tout de suite des Prussiens. Pour nos grands chefs, les Allemands savaient tout, devinaient tout, étaient partout. Espérez donc battre un ennemi à qui vous prêtez toutes les supériorités, lui donnant ainsi par avance comme un brevet d'invincibilité.

Parlerons-nous de Bourbaki, qu'on voit à la tête de 120.000 hommes, devant Héricourt, ne pas oser s'étendre sur sa gauche, ce qui lui était facile, et lui eût permis de tourner la droite des Prussiens de plus de moitié inférieurs en nombre, et de délivrer Belfort ?

« Un peu de confiance de plus », voilà ce qu'eût souhaité entre autres choses au général en chef de l'armée du Nord, le colonel suisse Lecomte, critique autorisé en la matière.

Quoi qu'il en soit, voici, d'après Faidherbe lui-même, les raisons qui l'amenaient à battre en retraite, après sa rude et glorieuse défense du 23 décembre :

« Nous avions tenu tête aux Prussiens, à la bataille de Pont-Noyelles, nous avions sauvé le Havre, mais nous ne pouvions songer à faire plus pour le moment.

« Nos jeunes troupes étaient toujours un peu désorganisées après plusieurs jours de marche et de combat. L'ennemi, appuyé sur Amiens et sa citadelle, pouvait faire venir de Normandie autant de renforts qu'il croirait nécessaire pour nous écraser ; le général en chef crut convenable d'aller chercher des cantonnements plus sûrs sur la rive droite de la Scarpe, entre Arras et Douai, pour donner aux hommes quelques jours de repos bien gagnés……

« La position choisie par le général en chef pour le cantonnement de l'armée était derrière la Scarpe, la droite appuyée à Arras et la gauche à Douai. »

Les troupes s'y établirent sur deux lignes. La première était constituée par les villages de Fampoux, Roeux, Vitry, Brebières et Corbehem ; la seconde, où l'on plaça la division de mobilisés, allait d'Oppy à Esquerchin.

Le 29 décembre, Faidherbe donne l'ordre suivant, daté de son quartier général de Vitry :

« En vous cantonnant près de nos places fortes, je vous ai donné la possibilité de vous reposer et de vous réconforter pendant deux ou trois jours, ce que vous n'auriez pu faire près de la place d'Amiens, occupée par l'armée prussienne.

« L'ennemi a profité de cela pour dire qu'il vous avait battus et poursuivis. C'est à vous de le punir de ces vanteries, quand il se présentera ou que nous irons le chercher.

« Vous êtes débarrassés d'un certain nombre de lâches et de traînards, qui ont abandonné leurs bataillons pour retourner chez eux ou pour livrer leur fusil au premier uhlan qu'ils ont rencontré. Vous n'en êtes que plus forts, ne les ayant plus parmi vous. Ils seront au reste recherchés et punis suivant toute la rigueur de la loi... »

C'est de ses positions de la Scarpe que la petite armée partira, le 1er janvier, pour aller livrer la bataille de Bapaume.

Dix jours sépareront donc cette journée de celle de Pont-Noyelles.

Nous allons passer en revue les faits qui ont leur place dans ces dix jours, et nous commencerons par présenter à nos lecteurs le *Régiment des Lillois*.

Mobilisés lillois. — Le 1er régiment de mobilisés de Lille est parti de cette place le 15 décembre. Il compte environ 1600 hommes, sous les ordres du lieutenant-colonel Loy et des chefs de bataillon Levezier, Dezwarte et Morazzani.

Il fait partie de la 1re brigade et de la 4e division (général Robin).

Le premier jour de marche est des plus pénibles, surtout à cause du sac que ces braves gens n'ont pas l'habitude de porter.

« Oh ! ce sac ! dit M. Albert Devienne, dans sa brochure *Les Souvenirs d'un mobilisé lillois*[1], que de malédictions ai-je entendues contre lui... » et cet historien se demande si on ne pourrait pas se passer du sac, en campagne. Pour notre part, nous répondrons par l'affirmative, oui, on pourrait, si on le voulait bien, supprimer le sac ou l'alléger considérablement, et, depuis que les conditions de la guerre sont changées, qu'on n'y sera plus obligé aux longues marches d'autrefois, loin de tout centre de ravitaillement, ce n'est que la routine, cette plaie des armées françaises, qui fait que l'on conserve tel qu'il est cet absurde et écrasant *impedimentum*.

« Quelle que soit la force et l'énergie d'un homme, dit avec raison notre auteur,... il est impossible qu'il fasse, sac au dos, près de 130 kilomètres, comme les mobilisés l'ont fait dans les quelques jours qui précédèrent et suivirent la bataille de Saint-Quentin, sans être exténué de fatigue et privé de la moitié de ses moyens. »

[1]. Lille, J. Petit 1872.

Dans cette première marche, les mobilisés lillois n'ont qu'à se louer de l'accueil des populations ; citons surtout Carvin comme ayant montré une attitude patriotique qui ne se démentira pas un seul jour pendant la campagne. Honneur donc aux braves habitants de Carvin.

Voici maintenant le portrait que fait M. Albert Devienne du général Robin, qui marche volontiers à pied, à la tête de la colonne : « C'est un homme de haute taille, légèrement obèse, âgé d'environ quarante-cinq ans. Sa figure, assez insignifiante, est ornée d'une forte moustache, sur laquelle pendent légèrement des joues quelque peu rebondies. »

La discipline est observée d'une manière remarquable, en ces premières journées. Le 17 décembre à Albert, un habitant, repris de justice, est condamné à mort par la cour martiale que préside le commandant Levezier, pour connivence avec les Prussiens. Il est fusillé le lendemain matin, derrière la gare du chemin de fer, par un peloton des voltigeurs de Foutrein.

A Bray, le 19 décembre, nouvelle convocation de la cour martiale, cette fois pour juger un franc-tireur accusé de désertion devant l'ennemi. Il est passé impitoyablement par les armes le lendemain, 20, à 8 h. du matin, par un peloton de francs-tireurs de sa compagnie.

Le régiment ne prend aucune part à la bataille de Pont-Noyelles, mais si nous n'avons pas de coups de fusils à relever dans son historique, nous pouvons lui prendre des détails pittoresques qui rentrent bien dans le caractère de notre livre.

Le 26 décembre, il contourne Arras, au lieu d'y entrer, comme il en avait l'espoir ; alors « moitié de dépit, moitié d'insouciance » et tout en pataugeant dans la neige, les mobilisés entonnent la marche du régiment, dont voici le premier couplet (air de la *Grande Duchesse*) :

> Beau général auxiliaire,
> Je suis, ma foi,
> Quand mes Lillois, marchent derrière,
> Plus fier qu'un roi.
> Je leur parle de la colonne,
> En paladin,
> Et défends qu'aucun ne braconne
> Filles ou vin.
> Et zim boum boum, rapa, rapa ta boum !
> C'est moi qui suis le général Boum-Boum. »

Entre nous, le choix de l'air n'était peut-être pas des plus heureux, mais passons. C'est déjà quelque chose, quand la troupe chante, au milieu de ses misères.

« Que le lecteur dilettante, ajoute M. Devienne, n'aille pas croire que l'exécution de ce chant de marche laissât le moins du monde à désirer, ce serait une grave erreur. Il se convaincra, d'ailleurs, de l'excellence de son interprétation, lorsqu'il saura que les soli étaient chantés par plusieurs prix du Conservatoire de Lille, et que deux virtuoses distingués, lauréats du Conservatoire de Paris, avaient la direction de cet orphéon improvisé.... » (*Les Souvenirs d'un mobilisé lillois*).

S'il est une justice à rendre au commandant en chef de l' « armée du Nord », c'est le soin qu'il apporte à discipliner ses troupes; ainsi, à la date du 27 décembre à Arleux, M. Albert Devienne écrit : « La discipline devient sévère ; quelques sous-officiers ont été cassés récemment pour de légères infractions à leur service. Dans le rapport de ce jour, les chefs de compagnie sont priés de dresser une liste des sous-officiers et caporaux qui ne remplissent pas convenablement leurs devoirs, et de mettre en regard le nom des caporaux ou gardes susceptibles de remplacer ceux qui seraient destitués.

« Les factions aux faisceaux et les corvées sont faites par les hommes punis... »

Le 28, nous noterons, à Quiéry-Lamotte, une revue et une allocution du général Robin. Après avoir complimenté le colonel sur la bonne tenue de sa troupe, le général dit qu'une bataille est prochaine « où les Lillois pourront montrer aux Allemands s'ils sont encore les dignes fils de 92 ; nous ferons fuir l'ennemi, dit-il en terminant, comme une bande de moineaux. »

Le mobilisé lillois qui rapporte cet incident, nous apprend que ces éloges anticipés reçoivent un accueil « glacial ».

UNE REVUE DE FAIDHERBE. — Le 30 décembre, revue du général en chef à Garvelle.

« Une partie de l'armée du Nord assiste à cette revue, avec le matériel et le personnel des ambulances. Ces troupes jeunes et de formation récente, ont cependant un aspect solide.

« Le général Faidherbe passe rapidement devant le front du corps d'armée. Sa tenue est des plus simples, il a le corps courbé, presque affaissé, sur un petit cheval arabe ; sa tête est couverte d'un capuchon de couleur sombre, qui lui cache presque entièrement la figure. Lorsqu'il passe devant le régiment lillois, quelques acclamations l'accueillent.

PROVERBE MENTEUR. — « On peut dire, sans crainte de contradiction, qu'aucun général ne fut aussi populaire dans la dernière campagne. Le proverbe : *nul n'est prophète en son pays*, tombe certainement à faux devant cette popularité sans égale. » (Albert Devienne).

A cette date, le régiment lillois fait partie de la 1re brigade (Brusley) de la 2e division (Robin) du 23e corps.

Une lettre de bonne année. — Le 1er janvier, le régiment des mobilisés lillois est cantonné dans la banlieue d'Arras, au faubourg de Ronville.

Une foule de connaissances, de parents et d'amis sont arrivés de Lille par le chemin de fer, pour apporter à leurs compatriotes des provisions de toute sorte et des subsides; ceux qui n'ont pu venir ont envoyé leur missive de bonne année. Celle que nous reproduisons ici, d'après M. Albert Devienne, marque tristement le degré d'avachissement auquel étaient arrivés quelques Français, sous le régime des vingt années d'insoucieuse confiance qui avaient précédé la guerre. De pareilles constatations ne font que grandir encore le rôle de Gambetta, de l'homme qui sut obtenir du pays l'immense effort de résistance dont nous nous sommes fait le modeste historien. Ce qu'elle grandit aussi, c'est le mérite des braves gens qui, ayant échappé à cet avachissement, donnaient sans compter à la patrie leurs forces et leur sang.

Voici la lettre telle qu'elle sera trouvée un peu plus tard par M. Albert Devienne sur le mobilisé lillois B... tué à Bapaume. La lecture en est pénible, nous vous en prévenons.

« Je profite, cher ami, du voyage de M. L... pour te faire parvenir plus sûrement nos meilleurs souhaits de renouvellement d'année. Il est douteux que ton plaisir soit bien grand dans les pays perdus que tu parcours sans cesse en marches et contremarches; que n'es-tu resté à Lille, où l'on s'amuse plus que jamais.

« Rien de curieux, mon cher, comme notre bonne ville en ce moment; partout des chants et des festins dignes de Lucullus; chaque nuit le champagne coule à flots à l'Eldorado, aux Variétés, à la Taverne Allemande, et les héros de ces fêtes font *florès*, au milieu des petites dames qui y pullulent de plus en plus.

« Les uns portent un brillant uniforme à brandebourgs, galonné sur toutes les coutures; d'autres, plus modestes, sont parés du simple képi et de la tunique à passe-poils rouges; d'autres enfin, comme l'officier de Marlborough, ne portant rien du tout. Ce spectacle, je te le répète, est très amusant.

« Quoi que tu en dises dans ta dernière lettre, les jeunes gens valides ne manquent pas à Lille. Voici la liste à peu près exacte de ceux qui y sont restés en dépit de la levée en masse :

« Fils d'étrangers, nés à Lille	3.000
Mobiles et mobilisés recueillis dans les corps sédentaires	800
Employés dans les bureaux civils et militaires	550
Exemptés comme fournisseurs de canon, d'affûts, de caissons, d'objets d'équipement, d'habillement et d'armement.	280
Réformés pour myopie, palpitations, etc.	140
Divers	230
Total	5.000

— Y compris ton serviteur, qui vient de se faire immobiliser avec le titre de membre des ambulances honoraires.

« Entre nous, j'ai choisi cet emploi, de préférence à beaucoup d'autres, parce qu'il présente l'avantage de faire conférer inévitablement, après la campagne, la décoration internationale de Genève. Il faut toujours être prévoyant en toutes choses. Que ne l'as-tu été, mon cher B..., nous aurions encore le plaisir de te posséder au milieu de nous. »

Quel écœurement!...

Mais voici qui n'est guère moins navrant à conter.

Nous aurions voulu passer sous silence ce triste épisode; mais la résolution que nous avons prise de présenter un tableau fidèle des événements ne nous le permet pas. Entre braves gens comme nous, n'est-il pas vrai, lecteurs, on se doit la vérité.

L'AFFAIRE DE SOUCHEZ. — SANS AVANT-POSTES ET SANS CARTOUCHES. — Voici les détails principaux de cette piteuse affaire; ils sont extraits d'un article publié par le *Propagateur* et reproduit par une très intéressante brochure [1].

« Le 29 décembre dernier, le 4e bataillon (des mobilisés du Pas-de-Calais)..... avait deux compagnies à Carency, deux à Ablain-Saint-Nazaire et quatre à Souchez, défendant ainsi la ligne de fer entre Arras et Béthune contre les incursions des coureurs de l'ennemi. Dans ces divers cantonnements, aucun poste ne fut établi, aucune patrouille ne fut organisée pour en surveiller les approches. Vers midi, quinze uhlans, venant d'Aubigny, entrèrent à Carency et jetèrent une telle panique dans les deux compagnies qui s'y trouvaient, que tous les hommes prirent la fuite. Quarante furent pris, alignés la face contre un mur, et

---

1. *Histoire de l'invasion allemande dans le Pas-de-Calais,* par Adolphe de Cardevacque. Arras. Sède et Cie, rue du Vent-de-Bise, 16. — 1872.

laissés à la garde de deux cavaliers prussiens. Les officiers qui n'avaient pas encore pris leur déjeuner, se sauvèrent en quittant la table, sans chercher à se rendre compte de ce qui avait pu produire une semblable débandade.

« Les treize autres uhlans se rendirent à Ablain-Saint-Nazaire. »

Le chef de bataillon était couché chez M. Lecocq. Averti par celui-ci, il se leva et sortit se dirigeant vers le village, «... il ne restait plus un homme des deux compagnies, tous avaient fui à travers champs du côté d'Aix-Noulette, après avoir jeté armes et bagages.....

« A deux heures, on battait le rappel à Souchez pour rassembler les quatre compagnies logées dans cette commune. Une demi-heure après, elles étaient sous les armes, rangées en bataille sur la route d'Arras à Béthune; les officiers étaient à l'auberge du *Cheval blanc*, à quelques pas de leurs compagnies. Le bruit se répandit tout à coup que 2.000 Prussiens arrivaient, et aussitôt les 13 uhlans débouchèrent en tirant deux ou trois coups de pistolet en l'air. Les hommes se sont mis à fuir par toutes les issues; une partie traversant la cour et l'auberge du *Cheval blanc* a gagné la campagne. Les officiers qui se trouvaient dans cette maison, n'ont fait aucun effort pour les retenir, et ont suivi le même chemin, courant les uns dans la direction de Lens et d'autres du côté de Vimy...

« Les treize uhlans ramassèrent environ cent prisonniers dans le village. » Deux sergents, Merlin et Néry, et un mobilisé, dont le nom est inconnu, ont voulu, dit-on, se défendre et en auraient été empêchés par leur capitaine fait prisonnier. « Sur 750 hommes composant le bataillon, ajoute le narrateur de cette honteuse affaire, 13 uhlans en ont emmené environ 140 et fait prendre la fuite aux autres.

« Dans l'espèce, les chefs doivent assumer toute la responsabilité. En effet, personne ne peut méconnaître la cause du mal; ce qui s'est passé à Souchez est sans précédent dans l'histoire: quatre compagnies étaient sous les armes, sans cartouches il est vrai, mais si l'on considère qu'il y avait 370 baïonnettes françaises contre 13 lances allemandes, on sera convaincu que si les officiers avaient été à la tête de leurs troupes, au lieu d'être au cabaret, on n'aurait pas là à déplorer des faits qui font saigner tous les cœurs français ».....

Les Uhlans d'Éterpigny. — Oui, cette page est des plus tristes, mais les paniques, en définitive, et les fuites honteuses se voient partout. Nous n'en voulons pour preuve que certain épisode du siège de Péronne, que nous allons rapporter. Il nous fait revenir de 25 jours en arrière, mais nos lecteurs nous pardonneront ce petit accroc à l'ordre chronologique, car ce livre est une simple causerie entre nous et pas autre chose.

« C'était le 4 décembre 1870, un beau dimanche de neige et de gelée vive.

« Pendant qu'un soi-disant parlementaire se présentait en ville, un parti considérable de uhlans se déployait en tirailleurs sur les hauteurs vers Barleux et la Maisonnette. Deux officiers du génie et de l'artillerie, munis de longues-vues, relevaient les positions de la forteresse...

« Au bout de quelques heures, ne voyant pas revenir leur chef retenu prisonnier à Péronne, les uhlans se retirent vers Eterpigny et se mettent au piquet dans une longue pièce de terre touchant au contre-fossé du canal, à l'extrémité du village, vers Pont-les-Brie et en face d'une petite maison isolée habitée par un tailleur du nom de Delaine.

« Les soldats mangeaient et buvaient, attendant toujours le parlementaire; les officiers, prenant des notes, consultant des plans, se faisaient préparer dans la maison du tailleur une soupe à l'ognon à laquelle nos éclaireurs réservaient un assaisonnement qui n'a pas dû être de leur goût.

« Ne consultant que leur courage — ne faudrait-il pas dire leur témérité? — et déjouant la surveillance des factionnaires, six hommes sortent de la ville, se glissent, rampent le long de la berge du canal, du côté opposé au contre-fossé; arrivent sans être aperçus en face des uhlans et font un feu de peloton qu'ils soutiennent pendant deux ou trois minutes. Les uhlans fuient dans toutes les directions entraînant leurs blessés, abandonnant chevaux, sabres, lances et jusqu'à la voiture de leur cantinier et ils étaient 85!

« Cependant, au bruit de la fusillade, je sortis et rencontrai quelques hommes de bonne volonté, parmi lesquels MM. Lacouronne, sous-lieutenant et Gaudefroy caporal, tous deux de ma compagnie; Hochard et Fontaine de la 1re et, marchant avec nos braves marins, nous achevâmes la déroute de l'ennemi...

« Une voiture attelée de deux chevaux, tous deux percés de balles et couverts de sang; 16 chevaux de selle, 37 lances, 3 sabres, 7 pistolets furent les trophées de cette journée.

« La rentrée en ville, vers 7 heures du soir fut triomphale...

« A cette occasion, M. le commandant de la garde nationale publia l'ordre du jour suivant:

« Le commandant de la garde nationale sédentaire porte à la connaissance du bataillon de Péronne, la belle conduite d'un de ses détachements, dans l'escarmouche du dimanche 4 décembre, au village d'Eterpigny.

« Ce détachement, composé de six hommes : MM. Legrand, caporal à la 2e; Gérold, fusilier à la 2e; Viguier-Compère, sapeur-pompier; Pierre Durieux, ex-sapeur-pompier; Mauroy, clerc d'avoué, volontaire; Isidore Fournier, mobile, a surpris un poste nombreux de cavaliers ennemis qu'il a mis en fuite. Ces derniers ont enlevé leurs blessés et laissé sur le terrain des chevaux et une voiture de cantine.

« D'autres gardes nationaux : MM. Caraby, lieutenant à la 2e; Lacouronne, sous-lieutenant à la 2e; Gaudefroy-Poret, caporal à la 2e; Hochard-Frison, fusilier à la 1re, accompagnant un détachement de marins, au pas de course, ont contribué à la déroute et poursuivi l'ennemi.

« Ce premier succès est d'un heureux augure pour la défense de la ville. Honneur aux gardes nationaux, qui ont donné l'exemple!

« Le commandant: GONNET. »

(Achille Caraby)[1].

---

1. *Gazette de Péronne.*

A Beugnâtre, le gendarme Josselin tue un uhlan.

CHAPITRE XIX

De Pont-Noyelles à Bapaume (*Suite*).

Busigny. — Mobiles de l'Aisne. — Bataillon du Châtelet. — Une lettre à l'*Indépendance belge*. — En gare de Busigny. — Résumé de la querelle. — A l'armée de Faidherbe. — Scènes de la retraite. — Noël à Bapaume. — Les Prussiens! — A Beugnâtre. — Gendarme Josselin. — Combat singulier et singulier combat. — Le pillage. — Feu de bivouac. — Les Prussiens à table. — Hoche et Davout. — Quelques massacres. — L'idiot d'Ayette. — Le jeune homme de Lesbœuf.

Busigny.

Mobiles de l'Aisne. — 4ᵉ bataillon. — Le 4ᵉ bataillon des mobiles de l'Aisne avait été formé à Saint-Quentin, le 12 août 1870. Son commandant était le baron du Châtelet. Nous ne le suivrons pas dans ses allées et venues des premiers mois de la campagne et nous arriverons au 30 décembre, où, étant à Landrecies, il reçoit l'ordre de partir le lendemain 31 pour Cambrai par train spécial, avec tout son effectif et, en plus, 163 hommes évadés de Laon, Soissons et La Fère, qui ont été mis en subsistance à sa 8ᵉ compagnie.

« La colonne, dit le rapport officiel du commandant du Châtelet, partait donc avec environ 1.400 hommes dont 163 dénués de tout, 3 *compagnies* (6ᵉ 7ᵉ et 8ᵉ) *sans cartouches et 237 fusils hors de service*. Restaient donc, en état de combattre près de 700 hommes, ayant chacun une moyenne de 7 à 8 cartouches.

« C'est dans ces conditions que le 4ᵉ bataillon des mobiles de l'Aisne entra dans la gare de Busigny que pillaient les Prussiens. » Disons tout de suite, que sous le coup de la surprise et de l'inattendu de la situation, le bataillon, qui voyait le feu pour la première fois, empêtré par la foule des hommes qui n'ayant ni armes ni cartouches ne pouvaient combattre, se montra fort désorienté ainsi que son chef, et on comprendra qu'il y avait de quoi. Cependant il y eut une courte lutte pendant laquelle le bataillon eut 1 tué et 1 blessé, et fit 3 Prussiens prisonniers, dont 1 blessé.

Si nous avons donné place à cette toute petite affaire, c'est que d'un côté les employés du chemin de fer qui n'avaient pas fait avertir le train, de l'autre le bataillon qui s'était avancé imprudemment jusque dans une gare occupée par l'ennemi, se sont jeté mutuellement la pierre ; c'est que des accusations graves de manque de courage ou de patriotisme ont été lancées de part et d'autre et que les officiers du bataillon du Châtelet ont cru devoir publier après la guerre une protestation que doivent connaître nos lecteurs. Aussi bien nous tiendra-t-elle lieu du récit que nous pourrions faire de cet insignifiant combat. Elle est adressée au rédacteur en chef de l'*Indépendance Belge*.

« Monsieur le rédacteur,

« Nous trouvons dans le numéro de l'*Indépendance Belge* du 5 janvier (édition du soir) un article commençant par ces mots : « On écrit de Busigny à l'*Echo du Luxembourg*, etc.

« Cet article insultant et calomnieux et pour le commandant et pour les officiers du 4ᵉ bataillon de mobiles de l'Aisne, ne peut rester sans réponse. Nous espérons donc de votre loyauté l'insertion de la présente lettre comme rectification nécessaire de faits odieusement dénaturés.

« Le bataillon ayant reçu l'ordre de monter en chemin de fer à Landrecies, à destination de Cambrai, arrivait à Busigny le samedi 31 décembre à onze heures.

« A peine le train était-il arrêté que, des wagons, on apercevait quelques uhlans qui galopaient dans la plaine aux alentours de la gare. Des officiers coururent aussitôt vers le chef de gare, afin de savoir s'il y avait beaucoup de Prussiens aux environs ; celui-ci les accueillait en ricanant et déclarait qu'il n'y avait de Prussiens et de uhlans que dans leur imagination. Mais, au même moment, une fusillade qui se faisait entendre du côté de la voie, donnait aux dénégations de ce fonctionnaire un bruyant démenti.

« Les chasseurs saxons s'avançaient déjà en tirailleurs, derrière eux des uhlans caracolaient dans le lointain, et le bataillon de mobiles, surpris à l'improviste, était là déployé en tirailleurs, ripostant bravement et ne songeant à autre chose qu'à tuer le plus grand nombre possible d'ennemis. Pour les soldats c'était bien, mais pour les officiers il y avait mieux à faire ; il fallait songer à sortir de cette espèce de traquenard dans lequel on était tombé, et dont on ne pouvait même soupçonner tous les dangers, puisque le chef de gare avait totalement négligé d'éclairer la voie et les environs.

« Cependant les paysans arrivaient et signalaient des colonnes prussiennes de tous les côtés. Ici, les uns en avaient vu 500, là d'autres en avaient aperçu 1000 avec de l'artillerie.

« Que faire en une semblable situation ? Les chefs ne pouvaient avoir un renseignement précis ni des hommes de la gare, ni des paysans effrayés. Se croyant au milieu de forces ennemies considérables, ayant d'ailleurs la moitié de leurs hommes qui venaient d'être équipés et qui n'étaient pas encore bien armés, leur devoir était moins de songer à soutenir une lutte prolongée qu'à s'ouvrir une retraite et à *protéger la vie des hommes qu'ils avaient à conduire.*

« C'est ce que ne semblèrent pas comprendre quelques misérarables (nous avouons que ces misérables n'avaient pas tout à fait tort dans la circonstance, car, lorsqu'on se trouve en présence de l'ennemi, et qu'on a des armes, c'est à lui ôter la vie et non à protéger la sienne propre qu'il faut surtout songer [1]), qui vinrent proférer des insultes contre quelques officiers, tout en déclinant pour eux l'honneur de combattre, sous prétexte qu'ils n'étaient pas des soldats. C'est ce que ne comprit pas non plus, sans doute, l'auteur de l'article mensonger que vous avez accueilli dans vos colonnes.

Quoi qu'il en soit, le combat fut heureux, puisque les troupes quittèrent le champ de bataille, ayant fait subir à l'ennemi quelques pertes, emmenant des prisonniers, n'ayant elles-mêmes aucune mort à regretter.

« Quant aux insultes dirigées contre le commandant personnellement il n'y a rien à y répondre. La calomnie est une arme perfide qu'on aiguise en essayant de la briser. Mais nous ne pouvons cependant laisser sans démenti un pareil travestissement de faits honorables.

« Le commandant a fait bravement son devoir, nous pouvons tous l'affirmer. Et il est infâme de dire qu'il *s'est caché dans la salle des bagages*. La vérité est qu'il est monté sur un tender pour examiner la position des ennemis et qu'ensuite il est resté pendant tout le temps de la lutte au milieu de ses mobiles.

« S'il a articulé ces mots : « C'est déplorable! » ce n'a pu être qu'à propos de l'incurie et de l'imprévoyance du chef de gare et de ses employés qui, après avoir causé par leur négligence, la situation critique de nos mobiles, ont trouvé plus facile de crier et d'insulter que de se montrer aux rangs des combattants (on verra que cette imputation n'est point fondée) [1]. On ne peut donc, sans injustice rien reprocher au commandant, sinon, peut-être, un excès de patience à l'égard de ces messieurs du chemin de fer qui méritaient quelque leçon.,

« Comme résultat, le petit combat de Busigny eut celui de permettre l'évacuation de tout le matériel de la gare qui, sans l'arrivée des mobiles, tombait entre les mains des Prussiens. Pendant que les uns se battaient, les autres enlevaient les machines, et comme les derniers coups de fusils retentissaient, le dernier convoi partait à vide, d'après les ordres du chef de gare, qui avait refusé de le conserver pour le transport des troupes, préférant voir son matériel en lieu sûr que d'assurer

---

1. Réflexion de l'auteur.

la vie sauve et la retraite certaine à ces braves soldats qui venaient d'arriver à son secours d'une manière si providentielle.

« Les officiers du 4ᵉ bataillon de l'Aisne :

« Godart, Léon, lieutenant à la 1ʳᵉ compagnie ;
« André, Raoul, sous-lieutenant à la 1ʳᵉ compagnie ;
« Collet, Paul, lieutenant à la 2ᵉ compagnie ;
« Lesgourgues, Jean, capitaine à la 3ᵉ compagnie ;
« Lefèvre, Fernand, lieutenant à la 3ᵉ compagnie ;
« Lagrassière, Victor, sous-lieutenant à la 3ᵉ compagnie ;
« Chober, Éléonore, capitaine à la 5ᵉ compagnie ;
« Colombier, Jules, lieutenant à la 5ᵉ compagnie ;
« Noblecourt, Émile, capitaine à la 6ᵉ compagnie ;
« Clerc, Joseph, lieutenant à la 6ᵉ compagnie ;
« Menesson, Georges, sous-lieutenant à la 6ᵉ compagnie ;
« Gauthier, Henri, capitaine à la 7ᵉ compagnie ;
« Noblecourt, Paul, lieutenant à la 7ᵉ compagnie ;
« Violette, Paul, sous-lieutenant à la 7ᵉ compagnie ;
« Desanis, Henri, capitaine à la 8ᵉ compagnie ;
« Beaurani, Fernand, lieutenant à la 8ᵉ compagnie ;
« Turquin, Paul, sous-lieutenant à la 8ᵉ compagnie ».

Nous venons de dire que l'accusation portée par le document ci-dessus contre les employés de la gare de Busigny n'était point fondée ; voici en effet ce que nous lisons dans le rapport du lieutenant-colonel Dufayel, à propos du rôle joué dans cette petite affaire par un de ses bataillons, le bataillon Noël, arrivé du Cateau, au secours du bataillon du Châtelet : « A la vue du renfort qui arrivait..... l'ennemi se replia de toute la vitesse de ses chevaux sur le village de Maretz.

« Les employés de la gare de Busigny, dont la plupart se composaient d'anciens militaires, faisaient le coup de feu avec les mobiles, à l'arrivée du commandant Noël, qui l'a consigné dans son rapport. »

De toute cette querelle, résulte pour le lecteur impartial cette conviction que le chef de station avait eu tort de laisser arriver le train qui amenait les mobiles, jusque dans la gare ; que le bataillon voyageur avait eu tort, de son côté, de ne pas s'inquiéter de la présence possible de l'ennemi sur sa route ; que les mobiles et leur chef, surpris de recevoir des coups de feu en descendant des wagons avaient été un moment désorientés, et avaient un instant perdu la tête, ce qui aurait pu arriver aux meilleures troupes en de pareilles circonstances, et que les employés de la gare aussi bien que les mobiles, une fois que ceux-ci furent revenus de leur surprise, ont fait en définitive leur devoir de bons Français devant l'ennemi.

Les mobiles avaient eu affaire, dans cette escarmouche, à la 1re compagnie du 1er bataillon de chasseurs saxons, Prince Royal, n° 12, et au 4° escadron du 1er uhlans n° 17. (Ouvrage du grand état-major prussien.)

Reprenons l'armée de Faidherbe.

De Pont-Noyelles à Bapaume.

Scènes de la retraite. — Pendant sa retraite, après Pont-Noyelles, l'armée française ne fut nullement inquiétée par les Allemands. Ils savaient trop, pour l'avoir éprouvée sur les bords de l'Hallue, la vigueur des coups que pouvait porter l'armée du Nord; d'ailleurs ils savaient aussi, connaissant fort bien les règles de la guerre, qu'on ne doit jamais inquiéter un ennemi qui bat en retraite, quand il le fait, comme cela arrivait pour Faidherbe, sans avoir été entamé. Ils se contentèrent donc de ramasser les trainards que le froid et la fatigue mettaient dans l'impossibilité de suivre l'armée.

Noel a Bapaume. — Dans sa retraite vers la Scarpe, après Pont-Noyelles, une partie de l'armée passe par Bapaume, dans la nuit du 24 au 25 décembre. La population se dispose à se rendre à la messe de minuit, quand arrivent les mobilisés du Nord, bientôt suivis des mobiles.

« Le bruit insolite causé par le piaffement des chevaux et le roulement des voitures fit bientôt sortir de leurs maisons la plupart des habitants qui, tout effarés, apprirent la marche en arrière de notre armée », et dans cette froide nuit de décembre, voici le spectacle auquel assiste cette brave population.

« Rien de triste et de navrant, lisons-nous dans l'*Histoire de la bataille de Bapaume*[1], comme le spectacle offert par nos soldats. Ils étaient tous harassés, épuisés de fatigue, crispés par le froid intense et dévorés par la faim.

« Bientôt arrivèrent les charrettes amenant les blessés. Ces malheureux, pâles, hâves, engourdis par le froid, l'œil sombre

---

[1] *Histoire de la bataille de Bapaume et de l'invasion prussienne....* par l'auteur de *l'histoire de Bapaume*. — Arras. Eugène Bradier, 1872.

et presque éteint, semblaient attendre tranquillement la mort. On les transporta immédiatement à l'hôpital... » Quant aux soldats valides, c'est à qui, dans cette petite cité patriote, s'empresse de leur venir en aide. « Telle maison, dit notre historien, en reçut dix, telle autre vingt, telle autre cinquante... »

Notre armée écoulée, le Prussien se présente à son tour. Ce sont d'abord les uhlans, ces éclaireurs si prudents d'abord, au début de la campagne, et redevenus si prudents par la suite, dans les pays comme nos régions coupées de l'Ouest, où Chanzy leur opposait ses propres cavaliers, et autour desquels s'est faite une maladroite légende d'intrépidité et d'audace.

Règle générale : l'audace de l'Allemand ne brille jamais d'un plus vif éclat que là où il sait qu'il n'a rien à craindre.

Donc les uhlans arrivent à la jonction des routes d'Albert et d'Arras, c'est-à-dire à l'entrée de Bapaume, et alors « une clameur étrange, exprimant tout à la fois la tristesse et l'épouvante, retentit dans toute la ville : les Prussiens! les Prussiens ». En un clin d'œil les maisons, les magasins, les ateliers furent fermés... (*Histoire de la bataille de Bapaume*).

A BEUGNATRE. — Beugnâtre est un petit village situé aux portes de Bapaume, sur la route de Douai.

Le jour de Noël, vers midi, deux gendarmes de la brigade de Péronne étaient venus demander au maire de Beugnâtre, M. Huret, une voiture pour transporter au chef-lieu quelques mobiles passibles du conseil de guerre, et, en attendant leur voiture, ils étaient allés déjeuner au cabaret tenu par M. Corrette, sur la route de Douai, quand retentit le fameux cri : « les Prussiens! les Prussiens! »

C'étaient quelques cavaliers que le général prussien avait lancés sur la route de Douai, pour ramasser si possible des traînards de l'armée de Faidherbe.

Il faut nous reporter de nouveau ici à l'*Histoire de la bataille de Bapaume* : « Un des gendarmes prend la fuite avec les mobiles; l'autre, appelé Josselin, saisit sa carabine, sort de la maison et se place sous le ventre de son cheval.

« Un des éclaireurs ennemis l'aperçoit, fond sur lui, son revolver à la main répétant : *Capout! capout!* Notre brave gendarme ne perd pas un instant son sang-froid, suit tous les mouvements du Prussien, l'ajuste et lui envoie une balle dans le côté droit. Celui-ci s'affaisse immédiatement sur le cou de son cheval qui s'enfuit au galop. Les deux autres rejoignent au plus vite leurs camarades qui, au nombre de 18, se trouvaient à l'entrée du village, près du Calvaire. Ils se retirent tous sur Bapaume avec leur blessé.

« Chemin faisant, ils rencontrent sur la route un jeune homme d'Ecourt-Saint-Quentin, qui, avec sa sœur, se rendait en voiture dans cette ville. Arrêter le jeune homme, forcer la sœur, plus morte que vive, à descendre, la renvoyer brutalement à Beugnâtre, en lui disant : « Village brûlé ! village brûlé ! » n'est que l'affaire d'un moment. Ils détachent ensuite de son cheval leur camarade mourant (tous les éclaireurs prussiens sont liés), le mettent sur la voiture et le font conduire à Bapaume, où il expire à son arrivée. »

On devine le sort qui attendait le village de Beugnâtre, après le coup de mousqueton du brave gendarme Josselin. « Le lendemain, vers 9 heures, dit la brochure que nous citons, le 28e de ligne le livra au pillage. »

Avec les pratiques habituelles à nos ennemis, il dut s'estimer encore heureux de n'être point brûlé.

Feu de bivouac. — Nos lecteurs sont familiers avec les scènes ordinaires de l'occupation prussienne : envahissement des logements, soustraction d'objets de valeur, obligation d'éclairer les fenêtres la nuit, défense de sonner les cloches, etc... nous ne nous étendrons donc pas sur ce qui se passa en ce genre à Bapaume, mais nous signalerons le bizarre auto-da-fé suivant.

Le commandant prussien « enjoignit aussi de remettre, dans un délai très court, les armes de toute nature et de toute valeur ; fusils de chasse et de munition, épées rouillées, vieux sabres, tout fut apporté sur la place et livré aux Prussiens qui les brisèrent. Ils forcèrent plusieurs passants à ramasser tous ces débris et à les amonceler dans un horrible pêle-mêle ; ils y mirent le feu, s'y chauffèrent pendant la nuit, en chantant des airs patriotiques inspirés par la haine du nom français. »

De vieux fusils et surtout de vieilles épées rouillées et de vieux sabres ne constituant qu'un fort médiocre combustible, il est à croire que nos ennemis s'étaient procuré autre chose, quelques meubles enlevés aux maisons voisines, par exemple, pour corser ce maigre foyer.

Nos ennemis a table. — « Les officiers subalternes (l'auteur semble entendre par là les sous-officiers) et les soldats, dit encore l'intéressante brochure, se nourrissaient aux dépens des bourgeois chez lesquels ils demeuraient. Ils étaient d'assez bonne composition, à l'égard de ceux qui leur fournissaient d'une manière convenable et abondante ce qu'ils désiraient ; mais refusait-on de condescendre à leurs désirs, ou paraissait-on les satisfaire en maugréant, ils s'emportaient, brisaient tout ce qui leur tombait sous la main, maltraitant les personnes, se portant sur elles à des actes de violence et répétant sans cesse leur éternel *capout !*

« Quand ils avaient épuisé les provisions de leurs hôtes, ils se répandaient chez les marchands de comestibles et d'épiceries, où ils prenaient tout ce qu'ils trouvaient à leur goût. Les basses-cours n'échappaient pas à leur vandalisme ; elles furent toutes entièrement ravagées. On ne voyait çà et là dans les rues de la ville et des villages occupés, que têtes de poules, de coqs, d'oies, de canards, etc...

« Veut-on se faire une idée de l'appétit dévorant de nos ennemis ? Ils entassaient dans des marmites viande sur viande, volaille sur volaille. Quand le tout était presque réduit à l'état de consommé, ils le mangeaient avec une voracité répugnante. Il leur fallait aussi, presque toujours, une quantité considérable de pommes de terre. Leur manière de prendre leur nourriture ne mérite point de figurer dans la civilité honnête et chrétienne. A peine avaient-ils fini un repas qu'ils préparaient le suivant... »

La faute en est a Hoche et a Davout. — On savait déjà par un Allemand, Henri Heine, que les Prussiens comptaient, de son temps, au nombre de leurs charmantes qualités un esprit de rancune si tenace, qu'ils nous en voulaient encore du meurtre de Conradin de Hohenstauffen, méchamment mis à mort à Naples, au xiii° siècle, par Charles d'Anjou. Pendant la dernière guerre, quand on leur reprochait leur barbarie, ils rappelaient généralement quelque acte de violence de nos armées chez eux, « depuis Hoche jusqu'à Davout ».

Il est douteux toutefois que Hoche, la générosité faite homme, et Davout la sévérité, mais aussi la justice incarnée, puissent couvrir des actions du genre de celles-ci.

« Un mendiant d'Ayette, à moitié idiot, portait un képi et une vareuse de marin : « Vous, franc-tireur ? » lui dirent quelques uhlans. « Non, non, pas franc-tireur. » Malgré ses dénégations, ils veulent l'emmener avec eux. Comme l'infortuné refusait, ils lui tirent un coup de revolver dans la tempe et l'étendent raide mort...

« Travaillez-vous pour le roi de Prusse ? » demandait un jeune homme de Lesbœuf, à un maréchal qui ferrait les chevaux de plusieurs hussards. A ces mots, l'officier du détachements s'emporte, le traite d'insolent et le transperce de part en part. »

« Il y eut aussi, près de Beugny, une autre victime de la cruauté allemande. Plusieurs cavaliers escortaient jusqu'à Bapaume un tombereau chargé d'armes. Arrivés à Beugny, ils entrèrent dans un cabaret. Le conducteur, qui ne désirait pas aller plus loin, profite de cette circonstance pour faire rebrousser chemin à son cheval par la route de Morchies. Puis il rentre dans le cabaret, sort dans la cour et regagne son village à travers la plaine.

« Les Prussiens ne tardent pas à s'apercevoir de la disparition de la voiture; ils s'élancent sur leurs chevaux et atteignent bien vite une autre charrette qui s'avançait sur la route de Cambrai. Prenant le conducteur pour celui qui venait de s'esquiver, ils lui assènent sur la tête plusieurs coups de sabre et le laissent sans vie, à 150 mètres du village. » (*La bataille de Bapaume.*)

Bapaume — Le marin V. Hamel emporte son commandant blessé, quand il a lui-même la jambe cassée par une balle.

CHAPITRE XX

Bapaume (première journée). — Achiet-le-Grand et Béhagnies.

L'armée du Nord en marche. — Prise d'Achiet-le-Grand. — A Béhagnies. — Sanglant combat. — Mobilisés Robin. — Les historiques. — 22ᵉ corps. — 20ᵉ bataillon de chasseurs. — Compagnie Parent. — Attaque d'Achiet-le-Grand. — Allemands en fuite. — Capitaine Ambrosini. — Sous-lieutenant Massiet. — Compagnie Roy à

Biefvillers. — Une faute. — 23ᵉ corps. — 19ᵉ bataillon de chasseurs. — Attaque de Béhagnies. — Deux pièces en danger. — Commandant Wasmer. — Capitaines Régnier, Bourély, de Chastel. — 24ᵉ bataillon de chasseurs. — 33ᵉ de ligne. — Batterie du Pas-de-Calais. — Lieutenant Lantheaume. – 65ᵉ de ligne. — Formez le carré ! — Capitaine Tamisey. — Mobiles du Nord — Commandant Pyot. — Colonel Degoutin. — Capitaine Billon. — Capitaine Carton. — 17 officiers par terre. — Mobilisés du Nord. — 1ᵉʳ régiment. — Commandant de Foutreiu. — Commandant Dezwarte. — Lieutenant Hay. — Soldat Farinaux. — Commandant Morazzani. — Docteur Huidiez. — Souvenir d'un combattant. — Le brave marin Hamel. — Lâche cruauté des Allemands. — Le marin Masson. — Un blessé achevé et volé. — Sentant venir la mort. — Scène touchante. — Commandant Granger. — Commandant Parrayon.

Nous avons laissé l'armée du Nord cantonnée derrière la Scarpe, la gauche à Douai, la droite à Arras.

Le 31 décembre, Faidherbe dicta l'ordre suivant :

« Nous allons manœuvrer en présence de l'ennemi. Il faut marcher et se garder militairement, et il ne doit plus y avoir un seul homme débandé. Les chefs de corps y veilleront avec soin. Dans les marches en avant et dans les combats, des cavaliers seront placés derrière, pour empêcher énergiquement les traînards d'abandonner leur rang. Les chefs de corps auront soin d'évacuer sur Arras leurs malades et leurs éclopés.

« A Pont-Noyelles, nous n'avons pas complété notre victoire parce que l'ennemi s'appuyait à une place forte. Aujourd'hui c'est nous qui avons cet avantage ; aussi je compte sur vous pour charger vigoureusement l'ennemi de près, à la française, jusqu'à ce qu'il soit mis en fuite.

« La France a les yeux sur vous ; que chacun jure de vaincre ou de mourir et la victoire sera certaine. Vous serez fiers de pouvoir dire que vous étiez à l'armée du Nord, lorsqu'elle a délivré notre pays d'impitoyables envahisseurs. »

La fin en est imitée des proclamations de Napoléon 1ᵉʳ. Il est vrai qu'un général en chef ne saurait guère choisir un meilleur modèle.

Le lendemain, de Beaurains, Faidherbe disait à ses troupes :
« Tous les villages du pays doivent être dépourvus de tout ; nos troupes devront avoir sur elles 3 jours de vivres (demain compris). Les hommes seront bien avertis qu'ils seront 3 jours sans rien trouver à manger que ce qu'ils porteront sur eux. »

Le 1ᵉʳ janvier, nous voyons l'armée du Nord se mettre en mouvement et venir s'établir en avant d'Arras, de Rivière à

Tilloy. C'est là que Faidherbe a connaissance du bombardement de Péronne que viennent de commencer les Prussiens. Il prend aussitôt ses dispositions pour se porter à l'ennemi et, le lendemain 2 janvier, l'armée se met en marche par quatre routes parallèles se dirigeant vers Bapaume.

Cette première journée de bataille comprendra les deux combats d'Achiet-le-Grand livré par le 22e corps et de Béhagnies, par le 23e.

La 1re division (Derroja) du 22e corps (Lecointe), qui tient la droite, arrive sans coup férir à Bucquoy et Achiet-le-Petit. Mais la 2e division (du Bessol), avec laquelle marche le général en chef, signale l'ennemi à Ablainzevelle.

De ce village, elle se porte vivement sur Achiet-le-Grand, occupé fortement par les Prussiens. Après un vif combat, nous les en délogeons, puis nous les chassons de Bihucourt et les poursuivons jusque sous les murs de Bapaume.

A Béhagnies, où la lutte est plus vive encore, c'est la division Payen, ancienne division Moulac (1re du 23e corps), qui se mesure avec l'ennemi.

Arrivant par la grande route d'Arras à Bapaume, elle a traversé sans obstacles Boyelles, Ervillers, quand, à la sortie de ce dernier village, elle apprend que Béhagnies est occupé par les Prussiens. Situé sur une hauteur, ce village constitue une position très avantageuse pour la défense.

Sur l'avis donné par les habitants que les Allemands n'y sont qu'en petit nombre, le général fait commencer l'attaque de Béhagnies par l'avant-garde composée du 19e bataillon de chasseurs et d'une section d'artillerie.

« Elle fut repoussée, dit Faidherbe, par un feu violent de mousqueterie et d'artillerie. Toutes les troupes de la division, déjà disposées pour soutenir l'attaque, prirent alors part au combat livré à des forces plus considérables qu'on ne l'avait cru et qui dura toute l'après-midi avec une grande violence.

« Nos troupes parvinrent à pénétrer dans les premières maisons du village, mais, les tentatives pour le tourner par la gauche n'ayant pu aboutir, en présence de la cavalerie nombreuse dont l'ennemi disposait et qui ne trouva pas devant elle d'infanterie aguerrie, elles ne purent s'y maintenir, et soutenues par le feu des réserves et de l'artillerie, elles revinrent à Ervillers où elles s'établirent pour la nuit sans être inquiétées. »

Faidherbe aurait pu nous dire encore que nos troupes de droite (20e bataillon de chasseurs) étaient entrés dans Biefvillers en poursuivant les Prussiens et nous apprendre pourquoi nous commîmes la faute de ne pas garder cette position qu'il nous faudra reprendre le lendemain au prix de beaucoup de sang.

Quant à la division de mobilisés du général Robin, qui tient la gauche dans la marche de l'armée, voici les lignes que lui consacre le général Faidherbe, en cette première journée.

« Le concours de la 2ᵉ division (mobilisés) du général Robin aurait changé la face du combat, si, conformément aux ordres qu'elle avait reçus, elle s'était portée plus tôt en ligne. Elle pénétra, sans avoir trop à souffrir, dans le village de Mory, où sa présence ne fut pas sans effet utile sur la contenance de l'ennemi. »

Après ce rapide aperçu des combats du 2 janvier, voyons le rôle qu'y ont joué nos braves régiments.

20ᵉ BATAILLON DE CHASSEURS. — Nous avons laissé le bataillon du commandant Hecquet cantonné, le 1ᵉʳ janvier 1871, dans la banlieue d'Arras, à Agny, où se trouvent également le 69ᵉ de marche et l'artillerie du 22ᵉ corps.

« Le 2 janvier, lit-on dans l'historique du 20ᵉ bataillon, l'armée du nord reprend la marche offensive, malgré la neige tombée en grande quantité les jours précédents.

« Partie d'Agny à 6 heures du matin, la division du Bessol s'avance sur la route de Bucquoy, formant l'aile droite de l'armée, dont l'aile gauche suit la route de Bapaume.

« Dès Boiry, la compagnie Parent, du 20ᵉ bataillon est envoyée en avant-garde et fait le coup de feu avec les uhlans, jusqu'au village d'Ayette. A ce point, la division, quittant la route de Bucquoy pour obliquer à gauche, vient faire le café au village d'Ablainzevelle. A midi, l'ennemi est signalé au village d'Achiet-le-Grand, et la brigade Fœrster, après avoir fouillé le village d'Ablainzevelle, s'avance en bataille à sa rencontre.

« Le 20ᵉ bataillon de chasseurs est désigné pour enlever le village d'Achiet-le-Grand, où les Prussiens se sont retranchés, tandis que le 43ᵉ de ligne tournera le village par la droite.

« La batterie de 4 de la brigade commence par canonner la position ennemie pendant environ une demi-heure, puis les chasseurs s'élancent avec ardeur et débusquent les Prussiens, dont la résistance est surtout très vive derrière le remblai du chemin de fer.

« L'ennemi se retire en désordre sur Bapaume, laissant des armes et une trentaine de prisonniers entre les mains du

20ᵉ bataillon, qui a lui-même deux officiers blessés, M. le capitaine Ambrosini et M. le sous-lieutenant Massiet, tous deux de la 5ᵉ compagnie, quatre hommes tués et vingt blessés. »

Le brave capitaine Ambrosini, évadé de Metz, est aujourd'hui colonel breveté d'état-major et commande le 102ᵉ de ligne, à Mayenne.

« La poursuite se continue jusqu'au village de Biefvillers, où pénètre sans résistance la compagnie Roy.

« *Les troupes françaises commettent la faute de ne pas conserver ce village qui, reoccupé par l'ennemi, coûtera beaucoup de sang le lendemain.*

« La nuit est arrivée, les corps un peu dispersés se retrouvent difficilement dans les chemins encombrés de neige. La brigade Fœrster se rallie tout entière à Achiet-le-Grand, où elle passe la nuit sous la garde des compagnies Troly et Carrère. »

Voyons à présent ce qui s'est passé au 23ᵉ corps, à Béhagnies.

19ᵉ BATAILLON DE CHASSEURS. — Reprenons le bataillon à Mercatel où nous l'avons laissé le 1ᵉʳ janvier 1871.

« Il quitte ce cantonnement le 2 janvier, au matin, pour marcher sur Bapaume.

« Le bataillon, dit l'historique, formait l'avant-garde de la brigade Micheler, qui s'avançait sur la grande route d'Arras à Bapaume. Il était appuyé par une section d'artillerie.

« Les premiers Prussiens apparurent à Ervillers; c'étaient des uhlans que notre approche ne sembla pas d'abord effrayer beaucoup, mais qui s'enfuirent au plus vite quand on leur eut envoyé quelques balles.

COMBAT. — « En débouchant d'Ervillers, nous nous trouvâmes sur un plateau, d'où nous aperçûmes, au delà d'un ravin peu profond, le village de Béhagnies, bâti sur la déclivité d'une colline en pente douce, dont la crête se trouvait à environ 3 kilomètres de nous. Ce village était occupé par l'infanterie prussienne; on prit immédiatement ses dispositions pour l'en déloger.

« La 2ᵉ compagnie (Bourély) reçut l'ordre de tourner l'ennemi par la droite, et la 1ʳᵉ (Régnier) fut chargée de la soutenir. La 4ᵉ (de Chastel) dut exécuter à gauche un mouvement analogue. Une section de la 5ᵉ fut envoyée à l'escorte d'une section d'artillerie, qui avait pour mission, en suivant toujours la grande route, de chercher à s'établir à l'entrée du village, pour en enfiler la rue principale. Le reste du bataillon, avec le commandant, restait en réserve en arrière.

« Les deux pièces réussirent à dépasser les premières maisons, et à se mettre en batterie dans la rue, mais, les canons étaient à peine détachés de leurs avant-trains, que les Prussiens commencèrent un feu si juste et si bien nourri, qu'en un instant les chevaux furent tous renversés, et que les artilleurs durent, ainsi que les chasseurs d'escorte, chercher un abri derrière les maisons voisines.

« L'ennemi se crut maître de nos pièces et sortit des maisons pour les emmener. Ce fut alors notre tour de les cribler de balles. Nos hommes, tirant avec un sang-froid tel qu'on n'aurait pu l'attendre de soldats si jeunes et combattant de si près, jonchèrent en un instant le sol de Prussiens et les forcèrent à reculer à bonne distance.

« Cette tentative fut renouvelée plusieurs fois, toujours avec aussi peu de succès. En vain, de notre côté, tenta-t-on aussi à plusieurs reprises d'enlever leurs canons. Tout ce qui approchait était voué à une mort certaine.

« Il fallait pourtant sortir de cette situation. La prolonger eût été s'exposer à laisser prendre nos pièces par l'ennemi, en cet endroit beaucoup plus nombreux que nous. Chacun le sentit si bien, qu'après s'être concertés un moment, les chasseurs, sortant tous à la fois de leurs abris, se ruèrent en avant, s'attelèrent aux canons, et, sous une pluie de balles, réussirent à les tirer hors du village où deux avant-trains amenés au galop les enlevèrent.

« Pendant que cela se passait, les 1re et 2e compagnies, à la droite, s'étaient emparées de quelques maisons, d'où elles tiraient par les fenêtres, les portes et des créneaux faits dans la toiture. De son côté, la 4e compagnie avait déjà dépassé Béhagnies et commençait une conversion à droite pour se rabattre dans le village, quand tout à coup apparurent de longues lignes d'infanterie prussienne.

« Le capitaine de Chastel leur fit face immédiatement, et envoya demander du secours au commandant Wasmer, qui le renforça d'une section de la 3e, et lui prescrivit de déployer toute la compagnie en tirailleurs. Cet ordre exécuté, on marcha en avant, puis la 4e appuya à gauche pour laisser place à des marins qui vinrent s'établir en tirailleurs à sa droite.

« Pendant ce temps, une batterie des Prussiens était venue appuyer leur infanterie. Comme elle nous faisait beaucoup de mal, on piqua droit sur elle et elle eût été prise si elle n'eût attelé précipitamment et laissé le champ libre à 2 pelotons de hussards qui chargèrent les marins et en sabrèrent un bon nombre.

« La 4ᵉ compagnie, repliant alors sa droite en potence, commença sur eux un feu si bien ajusté qu'en un moment on leur eut démonté une quinzaine de cavaliers, et qu'ils durent battre en retraite au grand galop de leurs chevaux.

« Mais l'artillerie ennemie vengea bientôt les hussards. La batterie que nous avions délogée était allée prendre position en arrière; elle nous couvrit d'obus et de mitraille, et son tir était si précis que presque tous les coups portaient sur la ligne des tirailleurs. Nos jeunes soldats, ne pouvant tenir sous cet ouragan de projectiles, battirent en retraite en désordre et entraînèrent dans leur fuite les 3 sections de réserve qui suivaient d'assez près la ligne des tirailleurs et se trouvaient aussi éprouvées qu'elle.

« On se rallia près d'Ervillers, où l'on fut bientôt rejoint par les débris des 1ʳᵉ et 2ᵉ compagnies. Ces deux compagnies, comme il est dit plus haut, avaient déjà conquis les premières maisons à la droite de Béhagnies, mais, voyant les troupes qui avaient dépassé la gauche du village, mises en déroute, elles craignirent d'y être enveloppées et faites prisonnières. Elles abandonnèrent alors leur conquête.

« Le bataillon ne donna plus de la journée. La nuit approchait du reste, et la 2ᵉ brigade était arrivée pour nous remplacer sur le champ de bataille. Nous couchâmes à Ervillers, réduits à 400 et quelques hommes. »

Le lendemain, à la journée de Bapaume proprement dite, le bataillon ne combattra pas; il sera tenu en réserve pendant toute l'affaire.

« Le 4 janvier, dit son historique, *nous eussions pu poursuivre l'ennemi qui fuyait en désordre vers Albert*, il n'en fut rien, et nous vinmes prendre nos cantonnements non loin des murs d'Arras.

24ᵉ BATAILLON DE CHASSEURS. — Le 24ᵉ bataillon de marche de chasseurs à pied a été formé à Arras sur l'ordre du général Faidherbe, le 21 décembre 1870, avec des détachements venant des 2ᵉ, 6ᵉ et 20ᵉ bataillon, à l'effectif de 848 hommes et placé sous le commandement du chef de bataillon de Négrier, alors guéri, ou à peu près, de sa blessure de Villers-Bretonneux.

Il compte 5 compagnies (capitaines Bourion, Laurent, Grandjean, Avrial et Joxe).

Le 28 décembre, il entre en ligne comme partie intégrante de la 2ᵉ brigade (de la Grange) de la 1ʳᵉ division (Payen) du 23ᵉ corps (Paulze d'Ivoy). Le 1ᵉʳ janvier il est cantonné à Vancourt.

Parti le lendemain, à 8 heures du matin, le bataillon forme l'avant-garde de la brigade et atteint le village d'Ervillers vers 1 heure de l'après-midi. Il prend immédiatement position, pour se mêler au combat qui dure déjà depuis cinq grandes heures ; mais il n'est pas sérieusement engagé ce jour-là.

Voici du reste comment s'exprime son historique en ce qui concerne cette première journée.

« L'action avait été engagée dès 8 heures du matin, par le 22ᵉ corps (Lecointe), placé à notre droite et la 1ʳᵉ brigade du 23ᵉ corps, la 2ᵉ formant la réserve. L'objectif était le village de Béhagnies, défendu par de l'infanterie, de la cavalerie et de l'artillerie.

« La 1ʳᵉ brigade, ayant imprudemment engagé ses têtes de colonne dans le village, avait vu deux compagnies de marins sabrées et refoulées en désordre dans le bas de la pente que domine le village. Le bataillon se place alors à la droite du village d'Ervillers, pour défendre cette position en cas d'attaque et soutenir une batterie de 4 de campagne (batterie Halphen) établie sur la droite pour contrebattre une batterie prussienne en position devant le village de Favreuil.

« Le bataillon avait son front couvert par une escouade de la 2ᵉ (capitaine Laurent) déployée en tirailleurs......) Il avait perdu par le feu du canon, 7 hommes tués, dont 1 sergent et 1 caporal, plus 4 blessés. » Le bataillon cantonné à Ervillers, a en grand'garde la compagnie Joxe (5ᵉ) qui est allée occuper Béhagnies évacué par les Prussiens.

33ᵉ DE LIGNE — 1ᵉʳ bataillon de marche. — Nous avons laissé le 1ᵉʳ bataillon de marche du 33ᵉ de ligne, reformé et prêt à reprendre la lutte, au soir de Pont-Noyelles. Mais le général Faidherbe, frappé lui-même évidemment dans son moral par les succès antérieurs des Prussiens, a cru devoir battre en retraite, et le bataillon est venu, le 24 au soir, cantonner à Bresles.

Le lendemain 25, il a reçu pour commandant le chef de bataillon d'Augustin.

Le 28, il est à Plouvain, où l'on voit arriver le capitaine Audibert, qui a pu s'échapper des mains des Prussiens, à la faveur de la nuit de Noël.

Le 31 décembre, le bataillon quitte le 22ᵉ corps et va former avec 2 bataillons du 65ᵉ de ligne, le régiment de marche de la 2ᵉ brigade de la 1ʳᵉ division du 23ᵉ corps. Cette brigade, commandée par le général auxiliaire (capitaine de vaisseau) de la Grange, est composée ainsi :

1 bataillon de chasseurs ;
1 bataillon de marche du 33ᵉ de ligne ;
2 bataillons du 65ᵉ de ligne ;
5ᵉ régiment de mobiles ;
4ᵉ, 5ᵉ et 6ᵉ bataillons du 47ᵉ mobiles (colonel Lebel) ;
Batterie Dupuich, des mobilisés d'Arras.

Le 1ᵉʳ janvier 1871 trouve le bataillon cantonné à Tilloy-lès-Mofflaines à 10 kilomètres d'Arras.

Voici un aperçu de sa composition à cette époque :

Chef de bataillon, d'Augustin ;
1ʳᵉ compagnie, capitaine Basset ;
2ᵉ compagnie, lieutenant Herbillon ;
3ᵉ compagnie, lieutenant Pouzet ;
4ᵉ compagnie, capitaine Dumas ;
5ᵉ compagnie, capitaine Audibert.

Le 2 janvier, toute la division se porte en avant, par la route d'Ervillers.

« En arrivant dans ce village, dit l'historique du bataillon, notre avant-garde en chasse un parti de cavaliers prussiens et pousse sans s'arrêter, sur Béhagnies et Sapignies, que l'on dit faiblement occupés.

« Notre 1ʳᵉ brigade s'y engage résolument et y rencontre une vigoureuse résistance ; le 92ᵉ mobiles et le 1ᵉʳ bataillon de chasseurs éprouvent des pertes énormes. Béhagnies est en partie enlevé ; mais tous nos efforts sont infructueux contre Sapignies.

« La 2ᵉ brigade s'élance au secours de la 1ʳᵉ, sans parvenir à changer la face du combat.

« Par suite, la retraite est ordonnée et les deux villages, inondés de sang, restent aux mains de l'ennemi. »……

Le bataillon prend son cantonnement, très tard dans la nuit à Gomiécourt, sur la droite d'Ervillers.

BATTERIE DU PAS-DE-CALAIS. — Le 2 janvier, la batterie montée de la mobile du Pas-de-Calais marche sur Bapaume avec le 23ᵉ corps (Paulze d'Ivoy), quand, à hauteur du village de Béhagnies, elle est saluée d'un premier coup de canon. Il est environ 9 heures du matin.

« Elle s'établit face au village de Gomiécourt sur la droite de la route, où l'on apercevait des masses ennemies. Quelques coups de canon envoyés par elle reçurent, en réponse, quelques obus prussiens; mais, au bout d'un instant, les pièces ennemies cessèrent leur feu.

« Un ordre arrive alors de traverser la route et de prendre position en face du village de Béhagnies sur lequel se concentre l'attaque. L'emplacement où nous avons à nous établir est assez défavorable, mais le choix du terrain n'est pas possible, et il faut se mettre en batterie au pied de la colline au sommet de laquelle se trouve le village fortement occupé, diriger de là un feu des plus nourris contre une batterie qui s'y abrite, et soutenir l'effort des fusiliers-marins qui tentent de s'en emparer d'assaut.

« Pendant trois quarts d'heure environ, c'est une canonnade très vive, dans laquelle les mobiles doivent faire éprouver des pertes sensibles à l'ennemi. Il est aisé de voir, à la distance où l'on se trouve de lui (1200 m.), la précision avec laquelle nos marins pointent leurs pièces.

« L'attaque dirigée à l'extrême gauche du village échoue complètement et toute l'aile gauche de l'armée française se replie devant des forces de beaucoup supérieures. La batterie quitte alors la position qu'elle a occupée pendant près d'une heure et où, pour la première fois, elle a eu à lutter sérieusement contre l'artillerie ennemie.

« La majeure partie des troupes passa la nuit à Ervillers; nous fûmes cantonnés à Boyelles. C'est en se rendant à cette dernière localité que nous arriva un précieux renfort d'hommes et de chevaux : 3 sous-officiers d'artillerie, 10 servants et conducteurs, avec 12 chevaux. Le détachement était conduit par M. Lantheaume, lieutenant du train, qui allait nous prêter un précieux concours. » (Notes de campagne inédites du capitaine Belvallette). Disons que le 29 décembre, à Douai, le lieutenant Delattre, souffrant, avait dû quitter la batterie et entrer à l'hôpital.

65ᵉ DE LIGNE — 2ᵉ bataillon. — Le 2ᵉ bataillon de marche du 65ᵉ a été formé à Valenciennes en vertu du décret du 15 décembre 1870. Il est composé de jeunes soldats de la classe de 1870, et de quelques débris échappés de Metz et de Sedan. Il a à sa tête le capitaine Schwœbel et comprend 5 compagnies de 140 à 150 hommes dont les cadres en officiers sont les suivants : 1ʳᵉ compagnie : MM. Schwœbel, capitaine; Garnier et Clément, sous-lieutenants. 2ᵉ : Lieutard, lieutenant,

Osépy et Dupiré, sous-lieutenants. 3ᵉ Tongas, lieutenant; Verdier et Paulet, sous-lieutenants. 4ᵉ Marion, lieutenant; Rolland et Deval, sous-lieutenants. 5ᵉ : Bompard, lieutenant; Gruzon et Gazevieille, sous-lieutenants.

A Arras, le 29 décembre, le capitaine Tamisey, du 99ᵉ de ligne, remplace le capitaine Schwœbel, dans le commandement du bataillon, et le 30, le bataillon est incorporé à l'armée du Nord (23ᵉ corps) (Paulze d'Ivoy); 1ʳᵉ division (contre-amiral Payen); 2ᵉ brigade (capitaine de frégate de la Grange).

L'artillerie de la division Payen comprend les 3 batteries Dieudonné, Dupuich et Halphen.

Dans la 2ᵉ brigade, entrent encore le 24ᵉ bataillon de chasseurs (de Négrier); le bataillon d'Augustin, du 33ᵉ de ligne; le 47ᵉ régiment des mobiles (colonel Lebel) et le 5ᵉ bataillon de mobilisés.

Le 2 janvier, le bataillon part de son cantonnement de Guemapes, à 7 heures du matin, avec 4 jours de vivres.

« L'ennemi est signalé en forces à Béhagnies.

« La 1ʳᵉ brigade est envoyée à l'attaque de ce village et la 2ᵉ est laissée en réserve à Ervillers. Le 65ᵉ occupe la partie est du village, en face de Mory; 2 compagnies sont, dans ce but, déployées en tirailleurs dans les jardins et les premières maisons, tandis que les 3 autres restent massées dans le village.

« Vers midi, la 2ᵉ brigade entre en ligne et va occuper une hauteur à droite de la route, le dos tourné à Gomiécourt à droite de Béhagnies; le 91ᵉ à gauche du 33ᵉ.

« Vers une heure, la batterie Halphen, placée à gauche de la grande route, se trouvant en danger, par suite de la retraite de nos troupes devant une nombreuse cavalerie, le 65ᵉ est envoyé à son secours. Il va former le carré à 300ᵐ de la batterie, pour s'opposer à la cavalerie qui n'ose s'aventurer.

« M. le capitaine Tamisey peut alors déployer une compagnie à 400ᵐ en avant, les autres en bataille à 250ᵐ environ, à droite et à gauche de la batterie.

« Vers 3 heures, la retraite se prononçant de plus en plus, le bataillon est obligé de reculer. La 1ʳᵉ compagnie, laissée en tirailleurs, engage avec l'ennemi qui occupait Béhagnies, une vive fusillade et, ne cédant le terrain que pied à pied, permet au reste du bataillon de se retirer en ordre sur Ervillers, où il prend position, à peu près à la même place qu'il occupait le matin. Le 47ᵉ mobiles était à la droite, sa gauche appuyée à la grande route.

« L'approche de la nuit, la prise de Mory par la division de mobilisés et de Bihucourt par la 2ᵉ division du 22ᵉ corps, empêchent les Prussiens d'attaquer Ervillers, où toute la division reste cantonnée pour la nuit, couverte par des grand'gardes et des barricades. »

L'historique ne donne le chiffre des pertes du bataillon qu'en bloc, c'est-à-dire pour les deux journées des 2 et 3 janvier.

Mobiles du Nord. — 48ᵉ régiment. — Le régiment du lieutenant-colonel Degoutin a quitté Neuville-Vitasse, le 2 janvier à 7 heures du matin. Il traverse Hénin-sur-Cojeul, Boiry-Becquerel, atteint la grande route à Boyelles où toute la division se trouve réunie, et l'on continue la marche vers Bapaume.

« La division marchait, dit le colonel Degoutin, précédée à 1.500^m d'une avant-garde et flanquée à droite et à gauche par des éclaireurs. Les instructions portaient qu'il fallait pousser aussi loin que possible sur la route de Bapaume, tout en prenant ses précautions pour faire face à l'ennemi si on le rencontrait.

« En sortant, vers 11 heures 1/2, du village d'Ervillers, on apprit par des paysans que l'ennemi occupait les villages voisins. La 1ʳᵉ brigade prit immédiatement ses positions.

« Le 19 bataillon de chasseurs, dont les éclaireurs venaient d'être reçus à coups de fusil, déploya ses compagnies de chaque côté de la route. Les 3 bataillons de fusiliers-marins furent déployés à droite et à gauche de la route. Le régiment reçut l'ordre de prendre ses positions de combat et de suivre le mouvement des marins. La 2ᵉ brigade approchant d'Ervillers et servant de soutien, il était permis d'engager toutes les troupes de la 1ʳᵉ brigade.

« En conséquence des ordres reçus, le 7ᵉ bataillon (commandant Pyot) se porta à l'ouest, le 8ᵉ (capitaine Billon) et le 9ᵉ (commandant Vernhette) à l'est. Les compagnies se formèrent en colonne par peloton et marchèrent vers Béhagnies, dans l'intention de le tourner et de l'envelopper.

« La compagnie franche du 9ᵉ bataillon (capitaine Bouxin) fut envoyée, avec quelques cavaliers, vers Mory, pour reconnaître ce village et protéger le flanc gauche. Le combat était sérieusement engagé sur la droite et dans l'intérieur du village, où 2 bataillons de fusiliers-marins, dirigés par le colonel Michelet, venaient d'entrer.

« Le commandant Pyot lança immédiatement son bataillon en avant et pénétra, à sa tête, dans l'intérieur de Béhagnies.

« Ces troupes furent accueillies par un feu très meurtrier. Elles n'en continuèrent pas moins à avancer et, après une lutte des plus chaudes, où l'ennemi fut refoulé au delà de l'église, elles avaient presque réussi à déborder le village par le côté ouest.

« Les batteries Dupuich et Dieudonné, en position de ce côté, avaient engagé un vif combat avec l'artillerie ennemie. A l'est du village, les 8ᵉ et 9ᵉ bataillons souffraient beaucoup du feu très nourri qu'entretenaient les tirailleurs ennemis embusqués dans les maisons et derrière les abords du village.

« Les chasseurs et les marins avaient appuyé à gauche; ces deux bataillons s'étaient déployés entre eux et le village. Les batteries prussiennes, en position en avant de Favreuil, faisaient beaucoup de mal à ces bataillons, qui ne pouvaient que difficilement s'abriter et se défiler de leurs coups. La batterie Halphen vint s'établir sur ce point et dirigea son tir sur les batteries ainsi que sur les renforts qui arrivaient dans Sapignies.

« L'attaque, ainsi appuyée, prit bientôt un caractère plus décisif. Un vigoureux effort fut tenté de concert avec les marins et les chasseurs qui formaient les bataillons extrêmes. Le lieutenant-colonel Degoutin, se portant à cheval en avant de ses bataillons, les entraîna jusque dans le village qu'ils débordèrent presque entièrement.

« L'arrivée des renforts considérables sur ce point annula malheureusement les effets de ce vigoureux effort. Les troupes, malgré leur élan, ne purent vaincre l'opiniâtreté de la résistance. Elles s'étaient admirablement comportées dans cette attaque; elles avaient montré beaucoup de résolution et de fermeté.

« Le lieutenant-colonel Degoutin, qui les avait enlevées et qui les animait par sa parole et par son exemple, eut son cheval blessé sous lui.

« Le capitaine Billon, qui commandait le 8ᵉ bataillon, fut blessé grièvement; le capitaine Aubert fut tué. Les capitaines de la Grange et Duchâtel, du 9ᵉ bataillon, qui avaient énergiquement conduit leurs compagnies, furent grièvement blessés. Ces deux compagnies firent des pertes très sensibles. L'une eut ses 3 officiers hors de combat, l'autre en eut deux. Tous les officiers avaient rivalisé d'ardeur et d'entrain, et s'étaient résolument portés en tête de leurs hommes pour les enlever.

« Le combat durait depuis deux heures et les pertes étaient déjà très sensibles. A l'est, les batteries ennemies s'étaient avancées et tiraient à mitraille; les troupes commençaient à faiblir. A l'ouest, le 7ᵉ bataillon, après avoir forcé l'ennemi dans ses barricades et lui avoir enlevé du terrain, en refoulant les défenseurs à la baïonnette, soutenait très difficilement la lutte.

« Le commandant Pyot qui, dans cette journée fit des prodiges de valeur, venait d'être mortellement blessé. Le capitaine Carton, qui prit ensuite le commandement du bataillon, fut également très grièvement blessé.

« La retraite commença, soutenue à l'ouest par les batteries Dieudonné et Dupuich, et à l'est par la batterie Halphen. Les troupes se replièrent en ordre, sans que l'ennemi, qui avait lancé sa cavalerie en avant, osât les poursuivre au delà de Béhagnies. Elles allèrent se reformer à l'est d'Ervillers, sous la protection de la 2ᵉ brigade qui, restée jusqu'alors en réserve, passa en première ligne, et se porta en avant du village, pour résister à une attaque, si l'ennemi l'avait tentée.

« La nuit, et les succès obtenus par le 22ᵉ corps, mirent fin à la lutte.

« Les 3 bataillons prirent, le soir même, leurs cantonnements à Boyelles.

« Les pertes du régiment, dans cette journée, furent très sérieuses ; 17 officiers furent mis hors de combat, dont 3 furent tués : le commandant Pyot, le capitaine Aubert et le lieutenant Decagny.

« Les pertes se résument ainsi :

Officiers :		Troupe :	
Tués	3	Tués	16
Blessés	14	Blessés	144
Disparus	4	Disparus	207
Total	21	Total	367

« Parmi les disparus se trouvaient un grand nombre de blessés, sur le sort desquels on n'était pas fixé. »

Le 7 janvier, le régiment sera mis à l'ordre de l'armée, pour sa belle conduite à la bataille de Bapaume, où il a « montré la solidité d'une vieille troupe. »

Mobilisés du Nord. — Dès les six heures du matin, le régiment de Lille quitte, le 2 janvier, son cantonnement du faubourg Ronville et marche sur Bapaume.

A Beaurain, le général Robin, dirige les 2ᵉ et 3ᵉ bataillons du régiment sur Mory, pendant que le 1ᵉʳ marche sur Ecoust, par Hénin et Croisilles — où, dit M. Albert Devienne « les habitants offrent des vivres et des rafraîchissements à profusion. » — Un bon point en passant aux patriotes de Croiselles.

A peine au sortir de ce village de braves gens, le 1er bataillon lillois, entendant le canon encore lointain, est déployé en tirailleurs. Laissons-le un instant pour suivre les 2e et 3e bataillons.

Au sortir de Beaurain, ils ont piqué tout droit, à travers la campagne, sur le village de Mory qu'ils doivent enlever, ils ont, à quelques kilomètres en avant d'eux, pour leur frayer la route, le bataillon des voltigeurs (mobilisés) de Foutrein.

Ce bataillon, arrivé sur le plateau de Favreuil, dit M. Albert Devienne « est attaqué, à l'improviste, par tout un régiment prussien. L'affaire fut chaude et la conduite des voltigeurs admirable.

« Le commandant Foutrein, à la tête de ses hommes, fit une héroïque résistance aux forces supérieures qu'il avait devant lui, puis se replia en bon ordre sur Ecoust-Saint-Mein, laissant sur le terrain 53 hommes tués et ramenant un grand nombre de blessés dans le village où le général Robin achevait de déjeuner en compagnie de quelques officiers supérieurs. »

Cependant, les 2e et 3e bataillons lillois sont arrivés à une demi-heure de marche de Mory. C'est le 2e bataillon Dezwarte qui marchera sur le village, pendant que le 3e restera en soutien.

Cette fois, le général Robin prend le commandement de la colonne d'attaque.

Marchant en tête du 2e bataillon, il s'avance jusqu'à environ 200 mètres de Mory, dont il compte s'emparer sans résistance; en vain, le commandant Dezwarte veut envoyer sa première compagnie en reconnaissance, le général prétend que cela est inutile, les voltigeurs de Foutrein ayant, assure-t-il, passé à Mory le matin.

« C'était là une grande erreur, puisque, comme on l'a vu plus haut, les voltigeurs s'étaient dirigés sur Ecoust-Saint-Mein. Cette erreur faillit coûter cher au 2e bataillon.

« A cent mètres environ du village, une vive fusillade l'accueille, sans qu'il soit possible de distinguer où se cachent les assaillants. De là un moment d'hésitation très compréhensible; les hommes se couchent ou se mettent à genoux pour éviter la grêle des balles qui sifflent au-dessus de leur tête; le général Robin descend de cheval et donne ordre aux chefs de se relever et de mettre leurs hommes en bataille.

« Un officier, M. Henry Hau est vite debout en tête de sa

compagnie; il brandit son revolver et crie : En avant! Le commandant Dezwarte, intrépide jusqu'à la témérité, reste à cheval malgré les supplications de ses officiers, servant de but aux Prussiens embusqués qui tirent sur lui des feux de peloton; c'est alors qu'un tout jeune homme, M. Jules Farinaux, interprète du général Robin, est frappé à ses côtés d'une balle en pleine poitrine.

« La courageuse attitude du commandant Dezwarte en inspire à tous, officiers et soldats, qui, se relevant à sa voix, enlèvent impétueusement le village à la baïonnette.

« L'ennemi, pris à l'improviste par cette *furia*, se retire précipitamment, poursuivi par une vive fusillade, dans la direction de Béhagnies.

« Le 3ᵉ bataillon (Morazzani) entre une demi-heure après dans Mory. »

Si l'on en croit M. Albert Devienne, et nous devons dire que d'autres témoignages nous ont confirmé le fait, le commandant Morazzani aurait demandé en vain, à plusieurs reprises, au général Robin, la permission de tourner par la gauche les Prussiens attaqués de front par le 2ᵉ bataillon, et de les placer ainsi entre deux feux, avec toute chance, il faut le dire, de les faire prisonniers.

Tout cela n'a rien, du reste, que de très vraisemblable, la plupart de nos généraux, même de ceux qui n'étaient pas des généraux de circonstance comme l'était le général Robin, étant incapables de se hausser jusqu'à essayer de manœuvrer sur le champ de bataille.

De notre côté, la méfiance de soi-même, l'inertie, le défaut de hardiesse étaient partout.

Il nous faut signaler ici, toujours d'après M. A. Devienne, la belle conduite du docteur Huidiez, médecin-major du régiment, « qui fit preuve cette nuit-là d'un grand dévouement » en soignant les nombreux blessés, voltigeurs de Foutrein et mobilisés, qu'on avait transportés dans les villages d'Ecoust et de Mory.

Les 2ᵉ et 3ᵉ bataillons passent la nuit sur le champ de bataille; le 1ᵉʳ la passe à Ecoust-Saint-Mein.

Les états d'ambulance attribuent aux voltigeurs du Nord les blessés suivants : Culy, Jean; Rémolu, Adolphe voltigeurs, et Rouget, Auguste, sergent.

Souvenirs d'un marin. — Voici quelques souvenirs inédits d'un brave marin, Victor Hamel, ancien mousse natif de Cherbourg et fixé depuis la guerre à Bapaume. Hamel faisait partie du 1ᵉʳ bataillon des équipages de la marine, 2ᵉ compagnie, capitaine Pujol.

Le 2 janvier, sur la gauche de Béhagnies, les marins se sont lancés en avant pour prendre une batterie prussienne. Ils sont arrivés en face de la maison du nommé Bobeuf, maréchal-ferrant, entre Béhagnies et Sapignies. Vers 2 ou 3 heures, le commandant Granger reçoit une balle qui lui fracasse la cheville. Il tombe et Victor Hamel le relève et l'emporte dans ses bras. Mais alors ce brave soldat reçoit lui-même une balle qui lui casse le tibia près du genou.

Il croit d'abord que le coup qu'il a reçu provient d'un simple choc des pieds ballants du commandant contre sa propre jambe. « Mais immédiatement, dit-il, les débris d'os qui restaient à la partie supérieure de ma jambe, sont entrés dans la partie inférieure et je suis tombé moi-même avec mon fardeau.

« Alors deux camarades ont ramassé le commandant et l'ont placé à côté d'un arbre, près d'un petit bosquet. Là, les Prussiens l'ont dévalisé, tout ce qu'il a pu sauver, c'est sa montre qu'il avait eu le temps de fourrer dans la botte de sa jambe valide, lorsqu'il les avait vus s'approcher.

« Du reste *les Allemands dépouillaient tous les blessés et les tuaient à l'occasion, s'ils avaient encore la force de défendre leur bien.* Voici un fait que j'ai vu de mes yeux, car il s'est passé à dix mètres de moi.

« J'avais un camarade nommé Masson; c'était le fils d'un sergent de ville de Lorient. Blessé à la jambe, comme le commandant et moi, il se met en défense quand il voit venir les voleurs de blessés et envoie force coups de poing à celui qui l'a pris à partie pour le détrousser. L'Allemand jurait des « sacrament! » quand un blessé prussien, qui gisait comme nous sur la neige, dit à son congénère d'outre-Rhin:

« Envoie-lui un coup de fusil et il se tiendra tranquille. » Il avait à peine cessé de parler que le lâche voleur tirait à Masson une balle en pleine poitrine. Il put alors lui prendre son pauvre porte-monnaie.

« Masson, cependant, n'était pas encore mort. Il fut ramassé en même temps que moi par une ambulance prussienne et couché sur un peu de paille à quelque distance de moi.

« Sentant la mort approcher, il geignait et, dans sa plainte, ne faisait que répéter en s'adressant à moi : « Je veux aller « près de toi, je veux mourir à côté de toi, ne me laisse pas si « loin. » Emu, comme vous pensez, je suppliai un médecin allemand de faire droit à cette demande d'un mourant. Le médecin me refusa d'abord, en me disant :

« Je ne puis pas, tous ceux que nous avons mis de ce côté-
« là ne seront plus en vie demain ».

« Enfin, j'insistai tellement qu'il acquiesça et c'est ainsi que nous pûmes passer environ une heure ensemble, lui se plaignant toujours, mais, de plus en plus faiblement, car il s'en allait, et moi, le soutenant et le réconfortant par de bonnes paroles.

« Au bout de ce temps, on m'emporta ailleurs, mais mon pauvre camarade n'était plus à même de s'en apercevoir. Il ne mourut cependant qu'après avoir été transporté à Bapaume, dans la maison de M. Tonnelier.

« Quant au commandant Granger, il mourra juste un mois plus tard, à Bapaume, chez M. Leguébise.

« Ce jour-là, 2 janvier, nous avons encore perdu un autre brave officier supérieur le commandant Parrayon, du 2ᵉ bataillon, et dans les circonstances suivantes :

« On marchait contre Béhagnies et tandis que nous, le permier bataillon, nous tournions le village par la gauche, le 2ᵉ bataillon se dirigeait en plein sur les maisons.

« Sur la foi d'un homme du pays qui assure que le village est à peu près vide d'ennemis, le bataillon s'avance ; mais arrivé près des maisons, une fusillade nourrie qui vient des bâtiments de la ferme Waterlot nous fait un mal énorme; les marins reculent, naturellement, mais l'intrépide commandant les ramène en avant, c'est alors qu'un éclat d'obus l'atteint en plein front. Il mourra vers les deux heures du matin. »

Ce récit, tout criant de vérité, a été recueilli par nous, de la bouche même de M. V. Hamel, à Bapaume, le 12 mai 1895, jour de l'inauguration du monument commémoratif de la bataille.

A Brienne, en 1814. — Le premier boulet lancé par ordre de Napoléon sur la ville pénètre dans la salle où Blücher est à table avec ses officiers

CHAPITRE XXI

Bapaume (2ᵉ journée).

La nuit du 2 au 3 janvier. — Les Prussiens reculent. — La journée du 3. — Les Français attaquent. — Biefvillers et Grévillers enlevés. — Morts et blessés prussiens. — Avesnes enlevé. — Sous les murs de Bapaume. — Thilloy et Favreuil enlevés. — Dans Bapaume. — Fuite en désordre des Allemands. — Grande malhère! Capout! — Scrupules malheureux de Faidherbe. —

Humanité mal comprise. — Les vainqueurs en retraite. — Un souvenir de Beaune-La-Rolande. — Crouzat et Segard. — Capitaine Spinabelli. — A Brienne en 1814. — Napoléon et Blücher. — Les historiques. — 22e corps. — 2e bataillon de chasseurs. — 67e de marche. — Commandant Endurand. — Capitaine Roux. — Lieutenant Bouchez. — Sous-lieutenants Escoffier et Stefani. — Mobiles du Pas-de-Calais. — 17e bataillon de chasseurs. — 68e de marche. — Capitaine Levavasseur. — Sous-lieutenant Cugniez. — Lieutenants Mangui et Badenhuyer. — Mobiles du Nord. — Bataillons Paris et Pollet. — 20e bataillon de chasseurs. — 69e de marche. — 18e bataillon de chasseurs. — Lieutenant Nicolas. — 72e de marche. — Capitaine Martin. — 3e batterie du 12e.

Dans la nuit qui suivit les combats du 2 janvier, les Prussiens évacuèrent les villages de Béhagnies et de Sapignies, et s'établirent pour défendre Bapaume, sur une ligne en demi-cercle, formée par les villages de Grévillers, Biefvillers, Favreuil et Beugnâtre.

Le 3 au matin, l'attaque commence par le village de Biefvillers sur lequel se porte la division du Bessol, qui combat sous les yeux du général Faidherbe, pendant qu'à sa droite la division Derroja s'élance sur Grévillers.

Au 23e corps, la division Payen, après avoir traversé Béhagnies et Sapignies évacués par l'ennemi, prend Favreuil pour objectif et canonne vigoureusement ce village.

« Quant à la 2e division (général Robin), dit Faidherbe, elle ne prit qu'une faible part au combat, ne procurant d'autre avantage que de couvrir notre extrême gauche par sa présence ».

C'est précisément à Biefvillers, ce village dans lequel le bataillon de chasseurs du commandant Hecquet a pénétré la veille et qu'il était possible de conserver la nuit, si notre commandement eut été plus confiant, plus sûr de lui, que le combat est le plus acharné.

Ce village ...«ne fut enlevé qu'après plusieurs retours offensifs et après avoir été tourné vers la gauche par les troupes du général du Bessol, pendant que le général Derroja appuyait l'attaque sur la droite, en enlevant vivement Grévillers» (Faidherbe). La défense des prussiens a été si obstinée et notre attaque si puissante, que nous trouvons le village lui-même et la route qui de là conduit à Avesnes-lez-Bapaume, «couverts de morts et de blessés prussiens; *les maisons d'Avesnes en étaient remplies* et un assez grand nombre de prisonniers restèrent entre nos mains» (Faidherbe).

Après une lutte des plus vives entre l'artillerie des Allemands, «accumulée près de Bapaume, sur la route d'Albert» et la nôtre, nous avons le dessus ; les batteries Collignon, Bocquillon et Giron réduisent au silence les canons ennemis et, d'un magnifique élan, nos troupes s'élancent vers la ville.

La division Derroja a enlevé Avesnes-lez-Bapaume ; la division du Bessol pénètre dans le faubourg d'Arras et ne s'arrête que devant les vieilles murailles de la ville d'où part, ainsi que des maisons crénelées de Bapaume une fusillade intense.

A ce moment, Faidherbe le reconnaît lui-même en termes exprès, « il eut fallu pour le déloger (l'ennemi), détruire avec de l'artillerie les abris où il s'était établi, *extrémité bien dure quand il s'agit d'une ville française* à laquelle le général en chef ne peut se résigner, *ne tenant pas essentiellement à la possession de Bapaume...* ».

Sur notre droite, le général Lecointe a fait enlever le village du Thilloy par la brigade Pittié, pour parer à une menace des Prussiens de nous tourner de ce côté ; nos braves troupes s'y maintiennent.

Sur la gauche, à Favreuil, le général Paulze d'Ivoy n'obtient pas moins de succès.

Toutes les positions de l'ennemi sont enlevées. « On était donc victorieux sur toute la ligne à la nuit tombante » (Faidherbe).

Oui, on l'était et plus même qu'on ne le supposait, car dans Bapaume, c'était une retraite en désordre de l'ennemi qui s'opérait par les rues trop étroites au gré des fuyards, c'était un tohu-bohu, un véritable écrasement, au milieu des cris de Capout ! Grande malhère ! poussés par les Allemands.

Quelques coups de canon, ceux dont parle Faidherbe, dans les maisons de la lisière de Bapaume et nous remportions une éclatante victoire pouvant avoir d'incalculables conséquences. En tout cas le siège de Péronne était immédiatement levé et un effet moral énorme produit sur le pays.

C'est peut-être là que cette circonspection, cette défiance de soi-même, ce défaut d'énergique persévérance, ce grandissement inouï dont l'imagination frappée de nos chefs dotait les Prussiens, ont eu pour nous les plus fatales conséquences.

Tant de courage déployé par cette armée improvisée et soumise à toutes les privations ; tant de sang répandu allaient aboutir à quoi, à un échec devant quelques vieilles murailles en ruines et quelques maisons crénelées, et, comme toujours hélas ! à la décourageante, à la démoralisante retraite.

« Le combat, dit Faidherbe, ne se prolongea plus que faiblement sur l'extrême droite où l'ennemi s'efforçait de se maintenir dans le village de Ligny. On passa la nuit dans les villages conquis sur l'ennemi; le général Faidherbe aurait pu y établir les troupes pour quelques jours, mais ces villages étaient encombrés de morts et de blessés.

« Des retours offensifs étaient possibles à si petite distance d'Amiens où l'ennemi avait encore des forces. (Toujours cette hantise, cette obsession de la supériorité quand même du Prussien!) On apprenait d'ailleurs que l'attaque de Péronne avait été suspendue, que l'artillerie assiégeante avait été retirée de devant la place, et que le 31 décembre et le 1er janvier pas un coup de canon n'avait été tiré sur la ville..... Alors, prenant en considération la fatigue des troupes et le froid extrêmement rigoureux qu'elles avaient à supporter, le général en chef résolut de reprendre ses cantonnements à quelques kilomètres en arrière, en remettant à quelques jours la marche sur Péronne si elle redevenait nécessaire. En conséquence, le 4 au matin, nous nous mîmes en marche pour ces cantonnements. » (Faidherbe).

Quand on entend Faidherbe parler de la dure extrémité de canonner une ville française ne croit-on pas ouïr le général Crouzat (Armée de la Loire) refusant de jeter quelques bombes pour le même motif, dans Beaune-la-Rollande, comme le lui conseillait le capitaine Spinabelli, d'accord en cela avec le général Segard; bombes qui eussent fait évacuer la ville par l'ennemi et nous eussent donné très probablement la victoire.

Nous le répétons, cette timidité, ces sentiments d'humanité mal comprise et hors de saison, c'était là un terrible point faible pour nous. Si nos généraux s'étaient dit qu'entre deux maux il faut choisir le moindre, que qui veut la fin veut les moyens, et que l'intérêt qu'il y a à battre l'ennemi doit passer avant toute autre considération, que de choses eussent été probablement changées!

Ils n'auraient eu, c'était bien simple, qu'à invoquer la tradition napoléonienne; elle leur eut montré le grand Empereur n'hésitant pas à bombarder Brienne pour en chasser Blücher, Brienne qui pourtant était plein de souvenirs d'enfance si chers au cœur de Napoléon.

C'est le soir du 29 janvier 1814. Le vieux reître prussien est resté maître de Brienne. « Déjà même, nous dit le comte de Ségur, croyant le combat fini, lui et les siens, attablés, buvaient au succès de leur résistance, quand soudain leur joie se change en frayeur par la plus vive des alertes. Ce fut notre premier boulet qui la donna; il vint briser en mille éclats, sur les têtes et sur la table même de Blücher et de son état-major, le lustre sous lequel ces étrangers dînaient joyeusement! »

Mais la tradition napoléonienne, c'étaient les Prussiens qui la gardaient et en appliquaient les règles en 1870 ; on peut dire que c'est à cette tradition qu'ils ont dû en grande partie leurs victoires, comme c'est à son oubli que nous avons été redevables de nos défaites.

Passons à présent aux faits et gestes des braves troupes qui venaient de montrer sous Bapaume tant de dévouement, d'entrain et de vaillance.

22e corps — Division Derroja.

2e BATAILLON DE CHASSEURS. — « Le 1er janvier, le bataillon part (d'Arras) pour Bapaume.

« Le 2, il rencontre plusieurs fois la cavalerie ennemie. Le 3, il se battit à Bapaume, où il fut chargé d'enlever à la baïonnette le village de Biefvillers, ce qu'il fit au pas gymastique, avec un entrain remarquable.

« Une compagnie, par ses feux à commandement, fit cesser le feu d'une batterie prussienne ; 3 compagnies, entraînées par leur ardeur, poursuivirent l'ennemi jusqu'à l'entrée de l'avenue de Bapaume, où le capitaine Duccotoy fut tué....

« Le 33e régiment prussien fit des pertes sérieuses ; de notre côté, nous eûmes à déplorer la perte de 116 tués ou blessés et d'un officier tué.

« Dans la soirée, le bataillon se porta sur l'avenue de Bapaume, avec mission d'enlever la ville. Une compagnie d'avant-garde, arrivée à environ 60 mètres du village, fut accueillie par un feu très nourri de mousqueterie parti des maisons, de derrière les haies et surtout de la gare. Cette compagnie dut se retrancher dans les fossés de la route, après avoir fait des pertes sensibles. Le général Faidherbe ordonna la retraite, et le bataillon vint prendre ses cantonnements à Achiet-le-Grand.

« Le lendemain 4, il se porta en arrière de Bapaume, à Blainville, où il resta deux jours, puis il alla à la Croisille et de là à Ervillers. »

Les états d'ambulances de l'armée du Nord nous ont fourni les noms de sept chasseurs blessés : Quintin (Paul-Louis) et Basquin (Louis) (éclats d'obus) ; Charpentier (Noël) ; Leclerc (Gustave) ; Legrand (Jean) ; Le Moal (Yves) et Minfrey (Stanislas) (coups de feu).

67ᵉ DE MARCHE. — Le régiment du lieutenant-colonel Aynès a passé la nuit du 2 au 3 janvier à Achiet-le-Petit.

« Le 3, dit l'historique, l'armée marche sur Bapaume occupé par l'armée prussienne. Arrivé près de Grévillers, le régiment formé en bataille enlève, non sans effort, concurremment avec le 43ᵉ de ligne (les bataillons du 43ᵉ de ligne formaient le 69ᵉ de marche), le 2ᵉ bataillon de marche des chasseurs à pied et la batterie Bocquillon, les villages de Grévillers, Biefvillers et Avesnes-lez-Bapaume, dans lesquels les Prussiens s'étaient retranchés depuis plusieurs jours.

« La division veut continuer ses succès et enlever Bapaume, dont elle n'est plus qu'à 300 mètres, mais elle essuie un feu terrible. Alors le général en chef ordonne qu'on n'ira pas plus loin, et qu'on conservera ses positions jusqu'à la nuit.

« Dans cette journée désignée sous le nom de bataille de Bapaume, le régiment eut MM. Endurand, chef de bataillon blessé sérieusement ; Roux, capitaine, tué ; Bouchez, lieutenant, blessé ; Escoffier, sous-lieutenant, tué ; Stéfani, sous-lieutenant, blessé et 200 hommes hors de combat. A la nuit, la division se retire sur Achiet-le-Grand. Parmi les blessés de Bapaume, nous trouvons, pour le régiment, les soldats Gobert (Benjamin) ; Papillon (Théodore) (coups de feu) ; Collard (Jean) ; Wermesch (Emile) ; Claisse (Jules) (éclats d'obus) et Millescamps (Jules) (4 éclats d'obus).

65ᵉ DE LIGNE. — 1ᵉʳ BATAILLON. — C'est à Beaumetz-les-Loges que le bataillon Endurand, qui fait partie du 6ᵉ de marche, a achevé l'année 1870. Il en part le 2 janvier pour Achiet-le-Petit, et marche ce jour-là en ordre de bataille, l'ennemi étant proche.

Le lendemain, 3, il quitte ses cantonnements à 8 h. 1/2, en suivant, avec le reste de la 1ʳᵉ brigade, la route qui mène à Bapaume.

« Arrivé près de Grévillers, le bataillon reçoit l'ordre de se déployer en bataille entre le village et la ligne ferrée, et de se porter en avant. Le combat est engagé aussitôt contre les tirailleurs ennemis et sous le feu très vif de leurs pièces d'artillerie qui nous tuent et blessent beaucoup d'hommes.

« Les 4 premières compagnies se portent en combattant sur les villages de Tilloy et de Ligny, et en chassent l'ennemi.

« La 5ᵉ compagnie, déployée en tirailleurs, marche en combattant sur le village d'Avesnes (un des faubourgs de Bapaume), où elle parvient à pénétrer dans les premières maisons, et à faire fuir l'ennemi.

« Le bataillon quitte les positions conquises à 9 h. 1/2 et va coucher à Achiet-le-Grand.

« M. le commandant Endurand est blessé, à la tête du bataillon.

« Nos pertes s'élevèrent à environ 115 hommes tués ou blessés, et à 2 officiers :

« MM. Bouchez, lieutenant, blessé, Escoffier, sous-lieutenant, blessé mortellement. » (Historique).

M. Escoffier avait été nommé sous-lieutenant le 20 décembre, à Querrieux.

Après la blessure du commandant Endurand, c'est le capitaine Estrabeau qui prend le commandement du bataillon.

Les états d'ambulance nous ont fourni les noms de blessés suivants : Borne, Pierre-François; Moreau, Alphonse; caporal Richard, Emile (éclats d'obus); Clairet, Julien, Delgrange, Louis; Fiévez, Célestin; Fournier, Jean, sergent; Vincent, Jean, caporal (coups de feu).

Mobiles du Pas-de-Calais. — 5ᵉ bataillon. — Le bataillon des Boulonnais du commandant Matis a terminé l'année 1870 et commencé 1871 au cantonnement de Rivière. Il en est parti le 2 janvier, pour marcher sur Achiet-le-Petit, avec le reste de la division.

Le 3, le 91ᵉ mobiles quitte Achiet-le-Petit à 6 heures du matin et se dirige sur Bapaume. Le 22ᵉ corps est tout entier réuni.

« La canonnade commence, dit l'historique, à 8 heures du matin, en avant des villages de Biefvillers et de Grévillers. Le régiment ne donna pas. Il fut spécialement chargé de flanquer et de protéger les batteries du 22ᵉ corps, en deçà de Grévillers. Mon bataillon eut trois hommes blessés dans la matinée, 4 dans la soirée.

« Dans l'après-midi, le régiment prit part au mouvement tournant sur la droite et, lorsque l'ennemi fut refoulé dans Bapaume, le 91ᵉ fut placé par bataillon en masse, dans un pli de terrain près des premières maisons du faubourg, du côté de la nouvelle gare.

« Nous nous attentions à chaque instant à recevoir l'ordre d'entrer dans la ville de vive force, lorsqu'à 7 heures du soir on nous fit faire demi-tour pour aller cantonner, ainsi que toute la division, à Achiet-le-Grand. »

Les mobiles Huet, Pierre et Provin, Gérard ont été soignés à l'ambulance, comme atteints de coups de feu.

17ᵉ bataillon de chasseurs. — Le bataillon part de Reux, le

31 décembre, et va coucher à Ransard. Le 1ᵉʳ il est à Rivière et, le 2, à Achiet-le-Petit, d'où l'ennemi a été chassé dans la soirée même.

« Le 3 janvier, la division marche sur Bapaume, par Biefvillers, où les tirailleurs de la 3ᵉ compagnie (capitaine de Poussargues) dispersent des embuscades prussiennes, en les prenant à revers.

« Vers deux heures, le bataillon s'établit à 500 mètres de la ville de Bapaume, puis avance jusque dans les faubourgs, où il se maintient malgré un feu très vif partant de la gare et des étages supérieurs des maisons. *Devant la nécessité de bombarder une ville française*, l'attaque est suspendue, et *les troupes se replient en bon ordre.*

« Le 17ᵉ prend position sur la route d'Albert, en face du village de Thilloy, qu'il est chargé d'enlever ; mais le contre-ordre est donné, lorsqu'on a reconnu que l'artillerie prussienne occupe les hauteurs voisines, d'où elle envoie des obus à pétrole sur les villages déjà occupés par nos troupes.

« Vers 8 heures du soir, la brigade va bivouaquer à Achiet-le-Grand. » (Historique).

Les chasseurs David Jean et Goffard, Paul, entre autres blessés, sont atteints de coups de feu.

68ᵉ DE MARCHE. — « Le 1ᵉʳ bataillon quitte Achiet-le-Petit, traverse Achiet-le-Grand, que l'ennemi avait abandonné la veille en détruisant un matériel roulant considérable de chemin de fer.

« Le bataillon contourne Grévillers, que l'ennemi abandonne, et vient s'établir sur la route d'Albert, en soutien du 17ᵉ bataillon de chasseurs qui attaque Bapaume ; la bataille était engagée vers la gauche.

« La 1ʳᵉ compagnie, capitaine Izard, et une section de la 3ᵉ compagnie, capitaine Danos, déployées en tirailleurs, s'établissent entre Bapaume et Ligny-Thilloy, en engageant la lutte avec les tirailleurs ennemis placés aux abords de la ville.

« Le 2ᵉ bataillon, laissant Grévillers à sa gauche, va se masser dans un pli de terrain, en avant de la route d'Albert, à 1,500 mètres environ de Ligny-Thilloy.

« Il était midi. Le commandant Martin, sur l'ordre du colonel Pittié, commandant la brigade, se forme en colonne d'attaque et, précédé par la 1ʳᵉ compagnie du 1ᵉʳ bataillon en tirailleurs, il se jette à la baïonnette sur le village de Ligny.

« Dans cette première partie de l'attaque, qui fut poussée vigoureusement au pas gymnastique, le bataillon perdit environ 60 hommes tués ou blessés. Arrivé à proximité de Ligny, le bataillon s'abrite derrière une usine, s'y reforme et, disposé en trois petites colonnes, il aborde le village par les ailes et le centre. Il pénètre dans les rues, où il livre un violent combat; le village est emporté, mais l'ennemi continue la lutte en se réfugiant dans Thilloy et Le Barque, hameaux très rapprochés de Ligny.

« Le combat dure jusqu'à la nuit. L'artillerie canonne Ligny à outrance; M. Martin déploie une très grande vigueur. Vers sept heures et demie, le régiment reçoit l'ordre de se retirer. Les deux bataillons se réunissent à Grévillers et vont prendre leur cantonnement à Achiet-le-Grand. L'ennemi incendie une partie des villages de Ligny et de Thilloy, qu'il abandonne.

« Pendant toute cette journée, le régiment se battit avec un entrain remarquable. Toutes les positions qu'il attaqua furent enlevées de haute lutte, et la retraite, qui pouvait entrer dans le plan général de la bataille, *était inexpliquée pour le régiment qui n'avait eu que des succès.* »

Les pertes étaient sérieuses :

Officiers.

MM. Cugniez, sous-lieutenant, tué.
Thierry, capitaine, coup de feu à la jambe.
Maugin, lieutenant, pied gauche emporté (amputation).
Badenhuyer, lieutenant, coup de feu à la cuisse.
Levavasseur, capitaine, coup de feu à la tête.

Troupe.

Tués, 25.
Blessés, 74.
Disparus, 48.

Les états d'ambulance attribuent au 68ᵉ de marche les blessés suivants : Duplet, Victor; Finet, Émile; Hazard, Armand; Lecomte, Henri; Piquette, Louis; Ponchaux, Henri; Potel, Jules; Seney, Adolphe; Texier, Théophile; Vandame, Alexandre (coups de feu); Hasse, Nicolas, sergent (deux coups de feu); M. Maugin, Pierre, capitaine, et Georgeot, Jules, caporal (éclats).

Nous retrouverons le brave 68ᵉ de marche, le 19 janvier, à la bataille de Saint-Quentin.

MOBILES DU NORD. — « Le 3 janvier, à sept heures du matin, le 1ᵉʳ bataillon (commandant Paris), composé de 12 officiers et 720 hommes (ensemble 23 officiers et 1,290 hommes, ayant à leur tête le lieutenant-colonel de Lalène-Laprade) a quitté

Achiet-le-Petit, en même temps que la 2ᵉ brigade qui y avait passé la nuit.

« Vers neuf heures, la brigade était devant Grévillers.

« Le 1ᵉʳ bataillon, lancé sur ce village, le traversait sans y rencontrer l'ennemi, qui cependant avait élevé des barricades à toutes les issues. Ensuite, la 2ᵉ brigade se porta vers Avesnes-lez-Bapaume.

« A 1 kilomètre au S.-O. de ce village, les 2 bataillons du 46ᵉ mobiles furent placés en soutien de l'artillerie, faisant face vers le N.-E., leur droite s'appuyant à la batterie Giron et leur gauche à la batterie Bocquillon. Ils demeurèrent dans cette position jusque vers 5 heures et demie du soir, puis l'ordre fut donné à la 2ᵉ brigade d'aller cantonner à Achiet-le-Grand.

« Le même jour, le 3ᵉ bataillon (comm. Pollet) fort de 15 officiers et de 725 hommes, partit de Bucquoy, où il avait cantonné, et escorta le convoi de l'armée.

Entre Achiet-le-Grand et la route d'Arras, le convoi fut attaqué par de la cavalerie et 2 pièces d'artillerie appuyées d'infanterie.

« Sous le commandement énergique du commandant Pollet, le 3ᵉ bataillon fit bonne contenance et sauva le convoi qui occupait plus de 2 kilomètres en longueur.

« Cette journée fait honneur à ce bataillon et à son digne chef... »

Pour cet engagement, l'état des pertes n'accuse que : 1 homme tué et 6 blessés.

Division du Bessol.

20ᵉ BATAILLON DE CHASSEURS. — « De très bonne heure, les troupes françaises poursuivent leur mouvement offensif de la veille.

« Le 20ᵉ bataillon se porte sur Sapignies qu'il trouve, contre toute attente, évacué par l'ennemi. Vers neuf heures, de fortes colonnes prussiennes, appuyées d'artillerie, apparaissent en avant de Bapaume, et la division du Bessol, déployée de Sapignies à Biencourt, continue aussitôt l'attaque.

« Le 20ᵉ chasseurs, d'abord choisi pour enlever Biefvillers qui forme la position avancée de l'ennemi, reçoit tout à coup une autre destination. Les 4ᵉ et 5ᵉ compagnies (capitaine Carrère et lieutenant de Faultrier) sont dirigées sur Sapignies, pour appuyer l'artillerie du général Paulze d'Ivoy, tandis que les

3 autres restent avec le commandant, pour servir de soutien à l'artillerie de la division.

« Une forte canonnade gronde d'abord sur toute la ligne, puis, un bataillon du 43ᵉ d'un côté, et le bataillon de chasseurs de la division de Gislain de l'autre, enlèvent, non sans des pertes cruelles, la position escarpée et redoutable de Biefvillers.

A la suite de ce succès, les Français se portent en avant. Les batteries de la division du Bessol viennent s'établir près du village conquis, et le combat d'artillerie recommence plus terrible.

Sous la pluie des obus, les compagnies Parent, Roy et Troly, du 20ᵉ bataillon, subiraient des pertes considérables, si elles n'étaient pas parfaitement abritées par un talus très élevé, à l'extrémité septentrionale du village.

« A deux heures, sous le feu puissant et bien dirigé des canons français, les Prussiens fuient en désordre et se réfugient dans Bapaume, laissant en arrière un grand nombre de morts et de blessés et même un caisson d'artillerie intact. La brigade Fœrster les suit de près, pénètre dans les jardins, dans les faubourgs de Bapaume et, de là, tiraille jusqu'à la nuit, avec l'ennemi retranché dans l'intérieur de la ville. Le commandant Hecquet retrouve là ses deux compagnies détachées.

« Le mouvement trop lent des ailes françaises empêche la prise de Bapaume. A 8 heures du soir, la brigade évacue les faubourgs et vient s'abriter pour la nuit au village de Grévillers, à 3 kilomètres, à l'ouest de Bapaume.

« Les pertes du 20ᵉ bataillon, dans cette journée, ne sont que de 2 morts et 10 blessés. » (Histor.)

Les états d'ambulance, nous donnent les noms suivants : Democon, Jean Baptiste, blessé d'un éclat d'obus ; Jaloux, Victor ; Lebeau, Louis ; Lefebvre, Auguste ; Sauvage, Louis ; Sannier, Henri, atteints de coups de feu.

69ᵉ DE MARCHE. — Le régiment est parti de Biefvillers le 2 janvier. Voici *in extenso* son historique, pour les deux journées des 2 et 3 janvier. Ce n'est pas à lui, on le sait, qu'il faut reprocher la prolixité.

« Le 2, reconnaissance offensive faite par le régiment. Combats d'Achiet-le-Grand et de Behagnies. L'ennemi, attaqué vigoureusement, est mis en fuite et repoussé jusqu'aux environs de Bapaume.

« Le 3, la bataille commence à 8 heures du matin. Le 1ᵉʳ bataillon, après un combat très violent et des pertes très sé-

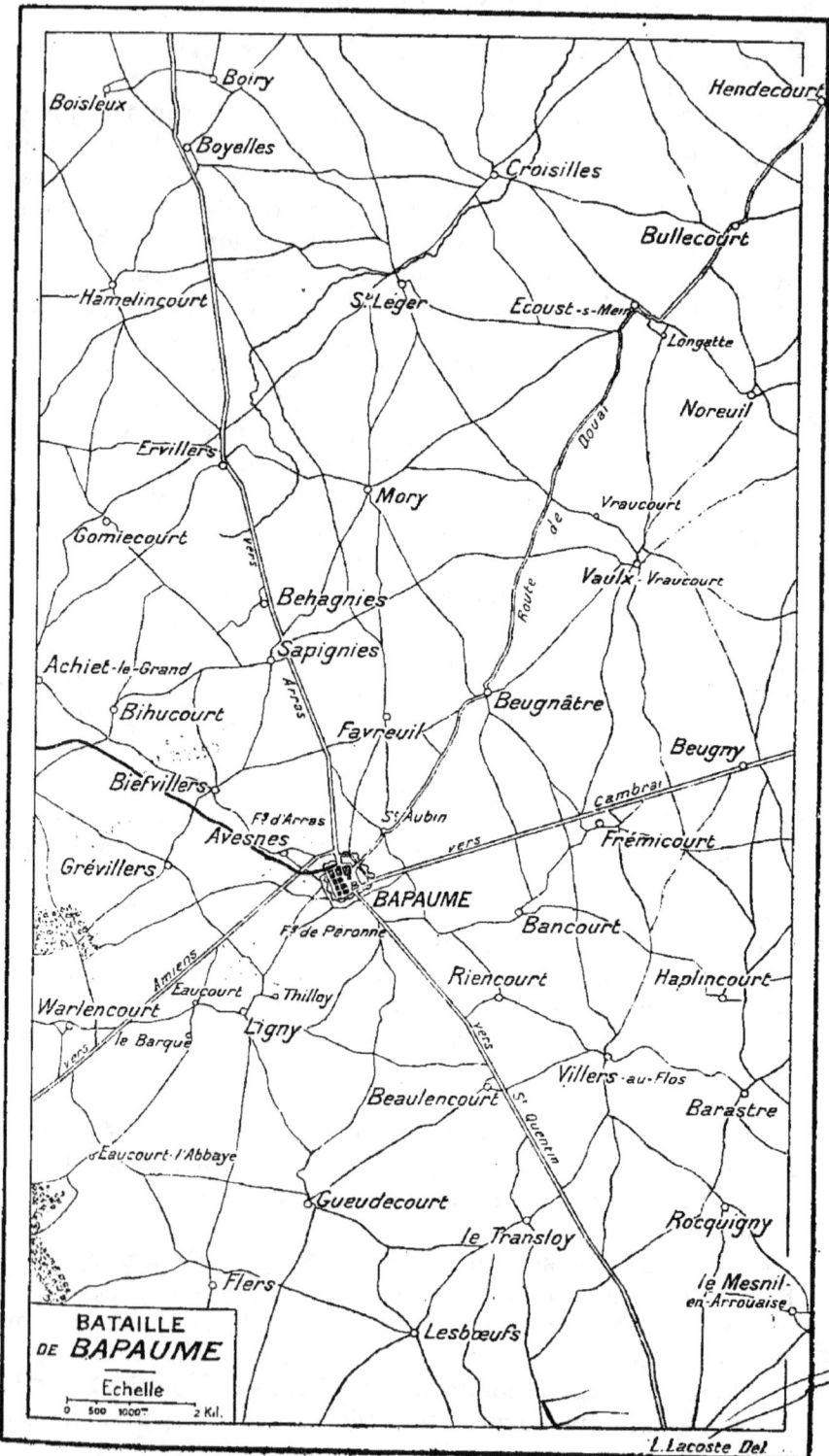

rieuses, enlève Biefvillers, clé de la position et s'y maintient malgré tous les efforts de l'ennemi. Les 2 autres bataillons parviennent à entrer dans les faubourgs de Bapaume, où ils soutiennent un combat violent et ne se retirent qu'à la nuit, et après en avoir reçu l'ordre formel ».

On ne saurait guère être plus malencontreusement concis.

Les états d'ambulance portent les noms suivants : Hollebecque, Jules, lieutenant; Tissandier, Jacques, sergent; Hartweg, Louis; Legay, Elysée; Pépin, Pierre; Petit, Jules; Rouanès, Yves; Vacossin, Constant; tous blessés par des balles.

18ᵉ BATAILLON DE CHASSEURS. — Nous avons laissé le bataillon à Plouvain, près d'Arras, le 29 décembre.

A cette date, dit l'historique, des mutations ont lieu parmi les officiers. Le lieutenant Joxe est nommé capitaine au 24ᵉ bataillon; 3 sous-lieutenants nouvellement promus, MM. Nicolas, Besson et Létang viennent combler les vacances.

Le 30, la 2ᵉ brigade fait une reconnaissance sur la route d'Arras à Bapaume, sous les ordres du général du Bessol. A la rentrée à Plouvain, le 31, on trouve le nouveau commandant désigné pour le 18ᵉ bataillon. C'est le capitaine adjudant-major Pichat du 20ᵉ bataillon.

Le soir de ce dernier jour de l'année, on va cantonner à Achicourt, et le lendemain, 1ᵉʳ janvier 1871, à Ayette.

Le 2, on traverse Bucquoy et l'on se dirige sur Achiet-le-Petit.

Suivons à la lettre, maintenant, l'historique :

« Pendant que la 1ʳᵉ brigade s'emparait d'Achiet-le-Grand, le colonel de Gislain donna l'ordre à la 3ᵉ compagnie de se déployer en avant d'Achiet-le-Petit et d'aller reconnaître s'il était occupé.

« Les quelques uhlans qui s'y trouvaient s'enfuirent dès que l'on approcha. Le soir, toute la division se trouvait concentrée à Achiet-le-Grand, où elle passa la nuit.

« Le lendemain 3, à 6 heures du matin, on se mit en marche sur Bapaume, par Bihucourt. Mais le canon ennemi ne tarda pas à se faire entendre. Les Prussiens voulaient nous arrêter.

« Le 18ᵉ bataillon fut formé à droite de la route, en colonne de division. Les 2ᵉ et 3ᵉ compagnies, sous le commandement de M. le capitaine Martin Eugène, furent appelés immédiatement pour soutenir l'attaque de la 1ʳᵉ brigade sur le village de Biefvillers.

« La 1re section de la 2e fut déployée en tirailleurs, les trois autres sections en colonne.

« On partit au pas de course et on pénétra à la baïonnette par la droite du village. Devant cette double attaque de front et de flanc, les Prussiens furent obligés de l'évacuer, abandonnant un grand nombre de morts, de blessés et de prisonniers.

« Les 4e et 7e compagnies furent envoyées en soutien, pour s'opposer à des retours offensifs que l'ennemi tentait sur le village. Elles prirent position sur la route de Grévillers. Quand les Prussiens furent à trois fois repoussés, les 2e et 3e furent placées en réserve à l'entrée d'Avesnes-lez-Bapaume ; la 7e partit à l'extrême droite, pour couper la retraite des Prussiens sur Albert; la 4e se plaça à sa gauche dans les moulins à vent dont l'un enfilait le hangar du chemin de fer, où plus de 300 Prussiens s'étaient réfugiés.

« Des feux bien dirigés les forcèrent bientôt à quitter ce poste avancé, et la 7e compagnie, qui souffrait beaucoup de leur mousqueterie, fut ainsi dégagée. Les 5e et 6e compagnies étaient en réserve dans Avesnes-lez-Bapaume. Le soir, le bataillon se trouva réuni. A 7 heures, il se retira sur Biefvillers, où il passa la nuit.

« Les pertes de cette journée, qui fut une véritable victoire pour nos armes, furent moins considérables que celles de la bataille de Pont-Noyelles. Un officier, M. Nicolas, fut blessé d'une balle à la cuisse; une moyenne de 10 hommes par compagnie fut le prix que nous coûta ce succès... »

Les états d'ambulance nous fournissent les noms de Couvreur, Edouard; Girard, Alexandre; Artu, Edouard; Pries, Pierre, atteints de coups de feu; Fontaine, Joachim, blessé d'un éclat d'obus.

Le 4, le bataillon cantonne à Boyelles.

Nous reparlerons de lui à la journée de Saint-Quentin.

72e DE MARCHE. — C'est au cantonnement d'Achicourt, que le régiment se trouve pour commencer l'année 1871. Il en part le 2 janvier et appuie le mouvement de la 1re division qui attaque et enlève Achiet-le-Grand. Il passe la nuit du 2 au 3 dans cet important village.

« Le régiment ne compte plus alors que 2 bataillons, ceux du 91e de ligne; le bataillon du 33e l'ayant quitté le 28 décembre.

« Le 3, départ d'Achiet-le-Grand, à 5 heures du matin. L'ennemi, qui occupait Bapaume et les villages en avant de cette ville, fut bientôt signalé et ouvrit le feu. Après la prise de Biefvillers, par nos troupes, le régiment rangé en bataille fut porté en avant, couvert par une forte ligne de tirailleurs. Notre artillerie, luttant avec avantage, força les batteries ennemies à reculer de position en position jusqu'à Bapaume.

« La 1re division (général Derroja), maîtresse d'Ervillers, tournait la gauche de l'ennemi, tandis que la 2e division (général du Bessol) l'attaquait de front. Vainement on attendit un mouvement des mobilisés (général Robin) du 23e corps qui, en tournant la droite de l'ennemi, nous assurait un triomphe des plus complets.

« Vers 3 heures, le mouvement en avant s'accentua. Les tirailleurs du 91e et ceux des chasseurs à pied pénétrèrent dans les maisons du faubourg d'Arras. Le 2e bataillon vint prendre position à la gauche des moulins déjà occupés par une compagnie du 1er bataillon. Le 1er bataillon s'étendait entre les moulins et le faubourg d'Avesnes-lez-Bapaume, ayant à sa droite la 1re brigade (colonel Fœrster).

« Les tirailleurs soutinrent un feu des plus vifs jusqu'à la nuit. A 5 heures l'ennemi était en pleine retraite.

« Les régiments furent alors répartis dans les différents villages conquis le matin. Le 91e fut établi à Biefvillers, où il passa la nuit.

« Les pertes de cette journée furent pour le régiment :

« 1 officier tué : M. Martin (Philémon), capitaine;
« 15 hommes tués;
« 57 blessés;
« 83 disparus. » (Historique.)

Pour les bataillons du 91e qui forment le 72e de marche, les états de blessés nous ont donné les noms suivants :

Lepoutre (Louis), atteint de deux coups de feu; Jacquemin (Simon), sergent; Bérenger (Eugène), caporal; Azéma (Joseph), Gay (Philibert), Cloet (Emile), Coureur (Alfred), Grégoire (Baptiste), Mains (Charles), Moyau (Henri), Pogy (Eloi), Raynaud (Louis), blessés par les balles; Allègre (Auguste), Despierre (Emile) et Ducley (Gustave), par des éclats.

3e BATTERIE DU 12e. — Le 2, la batterie Beauregard prend part à l'enlèvement d'Achiet-le-Grand. Le 3, elle est engagée dès le matin et perd 5 hommes blessés et 16 chevaux tués.

Bapaume. — Le 20ᵉ bataillon de chasseurs, qui vient de se distinguer à l'affaire de Bihucourt, est acclamé par le reste de la colonne.

CHAPITRE XXII

Bapaume (2ᵉ journée. — *Suite.*)

> « La gloire et l'honneur des armes est le premier devoir qu'un général qui livre bataille doit considérer. Le salut et la conservation des hommes n'est que secondaire ; mais c'est aussi *dans l'audace, dans l'opiniâtreté* du général que se trouvent le salut et la conservation des hommes. » (Napoléon Iᵉʳ.)

23ᵉ corps. — Division Payen. — 24ᵉ bataillon de chasseurs. — A Favreuil. — 33ᵉ de ligne. — Prise de la ferme. — Trois casques pointus. — Trop de confiance. — Pas soutenus. — Capitaine Laurent. — MM. Dougnac et Piliéger. — Capitaines Audibert et Dumas. — Lieutenant Pouzet. — Fourrier Dendre. — 65ᵉ de ligne. — Lieutenant Marion. — Mobiles du Nord. — Bataillon Latour. — Ah! si le général Robin !... — Bataillon Colombier. — Batterie du Pas-de-Calais. — Défense de tirer. — Ignorance de nos chefs. — Comme à Lorcy, à Loigny, à Moimay, à Héricourt. — Division Robin. — Régiment Lillois. — La selle du uhlan. — C'est pour Gretchen. — Commandant Morazzani. — Parole de soldat. — Un prêtre malavisé. — Les aumôniers et le prince de Ligne. — L'enfer à qui se sauve! — Une mitre au prêtre brave. — Un souvenir au héros de Cussey. — Commandant Levezier. — Les éloges du général. — Quelle nuit! quel spectacle! — Pieds nus dans la neige. — Deux ordres du jour. — Dans Bapaume. — Panique chez l'ennemi. — Jérémiades prussiennes. — Officiers prussiens fuyards. — Le brave canonnier Moreau. — L'invalide à la tête de bois. — Moreau à Pont-Noyelles. Les pertes.

23ᵉ corps. — Division Payen.

24 BATAILLON DE CHASSEURS. — A SAPIGNIES. — La 1ʳᵉ division du 23ᵉ corps prend les armes à 7 h. 1/2 et se met en marche formant la réserve. La 2ᵉ division attaque les Prussiens, dont le gros des forces se trouve à Bapaume mais dont les détachements occupent les villages voisins, villages qu'il faut prendre les uns après les autres.

« En arrivant à Sapignies, dit l'historique, l'ennemi qui occupait des positions en avant de ce village, se mit à canonner violemment nos têtes de colonne.

« La batterie Dieudonné se mit en position à gauche de la route, à la sortie du village, et fut bientôt couverte de projectiles. Le bataillon garnissait les bordures du village avec ses tirailleurs, et occupait, avec ses réserves, le chemin de ceinture qui aboutissait vers la droite à la batterie Halphen et vers la gauche à la batterie Dieudonné. Le commandant dut fournir à cette dernière 15 chasseurs de bonne volonté pour remplacer les servants mis hors de combat.

« A une heure 1/2, l'artillerie ayant cédé le terrain, se dirigea sur la route de Bapaume, ayant une demi-section de la 5ᵉ compagnie (Joxe) en tête, et la 2ᵉ demi-section en flanc, pour éclairer et protéger la marche de la colonne. Un bataillon du 33ᵉ de marche nous suivait.

A FAVREIUL. — « Sur la gauche de la route se trouve le village de Favreuil, que l'ennemi occupait avec un bataillon du 48ᵉ et un du 67ᵉ.

« A ce moment, le colonel de la Grange, qui commandait la brigade, donna l'ordre d'envoyer toute une compagnie vers la tête du bataillon, pour accentuer le mouvement en avant.

« La 5ᵉ compagnie (Joxe) ayant été déployée en tirailleurs au sortir de Sapignies, le commandant, ne voulant pas trop diminuer ses réserves, en vue de l'attaque principale, fit déployer une section de la 3ᵉ compagnie (Grandjean). Le bataillon était en arrière du moulin à vent... Les mobiles du 47ᵉ s'étaient portés sur Favreuil, mais s'en étaient brusquement éloignés en le trouvant occupé. Le bataillon reçut l'ordre d'enlever le village.

« Le commandant entreprit alors de l'attaquer en le tournant. A cet effet, le bataillon, couvert sur son flanc gauche par une section de la 3ᵉ compagnie (Grandjean), suivit rapidement la route en marchant par le flanc. La tête, protégée par des tirailleurs, gagnait rapidement du terrain en avant.

« L'ennemi, voyant ce mouvement, établit aussitôt une batterie de 6 pièces en arrière du village, parallèlement à la route, et ouvrit un feu très vif. Le bataillon, faisant par le flanc gauche, marcha en bataille au pas de charge, clairons sonnants, sur la batterie.

« Les troupes de soutien de la batterie, prise en flanc, par les tirailleurs de la 5ᵉ compagnie qui avaient tourné le village de l'autre côté, se débandèrent et les Prussiens n'eurent que le temps d'amener les avant-trains et de rétrograder sur Bapaume par un chemin creux qui les dérobait à la vue de nos tirailleurs.

« Le bataillon se rabattit alors sur le village qu'il avait débordé et, l'attaquant de 3 côtés à la fois, réussit à en chasser l'ennemi, après une lutte d'une heure corps à corps, gardant les morts et les blessés prussiens. Les bordures furent occupées par des tirailleurs et les compagnies furent rassemblées sur la place, face à Bapaume, prêts à s'y porter par le chemin creux. Un bataillon du 33ᵉ de ligne, puis le 47ᵉ mobiles arrivèrent bientôt après. Le commandant donna alors l'ordre à la 5ᵉ compagnie de se porter en avant sur Bapaume, et de marcher avec ses tirailleurs sur une batterie qui couvrait la droite de la ville. Cet ordre allait s'exécuter, lorsque le chef de la brigade vint ordonner de garder les positions et d'occuper solidement le village. Le chemin creux fut alors barricadé.

LA PRISE DE LA FERME. — « Au début de l'action, la 2ᵉ compagnie (Laurent) et une section de la 1ʳᵉ (Bourion), qui avaient gagné du terrain vers la droite, pour déborder le village, se trouvèrent prises entre les feux croisés de la batterie et des tirailleurs prussiens embusqués dans la ferme Saint-Aubin formant l'avancée de Bapaume.

« Le capitaine Bourion, de la 1re compagnie, étant entré à l'ambulance le matin, le capitaine Laurent, commandant de la 2ᵉ compagnie, crut devoir prendre sous sa responsabilité d'arrêter la marche de sa compagnie sur Favreuil, pour se porter sur la ferme dont le feu devenait fort dangereux.

« L'ordre fut donné de mettre la baïonnette au canon et de charger sans tirer un coup de fusil. L'ennemi, bien qu'abrité et pouvant nous couvrir de feux pendant près de 200 mètres, abandonna la ferme laissant 3 prisonniers. »

Ces trois hommes ne devaient pas tarder à mourir, et voici comment. Un peu après avoir évacué la ferme, les Prussiens tentent un retour offensif, et cette attaque rend une telle confiance à nos trois casques pointus que, tout prisonniers qu'ils sont, ils se jettent sur un de nos chasseurs et veulent lui prendre ses armes. Celui-ci se défend, ses camarades arrivent à son aide et les trois Prussiens sont immédiatement passés par les armes.

Pas soutenus! — Cependant l'idée du capitaine Laurent a été des plus heureuses et la position que son initiative a procurée à ses troupes est excellente. Elle permet de déboucher dans Bapaume à l'abri des maisons.

Après avoir fait garder les 3 grandes portes de la ferme par ses chasseurs et après qu'une compagnie du 65ᵉ est venue déployer ses tirailleurs dans les jardins avoisinants, le brave officier fait demander instamment des renforts à un bataillon d'infanterie établi sur la route, pendant qu'une fusillade s'engage presque à bout portant avec l'ennemi. Mais rien. Pas un homme de renfort n'arrive au vaillant capitaine, qui lutte ainsi deux grandes heures avec sa poignée d'hommes. Après ce temps, les Prussiens qui voient les nôtres non secourus, s'enhardissent, attaquent en forces l'entrée principale de la ferme, qui tombe en leur pouvoir, et font prisonnière la compagnie du 65ᵉ. Alors, seulement, le capitaine Laurent ordonne la retraite, qui s'effectue pendant près de 600 mètres sous le feu des Prussiens et nous coûte des pertes considérables.

Les débris de la compagnie Laurent se retirent sur Béhagnies, où ils seront rejoints le lendemain matin par le reste du bataillon.

Le bataillon de Négrier avait perdu, dans cette journée du **3 janvier** : 4 officiers, dont 2 tués, MM. Dougnac et Pfliéger,

1 blessé M. Buré, et 1 prisonnier M. Delphy, plus 241 hommes tués, blessés ou pris.

Sur les états médicaux figurent les nommés Devèse (Jean-Baptiste), sergent-major ; Fillol (César), Garnier (Pierre-Elisa), Boudin (Jean), Cuny (Henri), Géraudet (Frédéric), Hubry (Damas), Lagrange (Guillaume), Paul (Jean), Moiroud (Joseph), caporal, blessés de coups de feu ; Bouquerot (Claude), d'un éclat d'obus.

33⁰ DE LIGNE. — 1ᵉʳ BATAILLON. — Le bataillon est séparé en deux parties, opérant l'une à droite, l'autre à gauche.

« Les compagnies du demi-bataillon de droite, sous mes ordres directs, dit le rapport du commandant d'Augustin, sont formées en colonne d'attaque, pour soutenir le 24ᵉ bataillon de marche de chasseurs à pied déjà aux prises avec l'ennemi, à Favreuil ; elles entrent dans le village du côté de la route de Bapaume. Là, se livre un engagement très vif dans lequel nous avons 2 tués et quelques blessés.

« Pendant ce temps, M. le capitaine Audibert, avec le reste du bataillon (3 sections en tirailleurs et une compagnie de soutien), appuie l'attaque de gauche sur Favreuil.

« Entourant le village par le bois et en chassant les défenseurs, ces compagnies contribuent puissamment à la retraite de l'ennemi. Vers la fin de la journée, la 4ᵉ compagnie commandée par le capitaine Dumas, s'étendant vers la gauche, déborde le hameau de Beugnâtre, y pénètre et l'occupe militairement, pendant que le bataillon, sous une pluie d'obus, couvre la batterie établie en avant et à gauche de Favreuil.

« Le bataillon est cantonné dans le village qui est demeuré en notre pouvoir. Dans ces divers engagements, nos pertes ont été de 3 tués, 16 blessés et 26 disparus.

« Se sont fait remarquer d'une manière particulière : MM. Audibert et Dumas, capitaines ; Pouzet, lieutenant, Dendre, sergent-fourrier »...

Blessés soignés aux ambulances : Goutel, Jean ; Knoepfli, Georges (coups de feu) ; Brudet, Charles (éclat d'obus).

Nous retrouverons le bataillon d'Augustin, le 18, au combat de Vermand.

65ᵉ DE LIGNE. — 2ᵉ BATAILLON. — Nous avons vu le bataillon Tamisey cantonner le 2 au soir à Ervillers. Reprenons l'historique.

« Le matin, au point du jour, la division Payen traverse Béhagnies et Sapignies que les Prussiens ont abandonnés pendant la nuit, et occupe ce dernier village. Le 65ᵉ déploie deux compagnies en tirailleurs dans les jardins, et les autres sont massés dans le village. De dix heures à midi, il est exposé à un feu violent d'artillerie.

« A ce moment le bataillon, formant trois lignes successives de tirailleurs, espacées de 300 mètres, se reliant à droite au 91ᵉ de ligne (22ᵉ corps) et à gauche au 33ᵉ de ligne, se porte en avant et gravit les hauteurs qui se trouvent devant lui, s'empare d'un moulin où il fait quelques prisonniers, puis, par une immense conversion à gauche, se porte à la baïonnette sur le village de Favreuil défendu par une batterie et occupé par de l'infanterie. Il est soutenu, dans ce mouvement, par le 24ᵉ chasseurs, placé à sa droite.

« Malgré un feu écrasant de mousqueterie et d'artillerie, le bataillon arrive au village, y entre à la baïonnette et en chasse l'ennemi. En même temps, une compagnie réunie aux mobilisés s'empare de Beugnâtre presque sans résistance. Vers 4 heures, le 65ᵉ est envoyé sur le chemin de Beugnâtre où, abrité derrière un talus, il sert de soutien à une batterie. Il y reste jusqu'à la nuit et revient coucher dans Favreuil.

« Les pertes, dans ces deux journées, furent de 100 hommes, tués, blessés ou disparus. M. le lieutenant Marion fut tué dans la charge à la baïonnette sur Favreuil ; M. le sous-lieutenant Cazevielle fut atteint d'un éclat d'obus à la jambe. Une section de la 2ᵉ compagnie, commandée par M. Osépy, s'égara et alla se faire prendre dans une ferme, à l'entrée de Bapaume ».

Le lendemain, 4 janvier, le bataillon ira avec sa division prendre position en arrière sur le Cojeul. Nous le retrouverons au combat de Vermand, le 18 janvier.

Mobiles du Nord. — 4ᵉ bataillon. — Le 2 janvier, le régiment n'a pas été engagé. Il est demeuré tout le temps, déployé en avant du village d'Ervillers, sa droite reliée au 22ᵉ corps et sa gauche avec la division Robin. Mais il est placé de telle sorte que les obus ennemis dirigés sur la batterie Halphen viennent lui tuer deux hommes et en blesser trois.

« Le lendemain matin de bonne heure, lisons-nous dans le rapport officiel du commandant Latour, nous quittâmes Ervillers, et, après avoir traversé Béhagnies, nous prîmes la droite du village de Sapignies, pour venir en soutien de la batterie Dupuich, qui venait de s'établir pour canonner les masses ennemies occupant le village de Favreuil. Nous avions en arrière de nous le 5ᵉ bataillon des mobilisés du Pas-de-Calais, et à 1000 mètres de nous à droite, le 22ᵉ corps, avec le général

Derroja, qui attaquait le village de Biefvillers où la lutte fut très chaude.

« Vers midi, nous avions marché en avant et, malgré les obus, nous occupions la route de Bapaume, en face du village de Favreuil. Nous marchions sur Bapaume, lorsque plusieurs batteries prussiennes, établies sur la route de Beugnâtre, nous accablèrent d'un feu d'enfer et très bien dirigé.

« Deux batteries de 12, du 22ᵉ corps, vinrent alors s'établir en face et commencèrent un feu bien nourri contre les Prussiens, qui finirent par lâcher pied. Heureusement, car, avec la gelée qu'il faisait, pas un obus ne ratait, et nous perdions beaucoup de monde.

« C'est à ce moment que je reçus l'ordre de marcher, avec les 1ʳᵉ, 3ᵉ et 4ᵉ compagnies, contre le village de Favreuil.

« Nous étions au centre, avec le 24ᵉ bataillon de chasseurs et le 33ᵉ de ligne à droite, et à gauche le 5ᵉ bataillon de mobiles. Nous finîmes par emporter le village à la baïonnette et à refouler complètement les Prussiens, infanterie, cavalerie et artillerie.

« Si, à ce moment, le général Robin avait fait son mouvement et était arrivé, comme il en avait reçu l'ordre, sur les derrières de Favreuil, nous faisions beaucoup de prisonniers et même nous prenions une batterie d'artillerie; mais, ayant le passage libre, à l'arrière du village, ils se replièrent sur Bapaume...

« A cinq heures du soir, toute la 2ᵉ brigade était réunie dans Favreuil, où nous reçumes l'ordre de cantonner.

« Nos pertes, dans cette journée, étaient de 8 tués et 12 blessés, presque tous à l'attaque du village.

« Nos hommes, voyant l'ennemi fuir étaient pleins d'élan, et *si on avait pu les lancer sur Bapaume, nous l'aurions certainement enlevé avec vigueur.*

« Nous occupâmes le château de Favreuil, occupé précédemment par les Prussiens. Ils avaient fui tellement vite qu'ils n'avaient pu emmener trois ou quatre voitures de fusils venant des gardes nationaux des environs qu'ils avaient désarmés... »

Mobiles du Nord. — 6ᵉ bataillon. — Le 2 janvier, à 8 heures du matin, le bataillon Colombier est parti de Mouchy-le-Preux avec le 47ᵉ mobiles et passe à Vis-en-Artois, Croisilles, Saint-Léger et Ervillers où il prend la route de Bapaume.

« Peu après midi, on rencontre les Prussiens et le combat commence. Mon bataillon, nous dit le commandant Colombier, chargé d'escorter le convoi, n'y prend point part. Nous avançons jusqu'à moitié chemin d'Ervillers à Béhagnies, puis nous devons rétrograder par suite de grandes pertes subies par la division et surtout par le 48ᵉ mobiles, qui a 27 officiers tués ou blessés.

« Nous cantonnons à Ervillers, le 5ᵉ bataillon du Nord occupe Béhagnies évacué par les Prussiens. »

3 *janvier*. — « Nous partons à 7 heures pour Béhagnies que le 5ᵉ bataillon a quitté pendant la nuit, sur une fausse nouvelle de la marche en avant de l'ennemi.

« La 1ʳᵉ compagnie, envoyée en reconnaissance, trouve le village vide, le dépasse, et se heurte aux avant-postes prussiens.

« Pendant ce temps, M. de la Grange nous place à gauche de la route, sur une petite élévation, en face du village de Favreuil qu'occupe l'ennemi.

« La 1ʳᵉ nous rejoint; des éclats d'obus mettent 6 hommes hors de combat et pour ne pas nous laisser exposer inutilement, le commandant de la brigade nous ramène sur la route assez encaissée en cet endroit, et fait abriter les hommes derrière les maisons.

« Nous restons là environ deux heures et, pendant ce temps, le combat s'engage avec violence à Bihucourt, Achiet-le-Grand et Biefvillers, entre les ennemis et le 22ᵉ corps, tandis que Favreuil est attaqué par notre brigade; la brigade Michelet, qui a beaucoup souffert la veille, restant en réserve.

« Cependant, on craint que les Prussiens, s'étendant sur leur droite, ne viennent à couper notre ligne de retraite, et le commandant de la brigade fait de nouveau porter mon bataillon à gauche.

« Vers 2 heures, le 24ᵉ chasseurs et le 5ᵉ bataillon du Nord emportent Favreuil; de leur côté, les mobilisés du général Robin occupent Beugnâtre. Le bataillon monte alors à Favreuil et prend position de l'autre côté en faisant deux prisonniers. La batterie Halphen vient se placer sur notre droite, mais, assaillie par une grêle d'obus, elle est obligée de se retirer sans avoir pu tirer un coup de canon. Je fais mettre les hommes à l'abri dans le village.

« Peu après, la nuit met fin au combat. La brigade reste cantonnée à Favreuil; les mobilisés restent à Mory et à Beugnâtre, notre 1ʳᵉ brigade occupe Sapignies et Behagnies et le 22ᵉ corps Biefvillers, Bihucourt et Achiet-le-Grand. »

Parmi les blessés soignés aux ambulances, nous relevons pour les mobiles du Nord : M. Duchâtel (Henri), sous-lieutenant, blessé de deux balles; Hedderbault (Henri), sergent-major; Dumez (Henri), caporal; Cuisset (Clovis), caporal; Courmont (Alfred), Desreumaux (Léon), Duthoit (Pierre), Chombard (Augustin), Gardenne (Gustave), Hudelille (Edouard), Leseur (Félix), Rambaut (Oscar), Riquier (Pierre), Houdard (Palmyre), sergent: coups de feu; Bigotte (Jules), Moreau (Joseph), Piétin (Victor), Zoete (Adolphe-Alphonse), Grière (Philippe), éclats d'obus.

Batterie du Pas-de-Calais. — Le 3 janvier, vers 7 heures, la batterie montée du Pas-de-Calais, qui a passé la nuit à Boyelles, continue avec l'armée sa marche sur Bapaume.

« Après avoir traversé sans trop de danger le village de Béhagnies que l'ennemi avait évacué, la batterie fut envoyée à 200 mètres environ sur la droite, et reçut l'ordre de s'établir face au village de Biefvillers fortement occupé et de le battre.

« Ce village ayant été enlevé vivement par les troupes du général du Bessol, le capitaine Dupuich eut à exécuter un changement de front sur Favreuil, dont nous canonnâmes l'extrême droite pendant environ une demi-heure.

« Vers 11 h. 1/2, nous eûmes à traverser la route de Bapaume et à aller prendre position en face de ce village de Favreuil, dont nous avions tout à l'heure le côté droit pour objectif.

« L'emplacement choisi, dominant le village, était admirablement fait pour nous permettre de déloger l'ennemi des maisons et des fermes dans lesquelles il s'était retranché et dont nos mitrailleuses n'étaient encore qu'à 500 mètres. Mais, par une raison qu'il nous a toujours été impossible de connaître, défense fut faite de faire feu, malgré les instances du lieutenant Belvallette et l'évidence du principe d'après lequel tout retranchement qui doit être enlevé d'assaut doit être préalablement battu par l'artillerie. Aussi le bataillon de chasseurs qui s'empara du village eut-il à subir des pertes sensibles et d'autant plus cruelles qu'elles auraient pu être atténuées. »

On reconnaîtra là encore l'ignorance presque absolue des pratiques de la guerre qui distinguait si malheureusement nos grands chefs, pendant cette néfaste période. Reportons-nous à Lorcy, à Loigny (Armée de la Loire), à Moimay, à Héricourt (Armée de l'Est) et nous verrons que sur tous les points du territoire envahi, la même ignorance a fait naître les mêmes fautes, multiplié nos pertes, semé le découragement et hâté si ce n'est déterminé notre défaite finale.

« Favreuil une fois au pouvoir de l'armée française, la batterie reçut l'ordre de se porter en toute hâte à 2000 mètres environ sur la route de Bapaume, où, disait-on, des instructions nouvelles devaient lui être données.

« Partie au grand trot, elle arrive à l'endroit indiqué, où elle ne trouve qu'un bataillon de mobiles qui s'abrite derrière un talus, et une batterie de marine qui, à 200 mètres plus loin sur le chemin même, répond à une batterie prussienne établie en avant de la gauche de Bapaume.

« Sans ordres et complètement laissés à nous-mêmes, nous attendons un moment, sur la route où commencent déjà à pleuvoir quelques obus. Jaloux de répondre au feu de l'ennemi et désireux de prendre part à la lutte que soutient seule la batterie de marine, le lieutenant Belvallette obtient du capitaine Dupuich de s'établir, avec sa section, à 100 mètres à gauche de la route, et ouvre le feu à 1700 mètres.

« L'ennemi ne tarde pas à diriger une partie de ses coups sur les deux pièces et, d'après le nombre des projectiles qui maintenant s'abattent autour d'elles, sans heureusement les atteindre, il est facile de juger que le tir des mobiles est précis et qu'il a dû contrarier la batterie prussienne.

« Au bout d'environ un quart d'heure, le lieutenant demande au capitaine Dupuich de prendre part au combat avec les deux autres sections. Elles s'établissent à droite et à gauche, et les 6 pièces dirigent contre l'ennemi un feu meurtrier.

« Une batterie de 4 vient prendre place entre nous et la batterie de marine, commence le feu et achève la déroute des troupes prussiennes. Il est 5 heures du soir; *l'armée française est victorieuse sur toute la ligne.* Les troupes passèrent la nuit dans les villages enlevés; nous couchâmes à Favreuil que presque tous ses habitants avaient abandonné. » (Notes de campagne inédites, du capitaine Belvallette).

Et tout cela pour battre en retraite le lendemain matin !

Nous retrouverons les canonniers du Pas-de-Calais au rude combat de Vermand, où, sous le commandement du lieutenant Belvallette, ils joueront un rôle des plus importants.

11ᵉ DRAGONS DE MARCHE. — Le régiment a été formé à Lille le 1ᵉʳ janvier, sous le commandement du lieutenant-colonel Baussin, chef d'escadrons en retraite.

Il a eu comme noyau 2 escadrons et le peloton hors rang des dragons du Nord comptant 400 hommes et 270 chevaux, et un détachement de 50 hommes et 50 chevaux provenant du 8ᵉ dragons. Ce détachement faisait, depuis le 7 septembre, partie de l'armée du Nord.

Le 11ᵉ dragons fut formé à 4 escadrons qui se grossirent rapidement de cavaliers évadés de Sedan et de Metz

Un peloton de 35 cavaliers, commandé par le sous-lieutenant Varin, servit d'escorte au général Faidherbe jusqu'au 12 février 1871, et assista avec lui aux affaires de Bapaume, Vermand et Saint-Quentin. L'historique ne mentionne pour lui aucune perte.

Il n'en est pas de même pour une fraction du régiment qui fera brillamment le coup de sabre à la journée de Saint-Quentin.

Division Robin.

Mobilisés du Nord. — Nous avons laissé le régiment lillois à Mory et Écoust-Saint-Mein. Il n'est guère plus de 5 heures, le 3 janvier, quand ses 3 bataillons s'ébranlent en silence pour marcher sur Bapaume.

« En sortant du village d'Écoust-Saint-Mein, nous dit M. A. Devienne, le 1ᵉʳ bataillon est abordé par un détachement d'éclaireurs ennemis qui déchargent à bout portant quelques coups de revolver sur la tête de la colonne ; l'obscurité est telle qu'on a grand'peine à distinguer ces ombres équestres fuyant avec une rapidité extrême.

C'est pour Gretchen. — « On a tiré un peu au hasard et l'un de ces uhlans est blessé. Dans la selle de son cheval, ramené à Écoust-Saint-Mein, on trouve mille riens inutiles, entre autres plusieurs mouchoirs brodés, un bonnet de femme et une robe d'enfant. Ce reître avait laissé sans doute dans quelque coin de sa patrie allemande une Gretchen préférée, à qui étaient destinés ces petits présents. »

Un instant après, les 3 bataillons se trouvent réunis au reste de la division Robin qui, tout entière est massée l'arme au pied en avant d'Écoust, sur le plateau.

Il est 6 heures environ et les divisions du Bessol et Payen attaquent respectivement Bicfvillers et Favreuil.

On sait le mouvement de recul opéré par les mobilisés du général Robin, aux premiers projectiles d'artillerie envoyés par les Prussiens. Mais ce mouvement ne fut pas absolument général ; le 1ᵉʳ régiment, rapporte M. Albert Devienne, était resté à son poste. Il entra vers 7 heures du soir, à la suite des voltigeurs de Foutrein, dans le village de Beugnâtre, pris à l'ennemi. Je tenais à souligner préalablement ce fait, car il intéresse 1500 citoyens, qui ont fait leur devoir dans les deux sanglantes journées de Bapaume».

Et il ajoute : « La part du régiment lillois, à la bataille de Bapaume, fut honorable, bien que beaucoup de gens mal informés ou intéressés à l'être, l'aient confondu opiniâtrement avec ceux qui ont faibli».

Voici, d'après ce témoin oculaire, l'exacte vérité :

« Vers 11 heures du matin, alors que les troupes du général Derroja, du colonel Aynès et du général Robin dessinaient un mouvement tournant sur Bapaume, les batteries prussiennes, prenant la division Robin en flanc, y firent un certain nombre de victimes et jetèrent la panique dans ses rangs, serrés par l'émotion d'un premier jour de bataille ; la 2ᵉ brigade, placée à notre droite, plia soudain sous ce feu meurtrier.

« *Le régiment lillois sut résister à cette panique;* son 3ᵉ bataillon, placé à la gauche, vit sans faiblir se débander, à côté de lui, plusieurs légions. «Si vous suivez ces fuyards», avait dit le commandant Morazzani, «je reste seul ici et m'y fais tuer.» — Personne ne bougea.

« Le bataillon, qui protégeait une batterie d'artillerie sur laquelle était concentré le feu de l'ennemi, vit au loin fuir la 1ʳᵉ brigade, sans trop se rendre compte de ce qu'elle pouvait être : quelques-uns d'entre nous crurent même un instant que l'armée prussienne, prise entre deux feux, était coupée et se repliait en désordre.

FACHEUSE INSPIRATION. — A ce moment, un ecclésiastique à cheval passe et donne la bénédiction : « à ceux qui vont mourir. » Ces paroles jettent un froid d'autant plus grand, qu'au même instant 2 artilleurs sont coupés en deux, devant nous, par un obus. »

Cette intervention malencontreuse nous remet en mémoire ce passage des *Préjugés militaires*, où le prince de Ligne parle des aumôniers de son temps. Peut-être pèche-t-il grandement contre l'orthodoxie, mais il n'en exprime pas moins des idées fort justes au point de vue de la guerre.

« N'est-ce pas le moyen de le perdre (le courage) que de voir arriver tristement un moine que l'on ne connaît point, pour annoncer une bataille d'un air de bataille perdue, et faire envisager des malheurs affreux, si l'on n'est pas en état de grâce...

« Qu'on promette au soldat la vie éternelle, si l'on veut, *mais qu'on lui annonce l'enfer s'il se sauve.* »

C'est ici le cas de donner un souvenir à cet intrépide abbé

Barret, curé de Devecey, que nous avons vu, au combat de Cussey (Armée de l'Est) prodiguer les encouragements à ceux qui se battaient et mieux encore, payer d'exemple, en marchant à leur tête. « Je voudrais, a dit le prince de Ligne, au chapitre déjà cité de ses *Préjugés militaires*, faire avoir un évêché, après la bataille, à un aumônier qui se serait bien conduit. »

Avis à ceux qui ont mesuré avec tant de parcimonie les récompenses aux braves qui, comme ce courageux prêtre, enfant de l'Alsace, non seulement se sont jetés sans compter au-devant des balles ennemies, sans y être obligés, mais encore ont entraîné les autres à la bataille.

Revenons à Bapaume.

Nous avons montré le 1er bataillon placé derrière l'artillerie, suivant la coutume absolument idiote de cette triste époque et comme à plaisir, pour qu'aucun des obus des Prussiens ne fût perdu. Ces braves Lillois eurent donc fort à souffrir, car sur la terre gelée, les projectiles allemands éclataient à qui mieux mieux. M. Albert Devienne cite là le commandant Levezier, comme ayant montré beaucoup de courage et d'énergie.

La nuit venue, le général Paulze d'Ivoy vient visiter cette partie du champ de bataille et complimente avec chaleur le colonel Loy, sur l'attitude du régiment. « Allons, Messieurs les Lillois, dit-il ensuite, en se tournant vers les hommes, vous pouvez aller manger la soupe, car vous l'avez bien gagnée, dans cette journée où vous vous êtes conduits en soldats. »

Et le régiment, guidé par les seules lueurs de l'incendie de quelques maisons de Beugnâtre, entre dans ce village où il a l'ordre de passer la nuit.

Un bon souper a été préparé par et pour les Prussiens, dans une ferme à l'entrée du village, c'est notre état-major qui le mange.

Quant aux hommes, l'estomac depuis lontemps vide, ils font main basse sur les bestiaux, les tuent, les dépècent à coup de sabre et s'en disputent avec ardeur les morceaux.

« Quelle nuit et quel spectacle! dit notre intéressant historien. Je me croyais le jouet de quelque conte fantastique d'Hoffmann, et, plusieurs fois, m'appuyant sur le bras d'un camarade, je lui demandai si tout cela n'était pas un rêve. »

Un fait, en l'honneur des Lillois, va clore pour nous cette journée du 3 janvier.

On connaît l'histoire infâme des souliers à semelles de carton fournis à nos braves défenseurs par des gredins qui auraient dû être fusillés sans pitié, après la guerre, si notre malheureux pays n'avait perdu alors cette notion de l'impartiale justice qui caractérise les peuples forts.

Or, le 3 janvier, force avait bien été à un certain nombre d'hommes, pataugeant, les pieds nus, enflés et à moitié gelés, dans la neige, de rester en arrière, à Maury et à Ecoust-Saint-Mein.

« Sitôt que le canon tonna, dit M. A. Devienne, tous partirent comme ils purent pour nous rejoindre ; les uns se battirent avec les marins, d'autres avec les voltigeurs mobilisés, d'autres enfin rejoignirent le régiment au moment le plus meurtrier de la journée. »

Comme nous, lecteurs, vous direz que de tels hommes étaient susceptibles d'accomplir de grandes choses, s'ils avaient eu des chefs. Retenons tous ces menus faits si honorables pour nous, ce sont autant de promesses, de gages d'un meilleur avenir.

UN GLORIEUX RAPPORT. — Voici en quels termes le général Paulze d'Ivoy rendait compte au général en chef des citations méritées par les combattants de la division Payen.

« Je suis très embarrassé pour choisir ceux sur lesquels je dois appeler particulièrement votre attention.

« Néanmoins, je dois vous signaler entre tous, comme s'étant plus particulièrement distingués, les généraux Payen, Michelet, Delagrange, qui ont conduit leurs troupes avec la plus grande habileté et avec une intrépidité digne de tout éloge ; M. Degoutin, lieutenant-colonel au 48e régiment de mobiles.

« MM. Pyot, Vernhette, chefs de bataillon au même régiment ; M. Parrayon, commandant le 2e bataillon de marins ; M. Halphen, capitaine d'artillerie, et M. Négrier, commandant le 24e bataillon de chasseurs, à la tête de son bataillon à l'attaque de Favreuil.

« Je n'ai qu'à me louer, comme toujours, des officiers de mon état-major, le colonel Marchand, chef d'état-major, le capitaine de Thanneberg, mon seul aide de camp, le capitaine Cauvin, de la mobile de la Somme ; les lieutenants Gagneur et Pinot, mes officiers d'ordonnance. »

Nous empruntons ces lignes à l'intéressant ouvrage déjà cité : *Histoire de la bataille de Bapaume...* écrit au lendemain de la guerre.

Le même livre nous donne l'état suivant des militaires proposés pour une citation à l'ordre de l'armée, dans la division Payen.

1re *Brigade*.

Régiment de marins.

1er bataillon : Thomas, Boissart.
2e bataillon : Le Bihan, Haffond.
3e bataillon : Ducasse, Gustave François.

48e mobiles

Gros, Lagniel, Daroche.

19e bataillon de chasseurs.

Bardet, Rampin, Carpentier.

2e *brigade*.

65e de ligne.

Marchand, Berdot, Duponcel.

47e mobiles.

Blary, Chevalier, Rudant.

24e bataillon de chasseurs.

Caudry; Besse, Raicol.

33e de ligne.

Dendre, Meunier, Knoffle.

4e batterie (*bis*).

D'Arzac, Lochet.

3e batterie (*ter*).

Hiot, Génot.

DANS L'ARTILLERIE. — Seront décorés, le 17 février, pour s'être distingués à Bapaume, les militaires suivants :

MM. de Saint-Wulfran, chef d'escadron, commandant l'artillerie, de la 2e division du 23e corps.
  Dubois, lieutenant en second au 15e d'artillerie monté.
  Bourdon, maréchal des logis, au 15e d'artillerie monté.
  Bonnemaison, adjudant au 15e d'artillerie monté.
Seront médaillés, à la même date :
Valin, maréchal des logis au 15e d'artillerie.
Bernée, maréchal des logis-fourrier au 15e d'artillerie.
Genot, brigadier.
Laine, 1er canonnier servant.
D'Arzac, maréchal des logis.

Pontevoix, 1ᵉʳ canonnier servant.
Montfrait, trompette.
Constey, adjudant.
Gandard, 2ᵉ canonnier servant.
Nogaret, matelot à la 1ʳᵉ batterie mixte de marine.
Jarquotte, maréchal des logis à la batterie du Pas-de-Calais.

Deux ordres du jour. — Mobiles et mobilisés du Nord. — Le 5 janvier, cet ordre du général en chef sera lu aux troupes.

« Tous les corps de l'armée du Nord qui ont combattu à la bataille de Bapaume, ont noblement fait leur devoir. Parmi les mobiles et mobilisés, sont mis à l'ordre du jour, pour leur conduite exceptionnelle, le *48ᵉ de mobiles, le bataillon des voltigeurs* (Foutrein) et le *2ᵉ bataillon du 1ᵉʳ régiment des mobilisés du Nord*.

« Le 48ᵉ de mobiles a eu 17 officiers tués ou blessés, des sous-officiers et soldats en proportion. Il a montré la solidité d'une vieille troupe.

« Au quartier général.
« *Le général en chef,*
« Faidherbe. »

D'un ordre de la division signé du général Robin, nous extrairons ce passage :

« *L'honneur de la journée est donc tout entier au régiment de Lille et aux voltigeurs volontaires de la 1ʳᵉ brigade* ».

Dans Bapaume. — Nous avons dit plus haut qu'au moment où nos vaillants soldats enlevaient une à une et d'un irrésistible élan les positions ennemies, un trouble intense, une véritable panique s'était emparée des Prussiens qui ne songèrent dès lors qu'à évacuer le plus vite possible et en se bousculant, la petite ville.

Voici ce que nous lisons, à ce sujet, dans le *Précis historique de la ville de Bapaume*[1], par Gabriel Langlebert :

« Le 3 au matin, les Prussiens avaient, dès la première heure, élevé des barricades à l'entrée des principales rues. Tombereaux, voitures, chariots, instruments aratoires, échelles, planches, tables, chaises, fauteuils, meubles de salons, matelas, tonneaux, tout avait servi à leur construction et les citoyens, témoins de ces sinistres préparatifs de défense, avaient le cœur navré de douleur ; mais nos envahisseurs, si fiers la veille encore

---

1. Arras, 1883.

étaient alors mornes et soucieux : « Aujourd'hui, disaient-ils, « grande bataille, malheur à vous ! Malheur à nous ! »

« Les Prussiens allaient et venaient dans les rues par groupes ou isolément, courant à droite et à gauche, le fusil à la main, dans une attitude qui dénotait la frayeur La rue d'Arras était jonchée de cadavres on vit 4 estafettes ennemies tomber près du puits, atteintes par les balles des tirailleurs français postés à l'entrée de la fabrique de sucre, il était environ midi.

« Bientôt on entendit un bruit effroyable de pas d'hommes, de chevaux, de caissons de canons, d'attelages de toutes sortes qui se heurtaient dans les rues encombrées et cherchaient à se frayer un passage. Les Prussiens reculaient... ».

« Le 4 janvier au matin, les ennemis avaient évacué Bapaume... ».

Ils n'eurent plus qu'à y revenir, et plus insolents que jamais, quelques heures plus tard, lorsqu'ils apprirent que pendant qu'ils se sauvaient d'un côté, nous battions en retraite de l'autre.

Officiers prussiens fuyards. — Et il fallait que la panique fût grande, chez nos ennemis, puisqu'il existe un rapport de von Gœben, dans lequel ce général prussien *demande aux commandants des régiments une liste des officiers qui ont fui, pour qu'ils soient immédiatement cassés.*

Un mutilé de Bapaume. — Le canonnier Moreau. — L'histoire du canonnier Moreau est populaire dans le nord de la France, où on désigne communément ce glorieux débris sous le nom de l'Invalide à la tête de bois. Artilleur de la mobile du canton de Landrecies, Moreau qui s'est engagé pour la durée de la guerre, et qui sert à la 3ᵉ batterie du 15ᵉ régiment, est frappé, le 3 janvier, en servant sa pièce, d'un éclat d'obus à la figure. Après avoir, sous le choc, tournoyé plusieurs fois sur lui-même, il reste debout, croyant n'être que légèrement blessé ; car il n'a ressenti aucune douleur, «... de son œil gauche resté dans l'orbite, lisons-nous dans la *Revue du Nord*[1], il voyait assez clair pour se diriger, et alla s'étendre à l'abri du corps d'un cheval de trompette dont un obus avait enlevé la tête ; pendant une demi heure, il maintenait sa figure à deux mains, bourrant son mouchoir dans la blessure pour arrêter le sang ». Le combat fini, la nuit venue, il est conduit à l'ambulance où, pendant qu'on le panse, l'hémorrhagie entraîne son œil encore

---

1. 1ᵉʳ décembre 1893 (Article signé G. Lenôtre).

valide. « Au bout d'une heure, on évacue l'ambulance et Moreau, tenant le bras d'un aide, marche *pendant cinq kilomètres* pour gagner un village : en arrivant il s'évanouit.

« Il reprit connaissance dans la nuit, au moment où on le chargeait dans un fourgon qui le cahota jusqu'au jour.

« Le matin, on arrivait à l'hôpital militaire d'Arras, et le chirurgien, en voyant débarquer cet homme qui n'avait pour tête *qu'un énorme tampon de charpie*, reconnut l'impossibilité d'un nouveau pansement. On étendit Moreau sur un lit, en attendant sa fin... » (*Revue du Nord*).

Cependant le pauvre garçon s'obstine à vivre, ce que voyant, au bout de quatre jours, on se résout à l'opérer, et... il guérit.

C'est en 1873 qu'il sort du Val-de-Grâce, ses plaies cicatrisées ; mais il n'a plus de visage ; un masque en cuir, pendant douze ans, lui en tiendra lieu.

Au bout de ce temps, il obtient du gouvernement, sur le rapport de M. Cavalié, député, le masque en platine qu'il porte encore aujourd'hui.

Une photographie publiée dans la « *Revue du Nord* » nous montre Moreau faisant repeindre son masque, opération à laquelle il est obligé de procéder de temps à autre.

Ce brave s'était brillamment distingué à Pont-Noyelles, en allant avec deux chevaux et sous les balles, tirer du danger un de nos canons prêt à tomber au pouvoir de l'ennemi.

Moreau est né au Favril, près d'Avesnes, en 1848. L'État lui a donné la croix, une modeste pension de 600 francs et un petit bureau de tabac dans la commune de Jeumont.

« Tout est extraordinaire chez cet homme, dit encore la *Revue du Nord* : à quarante ans, il lui poussait treize dents ! Il est gai ; il a, plus encore que tous les aveugles, un toucher d'une délicatesse et d'une sensibilité merveilleuses ; il bêche son jardin, cueille ses légumes, se promène, pêche à la ligne et fume toute la journée..... Dernier détail, le plus étonnant de tous, peut-être ; après la guerre, Moreau s'est marié, il a des enfants ! »

Les pertes. — « Cette bataille sanglante de neuf heures, dit le colonel prussien Wartensleben, l'historiographe de l'armée de Manteuffel, nous laissa maîtres de Bapaume (on sait à quoi cela tint)...

« Nous avions enlevé à l'ennemi 300 prisonniers non blessés. De notre côté également, les pertes étaient considérables. »

Une note du livre détaille ainsi ces pertes : 11 officiers et

117 soldats tués, 35 officiers et 667 soldats blessés; 236 disparus. Total : 46 officiers et 1.020 hommes.

Du côté français, le général Faidherbe évalue les pertes à 9 officiers et 183 soldats tués; 41 officiers et 1.136 soldats blessés; 800 disparus. Parmi ces derniers figurent un grand nombre de mobilisés dispersés qui rejoignirent ensuite.

En réalité, les prisonniers français avaient été faits surtout le 2, à Béhagnies, où Wartensleben avoue une perte de 200 hommes; le 3, les Prussiens, au dire du général Faidherbe, ne nous firent pas de prisonniers. Cette assertion tombe d'elle-même en présence de ce que nous ont raconté les historiques des corps de troupe; en tout cas, ils nous en firent peu.

Dès 1871, le conseil général du Pas-de-Calais décida qu'un monument serait élevé en l'honneur des soldats français tués à Bapaume.

Il fut érigé à 2.400 mètres de la ville, sur la gauche de la route d'Arras, à l'embranchement du chemin de Biefvillers à Favreuil.

Il consiste en une pyramide tronquée en pierre bleue qui porte cette inscription :

A
la mémoire
des soldats français
glorieusement tombés
à la bataille de Bapaume
le 3 janvier 1871.

De son côté, la ville érigea, par souscription, dans le cimetière de la ville, un petit monument qui fut inauguré le 3 janvier 1872.

Il est remplacé aujourd'hui par un superbe monument, à l'inauguration duquel nous avons eu l'honneur d'assister, le 12 mai 1895.

Œuvre du sculpteur Louis Cordonnier, grand prix de Rome, et édifié par M. Bouchez-Béru, d'Arras, il se compose d'une croix haute de six mètres, en pierre de Soignies, élevée sur un piédestal en petits blocs de granit formant rocher.

Un soubassement d'un aspect sévère, orné de plaques de marbre noir, l'entoure sur une circonférence d'une quinzaine de mètres.

Sur la façade principale est gravée l'inscription suivante :

A la mémoire des troupes de toutes armes ayant pris part
à la bataille de Bapaume.

ARMÉE DU NORD

Général en chef : Faidherbe
Effectif 35.000 hommes. — Troupes engagées
12.000 hommes.

Autour du soubassement, des inscriptions diverses, indiquent les troupes ayant pris part à la bataille.
Sur l'autre façade on lit :

Monument
érigé par les habitants de la ville et de la région,
avec le concours
de l'État, du département et de la ville,
par les soins
du comité des Anciens combattants, des officiers de réserve
et de territoriale de la subdivision.

Vers le haut du monument, à la jonction des branches de la croix, un médaillon en pierre porte ces mots :

Aux victimes de la Bataille de Bapaume
2 et 3 janvier 1871.
Souvenir des Habitants de la ville. 1895.

Avant de conter les dernières opérations de l'armée de Faidherbe, c'est-à-dire le combat de Vermand et la bataille de Saint-Quentin, parlons de nos troupes de Normandie et du petit combat de Bourgtheroulde qui prend date au 4 janvier 1871.

Nos francs-tireurs en campagne.

CHAPITRE XXIII

Bourgtheroulde.

Bentheim se remet en campagne. — L'attaque par le brouillard. — A Bourgachard. — A Bourgtheroulde. — A Oriva. — Combat sérieux. — Un extrait de Wartensleben. — Eclaireurs du Calvados. — Compagnie Lumière. — Eclaireur Livet. — Capitaine Pascal. — Colonel et sergent. — Colonel Thomas. — Sergent Caruel. — Vous avez donc peur ! — Eclaireur Roussel. — Deux *moutards*. — Lesques et Cahagnet. — Ruse de guerre. — Le quart des hommes par terre. — Adjudant Baudelaire. — Lieutenant Joigneaux. — Bourgtheroulde au pillage. — Le maire Bousquet. — Dans un confessionnal. — Compagnie Trémant. — Mobiles de l'Eure. — Commandant Guillaume. — Capitaine de la Brière. — Lieutenant Roussel. — Capitaine de Sainte-Foix. — Une poignée de braves. — Capitaine de Bonnechose. — Lettre d'un *moblot*. — Lieutenant de Broglie. — Francs-tireurs de Seine-et-Oise. — Capitaine Poulet-Lenglet. — Mobiles des Andelys. — Franc-tireurs Pascal. — Lieutenant Liot. — La mort du capitaine. — Caen est en deuil. — Le général Saussier au Havre. — L'escarmouche de Saint-Romain. — Les Mocquards. — Commandant Mabille. — Un tir original. — Sous-lieutenant Julliard. — Lieutenant Bellanger. — Capitaine Janssens. — Sergent Mercier. — Lieutenant Maupoix. — La rentrée à Paris. — En fait de récompenses.... néant ! — Retour à l'armée du Nord.

Bourgtheroulde.

Après que le général Bentheim, qui commandait les Prussiens à Rouen, eut fait sa petite opération du 31 décembre, il ne crut pas devoir risquer une nouvelle attaque avant d'avoir reçu un régiment de renfort qui lui était envoyé d'Amiens. Ce régiment aussitôt arrivé, c'était le 44° d'infanterie, Bentheim reprit la campagne. Le 4 janvier, à 4 heures du matin, par une nuit obscure qu'un brouillard intense rendait encore plus noire, il se dirigea vers nos positions de la rive gauche : Moulineaux, Bourgachard, Bourgtheroulde...

« Les trois positions occupées par notre petit corps, a dit un témoin du combat, dans une lettre au *Journal de Lisieux*, ont été attaquées toutes les trois successivement par des colonnes différentes.

« ... Après une série de combats qui se sont prolongés depuis la côte de Moulineaux jusqu'au delà de Bourgachard, les troupes françaises ont dû céder pied à pied le terrain devant des forces trop supérieures, en infligeant à l'ennemi des pertes très considérables.

« Bourgtheroulde, attaqué par trois points différents, à la faveur du brouillard, et n'offrant d'ailleurs aucun point sérieux de défense, a dû être également évacué après un combat acharné.

« Restait la position du plateau d'Orival au-dessus d'Elbeuf, occupée par le 2° bataillon de garde mobile de l'Eure, le 3° de l'Ardèche, un de la Loire-Inférieure, et la 1re compagnie des francs-tireurs de Caen. Par suite de la prise de Château-Robert, cette position a été enveloppée à peu près complètement par les

Prussiens qui avaient pu traverser la forêt ; de là, le bruit que vous aviez recueilli de la disparition d'un bataillon de garde mobile. Sur ce point, au contraire, nos troupes ont résisté toute la journée, après avoir repris par une attaque hardie d'une partie du 2° bataillon de l'Eure, le village de la Londe, où les Prussiens s'étaient introduits vers huit heures du matin.

« La fusillade n'a pas cessé un instant et ce n'est qu'à minuit, après avoir appris l'issue des combats livrés sur les deux autres points, qu'il a fallu songer à se retirer, les hommes n'ayant pas mangé de la journée et les cartouches commençant à s'épuiser. La retraite s'est opérée dans l'ordre les plus parfait, par la seule issue du côté d'Elbeuf qui ne fût pas encore gardée par l'ennemi ; il n'est resté sur le plateau ni un homme, ni une arme, et le jour même les troupes de cette colonne occupaient leurs positions sur la Risle sans confusion comme sans précipitation..... »

Les lignes suivantes, extraites du livre du colonel prussien Wartenslebel, feront voir que la lutte avait été réellement sérieuse.

« Le colonel Legat (qui marchait sur Bourgtheroulde avec 2 bataillons du régiment n° 3), trouva une forte résistance à Saint-Ouen ; l'ennemi avait environ 8 pièces en batterie et cherchait à déborder notre aile droite. Sur quelques points le combat fut très sérieux : l'aile gauche surtout fut fortement pressée par une colonne française..... »

Donnons maintenant les relations particulières que nous avons pu recueillir sur le combat de Bourgtheroulde.

Éclaireurs du Calvados. — Le 4 janvier, les mobiles de l'Ardèche qui occupent Château-Robert, y sont attaqués à 4 heures du matin par un corps prussien sorti de Rouen, et qui a pu en partie, passer la Seine sur la glace. Après une vigoureuse défense et des pertes considérables, les Ardéchois, écrasés par le nombre sont forcés de se mettre en retraite.

Mais le bruit du canon a amené des troupes françaises sur le terrain de la lutte. Les premiers qui arrivent sont les Éclaireurs du Calvados ; c'est notre vieille connaissance, la compagnie du capitaine Lumière, nom vraiment prédestiné, pour un commandant d'éclaireurs. Elle compte une cinquantaine d'hommes seulement, le reste ayant été détaché sur divers points.

Ces braves gens se déploient immédiatement, et grâce à eux le chef des mobiles (colonel Thomas) peut rallier sa troupe. Persuadés de l'importance du rôle qu'ils jouent et bien postés d'ailleurs, les Calvadosiens tiennent si courageusement que l'ennemi arrive à quelques pas de leur ligne qui ne veut pas céder le terrain.

« A ce moment, un brave garçon, l'éclaireur Livet, peintre à Ouistreham, est tué d'une balle en pleine poitrine. Plusieurs hommes sont blessés. Il faut alors songer à la retraite, ce qu'on fait en bon ordre et en essayant d'emporter le corps de Livet pendant 400 mètres. Mais il faut l'abandonner bientôt, en présence d'une fusillade terrible. C'est à ce moment que, du côté d'Orival, le capitaine Pascal était tué.

« Les Eclaireurs du Calvados se trouvent à ce moment séparés en deux sections, l'une qui reste sous la direction du sergent Caruel, l'autre sous le commandement de MM. Baudelaire et Viel.

« De ce côté les renforts français arrivés ont été relativement peu nombreux. C'est sur Orival que se trouva portée la plus grande partie de nos troupes. Mais la lutte n'en continua pas moins de notre côté, soutenue par l'Ardèche, les Eclaireurs du Calvados, quelques autres compagnies de francs-tireurs et un bataillon de mobilisés [1].

C'est alors que se produit un incident assez curieux, pour le récit duquel nous laisserons de nouveau la parole à l'ouvrage ci-dessus.

« Le colonel Thomas, en battant en retraite, avait fait évacuer un peu trop précipitamment le village de Saint-Ouen-de-Thouberville... Le colonel, dont nous sommes loin de nier le courage, mais qui parut à tous manquer un peu, ce jour-là, des qualités de tacticien et du sang-froid qui s'imposent, se décida à reprendre la position abandonnée.

« Toutefois, sans tenir un compte suffisant des forces nécessaires pour cette opération, il ordonne à brûle-pourpoint au sergent Caruel, qui venait de rallier les 16 hommes qui lui restaient, de les remettre en tirailleurs et de reprendre Saint-Ouen.

« Le sergent fait observer, avec raison, que la position est maintenant fortement occupée et qu'il serait indispensable que le colonel ralliât un certain nombre de ses mobiles, dont il se chargeait de prendre la tête.

— Vous avez donc peur? dit le colonel, je vous ordonne de marcher. En avant !

— Si vous allez aussi loin que je vais aller tout à l'heure, mon colonel, répond le sergent, vous pourrez changer d'opinion sur mon compte.

---

1. *Les Francs-Tireurs du Calvados.* Caen, Adeline, 1889.

« Et voilà les seize éclaireurs marchant seuls sur le village, par un petit sentier creux qu'ils connaissaient.

« Ils rentrent dans Saint-Ouen, sans être aperçus, et commencent la fusillade sur les compagnies prussiennes qui, rangées en bataille, faisaient des feux de deux rangs pour empêcher les Ardéchois de se reformer.

« Les Allemands, atteints par nos éclaireurs et croyant que des forces assez importantes avaient pu rentrer dans le village, mettent en bataille plusieurs compagnies qui enfilent le chemin dans lequel les nôtres s'étaient placés en tirailleurs, en s'abritant de leur mieux. Les balles pleuvaient comme la grêle et les morceaux de pierre et les gouttières sautaient à la figure.

« Le sergent Caruel et l'éclaireur Roussel, qui s'étaient les plus avancés dans le village, ont presque un corps à corps avec cinq à six Prussiens et se battent à coups de revolver. Puis, s'abritant tous deux le long du presbytère, ils continuent le feu. Enfin, une balle passe entre les jambes du sergent, en déchirant le pantalon, et va briser la jambe de l'éclaireur Roussel placé derrière lui.

« Pendant ce temps-là, deux moutards de dix-huit ans, Lesques et Cahagnet, étaient également blessés un peu plus loin. »

Cependant Caruel voit clairement qu'une plus longue défense est impossible; mais la retraite va être terriblement dangereuse; que faire ? Ce soldat aussi avisé qu'il est brave, se laisse tomber comme une masse à côté du blessé, à la vue des Allemands qui, à 25 mètres de là, le croient mort et poussent des hourras de victoire. Dans leur joie, ils vont incendier le village.

« Les voyant s'éloigner, le sergent parvient à porter ou plutôt à traîner Roussel dans un enclos voisin où il le dissimule sous des feuilles mortes et de la neige; puis il va chercher deux hommes pour l'emporter, ce sont Schiffer, le brave clairon et l'éclaireur Rolland, négociant caennais.

« Les éclaireurs du Calvados, lisons-nous dans cette brochure dont l'auteur anonyme est évidemment un témoin de la lutte, avaient toujours été en première ligne, on le voit, pendant cette journée, et la lutte avait eu lieu dans un pied de neige. *Le quart de l'effectif avait été atteint.*

« Néanmoins, on retrouve encore le soir tout ce qui restait de la compagnie qui, uni à la compagnie Fresnel, de Lisieux, gardait les deux pièces d'artillerie chargées de protéger la retraite du corps français sur Pont-Audemer.

« C'est à ce moment qu'un obus allemand, éclatant sur les pièces même, tua et blessa plusieurs francs-tireurs de Lisieux et atteignit notre adjudant Baudelaire pendant qu'il pointait une des pièces. »

Mais, à ce moment, des renforts nous arrivent, entre autres de l'artillerie, et les Prussiens sont nettement arrêtés dans leur marche. La journée était finie et leur avait coûté de grandes pertes. Le lendemain seulement, nous quittons nos positions. Nous citerons, parmi nos tués du 4 janvier, le lieutenant des Francs-tireurs de Seine-et-Oise Joigneaux, négociant, rue du Moulin, à Caen, et le capitaine Pascal, qui tomba, la carotide coupée par une balle, sur la route de Bourgtheroulde à Elbeuf.

La compagnie Pascal avait été formée la dernière, des compagnies de Caen. On cite d'elle, entre autres belles actions, son passage sur la Seine glacée, pour aller faire, dans la gare de Saint-Aubin, des hussards prussiens prisonniers.

Nous venons de citer le nom de Bourgtheroulde ; ce village où l'on s'était battu de près le 4 janvier fut pillé par les Allemands. Ils s'emparèrent du maire, M. Bousquet, et le conduisirent à Rouen, en sabots, à travers la neige et les mains attachées derrière le dos.

En passant par Grand-Couronne, ils le mirent « dans le le confessionnal de 'église, où ils le laissèrent vingt-quatre heures sans manger ! » Entre temps, ils lui administraient des coups de plat de sabre, en le menaçant de leur éternel : *Capout !* (*Les francs-tireurs du Calvados...*).

COMPAGNIE TRÉMANT. — *Le Moniteur* de Caen, du 10 janvier, consacrait ces quelques lignes à la compagnie Trémant, des Éclaireurs du Calvados :

La compagnie Trémant a eu sa part aux combats du 4 janvier. Elle avait été chargée de défendre le village d'Orival avec une compagnie des mobiles de l'Eure, capitaine de Bonnechose.

Le 4 au matin, les Prussiens attaquèrent simultanément par trois points différents ; mais, après une vive fusillade qui dura deux heures et demie, ils se retirèrent, abandonnant une partie de leurs morts. Trois fois ils recommencèrent l'attaque avec le même insuccès et le feu ne cessa qu'à trois heures du soir.

Le capitaine de Bonnechose, dont les soldats se sont parfaitement battus, a été blessé légèrement à la main, à la tête de sa compagnie.

Malheureusement, 10 à 12,000 Prussiens avaient attaqué et repris toutes nos autres positions en prenant bon nombre de nos bagages. Ceux de la compagnie Trémant, laissés à *Bourg-*

theroulde, furent sauvés grâce à l'énergie du franc-tireur Enguerrand qui, sous une grêle de balles, attela les deux chevaux et partit au galop dans la direction de Brionne. Tous les sacs de la compagnie étaient dans ces deux voitures.

Le brave capitaine Pascal a été tué à la tête de sa compagnie, sur la route de Bourgtheroulde. Une balle lui a traversé le cœur. Nous reparlerons de cette mort glorieuse.

La compagnie Trémand aura l'honneur d'être désignée, quelques jours après, avec un détachement de marins, pour servir d'escorte au Havre au général Saussier.

Mobiles de l'Eure. — La lettre suivante, publiée par le *Journal du Havre*, donne le tableau suivant de l'engagement du 4 janvier, en ce qui concerne les mobiles de l'Eure.

Valognes, le 9 janvier 1871.

« Monsieur le rédacteur,

« Dans la matinée du 4 janvier, les Prussiens ont attaqué nos positions autour de la forêt de la Londe, sur trois points à la fois. A la Maison-Brûlée, à Bourgtheroulde et à Orival.

« J'ai déjà trouvé dans plusieurs journaux le récit de l'engagement de la Maison-Brûlée. Je ne crois pas sans intérêt de vous adresser le rapport, le plus bref possible, des événements qui se sont passés en même temps du côté de Bourgtheroulde.

« A la nouvelle des deux attaques de la Maison-Brûlée et d'Orival, le général Roy, qui se trouvait à Bourgtheroulde avec le 1er et le 3e bataillon des mobiles de l'Eure, pouvant fournir environ 1,000 à 1,200 hommes, et une compagnie de francs-tireurs de Caen, commandée par le brave capitaine Pascal, donna l'ordre à quatre compagnies du 1er bataillon de l'Eure de se porter sur la route d'Elbeuf au secours des troupes attaquées à Orival. Il se porte lui-même avec le reste de ses forces, 7 à 800 hommes environ, sur la route de Rouen, du côté de la Maison-Brûlée.

« La colonne ennemie qui s'avançait de notre côté, protégée par le brouillard, nous fut bientôt signalée, à peu de distance de la ville. Nos compagnies se déployèrent en tirailleurs, sous une grêle de balles et sans que l'on pût distinguer l'ennemi. On se battait à trente pas. Mais bientôt les Prussiens, grâce à leur nombre allant toujours augmentant, nous tournaient des deux côtés. Il fallut battre en retraite.

« Pour assurer le bon ordre de ce mouvement, le général donna l'ordre au commandant Guillaume, du 1er bataillon de l'Eure, d'arrêter l'ennemi dans le village et de tenir jusqu'au dernier moment.

« Le commandant Guillaume, avec une poignée d'hommes, qu'il fit ranger derrière l'église, réussit à tromper l'ennemi pendant une demi-heure. Il fut vaillamment secondé par le capitaine de La Brière et le lieutenant Roussel du 3e bataillon, dont le sang-froid et la bravoure furent admirables.

« Enfin, lorsque l'ennemi, gagnant du terrain pied à pied, fut sur le point d'entourer de tous côtés la petite troupe du commandant, hélas ! considérablement diminuée, il donna le signal de la retraite.

« Cette résistance héroïque suffit pour intimider les Prussiens, qui ne nous ont pas poursuivis.

« Nos troupes purent ainsi se replier en bon ordre, et reprendre position à quelques kilomètres plus loin, en avant de Brionne.

« Nous avons eu à déplorer la perte du capitaine Pascal, des francs-tireurs du Calvados, mort au champ d'honneur.

« Le capitaine de Sainte-Foix, du 1er bataillon de la mobile de l'Eure, blessé par une balle au talon, au moment où il entraînait ses hommes vers l'ennemi, et obligé de se réfugier dans une maison, y fut fait prisonnier, après une énergique résistance... »

Une poignée de braves. — Un témoin du combat, dont le *Courrier de l'Eure* a donné le récit sans faire connaître son nom, a rapporté, à son tour, en ces termes, le fait de la courageuse résistance du commandant Guillaume.

« Au moment où le corps entier du général Roy quittait Bourgtheroulde, une cinquantaine de mobiles de l'Eure, spontanément groupés à l'entour du village avec quelques officiers, résolurent d'assurer, par une résistance héroïque, la retraite de nos 2,000 ou 3,000 hommes qui regagnaient la ligne de la Risle.

« Pendant plus d'une demi-heure, ces 50 hommes, dirigés par un chef de bataillon et trois ou quatre officiers, disputèrent pied à pied aux ennemis l'entrée du village, tirant et essuyant le feu à moins de 20 mètres.

« Dix d'entre eux furent mis hors de combat. Un capitaine, M. de la Brière, fut blessé à la poitrine, mais, se relevant aussitôt, il continua d'encourager ses soldats par sa parole et par son exemple, pendant que son clairon tombait mortellement frappé à ses côtés.

« Un chef de bataillon, M. Guillaume, persista à demeurer à cheval au premier rang, afin de mieux soutenir le courage de ce petit groupe d'hommes.

« Quand la retraite leur parut assurée, les mobiles durent enfin laisser la voie libre à la colonne prussienne, qui entra dans Bourgtheroulde.

« Sur ces 50 braves mobiles, quatre sont morts, six ont été transportés aux ambulances. »

Parmi les blessés du 4 janvier, il faut citer le capitaine de Bonnechose, légèrement atteint.

L'espace nous manque pour reproduire ici les *Souvenirs d'un mobile du Vexin*. Empruntons-lui seulement quelques noms. Le garde Jobin de la 2e, est tué d'une balle au bas-ventre. Le capitaine de Saint-Foix est d'abord blessé d'une balle au cou-de-pied. Il se traîne jusqu'à une étable où il se barricade, mais où les Prussiens arrivent et le font prisonnier, après lui avoir fait deux autres blessures, l'une à la main, l'autre à la cuisse.

Dans Bourgtheroulde, où 40 braves soldats tiennent encore tête aux Prussiens, ralliés qu'ils ont été par les capitaines de Rostolan et de la Brière, celui-ci est frappé d'une balle en pleine poitrine, laquelle balle a déjà cassé la tête au mobile Renon de la 7e compagnie. Le capitaine se relève et reprend son poste. « Son clairon Brière reçoit à ses côtés une balle dans le front et va s'affaisser contre les murs de l'église. » Ledoigt, de la 7e, dont les trois frères sont morts à l'armée, a le genou emporté, mais il recharge et tire deux fois, avant de s'étendre sur ses camarades frappés avant lui. »

Héros d'Homère. — Le mobile Thomas, de la 7e, est grondé par le commandant, pour avoir montré trop de témérité. Ce brave s'était avancé à découvert jusqu'au milieu de la rue pour *invectiver les Allemands* et en avait abattu deux. A son tour, le lieutenant Roussel apostrophe ses adversaires.

Mort de Bizy. — Enfin, le chien de la 2e compagnie, le fidèle Bizy, qui tenait son nom de la forêt de Bizy où on l'avait trouvé, a été tué par une balle prussienne, dans cette chaude journée. « Pauvre Bizy ! il n'a pas voulu survivre à son capitaine fait prisonnier. »

Mobiles des Andelys. — « ... Les mobiles de l'arrondissement des Andelys, sous le commandement de M. Guillaume, maire de Fours, y (à Bourgtheroulde) avaient fait vaillamment leur devoir. Plusieurs avaient été tués, d'autres blessés. Un certain nombre étaient prisonniers; parmi ces derniers se trouvait le capitaine de la compagnie formée du contingent des cantons de Gisors et d'Etrépagny, M. de Sainte-Foix, pris après avoir été blessé. » (Ch. Dehais, sous-préfet des Andelys).

Francs-tireurs de Seine-et-Oise. — Le 3 janvier, le capitaine Poulet-Lenglet est placé sous les ordres du commandant de Montgolfier, de l'Ardèche, qui occupe le Pavillon dans la forêt de la Londe. Celui-ci lui ordonne de faire le lendemain matin une reconnaissance entre son bataillon (le 3e de l'Ardèche) et le 1er bataillon qui est au Château-Robert.

« Le 4 janvier, dit le rapport officiel du capitaine Poulet-Lenglet, nous partons à 7 heures au lieu de 8 qui m'avait été indiqué, parce que, depuis 4 heures du matin, nous entendions des coups de feu dans la forêt de la Londe...

« En traversant la grande place de la Londe, un paysan arrive vers moi tout essoufflé, me prie d'arrêter la colonne et me dit qu'il y a dix ou douze fantassins prussiens autour de sa maison et qu'ils viennent de tirer sur lui.

« Le brouillard était excessivement intense ; on ne se voyait pas à quelques pas. Je fais arrêter la colonne et j'envoie le sous-lieutenant Joigneaux, avec sa section, vérifier ce fait et s'emparer, s'il le peut, de ces dix ou douze Prussiens. Mais à peine a-t-il fait 50 mètres en avant de nous que de tous côtés nous pleuvent (sic) une grêle de balles. Les Prussiens étaient embusqués derrière chaque maison et nous mitraillaient à 20 mètres.

« Je fais garder de suite les quatre chemins aboutissant à la place. J'envoie ma seconde section au secours de la première engagée dans une rue étroite, et je fais ramper mes hommes le long de chaque maison, les postant d'un côté, les Prussiens se trouvant de l'autre.

« Nous avions affaire, non pas à 12, mais à 1.200 Prussiens du 41e régiment de la garde royale.

« Le sous-lieutenant Joigneaux, toujours conduit par le soi-disant paysan, tombe la poitrine traversée par une balle. Ce paysan lui crie alors : « Vous avez voulu voir les Prussiens; vous les avez vus! » Un homme de cette section qui entend cela, justement indigné de cette trahison, lui fracasse le crâne d'une balle en lui disant : « Eh bien! toi, tu ne les verras plus! »

« Nous faisons le coup de feu, de cette façon, pendant deux heures et demie. Grâce au brouillard qui nous a nui et servi à la fois, les Prussiens, qui étaient 1.200 autour de nous, crurent que nous étions bien plus nombreux que nous n'étions réellement, parce que, chaque fois qu'ils se présentaient sur un chemin, ils étaient reçus par une fusillade.

« Enfin, au bout de ce temps, je fais enlever tous nos blessés et nos morts, qui commençaient à devenir nombreux; il n'y en a eu que 4, qui s'étaient trop avancés, qu'il m'a été impossible d'avoir. »

Un sergent de l'Ardèche, chef d'une vingtaine d'hommes préposés aux bagages du bataillon de Montgolfier, vient alors avertir le capitaine Poulet que des Prussiens ont tourné le village. Le capitaine y court avec une partie de son monde et fait évacuer bon nombre de voitures; mais, d'autre part, ce sont ses propres bagages restés à Saint-Ouen-du-Tilleul qui vont être pris. Il va de ce côté, après avoir évacué sa voiture d'ambulance emportant ses blessés, vers Elbeuf, sous le feu de l'ennemi qui ne tient aucun compte de la croix de Genève. On dit les Prussiens en possession de Bourgtheroulde et même de Bourgachard, et marchant eux-mêmes sur Elbeuf. Que faire? Le capitaine Poulet, qui lutte depuis 8 heures du matin, et il est 2 heures, bat en retraite sur Brionne, par Thuit-Signol. Il avait perdu 17 hommes sur 180 environ : 1 officier et 4 hommes tués, 10 hommes blessés, 3 disparus.

« Dans cette affaire, dit-il, nous fîmes beaucoup de mal à l'ennemi. Je recommandais sans cesse à mes hommes de ne tirer que lorsqu'ils verraient un Prussien, et comme une distance de 20 mètres à peine nous séparait d'eux, presque chaque coup portait. Nous tuâmes, au commencement de l'action, un officier dont je n'ai pu savoir le grade; les Prussiens voulaient avoir son corps, et chaque fois qu'ils se présentaient au nombre de dix ou quinze, cinq ou six tombaient à côté de lui. Je pus m'emparer de son portefeuille et de ses papiers, que je fis traduire par un de nos officiers sachant l'allemand, M. Paley, et je remis la traduction au général Roy. Ce n'était, du reste, que quelques portraits et des lettres intimes. »

Le capitaine proposa pour des récompenses :

1° Le soldat Lépine, d'Oinville près Meulan. Entouré de cinq ennemis, il en avait tué un d'un coup de feu, un deuxième d'un coup de baïonnette, avait lancé sa crosse de fusil sur la tête du troisième et évité les deux autres en rampant derrière une haie jusqu'à la maison d'un tisserand, où il put se cacher entre deux métiers et où les Prussiens, qui fouillèrent la maison, ne purent le découvrir. Il rejoignit la compagnie le lendemain, vêtu en paysan;

2° Le sergent Obry, de Lainville, ancien voltigeur de la garde. Il avait rapporté sur son dos le corps du sous-lieutenant Joigneaux après l'avoir disputé aux Prussiens;

3° Le soldat Leclerc, de Mézy près Meulan. Ce brave avait tué, sous les yeux de son capitaine, six Allemands et reçu quatre balles qui n'avaient, par miracle, atteint que son fusil;

4° Le sergent-major Bertaux, de Meulan. Ce sous-officier avait fait preuve d'une énergie, d'un sang-froid et d'une bravoure remarquables, en empêchant jusqu'à midi, avec la section du lieutenant Masson qu'il remplaçait, les Prussiens de cerner la compagnie sur la place de la Londe.

Francs-tireurs Pascal. — Nous avons cité incidemment la mort du capitaine Pascal, tué à l'ennemi le 4 janvier. Voici le rapport officiel du lieutenant Liot, commandant la 2ᵉ compagnie des francs-tireurs du Calvados.

« Le 4 janvier, la compagnie Pascal a été appelée à la défense de Bourgtheroude, où elle était logée, lorsqu'à 10 h. du matin, entendant la fusillade, le capitaine fit réunir les hommes pour se porter sur la route de Rouen, où se trouvait le 3ᵉ bataillon de mobiles de l'Eure. A notre arrivée, nous le trouvâmes battant en retraite devant près de 800 Prussiens. Nous crions : En avant le Calvados ! Notre effectif n'était que de 60 hommes, nous avons continué notre marche en avant, lorsque notre brave capitaine Pascal est tombé frappé mortellement au cœur par une balle.

« Nous avions juré, le capitaine, moi et le lieutenant Arnal, que si l'un de nous tombait sur le champ de bataille, l'autre n'abandonnerait pas son corps.

« Aussi, prenant alors le commandement de la compagnie, j'ai donné l'ordre au lieutenant Arnal de diriger la ligne de tirailleurs afin de soutenir la retraite que nous étions forcés d'opérer et pouvoir enlever le corps du capitaine, ce que nous avons réussi à faire. Après l'avoir porté plus de 1,500 mètres, nous l'avons déposé à l'ambulance française, où est resté notre docteur, M. Renard, qui ne nous avait pas quittés.

« Les Prussiens entrant dans Bourgtheroulde continuaient leur feu. Ils ont tiré sur l'ambulance. Nous ne pouvons savoir ce qu'est devenu le docteur.

« Nous avons été forcés de continuer à battre en retraite, en nous dirigeant sur Brionne.

« Nous n'avons à déplorer que la perte de notre capitaine.

« Deux hommes ont disparu, et tous les bagages des officiers ont été égarés.

« Ayant le commandement des 2 compagnies de francs-tireurs, je suis venu à Caen prendre la 2ᵉ afin de la conduire à Bernay.

« Liot,
« Commandant la 2ᵉ compagnie. »

Le *Moniteur du Calvados*, en publiant ce rapport, y ajoutait ces lignes :

« La ville de Caen a été douloureusement émue hier en apprenant que le brave capitaine Pascal a été l'une des premières victimes du combat de mercredi dernier.

« Le capitaine Pascal avait déployé dans l'organisation, dans l'administration de ses deux compagnies, une habileté, une sollicitude paternelle, un dévouement qui lui avaient gagné l'affection et la confiance de tous ses compagnons d'armes au champ d'honneur, avant qu'il fût leur modèle de bravoure en face de l'ennemi.

« Tous pleurent en lui le chef et le modèle qu'ils eussent été heureux de suivre partout où ses ordres les appelleraient. »

Nous sommes heureux d'avoir à reproduire de tels éloges.

Le général Saussier. — Le 10 janvier, le général Roy était remplacé par le général Saussier, ancien colonel du 41º de ligne à l'armée de Metz, évadé bravement à ses risques et périls des prisons de l'ennemi.

Le colonel Saussier n'avait pas voulu donner aux Prussiens sa parole de ne pas chercher à fuir, et il était parvenu à s'échapper au péril de sa vie, de la forteresse allemande où il avait été enfermé, et à rentrer en France par la Russie. Il était venu aussitôt offrir ses services au gouvernement de la Défense nationale qui l'avait nommé général de brigade et commandant supérieur des forces réunies dans les départements de l'Eure et du Calvados.

Les troupes du Havre où les bataillons de mobiles avaient été groupés en régiments, devaient former, sous le général Loysel remplaçant le général Peltingeas, une division (la 3e) d'un nouveau corps d'armée (le 19e) formé par décret du 1er janvier, à Caen. La 1re division serait commandée par le général Peltingeas et la 2e par le général Barthes, bientôt remplacé par le général Saussier. Une réserve, composée de 3 compagnies de francs-tireurs havrais et de 2 batteries d'artillerie, avait pour chef le commandant Dornat.

Nous ne nous étendrons pas davantage sur ces formations entrées trop tard en ligne pour avoir une influence sérieuse sur la défense nationale. Voyons encore, en Normandie, le petit combat de Saint-Romain, dont le livre du docteur Raspail nous donne un intéressant aperçu. Nous irons ensuite rejoindre l'armée de Faidherbe, et cette fois pour ne plus la quitter.

A Saint-Romain. — Les Mocquards. — Le 17 janvier, le commandant Mabille, du régiment d'éclaireurs de la Seine, occupe Saint-Romain, avec son bataillon, une compagnie de Havrais et une compagnie de francs-tireurs du Nord.

Le village est situé de telle sorte que, pour le défendre avec succès, il faudrait pouvoir occuper une série de fermes qui se voient à quelque distance, mais les forces du commandement ne le lui permettent pas.

Vers 10 heures, les deux cavaliers qu'il a à sa disposition et qu'il a envoyés en reconnaissance, reviennent à toute bride, à travers champs et serrés de près par les éclaireurs ennemis. Une colonne prussienne s'avance contre Saint-Romain.

« Notre ligne de défense faisait un léger arc de cercle, les extrémités sur les deux routes et le milieu appuyé sur Saint-Romain. Une compagnie fut tenue en réserve pour agir selon les besoins et surtout dans le cas où l'ennemi chercherait à tourner l'extrême gauche.

« Une section s'avança vers les fermes qui masquaient l'arrivée de l'ennemi. Nos tirailleurs n'avaient pas fait la moitié du chemin, que des cavaliers se montraient et que des coups de feu partaient des abords de ces fermes ; ils ripostèrent et se replièrent immédiatement.

Un tir original. — « La cavalerie se retira et, par ce mouvement, démasqua 2 pièces qui tonnèrent aussitôt ; en quelques instants, des obus arrivèrent successivement dans toutes les fermes, et cela avec une rapidité telle, que l'on crut à la présence de plusieurs batteries. C'était une véritable distribution, un tir en fauchant. Les artilleurs procédaient de cette manière : en même temps qu'ils rechargeaient, les pièces étaient tournées dans la direction d'une autre ferme ; le coup parti, la même manœuvre recommençait.

« La précision du tir en souffrait, naturellement, mais les Prussiens ne visaient qu'à l'effet quand on ne leur opposait pas d'artillerie. Une troisième pièce, mais de petit calibre, ouvrit le feu sur les maisons de Saint-Romain.

« L'action s'engagea sur toute la ligne et la fusillade crépita bientôt avec fureur. »

Le sous-lieutenant Julliard. — Cependant une de nos compagnies qui ne se trouve pas à plus de 500 mètres environ des pièces, les a prises pour cible et bientôt « plusieurs artilleurs » et « deux chevaux » sont par terre. L'ennemi se hâte de les faire changer de position, mais elles se retrouvent encore « sous le feu meurtrier d'une section de 30 hommes postée dans une petite ferme isolée, et commandée par le sous-lieutenant Julliard. » Le docteur Raspail nous apprend, dans une note, que cet officier n'avait guère plus de 22 ans. « Entré, nous dit-il, dans les lanciers à sa sortie de l'Ecole de Saumur, il quitta ce corps pour le grade de sergent dans les Mocquards, au départ de Paris.

Voyons la suite du combat.

« Alors, l'infanterie se décida à attaquer nos positions; elle avança sur trois points différents, pendant que la cavalerie s'étendait sur notre gauche.

« A ce moment, des francs-tireurs abandonnèrent la position sur laquelle Julliard s'appuyait pour soutenir l'attaque qui se prononçait contre lui; dans ce mouvement malheureux, un lieutenant, M. Bellanger, du Havre, tomba mortellement frappé. La ferme fut alors vigoureusement attaquée et Julliard obligé de l'abandonner aux Prussiens qui l'envahirent.

« Mais il comprend aussitôt toute l'importance de la position qu'il vient de perdre; alors, au lieu de continuer à battre en retraite, ce brave jeune homme rallie ses hommes, et à leur tête, se lance en avant avec un élan admirable.

« Le capitaine Janssens, des francs-tireurs du Nord, s'apercevant de ce mouvement hardi, saute sur un cheval, et entraine au pas de course le sergent Mercier et quelques hommes qui se trouvent à sa portée; il roule à terre presque aussitôt, son cheval vient d'être tué sous lui; un sergent tombe en même temps grièvement blessé; mais déjà Julliard a repris d'assaut sa ferme; les Prussiens, bien que retranchés derrière le talus, ont lâché pied devant cette attaque enragée à la baïonnette. »

Le Dr Raspail nous apprend que le capitaine Janssens, dont il vient d'être question, était un adjudant de l'infanterie belge, qui avait déserté pour venir se battre contre les Prussiens et qui portait encore son uniforme belge. « Tête un peu folle, ajoute-t-il, mais brave à l'excès. »

Puis c'est une troupe prussienne qui tente de nous tourner par la droite et que le commandant Mabille fait repousser à coups de fusil, par une de ses compagnies.

Alors la canonnade reprend de plus belle, puis une colonne de 300 hommes se rue contre nous en poussant des cris sauvages, mais pris de flanc par la fusillade du lieutenant Maupoix, qui leur arrive d'une ferme qu'il ont crue inoccupée, ils se sauvent laissant 4 morts sur le terrain.

« Nos pertes, dit le Dr Raspail, s'élevèrent à 2 tués, dont le lieutenant Bellanger, et 4 blessés. Quant aux Prussiens, outre les quatre cadavres restés dans la plaine, ainsi que cinq chevaux tués, ils emmenèrent un grand chariot chargé de morts et de blessés. »

En ce qui concerne le vaillant lieutenant Julliard, le docteur Raspail nous dit plus haut : « La croix fut demandée pour lui... mais naturellement il ne l'obtint pas. » Le rapport officiel du colonel Mocquard cite, pour s'être distingué pendant la campagne, le lieutenant-colonel Halbout, les commandants Guillaume Lamy et Pons ; « ils avaient tous, dit le colonel, repris volontairement du service. Le frère du commandant Pons, ingénieur engagé dans la compagnie du génie volontaire du Gard, a été tué en se dévouant pour faire sauter le pont de Losne (Bourgogne). »

Le général Loysel, arrivé à Saint-Romain, promit de mettre le 2ᵉ bataillon d'éclaireurs à l'ordre du jour. Le 1ᵉʳ régiment d'éclaireurs de la Seine fut licencié au Havre le 6 mars. Ces soldats braves et dévoués se séparèrent le 8 à Paris.

1.200 hommes avaient quitté la capitale à la fin d'août 392 seulement y étaient rentrés.

« A midi, se dispersaient à jamais les débris de ce brave petit corps de volontaires qui avait fait sept mois de campagne toujours en face de l'ennemi, et qui, pour prix de ses services, ne reçut ni une récompense, ni même un mot de remerciement » (Dʳ Raspail).

Eclaireurs volontaires de Bolbec. — La compagnie des éclaireurs de Bolbec a été formée vers le milieu de septembre, de 130 volontaires, sous les ordres du capitaine Pimont. Elle se trouve à l'expédition nocturne d'Etrépagny ; mais malheureusement pour elle, c'est avec la colonne de droite, dont le commandant ordonne la retraite dès les premiers coups de fusil.

Repliée sur Rouen, puis sur le Havre, nous la retrouvons à l'affaire de Saint-Romain, le 17 janvier.

Voici, au sujet de cette escarmouche, la relation officielle de son capitaine, M. Anatole Pimont.

Le 15, la compagnie a reçu l'ordre d'occuper Saint-Romain, pour arrêter la marche des Prussiens venant de Bolbec sur le Havre.

Elle doit se joindre, pour remplir cette mission, aux francs-tireurs du Nord, aux bataillons du Havre, aux éclaireurs rouennais et à un poste de 30 éclaireurs Mocquard.

« Le 16 janvier, les chefs de ces différents corps se réunirent et déterminèrent les postes que chaque compagnie devait occuper en cas d'attaque, soit par la route de Lillebonne à Saint-Romain, soit par la route de Bolbec à Saint-Romain.

« Le lendemain 17, à 11 h. 1/2, nos postes avancés nous signalent l'ennemi venant par la route de Bolbec. Le rappel fut sonné et chaque compagnie alla occuper son poste de combat.

« La compagnie des éclaireurs de Bolbec était embusquée, avec la 2e des tirailleurs havrais, dans la ferme Benoît. La fusillade s'engagea, au début de la lutte, avec le poste des Mocquards sur la route de Bolbec. Les Prussiens, précédés de 150 dragons, arrivaient en colonne serrée formée de 4 compagnies d'infanterie et 2 pièces d'artillerie.

« Au hameau de la Chapelle, ils mirent leur artillerie en position et envoyèrent des obus sur Saint-Romain. Il leur fut répondu par une fusillade des francs-tireurs échelonnés en avant du bourg de Saint-Romain. Les hommes de notre compagnie, embusqués à la ferme Benoît, animés par le bruit du canon, demandèrent à se rallier au feu.

« Après nous être mis en bataille, nous montâmes, abrités par la ferme Drieux, occupée par la cavalerie prussienne et 50 fantassins environ, qui cernaient une section de la 4e compagnie du Havre, sous les ordres du capitaine Roux, embusquée dans cette ferme.

« Nous nous déployâmes en tirailleurs dans la plaine, à découvert.

« La compagnie de Bolbec tenait la droite, la 2e compagnie des tirailleurs havrais la gauche, jusqu'au fossé de la ferme Drieux. Cette position occupée, nos chasseurs commencèrent un feu à volonté à 350 mètres, sur 60 dragons environ et 50 fantassins, qui se replièrent sur les fermes d'Amontot en passant sous notre feu ; 20 à 30 Prussiens restèrent sur place et 7 chevaux furent tués.

« Immédiatement l'artillerie prussienne dirigea son feu sur nous à 700 mètres, ainsi que 3 compagnies du 45e prussien, qui s'étaient embusquées dans les fermes, nous criblaient de feux de peloton.

« Sous cette grêle de projectiles, nous avançâmes de 60 mètres, espérant gagner l'extrémité de la ferme Drieux, au nord, d'où nous aurions pu déloger les 2 compagnies prussiennes embusquées à Amontot, après avoir vu tomber notre regretté camarade, le lieutenant Bellanger, de la 2e compagnie du Havre, frappé mortellement d'une balle au cœur. » (Capitaine Pimont.)

Le tirailleur Haugueil venait d'être tué ; Caufournier (Paul frappé mortellement ; le sergent Moureux blessé d'une balle au ventre, le caporal Boutier d'une balle au bras, le lieutenant Avenel contusionné par une balle qui avait frappé sur le tire-balle de sa cartouchière.

Le feu devenant de plus en plus vif, les Bolbecais durent s'abriter dans le fossé sud de la ferme Drieux, et les Prussiens ne tardèrent pas à se retirer sur Bolbec « poursuivis par les compagnies de francs-tireurs jusqu'aux Trois-Pierres... »

Le *Journal du Havre* (21 janvier 1871) donne quelques détails sur le petit combat de Saint-Romain.

Le lieutenant Bellanger, calme et plein de sang-froid sous la grêle des balles « fit observer à son compagnon d'armes (le capitaine de la compagnie de Bolbec placée à sa droite) que la position n'était plus tenable, et il commanda un premier mouvement de retraite, lorsqu'à quinze pas du fossé il fut atteint sous le sein gauche. Il poussa un cri léger et tomba sur les genoux. Le capitaine Pimont crut qu'il avait été atteint aux jambes et s'avança pour l'aider à se relever ; mais l'infortuné lieutenant s'était affaissé et était tombé la face contre terre. »

Les obsèques du brave lieutenant Frédéric Bellanger, célébrées au Havre le 19 janvier, et où se presse la population tout entière, sont pour le nouveau préfet, Sadi-Carnot, l'occasion de prononcer « d'ardentes paroles qui remuent profondément l'assistance [1] ».

Le lieutenant Bellanger, conseiller municipal du Havre, était un modeste ouvrier. Quant au futur président de la République, il avait été nommé quelques jours avant, par Gambetta, préfet du Havre et commissaire extraordinaire de la République dans la Seine-Inférieure, l'Eure et le Calvados.

L'ouvrage du grand état-major prussien cite, comme ayant combattu à St-Romain : les 10e et 12e compagnies du 8e régiment de la Prusse orientale n° 45 ; le 4e escadron du régiment de dragons de la Prusse orientale n° 10, une section d'artillerie de campagne du régiment de la Prusse orientale n° 1 et la 1re compagnie de pionniers de campagne.

Allons retrouver l'armée de Faidherbe.

---

1. **Henri Genevois**, *Carnot et la Défense nationale*. Paris, Le Soudier, 1894.

Bapaume. — Des mobilisés lillois, accourent nu-pieds dans la neige, rejoindre leurs camarades au premier coup de canon.

CHAPITRE XXIV.

De Bapaume à Vermand.

A Bihucourt. — Le carré du 20ᵉ bataillon de chasseurs et les cuirassiers blancs. — Récit du commandant Hecquet. — A l'arrière-garde. — Le chemin creux. — Les cavaliers allemands! — Pièces en danger. — Compagnie Parent. — Lieutenant Goujon. — Culbutés à bout portant. — Les Prussiens en fuite. — Le bataillon acclamé par les marins. — Mis à l'ordre. — Mobilisés du Nord. — Une cour martiale. — Scènes pittoresques. — Justice faussée. — Surtout frapper haut. — Le mot du maréchal de Saxe. — Supériorité du Français pour l'attaque. — L'armée se remet en campagne. — Arrivée à Bapaume. — Péronne est rendue. — Faidherbe et Clauzewitz. — Le moral à la guerre. — En 1806 et en 1815. — La santé du général en chef. — Faidherbe et Paulze d'Ivoy, le 2 janvier. — Faute d'un temps de galop (?). — Le cabaret de Couchy. — Capitaine Delaporte. — Lieutenant Denal. — Maréchal-des-logis Plouvier. — L'entrée des Français à Bapaume. — Scènes patriotiques. — L'armée du Nord à Albert. — Colonne mobile de Cambrai. — Combat de Bellicourt. — 73ᵉ de marche. — Récit du colonel Castaigne. — Colonel Isnard. — Colonel Giovanninelli. — L'ennemi en retraite. — Nous reprenons Saint-Quentin.

A Bihucourt. — Les Prussiens eurent promptement connaissance de la retraite des troupes du général Faidherbe. Aussitôt, et tout en continuant leur mouvement en arrière, qui les éloignait de Bapaume, ils envoyèrent leur cavalerie maintenir le contact avec l'armée du Nord, et, le 4, eut lieu, entre leur 8ᵉ régiment de cuirassiers et l'arrière-garde de la division du Bessol, la petite affaire de Bihucourt.

Cette arrière-garde était formée par le 20ᵉ bataillon de chasseurs (commandant Hecquet), fort de 450 hommes environ.

Le mieux, ici, est de laisser parler l'historique du 20ᵉ bataillon, d'autant qu'il est écrit de la main même du commandant Hecquet :

« Le 4 janvier, à 8 heures du matin, la 2ᵉ division a quitté Grévillers et s'est dirigée vers le Nord, par Biefvillers et Gomiécourt. Dans ce mouvement, le 20ᵉ bataillon de chasseurs a formé l'arrière-garde, et marché derrière les voitures de l'armée et la batterie de réserve de la division.

« Après avoir fait évacuer Grévillers par tous les traînards, le 20ᵉ bataillon se met en marche vers 9 heures, traverse Biefvillers où sont réunies, devant l'église, les nombreuses victimes du combat de la veille, et s'avance, par un chemin creux, dans l'espace ondulé qui s'étend de Biefvillers jusqu'à Bapaume à l'est, et jusqu'à Sapignies au Nord.

« A 600 mètres environ au delà de Biefvillers, par suite d'un allongement de la colonne, résultat de la difficulté qu'éprouvent les voitures et les canons pour avancer dans les chemins creux et mal entretenus, il se trouve à plus d'un kilomètre en arrière de la queue de la colonne.

« A ce moment même, une forte colonne de cavalerie, à demi voilée par le brouillard du matin, sort de Bapaume et, manœuvrant habilement derrière les plis du terrain, vient se placer très rapidement sur les derrières de la longue colonne française.

« Évidemment, ces cavaliers sont chargés d'inquiéter la retraite des Français ; ils vont tenter de s'emparer des pièces de réserve qui, encaissées dans le chemin creux, ne sauraient être mises en batterie.

« Le commandant Hecquet, averti par M. le sous-lieutenant Goujon, qui commande la 2ᵉ section de la 1ʳᵉ compagnie (Parent), en extrême arrière-garde, arrête son bataillon sur le talus de gauche de la route, et lui fait faire front du côté de Bapaume. En même temps, le capitaine Parent place la 1ʳᵉ section de sa compagnie en potence, face à Biefvillers et à la route par laquelle arrivent les cavaliers, tandis que l'autre section, amenée au pas gymnastique et en bon ordre par son chef, va se mettre à la suite.

« A peine ces dispositions sont-elles prises, que 2 escadrons de cuirassiers blancs du Rhin fondent au galop de charge sur les chasseurs.

« Ceux-ci, sans se laisser troubler, les accueillent à 80 mètres par un feu à volonté du plus terrible effet. Rejetés un peu sur la droite par la 1ʳᵉ compagnie, les cuirassiers, culbutant les uns sur les autres, viennent presque frôler la pointe des baïonnettes de la 2ᵉ compagnie, qui les fusille à bout portant, et s'enfuient enfin dans toutes les directions, sous les décharges du reste du bataillon.

« Exécutée en un clin d'œil, cette brillante action couvre la plaine de cadavres d'hommes et de chevaux, et sauve d'une perte certaine la batterie de réserve de la division servie par les marins.

« Un officier et une dizaine de cuirassiers restent au pouvoir des vainqueurs qui, sous la menace de plusieurs escadrons de réserve, au lieu de s'abandonner à la poursuite, sont maintenus par leur chef en bon ordre, et complètement formés en carré.

« Au bruit de la fusillade, la brigade tout entière s'est arrêtée. Bientôt elle salue au passage par de vives acclamations le 20ᵉ bataillon qui, de ce moment, prend la tête de la colonne et reçoit les chaleureux remerciements des marins.

« Le soir de ce jour, la brigade est cantonnée à Boiry-Sainte-Rectrude, à 12 kilomètres d'Arras.

« Le lendemain, le 20ᵉ bataillon de chasseurs à pied de marche est mis à l'ordre du jour de la division pour sa belle conduite et pour son sang-froid dans la journée du 4 janvier qui, de l'aveu des Prussiens, leur a coûté plus de 80 chevaux. Le bataillon n'eut qu'un homme blessé. »

Mobilisés du Nord. — Une cour martiale. — Le 6 janvier, à Neuville-Vitasse, la cour martiale du régiment de Lille, s'assemble, pour juger un mobilisé accusé de désertion en présence de l'ennemi.

L'aspect de cette séance, rendu comme il suit par M. Albert Devienne, est assez curieux. Nous sommes dans la salle d'école, qui sert aussi de salle de rapports et de corps de garde.

« Le président et ses assesseurs sont assis tant bien que mal derrière le pupitre exhaussé, place ordinaire du maître d'école. Au bas de l'estrade, le greffier et le rapporteur occupent chacun un siège, en face duquel est une petite table.

« A la gauche du président, l'accusé, placé entre deux gendarmes, semble être tout à fait étranger à ce qui se passe autour de lui.

« Quelques auditeurs, assis sur les bancs ou sur les tables de l'école, sont attentifs à ces graves débats; un peu plus loin, quatre hommes du poste, accroupis sur des sacs, jouent aux cartes avec une attention soutenue, d'autres nettoient leur fusil ou épluchent des légumes pour la *popote*.

« Sur les tables placées à l'extrémité de la salle, quelques fourriers copient des ordres, à côté d'officiers qui s'entretiennent d'une façon bruyante sur la disparition de plusieurs de leurs collègues.

« De temps à autre, la voix du président domine ce brouhaha, pour imposer silence aux interrupteurs... »

L'homme est condamné à dix ans de travaux publics; il sera dégradé le lendemain, en présence des troupes assemblées.

La justice prompte de cours martiales est indispensable en temps de guerre, surtout dans les troupes françaises; mais c'est à la condition qu'elle sera la même pour tous, qu'elle frappera en haut comme en bas. On ne sut pas le comprendre en 1870; seuls, les petits, simples soldats ou modestes gradés, subirent les rigueurs de cette justice sommaire, aussi tomba-t-elle dans un irrémédiable discrédit. Il faudra tâcher de faire mieux à l'avenir, et savoir frapper haut, à l'occasion.

Si, à l'époque qui nous occupe, on avait eu le patriotique courage de livrer au peloton d'exécution un seul des officiers de mobilisés qui abandonnaient leurs soldats devant l'ennemi et trahissaient ainsi la cause de la patrie, pour rentrer tranquillement chez eux, cela aurait plus fait pour relever le moral, que dix condamnations de malheureux soldats souvent assez dépourvus de lumières pour ne pas se rendre compte de la gravité de leur faute.

Faidherbe se contenta de faire casser de leur grade onze officiers de la division Robin, qui se trouvaient dans le cas dont nous parlons; cela n'était pas suffisant.

Après avoir si bien étrillé (le mot n'est pas des plus nobles, mais il a été employé jadis par le maréchal de Saxe parlant des Anglais qu'il venait de battre à Fontenoy) les Prussiens sous Bapaume et montré ainsi la supériorité pour l'attaque du Français sur l'Allemand, quand le Français a confiance en son chef, l'armée de Faidherbe, nous l'avons vu, avait été re rendre ses cantonnements autour de Boisleux.

Aussitôt ravitaillée, elle se porta de nouveau en avant, « dans le but, dit Faidherbe, d'aller reconnaître la situation de la ville de Péronne, sur le sort de laquelle on n'était pas suffisamment renseigné; et le 10, elle vint se cantonner autour d'Ervillers. »

Hélas! ce même jour, 10 janvier, les Prussiens faisaient leur entrée dans Péronne, Péronne-la-Pucelle, qui s'était rendue la veille, après 13 jours de bombardement, à demi détruite et ayant tout lieu, on le reconnaîtra, de ne plus compter sur le secours de l'armée du Nord. La retraite de Faidherbe après le succès de Bapaume, et les six jours d'inaction qui suivirent, avaient fait tout le mal.

Faidherbe, répétons-le, avait méconnu le précepte de Clauzewitz : « Agir vite et le plus souvent par un coup droit ; *agir avec continuité et sans temps d'arrêt.* »

Obtenir à la guerre un avantage comme celui qu'il avait obtenu le 3 janvier, et en abandonner volontairement tous les bénéfices, n'a jamais passé pour le fait d'un général en chef absolument complet, lequel a toujours grand soin d'éviter tout ce qui peut décourager le soldat.

Or battre en retraite après un succès, est un moyen à peu près sûr de diminuer l'ardeur des troupes, car, se voyant frustrées des résultats qu'elles attendaient de leur victoire, les meilleures finissent par voir décroître leur entrain; elles se disent, et non sans raison : à quoi bon?

Dans la lettre que Blücher adresse, de Meudon le 4 juillet 1815, à sa femme, lettre qui débute ainsi : « Paris est en mon pouvoir.... », il attribue son succès à sa persévérance, à sa ténacité, à *sa volonté de fer.* « Les observations, les lamentations sur l'épuisement des troupes, dit-il, n'ont pas manqué de pleuvoir sur moi; mais je suis resté sourd à tout; je savais par expérience, qu'on doit et ne peut recueillir tous les fruits d'une victoire qu'en poursuivant le vaincu sans trêve ni répit. »

Je savais « par expérience » dit Blücher : c'est qu'en effet,

1.

après Iéna, nos généraux Soult, Bernadotte et Murat l'avaient poursuivi lui-même à outrance, et forcé de se rendre, le 7 novembre 1806.

On a vu, d'autre part, que le général en chef de l'armée du **Nord** était malade. Il souffrait d'une paralysie contractée au Sénégal et remontant à de nombreuses années. Il en aurait subi les premières atteintes en 1847, à la suite d'une expédition où il serait resté huit jours les vêtements trempés sans pouvoir se sécher.

Sans doute, le courage qu'il dut déployer, l'effort presque surhumain qu'il dut faire pour remplir comme il l'a fait et dans de telles conditions, son rôle de commandant en chef, rôle écrasant entre tous, sans doute cette énergie accroît encore ses mérites, mais il n'en est pas moins vrai qu'un peu plus de vigueur physique, d'aptitude, par exemple, à se porter rapidement d'un point à un autre du champ de bataille, nous eût probablement été très utile en plus d'un cas.

Ainsi, à Béhagnies, où l'insuffisance du général Robin empêchait notre aile gauche d'avancer en tournant la droite ennemie, Faidherbe, qui se tenait de sa personne avec la division du Bessol, fût vraisemblablement venu, s'il eût été plus ingambe, en un temps de galop, voir ce qui se passait là et y porter remède. Il faut croire, en effet, que si Faidherbe n'a pas fait renforcer alors le général Paulze d'Ivoy, c'est qu'il a ignoré notre situation précaire sur ce point du champ de bataille.

Voici comment s'exprime, au sujet de notre retraite, le colonel Lecomte, dans sa *Relation historique et critique de la guerre franco-allemande* (1) : « Les Français passèrent la nuit dans les villages... enlevés aux premières lignes allemandes. Ils ne s'y tinrent même pas, ils rétrogradèrent dès le 4 au matin, ce qui ne se comprend guère et mit à leur débit, sinon la défaite même, au moins ses apparences ou ses conséquences naturelles. »

Mais Bapaume, on ne saurait trop le redire, n'en est pas moins pour nous une journée victorieuse et dont nous avons le droit d'être fiers, car elle a vu des troupes françaises de nouvelle levée, sans instruction militaire et matériellement dénuées de tout, briser la force de résistance d'Allemands bien pourvus, retranchés dans les villages et soutenus au moral par le souvenir de vingt victoires.

Nos ennemis ont essayé d'amoindrir notre victoire de Coulmiers, en disant que nous n'avions eu là, en face de nous, que

---

1. 4 volumes in-8, Paris, Tanera, 1872.

des Bavarois ; mais à Bapaume, ce sont les soldats de Manteuffel qui se voient chasser de haute lutte par les nôtres de toutes leurs positions, ce sont bien des Prussiens, ceux-là, car ils viennent les uns de Kœnigsberg, les autres de Cologne. Si nous pouvons regretter que Faidherbe n'ait pas poursuivi son effort, nous devons l'admirer de l'avoir obtenu, cet effort superbe, de sa jeune armée.

Mais laissons ce discours et reprenons le fil des événements.

Le cabaret de Mouchy. — Faidherbe a donc repris sa marche vers le sud et se trouve de nouveau, le 10 janvier, aux portes de Bapaume. Deux jours avant, une poignée (34 hommes) de tirailleurs volontaires du Nord, sous les ordres du capitaine Delaporte et du lieutenant Denal, a fait, dans un cabaret de Mouchy-aux-Bois, 43 uhlans prisonniers dont 2 officiers, après avoir blessé leur commandant et tué 3 cavaliers.

Le maréchal-des-logis Plouvier, avec 5 dragons du Nord, avait coopéré à cette capture.

Le cabaret Boiry est situé en dehors de Mouchy, sur la route d'Arras. Nos francs-tireurs, avertis de la présence des uhlans dans cette auberge, purent y arriver sans être vus, en profitant d'une bourrasque de neige et tirèrent par les fenêtres dans la salle du cabaret. Les Prussiens, comme toujours en pareille circonstance, se rendirent le plus facilement du monde.

Les francs-tireurs Delaporte avaient été chargés par le général en chef d'un service d'éclaireurs en avant des divisions et des brigades. Faidherbe, en leur confiant ce service régulier, s'assurait ainsi qu'ils ne feraient aucun mouvement irréfléchi qui pût compromettre les intérêts de l'armée.

Dans la nuit suivante, la 1re division (Derroja) du 22e corps (Lecointe) surprend les grand'gardes prussiennes de Béhagnies et de Sapignies et les fait prisonnières. Le 11 au matin, elle entre dans Bapaume que viennent d'évacuer les Prussiens.

Le général Derroja fait son entrée dans la brave petite ville à la tête du 17e bataillon de chasseurs. « C'était à qui, le premier, saluerait nos troupes des plus vives acclamations. On était si heureux de revoir nos soldats, de leur presser la main ; on se disputait le plaisir de les loger et de partager avec eux, le peu de provisions qu'on avait pu soustraire à l'ennemi [1].

Le 12, Faidherbe y entre à son tour.

Le 14 janvier, l'armée du Nord atteint Albert également aban-

---

1. *Histoire de la bataille de Bapaume.*

donné par l'ennemi à notre approche. Elle cantonne dans les environs et y restera jusqu'au matin du 16, envoyant des reconnaissances destinées surtout à tromper l'ennemi, en lui faisant croire que nous allions attaquer Amiens. Au lieu de cela, Faidherbe, stratège et manœuvrier émérite, avait formé le plan de marcher le plus rapidement possible vers Saint-Quentin, de façon à couper les communications de l'armée allemande entre Tergnier et Laon, avant que Gœben pût s'y opposer. Les Prussiens arriveraient en forces sur lui, c'était évident, mais il espérait avoir le temps de retourner s'appuyer de nouveau sur les places fortes du Nord pour leur tenir tête. D'ailleurs les attirer à lui, c'était donner satisfaction au désir du Gouvernement de Bordeaux, au moment où un grand effort allait être de nouveau tenté par les troupes de Paris. Le dégel et la difficulté de marche qui en devait résulter, allait faire échouer cette savante manœuvre ; car, on en a fait bien souvent la remarque, la température nous fut toujours contraire, en cette désastreuse année.

Le 16 janvier, l'armée quitte donc Albert pour marcher sur Saint-Quentin. Cette ville a été, ce même jour, reprise par une brigade détachée de l'armée du Nord, la brigade Isnard, qui forme la colonne mobile de Cambrai, et nous allons dire quelques mots de cette opération. Elle commence le 15 janvier par le petit combat de Bellicourt.

L'historique du 73ᵉ de marche signé de son chef, le colonel Castaigne, va nous donner tous les détails qu'il faut sur cette reprise de Saint-Quentin et l'escarmouche qui l'a précédée, détails en général peu connus.

Colonne mobile de Cambrai. — 73ᵉ de marche. — Le 73ᵉ régiment d'infanterie de marche n'a été formé que le 9 janvier 1871, par la réunion du bataillon provisoire du 3ᵉ de ligne et du bataillon du 40ᵉ. Ces deux bataillons faisaient auparavant partie d'une colonne mobile qui opérait dans l'Aisne depuis le mois de décembre.

Le commandement du 73ᵉ de marche fut dévolu au lieutenant-colonel Castaigne. Le régiment se composait de 3 bataillons respectivement commandés par les chefs de bataillon Algay, Veuillon et Josse.

Le 73ᵉ de marche ainsi constitué, forma le noyau d'une colonne expéditionnaire dite *Colonne mobile de Cambrai*, placée sous les ordres du lieutenant-colonel Isnard.

Voici quelle était la composition de cette petite troupe :

73ᵉ de marche, lieutenant-colonel Castaigne ; 1ᵉʳ bataillon du

24ᵉ de ligne, commandant Morais ; 1ᵉʳ bataillon des mobiles des Ardennes commandant Verzeau ; 2ᵉ bataillon, commandant Padovani. Ces 2 bataillons de mobiles étaient réunis en un régiment commandé par le lieutenant-colonel Giovanninelli.

Une compagnie de zouaves éclaireurs du Nord ;

8 pièces de 4 de montagne ; 2 pièces de 4 de campagne ;

Cette artillerie marchait sous les ordres du sous-lieutenant Wischoff.

Le capitaine Accary remplissait à la colonne mobile les fonctions de sous-intendant.

La colonne mobile de Cambrai avait son quartier général à Masnières et occupait en outre Rumilly, Crèvecœur et Marcoing.

Le 15 janvier, elle marcha sur Saint-Quentin, dans l'ordre suivant :

Les zouaves éclaireurs.
Le 1ᵉʳ bataillon du 24ᵉ.
Le 1ᵉʳ bataillon de mobiles.
L'artillerie.
Le 73ᵉ de marche.
Les bagages.
Le 2ᵉ bataillon de mobiles.

Chaque bataillon se faisait protéger sur la droite, par une compagnie de flanqueurs.

A Bonavy, l'avant-garde se trouve en présence d'une colonne allemande de 500 hommes et de 2 pièces d'artillerie. L'ennemi se retire sur le Catelet qu'il évacue après quelques coups de fusil.

« La colonne, après avoir traversé Bellicourt, aperçut les Allemands qui avaient pris position entre ce village et Nauroy.

« Les 2ᵉ et 3ᵉ bataillons du 73ᵉ furent déployés en avant du village de Bellicourt, ayant à leur droite les zouaves éclaireurs. Le bataillon du 24ᵉ et les 2 bataillons de mobiles se dirigèrent sur Nauroy, pour former la gauche de la ligne de bataille, pendant que l'artillerie se mettait en batterie en avant de Bellicourt, sur la route de Saint-Quentin.

« Le 1ᵉʳ bataillon du 73ᵉ, en réserve dans le village, servait de soutien à l'artillerie » (Histor. du 73ᵉ).

L'ennemi a bientôt une de ses pièces démontée et se retire sur Saint-Quentin. Nous n'avons perdu que 3 hommes blessés.

Prise de Saint-Quentin. — « Le 16 janvier, à trois heures du matin, dit l'historique du 73ᵉ de marche, la colonne mobile de Cambrai se remettait en route dans le même ordre que la veille. Les avant-postes prussiens furent vivement refoulés, et le colonel Isnard arrivait devant Saint-Quentin, à sept heures du matin.

« Le bataillon du 24ᵉ et les zouaves éclaireurs du Nord pénétrèrent dans la ville par le faubourg Saint-Jean. Les bataillons de mobiles les suivirent en seconde ligne. Le 73ᵉ de marche, qui s'était formé en bataille sur la droite de la route, à 200 mètres du faubourg, commença un mouvement tournant, dans le but d'envelopper l'ennemi, en s'emparant du faubourg de Paris. Le mouvement fut arrêté, la précipitation mise par les Allemands dans leur retraite le rendant inutile.

« Les 2 pièces de 4 vinrent prendre position en avant du régiment et envoyèrent quelques obus sur les derniers cavaliers ennemis qui quittaient la ville.

« Les Prussiens s'étaient retirés par la route de Ham, laissant entre nos mains 40 prisonniers, des approvisionnements de fourrages, 8 chariots d'effets d'officiers, de vivres et de cigares, 25 chevaux de cavalerie et une forge de campagne.

« A midi, le 73ᵉ de marche plaçait ses grand'gardes sur la route de Paris, sur celle de Péronne et à la gare du chemin de fer. »

Maintenant, des combats plus importants nous réclament; nous touchons à la rude journée de Vermand (18 janvier), qui précédera de vingt-quatre heures seulement la bataille de Saint-Quentin.

Vermand. — Les mobiles de la Marne repoussent une charge de hussards prussiens.

CHAPITRE XXV

Vermand.

L'Armée du Nord part d'Albert. — Marche sur Saint-Quentin. — Escarmouche au bois de Buire. — Retraite des Allemands. — 18 janvier. — Combat de Vermand. — Vue d'ensemble. — Mobiles du Gard. — Mobiles de Somme-et-Marne. — Colonel de Brouard. — Combat de la division Payen. — Historiques des corps. — Division du Bessol. — Mobiles du Gard. — Commandant Do. — Mobiles de la Marne. — Commandant de Breuil. — Contre la cavalerie. —

Prussiens décimés. — A Beauvois sous les obus. — 20ᵉ bataillon de chasseurs. — Dans l'eau et les fondrières. — Division Payen. — 19ᵉ bataillon de chasseurs. — Sans chaussures, — Trois heures sur place. — Dans un pied de boue. — Capitaine Bissière. — Capitaine Bourély. — Lieutenant Béhuc. — Sous-lieutenant Blaës. — Commandant Wasmer. — Mobiles du Nord. — Colonel Degoutin. — A Caulaincourt. — Capitaine Steverlynck. — Capitaine Lestienne. — Capitaine Bouxin.

Reprenons le gros de l'armée du Nord à son départ d'Albert le 16 janvier au matin.

Elle se dirige sur Combles, Sailly-Saillisel et villages d'alentour; mais le verglas dont les routes sont couvertes, les rend si difficiles, que nos troupes exténuées n'arrivent que très tard au cantonnement.

Le 17, on se remet en marche, cette fois sur Vermand.

Quelques détachements prussiens qui ont voulu s'opposer à notre passage, dans le bois de Buire, sont culbutés par la division Derroja, dont la seule approche fait ensuite évacuer Vermand, par les Allemands qui y sont en forces. Deux escadrons de dragons les poursuivent.

Le 18, nous marchons sur Saint-Quentin, quand nous sommes attaqués en cours de route; c'est alors que se livre le combat de Vermand.

Une page de la relation du général Faidherbe va nous donner une vue générale de cette rude affaire, dont nous indiquerons ensuite les détails, selon la méthode fidèlement suivie par nous jusqu'ici.

« Dès huit heures du matin, la queue de la division du Bessol fut harcelée par la cavalerie de la division von der Grœben. A midi, elle fut attaquée près de Beauvois par l'avant-garde de la division von Kummer; cela nous prouvait que le général von der Grœben[1] avait mis toute son armée à nous suivre à marches forcées, en même temps qu'il appelait à lui des renforts de toutes parts.

« Une charge de hussards, sur un bataillon de mobiles du Gard, fut rigoureusement arrêtée par un bataillon de mobiles de Somme-et-Marne sous les ordres du colonel de Brouard.

« Le général du Bessol, qui était déjà arrivé avec sa 2ᵉ brigade à Roupy, rétrograda avec un bataillon et quatre pièces de canon, pour dégager sa première brigade. Mais il trouva la chose déjà faite par la division Payen du 23ᵉ corps, qui, au bruit du canon, était revenue de Vermand vers Caulaincourt et Trefcon et se trouvait aux prises avec l'ennemi.

1. Le général von der Grœben commandait en chef les Allemands, depuis le 7 janvier jour où Manteuffel avait été rappelé pour aller opérer dans l'Est contre Bourbaki.

« La division du Bessol reprit alors sa route vers les cantonnements indiqués au sud de Saint-Quentin.

« La première brigade de la division Payen, lieutenant-colonel Michelet, avec les fusiliers marins, avait rompu le premier effort de l'ennemi; bientôt elle fut appuyée par la 2ᵉ brigade, commandant de la Grange.

« Le général Paulze d'Ivoy, voyant qu'il avait alors sur les bras des forces considérables : les divisions von Kummer et von der Grœben, durent prendre une position en conséquence ; il alla occuper avec de l'infanterie les bois qui s'étendent entre Caulaincourt et Vermand, et plaça la batterie Dupuich[1] sur le plateau qui est au nord de ces bois. Dans cette position, il repoussa l'ennemi et tint bon jusqu'à la nuit close.

« La 2ᵉ division, celle des mobilisés du général Robin, venue au canon, prit part à la fin de l'engagement. Cette division fut laissée à Vermand pendant la nuit, tandis que la division Payen venait prendre son cantonnement à Saint-Quentin même.

« Le combat de Vermand nous coûta peut-être 500 hommes tués ou blessés... »

Demandons à présent leurs faits et gestes particuliers aux principaux corps de troupes engagés à Vermand.

22ᵉ corps. — Division du Bessol.

Nous venons de dire que le combat du 18 janvier a commencé par une charge de la cavalerie prussienne contre les mobiles du Gard. Voici le récit qu'a laissé de cet épisode le lieutenant-colonel Lemaire.

Mobiles du Gard. — Le 18 janvier, le 44ᵉ mobile, sous les ordres du lieutenant-colonel Lemaire, a quitté Bernes à 7 h. 1/2 du matin « ... A partir de 8 h. 1/2, raconte cet officier supérieur, nous fûmes inquiétés par quelques cavaliers prussiens qui nous suivaient, du reste, un peu partout, principalement depuis Albert.

« Une distribution de vivres nous fit perdre un temps précieux ; elle dura 2 h. 1/2. Enfin, vers midi, l'ennemi, qui avait eu le temps de choisir une position magnifique, et surtout que la queue de la colonne n'était nullement flanquée, nous attaqua près du village de Beauvois.

---

1. C'est la batterie Belvallette qu'aurait dû dire ici le général Faidherbe, car c'était le lieutenant en premier Belvallette qui commandait alors la batterie montée du Pas-de-Calais. Depuis quarante-huit heures, son capitaine était prisonnier des Allemands.

« Chemin faisant, mon régiment avait encore été divisé : le 1 bataillon gardait les vivres de l'armée ; le 3ᵉ reçut l'ordre d'escorter une quarantaine de voitures d'ambulance. Ces deux bataillons ne purent prendre part au combat ; ils prirent la route de Vermand et allèrent coucher à Saint-Quentin. Toutefois le 3ᵉ, marchant à la queue de la colonne et se trouvant assailli et par l'artillerie et par la cavalerie, eut des pertes très sensibles.

« Il n'y a donc eu que mon 2ᵉ bataillon, commandé par M. Do, chef de bataillon (aujourd'hui encore[1] capitaine au 62ᵉ de ligne à Lorient).

« Arrivé en bon ordre et au pas de course dans le village de Beauvois, avec mon 2ᵉ bataillon, je reçus l'ordre de le déployer en tirailleurs à la gauche du 43ᵉ régiment de ligne.

« A la sortie du village, pour prendre position de combat, j'eus une vingtaine d'hommes tués par 3 obus qui sont tombés au milieu de mes mobiles inexpérimentés et qui, malgré les avertissements donnés, avaient le grand défaut de se grouper. Le combat dura jusqu'à 4 heures, où je reçus l'ordre du colonel Fœrster de quitter le terrain avec le commandant Do et de rallier la colonne. Ce bataillon eut l'honneur de rester le dernier à faire le coup de feu. »

Le bataillon va cantonner à Séraucourt.

L'historique donne pour cette journée 50 hommes tués et 15 blessés. (Nous n'avons pas besoin de faire ressortir l'invraisemblance de pareils chiffres) plus 30 disparus.

Quant au 3ᵉ bataillon, commandant Poilpré, il a perdu 5 morts et 23 blessés. Ces chiffres, plus vraisemblables, sont donnés par le rapport du commandant Poilpré.

MOBILES DE LA MARNE. 3ᵉ BATAILLON. — Nous n'avons pas eu à parler du bataillon de Reims depuis Pont-Noyelles, car il n'a pour ainsi dire pas donné à Bapaume.

Le 17 janvier, le régiment de Somme-et-Marne tout entier, après une marche des plus pénibles, est venu coucher à Soyecourt.

« Le mercredi, 18 janvier, dit le commandant du Hamel, nous partîmes pour Vermand. Arrivés en vue du vieux rempart de cette capitale de l'ancien Vermandois, nous tournons à droite et nous nous dirigeons sur Caulaincourt.

« Le canon grondait, pendant que nous traversions ce beau village qui est dans le fond d'une petite vallée.

---

[1]. Ce récit porte la date du 30 août 1871.

« De là à Beauvois, la route plantée d'arbres traverse un plateau assez découvert. A peine le 3ᵉ bataillon de Somme-et-Marne, alors en tête de la brigade, arrivait-il sur ce plateau, qu'il aperçoit des escadrons de hussards verts prussiens dans la plaine, à droite de la route.

« Deux de ces escadrons, dissimulés derrière une petite garenne, firent une charge des plus brillantes sur le régiment des mobiles du Gard, qui formaient la queue de notre première brigade et marchaient à 200 mètres devant nous. C'est cette distance qui avait fait croire à ces hussards que la troupe qu'ils chargeaient formait la queue de toute l'armée, car le parc de Caulaincourt, qui borde la route nous dérobait à leur vue.

« Notre 1ʳᵉ compagnie se mit rapidement en bataille et commença le feu; les autres compagnies suivirent rapidement le mouvement.

« Les hussards, dans leur charge très brillante, du reste, traversent la route devant nous, sabrent les hommes du Gard dispersés dans la plaine; mais notre feu les force à lâcher prise, d'autant qu'une marche des plus vives que nous faisons en avant, les menace d'être coupés complètement de leur armée.

« Ils reviennent au galop sur leurs pas, mais non *sans perdre plus des trois-quarts* de leur effectif; 18 ou 20 au plus, ont rejoint les hauteurs de Trefcon, et le reste de leur régiment qui, voyant l'aplomb des mobiles de la Marne, n'avait osé appuyer le mouvement.

« Nous prîmes quelques-uns des hussards démontés que nous envoyâmes au général, à qui ils donnèrent des renseignements précieux. Nous prîmes également beaucoup de chevaux.

« Aussitôt les hussards disparus, des batteries ennemies, placées vers Trefcon et la route de Tertry à Beauvois, ouvrirent sur nous un feu des plus violents, qui nous blessa plusieurs hommes et tua presque tous les chevaux de nos bagages.

« Nous traversâmes Beauvois au milieu d'une nuée d'obus, et l'on nous plaça en bataille derrière ce village, perpendiculairement à la route qui va de Beauvois à Vaux. Peu à peu le feu s'éteignit, et nous pûmes continuer notre route. Seulement la nuit nous força à nous arrêter à Contescourt, au lieu d'aller sur l'Oise, comme on le croyait le matin... »

20ᵉ Bataillon de chasseurs. — Après son exploit du 4 janvier contre les cuirassiers du Rhin, le bataillon a pris part, avec sa brigade, à plusieurs marches et reconnaissance qui l'ont amené aux environs d'Albert.

Le 16, il se met en marche, avec toute l'armée du Nord qui se dirige vers l'est en contournant à distance la place de Péronne tombée aux mains des Allemands.

Ce jour-là, où il a mis 12 heures pour faire 20 kilomètres, il vient coucher à Combles à 7 heures du soir. « C'est qu'un dégel « immense » dit l'historique, est survenu alors, qui a fait un « marais de chaque plaine, une fondrière de chaque route » et a rendu la marche extrêmement pénible.

Le 17, le mouvement s'est poursuivi sur Saint-Quentin et, ce jour-là encore, la marche a été horriblement fatigante, dans un pays noyé par la fonte des neiges, où *les troupes font, à chaque instant, sac au dos, avec de la boue jusqu'à mi-jambe, des haltes d'au moins une heure, pour laisser passer les convois.* » (Historique).

Ce n'est qu'à 9 heures du soir que le bataillon a pu arriver au cantonnement d'Hancourt.

Le lendemain 18, il en part à 6 heures du matin, se dirigeant vers le sud.

« Le mouvement de l'armée du Nord, dit l'historique, commence à présenter de graves dangers, car elle prête son flanc aux Prussiens, dont les nombreux cavaliers papillonnent autour de ses colonnes et dérobent les mouvements de leur infanterie.

« Le défaut de cavalerie fait que les Français ne peuvent s'éclairer au loin et marchent, en quelque sorte, au milieu des corps ennemis.

« Plusieurs alertes ont lieu durant la matinée. Enfin, la brigade traverse Caulaincourt et, sur les 11 heures, vient faire une halte à l'entrée du village de Beauvois, au point où l'on rejoint la route de Péronne à Saint-Quentin.

« A ce moment, plusieurs obus viennent tomber inopinément dans les rangs français. Immédiatement, l'artillerie et le 43ᵉ de ligne se portent en avant de Beauvois, tandis que le bataillon de chasseurs se tient en réserve. La batterie de 4 et le 43ᵉ soutiennent vaillamment la lutte et perdent du monde, tandis que les mobiles du Gard se débandent devant la cavalerie prussienne, laquelle vient se heurter contre les mobiles de Somme-et-Marne.

« L'ennemi, qui n'a pour but que de faire une forte reconnaissance, s'éloigne au moment où, le général du Bessol arrivant avec quelques renforts, le 20ᵉ bataillon se porte en avant pour relever le 43ᵉ. Toutefois, un bataillon de ce régiment est coupé de sa brigade et rejeté sur le 23ᵉ corps. »

A 4 heures, la brigade Fœrster continue sur Roupy, « protégée par les chasseurs qui flanquent la route et restent deux grandes heures dans la boue liquide des terres labourées. » Elle arrive à 9 heures à Séraucourt, où elle cantonne.

23ᵉ Corps. — Division Payen.

19ᵉ BATAILLON DE CHASSEURS. — Nous rejoignons le bataillon à la date du 16 janvier. Il quitte ce jour-là Martinpuich, vers 6 heures du matin.

« ... Alors, commença, dit l'historique, à travers des chemins rendus presque impraticables par le dégel, une marche pénible, qui devait aboutir à une des luttes les plus navrantes qu'ait enregistrées l'histoire de cette guerre.

« Jamais, en effet, soldats ne se trouvèrent dans de plus mauvaises conditions pour combattre. La plupart des souliers s'étaient percés en chemin, beaucoup étaient restés dans la boue, et des hommes se battirent en sabots, d'autres les pieds nus. Enfin, du 15 au 19, les hommes ne mangèrent pour ainsi dire point, car, partant le matin au point du jour pour ne s'arrêter qu'à la nuit, si, le soir à l'étape, il y avait distribution, harassés de fatigue, ils aimaient mieux se laisser tomber sur la paille que de faire cuire leurs vivres. »

Le 17, le bataillon couchera à Roisel.

COMBAT DE VERMAND. — « Le 18, à 5 heures du matin, le commandant Wasmer reçut l'ordre de former, avec son bataillon, l'escorte du convoi du 3ᵉ corps, lequel se dirigeait par Vermand sur Saint-Quentin. Le commandant fit de suite sonner la marche du bataillon, *mais nous restâmes 3 heures sur place*, et le bataillon ne se mit en marche qu'à 9 heures.

« Vers 10 heures, le canon commença à se faire entendre, mais de fort loin. Nous continuâmes à marcher en avant, les détonations devenant d'instant en instant plus fréquentes et plus rapprochées.

« Vers midi, la colonne s'arrêta et un officier d'ordonnance du général Paulze d'Ivoy vint nous donner l'ordre de nous porter à la défense d'un village, Peuilly, que nous apercevions assez loin sur notre droite. On prit à travers champs, malgré une pluie battante qui avait couvert le sol de près d'un pied de boue, et, à 600 mètres environ de Peuilly, le commandant reçut une deuxième fois l'ordre d'aller le défendre, on ajoutait : « jusqu'à la dernière extrémité ».

« Pour entrer dans le village, il nous fallut traverser un petit bois, au sortir duquel les balles commencèrent à nous siffler aux oreilles ; on courut à une route encaissée qui se voyait devant nous, et là, le commandant forma son bataillon en bataille, en attendant qu'on prît connaissance du terrain. Ce fut vite fait ; le village ne présentant que trois rues, l'une en prolongement de la route sur laquelle se trouvait le bataillon, les deux autres perpendiculaires à celle-ci, on prit aussitôt les dispositions suivantes :

« La 1re compagnie (capitaine Bissière, ayant remplacé le capitaine Régnier entré à l'hôpital et nommé commandant) fut envoyée à la défense de la rue de gauche ; la 2e (Bourély) à la défense de la rue de droite.

La 5e (lieutenant Béhuc évadé de Metz) se rangea à droite de la 2e. La 3e et la 4e en réserve.

« Pendant que nous occupions ces positions, les Prussiens s'étaient approchés jusqu'à 200 mètres environ du village ; ils avaient même de beaucoup débordé notre gauche, car, n'étant inquiétés par personne, leurs tirailleurs marchaient de ce côté comme si Peuilly n'eût point existé. Une fusillade terrible s'engagea mais dura peu. Pour ne pas être cernés, il nous fallut battre en retraite ; c'est alors que nous perdîmes le plus de monde.

« Les Prussiens, nous voyant sortir des maisons et pouvant enfiler les deux rues du village, qui sont parallèles, y dirigèrent un feu roulant qui, en un instant, nous coucha par terre 50 hommes et un officier, le sous-lieutenant Paschal. Puis, ils se précipitèrent à notre suite et tout ce qui avait tardé à sortir des maisons, fut fait prisonnier.

« Une section de la 4e (de Chastel), commandée par le sous-lieutenant Blaës, avait fait brûler à ses hommes jusqu'à leur dernière cartouche, et ce n'est que lorsqu'il n'eut plus de munitions qu'il se rendit. Les Prussiens, en généreux ennemis qu'ils se sont toujours montrés, voulurent le fusiller ; il ne dut son salut qu'à sa connaissance de la langue allemande.

« La 2e section de la 4e fut déployée en tirailleurs, et chargée de soutenir la retraite du bataillon. Cette section venait de dépasser le petit bois par où nous étions arrivés, quand le commanant Wasmer crut voir, sur son flanc gauche, s'avancer des mobiles et voulut diriger la section de ce côté. Il marcha vers eux, mais seuls le capitaine de Chastel, 2 sous-officiers et 1 caporal le suivirent ; les autres hommes rejoignirent les débris du bataillon. Or, les prétendus mobiles étaient des Prussiens qui firent feu en voyant des uniformes français. Le commandant eut la poitrine percée d'une balle ; une autre décharge l'atteignit à la tête, et le capitaine de Chastel, les 2 sous-officiers et le caporal furent faits prisonniers. Les débris du bataillon, dans leur retraite, formèrent plusieurs groupes, dont un seul, commandé par le lieutenant Prétet, fit encore le coup de feu ce jour-là. » Voyons, à présent, ce qu'a fait le régiment du colonel Degoutin.

Mobiles du Nord. — 48ᵉ régiment. — Le 18 janvier, au ma-

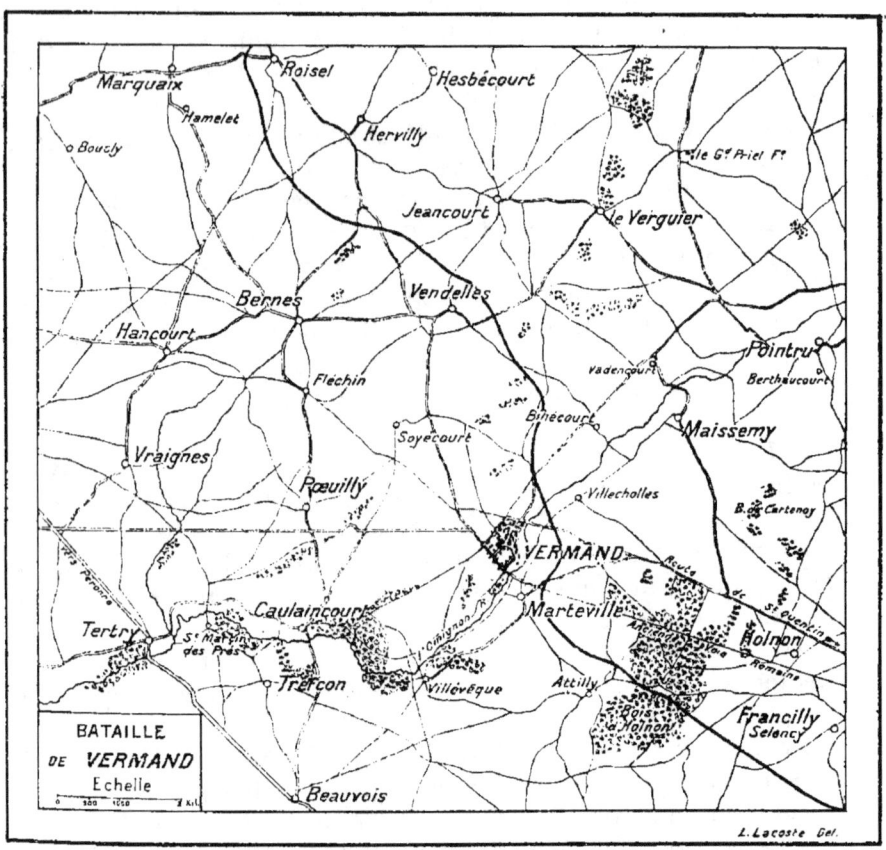

tin, la 1ʳᵉ brigade a quitté Roisel à 7 heures du matin, avec le régiment du colonel Degoutin comme tête de colonne.

A Hervilly, on rencontre la 2ᵉ brigade qui se dirige sur Vermand et toute la division marche sur Saint-Quentin où elle compte faire étape.

« Vers midi, lisons-nous dans le récit du colonel Degoutin, la 2ᵉ brigade avait entièrement traversé Vermand, le régiment était engagé tout entier dans le village, quand le canon se fit entendre dans une direction sud-ouest.

« La colonne suspendit immédiatement sa marche et ordre fut

donné de se porter en arrière, en serrant en masse sur la gauche.

« Le régiment sortit complètement du village et s'établit sur la route de Caulaincourt, d'où venait le bruit du canon.

« La lutte augmentant d'intensité, la brigade fut portée en avant.

« Les trois bataillons du régiment, formés en colonnes serrées, s'avancèrent à travers champs vers l'entrée du village de Caulaincourt, en passant à l'ouest des bois qui se trouvent entre ce village et Vermand, la droite débordant un peu la route.

« Le 7e bataillon fut porté à l'ouest et prit position dans les bouquets de bois qui couronnent les hauteurs, entre la route de Testry et celle de Vermand.

« Le 8e et le 9e bataillon, dirigés par le colonel Degoutin, avaient traversé presque entièrement Caulaincourt et marchaient sur Trefcon, quand ils furent rappelés en arrière et formés en bataille face à l'ouest, sur la route de Vermand, la gauche appuyée aux premières maisons de Caulaincourt.

« Le 7e bataillon, commandé par le capitaine adjudant-major Steverlynck, soutenait une lutte très vive avec les tirailleurs ennemis qui cherchaient à tourner Caulaincourt par l'ouest. La fusillade était très nourrie sur ce point. Les batteries ennemies dirigeaient leur feu au delà de cette position et atteignaient les deux autres bataillons sur la route de Vermand. Les marins soutenaient le combat, en avant et à l'est de Caulaincourt.

« Vers trois heures, les forces ennemies s'étant considérablement accrues, le 7e bataillon fut contraint de se replier sur les deux autres; les marins exécutaient au même moment un mouvement de retraite. La brigade se trouva alors refoulée au delà de Caulaincourt.

« Les troupes, bien que pressées de très près, tirèrent encore dans cette position et échangèrent une fusillade très nourrie avec les tirailleurs ennemis.

« Le lieutenant-colonel Degoutin, se portant à la tête du 8e et du 9e bataillon, tenta un mouvement offensif pour dégager la position et contenir l'ennemi au-delà de la route de Vermand.

« Ce succès fut obtenu, mais il fut très difficile à conserver.

« En présence de ce grand déploiement de forces, le général Paulze d'Ivoy donna l'ordre d'aller prendre une position plus en arrière, en faisant une retraite en échelons. Le régiment gagna les bois qui se trouvent entre Caulaincourt et Vermand et les traversa sans que l'ennemi osât s'y engager à sa suite, malgré le désordre et le décousu dans lequel le mouvement avait eu lieu. »

Après avoir tenu dans les bois jusqu'à la nuit, le régiment alla prendre position et se mettre en état de défense dans les premières maisons et les jardins de Vermand. Mais, l'ennemi ne paraissant pas, la marche fut reprise à 9 heures, sur Saint-Quentin, où l'on cantonna, dans les faubourgs ouest de la ville.

Le rapport du colonel Degoutin cite les capitaines Steverlynck, Lestienne et Bouxin, comme ayant commandé les bataillons du 48ᵉ « avec intelligence et sang-froid ».

Vermand. — Après le combat, le lieutenant Belvallette, est félicité par le général Paulze d'Ivoy, en présence du capitaine de Thannberg.

CHAPITRE XXVI

Vermand (Suite).

24ᵉ bataillon de chasseurs. — A Soyecourt. — Deux kilomètres sous les obus. — Commandant de Négrier. — Capitaine Joxe. — 33ᵉ de ligne. — Compagnies Magnier et Basset. — Capitaine Dmas. — Lieutenant Piccavet. — 65ᵉ de ligne. — Mobiles du Nord. — Bataillon Latour. — Les éloges du général. — Bataillon Colombier. — Ruse de guerre. — Batterie du Pas-de-Calais. —

Faute d'ordres précis. — A Sorel. — Lieutenant Belvallette. — En batterie. — Première position. — Entre deux feux. — Face partout. — Un commandant de batterie de 20 ans. — Seconde position. — Maréchal des logis chef Lagache. — Le brave Bonnier d'Arras. — Le général Paulze et le lieutenant Belvallette. — Lettre d'un témoin. — Capitaine de Thannberg. — Une croix bien gagnée. — Lettre du général. — Devant la commission d'enquête. — Entre généraux. — Rivalités fâcheuses, mais bien françaises. — Après le combat. — Faidherbe et Paulze d'Ivoy.

24º BATAILLON DE CHASSEURS. — Le 18 janvier, le 24ᵉ bataillon, cantonné à Jaucourt, se remet en marche et forme l'avant-garde. L'ennemi est signalé du côté de Vermand; la tête et le flanc droit de la colonne sont éclairés par les chasseurs des 2ᵉ et 5ᵉ compagnies (Laurent et Joxe).

« Arrivée au delà de Vermand, à mi-chemin de Saint-Quentin, la marche de la brigade fut arrêtée par le bruit du canon. L'ennemi, solidement établi au village de Caulaincourt, avait laissé passer nos têtes de colonne et attaquait violemment la queue, pour arrêter la marche en forçant l'armée française à faire face en arrière en bataille.

« Après 3 heures d'attente, la brigade reçut l'ordre d'entrer en ligne; le 22ᵉ corps continuait sa marche sur Saint-Quentin, le convoi était passé.

« Arrivé au sommet de la pente qui entoure le village de Vermand, le bataillon fut déployé au point d'intersection de la grande route et de la chaussée romaine; cette dernière aboutissant directement aux positions de l'ennemi.

A SOYECOURT. — « Au bout d'une demi-heure d'inaction, sous le feu de l'artillerie, le bataillon reçut l'ordre d'aller occuper le hameau de Soyecourt, que venait d'abandonner un bataillon de marins. Pendant le trajet, long de deux kilomètres, le bataillon, marchant par le flanc, la gauche en tête, fut canonné sans relâche par une batterie prussienne établie perpendiculairement à la colonne.

« Le commandant fit prendre le pas gymnastique et, quittant la grande route, engagea le bataillon sur le hameau, à l'abri d'un rideau de peupliers.

« Par suite de la fatigue, du terrain glissant et du manque de nourriture, la colonne s'allongea considérablement.

« Le commandant fit remettre de l'ordre dans les compagnies, sous un feu violent d'artillerie, et occuper ensuite les bordures du hameau. La cavalerie ennemie dessinant un mouvement tournant sur la droite, l'ordre fut donné de ne pas tirer.

Lorsque la cavalerie fut arrivée en arrière du bataillon, à bonne portée, le commandant ordonna lui-même le feu ; les cavaliers se débandèrent et s'enfuirent sur notre extrême droite.

« L'artillerie ennemie reprit alors son action ; deux batteries prussiennes faisaient converger leurs feux sur le hameau, lançant alternativement des obus percutants et des shrapnels. Le feu prit en 2 endroits.

« A ce moment, un ordre mal compris ayant fait sonner la retraite, les chasseurs, qui ne résistaient jusque là qu'au prix de toute leur énergie morale, et maintenus par la présence de leurs officiers, se retirèrent en désordre vers la route. Le commandant, en les ralliant, reçut à la fesse un éclat d'obus qui l'enleva de cheval, ce qui mit du désordre, et deux compagnies faiblirent. Transporté dans une maison du village, le commandant envoya l'ordre au capitaine Joxe de déboucher avec ses tirailleurs et de se porter en avant.

« Vigoureusement ramenés à l'attaque par ce dernier, les chasseurs, se déployant en tirailleurs, marchèrent résolument sur la batterie derrière laquelle étaient massées des troupes d'infanterie et de cavalerie. A la gauche du bataillon, reliant ses tirailleurs aux nôtres, se trouvait un bataillon du 33e de ligne qui marchait parallèlement à la route.

« Déconcertée par cette attaque, l'artillerie prussienne dut quitter ses positions et nous laisser librement opérer notre retraite sur le hameau. La nuit tombait quand le feu cessa. Les blessés furent enlevés à l'aide de voitures de réquisition, et, à 9 h. 1/2, le bataillon se dirigea sur Saint-Quentin où il arriva à 1 heure du matin.

« Les soldats, sans vivres depuis la veille, sans chaussures, exténués par une marche des plus pénibles et 6 heures de combat, ne purent même pas réparer leurs forces pour lutter de nouveau : l'ennemi nous attaquait à Saint-Quentin, à la pointe du jour. » (Historique).

33e DE LIGNE. — 1er BATAILLON. — Le bataillon a cantonné le 17 janvier à Jencourt.

Le lendemain, 18 « au bruit du canon, dit son historique, la 1re division (Payen) du 23e corps, qui a déjà dépassé Vermand, fait demi-tour et vole au secours de la division du Bessol en péril. Les Prussiens inquiétés par cette puissante diversion, se retournent contre ce nouvel ennemi et une lutte sanglante s'engage, pendant laquelle le 22e corps, débarrassé de ses agresseurs, continue paisiblement sa route.

« Ce combat se poursuit jusqu'à la nuit avec de grandes

pertes de part et d'autre, et sans avantages marqués. Les Prussiens, établis dans de fortes positions, avec une nombreuse artillerie, s'y maintiennent, mais ne peuvent réussir à nous rompre; tous leurs efforts tentés dans ce but restent infructueux. *Ce résultat est en grande partie dû au bataillon.*

« Après être demeuré pendant quelque temps en bataille, à cheval sur la route de Vermand, sous un feu meurtrier d'artillerie qui lui a tué et blessé une vingtaine d'hommes, il s'est jeté dans le village de Hancourt, afin de couvrir plus avantageusement notre ligne de retraite, en s'étendant ainsi par l'aile droite que l'ennemi a l'intention évidente de tourner.

« En effet, une de leurs batteries, avec une véritable furie, fait pleuvoir sur le village une grêle d'obus. Plusieurs incendies se déclarent, mais en général dans des granges pleines de bois et de paille séparées des habitations.

« Les flammes par leur intensité trompent l'ennemi qui juge le désastre bien plus immense, et la position moins tenable qu'elle ne l'est en réalité; nous croyant en retraite, il s'avance résolument pour occuper Hancourt; mais les compagnies Magnier et Basset (2e et 1re), déployées en avant, le reçoivent avec une fusillade bien nourrie et le contraignent à se retirer précipitamment.

« Une attaque sur la gauche est également repoussée par la 4e compagnie (capitaine Dumas) et une poignée de chasseurs du bataillon Négrier, qui se sont ralliés à elle.

« Voyant qu'il leur est impossible de réussir par la force, les Prussiens veulent l'essayer par la ruse. Malheureusement pour eux, celle qu'ils emploient est trop connue pour n'être pas facilement déjouée.

« Un peloton de cavalerie vient parader sur notre extrême droite et jusque sur nos derrières, tantôt se masquant derrière des bouquets d'arbres, des maisons, tantôt à découvert, puis disparaissant complètement et retournant sur ses pas par quelque chemin creux, puis reparaissant de nouveau du côté par où il a débouché la première fois, faisant, en un mot, la manœuvre usitée au théâtre pour en multiplier le personnel aux yeux du public.

« En même temps, une pièce d'artillerie vient se mettre en batterie à 500 mètres à peine et nous prend d'écharpe.

« L'ennemi espère, par cette démonstration, nous mettre en fuite, mais son habile audace tourne à son désavantage.

« Accueillis par un feu terrible et bien dirigé, ses cavaliers sont dispersés et sèment le terrain de cadavres; une trentaine de chevaux sans maîtres viennent se jeter affolés dans nos lignes. D'un autre côté nos tirailleurs, au lieu de se replier, marchent résolument sur la batterie qui s'est aventurée ainsi seule à 3 kil. en avant de son infanterie de soutien. Elle ne nous échappe que par une prompte fuite.

« Le combat continue sur la gauche jusqu'à la nuit noire. L'ennemi, qui a tenté en masse une attaque d'infanterie sur notre front, a été repoussé. Vers 8 h. du soir, nous quittons le village en emmenant nos blessés et allons coucher dans les faubourgs de Saint-Quentin. »

Le bataillon du 33e a perdu par le feu 3 officiers : capitaine Basset, tué ; capitaine Dumas et lieutenant Picavet, blessés.

5 officiers ont été fait prisonniers : capitaine Aulibert, lieutenant Pouzet et Turbert ; sous-lieutenants Silbinde et Martin.

300 hommes, sur 600, sont tués, blessés ou prisonniers.

65e DE LIGNE. — 2e BATAILLON. — Le bataillon Tamisey est devenu, à la date du 17, le bataillon Schwœbel, car le capitaine Tamisey, blessé aux pieds et aux jambes, par suite de l'excès de fatigues, a dû entrer à l'ambulance.

Ce jour-là le bataillon a cantonné à Hervilly, avec le 5e bataillon de mobilisés. Depuis le 16, la température s'est complètement radoucie et « un dégel indescriptible transforme les chemins en véritables torrents et rend les routes presque impraticables. » (Historique.)

Le 18, à 6 heures et demie, on s'achemine par Jaucourt et Vendelles, ou toute la division se trouve réunie, dans la direction de Saint-Quentin.

« Vers 10 heures, après qu'on a dépassé Vermand de 4 kilomètres, le canon se fait entendre vers Beauvois. La division revient immédiatement sur ses pas, et va occuper les hauteurs qui bordent la rive droite de l'Omignon en avant de Vermand.

« La 1re brigade ne tarde pas à s'engager vivement avec l'ennemi. La 2e brigade, qui la suit, vient prendre position à sa gauche. Le 65e, ayant à sa droite le 33e, occupe les bois qui s'étendent entre Caulaincourt et Vermand, et y est en proie pendant plus de 2 heures, à une canonnade meurtrière.

« Vers 3 heures, menacé d'être tourné par sa gauche, le bataillon reçoit un renfort de 4 compagnies de mobiles (47e). Malgré les forces supérieures de l'ennemi (les divisions von Kummer et von der Grœben), la division Payen conserve ses positions jusqu'à la nuit, non sans éprouver des pertes sérieuses. Relevée, vers 8 heures, par la 2e division, elle reprend sa marche vers Saint-Quentin, où elle arrive à minuit. » (Historique.)

Les pertes du combat de Vermand sont totalisées dans l'historique avec celles de la bataille de Saint-Quentin.

Mobiles du Nord. — 4ᵉ bataillon. — Le 17 janvier, le bataillon a couché à Hesbécourt. L'intendance n'y donne point de vivres, mais on peut réquisitionner des moutons et les braves habitants fournissent gracieusement le pain dont ils peuvent disposer.

Le lendemain, mercredi, on se met en route pour Saint-Quentin.

« Vers onze heures, dit le commandant Latour, nous avions passé Vermand, lorsque nous entendîmes le canon sur la droite de Vermand, en avant, du côté de Beauvois et de Caulaincourt.

« On fit engager la première brigade, pendant que tout le convoi défilait dans la direction de Saint-Quentin.

« On nous fit ensuite, vers une heure, marcher au pas de course sur le champ de bataille ; tout le monde battait en retraite ; les obus arrivaient jusque dans Vermand.

« Les Prussiens occupaient le bois et nous étions tout à fait à découvert, dans des terrains labourés où, par le dégel, on enfonçait jusqu'aux genoux.

« Il y eut un moment d'hésitation pour le régiment entrant en ligne, causé par la vue de cette retraite, mais la batterie Dupuich (batterie Belvalette) put prendre position, contrebattit l'effet des pièces prussiennes, on enleva les bataillons qui vinrent se mettre en ligne au pas de course.

« Je fis de suite déployer les 1ʳᵉ et 3ᵉ compagnies en tirailleurs, face à Caulaincourt et Trefcon. J'avais à ma droite le 33ᵉ de ligne, le 24ᵉ chasseurs et des marins, à gauche la 1ʳᵉ brigade de la 1ʳᵉ division du 23ᵉ corps, nos tirailleurs avec ceux des 5ᵉ et 6ᵉ bataillons avancèrent toujours contre l'ennemi et le firent reculer jusqu'au village de Trefcon qu'il incendia.

« A ce moment, pour empêcher un mouvement tournant vers la gauche, couverte des bois de Beauvois, nous reçûmes l'ordre de nous emparer du bois et de nous y maintenir, ce que je fis avec les 4ᵉ et 5ᵉ compagnies. La 2ᵉ se trouvait avec le 24ᵉ chasseurs et les éclaireurs du Nord, de la division Robin, qui venaient d'arriver.

« L'ennemi continua son mouvement de recul et, à 7 heures du soir, ne voyant plus clair que par les incendies allumés par les Prussiens, nous reçûmes l'ordre de nous replier dans Vermand, pour, de là, prendre de suite la route de Saint-

Quentin, où nous arrivâmes à une heure du [matin, n'en pouvant plus.

« Nos pertes, dans ce combat, avaient été de 5 tués et 10 blessés, dont quelques-uns assez grièvement; un seul obus, éclatant en avant de nos lignes, m'avait renversé 5 hommes d'un seul coup.

« Cette journée est la plus belle pour le régiment, qui tint seul pendant 6 heures contre des masses de Prussiens avec artillerie formidable. Aussi, le commandant Payen nous en adressa-t-il ses éloges. »

MOBILES DU NORD. — 6ᵉ BATAILLON. — Le bataillon Colombier, du 47ᵉ mobiles a cantonné le 17 à Hesbécourt. Il en part le 18, à huit heures du matin pour Saint-Quentin. Devant lui marche le convoi escorté par les mobiles du Pas-de-Calais.

« Nous traversons Vermand vers dix heures et demie. En passant devant la 1ʳᵉ brigade, qui s'arrête vers midi, et comme nous sortons de Vermand, le canon se fait entendre du côté de Caulincourt. Nous nous arrêtons et l'on vient nous dire de continuer notre route.

« A peine repartis, la canonnade redouble; nous revenons sur nos pas et nous nous portons au devant des Prussiens, dans une boue liquide où l'on enfonce jusqu'à mi-jambe, le 6ᵉ bataillon tenant la droite du régiment.

« Je fais déployer en tirailleurs ma 3ᵉ compagnie, et, quand ses cartouches commencent à s'épuiser, je la fais relever par la 4ᵉ. Ce mouvement s'exécute au milieu du feu, avec beaucoup de sang-froid.

« Je dispose mes 4 autres compagnies en deux échelons à 200 mètres l'un de l'autre, l'échelon le plus avancé à 200 mètres des tirailleurs qui sont à 400 mètres des Prussiens. Ceux-ci sont parfaitement abrités derrière un talus et nous ne voyons que la fumée sortant de leurs fusils, et celle d'une batterie en face de nous, à 800 mètres environ.

« Les 2 compagnies, déployées successivement, perdent une quarantaine d'hommes. M. le capitaine Cortyl, de la 1ʳᵉ compagnie, un excellent officier plein de courage et de bonne volonté, reçoit une balle à la joue droite et survit deux heures seulement à sa blessure.

RUSE DE GUERRE. — « Pour abriter mes hommes, qui sont complètement à découvert, je les fais coucher; puis, voyant que les Prussiens ne veulent pas avancer, je fais dire à voix basse de cesser le feu.

« Bientôt, les ennemis se mettent en mouvement et, quand j'en vois un certain nombre bien à portée, je fais recommencer le feu et ils reculent. Deux fois ils se laissent prendre à cette ruse ; puis ils restent immobiles.

« La nuit étant venue, M. de la Grange me fait dire de replier sans bruit mes tirailleurs, de rallier mon bataillon avec eux et de partir pour Saint-Quentin.

« Nous arrivons dans cette ville, au milieu du plus affreux encombrement. Avant de laisser les hommes chercher à se loger dans les faubourgs, on leur distribue des cartouches, mais, depuis le 15, ils n'ont eu ni pain, ni viande, ni sucre, ni café.

« A Hesbécourt seulement, une réquisition nous a fourni 2 moutons par compagnie. Depuis le 17 décembre, le bataillon a perdu, en tués, blessés et malades, plus de 250 hommes, dont 180 au moins pour la dernière catégorie, plus une trentaine de déserteurs et de prisonniers. » (Historique.) Ici se place l'action très remarquable de la batterie des mobiles volontaires du Pas-de-Calais.

BATTERIE DU PAS-DE-CALAIS. — Reprenons les choses de quarante-huit heures en arrière, afin de montrer comment, dans cette armée déjà si dépourvue des conditions favorables à la victoire, l'incertitude des ordres venait parfois accroître encore les fatigues du soldat.

Le 16 janvier, la batterie quitte Martinpuich pour Sorel, où elle doit prendre ses cantonnements.

Jusqu'à ce jour, un maréchal-des-logis avait été chargé d'aller en avant de la colonne, préparer les logements de la batterie. Ce service étant toujours mal fait, il fut décidé qu'à l'avenir un lieutenant se chargerait de la chose.

Le lieutenant Belvallette part donc en avant, avec le maréchal-des-logis chef Lagache, et arrive sans encombre à Sorel, village situé au sommet d'une colline dont le mauvais état du chemin et le verglas rendent l'ascension des plus impossibles.

Le maire met à sa disposition les gens valides du village qui, armés de pioches et de pelles, ont bien vite brisé la glace et rendu le chemin praticable sur une longueur d'environ 500 mètres.

Les logements sont préparés, mais aucune troupe française ne paraît. Nos deux infortunés se perdent en conjectures sur ce qu'a pu devenir la batterie, lorsqu'enfin, vers huit heures et demie, une section arrive seule, sans escorte, commandée par le maréchal-des-logis Jacquotte, qui ne peut donner aucune nouvelle du reste de la batterie, pas plus que du capitaine Dupuich.

La position n'était pas sûre; on se trouvait à trois kilomètres en avant des lignes françaises, sans escorte, sans soutien, exposé à une surprise d'autant plus probable que les habitants assuraient avoir vu, l'après-midi encore, des uhlans traverser le village.

Pendant que les hommes et les chevaux prenaient un repos que toute une journée de marche rendait nécessaire, M. Garet, vétérinaire de la batterie, fut envoyé en toute hâte au village de Fins, pour demander au général Payen, commandant la 1re division du 23e corps, s'il ne pourrait pas envoyer à Sorel une compagnie de fusiliers marins, qui mettraient la section en sûreté.

Des sentinelles sont postées à l'entrée des différentes rues du village, les hommes reçoivent l'ordre d'être prêts à la première alerte, et c'est à une heure du matin seulement que la réponse du général arrive. Elle consiste en l'ordre écrit de se replier sur Fins, et ce n'est que dans la matinée que la section peut rejoindre les sections Lentheaume et Delalé qui ont passé la nuit à Etricourt et se sont mises en marche à 6 heures, dans la direction de Saint-Quentin.

Ces deux officiers n'ont d'ailleurs aucune nouvelle de ce qu'est devenu le capitaine Dupuich.

Comme on l'a su depuis, au passage du pont d'Etricourt, cet officier avait laissé filer sa tête de colonne pour veiller à la traversée assez laborieuse des autres pièces, quand le pont s'écroula, mettant momentanément un obstacle absolu au passage. Le capitaine partit alors seul pour rejoindre sa tête de colonne à Sorel, dans la nuit noire et par des chemins affreux, mais il fut enlevé par une patrouille de hussards prussiens entre Fins et Sorel, et emmené prisonnier à Péronne.

C'est alors que M. Belvallette, nommé lieutenant en premier le 13 janvier, prend le commandement de la batterie qu'il gardera jusqu'à la fin de la campagne.

A 7 heures du soir, la batterie cantonne à Roisel et le lendemain, 18 janvier, elle a repris, avec l'armée, sa route sur Saint-Quentin, quand vers midi le canon se met à gronder sur la droite du village de Vermand. C'est la queue du 22e corps (Lecointe) qui se trouve attaquée par l'ennemi.

« Immédiatement, disent les notes de campagne, inédites, du lieutenant Belvallette, le 23e corps fit halte et des détachements d'infanterie furent envoyés dans la direction de Caulaincourt, où semblait s'être engagée la lutte.

Le combat. — « La batterie s'avança sur la route qui conduit à ce dernier village, avec ordre de s'arrêter à un endroit qui lui fut désigné et d'y attendre de nouvelles instructions. L'ordre promis ne se fait pas longtemps attendre; un officier de l'état major du général Paulze d'Ivoy vient lui-même donner à la batterie sa position de bataille, sur un plateau formant demi-cercle et ayant les villages de Caulaincourt à gauche, de Trefcon au centre et de Peuilly à droite.

« D'épaisses colonnes prussiennes descendent les pentes de Peuilly. Nous dirigeons immédiatement le feu contre elles, quand une batterie ennemie, se démasquant subitement, répond par une vive canonnade à notre attaque.

« A peine avions-nous lancé, contre l'artillerie ennemie, une vingtaine d'obus, qu'une seconde batterie prussienne établie dans le bois qui domine le village que nous avons à gauche, fait pleuvoir sur nous une grêle de projectiles qui, en peu de temps, met bon nombre de nos hommes et de nos chevaux hors de combat.

« Notre batterie est prise entre deux feux. Le lieutenant la divise sur le champ en deux demi-batteries, fait exécuter à celle de gauche un changement de front sur la gauche et répond ainsi, de deux côtés à la fois, aux deux batteries prussiennes. »

Le lieutenant Belvallette qui ordonnait et faisait exécuter ce mouvement sous le feu convergent de l'ennemi, simple civil avant sa nomination d'officier dans la mobile, était un jeune homme de vingt ans.

Reprenons son récit. « Les obus à balles tirés à 1.000 mètres, avec l'évent de 800 mètres débouché, ont un plein succès sur la batterie de Trefcon qui, au bout de dix minutes, a changé de position. Les obus à fusée percutante font subir à celle de Peuilly des pertes sensibles, grâce à la précision du tir de nos pointeurs (marins).

« Déjà 2 sous-officiers, 1 brigadier et 8 hommes sont hors de combat, plus de douze chevaux hors de service, mais la batterie est toujours à son poste et répond vigoureusement à l'ennemi, quand celui-ci lance ses colonnes d'attaque contre le village de Caulaincourt occupé par l'armée française. Devant des forces infiniment supérieures en nombre, les troupes se replient en arrière de ce village. Les mobiles qui nous servaient de soutien et qui se trouvaient à 200 mètres de notre front, couchés en tirailleurs, se retirent devant l'infanterie ennemie qui rapidement s'avance, et la batterie, suivant le mouvement général, se remet sur la route de

Caulaincourt à Vermand, qu'elle avait prise pour se rendre sur le plateau.

Mais, si rude qu'ait été la lutte soutenue précédemment par les courageux canonniers du Pas-de-Calais, elle n'a été que le prélude du combat que nous allons les voir engager avec les mêmes batteries prussiennes absolument acharnées contre la 1re division de notre 23e corps.

« Le général Paulze d'Ivoy en personne est venu indiquer au lieutenant Belvallette le nouvel emplacement qu'il doit occuper. Retirées à 1,000 mètres environ, en arrière des positions qu'elles viennent de quitter, les troupes s'arrêtent pour faire face à l'ennemi. La batterie s'établit dans la plaine, sur un terrain découvert, ayant devant elle, sur une longueur d'un kilomètre, un champ de tir libre comme celui d'un polygone.

« La ligne de caissons est très adroitement dissimulée dans une ondulation de terrain, par le maréchal-des-logis-chef Lagache, et les pièces ouvrent immédiatement le feu à 950 mètres, sur les batteries prussiennes qui sont déjà en position sur la route que nous venons de quitter il n'y a qu'un instant.

« Il est une heure après midi.

« Pendant trois heures et demie, nous restâmes à cette même place que le général nous avait assignée, et tînmes en échec les batteries ennemies. A en juger par l'intermittence de leur feu, qui alla en s'affaiblissant de plus en plus, elles durent éprouver à cet endroit des pertes sensibles.

« Les obus à balles eurent là encore un plein succès ; il nous fut facile, à une aussi faible distance d'en apercevoir les terribles effets. Les pointeurs de la marine, qui nous ont rendu pendant toute la campagne les plus grands services, et à qui nous devons de ne point avoir perdu plus de monde, grâce à la précision de leur tir qui obligeait sans cesse l'ennemi à des changements de position, justifièrent là encore la légitime réputation qu'ils ont acquise.

Le brave Bonnier. — « Outre la mise hors de combat de plusieurs servants blessés et d'une dizaine de chevaux, nous eûmes à déplorer la perte du brave sous-officier Bonnier, d'Arras, qui eut les deux jambes emportées par un obus et qui, porté dans un manteau à l'ambulance, quitta le champ de bataille en criant : Vive la France ! Cet héroïque garçon mourut le lendemain.

« Il ne faut pas chercher la cause du peu de pertes subies, ailleurs que dans l'excellence de l'emplacement choisi et surtout dans le manque de précision du tir de l'ennemi, dont les obus éclataient la plupart du temps à 200 mètres en arrière de notre front.

« La nuit était venue depuis une demi-heure déjà. Le feu de l'ennemi, qui avait depuis le milieu de l'action sensiblement diminué d'intensité, avait complètement cessé. Le général jugea que l'ennemi ne continuait pas sa poursuite, et toute la division reprit le chemin de Saint-Quentin. »

Pendant le trajet, le lieutenant Belvallette fut mandé par le général Paulze d'Ivoy qui, lui serrant les deux mains dans une chaude étreinte, le félicita du service que sa batterie avait rendu à la division. De l'aveu même du général, elle avait arrêté entièrement la poursuite de l'ennemi et lui avait infligé des pertes cruelles. S'il n'avait pas, ajoutait-il, engagé plus d'artillerie, c'était que, à son grand étonnement et à son grand plaisir, il s'était aperçu que la batterie pourrait suffire seule à la besogne. Elle fut portée à l'ordre du jour.

On ne saurait trop mettre en relief les belles actions accomplies sur le champ de bataille, aussi voulons-nous donner en témoignage de la courageuse conduite du lieutenant Belvallette, le passage d'une lettre écrite plus tard par le comte de Thannberg, aide de camp du général Paulze d'Ivoy : « J'avais été envoyé par le général Paulze d'Ivoy, dont j'étais aide de camp, pour faire mettre en position deux batteries d'artillerie. Ces batteries nous ayant bientôt manqué, tout le poids de la résistance est retombé sur la batterie de volontaires du Pas-de-Calais, qui était commandée par le capitaine en second[1] Belvallette, son capitaine commandant ayant été fait prisonnier deux jours avant.

« Cette brave batterie de volontaires, soutenue par l'énergie du capitaine Belvallette, résista tout le jour au tir de cinq batteries prussiennes qui nous dominaient. Aussi, le soir, le général Paulze d'Ivoy fit appeler le capitaine Belvallette devant tout l'état-major et l'embrassa cordialement, en le félicitant et lui promettant une croix certes bien gagnée... »

Cette croix n'arriva au capitaine Belvallette que quelques mois après, les propositions s'étant perdues dans la bagarre de Saint-Quentin.

Voici en quels termes, le commandant du 23e corps appuya une seconde proposition faite en faveur du vigoureux officier.

« Le capitaine Belvallette s'est conduit avec une bravoure

---

1. Belvallette n'était encore que lieutenant en 1er, commandant la batterie; il ne fut nommé capitaine qu'après Saint-Quentin.

digne d'éloges, à l'affaire de Vermand. C'est en partie à sa batterie (dont il est resté seul le chef) que je dois le résultat de ce combat inégal; la croix serait une juste récompense de sa bonne attitude au feu. Il est regrettable que la proposition que j'ai faite en sa faveur à la suite de cette heureuse journée, ait été mise de côté, comme tant d'autres du 23ᵉ corps.

« Général Paulze d'Ivoy. »

La batterie de volontaires du Pas-de-Calais se retrouvera bientôt sous notre plume.

Voici maintenant comment le général Paulze d'Ivoy nous explique lui-même ce qu'il fit à Vermand : « ..... relativement à l'affaire de Vermand, quand il (Faidherbe) dit que j'ai repoussé l'ennemi, cela n'est pas exact. Je ne l'ai pas repoussé : j'ai seulement pris de bonnes positions et je m'y suis maintenu toute la journée. J'avais à lutter avec 5.000 hommes contre 30.000 hommes. Et certainement je ne voudrais pas recommencer ce que j'ai fait ce jour-là. »

De même que pour Behagnies, (2 janvier) le général Paulze d'Ivoy, quand il parlait de Vermand ne manquait jamais de marquer un vif étonnement de l'isolement dans lequel l'avait laissé le commandant en chef.

D'ailleurs, à tort ou à raison, le commandant du 23ᵉ corps s'est toujours cru mal vu par Faidherbe et surtout par l'entourage de celui-ci.

Entre autres preuves, à l'appui de cette conviction, il a cité devant la Commission d'enquête, la dépêche suivante envoyée par le ministère de l'Intérieur aux préfets, sous-préfets et généraux :

« Le 17, une brigade de l'armée du Nord a délogé quelques
« bataillons prussiens du bois de Buire, près Templeux, le
« même jour, un corps prussien a abandonné Vermand à l'ap-
« proche de nos troupes. Le 18, dès le matin, nos troupes ont
« été attaquées par une partie du corps du général von Gœben;
« une de nos divisions a combattu toute la journée dans une
« position en avant de Vermand, où elle s'est maintenue... »

« Ainsi, vous le voyez, je ne suis pas même nommé; on ne cite même pas ma division. Quand j'ai lu cette dépêche, j'ai été trouver le général Faidherbe, et je ne pus m'empêcher de lui exprimer mon étonnement en termes très vifs. »

En tout cas, ce ne serait pas la première fois, nos lecteurs le savent aussi bien que nous, qu'on signalerait de semblables divisions entre généraux français.

Citons encore, à propos de ces deux généraux, la petite scène suivante : Le soir du combat de Vermand, quand le général Paulze d'Ivoy se retrouva en présence du général en chef :

— Vous voilà. général, lui dit Faidherbe, sans le complimenter autrement sur le rude combat qu'il venait de soutenir, *je vous croyais bien c... par-dessus tête.*

— Ma foi, mon général, répondit vivement Paulze d'Ivoy, il est vraiment temps pour vous de venir vous en assurer. « (Récit du capitaine de Thannberg, aide de camp du général Paulze, et témoin de ce petit entretien). Il est vrai que ce mot, dans sa forme énergique et soldatesque, peut très bien être interprété comme une constatation flatteuse de la mission difficile dont le général venait de se tirer.

Le major von Schell, du grand état-major prussien, évalue les pertes allemandes du 18 janvier à 218 hommes, se décomposant ainsi : 1 officier tué, 1 général et 8 officiers blessés, 18 soldats tués et 190 blessés.

Saint-Quentin. — La compagnie Sambuc, du génie, défend l'entrée du faubourg d'Isle.

CHAPITRE XXVII

Saint-Quentin.

Pourquoi le 19 janvier. — Nos positions : en arc et le dos à la ville. — 22ᵉ corps. — Au moulin de Tout-Vent. — Les 5 batteries. — Collignon, Robert, Bocquillon, Guignaud et Beauregard. — Brigade Aynès. — Commandant Tramond. — Brigade Pittié. — Renforts énormes de l'ennemi. — Retraite sans désordre. — 23ᵉ corps. — Coups de sabre. — Batteries Halphen, Belvallette et Dieudonné.

— Brigade Pauly. — La retraite. — Pas de poursuite. — Les historiques. — 22⁰ corps. — Division Derroja. — 2⁰ bataillon de chasseurs. — 67ᵉ de marche. — Fatigues et misères. — Colonel Aynès. — Sous-lieutenant Biot. — Capitaine Fernandez. — Sous-lieutenant François et Prévôt.—65ᵉ de ligne.—Capitaine Estrabeau. — Mobiles du Pas-de-Calais. — Bataillon Matis. — Dégel et souliers de carton. — Qui dort dîne. — Distributions la nuit. — Les hommes n'y vont pas. — Ordres incohérents. — En soutien des batteries. — Nos obus à balles dans les rangs prussiens. — Ignorance. — Pas de cartes.—Retraite désordonnée sur Bohain. — Ce qu'il reste d'un régiment. — Bataillon Pessez. — Charge repoussée. — 17ᵉ bataillon de chasseurs. — L'escarmouche du bois de Buire. — 68ᵉ de marche. — Capitaine Echement. — Capitaine Danos — Lieutenant-colonel Cottin. — Les pertes. — Capitaines Levasseur et Grégoire. — Lieutenant Choinette. — Capitaine Hentz. —Lieutenant d'Hallouin. — Sous-lieutenants Bourceret et Delmas.

Pourquoi le 19 janvier. — C'est dans la reprise de Saint-Quentin, par nos troupes le 16 janvier, qu'il faut voir la cause initiale de la bataille du 19 que nous allons conter.

Quand il avait eu connaissance de ce petit succès, en effet, le général von Gœben y avait attaché une telle importance qu'il « commença son mouvement vers l'est, même avant de connaître notre propre mouvement dans cette direction » (Faidherbe).

Par suite, l'affluence des forces prussiennes dans le voisinage de Saint-Quentin était si considérable au moment où l'Armée du Nord y arriva elle-même, que Faidherbe se vit contraint d'engager la bataille sur les hauteurs qui environnent la vaillante ville.

Ces hauteurs fournissaient d'ailleurs de bonnes positions pour la défense; d'autre part, la proximité d'une grande ville mettait d'importantes ressources à la disposition de l'Armée du Nord dont les forces s'élevaient alors à une quarantaine de mille hommes.

Faidherbe, pour recevoir le choc des Allemands, disposa ses troupes de la façon suivante :

Le 23ᵉ corps (Paulze d'Ivoy) auquel on avait joint la brigade Isnard, s'établit le dos tourné à la ville, la gauche à Rocourt et la droite à Fayet. La brigade Isnard occupait le centre de cette ligne, ayant à droite les mobilisés Robin, à gauche la brave division Payen.

Le 22ᵉ corps (Lecointe) continuait la ligne en arc de cercle, avec sa droite à Gauchy, sa gauche à la route de Chauny (route de Paris).

La brigade Pauly, des mobilisés du Pas-de-Calais, était à

Bellicourt, prête à assurer, en cas de besoin, notre ligne de retraite, laquelle se trouvait indiquée naturellement par les routes du Cateau et de Cambrai.

C'est au 22ᵉ corps que la bataille commence par une attaque des Prussiens qui s'avancent par les routes de Paris et de La Fère.

A ce moment (9 heures) la brigade Pittié vient d'arriver à Gauchy et la division du Bessol à Grugies. Trois divisions prussiennes, plus une brigade de cavalerie de la garde s'avancent sur Castres et aussitôt l'action commence entre les tirailleurs, en même temps que le canon se met de la partie. Une de nos batteries (capitaine Collignon) a choisi une excellente position près du moulin de *Tout-Vent* d'où elle tient tête aux canons de l'ennemi en attendant que quatre autres viennent la renforcer, ce qui ne tarde guère.

Ce sont les batteries Robert (ancienne Montebello), Bocquillon, Gaignaud et Beauregard.

« Ces cinq batteries, dit Faidherbe, arrêtèrent pendant toute la bataille les efforts de l'ennemi, en lui faisant subir des pertes énormes. »

Cependant la brigade Aynès est arrivée à son tour en ligne et est venue prolonger notre ligne vers la gauche, jusqu'à la route de La Fère.

Bientôt le brave général du Bessol, toujours en tête de ses troupes, toujours le premier au feu, tombe grièvement blessé, le colonel Aynès est tué raide en menant ses soldats à l'attaque sur la route de La Fère, et nos troupes, privées de ces deux chefs intrépides et se voyant débordées par leur gauche, sont forcées de reculer vers le faubourg d'Isle. Mais le commandant Tramond s'est mis à la tête du 68ᵉ de marche. Il l'entraîne à la baïonnette et nous regagnons le terrain perdu.

A la droite du 22ᵉ corps, le combat n'est pas moins acharné. Six fois, dit Faidherbe, la brigade Pittié repousse, à Gauchy, les attaques des Prussiens renouvelées sans cesse avec des troupes fraîches qui leur arrivaient d'Amiens, de Rouen et même de Paris, grâce au chemin de fer.

A la fin, cependant, ces masses auront raison de notre vigoureuse résistance. La brigade Pittié, débordée par sa droite, se retire, mais en très bel ordre, et, le mouvement se propageant vers notre gauche, toute la ligne, à la nuit tombante, se replie sur le faubourg d'Isle.

Au 23ᵉ corps, le général Robin a eu affaire aux divisions von Kummer et von der Grœben.

Ses mobilisés occupent Fayet, Francilly, Sélency ; la brigade Isnard va de Francilly à la route de Savy et plus à gauche, la brigade de la Grange (division Payen) s'étend jusqu'au canal, — quant à la brigade Michelet, elle est en arrière du centre, en réserve.

De ce côté, le combat commence par une action de cavalerie vers Savy, entre un escadron de dragons du Nord (11ᵉ dragons de marche) et un régiment de cavalerie prussienne.

Jusqu'à deux heures, le combat se borne à des feux de tirailleurs et à l'action de nos courageuses batteries Halphen, Belvallette et Dieudonné qui, par leur tir, s'opposent à un mouvement tournant de l'ennemi vers notre droite.

Vers deux heures, les forces des Prussiens deviennent tellement supérieures que le village de Fayet nous est enlevé, à l'extrême droite, et que notre ligne de retraite vers Cambrai va être compromise. Mais la brigade Michelet, aidée de la brigade Pauly venant de Bellicourt, repousse les Prussiens de ce village, où le régiment de mobiles du Nord du colonel Degoutin vient s'installer aussitôt.

Ce n'est que vers 4 heures, à la nuit, qu'en présence de forces devenues écrasantes, nous cédons, là aussi, peu à peu le terrain.

Le 22ᵉ corps dut battre en retraite par Bohain, vers le Cateau ; le 23ᵉ sur Cambrai par le Catelet.

« Les têtes de colonnes prussiennes entrèrent à Saint-Quentin par les routes de La Fère et de Ham, lançant quelques obus sur la ville et faisant prisonniers tous les soldats débandés, perdus, éclopés et quelques compagnies qui se trouvaient cernées. » (Faidherbe.)

Le général Faidherbe porte à 3.500 environ le chiffre de nos pertes et à plus de 4000 le nombre des Allemands mis hors de combat ; ceux-ci n'en avouent que 2786, se décomposant ainsi : 23 officiers tués, 63 blessés ; 372 soldats tués, 1914 blessés et 134 disparus [1].

Enfin, tout exténuée par les fatigues, la température et les privations que fût l'Armée du Nord, elle n'en avait pas moins porté de tels coups à l'ennemi, tant à Vermand qu'à Saint-Quentin, qu'il n'osa pas inquiéter notre retraite, ce qui lui aurait été si facile, avec ses masses de cavalerie.

N'est-ce pas Faidherbe lui-même qui a prononcé ces paroles devant la commission d'enquête : « Ils nous ont laissé battre en retraite sur le Cateau et sur Cambrai ; je ne le comprends

---

[1]. *Les opérations de la première armée*, par A. de Schell, major au grand état-major général. — Paris. Dumaine. 1874.

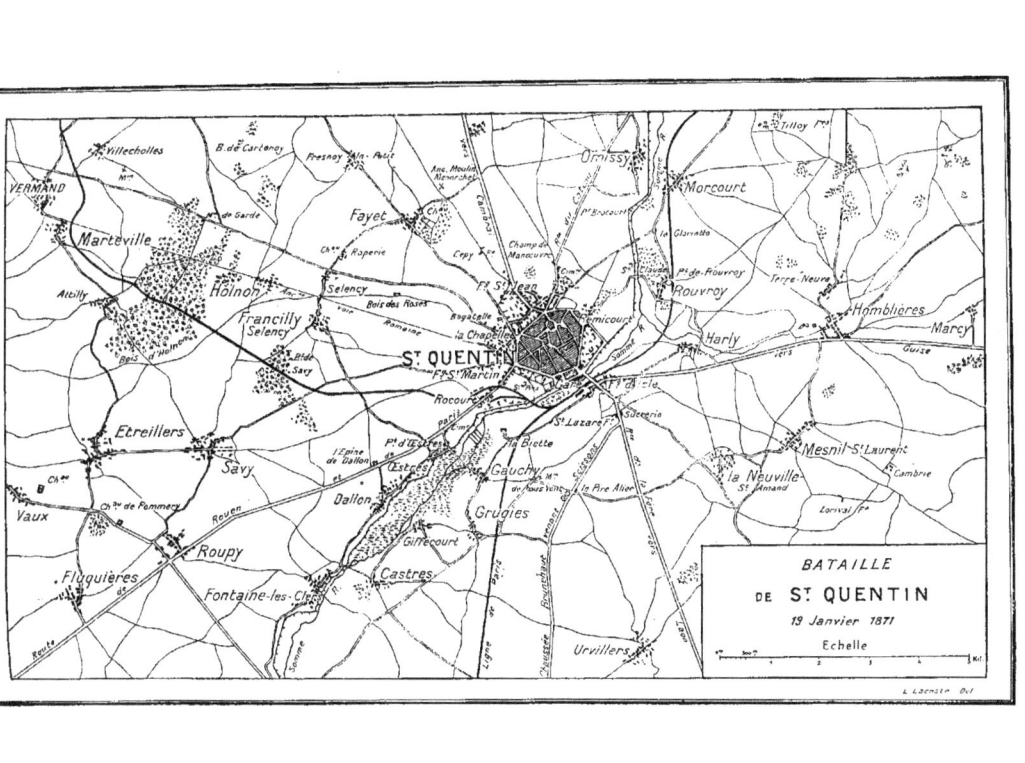

pas, ils n'ont pas fait usage de leurs 50 escadrons de cavalerie. *Il leur aurait suffi d'aller renverser quelques voitures* sur la route du Cateau et de Cambrai, pour empêcher notre artillerie de passer... Ils avaient perdu toute hardiesse. »

Il ne nous reste plus, cette vue d'ensemble de la bataille étant tracée, qu'à faire comparaître devant nous chacun des corps de troupes qui ont joué un rôle sérieux dans la bataille, en commençant par ceux du 22e corps.

Division Derroja.

2e BATAILLON DE CHASSEURS. — « Le 19, bataille de Saint-Quentin. — Vers 9 heures du matin, le bataillon reçut l'ordre d'occuper les hauteurs qui dominent la route de La Fère. Il fut chargé de la garde d'une batterie d'artillerie. A 9 h. 1/2, une compagnie se trouvait aux prises avec les tirailleurs ennemis, et pendant deux heures, elle eut à essuyer un feu très violent de mousqueterie et d'artillerie.

« La gauche de la brigade ayant cédé, le bataillon dut se replier à l'entrée du faubourg d'Isle et défendit l'approche de la ville.

« Il fut ensuite envoyé au Moulin à Vent où se trouvait l'artillerie, dont il protégea la retraite. Il quitta le dernier le champ de bataille. Dans sa retraite, il éprouva des pertes assez considérables.

« En passant devant la gare, il essuya un feu violent de l'infanterie prussienne qui s'y était retranchée. Le général Derroja l'avait chargé de couvrir la retraite, et il sortit le dernier de la ville.

« Dans cette journée, le bataillon perdit environ 200 tués, blessés ou disparus. On lui fit des prisonniers en assez grand nombre, surtout à cause des fatigues endurées depuis 8 jours, du dégel et de la mauvaise qualité de la chaussure. Il bat en retraite sur Douai, et le 22, il est à Arras. » (Hist.)

Les états d'ambulance ne donnent, pour le bataillon, que ces deux blessés : Planche, Alexandre-Constant (éclat d'obus) et Sellez, Philippe (coup de feu).

67e DE MARCHE. — Avant de montrer le régiment du lieutenant-colonel Fradin de Linières, à la bataille de Saint-Quentin, il faut le faire voir s'épuisant en marches et contremarches dans des flots de boue liquide, le 18, jour du combat de Vermand.

Ce jour-là, le régiment, venant d'Albert, arrive à Saint-Quentin et se voit forcé de retourner sur ses pas, pour aller au secours de la 2ᵉ division engagée en avant de Vermand.

Dans cette marche forcée, à travers champs et par le dégel, dit l'historique, nos hommes, presque sans nourriture et mal chaussés, eurent à supporter des fatigues excessives; aussi, en vit-on un grand nombre abandonner leurs souliers et préférer la marche pieds nus à la marche avec des chaussures éculées, qui exigeaient à chaque pas un effort pour sortir du bourbier dans lequel on barbotait. « Quoiqu'on n'ait pas eu à combattre, nous insistons sur ces tristes détails, parce qu'ils eurent une conséquence terrible sur la journée du lendemain (bataille de Saint-Quentin). Les bataillons, en effet, comptaient à peine la moitié de leur effectif pour faire face à un ennemi trois fois plus nombreux que nous.

« Le 19 janvier, dès 9 h. du matin, le canon grondait et se mêlait au crépitement de la fusillade, au sud-ouest de Saint-Quentin.

« La division, réduite de moitié et exténuée des fatigues de la veille, ainsi qu'il en est fait mention d'autre part, prend aussitôt les armes et se porte en avant sur le plateau situé entre les routes de La Fère et de Chauny, en passant par la première de ces routes.

« Le régiment occupe l'extrême gauche de la ligne de bataille, ayant à sa droite le 2ᵉ bataillon de marche de chasseurs à pied et une compagnie du génie.

« Sur l'ordre du général, le bataillon du 65ᵉ garde la ligne du chemin de fer où il s'est établi dès le début.

« Le 1ᵉʳ et le 2ᵉ bataillon (du 75ᵉ) reçoivent l'ordre d'aller occuper, en avant et à l'extrême gauche de la ligne, deux fermes situées sur le plateau, entre les routes de Guise et de La Fère.

« Ces postes avancés étaient des plus périlleux et n'étaient reliés par aucun point vers la droite; ils n'avaient même pas été reconnus.

« Assaillis par des forces quintuples des leurs, les 2 bataillons éprouvent des pertes considérables; le colonel Aynès est tué presque au début.

« Le nombre des assaillants augmente toujours; ils accentuent leur mouvement tournant; une résistance plus longue devient vaine et peut amener un désordre. Ces deux bataillons quittent leurs positions et se portent en arrière, pour aller s'établir aux abords de Saint-Quentin. Là, ils arrêtent, jusqu'à la nuit, une nombreuse infanterie et protègent ainsi la retraite générale des troupes.

« L'armée, en effet, qui avait été victorieuse pendant la première moitié de la journée, était forcée de céder, écrasée par le nombre.

« Le régiment ne quitta ses dernières positions qu'à la nuit tombante, après s'être reformé dans l'intérieur de Saint-Quentin, et lorsque les Prussiens y entrèrent en poussant des hourrahs sauvages, espérant par là jeter la panique dans nos rangs »

Le 67e de marche se retire par la route du Cateau.

« Dans cette terrible journée de Saint-Quentin, ainsi s'exprime l'historique le régiment éprouva les pertes énoncées ci-dessous :

« MM. Fernandez, capitaine, blessé ; Biot, sous-lieutenant, tué ; François, sous-lieutenant, blessé ; Breuil, lieutenant, prisonnier ; Prévôt, sous-lieutenant, blessé et 600 hommes tués, blessés ou disparus.

« Blessés relevés sur les listes du service médical : Allonchery Edouard ; Caignard, Auguste, caporal ; Depoitte, Sylvain ; Gaillet, Alfred ; Guidez, Louis ; Walers, Pierre ; Cardon Jean ; Debarge, François ; Defossez, Adolphe ; Druhem, Ferdinand ; Guet, Claude ; Parrot, Antoine, sergent ; Taffin, Hippolyte ; Tortellier, François ; Valentin, Alfred (coups de feu) ; Barrois, sergent ; Lavaleur, François (éclats d'obus). »

65e DE LIGNE. — 1er BATAILLON. — Le bataillon, commandé par le capitaine Estrabeau, est arrivé à Saint-Quentin le 18 janvier à 10 heures du soir, épuisé par les marches de cette journée où on l'a fait rebrousser chemin sur Vermand pour soutenir le 23e corps attaqué par les Prussiens. Dans la nuit et les premières heures de la journée du lendemain, beaucoup d'hommes du bataillon, restés en arrière faute de pouvoir résister à de telles fatigues, sont tombés au pouvoir de l'ennemi.

A 10 h. 1/2, le 19, le bataillon quitte ses cantonnements et se porte sur le lieu du combat en suivant la voie ferrée de Saint-Quentin à Tergnier. « Arrivé à hauteur de Gauchy, il est déployé en bataille, entre la voie ferrée et la route de Chauny. Le combat s'engage aussitôt contre les tirailleurs et sous le feu très vif des pièces ennemies.

« Jusqu'à 3 heures, la brigade se porte en avant, en combattant et en gagnant beaucoup de terrain. Mais, à ce moment, l'ennemi nous déborde du côté de la Neuville-Saint-Amand et nous force à nous replier sur le faubourg d'Isle.

« A 4 h. 1/2, les troupes traversent la ville et battent en retraite pendant la nuit sur Cambrai, où le bataillon arrive à 10 heures du matin le 20 janvier.

« Nos pertes s'élevèrent, pendant cette journée, à environ 250 hommes tués, blessés ou disparus et à 2 officiers :

« MM. Prevôt, sous-lieutenant, blessé ; Stephani, lieutenant, fait prisonnier. » (Historique.)

Blessés connus : Casiez, Désiré ; Dubrencq, Léon ; Jorieux, Alphonse ; Leblanc, Fabien ; Ricquier, Louis ; Spetter, Gustave ; Trenchant, Florimond ; Vandoorne, Louis (coup de feu) ; Guibal, Alexandre (éclat).

Le lendemain, 20 janvier, sous Cambrai, la compagnie Estrabeau (2ᵉ), placée en grand'garde sur la route de Saint-Quentin, soutiendra, contre un détachement ennemi, un léger combat, dans lequel elle fera quelques prisonniers.

Mobiles du Pas-de-Calais. — 5ᵉ Bataillon. — L'extrait de l'historique du bataillon Matis, que nous donnons ici, est éminemment propre à faire toucher du doigt l'extrême misère de nos braves soldats, la pénurie dans laquelle on les laissait, le vague et l'incohérence des ordres qu'ils recevaient quand ils en recevaient, bref les déplorables conditions dans lesquelles ils allaient se trouver pour livrer à des forces très supérieures, reposées et bien pourvues, la bataille de Saint-Quentin.

« 17 *janvier*. — Départ du 91ᵉ avec la 1ʳᵉ division, de Bouchavesnes pour Vermand. Nous sommes attaqués en route, au bois de Buire, près Templeux. L'ennemi est repoussé. Nouvelle attaque aux abords de Vermand. Nous prenons le pas gymnastique. Les Prussiens nous échappent à la faveur des bois. Les chemins sont défoncés par notre artillerie que nous suivons. Souliers de carton (la semelle). Nos hommes tombent de fatigue. Les distributions se font la plupart du temps pendant la nuit. Qui dort dîne ! *Les hommes n'y vont pas.*

« 18 *janvier*. — Le 91ᵉ part de Vermand pour Saint-Quentin. Mon bataillon est chargé d'escorter le convoi du 22ᵉ corps, ainsi que celui du trésor et les bagages du général en chef. En arrivant à Saint-Quentin, j'entre dans la ville avec le convoi. Vers 11 heures, à mon arrivée, le canon se fait entendre dans la direction de Vermand.

« A 3 heures de l'après-midi, mon bataillon, ainsi que le 6ᵉ bataillon du 91ᵉ, reçoit l'ordre de faire par le flanc droit. La 1ʳᵉ brigade s'engage dans des chemins de traverse rendus presque impraticables par le dégel. Nos hommes ne peuvent pas suivre.

« Je cherche à rallier mon bataillon ; mon lieutenant-colonel, *sans m'avoir prévenu, sans m'avoir donné aucun ordre* (souligné dans le texte) retourne à Saint-Quentin avec les 1ʳᵉ et 2ᵉ compagnies de mon bataillon. Position critique dans laquelle je me trouve. Pas une âme pour m'indiquer mon chemin. La lueur sinistre de fermes qui brûlent me fait apercevoir, de temps en temps, le désordre de ma marche...

« Enfin, j'arrive à Vermand (9 h. du soir). J'y suis rejoint par le 6ᵉ bataillon du 91ᵉ mobiles. Je me concerte avec le commandant Pessez. Impossible de trouver un morceau de pain. Nous convenons de retourner à Saint-Quentin. Après avoir traversé Vermand, nous tombons au milieu des colonnes du 23ᵉ corps. Je sème une partie de nos hommes sur les tas de cailloux de la route. J'en ai encore le cœur navré, rien qu'en y pensant. J'arrive, quelques minutes avant minuit, dans les faubourgs de la ville.

« *19 janvier*. Le canon tonne dès 9 heures du matin. J'ai beaucoup de peine à rallier mes hommes.

« Dès qu'il est réuni, le 91ᵉ fait par le flanc droit, et est arrêté à la gare du chemin de fer pour y déposer ses sacs. Il part, en suivant la voie ferrée jusqu'au-dessous et à hauteur du moulin dit à Tout-Vent. Nous faisons par file à gauche pour gagner le plateau, et nous nous plaçons en réserve auprès de ce moulin.

« Vers 11 heures, le général Derroja donne l'ordre au régiment de se porter en première ligne, entre le chemin de fer et la route de Saint-Quentin à Chauny. Après avoir fait quelques pas, je suis arrêté avec mon bataillon, pour flanquer les batteries Collignon et Bocquillon.

« Je n'ai pas vu, ce jour-là, notre chef de brigade, le lieutenant-colonel Aynès. Je ne devais plus le revoir ! (Il a été tué sur la route de La Fère.)

« Je suis resté environ jusqu'à 2 heures de l'après-midi auprès du moulin, en suivant les mouvements de nos batteries. J'y ai été témoin de l'épouvante et du ravage que nos obus à balles ont produits dans les masses profondes de nos adversaires.

« Vers deux heures, le général Derroja m'ordonna de me porter dans la direction de la route de La Fère, afin de renforcer nos troupes qui y étaient engagées et qui avaient dû reculer.

« En y allant, je fus arrêté par un aide de camp du général Derroja, le chef d'escadron d'artillerie Cornet, qui me fit prendre le pas gymnastique, afin d'éloigner les tirailleurs allemands qui tiraient sur une batterie de nos marins placée à notre extrême gauche.

« Je parvins à la dégager. J'ai ensuite placé mon bataillon en tirailleurs, sur le talus de la route de Chauny ; j'avais à ma gauche le 43ᵉ de ligne, à ma droite le 2ᵉ bataillon de chasseurs à pied. Nous ne fûmes pas attaqués dans cette forte position. C'est là que je vis passer successivement nos batteries qui rentraient à Saint-Quentin. Il était près de 4 heures, tout le 22ᵉ corps commençait à battre en retraite.

« Avant de partir, je fis faire demi-tour à mon bataillon, pour repousser une charge de uhlans qui fut arrêtée avant d'arriver jusqu'à moi.

« J'atteignais les premières maisons du faubourg (il était 5 heures), lorsqu'un obus, envoyé des hauteurs de La Neuville, vint tomber au moment où le général Lecointe, accompagné de son chef d'état-major, le capitaine Faron, me demandait d'où je venais, et si je savais où était le général Derroja. Mon capitaine adjudant-major fut légèrement blessé à la face, par un éclat d'obus. »

Lecteurs, méditez, je vous prie, le passage suivant. Toute la campagne de 70 est là.

« Je profitai de ma rencontre fortuite avec le général Lecointe, pour lui demander quelle était notre ligne de retraite. *Sur sa réponse évasive*, je lui fis observer que la route de Cambrai me paraissait bonne à suivre. Son chef d'état-major étant du même avis que moi *me pria de lui en indiquer le chemin*, ce que je fis. »

A l'avenir, heureusement, chacun saura son métier, le commandement sera à hauteur de sa tâche et toutes choses iront autrement.

« Peu après, dit en terminant le commandant Matis, je rentrai dans la gare du chemin de fer, pour faire reprendre les havresacs à mes hommes, malgré les obus qui ne cessaient de tomber.

« Après avoir traversé la ville avec mon bataillon, j'y rencontrai par hasard le commandant du 6ᵉ bataillon, Pessez, qui avait suivi un autre itinéraire que le mien.

« C'était un pêle-mêle de soldats, qui ne fit qu'augmenter au fur et à mesure que nous avancions sur la route de Cambrai.

« *Si les Allemands eussent été plus audacieux, ils pouvaient, comme à Sedan, faire toute l'armée du Nord prisonnière.* C'est ma conviction. »

C'est aussi la nôtre.

« Pour mémoire,

« Je n'ai pas eu de blessés dans la journée du 19, à l'exception de mon capitaine adjudant-major ; mais presque tous mes traînards ont été faits prisonniers, ainsi que deux officiers restés malades à Saint-Quentin.

« **Le lendemain, mon lieutenant-colonel ayant été légèrement** blessé d'une balle à la cuisse, le 19, je pris le commandement du régiment.... »

Après une halte de quelques heures à Bohain, on arriva au Cateau, et le 21 à 7 heures du soir, « *trois* chariots réquisitionnés transportèrent *tout le régiment* à Valenciennes. » C'est que le régiment ne comptait plus alors que les 3 chefs de bataillon, quelques officiers et une quarantaine d'hommes.

Après avoir été réorganisé à St-Laurent-lez-Arras, il sera désarmé à Saint-Lô le 22 mars et licencié à Arras le 10 avril.

Mobiles du Pas de-Calais. — 6ᵉ bataillon. — Le bataillon Pessez n'a joué également, à Bapaume, qu'un rôle peu important, comme soutien d'une batterie; mais il a eu des tués et des blessés.

Arrivé le 18 janvier à Saint Quentin, vers 1 heure de l'après-midi, il en repart presque immédiatement pour revenir sur Vermand au secours du 23ᵉ corps. Après les marches pénibles et démoralisantes que l'on sait, il ne rentrera à Saint-Quentin qu'à 1 heure du matin, le 19.

Voici le passage du rapport du commandant Pessez, relatif à la bataille de Saint-Quentin.

« A 8 heures 1/2, je reçus l'ordre de me rendre au moulin dit à Tout-Vent. Une demi-heure après, je reçus un nouvel ordre, celui de placer mon bataillon sur les hauteurs de Grugies, à 3 kilom. de Saint-Quentin, ayant le chemin de fer à notre droite et la route de La Fère à notre gauche.

« Le 46ᵉ mobiles, du Nord, se trouvait à ma gauche et un bataillon du 24ᵉ de ligne à ma droite.

« Le feu des Prussiens était très vif, je plaçai trois compagnies en tirailleurs entre ces deux régiments Les deux autres étaient déployés derrière, à 100 mètres, afin de pouvoir remplacer les hommes mis hors de combat, et à veiller à ce que les hommes de la première ligne restent à leur place de bataille.

« Malgré tous mes efforts, je fus obligé de battre en retraite à 4 h. 1/2, en soutenant toujours le feu avec énergie.

« Arrivé dans le ravin de Grugies, j'aperçois un peloton de cavaliers prussiens qui descendaient sur nous, cherchant à nous faire prisonniers. Je fis arrêter les hommes de mon bataillon qui exécutèrent les feux. En un instant, cette colonne de cavalerie était dispersée, laissant 5 des leurs sur le terrain.

« Quant aux hommes qui composaient la gauche de mon bataillon, je priai un officier d'ordonnance de M. le colonel Pittié, de les arrêter, car ils n'avaient pas compris.

« M. le colonel Pittié remplissait les fonctions de général de brigade, et son escorte se trouvait derrière moi ; sans cette mesure de précaution, ils eussent été faits prisonniers ainsi que moi et tous mes hommes. » Ici nous ferons remarquer que s'il n'y avait *qu'un peloton de cavaliers* prussiens, la chose ne méritait vraiment pas d'exciter un aussi vif émoi.

« Pertes dans cette journée : un capitaine grièvement blessé, mort des suites de ses blessures, deux autres officiers blessés, dont un grièvement, et un certain nombre de sous-officiers, caporaux et soldats tués ou blessés. Moi-même j'ai été atteint assez grièvement. »

Le rapport récapitule ainsi les pertes subies dans la journée du 19, par le bataillon Pessez :

Tués :	Blessés :
1 capitaine,	1 chef de bataillon,
3 sous-officiers,	1 lieutenant,
15 caporaux et soldats.	1 sous-lieutenant,
	20 caporaux et soldats.

Blessés connus : Blondel, Pierre-Joseph ; Coquempot, Valentin, sergent ; Druon, Charles ; Lafaire, Ferdinand ; Lepilliet, Jean, caporal ; Montaigu, Jules ; Moren, Eugène ; Payen, Edouard ; Pouchain, Jean ; Soyez, Jean (coups de feu) ; Longuet, Auguste (éclat) ; Souillart, François (coups de sabre).

Le bataillon arrive au Cateau le 20 janvier. Il sera désarmé à Saint-Lô, et licencié le 10 avril à Arras.

« La campagne a été terrible, ces jeunes gars l'ont supportée tous avec courage, énergie et résignation, et je peux dire avec bonheur que leur conduite a été admirable et digne de vrais soldats français » (Commandant Pessez).

17º BATAILLON DE CHASSEURS. — Le 17 janvier, le bataillon quitte son cantonnement de Moislain. De nombreux cavaliers ennemis suivent la colonne, mais ils sont mis en fuite par nos flanqueurs.

« Au village de Templeux, le général de brigade (Pittié) prend ses dispositions pour enlever le bois de Buire occupé par deux bataillons prussiens venus en reconnaissance de Péronne, et détachés d'une forte colonne arrêtée à Marquaix.

« Les 2º, 4º et 6º compagnies doivent gravir les pentes et pénétrer dans le bois ; la 3º a mission de tourner le bois et de surprendre l'ennemi sur son flanc droit.

« Le 24º de ligne doit enlever la partie du bois située à droite de la route. Ces mouvements s'exécutent rapidement, sous la protection d'une batterie d'artillerie, qui canonne vigoureusement la position.

« Nos compagnies, au signal de la charge, pénètrent dans le bois, en chassent l'ennemi, et le poursuivent pendant deux kilomètres, jusqu'au village de Tincourt.

« Les Prussiens abandonnent leurs blessés, leurs morts, et nous laissent des prisonniers.

Dans la même journée, de Bernes à Vermand, le bataillon de chasseurs, avec l'artillerie et la cavalerie, sous les ordres du général Derroja, poursuit une colonne prussienne qui est forcée de rentrer dans Péronne. Cantonnement à Trefcon. » (Hist.)

Le 18, le bataillon continue sa marche vers Saint-Quentin.

« Les flanqueurs du bataillon, dit son historique, éloignent pendant toute la journée des reconnaissances de cavalerie ennemie. Des uhlans sont chassés du village d'Essigny-le-Petit désigné comme cantonnement. Avant l'installation dans ce village, la division revient en arrière, pour soutenir la 2e division, qui est sérieusement attaquée. On rentre à Essigny à 7 heures du soir.

« Depuis le 13 janvier, le bataillon est toujours en tête de colonne et fournit les flanqueurs. Ce service, dans les terres labourées et détrempées, est très pénible pour nos hommes ; mais le manque absolu de cavalerie oblige à ces précautions, dans un pays où l'ennemi occupe les plus petits villages.

« Les compagnies marchent toute la journée en tiraillant, reçoivent peu ou pas de vivres, à cause des marches journalières et imprévues, enfin arrivent tard dans les cantonnements. Les hommes n'ont pas le temps de préparer leur repas ; *toutes ces privations et ces fatigues sont courageusement supportées, et sans murmure, par ces jeunes soldats.*

« Le 19, à 4 heures du matin, la brigade quitte Essigny pour aller à Gauchy, à 5 kilom. en avant de Saint-Quentin.

« Arrivée à Gauchy, à 7 heures du matin. A 9 heures, la brigade prend les armes et occupe les hauteurs du Moulin-de-Tout-Vent.

« Le 17e, en bataille, a sa droite appuyée au chemin de fer et sa gauche dans la direction du moulin.

« La bataille s'engage par une vive canonnade.

« La 3e compagnie, envoyée en tirailleurs, s'avance à 1.500 mètres, en repoussant de nombreux tirailleurs ennemis. La 5e est envoyée en soutien. Ces deux compagnies exécutent alors une vigoureuse charge à la baïonnette sur les batteries ennemies, culbutent les premiers défenseurs, mais elles sont alors obligées de se replier devant l'arrivée de nombreuses réserves et sous un feu écrasant d'artillerie. » Elles ramènent pourtant 18 prisonniers.

« Vers midi, le bataillon est appelé par ordre à renforcer la ligne entre le 22ᵉ et le 23ᵉ corps. Après avoir traversé Gauchy, les compagnies sont déployées en tirailleurs sur les hauteurs et engagent un feu très vif avec l'ennemi, qui porte en ce moment tous ses efforts sur ce point.

« Les chasseurs conservent leurs positions, malgré une pluie de projectiles, jusqu'au moment où l'ordre de la retraite est donné, alors que notre droite était complètement tournée.

« Le bataillon, rallié, ne compte plus que 300 hommes.

« Il se reforme, en avant du village de Gauchy et doit protéger la retraite avec une batterie d'artillerie.

« Lorsque tout le terrain est évacué, le bataillon se dirige sur les faubourgs de Saint-Quentin, en prenant successivement des positions défensives, puis prend la traverse pour gagner la route du Cateau indiquée comme ligne de retraite. Les hommes harassés, épuisés, n'ayant pas mangé de toute la journée, ne peuvent arriver jusqu'à Bohain.

« Quand le bataillon arrivera le lendemain à Douai, par les voies ferrées, ce sera avec 125 hommes seulement.

« Le 19 janvier, il a eu 1 capitaine blessé grièvement et 271 hommes tués, blessés ou disparus. (Historique signé du commandant Moynier).

Blessés connus: Chartiaux, Jules ; Clément, Clovis ; Cotteaux, Théophile ; Delporte, Joseph ; Duquenne, Henri ; Hainaut, Auguste ; Hochedez, Henri ; Lotégier, Louis ; Marion, Armand ; Lecot, Alcide, caporal ; Moisson, Jean-Baptiste ; Obin, Jean ; Rossignol, Cyriaque ; Vallantin, Georges, sergent (coups de feu) ; Millo (éclat).

68ᵉ DE MARCHE. — Nous rejoignons le régiment le 17 janvier, où, comme le reste de l'armée, il marche péniblement dans les boues profondes occasionnées par le dégel commencé la veille.

Ce jour-là, il quitte son cantonnement de Moislain, à cinq heures du matin.

« Le régiment, lit-on dans l'historique signé du lieutenant-colonel Tramond, s'avance par des chemins très difficiles. La fonte des neiges a fait déborder les ruisseaux, que l'on traverse en beaucoup d'endroits avec de l'eau jusqu'aux genoux. A Templeux-la-Fosse, la route est fermée par l'ennemi qui occupe un bois. La position est abordée vigoureusement. Après une très vive canonnade, le bois est attaqué au centre et sur l'aile droite, du côté de Péronne: l'ennemi se retire, laissant sur le terrain 72 hommes tués ou blessés.

« Le régiment perd 1 tué et 6 blessés. »

Le régiment continue sa marche le lendemain, dans les malheureuses conditions que l'on sait : intempéries, absence de vivres, souliers de carton, etc... et vient coucher à Séraucourt dont il partira le lendemain 19, à 5 heures du matin.

L'historique, très intéressant et très complet, est ici à donner tout entier.

On marche sur Gauchy par la route de Chauny, jusqu'au moulin de Tout-Vent ; là, le régiment descend dans le village où il doit cantonner. Il est 8 heures du matin.

« A 9 heures, à la suite d'une reconnaissance faite par le lieutenant-colonel Cottin et le colonel Pittié, l'ennemi est signalé et, presque aussitôt, le combat s'engage avec les grand'gardes. La 1re compagnie du 1er bataillon, capitaine Izard, s'établit d'abord au moulin, puis dans les maisons, près de la route.

« Le régiment sort rapidement de Gauchy et va se placer, la gauche au moulin, la droite au chemin de fer.

2º *bataillon*. « La 5º compagnie, capitaine Echement, déployée en tirailleurs, descend le ravin en arrière des positions, traverse le ruisseau et vient se placer en combattant à côté et à la gauche d'une compagnie de chasseurs déjà sur le plateau.

« Le feu s'engage très vivement avec des tirailleurs ennemis, soutien d'une batterie d'artillerie, établie sur la route de Chauny et contre laquelle on marchait. La batterie s'éloigne. Alors, un détachement ennemi assez considérable se dirige sur le flanc gauche de cette compagnie et la force à se retirer dans le ravin où, appuyée par la 4º compagnie Hentz), puis par tout le bataillon, elle se reporte en avant et vient reprendre position sur le plateau où le bataillon s'établit en entier ; il était midi.

« A partir de ce moment, la lutte continua avec une extrême vigueur jusque vers 4 heures ; les positions sont perdues et reprises six fois ; l'ennemi, dont les succès aux ailes augmentaient l'ardeur, luttait avec acharnement et couvrait d'obus nos positions.

« Le 1er bataillon place la 2º compagnie, capitaine Danos, en tirailleurs le long du chemin de fer et conserve 3 compagnies en soutien. Cependant, vers 4 heures, l'ennemi est vainqueur sur la droite et l'ordre de retraite est donné.

« Le 2º *bataillon* quitte alors ses positions et descend vers le ravin, où il est chargé par la cavalerie ennemie qu'il repousse. La retraite recommence et se fait en désordre ; à partir de ce moment, le bataillon, mêlé avec les mobiles de Somme-et-

Marne, se retire vers le faubourg d'Isle, où il se groupe sans se reformer.

« Le 1er *bataillon*, moins engagé jusqu'alors, fait tête à l'ennemi. La 3e et la 4e compagnie se battent vers Grugies, pour arrêter la marche des Prussiens sur notre droite.

« La 2e compagnie, capitaine Danos, établie vers le chemin de fer, soutient la retraite dans des conditions héroïques. Elle repousse une 2e charge de la cavalerie ennemie et parvient, à l'aide d'un feu des plus nourris que le capitaine Danos dirige lui-même, à arrêter pendant une demi-heure la marche de l'ennemi. Cependant le capitaine est contraint à se retirer ; les débris de sa compagnie sont dispersés.

« La 5e compagnie et la 1re, après avoir servi de soutien aux batteries d'artillerie qui protégeaient la retraite, se forment en tirailleurs des deux côtés de la route et se retirent vers Saint-Quentin, en disputant le terrain pied à pied. Au faubourg d'Isle, leurs débris, sous les ordres du lieutenant-colonel Cottin et de MM. Izard et Mariguet, construisent quelques barricades, luttent encore et ne se décident à la retraite que lorsque l'ennemi entre de tous côtés dans le faubourg.

« Les 3e et 4e compagnies, après avoir résisté vers Grugies pénètrent également dans Saint-Quentin, et le régiment brisé et dispersé prend, vers 7 heures du soir, la route du Cateau en traversant Saint-Quentin que l'artillerie ennemie couvrait d'obus. La plus grande partie du régiment gagne Bohain. »

Les pertes du brave régiment sont très sérieuses :

MM. *Officiers*

Levavasseur, capitaine, tué ;
Grégoire, capitaine, tué ;
Chomette, lieutenant, tué ;
Hentz, capitaine, coup de feu à la cuisse ;
D'Halluin, lieutenant, éclat d'obus à la poitrine, coup de feu à la cuisse, jambe gauche broyée par les roues d'une pièce d'artillerie ;
Gentais, sous-lieutenant, contusions au pied et à la main ;
Josset, sous-lieutenant, contusion par coup de feu ;
Bourceret, sous-lieutenant, coup de feu à la cuisse ;
Delmas, sous-lieutenant, coup de feu à la jambe ;
Cottin, lieutenant-colonel, un cheval tué sous lui.

Troupe :

Tués.................. 115
Blessés............. 273
Disparus............ 559

Blessés connus par les états d'ambulances :

Lumière (Ferdinand), caporal; Cappel (François), Meurant (Emile), Moroy (Philéas), Alfonsi, caporal; Avez (Désiré-Augustin), Benque (Julien), Capron (Placide), Christien (Joseph), Coispine (Jacques), Drevault (Louis), caporal; Gardé (Ernest), Géhin (Jean), Jaspard (Alfred), caporal; Laforge (Emile), Launay (Adrien), Lorho (Marc), Plaideux (Théodore), Prouvost (Alfred), Robert (Claude), sergent; Saint-Jean (Joseph); Schuhmacher (Ignace), sergent-major (coup de feu); Butez (Eugène), caporal (éclat).

Le 22 janvier, le régiment se trouvera réuni à Dainville.

On a pu remarquer que, tant à la bataille de Bapaume qu'à celle de Saint-Quentin, l'on n'a vu figurer que 2 bataillons (1er et 2e) du 68e de marche.

C'est qu'en effet, le 3e bataillon, sous les ordres du commandant Latreille, avait quitté le régiment à Arras le 1er janvier, pour être dirigé sur Abbeville et n'avait pas reparu. Ses opérations, pendant ce détachement, n'offrent d'ailleurs aucun intérêt.

Saint-Quentin. — Chasseurs du 20⁰ bataillon faisant des Prussiens prisonniers sous un pont de chemin de fer, près de la Sucrerie.

CHAPITRE XXVIII.

Saint-Quentin (Suite).

Mobiles du Nord. — 46⁰, colonel de Lalène-Laprade. — Écrasés par le nombre. — Charge repoussée. — Les dernières cartouches. — Lieutenants Gabet. — Capitaine Crucis, 5 fois blessé. — Lieutenant Wattine. — Capitaine Watebled. — Sous-lieutenant Caude. — Batterie Robert. — Contre la cavalerie. — Panique dans Saint-Quentin. — 20⁰ bataillon de chasseurs. — A la sucrerie. — Le combat. — Sous-lieutenant de Chilly. — Capitaine Troly. — Lieutenant Laval. — Débordés. — Ordre parfait dans la retraite. — **La plus belle page.** — Héroïques soldas. — Pas un traînard. — 69e de marche. — Toujours concis. — Commandant Perrier. — Capitaines Jallu, Peltey et Leleu. — Caporal Roger. — Sergent Moriot. — Mobiles du Gard. — J'eus la chance!... — Tristement significatif. — Toujours à l'aveuglette. — 18e bataillon de chasseurs. — Coup d'œil rétrospectif. — A Pozières. — Lieutenant Franck. — Capitaine Martin. — Capitaine Lequen. — Lieutenant Berquez. — Journée sanglante. — Espoir quand même. — 72e de marche. — Compagnie Charry. — Capitaine Miannay. — Lieutenant Parsy. — Liste imposante de blessés. — Soldat Jean. — Flèches. — Mobiles de la Marne. — Marmites renversées. — La misère et la retraite. — Espoir quand même. — 2e compagnie du génie. — Capitaine Sambuc. — Blessé deux fois. — Sergent Collin.

MOBILES DU NORD. « A la journée de Saint-Quentin, le **46e** régiment de mobiles, était composé comme suit :

1er *bataillon*. — Paris, Charles, chef de bataillon : 12 officiers, 450 hommes ;

2e *bataillon*. — De Lalène-Laprade, Eugène, chef de bataillon : 14 officiers, 640 hommes ;

3e *bataillon*. — Pollet, Fidèle, chef de bataillon : 11 officiers. 648 hommes. Totaux : 37 officiers, 1738 soldats. Le lieutenant-colonel de Lalène-Laprade, Joseph, commandait le régiment.

« Le 46e partit à 5 heures du matin d'Essigny-le-Grand, en même temps que toute la 2e brigade qui avait passé la nuit dans ce village.

« Vers 9 heures du matin, la 2e brigade, étant à Gauchy, fut prévenue de l'approche de l'ennemi. C'est au zèle infatigable et à la vigilance du colonel Pittié que la 1re division doit d'avoir été informée une heure plus tôt de l'arrivée des troupes allemandes.

« A 9 heures 1/2, la brigade occupe ses positions de combat. Voici la part prise à la bataille par le 46e régiment de mobiles.

« Il est d'abord mis en réserve ou comme soutien de l'artillerie placée au moulin de Tout-Vent.

« Vers 11 heures, le 1er bataillon est envoyé vers Grugies et Giffécourt, pour servir d'appui à l'artillerie, c'est son rôle de toute cette journée.

« Vers 11 h. 1/2, les 2e et 3e bataillons sont engagés sur les crêtes, à 2 kilomètres au sud du moulin de Tout-Vent, entre le chemin de fer et la route de Chauny. Ils sont déployés, faisant face au sud, et sont entre eux dans l'ordre inverse ; la droite du 3e bataillon appuie au chemin de fer et la gauche du 2e à la route de Chauny. Un bataillon du 24ᵉ les sépare. Ils luttent dans ces positions jusque vers 4 heures.

« Enfin, ils sont épuisés, écrasés par le nombre et par un feu d'artillerie faisant furie. Ils battent en retraite lentement. En se repliant, le 3ᵉ bataillon repousse une charge de cavalerie et brûle sur elle les dernières cartouches.

« Les 2 bataillons entrent à Saint-Quentin, mêlés aux troupes de la brigade, par le faubourg d'Isle, où quelques barricades sont essayées sous l'énergique impulsion des généraux Lecointe et Derroja, mais sans succès, les troupes étant exténuées.

« Les obus poursuivent l'armée dans Saint-Quentin.

« Vers 6 heures, la 2ᵉ brigade commence à sortir de la ville par le faubourg Saint-Jean.

« Le 22ᵉ corps reçoit l'ordre d'aller vers Bohain. La division Derroja doit se rallier à Arras. » (Récit du colonel de Lalène Laprade.)

Les pertes du 46ᵉ, dans la journée de Saint-Quentin, se montèrent à : 2 officiers tués (le lieutenant Gabet, Delphin, éclat d'obus au ventre, coup de feu à l'épaule, mort des suites et le lieutenant Gabet, Hippolyte, tué raide d'un coup de feu) ; 5 officiers blessés, 4 faits prisonniers et 1 disparu ; 15 soldats tués, 119 blessés, 477 disparus.

Voici les noms des officiers blessés : MM. Crucis, Louis, capitaine adjudant-major, bras gauche cassé et 4 autres blessures par projectiles ; Soum, Joseph, capitaine, coup de feu à la tête, blessure légère ; Wattine, Eugène, lieutenant, coup de feu à la poitrine ; Caude, Caldéole, sous-lieutenant, coup de feu à la jambe, fait prisonnier et interné à Coblenz ; Watebled, Gustave, capitaine adjudant-major, coup de feu et contusions.

Les prisonniers non blessés furent les 3 aides-majors, MM. Cahon, Albert ; Monory, Léon et Leblond, Cyrille, restés sur le champ de bataille à soigner les blessés.

En somme, le 46ᵉ mobiles avait perdu, dans toute la campagne, 3 officiers tués et 9 blessés, 37 hommes de troupe tués et 233 blessés, au total : 282 hommes hors de combat par le feu, plus 67 prisonniers et 780 disparus. (Colonel de Lalène-Laprade).

Pour les noms des mobiles blessés, voir au 48ᵉ mobiles.

BATTERIE ROBERT. — La 3ᵉ batterie *bis* du 12ᵉ, ancienne batterie de Montebello, a assisté à la bataille de Bapaume, mais presque sans tirer un coup de canon. Elle n'a envoyé que quelques obus à 1.100 mètres, à la fin de la journée, pour tirer de la droite du faubourg d'Avesnes, sur la gare du chemin de fer et sur la droite de la ville.

Voici, d'après son historique, la part qu'elle prit à la bataille de Saint-Quentin.

« Le 19, le canon se fit entendre dès le matin, a peu près dans toutes les directions, ce qui portait à croire qu'il y aurait une grande bataille.

« En effet, toutes les troupes étaient sur pied à 6 heures du matin et se dirigeaient du côté de la Fère, en montant le faubourg d'Isle. La 2ᵉ brigade de la 1ʳᵉ division du 22ᵉ corps était à peine rendue à Gauchy (4 kilom. de Saint-Quentin), sur route de Paris, qu'elle rencontra de fortes colonnes d'infanterie prussienne, précédées de cavalerie.

« L'action s'engage immédiatement et la batterie quitte Saint-Quentin, à 9 heures du matin.

« Dès qu'elle a monté cette petite pente de la colline qui domine la ville, elle est obligée de mettre en batterie et de prendre position, à droite d'une maison dite *maison Raulieu*, où étaient déjà placées les autres batteries de la division, ayant ainsi à sa gauche la 1ʳᵉ batterie *bis* du 15ᵉ régiment et, un peu en arrière, à gauche également, la 2ᵉ batterie principale du même régiment.

« La batterie a ouvert son feu vers 10 heures 1/2, tirant à 2000 mètres et a soutenu toute la journée, jusqu'à 4 heures du soir, le feu de plusieurs batteries ennemies, ayant à sa droite le 68ᵉ de marche et le 46ᵉ mobiles à gauche. Le 75ᵉ de ligne et le 17ᵉ bataillon de chasseurs étaient déployés en tirailleurs en avant.

« Nous ne perdions pas un pouce de terrain ; au contraire, on voyait nos chasseurs s'avancer et faire reculer l'ennemi, car nous lui faisions énormément de mal. Ce n'est que vers 4 heures du soir que nous dûmes changer de position pour empêcher l'ennemi de nous tourner par la gauche, car de fortes colonnes prussiennes s'avançaient de ce côté.

« Sur ces entrefaites, la batterie fut prise de revers par les batteries sur lesquelles nous venions de tirer, et dut subir des pertes inévitables, mais néanmoins, elle repoussait la cavalerie et l'infanterie ennemies qui s'avançaient sur nous. C'est ainsi qu'elle a soutenu la retraite de tout le 22ᵉ corps et vers 4 heures 1/2, elle se retira à Saint-Quentin, étant appuyée elle-même par le 91ᵉ régiment de mobiles.

« Enfin, lorsque l'armée fut engagée dans la ville, l'ennemi commença à la bombarder ; c'était une panique générale chez les habitants qui avaient déjà tant souffert de l'occupation prussienne... »

La batterie arrive au Cateau le lendemain à 5 heures du matin.

L'historique est muet sur les pertes subies par la batterie à la bataille du 19 janvier.

Division du Bessol.

20ᵉ BATAILLON DE CHASSEURS. — « Le 19 janvier, à 3 heures du matin, les commandants de compagnie, réveillés par le commandant Hecquet en personne, font lever leurs hommes et, sans bruit, le 20ᵉ bataillon se rassemble, ainsi que toute la brigade.

« La position de Séraucourt est presque entièrement entourée par les Prussiens, et il ne reste plus au colonel Fœrster, pour se retirer, que la route de Grugies, village qu'il faut de toute nécessité gagner avant le lever du jour.

« A 4 heures et demie, la brigade se met en marche, le bataillon de chasseurs formant l'arrière-garde, et une section de la 1ʳᵉ compagnie (Parent) de ce bataillon, sous les ordres du lieutenant Bochard, l'extrême arrière-garde.

« Elle arrive, à la pointe du jour, à Grugies, qui est distant de 6 kil. de Séraucourt et de 4 kil. de Saint-Quentin, et, tandis que les mobiles du Gard dépassent ce village, et que le 69ᵉ de marche, avec l'artillerie, tourne à gauche dans la direction de Saint-Quentin, le 20ᵉ bataillon s'installe dans une grande sucrerie, à droite de l'entrée de Grugies.

« Cette sucrerie, formée d'un grand nombre de bâtiments et ayant une cour intérieure, est entourée de tranchées profondes et de talus rapides, qui en font une position défensive des plus importantes. Les chasseurs se placent dans la bergerie, tandis que la compagnie du capitaine Troly (3ᵉ) est mise en observation le long du chemin de fer qui, entre Montescourt et Saint-Quentin, vient raser le bord oriental de la sucrerie. »

L'historique du 20ᵉ chasseurs jette ensuite un regard rapide sur le terrain de la bataille qui se prépare.....

« Vers 8 heures du matin, au moment où les chasseurs du 20ᵉ bataillon se disposent à prendre un peu de nourriture, une vive fusillade retentit du côté du chemin de fer, au sud de Grugies. Ce sont les tirailleurs de la 3ᵉ compagnie (capitaine Troly) qui ouvrent le feu sur la cavalerie prussienne en reconnaissance sur la route de Chauny et bientôt suivis de masses d'infanterie.

Immédiatement, le commandant Hecquet porte ses 4 compagnies en avant de la sucrerie, dans l'intervalle de la voie ferrée à la route de Séraucourt.

« La 5ᵉ compagnie (lieutenant de Faultrier) va se déployer en tirailleurs sur le côté gauche du chemin de fer, tandis qu'une section de la 1ʳᵉ (sous-lieutenant Bochard) se déploie également sur le flanc droit de la sucrerie, perpendiculairement à un petit chemin qui se dirige vers le sud. Le reste du bataillon sert de soutien à la batterie de 4, de la brigade qui, s'établissant sur un petit plateau, entre le canal de la Somme et le ruisseau de Ginges, contrebat une batterie prussienne dressée en avant d'Essigny-le-Grand.

« Ce plateau est un point d'une importance capitale. Les Prussiens l'ont compris, c'est de ce côté qu'ils dirigent leurs premières attaques. Mais ils ne peuvent réussir, les chasseurs tiennent bon, favorisés par la disposition de leurs lignes de tirailleurs qui leur permettent d'envoyer simultanément à l'ennemi des feux de face et des feux de flanc.

« M. de Chilly, sous-lieutenant à la 5ᵉ compagnie depuis huit jours, est tué sur le plateau.

« A 9 heures 1/2, la compagnie Roy (2ᵉ) se place à la gauche de la 5ᵉ, et la compagnie Parent (1ʳᵉ) vient renforcer la 3ᵉ le long du chemin de fer qui, construit en déblai sur ce point, offre un abri à nos tirailleurs.

« Les attaques des Prussiens sur Grugies restent infructueuses, mais M. le capitaine Troly est blessé au côté, M. Godon lieutenant à la 2ᵉ compagnie est blessé à la cuisse, et M. Laval, lieutenant à la 1ʳᵉ, blessé légèrement à la tête.

« Un peu avant 10 heures, le 69ᵉ de marche se place à la droite du 20ᵉ bataillon; les mobiles du Gard en réserve, le 17ᵉ bataillon de chasseurs et le 75ᵉ de ligne à la gauche.

« La défense du plateau a coûté du monde au 20ᵉ bataillon ; elle a épuisé ses munitions. A 11 heures, le commandant Hecquet le rallie sur la sucrerie pour l'approvisionner à nouveau et le reporte ensuite en avant, dans l'intervalle de la voie ferrée à la batterie de 4. Les compagnies Parent et Carrère, envoyées en tirailleurs vers midi, remontent le chemin de fer et, emportées par leur ardeur, s'avancent à une assez grande distance dans cette direction, faisant même quelques prisonniers sous un pont sur lequel le chemin de fer franchit un chemin vicinal, à 1 kilom. de la sucrerie.

« Les 3 autres compagnies appuient ce mouvement sur la droite. De ce côté, le combat est tout à fait à l'avantage des Français, mais il n'en est pas, malheureusement, de même à la droite.

« Le 23ᵉ corps, (Paulze d'Ivoy) formé en grande partie de mobilisés, recule sur Saint-Quentin, sous la pression de la puissante artillerie des Prussiens. La 2ᵉ brigade de la 2ᵉ division du 22ᵉ corps (Lecointe), compromise par cette retraite, abandonne Contescourt et Castres. En même temps, la 1ʳᵉ division, accablée par les forces très supérieures de l'ennemi qui reçoit d'heure en heure des troupes fraîches par le chemin de fer, perd du terrain.

« La position du 20ᵉ bataillon devant Grugies, principalement celle des compagnies Carrère et Parent, devient très périlleuse, cette position étant débordée par ses deux ailes.

« Vers 2 heures, les chasseurs, non sans regret, se décident à suivre le mouvement général de retraite de l'armée et, sous une grêle de balles, pataugeant dans une boue affreuse, ils rentrent dans la sucrerie.

« Les 2ᵉ, 3ᵉ et 5ᵉ compagnies, sous les ordres du commandant, se déploient une fois encore, battent en retraite, déployés, puis se réunissent pour marcher sur Saint-Quentin, en suivant la voie ferrée. Les 1ʳᵉ et 4ᵉ, arrêtées un moment dans Grugies, pour défendre le village, ne se décident à gagner Gauchy qu'en voyant tous les corps accélérer leur retraite sous les obus prussiens. Il est environ 4 heures, lorsque les deux portions du 20ᵉ bataillon se réunissent, à 2 kil. de Saint-Quentin. »

Dans cette journée, le brave 20ᵉ bataillon avait perdu 4 officiers dont 1 tué et 3 blessés et 120 hommes dont 25 tués et 95 blessés, plus 34 disparus.

Alors commence, dit l'historique, « cette retraite qui est peut-être la plus belle page de l'histoire du 20ᵉ bataillon de chasseurs de marche.

« Au milieu du désordre général, dans l'immense cohue des corps français brouillés et disséminés, le 20ᵉ bataillon marche dans un ordre parfait, sac au dos et l'arme à l'épaule, jusqu'à Cambrai, silencieux et ne laissant entendre que des soupirs arrachés par la fatigue.

« Ces héroïques petits soldats ont, depuis Albert, marché 3 jours dans des fondrières remplies d'eau ; ils se sont battus le 18 à Beauvois ; le 19, ils se sont levés à 3 heures du matin, ont combattu dans la boue et sans manger jusqu'à 11 heures du soir, et ils marcheront encore toute la nuit jusqu'à Cambrai, franchissant ainsi du champ de bataille à cette ville, plus de 45 kilomètres, sur des routes pavées et glissantes. »

Voici le détail de cette marche en retraite.

Le colonel Fœrster s'est mis à la tête du 20ᵉ bataillon et de la batterie de 4, seuls corps de sa brigade qu'il ait pu réunir. Il traverse le faubourg de Saint-Quentin qui borde la route de La Fère, suit quelque temps ensuite la route de Guise, passe inaperçu à 600 mètres d'une batterie ennemie et prend à travers champs pour venir joindre la route de Cambrai. « Il n'y a pas de temps à perdre, dit l'historique, car à ce moment-là, l'ennemi fait feu de tous ses canons sur la malheureuse ville.

A minuit il entre dans Haucourt, y donne une heure de repos à ses troupes et, le 20, arrive aux portes de Cambrai à 7 heures du matin, *sans qu'un seul chasseur fût resté en arrière depuis Saint-Quentin.*

Les pertes du bataillon, pour toute la campagne, ont été de 11 officiers dont 3 tués et 8 blessés, 283 hommes, dont 61 tués et 222 blessés, plus 186 disparus, soit un total de 480 hommes. En outre 120 étaient entrés aux hôpitaux et ambulances. Ces chiffres disent éloquemment quelles furent la belle conduite et les souffrances du brave 20e bataillon, dans la campagne du Nord.

Voici les noms de quelques blessés qui doivent être attribués au 19 janvier : Dhaine ; Bienvenu ; Dhuée, Désiré ; Chatard, Jean ; Méda, François ; Guilly, Benjamin ; Mercadé, Pierre ; Modaine, Victor ; Zœpffel, Georges (coups de feu) ; Viaud, Etienne (éclat).

69e DE MARCHE. — La palme, pour la concision et la réserve, appartient toujours, comme on va le voir, à l'historique du 69e de marche.

« Le 18, départ de Bernes. Le 2e bataillon escorte l'artillerie et le 1er un convoi. Combats de Vermand et de Beauvois, soutenus par ces deux bataillons. Dans la soirée, retraite sur Grugies. Départ dans la nuit. Arrivée à 8 heures du matin à 4 kil. de Saint-Quentin.

« Le 19, la bataille commence à 9 heures du matin. Le régiment garde, après des efforts inouïs, ses positions jusqu'à 4 heures du soir. A cette heure, attaqué par des masses considérables, il est obligé de battre en retraite. Le désordre se met dans les bataillons et les compagnies. Le régiment ne parvient à se rallier que le 22, à Cambrai. »

Nous le répétons, il est profondément regrettable que les services d'un brave régiment soient résumés ainsi en quelques lignes. Les courageux et dévoués soldats qui le composaient et ont payé à la patrie la dette suivante, méritaient mieux.

Voici, en effet, l'indication de ses pertes et des récompenses qu'il a obtenues.

« En résumé, en 38 jours, le régiment a assisté à 3 batailles et 5 combats, dans lesquels il a perdu, pour 2 bataillons seulement :

Tués :	Blessés :
Officiers 7,	Officiers 17,
Troupe 156.	Troupe 405.

« Le régiment a, en outre, obtenu 2 citations à l'ordre de l'armée, pour sa belle conduite aux batailles de Pont-Noyelles et de Bapaume.

« Il a obtenu :

Une croix d'officier de la Légion d'honneur :

M. Perrier, chef de bataillon.

Quatre croix de chevalier :

MM. Jallu, capitaine,
Peltey, capitaine,
Leleu, capitaine,
Roger, caporal.

Douze médailles militaires. »

Blessés du 19 janvier : Moriot, Marie, sergent (coups de feu); Debinne, Gustave, caporal ; Dehaut, Louis, caporal ; Bisson, Paul ; Boutigny, Léopold ; Frénoy, Eugène ; Gignon, Michel ; Sansois, Charles (coups de feu) ; Mahiat, Alfred (éclat).

MOBILES DU GARD. — On a vu le 2ᵉ bataillon du Gard, avec lequel marche le lieutenant-colonel, combattre à Caulaincourt le 18 et venir coucher le soir à Séraucourt.

« Le lendemain 19, dit l'historique, nous fûmes sur pied à 2 heures du matin. A 2 heures 1/2, nous nous mîmes en route vers la ville et il fut décidé de prendre logement dans le village de Grugies. A 7 heures, mon bataillon n'avait pas encore reconnu les lieux où il devait se reposer, que nos grand' gardes crièrent : Aux armes! à 9 1/2.

« Mon 1ᵉʳ bataillon, de garde aux vivres, ne prit aucune part à l'action. Le 3ᵉ, au contraire, après avoir pris position sur la hauteur du Moulin de la Folie, ou autrement dit à *Tout-Vent*, se distingua et lutta avec beaucoup d'énergie. Son chef, M. Poilpré dut quitter le champ de bataille à 3 heures pour cause d'indisposition.

« Le commandement fut donné à MM. Portal, capitaine du même bataillon.

« Mon 2ᵉ bataillon faisait partie du centre de la ligne de feu, près du village de Grugies. L'armée formait une grande ligne courbe, autour de la ville de Saint-Quentin.

« Le feu commença du côté de ma division. L'infanterie de marine occupait ma droite. Les tirailleurs des deux armées ouvrirent le feu.

« Pendant quelque temps, mon bataillon (le 2e) resta par ordre en réserve, puis, vers 2 heures, alors que le feu de l'ennemi est devenu plus concentré, je reçus l'ordre de faire déployer mon bataillon en tirailleurs, qui tint bon pendant quelques temps. Mais, assailli par le nombre et surtout par des troupes fraîches, il ne lui fut pas possible de lutter avec avantage. M. du Bessol, général, a été blessé dans l'action, non loin de ma position.

« Enfin, vers 4 heures après-midi, la position n'étant plus tenable, plusieurs régiments ayant déjà commencé leur mouvement de retraite, je suivis ce même mouvement, en tiraillant jusqu'à Saint-Quentin, où j'arrivai à 5 heures 1/2.

« Là, je m'occupai de réunir les hommes de mon régiment. Les bombes et les obus commençaient à tomber dans les rues de la ville. A peine avais-je ramassé 800 hommes, qu'un capitaine d'état-major de la 2e division vint me dire de partir en remontant une grande rue ; mais cette direction me parut peu protectrice, j'en pris donc une autre, qui me conduisit après quelques détours sur la route du Cateau.

« La nuit était venue, il était 6 heures du soir... à 6 h. 3/4, *j'eus la chance* de me trouver sur la route du Cateau par Bohain. »

On le voit, les chefs de corps eux-mêmes n'avaient pas de cartes pour se guider et diriger leurs troupes. Ils allaient à l'aveuglette, s'applaudissant de leur chance, quand ils tombaient sur la bonne route.

Le colonel avait avec lui 700 hommes et le commandant Do. Il marcha toute la nuit, encourageant de la voix ses hommes exténués.

« Plus de 100 mobiles firent la route pieds nus de Saint-Quentin à Cambrai. »

Le régiment se rallia à Cambrai. Désarmés le 24 mars, les mobiles du Gard rentreront à Nîmes le 7 avril 1871.

Le lieutenant-colonel Lemaire indique comme pertes subies par son régiment le 19 janvier : 1 officier blessé, 5 disparus. 25 hommes tués, 42 blessés, 245 disparus.

Mobiles du Gard. — 3e bataillon. — « Depuis le 18 au matin, nous dit le commandant Poilpré, mon bataillon se trouvait séparé du reste du régiment.

« Le 19, jour de la bataille de Saint-Quentin, il continua à rester sous les ordres du chef de bataillon Perrier du 43ᵉ, et se rendit sur le champ de bataille vers 10 heures du matin.

« Il s'établit entre les villages de Gauchy et de Grugies. C'est là que je reçus l'ordre de le porter en ligne. Je lui fis donc exécuter une marche en bataille de 1.800 mètres, qui lui permit de se placer à la gauche de la 1ʳᵉ division, où il soutint, pendant toute la journée, le feu de l'ennemi.

« Vers 4 heures, le bataillon suivit le mouvement général de retraite et arriva le 20 au matin à Cambrai.

« Nos pertes, dans cette bataille, s'élèvent à 15 morts et 47 blessés, dont 2 officiers. »

Blessés connus : Busquet; Durand; Faure, Louis; Flocher, Adolphe; Genoyer, Basile, sergent (coups de feu); Flamant, Jules (coup de sabre); Vignal, Casimir (éclat).

18ᵉ BATAILLON DE CHASSEURS. — Nous avons vu le bataillon cantonner à Boyelles, le 4 janvier.

Le 12, au cantonnement d'Ayette, arrive un commandant nommé au 18ᵉ bataillon. C'est le chef de bataillon Pousargues, ex-capitaine au 15ᵉ de ligne, évadé de Metz.

Le 13, à Achiet-le-Petit, ont lieu quelques mutations parmi les officiers. Le lieutenant Robin, promu capitaine, prend le commandement de la 2ᵉ; le sous-lieutenant Amade, promu lieutenant, le remplace à la 3ᵉ. M. Berquès est également fait lieutenant. Enfin l'on reçoit trois sous-officiers nommés sous-lieutenants : MM. Mengniès, Gringault et Donnet.

COUP-D'ŒIL RÉTROSPECTIF. — C'est à la même date, 13 janvier, que se place la petite expédition suivante :

La 4ᵉ compagnie fait ce jour-là une reconnaissance sur Miraumont, quand des paysans viennent avertir le lieutenant Franck qu'un poste important de uhlans s'est établi à Pozières. Aussitôt cet officier prend la résolution d'aller le surprendre avec sa section.

Il arrive à Pozières vers 5 heures du soir, à un moment où les uhlans sont eux-mêmes en reconnaissance sur la route de Bapaume.

Profitant de cette circonstance, le lieutenant Franck fait barricader une des issues du village, tandis qu'à l'autre issue il embusque ses hommes dans deux maisons entre lesquelles les Prussiens doivent passer. Ordre était donné aux chasseurs de ne faire feu que lorsqu'ils entendraient un signal convenu.

La nuit est tout à fait tombée, quand nos ennemis rentrent

joyeux, en pensant au bon souper et au bon gîte qu'ils vont retrouver, et ne se doutant de rien.

Au moment où les 50 cavaliers sont engagés dans la rue principale, un feu de peloton les prend par le flanc et par derrière, à bout portant.

« La section de la 4°, dit l'historique, rentra, vers 10 heures du soir, par Courcelettes et Gys, rapportant des blessés et les dépouilles du détachement *qu'elle avait anéanti.* »

Pendant la marche sur Saint-Quentin, le 18, où l'on traverse Caulaincourt et Beauvois, l'historique du bataillon note ce fait qu'on entendait continuellement le canon gronder sur la droite.

« C'était le 23° corps, qui était aux prises à Vermand, avec une colonne prussienne. »

On vient à peine d'arriver à Giffécourt, le 19, quand l'ennemi est signalé de différents côtés.

« La 6° compagnie fut envoyée immédiatement en grand' garde sur le plateau qui se trouve en avant de ce village, et l'ordre fut donné aux hommes de faire la soupe. Mais, à peine commençaient-ils cette opération que le canon vint l'interrompre. Le bataillon gagna immédiatement les crêtes et se forma en colonne par peloton, à droite de la route de Giffécourt à Roupy.

« La 3° compagnie fut déployée en tirailleurs à droite de la route, jusqu'au chemin creux qui conduit de Castres à Giffécourt. La 4°, également déployée, et perpendiculairement à la 3°, la droite appuyée au village. Les 2°, 5° et 6° en réserve derrière la 3° et en colonne de peloton.

« La 7° compagnie fut appelée à gauche et déployée en tirailleurs, pour soutenir le 20° bataillon, la 1re section appuyée à la chaussée du chemin de fer, la 2° à droite de la 1re.

« La bataille s'engagea en avant du 18° bataillon.

« Pendant plusieurs heures, on se disputa pied à pied le terrain. Enfin, le village de Castres, pris et repris trois fois, resta définitivement aux mains des Prussiens. Leurs tirailleurs débouchèrent de suite en avant.

« Maintenus par les feux de la 3° compagnie (Martin, Eugène), ils eurent un mouvement d'hésitation. D'un autre côté, ne pouvant franchir les marais qui s'étendent en avant du plateau, ils tentèrent un mouvement par la droite du village de Giffécourt. Une ligne nombreuse de tirailleurs permit à de fortes réserves de continuer ce mouvement tournant, et elles ne tardèrent pas à s'emparer du village que, du reste, on avait commis la faute de ne pas garder.

« Une batterie formidable d'artillerie, placée sur les hauteurs de Castres, balayait en tous sens le plateau de Giffécourt. Devant ces feux convergents, il fut impossible de se maintenir longtemps. Les tirailleurs revinrent en arrière.

« En vain, les 2e et 5e se déployèrent, l'une à droite, l'autre en avant, pour renforcer les lignes. Au bout de quelques minutes, elles se trouvèrent prises de face et par derrière, et durent suivre le mouvement des 3e et 4e compagnies.

« Pendant ce temps, la 7e luttait en avant avec les tirailleurs prussiens. Mais bientôt débordée sur sa droite, par une ligne qui la prenait de flanc, elle dut revenir en arrière. Grâce à des feux de peloton, habilement dirigés d'une briqueterie où elle était embusquée, elle arrêta un instant la marche en avant des Prussiens.

« Il était cinq heures du soir, quand l'ordre de quitter le champ de bataille fut donné sur toute la ligne.

« La 3e, la 4e et une partie de la 6e, arrivés au faubourg de Saint-Quentin, suivirent les batteries d'artillerie qui prenaient la route du Cateau.

« Les 5e, 7e et 2e traversant Saint-Quentin, sous les ordres du commandant de Pousargues, suivirent la route du Catelet. »

Ce ne sera que le 25, que le bataillon se retrouvera réuni à Cambrai ; mais de braves officiers et bien des soldats manqueront à l'appel.

« M. le capitaine Martin, Emile, qui, dit l'historien, avait, dans toute cette campagne, montré un sang-froid remarquable un courage au-dessus de tout éloge, avait eu les deux jambes fracassées par les balles prussiennes, quelques jours après il expirait à l'ambulance de Saint-Quentin.

« M. le capitaine Lequen, à peine guéri d'une blessure qui, à Gravelotte, lui avait brisé le péroné, reçut au pied de la même jambe, une balle qui le lui traversa.

« M. Berquès, lieutenant, reçut également une balle, à la poitrine.

« De nombreux morts et blessés, parmi les chasseurs, firent de cette bataille une des journées les plus sanglantes qu'eut à traverser le 18e bataillon de marche. En outre, un détachement de 100 hommes venus du dépôt sous la conduite de M. le sous-lieutenant Martin, Charles, ne put rejoindre le corps et fut fait prisonnier dans Saint-Quentin...

« Et pourtant *l'espoir était au fond de tous les cœurs*. On travailla sans relâche à se réorganiser. Des munitions, des souliers furent distribués aux hommes, et l'on se disposait à reprendre la lutte, ranimés que tous étaient par la belle et sincère proclamation du général en chef quand, le 29, l'armistice fut proclamé... »

Récompenses. — Le bataillon reçut d'abord deux croix, l'une pour le sous-lieutenant Naudin, l'autre pour le sous-lieutenant Gringault. Un peu plus tard, le capitaine Burlin et le lieutenant Amade furent également décorés.

Blessés connus pour le 19 janvier : Défontaine, Jean; Igonel, Pierre; Rey-Gaurer, Léon; Viammont, Napoléon; Villare, Clodomir (coups de feu); Ingreneau, sergent (éclat).

72e DE MARCHE. — Le 19 janvier, à 7 heures du matin, le 2e bataillon qui s'est arrêté la veille à Séraucourt, avec l'état-major de la division, vient rejoindre le 1er à Castres. C'est là que le régiment attend des ordres pour la bataille qui s'apprête.

« Vers 8 h. 1/2, nos grand'gardes signalent l'ennemi. Le régiment prend les armes. Le 1er bataillon s'établit à cheval sur la route de Saint-Quentin à Péronne, le 2e à sa gauche. Le feu s'engagea bientôt entre les lignes de tirailleurs.

« L'ennemi nous opposant des forces de plus en plus considérables, toutes les compagnies furent successivement déployées en tirailleurs et le tinrent en échec pendant plusieurs heures. Un bataillon des mobiles de Somme-et-Marne fut envoyé pour nous appuyer et renforcer notre ligne qui se trouvait très étendue et sans soutien.

« Le général Lecointe, prévenu de notre position critique, nous envoya l'ordre de nous retirer sur les positions en arrière du village de Castres, mais lentement, en couvrant notre front et en dissimulant le plus possible notre mouvement.

« Le 1er bataillon eut à traverser des marais très difficiles et un cours d'eau assez profond. Quelques hommes purent passer en bateau, les autres, à gué ayant de l'eau jusqu'à la ceinture. L'extrême droite, pressée par l'ennemi eut beaucoup de peine à passer, et plusieurs hommes perdirent pied. Presque toutes les cartouches furent avariées.

« A la hauteur du village de Gauchy, le régiment se referma et reçut des munitions. Il prit alors position sur les hauteurs, où il eut à souffrir du feu de l'artillerie prussienne.

La compagnie de Charry. — « Enfin vers 4 heures, accablés par des forces de plus en plus considérables, on fut obligé de battre en retraite vers Saint-Quentin, où les débris du régiment arrivèrent en bon ordre, grâce à la 5e compagnie du 2e bataillon, capitaine de Charry, et à une section de la 4e, qui formaient l'extrême arrière-garde et tenaient l'ennemi en respect.

Le plus grand désordre régnait dans Saint-Quentin, les rues étaient encombrées de soldats et de mobiles de tous corps et de matériel roulant. Le régiment dut, en conséquence, continuer son mouvement de retraite. Le 1er bataillon suivit la voie ferrée.

« Le 2e bataillon séparé du 1er par des obstacles, suivit la route de Saint-Quentin à Cambrai... »

Le régiment avait perdu, dans cette journée :

2 officiers tués : MM. Miannay, capitaine, et Parsy lieutenant;

5 officiers blessés : MM. Rossi et Barge, lieutenants; Darbour, Chevallier et Victorin, sous-lieutenants;

(Le lieutenant Barge sera tué pendant la guerre contre la Commune).

29 soldats tués;

89 blessés;

539 disparus (Historique).

La plupart de ces derniers étaient des hommes exténués, affamés et sans chaussures, qui, ne pouvant aller plus loin s'arrêtaient dans les villages où ils étaient ramassés par l'ennemi.

Les noms des blessés relevés sur les états de service médical sont nombreux, pour le vaillant 72e de marche; nous tenons néanmoins à ne pas en omettre un seul, ce sont :

Aldigier, Etienne ; Barbier, Sidonie; Beaudeux, Félix ; Beaufils, Auguste; Bert, Pierre; Canone, Hubert; Casset, Léon; Castet, Florimond; Coillard, Charles; Couton, Romain; Crouzet, Jean; Devinal, Jean; Diendrot, André; Dragin, Prosper, sergent; Donnadieu, Jacques, caporal; Dujardin, Louis; Dupas; Foroy, Jean; Foulon, Hubert; François, Célestin; Fremeau, Charles; Gambard, Pierre ; Gangloff, Jean; Graves, Louis; Histe, Louis ; Isambourg, Joseph ; Labaye, Charles; Leroy, Louis; Lhuissier, Auguste; Lievios, Adolphe; Lucas, Alphonse; Maillard, Charles; Matat, Jules; Moreau, Henri; Morcrette, Arthur; Mourdire, Pierre; Mouy, Alphonse; Moyaux, Louis; Pédencoig, Jean-Baptiste, sergent; Pidoux, Joseph ; Prat, Pierre; Rigal, Auguste; Sipitre, Henri; Tranchant, Jules; Vacquier, Siré ; Vessilier, caporal; Vialis, Emile (coups de feu); Dhérain, Fortuné; Legrand, Gustave, caporal ; Jean-Flèches, Clément; Danne, Joseph ; Perennec, Jean-Louis; Viart, Jean-Baptiste (éclats). Le soldat Jean-Flèches, évadé de Metz, y avait été blessé d'une balle, le 7 octobre, à l'affaire de Ladonchamps.

Mobiles de la Marne. — 3ᵉ bataillon. — Dans la matinée du 19, de très bonne heure, le bataillon de Reims, qui a couché à Contescourt, rejoint, à Castres, le reste du régiment de Somme-et-Marne.

Il est en train de faire la soupe, quand on apprend que l'ennemi s'avance « en colonnes profondes.

« Nous sortons immédiatement de Castres, dit l'historique, et nous sommes placés en bataille sur la hauteur, en arrière de Castres, ayant, à quelques centaines de mètres à notre gauche, le chemin de fer de Saint-Quentin à Tergnier.

« A peine étions-nous en position, qu'une fusillade des plus vives est ouverte par nos troupes, qui bordent le chemin de fer, sur les Prussiens qui doivent venir d'Essigny-le-Grand et d'Urvillers.

« La canonnade s'engage sur le même point. Au même instant, 3 compagnies du bataillon sont envoyées en tirailleurs dans les marais qui sont à gauche de Castres. Elles les traversent, et là s'engage un combat meurtrier qui dure presque tout le jour.

« Notre général de division, le général du Bessol, est grièvement blessé. Les troupes en réserve sont elles-mêmes couvertes de projectiles et perdent beaucoup de monde.

« Vers 4 heures du soir, l'ennemi recevant toujours des renforts, nous sommes obligés de reculer, mais lentement et dans le plus grand ordre. Castres est occupé par les Prussiens, et leurs tirailleurs s'avancent entre Castres et Grugies, forçant les nôtres à se replier.

« Tout le régiment se réunit dans le plus grand ordre devant Grugies et, ayant rallié ses tirailleurs, traverse le chemin de fer et vient se mettre en bataille en arrière du petit ruisseau qui passe à Grugies, la droite au chemin de fer, la gauche vers la route de Saint-Quentin à Essigny.

« Mais les Prussiens placent leurs batteries sur les hauteurs que nous occupions le matin, et nous sommes couverts de projectiles pendant que notre artillerie rentre dans la ville.

« Enfin, à 5 heures du soir, après avoir arrêté par notre feu uni à celui du 91ᵉ de ligne, une charge de cavalerie qui tente de s'emparer d'une de nos batteries embourbée près d'un moulin placé à notre gauche sur une éminence, nous recevons l'ordre de suivre le mouvement de retraite, et nous traversons Saint-Quentin que couvrent les obus ennemis. »

Le bataillon s'engage sur la route de Cambrai par le Catelet, à la lueur du village du Fayet qui brûle sur la gauche, et les mobiles de Somme-et-Marne arrivent à Cambrai le lendemain matin à 8 heures, « morts de faim, de froid et de fatigue, après 24 heures de marche et de combat, sans souliers, dans des terres argileuses et détrempées... »

Le bataillon de Reims a perdu 200 hommes environ, tués, blessés ou disparus.

« Malgré toutes ces fatigues, le bataillon et tout le régiment avaient conservé le meilleur ordre et le meilleur esprit. » (Commandant du Hamel).

Il s'était trouvé, durant la campagne du Nord, à une dizaine de batailles ou combats et le général Faidherbe l'avait cité particulièrement, pour sa belle conduite, à Pont-Noyelles et à Beauvois (Vermand).

Le bataillon sera licencié à Reims, dans les premiers jours d'avril.

Blessés connus, pour le 19 janvier : Gérard, Léon, caporal ; Caumartin, Alexandre ; Cavenel, Charles (coups de feu) ; Mangeart, Basilic (éclat d'obus).

3º BATTERIE DU 12º. — A Saint-Quentin, la batterie Beauregard combat de 10 heures du matin à 5 heures 1/2 du soir. Cette journée lui coûte : 1 officier blessé, un homme tué, 12 blessés et 22 chevaux tués.

2º COMPAGNIE S-BIS ET 12º S-BIS DU GÉNIE. — Au moment où vers 8 heures du matin, l'ennemi commençait son attaque, la 2/s bis (capitaine Sambuc) vint se placer en réserve de l'extrême gauche, sur la route de la Fère, tandis que la 12/s bis (capitaine Grimaud) facilitait le mouvement de sa division dans les marais de Grugies. (La 12º, n'avait été formée à Lille que le 13 décembre, avec des sapeurs évadés d'Allemagne. Elle appartenait à la brigade Fœrster, et avait perdu 7 hommes disparus à Vermand.)

« Quand le mouvement de retraite commença, vers le milieu de la journée, le capitaine Sambuc déploya sa compagnie (2/s bis) en tirailleurs et combattit pendant plus d'une heure dans sa position, ensuite il la mit aussi en retraite jusqu'aux faubourgs Saint-Quentin.

« Durant cette lutte, le capitaine Sambuc fut blessé deux fois : une fois à la jambe et l'autre fois à l'oreille par une balle ; le sergent Collin eut les deux mollets traversés par une balle.

« Près du village de Grugies, la 12/s bis rendait des services analogues et aussi brillants ; le capitaine Grimaud déployait une section en tirailleurs et maintenait sa position pendant deux heures environ, tandis que les autres troupes se repliaient sur Saint-Quentin ; elle perdit, dans ce combat, 16 hommes (disparus) et eut 4 blessés. »

Blessés connus : Licoine, Pierre ; Marcourt, Jean ; Servant, Pierre (coups de feu).

Saint-Quentin. — Le colonel Degoutin à son cheval tué sous lui, en entraînant ses mobiles à l'attaque de Fayet.

CHAPITRE XXIX

Saint-Quentin (suite).

23e corps. — Division Payen. — Brigade Michelet. — 19e bataillon de chasseurs. — Cernés pendant la retraite. — Habitants patriotes. — Officiers et soldats sauvés. — Mobiles du Nord (48e). — Colonel Degoutin. — De la Somme à la route de Savy. — Un intrépide chef de corps. — Commandant Guillemot. — Fayet enlevé par les mobiles. — Noms de plus de 50 blessés. — La meilleure réponse. —

Les mobiles Couvey et Dedoncker. — Bataillon Guillemot. — A mon plaisir. — Le bon chef fait le bon soldat. — Brigade de la Grange. — 24ᵉ bataillon de chasseurs. — Capitaine Joxe. — Le bois d'Holnon enlevé. — Lieutenant Crétin. — Clairon Marielle. — A la briqueterie. — Lieutenant Pinel. — A la barricade. — Nu-pieds, mourant de faim et de fatigue. — Rue Jean de Caulaincourt. — Sous-lieutenant Meny. — Déguisés et sauvés. — Capitaine Laurent. — Commandant de Négrier. — Sous-lieutenant Jollet. — 33ᵉ de ligne. — Capitaine Dumas. — Au bois de Savy et au Moulin de Tout-Vent. — Lieutenant Piccavet. — « La valeur doit céder au nombre ». — Capitaine Audibert. — Capitaine Basset. — Blessé 4 fois à Gravelotte. — Docteur Flammarion. — Sous-lieutenant de Rocquigny. — 65ᵉ de ligne. — Mobiles du Nord. — Bataillon Latour. — Bataillon Colombier. — Capitaine Bourel. — Bataillon d'Hazebrouck. — Batterie Belvallette. — Capitaine Dieudonné. — La ligne de retraite sauvée. — Félicitations du général Faidherbe. — Au Moulin de Tout-Vent. — Trop tard! — 20 heures à cheval.

23ᵉ corps. — Division Payen.

19ᵉ BATAILLON DE CHASSEURS. — Le bataillon s'était, comme nous l'avons dit, partagé en plusieurs groupes le 18, après le combat de Vermand. Dès le lendemain 19, au matin, la plupart de ces fractions s'étaient réunies de nouveau dans Saint-Quentin. Le lieutenant Prétet avait alors sous ses ordres une centaine d'hommes et quelques officiers, 70 furent employés à la garde d'une batterie qui prit part à la bataille jusque vers 3 heures, où elle fut obligée de battre en retraite.

« A ce moment, lit-on dans l'historique du bataillon, les chasseurs durent aussi quitter le champ de bataille pour chercher des munitions, mais ils y revinrent bientôt après, et jusqu'à la nuit, se battirent sans relâche. Quand ils rentrèrent dans Saint-Quentin, l'ennemi l'occupait. Cernés par les uhlans, ils déposèrent les armes, mais beaucoup d'hommes, et les officiers, sauf le lieutenant Prétet, profitant de la nuit, entrèrent inaperçus dans les maisons voisines où on leur procura des vêtements bourgeois, et, quelques jours après, ils purent gagner Lille. C'est ainsi que nous terminâmes cette campagne du Nord commencée le 27 novembre sous de si tristes augures.

Au 19ᵉ bataillon de chasseurs, 11 officiers et plus de 800 hommes avaient été mis hors de combat... »

Nous n'avons retrouvé que deux noms de blessés, pour le 19 janvier : Dufour, Alfred, et Mimeaux, Eugène, atteints de coups de feu.

Le commandant Giovanninelli reprit alors le commandement du bataillon. Il avait été fait officier de la Légion d'honneur après Villers-Bretonneux.

Mobiles du Nord. — 48ᵉ régiment. — Le 19, à 7 heures du matin, le régiment du lieutenant-colonel Degoutin est réuni au point où il a rompu la veille. On remet en ordre les différentes unités, on complète les munitions et alors qu'on s'occupe à distribuer les vivres (9 heures), le canon se fait entendre, il faut marcher en avant, l'estomac creux. Mauvaises conditions pour aller à l'ennemi.

Reprenons la relation du vaillant colonel.

« On sortit de Saint-Quentin par la route de Vermand et on alla prendre position à l'ouest de la ville.

« La division avait à défendre l'espace qui s'étend de la Somme à la route de Savy. La brigade Isnard, qui était adjointe, ce jour-là, au 23ᵉ corps, et la 2ᵉ division couvraient l'espace qui s'étend de la route de Savy à la route de Cambrai. Toutes ces forces étaient en ligne déployée. La 2ᵉ brigade occupait le terrain que la division était chargée de défendre ; la 1ʳᵉ brigade était en réserve, en arrière de Francilly, entre la route de Savy et la route de Vermand.

« Vers midi, le combat était engagé sur toute la ligne. Les 3 batteries de la division étaient établies sur le plateau et dirigeaient un feu très vif contre l'artillerie ennemie qui criblait le terrain de ses projectiles. Les tirailleurs se disputaient chaudement la possession des bois et des villages qui séparaient les deux armées.

« Le régiment resta en réserve jusque vers 2 heures. Pendant toute cette première partie de la lutte, il n'eut à souffrir que des feux de l'artillerie dont les obus arrivaient jusqu'à lui.

« Vers 2 heures l'ennemi, ayant prononcé un vigoureux mouvement offensif sur notre droite, enleva le village de Fayet qu'occupaient les troupes de la 2ᵉ division, et tenta de gagner la route de Cambrai.

« La brigade reçut alors l'ordre d'aller reprendre le village de Fayet. L'artillerie, établie sur le plateau qui domine au sud la route de Vermand, protégea ce mouvement.

« Le lieutenant-colonel Degoutin, se portant *à cheval* en tête de ses bataillons, leur fit descendre les pentes qui s'abaissent vers la route de Vermand et les entraîna à l'attaque du Fayet. Il eut son cheval blessé sous lui en pénétrant dans le village à la tête de ses troupes.

« La position fut abordée très énergiquement. Le 9ᵉ bataillon fut chargé de la tourner par le nord, pendant que le 7e bataillon et un bataillon de marine l'aborderaient par le sud et l'est.

« Le 8e bataillon, brillamment dirigé par le commandant Guillemot, et les autres troupes de la brigade guidés par le colonel Michelet se portaient entre le village et la route de Vermand, et soutenaient sur ce point une lutte très sérieuse avec les tirailleurs ennemis. Le commandant Guillemot eut, en ce moment, son cheval tué sous lui.

« L'ennemi ne tint pas devant la vigueur de l'attaque, il évacua le village que le 7e bataillon et le 9e occupèrent et défendirent énergiquement contre tout retour offensif, jusqu'au soir. Un parti de cavalerie, qui se présenta peu après l'évacuation, fut très malmené et dut se replier au galop.

« L'ennemi envoya de temps en temps des obus sur le village; les tirailleurs, embusqués à bonne portée, engagèrent, avec les nôtres qui étaient placés dans les abords du village, et qui avaient l'ordre de ne se pas laisser entraîner au delà, une lutte qui continua toute la journée... »

Les nôtres avaient rapidement crénelé le village, car on sentait toute l'importance de cette prise. C'est ainsi que furent en partie arrêtés les progrès de l'ennemi vers la route de Cambrai.

« Le 8e bataillon, dit le colonel Degoutin, se replia sur Saint-Quentin, vers 4 heures, avec les autres troupes de la division. Il y pénétra par les faubourgs de l'ouest et reçut l'ordre de prendre la direction de Cambrai.

« A la chute du jour, quand toutes les troupes furent obligées de céder devant les forces supérieures qui arrivaient continuellement en ligne, la position de Fayet fut menacée d'une attaque très sérieuse.

« Une forte colonne d'infanterie ennemie fut lancée vers le village, sous la protection de 2 batteries d'artillerie qui jetaient une grêle d'obus sur les maisons et qui venaient d'en incendier quelques-unes.

« Le lieutenant-colonel Degoutin, sentant combien cette position était importante, et combien il était indispensable de la conserver, pour la protection de la retraite de l'armée, en voie d'exécution par la route de Cambrai, était décidé à la défendre, et songeait, en cas de besoin, à utiliser les bois qui avoisinent le château, pour prolonger la résistance.

« La nuit, qui venait de mettre fin au combat, suspendit la marche des Prussiens, qui se bornèrent à lancer des obus pendant quelque temps encore.

« La retraite du 23e corps d'armée était ordonnée et commençait à s'effectuer par la route de Cambrai, pendant que le 22ᵉ corps se repliait par la route du Cateau.

« Le 7ᵉ et le 9ᵉ bataillon évacuèrent Fayet à la nuit close et rejoignirent les autres troupes de la division en retraite sur Cambrai.

Dans ces deux journées de combat, les pertes du régiment s'étaient élevées à : 3 officiers blessés et 1 disparu, à 10 hommes tués, 137 blessés et 498 disparus. Plus de la moitié de ces disparus rejoindront le corps à Lille quelques jours après.

Comme au 72ᵉ de marche, les blessés dont le service médical nous a conservé le nom sont ici nombreux [1]. Nous donnerons de même la liste complète; c'est la meilleure réponse à faire, pour ces régiments improvisés, où les soldats de métier étaient presque inconnus, à ceux de nos concitoyens qui se montrèrent si sévères pour eux au lendemain de la guerre.

Barrenne; Bleuzet, François-Eugène; Briatte, Alexandre-Joseph; Brunel, Adrien; Cambrelong; Albéric; Crétu, Joseph; Crucis, Louis; Delbauve, Adolphe; Dinoir, Charles; Dreusnes, Libored-Joseph; Droissard, Léon; Durant, Joseph; Ghesquière, Louis; Giraudon, Alfred; Guilbert, Emile; Haudiquet, Léon; Herbert, Désiré, caporal; Herminet, Jules; Lainiel, Fidèle; Lambert, Louis, sergent; Laude, Antoine; Loiseau, Joseph; Logiez, Désiré; Malfait, Désiré; Marcy, Désiré; Martin, Antoine; Moronvalle, Oscar, sergent; Planquart, Augustin; Pollet, Joseph; Potard, Gustave; Rémy, Constant; Sablon, Emile; Sellier, Eugène; Sénéchal, Charles; Soille, Jules; Turpin, Léopold; Verhaeghe, Henri; Verplaeste, Pierre; Vitaux, Placide; Wallaert, Désiré-Henri; Wauquier, Achille; Waymel, Louis (coups de feu); Couvez, Albéric (3 coups de feu); Dedoucker, Charles (coup de sabre et coup de feu); Belle, Hector, sergent; Brocvielle, Pierre; Cappelcesacre, Vidal; Drumez; Ledieu, Reneld-Placide; Longelin, Antoine; Marlière, Jean; Verbrenque, Henri; Nical, Auguste; Vaudalle, Armand; Vanhoye, Dieudonné (éclats d'obus).

MOBILES DU NORD. — 8ᵉ BATAILLON. — Le 8ᵉ bataillon du Nord est commandé, depuis le 15 janvier, par le chef de bataillon Guillemot. Cet officier supérieur a remplacé le commandant Piot blessé mortellement à Bapaume.

Le 18 janvier, retardé dans sa marche par l'attaque des Prussiens à Vermand, il n'est arrivé à Saint-Quentin que vers 11 heures du soir.

---

1. Ces noms appartiennent à l'ensemble des bataillons de mobiles du Nord.

« Dès le matin du 19 janvier, lisons-nous dans l'historique du bataillon, les troupes se réunissent et le 48e était sur une des places de la ville, procédant immédiatement à la réception des vivres qui sont aussitôt chargés sur des voitures de réquisition pour être ensuite distribués pendant la marche (le pain seul a pu être donné aux hommes); les marins précédaient le régiment.

« A 10 heures, le 8e bataillon, que je commandais, a pour mission de protéger deux pièces d'artillerie placées à côté d'un groupe de trois maisons situé à environ 2 kil. 1/2 de la ville (lieu dit : A mon plaisir). Dans cette position, j'avais la ville derrière moi et ma droite appuyée à la route de Saint-Quentin à Vermand (côté sud).

« Comme nous étions par inversion, bien que, dans chaque bataillon, les compagnies fussent dans l'ordre direct, les marins et le 47e mobiles étaient à notre gauche. A la droite, et de l'autre côté de la route, se trouvait la gauche de la division des mobilisés.

« Aussitôt arrivé sur le champ de bataille (10 heures du matin), la lutte a été commencée par l'artillerie et a continué ainsi jusqu'à 1 heure de l'après-midi. Nos deux pièces ayant épuisé leurs munitions quittent le champ de bataille pour aller se reformer en arrière.

« Vers 2 heures, les mobilisés battent en retraite devant l'ennemi qui s'avançait sur le côté nord de la route de Saint-Quentin à Vermand. A 3 heures, il arriva presque à hauteur et sur le prolongement de ma ligne, ce qui m'obligeait à mettre la moitié du bataillon face à droite, pour répondre au feu que l'ennemi dirigeait sur mon flanc de ce côté.

« A cette même heure, une compagnie de marins du 3e bataillon, et trois compagnies du 47e viennent renforcer la position.

« Je fais un mouvement en avant pour occuper un petit bois et de là inquiéter le flanc droit de l'ennemi, qui cesse alors de poursuivre les mobilisés et, par suite, ces derniers cessent pour quelque temps leur mouvement de retraite.

« Toutes les troupes situées à ma gauche tenaient ferme; de là, pour moi, la nécessité de tenir la position que j'occupais le plus longtemps possible, attendu que, de ce point, on dominait toute la partie du champ de bataille située en avant et sur la droite, et que, si l'ennemi l'eût occupé, la retraite d'une partie des troupes situées à ma gauche eût été considérablement empêchée.

« A 3 heures 1/2, mon cheval est tué sous moi, d'une balle qui l'atteint au cou et qui lui a traversé les artères, à environ 15 centimètres de l'oreille droite.

« ... Nous avons tenu ainsi jusqu'à la nuit tombante, vers 5 heures 1/2 du soir, heure à laquelle a eu lieu la retraite par la route de Cambrai. »

Pendant cette journée, bien que les hommes fussent embusqués et que le commandant eût cherché, nous dit-il, tous les moyens possibles de les défiler des feux de l'ennemi, sans toutefois neutraliser l'effet de leurs propres feux, le bataillon a eu 5 hommes tués et plus de vingt blessés, dont 15 gravement.

La fin du rapport du commandant Guillemot est absolument remarquable; le Français est ce que le font ses chefs et ce brave officier ne pouvait avoir que de braves soldats.

« Grâce aux théories, dit-il, et aux nombreux exercices que nous avions faits, le 7ᵉ bataillon était instruit et solide. Les officiers ont tous apporté une bonne volonté dans l'accomplissement de leurs devoirs, et je suis convaincu qu'on eût pu tirer de ce bataillon un excellent parti si la guerre eût dû continuer.

« Pour mon compte, je n'aurais pas voulu changer le commandement de ce bataillon contre un autre de l'armée régulière, car j'en connaissais le personnel à fond et je savais que, pour en obtenir de bons résultats, il suffisait, pendant l'action, de leur relever le moral, de les encourager, de les exciter, et surtout de leur montrer l'exemple en payant *largement* de sa personne, et en restant toujours au milieu d'eux sans jamais descendre de cheval, se mettre à pied étant, à mon avis, la plus grande faute qu'un chef de bataillon puisse faire en face de l'ennemi.

« Il est considérablement exposé, c'est vrai, mais en bravant ainsi le danger, il relève le moral de ses hommes et en décuple la valeur. C'est ce que j'ai pu constater pendant toute la journée du 19 janvier, à la bataille de Saint-Quentin. »

Après la guerre, cet homme intrépide et dévoué réintégra modestement ses fonctions de capitaine-adjudant de place, à Maubeuge.

24ᵉ BATAILLON DE CHASSEURS. — « L'armée française, dit l'historique, était renfermée dans la ville et les faubourgs; les corps, bien qu'à proximité les uns des autres, ne laissaient pas d'être quelque peu en désordre. Ce fait résultait d'ailleurs de la retraite exécutée pendant la nuit et dans laquelle il était impossible d'exercer une surveillance active.

« Le bataillon se trouvait scindé en deux fractions qui

devaient se réunir sur la place de la ville pour l'appel, lorsque l'ennemi prenant position, la droite appuyée au canal, la gauche à la route de Cambrai, vint livrer bataille à l'armée française. Celle-ci sortit de la ville et prit une position en arc convexe dans l'angle formé par le canal et la route de Cambrai. La position de l'ennemi était favorable au plus haut point pour lui, car elle le reliait à toutes les villes que les troupes occupaient : Ham, Soissons, La Fère, Laon, etc...; de nombreuses voies de communication lui donnaient toute facilité pour amener des renforts.

« A 7 heures du matin, les troupes prirent les armes. La position du bataillon sous le commandement du capitaine Joxe, montait à 250 chasseurs environ. La brigade mit deux heures à opérer son rassemblement, tant les troupes étaient fatiguées; elles n'avaient d'ailleurs encore rien mangé.

« Une distribution de cartouches, à raison de 20 paquets par homme, fut faite dans un champ, à la sortie du faubourg de Saint-Martin. Le 22ᵉ corps était déjà engagé dans la direction de Bellenglise, le Haucourt, la brigade se dirigea sur Vermand.

« Le bataillon, qui devait enlever le village de Savy, reçut en route l'ordre d'attaquer le bois d'Holnon, occupé par l'ennemi. Attaqué de front et par la gauche, le bois fut enlevé au bout d'une heure de vive fusillade et sa lisière opposée occupée par nos tirailleurs. L'ennemi s'était retiré dans le bois d'Ahilly. Cette seconde position fut enlevée comme la première. Nos tirailleurs s'avancèrent même jusque dans le chemin d'Holnon à Savy; mais le feu des Prussiens devint tellement violent, qu'il fallut les abriter dans le bois. Une batterie d'artillerie, placée en avant de Villévêque, nous envoyait une grande quantité de projectiles. Le capitaine Joxe fut contusionné à la tête et aux reins par des éclats de pierre.

« Des renforts ayant été demandés vers 2 heures, au colonel de la Grange, qui commandait la brigade, on reçut successivement deux compagnies du 47ᵉ mobiles, qui lâchèrent immédiatement pied, à l'arrivée des tirailleurs prussiens. Le capitaine seul de la seconde compagnie resta au feu avec le bataillon. Ces compagnies, en s'enfuyant, découvrirent notre droite qu'elles étaient chargées de garder, et permirent aux Prussiens d'entrer sous bois.

CAPITAINE JOXE. — « Averti par le lieutenant Crétin, le capitaine Joxe, en allant vérifier l'exactitude des faits, fut entouré par trois soldats prussiens. Un fut tué, l'autre s'enfuit et le troisième se rendit, mais, des secours arrivant, le capitaine allait succomber, quand le lieutenant Crétin et le caporal-clairon Marielle accoururent et parvinrent, par leur énergie, à dégager le capitaine. Ce dernier ordonna aussitôt la retraite, en arrière du hameau de Francilly.

« Un bataillon ennemi, qui débouchait du bois sur la droite, fut arrêté et forcé de rétrograder, par des feux de peloton qu'exécuta le bataillon établi sur la pente qui domine le village.

« Un bataillon du 33ᵉ, qui formait notre gauche, effectua sa retraite en même temps que les chasseurs. Pendant un court moment de répit, on distribua aux hommes 27 paquets de cartouches par tête.

« Aucun ordre n'arrivait au capitaine Joxe et sa perplexité était fort grande, quand le général Paulze d'Ivoy, qui commandait le 23ᵉ corps, voyant les progrès rapides de l'ennemi, enjoignit aux 250 hommes, tant chasseurs que soldats des 33ᵉ et 65ᵉ de ligne, qui restaient avec le capitaine Joxe, d'arrêter l'ennemi à une briqueterie (La Chapelle) au moins vingt minutes, pour permettre au corps d'armée de battre en retraite.

« Trente hommes et le lieutenant Pinel occupèrent la briqueterie; le reste fut déployé en tirailleurs sur la droite, derrière un pli de terrain. L'ennemi employa en vain trois batteries d'artillerie, de nombreux tirailleurs et sa cavalerie qui exécuta deux charges presque successives. Le bataillon garda ses positions pendant trois quarts d'heure. L'ordre avait été donné par le capitaine Joxe de tirer sans relâche, pour tromper l'ennemi sur le petit nombre d'hommes qu'il avait devant lui, et l'empêcher ainsi de tenter un effort sérieux qui nous eût rejetés de nos positions.

« A la nuit, la retraite fut exécutée silencieusement sur Saint-Quentin. A la porte Saint-Martin, le général Paulze d'Ivoy envoya le capitaine Joxe et ses hommes conduits par un officier du génie, pour construire une barricade entre la porte Saint-Martin et la porte d'Isle. Les hommes tombaient de faim, de fatigue et d'épuisement; la plupart marchaient nu-pieds. Cependant tous travaillaient avec ce qui leur restait d'énergie, quand un officier d'état-major vint prévenir le capitaine de se rendre au plus vite avec ses hommes près du général Paulze d'Ivoy, qui se trouvait au haut de la rue Jean-de-Caulaincourt.

« Le général plaça cette petite troupe à l'avant-garde, avec mission d'ouvrir à la colonne la route de Cambrai. Le capitaine Joxe avait avec lui 82 hommes et 4 officiers.

« L'extrême avant-garde, commandée par le sous-lieutenant Meny, se mit en marche, il était sept heures du soir. Les hommes avaient la baïonnette au canon; comme soutien suivaient de l'infanterie et deux bataillons de mobiles.

« Au bout de quelques centaines de pas, une décharge, presque à bout portant, nous blessa un officier, M. Meny, et coucha une vingtaine d'hommes sur le sol. En même temps, la fusillade commençait, des fenêtres de droite et de gauche.

« Le désordre qui s'ensuivit fut promptement réparé grâce aux officiers; une compagnie du génie vint renforcer l'attaque, mais échoua complètement devant la barricade qui fermait l'accès de la route.

« Le général Paulze d'Ivoy, averti de l'impossibilité de passer de vive force, résolut de gagner la route par un détour. Pour masquer le mouvement du corps d'armée et empêcher l'ennemi de se mettre à sa poursuite, le capitaine Joxe, en tête des hommes qui lui restaient, marcha droit sur la barricade qu'il atteignit au prix de beaucoup de sang versé. Après une décharge générale, les chasseurs s'élancèrent au pas de course; la lutte s'engagea corps à corps; l'ennemi, qui avait l'avantage du nombre et de la position, finit par nous cerner, et les bataillons de mobiles qui devaient nous porter secours avaient déposé les armes.

« Le capitaine Joxe restait avec deux lieutenants et une quinzaine d'hommes valides. La fuite était impossible les armes à la main; sur le conseil de leur capitaine, les chasseurs et leurs officiers entrèrent dans les maisons particulières et parvinrent à se sauver à l'aide de déguisements que leur fournirent les habitants. Ils rentrèrent à Douai par Guise et la Capelle.

« Par suite du désordre qui régnait dans Saint-Quentin, et de l'encombrement des troupes, le bataillon avait un certain nombre d'hommes dispersés dans la ville. Le capitaine Laurent parvint à les rallier. Il fit aussitôt toucher des vivres pour permettre aux hommes de prendre une nourriture qui leur manquait depuis 24 heures. L'ordre ayant été donné de faire entrer en ligne tout ce qui restait de troupes dans Saint-Quentin, les hommes durent se mettre en marche sans pouvoir même emporter les vivres qui allaient être touchés; il eût fallu une demi-heure d'attente et le prévôt de l'armée s'y opposa formellement. Tout ce que le capitaine Laurent put faire, fut de renouveler la provision de cartouches. Ayant rencontré en route le général Faidherbe, le capitaine commandant les 60 hommes qui formaient le détachement, fut envoyé par le général en chef à la porte de Cambrai, pour faire rentrer en ligne les mobiles qui se débandaient.

« Laissant sur la route quelques bataillons qui restaient dans une honteuse inaction, le capitaine, déployant ses tirailleurs, marcha sur le bas et le village de Fayet qu'il aborda de front et par la droite. A gauche, se trouvait une ligne de tirailleurs d'un bataillon de mobiles. Le village fut occupé sans trop de difficulté, mais les troupes y étaient à peine entrées, que l'artillerie ennemie ouvrit un feu très vif pour les déloger. En même temps, s'avançaient des tirailleurs prussiens.

« Vers 4 heures, des bataillons de mobilisés arrivés depuis peu, se portèrent sur notre droite, pour prononcer une attaque et rejeter l'ennemi de la route de Cambrai. L'artillerie ennemie ayant lancé quelques obus, ces bataillons, qui marchaient en colonne en bon ordre, se débandèrent immédiatement.

Quatre chasseurs, expédiés par le capitaine Laurent parvinrent à ramener un de ces bataillons qui se débanda de nouveau après quelques instants de fusillade.

« L'ennemi, voyant le désordre qui régnait à notre aile droite, résolut de nous déborder de ce côté, afin de nous couper notre ligne de retraite sur Cambrai. A cet effet, son artillerie ouvrit son feu sur le village, que ses tirailleurs attaquèrent ensuite. Obligés par le nombre de céder le terrain, et n'étant, d'ailleurs, soutenus d'aucun côté, les chasseurs reçurent l'ordre de battre en retraite et regagnèrent la grande route déployés en tirailleurs et accompagnés par les obus de l'ennemi, dont les batteries s'avançaient peu à peu et finirent par envoyer des projectiles aux portes même de la ville et peu après sur la grande place.

« Ce qui restait du détachement prit place dans la colonne qui battait en retraite par le coteau, et rejoignit le corps d'armée qui s'y reformait. »

Le bataillon avait perdu dans les journées des 18 et 19 janvier, 8 officiers dont 4 blessés : MM. de Négrier, commandant; Joxe, capitaine; Jollet et Meny, sous-lieutenants, et 4 disparus : MM. Raison, Leclair et Cotret, sous-lieutenants et Salmon, lieutenant.

Quant à la perte en sous-officiers et soldats, on en jugera par ceci que de 645 hommes, l'effectif du bataillon se trouva n'être plus, après que les débandés eurent rejoint à Cambrai, que de 240 hommes.

Ces chiffres sont extraits de l'historique du bataillon, document qui porte entre autres la signature de trois témoins oculaires des événements: le commandant de Négrier et les capitaines Joxe et Grandjean.

33ᵉ DE LIGNE (1ᵉʳ bataillon). — « L'armée du Nord », lit-on dans l'historique « certifié de la plus scrupuleuse exactitude », par le capitaine Dumas, témoin oculaire et acteur, « l'armée du Nord est tout entière concentrée autour de la ville. Avec le jour, elle se déploie en arc de cercle sur les hauteurs qui lui offrent une bonne position défensive à l'ouest et au sud.

« Manteuffel (lisez Gœben) marche sur elle avec des forces imposantes, que viendront encore augmenter à chaque minute les renforts amenés par les trois voies ferrées dont il dispose. Une grande bataille est inévitable.

« Dès le début de l'action, les 4ᵉ et 5ᵉ compagnies du bataillon, sous le commandement du capitaine Dumas, se déploient en tirailleurs et vont occuper, un peu en arrière des crêtes, le premier rang des collines qui couvrent nos positions au nord-ouest. A sa droite viennent se placer les tirailleurs du bataillon de chasseurs de la brigade.

« L'ennemi cherche bientôt à déboucher par les bois de Savy, et l'action, déjà engagée sur la gauche avec le 22ᵉ corps, s'étend rapidement sur tout notre front.

« L'ennemi, maintenu d'abord, est, après une heure de combat, refoulé, nous abandonnant la lisière du bois, dans lequel nous ne pouvons cependant nous maintenir, malgré le renfort de deux compagnies de mobiles.

« De profondes colonnes prussiennes s'avancent et nous devons reprendre notre première position en arrière des crêtes, d'où notre feu fait d'effrayants ravages dans les masses ennemies. Le restant du bataillon, avec le capitaine Audibert, s'est porté à notre gauche, près du moulin connu sous le nom de Moulin-à-Tout-Vent, et prend une part active à la lutte. Vers deux heures, le capitaine Dumas, blessé, remet le commandement au lieutenant Piccavet, qui ne le conserve que quelques minutes, atteint qu'il est lui-même d'une balle à la jambe.

« La supériorité numérique de l'ennemi est telle que toute notre ligne de tirailleurs est obligée de battre en retraite. Plus du tiers des hommes est hors de combat et les munitions commencent à manquer. Les deux compagnies se reportent en arrière en combattant et vont occuper la deuxième ligne des hauteurs, d'où elles sont bientôt chassées et rejetées sur la troisième, où la lutte continue, grâce à l'arrivée de quelques corps de réserve.

« Mais le sort de la bataille est irrévocablement fixé : la valeur doit céder au nombre.

« La retraite est décidée.

« Avec le demi-bataillon de gauche, le capitaine Audibert

défend pied à pied le terrain, et ne rentre qu'un des derniers dans la ville, après avoir perdu une grande partie de son monde.

« Le capitaine Basset, à peine remis de quatre blessures graves reçues à Gravelotte, est mortellement frappé. Des soldats l'enlèvent du champ de bataille, presque dans les rangs prussiens et réussissent avec peine à le conduire à l'ambulance où il expire quelques jours plus tard, avant même d'avoir appris que la croix d'officier de la Légion d'honneur lui a été décernée comme juste récompense de son patriotique dévouement.

« A l'entrée du faubourg, le génie a élevé à la hâte des barricades. Elles sont vigoureusement défendues, afin de permettre au gros de nos forces de se retirer par les deux routes encore libres. Les débris du bataillon y concourent de leur mieux. Le capitaine Magnier, avec ce qui lui reste de sa compagnie, y est fait prisonnier.

« A la faveur de la nuit, les Prussiens ont presque complètement tourné la ville, et les derniers défenseurs de Saint-Quentin se trouvent cernés. Cependant, beaucoup ne peuvent se résigner à se rendre. Le capitaine Audibert forme une petite colonne avec tout ce qu'il peut réunir de fantassins de tous les corps, résolu à forcer le passage ou tout au moins à le tenter; mais il doit bientôt renoncer à ce projet. Au premier coup de fusil, cette troupe hétérogène se débande et fond, pour ainsi dire, dans les mains de ses chefs.

« Après deux efforts infructueux, tout espoir de résistance étant bien réellement et dûment perdu, l'on est forcé de mettre bas les armes et se rendre à la discrétion du vainqueur.

« Une très faible partie du bataillon avait réussi à passer et gagner la route de Cambrai.

« Dans cette glorieuse mais néfaste journée, le bataillon eut 3 officiers blessés, dont 1 mortellement. 1 officier supérieur, le commandant d'Augustin et 7 officiers subalternes tombent aux mains de l'ennemi, mais, de ces derniers, 3 réussissent à s'évader, ce sont MM. Audibert, Pouzet et Sébuide.

« Nos pertes, en sous-officiers et soldats, ne furent pas inférieures à 400 hommes hors de combat.

« Les circonstances dans lesquelles elles eurent lieu, rendent bien difficile l'appréciation du nombre des tués ou blessés. Cependant, on peut, sans crainte d'exagération, les évaluer à 170 ou 180 hommes, d'après les renseignements recueillis de la bouche soit des survivants, soit du brave docteur Flammarion, resté pour la troisième fois entre les mains de l'ennemi dans l'accomplissement dévoué et même héroïque de son périlleux ministère.

« Un détachement de 80 hommes, envoyé du dépôt sous la conduite du sous-lieutenant de Roquigny, eut l'honneur de prendre part aux périls de cette journée avant même d'avoir rejoint le bataillon. Il fit bonne contenance à la droite de la route de Douai, au poste de combat qui lui avait été assigné dans une brigade de mobilisés.

« Blessés dont les noms sont connus : Branly (Clément), Dupas (Augustin), Le Terrisien, caporal (coup de feu); Constant (Henri) et Le Laurent (François) (éclats).

« Le bataillon sera reformé à Lille sous le commandement du chef de bataillon Audibert, puis il passera, tout constitué, au 67e de marche et finalement au 67e de ligne. »

65e DE LIGNE. — 2e BATAILLON. — Depuis trois grands jours, les hommes ont marché sans relâche, dans des chemins noyés par le dégel, avec de méchantes chaussures qui prennent l'eau de toutes parts, et ayant à peine le temps de manger. Aussi, succombaient-ils littéralement à la fatigue, lorsqu'ils sont arrivés au milieu de la nuit à Saint-Quentin, après s'être battus toute la journée.

Cependant à 7 heures 1/2 le canon se fait entendre du côté de Castres; il faut marcher.

« La brigade de la Grange, après avoir complété ses cartouches épuisées la veille, sans avoir le temps de toucher des vivres, va prendre position sur les hauteurs qui dominent la ville au sud. Elle formait un échelon à gauche de la brigade Isnard (le 24e chasseurs et le 23e à droite, le 65e au centre et le 47e mobiles à gauche) s'étendant jusqu'au canal.

« Le 65e occupe, avec ses tirailleurs, tout le terrain entre les bois de Francilly et la route de Ham, et commence, vers 9 heures, une vive fusillade qu'il soutient jusqu'au soir. Les bois sont pris et repris plusieurs fois; mais, forcés de céder du terrain devant des forces supérieures, manquant de cartouches par suite de l'impossibilité de faire avancer les caissons dans les terres labourées, on se retire en ménageant le plus possible le peu de munitions qu'on possédait encore.

« Malgré le désordre inévitable qui en résulte, les officiers parviennent, vers 4 heures, à rassembler les débris des compagnies en dehors du feu de l'ennemi, et à leur faire distribuer quelques cartouches. Ils occupent jusqu'à 6 heures, les dernières crêtes, ainsi que les barricades du faubourg Saint-Martin.

« Pendant ce temps, l'ennemi entrait dans la ville, et quand les restes du bataillon, dispersés dans l'obscurité, voulurent la traverser pour prendre la route de Cambrai, ils trouvèrent toutes les rues fermées, et la plus grande partie fut faite prisonnière.

« MM. Schwœbel, Poulet et Clément, ainsi que M. Tamisey, parvinrent à s'échapper au bout de quelques jours; MM. Tongas, Dupire, Deval et Garnier furent internés en Allemagne.

« Nos pertes, dans les deux journées du 18 et du 19, furent considérables. Nous eûmes 200 tués ou blessés et 250 prisonniers environ. » M. Rolland, blessé à Vermand et resté dans un village, pourra rejoindre le bataillon.

MOBILES DU NORD. — Nous avons laissé le 46e régiment des mobiles du Nord arrivant, le 19 janvier vers une heure du matin, à Saint-Quentin, après s'être battu courageusement à Vermand le 18.

Dès les 7 heures, il est de nouveau sur pied et, une heure après, le 22e corps est aux prises avec l'ennemi du côté de La Fère.

« On nous fit de suite occuper, dit la relation du commandant Latour, les hauteurs qui dominent la route de Vermand. La 2e compagnie (capitaine Adam) fut envoyée en soutien de la batterie Halphen, qui vint s'établir à la gauche de Francilly. La 1re (capitaine Moreau) et la 3e (capitaine Mercier), furent déployées en tirailleurs, en avant du bois de Savy qu'elles occupèrent pendant assez longtemps.

» La 4e et la 5e compagnies (capitaines Marécaux et Fâche) étaient déployées en avant de la route de Vermand, pour empêcher les colonnes prussiennes de venir couper la route de Cambrai.

« Vers midi et une heure, la lutte était très chaude. Nous avions pu maintenir toutes nos positions, malgré un feu violent d'artillerie; mais, à ce moment, l'ennemi reçut des renforts très considérables et nous fûmes obligés de nous replier sur Saint-Quentin. Là, après avoir rallié les 2e, 4e, 5e compagnies, le général Paulze d'Yvoy me donna l'ordre de regagner les hauteurs, pour pouvoir maintenir l'ennemi, autant que possible.

« Ces 3 compagnies purent tenir jusqu'à 5 heures du soir; l'ennemi, de ce côté, n'avançait plus. On nous fit retirer alors derrière la barricade de la route de Vermand et les haies qui garnissent la ville de Saint-Quentin de ce côté.

« Je reçus l'ordre de défendre la barricade jusqu'à ce qu'on m'envoyât l'ordre contraire. Je mis tous les hommes à leur place de combat, et nous maintînmes les Prussiens en avant de ces lignes, jusqu'à 7 heures 1/2 du soir. On entendait les Prussiens parler à 200 mètres en avant de nous, mais ils n'osaient s'avancer, ne sachant pas s'ils avaient affaire à beaucoup de monde.

« Vers 8 heures, lorsque toute l'artillerie fut partie vers Cambrai, un aide de camp m'apporta l'ordre de rassembler tout le monde et de battre en retraite par la route de Cambrai. Je m'empressai d'obéir à cet ordre et, en rentrant dans Saint-Quentin, je retrouvai le colonel Lebel à la tête du restant du régiment qu'il avait rassemblé.

« Le gaz était éteint partout; on eut du mal à mettre de l'ordre dans cette cohue d'hommes sans souliers, sans vêtements, éreintés par quatre jours de marches forcées et deux jours de combat, n'ayant reçu aucune distribution de vivres depuis trois jours.

« Je repris ma place à la tête de la colonne, en faisant mettre une avant-garde de 40 hommes, les seuls qui avaient encore des cartouches.

« Nous allions quitter les dernières maisons de Saint-Quentin, pour nous engager sur la route de Cambrai, lorsque nous fûmes accueillis par un feu de mousqueterie des plus vifs. Une douzaine de nos hommes tombèrent, mortellement atteints; c'était l'ennemi qui, ayant cerné la ville, occupait en forces ce point.

« Il y eut un moment de panique et, malgré tous nos efforts, nous ne pûmes ramener les hommes en avant. C'est à ce moment, où je cherchais, avec quelques officiers, à remettre un peu d'ordre, que nous fûmes cernés par une colonne de cavalerie arrivant par deux rues adjacentes, séparés du reste de la colonne et emmenés sans savoir ce qui se passait autre part. On peut dire que nous étions désignés pour protéger la retraite du restant de l'armée et, à ce point de vue, sacrifiés.

« Nos pertes approximatives, à la bataille de Saint-Quentin, étaient de 15 à 20 tués et une centaine de blessés; plus, au moins 400 disparus. »

MOBILES DU NORD. — 6ᵉ BATAILLON. — Nous avons laissé, le 18 au soir, le bataillon d'Hazebrouck cantonné dans Saint-Quentin.

« A 7 heures du matin (le 19), continue son historique, le régiment est réuni au point où il a rompu. Le colonel le fait sortir de la ville pour le mieux reformer et pour procéder à l'incorporation de 300 hommes arrivés le matin des dépôts.

« Ils se composent en grande partie de jeunes gens exemptés d'abord par le conseil de revision, et beaucoup, parmi eux, ne savent même pas charger leurs fusils ; aussi sont-ils pour nous un élément de faiblesse, bien loin d'être des auxiliaires de quelque valeur.

« Cependant on s'empresse d'envoyer à la distribution le capitaine de semaine de chaque bataillon, avec une corvée suffisamment nombreuse ; mais, avant leur retour, le régiment fait par le flanc droit et va s'établir sur une hauteur, en face du bois de Savy, le village de Fayet (étant) à deux kilomètres sur notre droite.

« Le colonel place un bataillon avec 3 compagnies du 4e en réserve ; lui-même part avec le reste du régiment que je ne revois plus de la journée.

« Nous n'avons pas à souffrir jusqu'à midi, les projectiles ennemis passant par-dessus nos têtes.

« A cette heure, M. le commandant Jacob, chef d'état-major de la division, me dit de me diriger vers Fayet qui est menacé et dont la conservation importe beaucoup pour préserver notre ligne de retraite.

« Je partis, en me faisant précéder d'une compagnie de tirailleurs ; bientôt nous nous trouvâmes exposés aux coups d'une batterie prussienne établie en avant de Fayet, mais nous avions à descendre, de sorte que nous fûmes promptement à l'abri.

« Au moment où elle remontait, ma compagnie de tirailleurs trouva sur son chemin une petite ferme composée de deux corps de bâtiments qu'occupaient des marins aux prises avec l'ennemi.

« En arrivant à leur hauteur, cette compagnie fut accueillie par un feu des plus vifs de mousqueterie et d'artillerie. Trois hommes furent tués par un seul obus. Elle ralentit beaucoup sa marche et le bataillon, continuant d'avancer, se trouva à quarante mètres de la ferme.

« Cependant, nos tirailleurs étaient en grande partie sauvés et les marins m'envoyèrent demander de marcher à leur secours, à la baïonnette, se trouvant dans l'impossibilité de tenir davantage.

« Je commandai à la 5e compagnie d'avancer, mais elle hésitait, quand M. le capitaine Bourel, de la 4e, venant se mettre le sabre à la main devant sa compagnie, l'entraîna et, avec elle, tout le bataillon.

« Les Prussiens furent délogés de la haie, *dans laquelle M. Bourel sauta le premier*, et de l'un des deux bâtiments qu'ils avaient pris, mais nous perdîmes là 60 hommes.

« Il ne fut pas possible d'aller plus avant. Les ennemis, abrités suivant leur coutume derrière un talus fort escarpé, nous montraient de nombreux fusils alignés et, aucune troupe ne se trouvant à notre gauche, nous fûmes débordés de ce côté, de sorte qu'il fallut abandonner la ferme.

« Il pouvait être deux heures et demie et déjà de nombreux bataillons étaient acculés aux faubourgs, tandis que notre artillerie contenait encore les Prussiens.

« Je retrouvai mes hommes de corvée, sans vivres toutefois, et le caisson de munitions du bataillon, de sorte que je fis compléter les cartouches. Quelques compagnies n'en avaient plus que 6. 7 et 8 par homme.

« Vers 4 heures, M. le général Paulze d'Ivoy posta mon bataillon sur une hauteur regardant le sud, au-dessus du chemin de Roupy. Pour y arriver, il fallut gravir un talus fort élevé et très raide. Nos hommes, exténués de fatigue et de besoin, privés de chaussures pour un bon nombre (ils les avaient laissées dans la boue tenace où nous marchions depuis le matin), le firent cependant.

« Je déployai en tirailleurs la 2ᵉ compagnie et le bataillon eut encore quelques pertes à subir.

« Vers 6 heures, cependant, je sus qu'on se repliait sur Cambrai, et, sans faire attention que, les ennemis ne tirant plus sur la ville, cela devait indiquer qu'ils en étaient maîtres, je rassemblai mon bataillon et nous nous engageâmes à travers les rues désertes, au milieu de la plus grande obscurité, parce qu'on avait coupé les tuyaux de conduite du gaz.

« Je marchais à la tête du bataillon et il faisait si sombre que, sur la place Lafayette, je tombai, avec mon adjudant-major et mon ordonnance, au milieu d'un poste prussien.

« Grâce à l'obscurité et à ce que, depuis longtemps, les troupes françaises avaient évacué la ville, je ne fus pas reconnu! Le bataillon, averti, s'était arrêté. Je retournais pour lui faire faire demi-tour en voyant toute la place garnie de Prussiens, quand j'entendis un bruit de cavaliers en arrière et les cris : Halt! Halt! en allemand.

« Voyant que je ne pouvais songer à passer sur le corps de ceux qui nous barraient le chemin, je dis à mes hommes de se disperser promptement par les rues latérales; de s'adresser aux habitants pour changer d'habits et de venir ensuite rejoindre l'armée à Lille. Un bon nombre réussirent, mais malheusement beaucoup aussi furent faits prisonniers. »

Le commandant Colombier termine par ces lignes qui déotent un bon chef.

« Je ne crois point devoir terminer, sans rendre justice aux bonnes qualités qu'a constamment montrées le bataillon d'Hazebrouck.

« Les hommes qui le composaient, mal armés, dépourvus d'instruction militaire, avec des officiers qui n'avaient pour eux que la bonne volonté, ont toujours montré beaucoup de docilité, en même temps que de la patience pour résister au froid, à la fatigue, à la faim, et plusieurs fois beaucoup de courage pour affronter le feu de l'ennemi... »

BATTERIE DU PAS-DE-CALAIS. — Le 19, à 8 heures du matin, alors que les officiers de la batterie passent une revue du matériel et des attelages, et font une visite minutieuse du peu de munitions qui restent dans les coffres, un ordre arrive d'aller au parc de réserve, se réapprovisionner, et de se porter ensuite sur la route de Vermand, à la hauteur du village de Fayet.

« Quand nous arrivâmes, dit la relation déjà citée, à l'emplacement qu'on nous avait indiqué, le parc de réserve n'y était déjà plus. Le lieutenant Belvallette demanda au capitaine d'artillerie Halphen qu'il voulût bien lui donner deux caissons chargés, ce à quoi il consentit volontiers, vu les ordres que le commandant Ravaud lui avait donnés, et la batterie se dirigea en toute hâte vers l'endroit qui lui était assigné.

« Le nombre de nos caissons chargés se montait à 4.

« Arrivés sur la route, à gauche du village de Fayet, en avant duquel l'aile droite de l'armée française était déjà aux prises avec l'ennemi, des instructions nous furent données par le commandant Grandmottet, de prendre position sur les hauteurs qui bordent la gauche de la route. Ces collines très escarpées ne purent être franchies qu'en doublant les attelages; cinq pièces seulement purent arriver au sommet.

« Le feu fut immédiatement ouvert à 1,500 mètres, sur un épais cordon de tirailleurs que quelques salves d'obus à balles obligèrent bien vite à la retraite, puis, à 2,000 mètres, sur une batterie qui s'était établie en avant d'un moulin, sur les hauteurs opposées.

« Au bout de quelques instants, trouvant sans doute notre tir trop précis, elle appuya sur sa droite et s'établit derrière une sorte de talus où il ne nous fut plus possible de l'atteindre. Cependant les munitions commençaient à s'épuiser; il fut jugé prudent de cesser le feu. Il restait environ dix coups par pièce.

« Un exprès envoyé au commandant de l'artillerie du 23ᵉ corps, pour lui demander des instructions, revint avec l'ordre de se replier sur Saint-Quentin, pour y prendre un approvisionnement complet de munitions. Arrivés au faubourg de la ville, nous rencontrâmes un convoi de caissons et de chevaux qui nous était destiné, ce qui nous permit de rebrousser chemin et de reprendre part au combat.

« Mais, pendant notre absence, l'aile droite de l'armée française s'était repliée devant des forces considérables, et l'ennemi s'était emparé du village de Fayet.

« Le lieutenant, ne recevant aucun ordre nouveau, prit sur lui de s'établir en avant de la ville, face au village de Fayet, où l'on apercevait des masses ennemies s'avançant dans la direction du nord et laissant entrevoir l'intention de nous couper la retraite sur Cambrai.

« A ce moment, parait à côté de nous la batterie Dieudonné dont le capitaine, grièvement blessé, venait d'être emporté l'ambulance. Le lieutenant Pouilly la commandait.

« Le lieutenant lui demanda de se joindre à lui pour s'opposer à ce mouvement, et tous deux concentrèrent leur feu sur les masses prussiennes, que l'on voyait marcher parallèlement à notre front.

« Devant cette attaque imprévue, les colonnes ennemies s'arrêtent et deux batteries répondent à notre feu. Une heureuse diversion d'infanterie, opérée sur la droite du village de Fayet, achève d'arrêter la marche des troupes prussiennes qui abandonnent le projet de nous couper la retraite.

« Le général Faidherbe, qui parcourt alors le front de bataille, félicite les deux officiers de leur initiative. A ce moment, des renforts sont demandés au 23ᵉ corps pour être envoyés à l'aile gauche.

« Le commandant du génie Baudin vient demander à la batterie une section pour aller s'établir sur la route de Saint-Quentin à La Fère.

« Celle du lieutenant Delalé est aussitôt désignée et part pour la destination que le commandant lui donne. A peine est-elle partie depuis un quart d'heure, qu'un ordre arrive aux deux autres sections de se porter en toute hâte sur la route de Ham, près du moulin dit à Tout-Vent et de prendre position à gauche d'une batterie de 12 de la marine. Il pouvait être 4 heures et demie du soir.

« A peine arrivons-nous, après des peines infinies, à l'endroit désigné, et montons-nous la colline au sommet de laquelle nous devons nous placer, que la batterie de marine à moitié démontée se replie en toute hâte, avec tout le centre de la ligne qui cède devant des forces considérables.

« Vingt heures a cheval. — La batterie est obligée de suivre le mouvement général et rentre dans Saint-Quentin. Les troupes prennent bientôt la route de Cambrai et nous y arrivons le lendemain, 20 janvier, à 3 heures du matin, épuisés par deux journées de lutte suivies d'une étape de 40 kilomètres. Montés à cheval le 19, à 8 heures du matin, nous étions donc restés près de 20 heures à cheval!... »

Pendant la campagne, la batterie du Pas-de-Calais avait envoyé à l'ennemi plus de 2,800 obus : 205 à Pont-Noyelles, 1,110 dans les deux journées de Bapaume, 900 à Vermand et 600 à Saint-Quentin.

Elle avait perdu :

Tués. — Bonnier, maréchal des logis, à Vermand.

Lanson, maréchal des logis, à Vermand.

Tiquet, servant, à Saint-Quentin.

Blessés. — Lefèvre, servant, à Pont-Noyelles.

Boulanger, servant, à Pont-Noyelles.

Paradis, servant, à Pont-Noyelles.

Vernald, maréchal des logis, à Vermand.

Chaudron, brigadier, à Vermand.

Boulet, conducteur (amputé), à Vermand.

Dupuis, servant, à Vermand.

Ferret, servant (pointeur de la marine), à Vermand.

Tillier, servant, à Saint-Quentin

Roger, servant, à Saint-Quentin.

Plus 12 contusionnés sérieusement.

Chevaux tués ou blessés. — 45, le plus grand nombre à Pont-Noyelles et à Vermand (presque tous nos chevaux blancs furent touchés).

Hommes s'étant le mieux comportés. — En première ligne, le conducteur *Copin*, qui alla sous un feu des plus violents (Pont-Noyelles) rechercher avec son attelage un caisson abandonné de ses conducteurs et dont les chevaux étaient tués. Copin a montré, en cette occasion, un courage vraiment digne d'éloges. « C'est par mes ordres et sous mes yeux, dit le commandant de la batterie, qu'il ramena le caisson sous une pluie de projectiles.

Le maréchal des logis-chef *Lagache*, qui s'est montré excessivement brave et intelligent pendant toute la campagne.

Les brigadiers Gauthier, *Gournay* et Dollot.

Les servants Filleure, *Dupuis*, Lefèvre, Bernard, Roger, Tillier, Mesnard, Bourgain, Lagriffe, Hedd.

Les conducteurs Ansart, Matringhen, Marcé, Merlin.

Les quatre soulignés ont été proposés par moi pour la médaille.

Ils ne l'auront certes pas volée, si un jour elle leur arrive. »

Les états d'ambulance donnent, en outre, pour Saint-Quentin, deux autres noms de blessés : Bourdel Henri et Saniez Joseph (éclats d'obus).

Sans distinction de batterie nous citerons encore les noms suivants d'artilleurs blessés le 10 janvier :

Maillu, Jules, maréchal des logis chef; Dauperti, Jean-Baptiste; Gazet, Joseph; Permel, Claude; Rebillard, Pierre (coups de feu); Dubuisson, Louis; Robillard, Alphonse; Ruffin, César; Sculfort, Théophile (éclats d'obus).

Saint-Quentin. — Entouré par trois Prussiens, le capitaine Joxe en tue un, met le second en fuite et fait prisonnier le troisième.

CHAPITRE XXX

Saint-Quentin (Suite).

Division Robin. — Mobilisés du Nord. — Bataillon Foutrein. — Une troupe intrépide. — Bataillon Lacourt. — Au moulin de Fayet. — Capitaine Anselme Dormoy. — Régiment lillois. — Six heures de combat. — A Francilly. — Ne tirez pas !... — Erreur, ce sont des Prussiens. — A quand la longue-vue ? — — Commandant Dezwarte. — La retraite. — Demi-tour héroïque.

— Capitaine Vanmessen. — Sous-lieutenants Grolez et Verquin. — Capitaine d'artillerie Benoit et commandant Morazzani. — Juste réclamation. — Capitaine Lecoq. — En avant les Lillois! — Prisonniers! — Une cantinière. — A Rocourt. — Retraite en désordre. — Bataillon de Valenciennes. — Au feu pour la première fois. — Les mobilisés. — 11ᵉ dragons de marche. — Colonel Baussaint. — Capitaine Accary. — Sous-lieutenant Dumanois. — Maréchal des logis Lalant. — Brigade Isnard. — 24ᵉ de ligne. — Au moulin Conti. - Capitaine Dubrin. — Commandant Morlet. — 73ᵉ de marche. — Colonel Castaigne. — Lieutenant Crozat. — Capitaines Ferry et de Vaux d'Achy. — Mobiles des Ardennes. — Colonel Giovanninelli. — Capitaine Stakler. — Bataillon Verzeau. — Le brave commandant tué. — Sergent-major Viot. — Partez à la baïonnette!... — Le bois repris. — Capitaines Jenson et Clouet. — Maigre récompense.

Division Robin

Voltigeurs volontaires du Nord. — Bataillon Foutrein. — Le 1ᵉʳ bataillon de volontaires du Nord a été formé à Lille, vers la fin de novembre, à 4 compagnies.

A Pont-Noyelles, où il n'a pas été employé d'une façon active, il a perdu 12 hommes, dont 2 tués. — A Bapaume, il a pris une grande part à l'enlèvement de Favreuil. Il a fait preuve là de beaucoup d'entrain et de bravoure et perdu 1 officier et 54 hommes tués ou blessés. Son vigoureux chef, le commandant Foutrein, porte la croix de la Légion d'honneur depuis Magenta.

Le 19 janvier, le bataillon a cantonné à Holnon et se trouve sur les rangs pour l'appel, à 7 heures du matin, quand il reçoit l'ordre de se porter sur la route de Vermand, où des cavaliers ennemis enlèvent nos traînards de la veille.

« Je partis immédiatement, dit le commandant Foutrein dans son rapport que nous a communiqué un ancien voltigeur, et, après environ une demi-heure de marche, j'arrivai sur le haut d'une colline boisée, entre Holnon et Vermand, d'où j'aperçus 3 escadrons de cavalerie. Je déployai mon bataillon et manœuvrai de façon à les attirer; mais ils ne firent aucun mouvement.

« Dix minutes plus tard, je sus à quoi attribuer cette immobilité : à 150 mètres de distance, cachée derrière les bosquets, dans les plis de terrain, dans les chemins creux, une division ennemie guettante, rampante, nous accueillit par une fusillade des plus meurtrières. Il était alors 8 heures.

« Nous tînmes cette division en échec pendant une heure, nous abritant à notre tour et nous dissimulant le plus possible; mais dans l'isolement où nous étions, éloignés de l'armée de 6 kilomètres, n'ayant aucun appui ni secours à attendre. il fallut battre en retraite, laissant sur le champ de bataille 292 *blessés ou tués, parmi lesquels 7 officiers, dont 2 capitaines tués*.

« D'après le rapport des attachés à l'ambulance Bell, de Saint-Quentin, dans un des bosquets cités plus haut, 82 hommes de mon bataillon ont été enterrés.

« Mon bataillon a donc été en première ligne et le premier aux prises avec l'ennemi, à la bataille de Saint-Quentin. Il a arrêté pendant une heure la marche d'une division ennemie, avec artillerie et cavalerie, et a rendu, suivant moi, un service incalculable à l'aile droite de l'armée. Sans cette résistance désespérée, les troupes cantonnées derrière moi n'eussent pas eu le temps d'arriver pour prendre leur place; un désarroi terrible s'en serait suivi, et l'aile gauche ennemie serait arrivée, sans coup férir jusque dans Saint-Quentin. »

Ce brave bataillon se replie donc sur Holnon et se dirige sur Saint-Quentin. Son chef n'a plus autour de lui que les débris de sa troupe. Encore y manque-t-il une quarantaine d'hommes qui n'ont pu rejoindre et qui, sous la conduite du capitaine de la 1re compagnie, ont marché sur Fayet, enlevé ce village, grâce au concours de chasseurs, de lignards et de marins isolés, et fait quelques prisonniers. Cette poignée de braves gens tiendra dans Fayet jusqu'à 9 heures du soir.

Cependant le commandant Foutrein a rencontré un colonel d'état-major qui lui fait déployer ses hommes derrière un rideau de saules, entre Fayet et Saint-Quentin. Là, encore en première ligne, il tient deux heures sous les obus, sans pouvoir prendre l'offensive, dit-il, à cause de son faible effectif. A un moment donné, (3 h. 1|2), les mobilisés du Pas-de-Calais viennent bien se mettre en bataille à 500 mètres en arrière, mais ils attirent le canon de l'ennemi et se dispersent en désordre. Quant à lui, il tient jusqu'à la nuit, perdant encore là 12 hommes, et se met en retraite à la queue de l'armée.

« Notre rôle fort ingrat et fort périlleux, dit en terminant son rapport ce brave officier supérieur, a dû se borner à éclairer la mobilisée et à nous faire mitrailler isolément; car malheureusement, nous n'avons jamais eu aucun concours sérieux de la part de la division, à la tête de laquelle nous avons constamment marché.

« J'avais dans mon bataillon des officiers d'une valeur incontestable et d'un sang-froid admirable, qui marchaient au feu sans broncher, et auxquels il en coûtait de perdre un pouce de terrain. Les soldats avaient à cœur de se montrer dignes de leurs chefs. J'aurais pu, avec de tels hommes, faire quelque chose ; malheureusement, je le répète, j'avais derrière moi des troupes sur lesquelles je ne pouvais compter.

. . . .

« Quant aux récompenses méritées par les miens, je n'en parle pas, puisque leur dévouement, leur héroïsme n'a pas même eu l'honneur d'une distinction.

« Il ne faut pas, du reste, s'étonner de la bravoure que mon bataillon a déployée partout, puisqu'il était presque exclusivement formé des évadés de Coblenz appartenant aux différents corps faits prisonniers à Sedan, Strasbourg, Verdun et Metz, auxquels étaient venus se joindre un certain nombre de soldats belges qui n'avaient pas craint de déserter leur pays pour défendre la France.

« La plupart de nos officiers, anciens soldats mariés, avaient quitté femme et enfants et avaient formé leur compagnie à leurs frais, pour concourir à la défense de la patrie. »

Mobilisés du Nord. — Bataillon Lacourt. — Après la journée si fatigante pour tous les corps, du 18 janvier, le bataillon Lacourt n'arrive à Fayet qu'à 4 heures du matin. Là, « pas de logement, rien à manger ».

Dès 6 heures 1/2, le lendemain, la générale retentit et le bataillon va prendre position près du fameux Moulin (moulin de Fayet). On se trouve ainsi à l'aile droite, avec quelques pièces de montagne.

« Dans la matinée, dit le manuscrit du commandant Lacourt, l'action fut moins intense de notre côté qu'à l'aile gauche, où l'artillerie luttait avec rage de part et d'autre. Mais l'artillerie prussienne ne cessant de se renforcer, la nôtre, qui épuisait ses munitions, dut battre en retraite vers 2 heures 1|2.

« C'est alors que l'artillerie prussienne se mit à diriger sur nous un feu acharné, que l'on soutint laborieusement jusqu'à 5 heures.

« J'ai dû, dans cette circonstance, accompagné de l'intrépide capitaine Anselme Dormay, m'emparer d'un fusil, afin de pouvoir maintenir le sang-froid dans le bataillon, et de faire le coup de feu à plusieurs reprises. »

« Nous battimes alors en retraite... Nous étions épuisés par une journée entière de combat et de marche, succédant à trois jours de marches forcées par un temps et des chemins épouvantables. »

Les pertes connues étaient seulement de 3 morts et 4 blessés, mais sans compter de nombreux disparus parmi lesquels pouvaient se trouver des blessés.

Le licenciement du bataillon aura lieu à Douai, le 6 mars 1871.

Mobilisés du Nord. — Régiment Lillois. — « Dans ce combat sanglant de Saint-Quentin, nous dit l'intéressant historien des Lillois, M. Albert Devienne, les mobilisés de Lille se battirent avec un courage digne de meilleurs résultats.

« Pendant six heures, les trois bataillons se maintinrent dans leurs positions, en dépit des nombreuses colonnes ennemies qui les écrasaient et des renforts que celles-ci recevaient à chaque instant de Péronne.....

« Les 2ᵉ et 3ᵉ bataillons, chargés de défendre le village de Francilly, luttèrent héroïquement durant cinq heures contre des forces trois fois supérieures.

« Le 3ᵉ bataillon (Morazzani), renforcé de 3 compagnies du 2ᵉ, fut chargé, dès le début du combat, d'aller reconnaître la position, du côté de Sélency. Cette reconnaissance ayant démontré que l'entrée de Francilly n'était que faiblement défendue, 6 compagnies, envoyées à l'extrémité du village, sont disposées à droite et à gauche de la route par laquelle l'attaque semble devoir se produire. Les haies, les abris de toute nature sont transformés en embuscades. On commence à profiter des leçons acquises durant cette rude campagne.

« Ces dispositions prises, le commandant Morazzani envoie la 7ᵉ compagnie du 2ᵉ bataillon reconnaître à nouveau la position. Cette compagnie est reçue par le feu de mousqueterie très nourri de deux colonnes prussiennes qui viennent d'arriver à Sélency et la poursuivent jusqu'à un kilomètre de Francilly où elle laisse un certain nombre d'hommes sur le terrain.

« Dans ce mouvement de retraite, qui coûta cher à la 7ᵉ compagnie, le 3ᵉ bataillon ne fut malheureusement pas démasqué à temps, ce qui l'empêcha de riposter au feu de l'ennemi. Mais dès qu'il put entrer en ligne, un feu bien nourri et parfaitement dirigé força plusieurs fois les Prussiens au silence.

Ne tirez pas !... — « On vit, pendant ce combat, se produire un de ces incidents qui se sont renouvelés souvent durant la campagne : « Cessons le feu ! Nous tirons sur des marins ! » — Tels étaient les cris qui, depuis un quart d'heure, s'entendaient dans le bataillon.

« Le commandant Morazzani ordonne de cesser le feu et de sonner un air français. Pour toute réponse, le bataillon reçoit une formidable décharge de mousqueterie qui lui cause beaucoup de mal. Ce sont bien des Prussiens ! »

A QUAND LA LONGUE-VUE ? — L'auteur est dans le vrai quand il dit que souvent pareille erreur s'est produite pendant cette guerre. Il pouvait ajouter que ces méprises nous furent doublement funestes. D'une part, en effet, elles permettaient aux Prussiens de nous envoyer des feux meurtriers, au moment où, pleins de sécurité, nos hommes se levaient et quittaient leurs abris ; de l'autre elles laissaient gagner à l'ennemi du terrain en avant.

Pourquoi, dès lors, n'imposerait-on pas à chaque officier supérieur l'usage, non pas d'une méchante jumelle qui, les trois quarts du temps, n'a pas le grossissement voulu pour rendre de réels services, mais bien d'une longue-vue assez puissante pour éviter de pareilles méprises ?

La vie de nombreux soldats à sauvegarder et surtout le gain d'une bataille à assurer, car ce gain peut dépendre de l'échec d'une simple attaque de l'ennemi sur tel ou tel point du champ de combat, ne serait-ce pas là des raisons suffisantes pour qu'on sortît de la routine ?

Mais reprenons le récit de l'historien lillois.

« Pendant deux heures, le feu fut très vif de part et d'autre, et les deux bataillons, solides comme de vieilles troupes, ne cédèrent pas un pouce de terrain à l'ennemi.

« Celui-ci, voyant enfin ce côté du village inabordable, imagine de le tourner par la gauche.

« Le commandant Dezwarte fait construire immédiatement une barricade et en donne le commandement au capitaine Brame. Il se porte ensuite aux endroits les plus faibles et les défend pendant plusieurs heures avec acharnement.

« Enfin, après une lutte désespérée où les hommes des 2e et 3e bataillons ont épuisé leurs dernières cartouches, l'ennemi pénètre dans le village par quelques passages que notre effectif insuffisant ne permettait pas de défendre.

« Il faut songer à la retraite. Les deux bataillons prennent, par des directions différentes, le chemin de Saint-Quentin.

UN VAILLANT DEMI-TOUR. — « A environ un kilomètre de Francilly, un cri s'élève dans le 3e bataillon : La batterie du Finistère, restée en arrière, va tomber au pouvoir de l'ennemi !

« Sans hésiter un seul instant, le commandant Morazzani fait faire demi-tour et revient aux positions de combat, où son bataillon prolonge la résistance au milieu d'un feu terrible, jusqu'à ce que la batterie soit sauvée.

« Dans ce fait d'armes ignoré jusqu'ici, plusieurs officiers, notamment le capitaine Vanmessen et les sous-lieutenants Grolez et Verquin, se firent remarquer par leur courage et leur intrépidité.

« A une lieue de Francilly, lorsque les débris ralliés furent pendant quelque temps hors des atteintes de l'ennemi, le capitaine Benoît, chef de l'héroïque batterie du Finistère, vint remercier, les larmes aux yeux, le commandant Morazzani et dit au lieutenant-colonel Loy :

« Mon colonel, ma batterie est sauvée, grâce à votre 3ᵉ bataillon. »

Voyons à présent quel fut l'emploi de cette rude journée pour le 1ᵉʳ bataillon des mobilisés lillois.

Le bataillon Dezwarte, auquel on a adjoint une compagnie du 2ᵉ bataillon, prend position d'abord dans le bois de Savy. Pour gagner ce bois, la troupe déjà harassée éprouve une fatigue excessive, car il faut patauger durant un kilomètre dans des terres labourées où l'on enfonce jusqu'à mi-jambes. Beaucoup d'hommes laissèrent là, dit l'historien lillois « les derniers débris de leurs chaussures. »

Bientôt les obus arrivent. Ceux qui tombent en plein champ entrent dans la terre détrempée sans éclater et font peu de mal ; mais il n'en est pas de même de ceux qui arrivent dans le bois de Savy. Ceux-là sont très meurtriers.

« A côté de nous, lisons-nous dans le récit de M. A. Devienne, vient prendre position une compagnie de ligne, la seule que j'aie vue à Savy ; elle y reste pendant deux heures environ. »

Et notre historien formule à ce sujet une fort juste réclamation.

« Si les officiers supérieurs chargés du rapport au général en chef, dit-il, étaient venus visiter cette partie du champ de bataille, ils auraient pu se convaincre que lignards et mobilisés s'y battaient avec un égal courage. Pourquoi donc n'est-il nullement question de ces derniers dans le récit du général Faidherbe? La faute en est incontestablement à ses reporters, qui ignorèrent opiniâtrement qu'en pénétrant ainsi « à plusieurs reprises dans le bois de Savy », notre pauvre bataillon y avait perdu un grand nombre d'hommes tués, blessés ou faits prisonniers ».

Nous sommes heureux de reproduire ici cette réclamation.

Il n'est rien de plus démoralisant et, partant, de plus contraire à l'intérêt du pays, que de laisser passer inaperçue la belle conduite des troupes sur le champ de bataille.

« Les balles commencent à siffler fortement...

« Le commandant Levezier, qui est allé seul reconnaître la position, revient commander un mouvement en arrière. Il laisse dans le bois les 2e, 7e et 8e compagnies et fait prendre position au reste du bataillon entre le village et le bois.

« A notre droite, un bataillon de mobiles vient de se replier sur Fayet. Près de nous, une quinzaine d'hommes, étrangers à l'armée auxiliaire, fuient par un chemin creux qui s'ouvre à la gauche du bois ; deux de nos officiers, le capitaine Lecoq et le lieutenant Carnot, les font retourner au feu à coups de canne.

« Cependant, les Prussiens gagnent du terrain sous la futaie et nous fusillent à 500 mètres.

« Le commandant Levezier, pris à ce moment d'une indisposition subite, remet le commandement au capitaine Lecoq, de la 3e compagnie.

En avant, les Lillois! — « Cet officier, un des plus populaires du régiment, rassemble vivement nos groupes épars, les reforme en bataille et commande de mettre baïonnette au canon.
« *En avant les Lillois!* s'écrie-t-il et *vive la France!* »

« Chacun suit son élan et le bataillon s'élance à nouveau dans le bois où les Prussiens semblent reculer.

« Les premiers arrivés pénètrent jusqu'à l'extrême lisière et tiraillent pendant une demi-heure, jusqu'au moment où ils s'aperçoivent de leur isolement; le reste de la colonne, en effet, a disparu.

« On se replie aussitôt par le chemin creux déjà indiqué sur la gauche et nous essuyons, dans ce trajet, une fusillade terrible. Le mouvement de recul des Prussiens était un piège imaginé pour mieux nous tourner ; les premiers partis s'étaient heureusement aperçus de la ruse.

Prisonniers! — « Où sont les chefs? Quelle est la direction à prendre? Personne ne peut nous le dire. Nous marchons à l'aventure et entrons à Francilly déjà occupé par l'ennemi.

« Un lieutenant de ligne, à qui nous demandons la route pour suivre la retraite, nous répond qu'il est désormais impossible de passer. On brûle du moins les dernières cartouches, jusqu'au moment où un capitaine vient ordonner de cesser le feu.

« Plusieurs lignards et mobilisés persistent dans cette défense désespérée : un sergent du 1er bataillon tue à bout portant le premier Prussien qui débouche dans la rue. *Une jeune cantinière de la mobile, les cheveux en désordre, court au-devant de l'ennemi, un poignard à la main.*

« Les Prussiens arrivent en foule et crient de jeter bas les armes ; un sous-lieutenant refuse de donner son revolver à un de leurs chefs et le jette violemment à terre ; le coup part et ceux-ci, croyant à quelque nouvelle résistance, font une décharge très meurtrière. » Enfin, il faut se rendre...

Continuons avec les Lillois non prisonniers.

Après avoir arrêté encore un instant l'ennemi devant un enclos de la lisière du village de Francilly, ils se sont repliés par un chemin creux.

« Plus de la moitié des hommes ont disparu ; dans ma compagnie, 5 sous-officiers manquent à l'appel ; 2 sont blessés grièvement, 3 sont prisonniers. » (Al. Devienne.)

Des cartouches sont distribuées et l'on s'achemine par la route de Vermand, quand l'ordre arrive au colonel Loy d'envoyer des compagnies à Rocourt, pour protéger la retraite contre une troupe ennemie qui vient du côté de Ham. Les 2e, 3e et 4e compagnies du bataillon Levezier sont chargées de cette mission. A Rocourt, elles sont accueillies par des coups de fusil et un combat de mousqueterie s'engage qui dure 2 heures. « Cette fusillade est telle de part et d'autre que plusieurs fois les mobilisés sont forcés de laver leur chassepot dans les flaques d'eau de la route, tant le canon en est encrassé. » (Al. Devienne.) Enfin, les Prussiens établissent une batterie qui met fin à la résistance des Lillois, résistance qui fait grand honneur au commandant Levezier.

La retraite, qui devient bientôt une fuite en désordre, il faut le dire, se fait par les routes de Cambrai et du Cateau.

Régiment de Valenciennes. — Défense d'un convoi. — Le 4e régiment de marche des mobilisés du Nord (9e légion-Valenciennes), se trouve devant le village de Fayet, dans la matinée du 19, quand le général Robin arrive au galop et fait appeler le commandant du 2e bataillon.

Le commandant Pillion se présente.

— Portez votre bataillon à l'instant, lui dit le général, près du moulin Mennechet et là, tenez-vous prêt à accompagner les 400 voitures du convoi du 23e corps, — vous ne les quitterez ensuite sous aucun prétexte, vous en répondez.

Le commandant se porte en bataille à l'endroit désigné, ayant à sa gauche les tirailleurs du Cateau, qui sont armés de chassepots.

A midi, arrive l'ordre de suivre le convoi, et le 2e bataillon, en colonne par demi-section, descend sur la route de Cambrai.

« En avant de Bellenglise, le convoi s'arrête », dit la relation manuscrite du commandant Pillion « les voitures disposées à tout événement, une roue sur le pavé, une roue sur l'accotement.

« Sur une colline en pente douce, à droite de la route quand on regardait Saint-Quentin, des paysans nous signalent la présence d'une division de cavalerie prussienne. En effet, cette division nous avait aperçus et s'avançait vers nous. » Le commandant fit alors filer le convoi dans le bas de la côte et déploya tout son bataillon, aidé de tous les malades valides qui se trouvaient sur les chariots, en tirailleurs le long de la hauteur, appuyé par le canal de Saint-Quentin.

« Des tirailleurs furent lancés au delà du village, manœuvre qui fut imitée par la cavalerie qui envoya ses éclaireurs dans la même direction. En même temps, le capitaine Taillade, prévôt de gendarmerie du 23e corps, envoyait ses gendarmes sur notre gauche. Le commandant se porta lui-même avec une compagnie pour défendre la tête du pont.

« Le convoi mis ainsi à l'abri, le bataillon appuyé sur une forte position n'avait plus qu'à attendre l'ennemi. Mais voici que les éclaireurs prussiens reculent devant nos tirailleurs. Le long espace occupé par tout le bataillon déployé en tirailleurs, avait fait croire à l'ennemi qu'il y avait une réserve imposante.

« Cette attitude énergique du bataillon mérita au commandant des félicitations du général. On craignait en effet, en haut lieu, que la route de Cambrai ne fût coupée par cette division prussienne.....

« Le capitaine Taillade adressa un rapport au général Faidherbe et fut alors porté pour la croix d'honneur. Le commandant, lui, reçut chez M. Fontaine, fabricant de sucre près Cambrai, où dînait le lendemain le général Robin, de vives félicitations sur l'affaire du convoi. Que se serait-il passé, en effet, si cette division prussienne avait pu se placer à cheval sur la route, et attendre là, profitant de l'obscurité de la nuit, les troupes battant en retraite avec tout le matériel.

BATAILLON LOUIS LEGRAND. — Le 3e bataillon du 4e régiment de marche des mobilisés du Nord est composé de 6 compagnies des cantons sud et est de Valenciennes. Il fait partie de la 2e brigade (Amos) de la 2e division (Robin) du 23e corps et a à sa tête le commandant Louis Legrand.

Parti de Valenciennes pour Lille le 4 décembre, il assiste à la bataille de Pont-Noyelles, mais en réserve et sans tirer un coup de fusil.

Il ne se trouvera engagé avec l'ennemi que le 19 janvier, à la bataille de Saint-Quentin. Voici ce qu'on peut lire dans le rapport de son chef :

« Le 18, le bataillon Legrand est parti dès le matin d'Equancourt et ce n'est que vers minuit qu'il est arrivé au village de Fayet près de Saint-Quentin, où il a cantonné.

« Le lendemain matin 19, à 9 heures, dit le commandant Legrand, l'ennemi se présenta devant Fayet. Mon bataillon fut porté à sa rencontre et resta en position jusqu'à midi environ, recevant les obus de l'ennemi.

« Dans le milieu du jour, je reçus l'ordre de retraverser le village de Fayet et de me rendre, avec les 5 premières compagnies de mon bataillon, au moulin de Mennechet.

« Un peu au delà de ce point, je rejoignis le 1er bataillon de notre régiment. Le 2e avait été envoyé à la garde des bagages.

« Après divers mouvements qui nous furent commandés, nous fûmes renforcés par la brigade des mobilisés du Pas-de-Calais qui venait d'arriver et, ensemble, on nous lança dans la direction d'un moulin occupé par les Prussiens et qui doit être celui d'Holnon.

« Nos tirailleurs abordèrent les Prussiens jusqu'à une distance de 200 à 300 mètres. La plupart de nos soldats tiraient ce jour-là, et contre l'ennemi, *leur premier coup de fusil;* ils n'avaient jamais tiré, même à blanc.

« Grâce au tir défectueux des Prussiens, qui, ce jour-là, visèrent trop haut, les pertes de mon bataillon furent peu considérables. Elles se bornèrent à 5 ou 6 hommes tués et autant de blessés.

« Nous restâmes dans les positions qui nous avaient été assignées jusqu'à la nuit. A ce moment nous reçûmes l'ordre de battre en retraite sur Cambrai. »

Voici les dernières lignes du rapport officiel du colonel P. Amos, commandant la 2e brigade de la division Robin :

« Le 4e régiment de marche (mobilisés du Nord) a montré beaucoup d'aplomb à la fin de la journée, de 2 à 7 heures.

« Les mobilisés auraient fini par faire des soldats passables, si, dans cette guerre, on avait eu le temps d'attendre. »

Le commandant Louis Legrand fait remarquer de son côté, que ces hommes, sortis récemment de la vie civile, n'avaient eu le temps d'être ni bien armés, ni disciplinés, ni instruits, et « que leur organisation locale et leurs cadres élus étaient encore des principes d'affaiblissement. »

Ont été soignés à notre connaissance, aux ambulances, les mobilisés du Nord dont voici les noms : Gérard, Paul, caporal ;

Balleguerre, Henri ; Bernard, Emile Jean ; Groux, Philogène, sergent ; Kern, Jean, caporal ; Lagaye. Honoré, caporal ; Ragot, François, sergent ; Tournemine, Alexandre ; Vandenbrouck, Louis ; Verdeyn, Henri (coups de feu) ; Polus, Charles (deux coups de feu) ; lieutenant Vallez, Auguste (éclat).

Dragons. — Combat a pied. — Nos dragons (11ᵉ de marche, l'unique régiment de cavalerie que nous eussions à l'armée du Nord), ont fait le coup de fusil et le coup de sabre, à la journée de Saint-Quentin. — L'historique du 11ᵉ dragons de marche nous donne les détails suivants : « La 1ʳᵉ division du 1ᵉʳ escadron commandée par M. le capitaine Accary et composée de 2 officiers, 75 sous-officiers et cavaliers, est partie de Lille le 17 janvier pour rejoindre l'armée du Nord, après avoir rallié la division du 8ᵉ dragons, commandée par M. le sous-lieutenant Marietti et qui a fourni sa 2ᵉ division.

« Cet escadron, à la tête duquel se trouvait le lieutenant-colonel Baussaint (ex-sous-lieutenant au 7ᵉ dragons), a assisté à l'affaire de Vermand, le 18, et à la bataille de Saint-Quentin le 19. où il a perdu 16 hommes, blessés ou disparus.

« M. le lieutenant-colonel Baussaint a été blessé grièvement, en chargeant à la tête de ses hommes. M. le sous-lieutenant Dumanois a été également blessé, au bras et à la tête. Le maréchal-des-logis Lalant ; les dragons Deruelle, Rauche, Roux, Grateau et Mallet-Christi, Etienne, ont été aussi blessés. Enfin cet escadron, cerné par un bataillon prussien et par trois escadrons de uhlans, a pu opérer sa retraite, grâce au sang-froid du capitaine Accary. »

Quant au 2ᵉ escadron, l'historique du 7ᵉ de l'arme nous apprend qu'il a été envoyé sur la route de Vermand, où il s'est heurté à de l'infanterie allemande qui l'a reçu à coups de fusil. « L'ennemi débordait déjà l'aile droite, lorsque le 3ᵉ escadron et une division du 4ᵉ mettent pied à terre et peuvent contenir les Prussiens jusqu'à l'arrivée de l'infanterie. » Le régiment ne battra en retraite qu'à la nuit tout à fait close ; les deux premiers escadrons sur le Cateau, les deux autres sur Cambrai. »

Brigade Isnard.

24ᵉ de ligne. — 3ᵉ bataillon. — Nous avons laissé le bataillon Morlet harassé de ses fatigues de la veille, rentrant le 19 à 2 heures 1/2 du matin seulement, dans ses cantonnements à Saint-Quentin, et reprenant les armes avant le lever du jour.

« Le commandant, dit l'historique, se porta sur la route de Vermand avec 4 compagnies, la 5ᵉ ayant été distraite pour un service de grand'garde, et se dirigea sur le groupe des maisons Fayet; mais, se voyant inquiété par des tirailleurs, il fit déployer en avant une quinzaine de soldats, sous les ordres du sergent Pagano. Ces hommes, vigoureusement conduits, débusquèrent l'ennemi.

« Les trois premières compagnies furent ensuite déployées à droite et à gauche de la route de Vermand, et l'engagement devint général, de ce côté du front de bataille qui était l'extrême droite.

« Le chef de bataillon envoya la 4ᵉ en avant, avec ordre de s'emparer du moulin Conti où était retranchée une forte troupe d'infanterie; mais l'ennemi fit pleuvoir sur les nôtres une grêle de balles.

« Le capitaine Dabrin, blessé grièvement, tomba au pouvoir de l'ennemi. Un grand nombre de nos hommes furent tués ou blessés. Les troupes qui occupaient le moulin se portèrent alors en avant et attaquèrent le bataillon de front, tandis qu'une forte colonne tournait sa droite et le prenait en face.

« Devant cette menace, les compagnies pliaient pour garder leur ligne de retraite. Le commandant Morlet, au premier rang voulait faire emmener une pièce dont l'affût était brisé, lorsqu'il fut blessé à la tête et fait prisonnier.

« Le capitaine Merlin tomba mort, frappé de plusieurs balles ainsi que le sous-lieutenant Molinari. Les sous-lieutenants Angeli et Pélisson furent blessés. Enfin, le bataillon, écrasé par le nombre et se voyant débordé, dut reculer sur la route de Saint-Quentin.

« De son côté, la 5ᵉ compagnie qui, sous les ordres du lieutenant Tasson et des sous-lieutenants Saintigny et Gérard, avait été envoyée en grand'garde à 1000 mètres de la ville, reçut l'ordre de rester en position, et elle prit part à l'action, lorsque l'armée commença à battre en retraite.

« Elle se retrancha et soutint le feu pendant la nuit; puis des groupes de soldats isolés s'étant joints à elle, elle rentra dans la ville et se défendit derrière des barricades qu'elle éleva à la hâte avec l'aide d'une section du génie.

« Plus tard, elle essaya de se faire jour pour gagner la route de Cambrai; mais la ville était entièrement cernée et elle fut repoussée jusque dans l'intérieur de la ville de Saint-Quentin, où elle tomba au pouvoir de l'ennemi. »

Le lendemain, 250 hommes seulement purent suivre l'armée du Nord dans sa retraite, conduits par le lieutenant Monnat et les sous-lieutenants Lagouarde et Terrier.

Le 3ᵉ bataillon de marche du 24ᵉ de ligne sera licencié à Saint-Omer et ses éléments versés dans les 1ᵉʳ et 2ᵉ bataillons de marche du régiment.

73ᵉ DE MARCHE. — Le 18, à midi, la colonne Isnard, installée dans Saint-Quentin depuis l'avant-veille, se dirige sur Vermand pour protéger la marche de nos troupes sur Saint-Quentin. Elle ne rentre elle-même dans cette ville qu'à deux heures du matin, le 19, pour reprendre les armes à 6 heures.

Elle cesse à partir de ce moment d'agir isolément, et est versée dans le 23ᵉ corps (Paulze d'Ivoy).

« Le 23ᵉ corps, c'est l'historique qui parle, fut établi en arc de cercle, tournant le dos à la ville, sa gauche au moulin de Rocourt, sa droite au village du Fayet. Dans cet ordre de bataille, le 73ᵉ de marche occupait le terrain entre Francilly, le bois de Savy et la route de Ham. Il avait à sa gauche la division Payen, à sa droite les mobiles des Ardennes ; les mobilisés du général Robin occupaient le village de Francilly.

« La batterie Halphen, de canons de 4 de campagne, vint prendre position entre le 2ᵉ et le 3ᵉ bataillon, en face des bois de Savy.

« Vers les neuf heures, l'action s'engagea sérieusement entre la brigade Isnard et la division prussienne Von Gœben.

« Les Allemands pénétrèrent en masse dans les bois de Savy occupés par nos tirailleurs. Le lieutenant-colonel Castaigne, voyant ses tirailleurs céder sous le nombre, les fit renforcer par deux nouvelles compagnies, tirées des 1ᵉʳ et 2ᵉ bataillons.

Les Allemands, chassés des bois par une vigoureuse charge à la baïonnette, revinrent bientôt plus nombreux. Il fallut de nouveau renforcer nos tirailleurs par 2 compagnies tirées encore des 1ᵉʳ et 2ᵉ bataillons.

« En même temps, le commandant Verzeau, du 1ᵉʳ bataillon des mobiles des Ardennes, se portait avec 3 compagnies de son bataillon pour servir de soutien à nos tirailleurs. En pénétrant dans le bois, il était frappé à mort.

« Pendant ce temps, la batterie Halphen, et le 73ᵉ qui lui servait de soutien, recevaient avec le plus grand sang-froid la pluie d'obus des batteries ennemies.

« Bientôt il était nécessaire d'envoyer de nouveaux renforts dans le bois. Le lieutenant-colonel Castaigne donna l'ordre au commandant Algay de se porter sur ce point avec les compagnies du 1ᵉʳ bataillon qui n'avaient pas encore été déployées.

« La lutte prit de ce côté un grand acharnement. Le bois de

Savy fut pris et repris plusieurs fois ; enfin nous étions parvenus, non sans éprouver des pertes sensibles, jusqu'à la lisière opposée, lorsqu'il fallut abandonner le prix de tant d'efforts.

« Vers 3 heures, à l'arrivée de la division prussienne Memerling (Memerty), les mobilisés, qui occupaient les villages de Francilly et d'Holnon, les abandonnèrent à l'ennemi. Le 73ᵉ fut débordé par sa droite. Les Prussiens, établis dans les maisons et derrière les haies du premier de ces villages, commencèrent contre nous un feu à revers ; nous étions menacés d'être coupés de notre ligne de retraite.

« Dans ce moment critique, le lieutenant-colonel Castaigne fit exécuter un changement de front au 3ᵉ bataillon, pour répondre à cette attaque, et fit porter sur la nouvelle ligne les compagnies du 2ᵉ bataillon qui n'avaient pas été déployées dans les bois. Les soldats, soutenus par son exemple, tinrent ferme sous un feu de mousqueterie des plus violents. Leur ténacité permit aux tirailleurs de battre en retraite, et donna le temps à la batterie, qui ne tirait plus qu'à mitraille, d'attendre les attelages de réserve qui lui étaient nécessaires pour emmener ses pièces.

« Après le départ de l'artillerie, le lieutenant-colonel porta le régiment en arrière et vint prendre position entre les routes de Cambrai et de Péronne.

« A cinq heures, le 73ᵉ, forcé de quitter cette position, vint se reformer sous la protection d'une batterie de marine, en avant du faubourg Saint-Martin.

« La dernière lutte eut lieu derrière les barricades construites dans ce faubourg. A la nuit, le lieutenant-colonel Castaigne rassemblait les débris du régiment et suivait le 23ᵉ corps dans sa retraite sur Cambrai. »

Le 21, le régiment arrivait à Douai et allait de là se reconstituer à Saint-Omer.

Ses pertes étaient sérieuses : 1 officier tué, le lieutenant Crozat, et 6 blessés, MM. Ferry et de Vaux d'Achy, capitaines ; Adam, Apert et Dirolleau, lieutenants, et Blancal, sous-lieutenant ; 32 soldats tués, 67 blessés et 594 disparus, « la plupart blessés, abandonnés dans les bois et tombés entre les mains de l'ennemi » (Historique).

Le 8 février, le régiment enterra à Saint-Omer, le brave commandant Algay, mort littéralement des fatigues effroyables des derniers jours de la campagne.

« Cette perte, dit l'historique, a été vivement ressentie par tout le 73ᵉ, et c'est pour nous un devoir de lui payer un juste tribut de reconnaissance. » Notre livre n'eût pas été complet, si nous n'avions pas reproduit cet hommage d'une brave troupe à un vaillant officier.

Blessés soignés aux ambulances : Blanc, Pierre-Antoine, sergent ; Cannac, Jean ; Bourret, Antoine, sergent ; Guilloteaux, Auguste ; Gillier François ; Prache, Adolphe ; Dubois, Apollon ; Ferricelli, Antoine ; Lanthelme, Jean ; Longeac, Jean ; Villard, Laurent ; Wauschorr, Louis (coups de feu); Lambert, Ferdinand ; Têtu-du-Périer, Antoine ; Marty, Philippe (éclats).

Mobiles des Ardennes. — Le régiment de mobiles des Ardennes, formé de la réunion des 1er et 2e bataillons (Padovani et Verzeau), a été formé le 9 janvier par le général Faidherbe, et mis sous le commandement du lieutenant-colonel Giovanninelli.

C'est le 17 seulement, à Saint-Quentin, que celui-ci entre en fonctions.

Le 9, à 6 heures du matin, le colonel reçoit communication de cet ordre : « La brigade Isnard sera mise sous les ordres du général Paulze d'Ivoy, pour renforcer sa 1re division. La brigade Isnard, du 23e corps, partira immédiatement par la route de Vermand... »

« Le colonel, lisons-nous dans la relation officielle du lieutenant-colonel Giovanninelli, fit battre de suite la générale et partit par la route indiquée. A 8 heures, il rencontra un officier d'état-major qui lui indiqua sa position en arrière de la batterie du commandant Halphen, en face du bois de Savy. Le second bataillon et une partie du 1er furent envoyés en tirailleurs dans ce bois, où l'on se battit une partie de la journée.

Une compagnie du 1er bataillon avait été envoyée sur la droite, pour défendre le village de Francilly, où nos troupes paraissaient céder. Le colonel Isnard engagea ensuite le lieutenant-colonel Giovanninelli à s'y rendre pour faire enlever ce village à la baïonnette par ses hommes. Le colonel s'y porte aussitôt au galop ; les troupes se fusillaient à 30 pas ; ses efforts ne purent arrêter la retraite des tirailleurs décimés et abandonnés par une batterie d'obusiers de montagne qui partait au moment où le colonel arrivait.

« Il rallia ses hommes en ordre sur le reste du régiment et reforma une nouvelle ligne de tirailleurs dans un chemin creux. Des hommes du 40e et du 3e de ligne étaient mêlés parmi les mobiles. En arrière, deux bataillons de mobilisés se repliaient sous une grêle de balles et d'obus, sur Saint-Quentin. Prières, menaces, rien ne put les décider à faire face à l'ennemi. Tout ce qu'on put obtenir, c'est de les faire marcher en bataille en fort bon ordre. Les mobiles les suivirent. Une partie des hommes rentra dans la ville; c'était le commencement de la retraite.

« Le colonel qui était allé prendre les ordres du général Paulze d'Ivoy, revint à l'entrée de la ville, où il maintint les 150 hommes qui restaient du régiment. Les terres étaient détrempées ; les hommes avaient marché toute la journée sans manger ; ils étaient couverts de boue et exténués.

« A 4 h. 30, un officier d'ordonnance du général Farre vient donner l'ordre au colonel d'envoyer une compagnie en tirailleurs, sur une hauteur à 1 kilomètre en avant. Le colonel partit à cheval avec les 150 hommes qui restaient, et le capitaine Stakler, qui a été proposé pour la Légion d'honneur, à cause de sa belle conduite dans cette journée.

« Un commandant de chasseurs, avec un gendarme, vint examiner la position et dit au colonel : « On va vous envoyer du renfort. » Peu de temps après, les tirailleurs prussiens parurent et cherchèrent à tourner les mobiles, le renfort promis n'arrivait pas ; les hommes tombaient les uns après les autres, la gauche se replia sur la ville et la droite se rallia sur une colonne appuyée par de l'artillerie; ils furent faits prisonniers.

« Le colonel rentra à Saint-Quentin avec quelques hommes. Il s'arrêta à une barricade, où il rallia le capitaine Sorel, du 3ᵉ de ligne, avec 7 hommes restant de sa compagnie, pour s'opposer à la retraite des mobiles et des mobilisés; mais rien ne put les arrêter. Les balles sifflaient et les obus tombaient déjà dans la ville plongée dans une obscurité complète.

« Le colonel se rendit au quartier général, pour y prendre des ordres; il n'y avait personne. *Les Prussiens montaient la rue de l'Isle en chantant*. Il continua sa route et rencontra le général Paulze d'Ivoy, à la hauteur d'un boulevard. Il fut décidé qu'on battrait en retraite sur Cambrai, où le colonel arriva le 20, à 7 heures du matin, avec le colonel Castaigne et le capitaine Maréchal, du 73ᵉ de marche.

« Dans la nuit, on rencontrait sur la route une grande quantité d'hommes sans chaussures, épuisés de faim et de fatigue ; ces malheureux ne pouvaient pas aller plus loin. Ce sont là, les prisonniers que les Prussiens ont faits le lendemain matin, et qu'ils ont inscrits pompeusement dans leur bulletin de victoire.

« En résumé, le régiment dont l'effectif à Saint-Quentin, le 19 janvier, était de plus de 1,500 hommes, n'en put réunir que 700 à Saint-Omer.

« Le commandant du 2ᵉ bataillon (Verzeau) avait été tué; deux officiers avaient été blessés et huit avaient été faits prisonniers. La plupart se sont échappés ; ils ont rejoint le régiment à Saint-Omer et à Gravelines où il a été licencié. »

MOBILES DES ARDENNES. — BATAILLON VERZEAU. — Le 2ᵉ bataillon des Ardennes, commandé par le capitaine Verzeau, ex-lieutenant de tirailleurs algériens, chevalier de la Légion d'honneur et retraité, a été formé à Rocroy, en septembre 1870, ou plutôt reformé, car un 2ᵉ bataillon des Ardennes avait déjà figuré à Sedan.

Au mois d'octobre, le capitaine Verzeau, qui avait organisé son bataillon avec intelligence et activité, était nommé chef de bataillon. Il avait sous ses ordres huit compagnies.

Nos soldats, dit l'historique (1) rédigé par le capitaine Collard, du bataillon, qui pour la plupart n'avaient reçu pour vêtements qu'un pantalon de toile et un képi, n'avaient pour équipement qu'une corde servant de ceinturon et sans giberne, nos soldats dis-je, bravaient le froid en chantant et sans se plaindre, marchant dans la neige jusqu'aux genoux. C'est ainsi qu'on partit le 3 décembre de Rocroy pour Vervins. En route, on reçut par homme, un pantalon et une vareuse ou capote, et un fourniment. Quant au havre sac, on ne le recevra que le 19 janvier à Saint-Quentin.

Bientôt le bataillon fait partie de la colonne mobile qui deviendra la colonne Isnard et, comme on le sait, entrera dans Saint-Quentin dès le 16 janvier. Arrivons à la bataille du 19.

« Le 19 janvier à 8 h. du matin, dit le capitaine Collard, on sonnait la marche de chaque bataillon de la colonne. Plusieurs des bataillons qui avaient assisté à la bataille de Vermand se reformaient en ville ou sous ses murs.

« Notre colonne, commandée depuis le 7 janvier par le colonel Isnard, partit sur la route de Vermand et se forma en bataille, appuyée à Holnon.

« Masqué par un bois qui fut occupé par ses tirailleurs, le 2ᵉ bataillon des Ardennes avait à sa droite le 1ᵉʳ bataillon des Ardennes formant l'extrême droite de l'armée du Nord, à sa gauche le 3ᵉ de ligne et une batterie d'artillerie, pour réserve un bataillon de mobilisés du Nord.

« A 10 heures du matin, notre artillerie donna le signal de l'attaque pour l'aile droite. L'ennemi répondit par un obus, *qui vint couper trois hommes* de la 7ᵉ compagnie de notre bataillon !... On serra les rangs.

« La 3ᵉ compagnie se déployait pour s'emparer du bois, ayant à sa gauche une compagnie du 3ᵉ de ligne. Ces compagnies

(1) Communiqué par un ancien combattant de 70.

s'établirent à la lisière du côté de l'ennemi, et soutinrent le feu jusqu'à une heure après midi.

« La 3ᵉ compagnie, après avoir été relevée par les mobilisés du Nord, rentra au bataillon, n'ayant perdu que trois hommes tués et quatre blessés.

« Un jeune sergent de la compagnie, Assy, Charles, se distingua à cette attaque par son sang-froid.

Mort du commandant Verzeau. — « La 4ᵉ compagnie était partie en tirailleurs, une demi-heure environ après la 3ᵉ compagnie. Plus tard le centre faiblissant, il fallut y envoyer deux nouvelles compagnies, qui furent commandées par le chef de bataillon. Là, notre commandant fut tué raide d'une balle dans la poitrine. Le bataillon venait de perdre un des braves soldats de l'armée.

« Cependant, les compagnies parties avec leur commandant faisaient des efforts pour repousser l'ennemi. Le sergent-major Viot, de la 5ᵉ compagnie, fut attaqué par trois hommes, les culbuta et marcha en avant.

« Vingt minutes après, la ligne faiblissait encore.

« Le colonel Isnard, qui venait de donner le commandement du bataillon au capitaine Collard, le renvoya en avant avec sa compagnie: « Partez à la baïonnette, dit-il; coûte que coûte, il faut reprendre le bois ».

« La compagnie partit à la baïonnette; la ligne qui battait en retraite marcha en avant et... on reprit le bois. Notre réserve étant entrée en ligne, nous ne pouvions nous couvrir sur la droite; l'ennemi s'en aperçut et, nous débordant, attaqua vivement le 1ᵉʳ bataillon des Ardennes qui, pris entre deux feux, ne put que battre en retraite en s'appuyant sur la gauche de la brigade. La retraite commençait!!

« Une compagnie du 3ᵉ de ligne, les 3ᵉ et 4ᵉ compagnies de notre bataillon étaient restées dans le bois, sans avoir vu le mouvement de retraite et sans en avoir été prévenues. A 4 h. 1/2 une forte fusillade se fit entendre sur notre droite, c'était la 4ᵉ compagnie de notre bataillon qui battait en retraite en se défendant. Les quelques soldats restants du 3ᵉ de ligne, n'ayant plus d'officiers, se placèrent sous le commandement du capitaine de la 3ᵉ compagnie de notre bataillon, seul officier qui restât sur la ligne des tirailleurs.

« Cette poignée d'hommes (50 environ), qui, toute la journée avaient fait des prisonniers, durent, afin de ne pas être infailliblement pris, vingt minutes après, battre en retraite, sans appui, sous une grêle de balles et sans direction de retraite.

« La ligne de tirailleurs parvint, malgré un ennemi six fois plus fort, à rentrer au bataillon, n'ayant pas perdu plus du dixième de sa force. Les tirailleurs rencontrèrent la 1re ligne, formée par le 3e et le 40e de ligne, près de la route de Ham, non loin de Saint-Quentin.

« Le 2e bataillon des Ardennes, qui avait battu en retraite pêle-mêle avec d'autres bataillons, fut reformé par le capitaine Collard, qui en prit le commandement.

« Une heure après, le général Faidherbe passe près du bataillon en disant : « Etablissez-vous sur cette position et tenez-la jusqu'au dernier ». Les obus pleuvaient en cet endroit, les bataillons battaient en retraite sans chercher à se défendre. Cependant, quelques hommes du bataillon restèrent et, secondés par une section du 3e de ligne, conservèrent la position, malgré les 12 pièces ennemies en batterie à 1 kilomètre de là. Les capitaines Jenson et Clouet étaient restés avec le capitaine-commandant. A 6 h. 1/2, nous traversâmes la ville pour reprendre la route de Cambrai, direction de la retraite : nous étions cernés !... et par des forces vingt fois supérieures.

« Le lendemain, nous étions 88 officiers et 2,291 hommes, qui avions soutenu la retraite et essuyé pendant plus d'une heure le feu de presque toute l'armée prussienne, nous étions, dis-je, sur la route d'Allemagne ! ! ! »

Au lieu de ce luxe de points d'exclamation et de points de suspension, le brave capitaine Collard aurait mieux fait de nous donner le nombre et les noms de ses tués ou blessés.

D'après une autre source, le bataillon aurait perdu : 1 officier tué, 1 blessé, 35 hommes tués, 60 blessés, plus 10 officiers et environ 200 hommes disparus.

Pendant toute la campagne, le bataillon avait reçu pour récompense : *une médaille*.

Le vaillant commandant Verzeau comptait 20 années de services, 29 campagnes, 4 blessures. Il avait été mis à la retraite à cause de ces dernières. Mais, à la déclaration de guerre, il s'était dévoué de nouveau et, cette fois, c'était sa vie qu'il allait donner au pays.

Honneur à lui !

Blessés ardennais connus : MM. Puyseux (Eugène), sous-lieutenant ; Bocquillon (Antoine), Boquet (Joseph), Dreptin (Jean), Huart (Victor), Leroy (Antoine), Mallavier (Gustave), Robinet (Emile), (coups de feu).

Saint-Quentin. — Nos dragons, qui combattent à pied, contiennent les Prussiens, sur la route de Vermaud.

CHAPITRE XXXI

Saint - Quentin (suite).

Bataillon de Dunkerque. — Commandant Plaideau. — Un vieux de Crimée et d'Italie. — A Marcoing. — Habitants patriotes. — Capitaine Petyt. — Lieutenant Henneguier. — Sous-lieutenant Dewulf. — Adjudants Sergent et Cerf. — Dernier effort. — Capitaine Nadaud. — Lieutenant Bellais. — Dans Saint-Quentin. — Sergent-major Mormentyn. — Mobilisé Cordier. — Capitaine

Duminy. — Mobilisés Galland et Lavallée. — Le dévoué Comignau. Mobilisés du Pas-de-Calais. — Les quatre légions. — Général Pauly. — Louable initiative. — Marche au canon. — Pour sauver la ligne de retraite. — 300 chassepots pour une brigade. — Mobilisés de l'Aisne. — Bataillon Noël. — Un ancien du 85e. — Évadé de Metz. — Sergent Cadillon. — Capitaines Marotte et Lenglet. — Adjudant-major Bonjour. — Médecin-major Guyot. — Adjudant Guerbigny. — Sergents-majors Degon, Dufrénois, Lefebvre et Lefebvre, Courtois.

BATAILLON DE DUNKERQUE. — Le 4e bataillon de marche de la 7e légion des mobilisés du Nord s'est réuni à Dunkerque. Il a à sa tête le commandant Ernest Plaideau, ancien sergent-major du 33e de ligne, retiré du service depuis dix ans; le commandant a fait les campagnes de Crimée et d'Italie.

Le bataillon a quitté Dunkerque le 4 décembre pour se rendre à Lille, où on lui adjoint 4 compagnies du 3e bataillon, et le 28 du même mois, on forme de ces éléments un bataillon de marche de 5 compagnies de 150 hommes chacune, qui est placé sous le commandement du chef de bataillon Plaideau.

Dès le 29, le bataillon de marche se rend à Cambrai.

Le 10 janvier, il reçoit l'ordre de rejoindre le lendemain, à Masnières, la colonne Isnard.

Il y arrive, en effet, le 11. Le colonel Isnard l'envoie à Marcoing, avec un bataillon du 24e de ligne.

Notons ici l'empressement que mettent les braves habitants de cette localité à accueillir nos soldats et à leur être utiles.

Dans la marche de la colonne Isnard sur Saint-Quentin, le bataillon Plaideau escorte le convoi, il ne prend donc aucune part au petit combat de Bellicourt.

A Saint-Quentin, le 18 janvier, le bataillon reçoit enfin 600 carabines Minié, depuis longtemps demandées, le commandant Plaideau en fait avec une véritable joie la distribution sur la place de l'Hôtel-de-Ville.

Donnons à présent le récit de la bataille du 19, tel que nous l'a laissé en manuscrit le commandant Plaideau.

« Le 19 janvier, la 2e compagnie, formant un effectif de 116 hommes, était placée de garde à l'entrée de la route de Vermand. Les 4 autres partaient, vers 8 heures 1/2 du matin, sous mon commandement, avec M. le colonel Isnard, par la route de Vermand. Notre brigade était désignée pour renforcer le 23e corps et prendre place au centre, soit entre sa 1re division, qui formait la gauche, et sa 2e division (mobilisés), la droite.

« Arrivé près du village de Sélency, le colonel Isnard m'a donné l'ordre de porter mon bataillon à gauche de la route, et m'a fait placer en bataille, derrière et à 300 mètres environ du village d'Holnon. Le bataillon est resté dans cette position pendant que le combat s'engageait.

« Alors, j'ai reçu l'ordre de porter mon bataillon en avant et de le placer près d'une batterie d'artillerie pour la garder.

« Je crois que c'était la batterie Halphen; elle était placée à gauche de Francilly et établie sur le plateau dominant le bois, dans lequel elle envoyait des projectiles.

« Elle devenait le point de mire de l'ennemi et, par conséquent, recevait des obus en grande quantité, ainsi qu'un nombre prodigieux de balles. »

Nous ferons remarquer ici que le commandant grossit un peu les choses, car une batterie qui reçoit un nombre prodigieux de balles, ne peut demeurer *un seul instant* sous un tel feu, quelle que soit la bravoure de son personnel.

Quoi qu'il en soit, le commandant fait abriter ses hommes dans un pli de terrain.

Pendant ce mouvement, deux hommes sont grièvement blessés, le capitaine Nadaud a sa vareuse déchirée à l'épaule, par un éclat, mais il n'est pas blessé, un homme est légèrement blessé à la main. La batterie Halphen tire toujours avec entrain.

Bientôt, par suite d'un mouvement tournant que tente l'ennemi, les balles arrivent de deux côtés sur le bataillon; « mes hommes restaient impassibles », nous dit le commandant Plaideau.

A ce moment, huit hommes sont blessés, le commandant lui-même est contusionné par une balle morte.

Vers 4 heures, la batterie prussienne qui nous mitraille ralentit son feu, mais nos tirailleurs, par contre, quittent le bois de Savy et se mettent en retraite. Alors, la batterie Halphen se retire elle-même et descend par un chemin creux, la hauteur où elle était placée.

Le commandant Plaideau fait déployer sa 1re compagnie et met à son tour son bataillon en retraite, sous la protection de cette compagnie qui, sous le commandement du capitaine Alfred Petyt, « s'est admirablement conduite ». Son brave capitaine, ajoute le commandant Plaideau, « la dirigeait avec calme et sang-froid et l'encourageait par son exemple. Il était d'ailleurs parfaitement secondé par MM. Henneguier, lieutenant, et Dewulf, sous-lieutenant.

MM. Sergent et Cerf, adjudants, ont pris à ce moment un fusil et des cartouches, et, se plaçant avec les tirailleurs, les encourageaient en faisant le coup de feu avec eux. »

De là à Saint-Quentin, où se porte le bataillon en retraite, le commandant Plaideau arrête encore deux fois sa troupe et déploie du monde pour arrêter l'ennemi.

Il arrive enfin en bon ordre à l'entrée du faubourg de Saint-Quentin où il fait face à l'ennemi, en déployant 3 compagnies, la 4e en réserve.

Mais bientôt, il faut reculer de nouveau. Les hommes, tombant de fatigue et de besoin, s'arrêtent derrière une maison qui fait le coin de la route, pour reprendre haleine.

Un dernier effort cependant est tenté à l'aide de soldats de divers corps qui, en battant en retraite, veulent essayer de tenir sur le terrain que les tirailleurs du bataillon viennent de quitter.

Suprême effort. — Aussitôt les capitaines Petyt et Nadaud, les lieutenants Henneguier et Bellais, les adjudants Cerf et Sergent et une trentaine d'hommes de la compagnie qui était en réserve, se joignent à ces gens de bonne volonté. Mais, au bout de quelques minutes, on est forcé de reconnaître qu'il n'y a plus moyen de résister.

Ce n'est plus alors qu'une troupe de soldats de différents corps, qui se retire à travers Saint-Quentin, par petits groupes de 15 à 20 hommes.

En passant. — En traversant la ville, le commandant Plaideau trouve moyen, aidé par l'adjudant Cerf, le sergent-major Mormentyn et le mobilisé Gaspard Cordier, de la 1re compagnie, d'éteindre l'incendie du magasin Bruhy (commerce de blanc).

« Ils n'ont pas voulu me laisser dans l'embarras », dit un certificat délivré au commandant Plaideau, « et ont contribué activement à l'extinction du feu de mon magasin. Il est 7 heures du soir, l'incendie est éteint, ils partent...

« Signé : Bruhy, place Saint-André, n° 4. »

Le bataillon arrive le 20 à Bouchain.

Le sous-lieutenant Dewulf, de la 1re compagnie, était blessé et prisonnier.

Les capitaines Duminy, Duchesne, Nadaud, le lieutenant Bellais, les sous-lieutenants Minne, Codron, Jaenssen et le médecin aide-major Lefebvre étaient prisonniers.

« Comme conclusion, dit le commandant Plaideau, je n'ai qu'à me féliciter de la manière dont tout le bataillon s'est conduit, et considère comme un devoir de vous signaler tout particulièrement :

MM.

Alfred Petyt, capitaine à la 1re compagnie; Duminy, Louis-Napoléon, capitaine à la 3e compagnie, prisonnier, ancien fourrier aux chasseurs à pied;

Nadaud, François, capitaine à la 5e compagnie, ancien sous-officier de spahis du Sénégal (campagnes Afrique et Italie);

Vergriete, François, capitaine adjudant-major faisant fonctions de major, ancien sergent-major d'infanterie (campagnes en Afrique);

Henneguier, Louis, lieutenant à la 1re compagnie;

Dewulf, Louis, sous-lieutenant à la 1re compagnie, prisonnier et blessé;

Bellais, lieutenant à la 5e compagnie;

Cerf, Abraham, adjudant;

Sergent, Albert, adjudant;

Vansteenberghe, sergent-major;

Mormentyn, sergent-major;

Suinot, garde à la 1re compagnie, blessé;

Duval, garde à la 1re compagnie, blessé;

Lavallée, garde à la 3e compagnie;

Galand, garde à la 1re compagnie.

Le capitaine Nadaud reçut la croix, l'adjudant Sergent, le sergent-major Vansteenberghe, les gardes Galand et Lavallée furent médaillés au lendemain de la guerre.

Une lettre officielle, adressée au Préfet du Nord, à la date du 30 août 1871, par le lieutenant Pouchez, Alfred, qui commandait la 4e compagnie du bataillon de marche de la 7e légion, donne les détails complémentaires suivants, sur la journée de Saint-Quentin.

« Vers onze heures, nous fîmes un mouvement en avant; un obus vint atteindre ma compagnie et me blessa 3 hommes, les sergents Rissal et Degrote, à la jambe, l'autre, le nommé Comignau, à la main....., moi-même je fus touché; mais peu, au côté gauche.

« A 2 heures, la compagnie se déploya en tirailleurs vers le bois; une dizaine d'hommes me furent tués... »

Le lieutenant Pouchez signale encore le sergent-major Mormentyn et le garde François (Auguste).

Vers 5 heures, la compagnie, qui a battu en retraite, tient le moulin de Vermand, lorsque le lieutenant Pouchez est blessé à la cheville et perd un moment connaissance.

Le mobilisé Comignau mérite une mention particulière. Gravement blessé à la main, il se rend à une de nos ambulances, en perdant beaucoup de sang. On le panse et aussitôt ce brave garçon se multiplie pour se rendre utile. Il improvise un drapeau à croix rouge et le hisse sur la maison, il va chercher l'eau pour les pansements. Escorté d'un Prussien, blessé comme lui, il part pour tâcher de rapporter du linge qui manque à nos médecins, mais, comme il revient, il tombe entre les mains de l'ennemi qui le fait prisonnier et l'envoie, vu la gravité de sa blessure, à son ambulance de Villers-Bretonneux.

Comignau y reste 15 jours et s'en évade. Il est encore si peu guéri qu'il est envoyé d'urgence à l'hôpital, où on peut enfin extraire de sa blessure l'éclat d'obus qui pendant tout ce temps, était resté dans la main de cet homme dévoué.

Mobilisés du Pas-de-Calais. — « Les gardes nationales mobilisées du Pas-de-Calais, dont l'effectif s'élevait à 17,000 hommes, étaient organisées en quatre légions, formant ensemble 20 bataillons disséminés sur tous les points du département ; elles avaient pour commandant supérieur M. Pauly, Pierre, capitaine du génie retraité, officier de la Légion d'honneur.

« Les 4 légions étaient commandées : la 1re par M. Choquet, capitaine d'infanterie retraité, chevalier de la Légion d'honneur ;

La 2e par M. Poupart, ancien sous-officier de l'armée, chef de bataillon de la garde nationale, décoré de la médaille militaire ;

La 3e par M. Fourmentin, ancien sous-lieutenant d'infanterie, élève de l'école de Saint-Cyr, démissionnaire ;

La 4e par M. Duplay, ancien lieutenant du génie, élève de l'Ecole polytechnique, démissionnaire.

« Ces quatre officiers avaient le grade de lieutenant-colonel. »

La prise d'Amiens, par les Allemands, nous dit le général Pauly, porta un coup désastreux à l'organisation des mobilisés en ce que les adjudicataires qui devaient fournir l'habillement et l'équipement à ces troupes, ne purent le faire, et il fut très long et très difficile de se pourvoir ailleurs, ce à quoi on ne parvint que très incomplètement.

Aussi, peut-on lire dans le rapport du général des passages comme celui-ci : « En même temps que les 2 bataillons précédents (1er et 5e de la 3e légion, commandants Schrœder et Longuavesne) se rendent à Rue (1er janvier), 2 compagnies du 6e bataillon de la même légion sont envoyées, l'une à Tortefontaine sur l'Authie, l'autre à Humières....., ces deux compagnies, *non habillées*, n'avaient de militaire que l'armement. »

Cependant, à la date du 7 janvier, le général Pauly est parvenu à mettre sur pied une brigade en état de combattre. Il court aussitôt en prévenir le général en chef à Boisleux ; le jour même, Faidherbe donne des ordres et la brigade reçoit l'organisation suivante :

1° Le 1ᵉʳ bataillon de la 1ʳᵉ légion, commandant Garreau, jouant le rôle d'un bataillon de chasseurs ;

2° Un premier régiment de marche, commandé par le lieutenant-colonel Poupart, formé avec les 3 premiers bataillons de sa légion (la 2ᵉ);

3° Un second régiment de marche, commandé par le lieutenant-colonel Choquet, formé des 4ᵉ et 5ᵉ bataillons de la 2ᵉ légion. — (Cette légion, qui n'avait que 4 bataillons dans le principe, est organisée à 5, au moment d'entrer en campagne) et le 5ᵉ bataillon de la 1ʳᵉ légion déjà incorporé au 25ᵉ corps. Ce bataillon, du reste, ne rejoignit jamais la brigade ;

4° Une batterie d'artillerie en voie d'organisation. Elle, non plus, ne devait jamais rejoindre.

En somme, ce sont les 5 bataillons de la 2ᵉ légion, auxquels vient se joindre le bataillon Garreau (bataillon de chasseurs) qui constituent toute la brigade, telle qu'elle se met en route le 14 janvier, partant de Béthune.

Le 18, elle est venue coucher à Ronsav et Lempire.

Suivons maintenant le rapport du général Pauly :

« Dans la nuit du 18 au 19, à minuit et demi, un ordre du quartier général, daté de Saint-Quentin, prescrit au général Pauly d'aller s'établir le lendemain 19, de grand matin, à Bellicourt, village situé sur la route de Cambrai à Saint-Quentin, et à 13 kilomètres de cette dernière ville, d'y attendre des ordres en se tenant prêt à partir au premier signal.

LOUABLE INITIATIVE. — MARCHE AU CANON. — « La première partie de cet ordre est ponctuellement exécutée; mais, à 11 heures, ne recevant pas d'ordres, et le canon ne lui permettant pas de douter que la bataille est fortement engagée, il n'hésite pas à marcher vers le champ de bataille.

« Arrivé à la hauteur de Bellenglise, il apprend que les cavaliers prussiens sont venus jusque sur la route de Cambrai, et que Bellenglise est encore occupé par eux. Sur ce renseignement, il fait fouiller le village par des éclaireurs; mais les Prussiens s'étaient repliés à l'approche de sa colonne.

« Un peu plus loin, sur la droite, on voyait des uhlans, un corps de cavalerie et des troupes d'infanterie menaçant la route de Cambrai.

Quelques instants plus tard, la brigade rencontra une colonne de mobilisés de la division Robin, venant de la direction de

Saint-Quentin et paraissant se diriger vers Cambrai. Ces troupes étaient, sans nul doute, celles qui venaient d'être repoussées de Fayet et villages environnants. Cette rencontre retarda quelque peu la marche de la brigade.

Combat. — Sur la ligne de retraite. — « La tête de la colonne étant près d'arriver à la hauteur du village de Fayet, village occupé par l'ennemi, le général Pauly fait quitter la route face à droite, et prend ses dispositions de combat, entre les villages de Fayet et de Gricourt.

« Nous n'entrerons pas dans le détail des dispositions prises en cette circonstance ; nous nous bornerons à dire qu'aussitôt que nos troupes se sont présentées en vue de l'ennemi, elles ont été reçues par un feu d'artillerie et de tirailleurs d'infanterie des mieux nourris. Les bataillons engagés ont, malgré les pertes qu'ils éprouvaient, marché résolument à l'ennemi, l'ont repoussé et maintenu jusqu'à la nuit à plus d'un kilomètre de distance de la route de Cambrai.

« Au moment où la brigade des mobilisés du Pas-de-Calais attaquait et repoussait la gauche de l'ennemi, à gauche, la 1re brigade de la division Payen, qui était en réserve, appuyée par une batterie et demie d'artillerie, secondait ce mouvement en abordant vivement le village de Fayet.

« Repoussé sur toute cette partie du champ de bataille, l'ennemi s'est vu forcé de renoncer à son projet de s'emparer de la route de Cambrai, pour couper la retraite à l'armée française et, par suite, de l'envelopper dans Saint-Quentin, son but évident.

« La route de Cambrai est donc restée parfaitement libre et, si la barricade qu'on avait fait construire à l'entrée de Saint-Quentin, pour en défendre l'accès à l'ennemi, n'avait pas présenté un obstacle sérieux au mouvement de retraite des troupes françaises qui se trouvaient dans la ville ou qui étaient obligées de la traverser pour se retirer, il est plus que probable que le nombre de nos prisonniers restés entre les mains des Prussiens aurait été beaucoup moins considérable.

L'armement des mobilisés. — « Il ne sera peut-être pas sans intérêt de faire connaître ici que la brigade des mobilisés du Pas-de-Calais était absolument dépourvue d'artillerie, et qu'elle ne possédait, le jour de sa mise en route, que 300 *chassepots* pour toute la brigade. Tout le reste de l'armement se composait de vieux fusils transformés, à percussion. Et cependant, c'est avec cet armement qu'elle a attaqué et fait reculer les

Prussiens, à la bataille de Saint-Quentin, malgré leur formidable artillerie et leurs fusils de précision à tir rapide. »

En terminant son récit, le général Pauly s'efforce de justifier sa conduite, qu'on pourrait peut-être taxer d'imprudence. Plût au ciel, que dans cette guerre où tout fut chez nous en fait de commandement, timidité, indécision et inertie, beaucoup de chefs se fussent trouvés pour lancer résolument, comme il l'a fait, leurs soldats sur l'ennemi. Il n'a nul besoin de se justifier de son acte d'intelligence et de résolution.

« ... Pour nous, dit-il avec raison, le succès était moins dans les propres forces de la brigade, que dans l'audace et l'énergie de l'attaque, et nous croyons que le résultat obtenu nous donne raison. Quoi qu'il en soit, si les circonstances nous ramènent un jour devant l'ennemi, nous croyons pouvoir affirmer que nous ne l'aborderons jamais plus timidement que nous l'avons fait en cette circonstance. »

La brigade avait perdu, dans cette affaire si honorable pour des hommes qui n'étaient pas des soldats et à qui, matériellement, tout manquait, 146 hommes tués ou blessés « dont deux officiers et trente-huit sous-officiers ou gardes tués et trois officiers et cent trois sous-officiers ou gardes blessés. »

Mobilisés de l'Aisne. — Bataillon de Saint-Quentin. — L'officier qui nous conte l'histoire de ce bataillon qu'il a commandé pendant la campagne de l'armée du Nord, est un ancien sous-lieutenant démissionnaire du 85e de ligne, M. Noël. C'est le 10 décembre, qu'il a été élu chef du bataillon de Saint-Quentin. Nous avons servi au 85e en même temps que M. Noël et nous savons ce brave officier digne de toute créance.

Voici d'ailleurs l'opinion qu'avait de cet officier supérieur, le lieutenant-colonel Dufayel, commandant le 2e régiment des mobilisés de l'Aisne :

« ... J'avais un *alter ego*, M. Noël Numa, chef de bataillon, ancien officier de l'armée, évadé de Metz, *d'un sang-froid extraordinaire et d'une grande bravoure*... »

« Le 19 janvier, nous dit le commandant, la compagnie franche du bataillon, se trouvant en reconnaissance aux environs de Saint-Quentin, vint prendre place à la gauche de la ligne de l'Armée du Nord.

« Elle fit largement son devoir et mérite de grands éloges ; elle y perdit 2 officiers et 23 hommes.

« Le sergent Cadillon de cette compagnie se trouve encore au dépôt du 1er de ligne à Cambrai, en instance de retraite. Blessé au bras droit par deux balles, il fallut amputer l'avant-bras. Il reçut en outre deux fortes contusions aux côtés droit et gauche. J'ai envoyé à M. le général Faidherbe une proposition de décoration en sa faveur. Il l'a largement méritée par son sang-froid, son dévouement, son obstination à rester sur le champ de bataille après ses deux premières blessures. Fait prisonnier le soir, il s'échappa, afin de servir aussitôt après sa guérison. »

Nous n'avons pas à entrer dans le détail des nombreuses marches, contre-marches et reconnaissances exécutées par le bataillon du commandant Noël en présence de l'ennemi, dans le cours de la campagne, mais nous citerons les noms de tous les militaires servant sous ses ordres, qu'il a trouvés dignes d'être mentionnés pour leur belle conduite, ces noms sont d'abord ceux de MM. Marotte, Lenglet, capitaines; Bonjour, adjudant-major et Guyot (Ludovic), médecin aide-major.

« M. Marotte commandait la 1re compagnie du bataillon. Au 21 octobre 1870, il fut désigné, comme officier de la garde nationale de Saint-Quentin et parce qu'il parlait l'allemand, pour parlementer avec le général prussien, qui se trouvait à 1.200 mètres de la ville.

« Il fut obligé de marcher sur toute cette distance, sous le feu de l'ennemi qui ne respectait pas le drapeau blanc qu'il portait.

« Prisonnier de guerre, il eût pu, comme bien d'autres, rester chez lui et surveiller ses intérêts commerciaux; il préféra se mettre à la tête des jeunes gens de Saint-Quentin pour les entraîner au Cateau, où ils arrivèrent des premiers, lors de l'organisation de la mobilisée. La veille encore, il était couché par suite d'une forte variole; pouvant à peine marcher, il vient se placer au milieu de ses camarades.

« Élu capitaine à l'unanimité, il prit aussitôt le commandement de sa compagnie, quoique bien affaibli par la maladie.

« En toutes circonstances, il a fait preuve d'un grand dévouement, d'un zèle intelligent et d'un patriotisme très élevé. Il joint à une grande modestie la fermeté la plus énergique.....

« M. Alphonse Lenglet, capitaine de la 3e compagnie, mérite aussi sa part d'éloges. Constamment prêt à marcher, résolu et ferme, il eût été à désirer que son activité eût trouvé un champ plus vaste que nos modestes opérations.

« M. Bonjour fut nommé capitaine adjudant-major du bataillon, le 22 décembre 1870. Il était capitaine de compagnie au bataillon des mobiles de Saint-Quentin.

« Entré dans ce corps à l'âge de quarante-cinq ans, ayant quitté sa femme, son enfant et sa fortune, il demanda à sortir de son bataillon. Il voulut prendre une part plus active à la défense du pays. Je n'ai eu qu'à me louer de son zèle et de son dévouement intelligents de tous les instants.

« M. Guyot, abandonnant ses études qu'il était sur le point de terminer à Paris, servit comme médecin volontaire dans l'armée de Mac-Mahon et dans celle de Metz. Il réussit à rentrer dans le Nord et vint reprendre du service dans le bataillon de Saint-Quentin. » Le commandant Noël fait le plus grand éloge de ce dévoué Français.

Après les officiers, il cite dans la troupe les noms de l'adjudant Guerbigny, des sergents-majors Degon, Dufrénois, Lefebvre (4e compagnie) et Lefebvre (6e compagnie), Courtois; des sergents Debail, Lagrassière, Poulain; des sergents-fourriers Wagnet et Poulain, et du caporal-fourrier Poulain [1].

Nous avons dit que le 22e corps s'était retiré par la route du Cateau et le 23e par celle de Cambrai.

INCIDENT. — Ce mouvement de retraite, à son origine, avait été marqué par un incident qu'il convient de rappeler : le général Paulze d'Ivoy, que nous avons déjà vu laissé à ses propres forces à Behagnies et à Vermand, s'est toujours plaint de n'avoir pas été informé par Faidherbe à Saint-Quentin de la retraite de l'armée.

« Je crois que j'ai été sacrifié, a-t-il dit, devant la commission d'enquête; je ne m'en plains pas, en temps de guerre il faut quelquefois sacrifier du monde; mais on aurait pu me prévenir... »

La vérité c'est que le 22e corps a battu en retraite sur un ordre de son chef, le général Lecointe et sans que Faidherbe en eût connaissance, et que celui-ci rentrant à Saint-Quentin décidé à se défendre dans la ville jusqu'à la mort, et à ne capituler à aucun prix, avait été d'abord très étonné d'assister à ce mouvement de retraite, mais ensuite « agréablement surpris de voir le 22e corps en aussi bon état », qu'alors il avait ordonné

---

1. Papiers d'Amédée Le Faure.
Nota. — C'est aux copies de documents officiels dont s'était entouré l'auteur de l'*Histoire de la guerre franco-allemande*, Amédée Le Faure, pour écrire son ouvrage que nous avons emprunté, ici comme pour nos précédents volumes, les historiques, rapports, etc..., pour lesquels nous n'avons pas indiqué une autre origine. C'est sur l'ordre de bataille de l'armée du Nord, donné par Jules Richard dans son *Annuaire de la guerre* 1870-1871, (E. Dentu, 1891) que nous nous sommes guidé pour présenter, chacun à son rang les divers corps de troupes.

la retraite sur Cambrai et le Cateau, et était parti lui-même avec le 22ᵉ corps.

Quant à ce qui regarde l'incident en question : … « j'expédiai immédiatement, dit Faidherbe, mon premier officier d'ordonnance, ainsi qu'un maréchal-des-logis de gendarmerie choisi, pour porter l'ordre au 23ᵉ corps….. »

Malheureusement, toujours d'après le général Faidherbe, l'officier d'ordonnance chercha pendant trois quarts d'heure le général Paulze avant de le trouver ; quant au maréchal-des-logis de gendarmerie, il n'en est plus question.

Un document nous semble fait pour mettre toute chose à son véritable point, en ce qui concerne les derniers moments de la bataille. Il contient, en outre, quelques épisodes intéressants. C'est le discours prononcé par le général Paulze d'Ivoy à Saint-Quentin, au premier anniversaire de la bataille.

« Le 22ᵉ corps, dit le général, occupait dès le matin les positions du Mesnil-Saint-Laurent à Castres. Le 23ᵉ corps, qui avait eu la veille, à Vermand, à subir un rude combat, 5,000 hommes contre deux divisions prussiennes, n'a pu arriver qu'à 9 heures sur le terrain qui lui avait été désigné, mais cependant assez à temps pour faire face à l'ennemi qui s'avançait de tous côtés ; la bataille s'est alors engagée sur toute la ligne, et ces deux corps ont rivalisé de bravoure.

« Vers les deux heures, la 1ʳᵉ division du 22ᵉ corps qui formait le centre, assaillie par des masses profondes, fut forcée de se replier, puis, bientôt après, l'armée tout entière. Le 23ᵉ corps vint alors s'établir sur les positions avantageuses qu'offre le plateau de Rocourt, et l'action s'engagea avec un nouvel acharnement.

« Déjà le jour était tombé depuis longtemps, que la fusillade et le canon se faisaient encore entendre. Convaincu que la lutte devait recommencer le lendemain, le commandant du 23ᵉ corps prit toutes ses dispositions pour éviter une surprise de nuit, mais quel ne fut pas son étonnement lorsque, à 6 heures seulement, un officier du général en chef vint l'avertir qu'il fallait battre en retraite, que déjà toute l'armée était en route sur Cambrai. Alors se passa une série de faits qui méritent toute votre attention.

« Nous n'avions plus que des débris, Saint-Quentin était envahi, il fallait tenter à tout prix un passage par le boulevard Richelieu ; à cet effet, le capitaine Joxe fut désigné pour ouvrir la marche avec sa compagnie, mais à peine avait-il fait quelques pas qu'il se heurta contre les Prussiens. Ce brave capitaine et ses soldats n'hésitèrent pas à se sacrifier pour détourner l'attention de l'ennemi et donna à l'état-major du général Payen, comme à celui du commandant du 23ᵉ corps, le temps d'échapper. Un ordre du jour de l'armée cite le capitaine Joxe comme exemple de dévouement, juste récompense de sa belle conduite.

« Vous le voyez, messieurs, la situation devenait de plus en plus critique, lorsqu'un habitant[1] de votre cité, ne craignant pas de risquer sa vie, nous guida vers l'unique issue qui restait libre, la rue d'Enfer.

« Qu'il reçoive ici, au nom des deux états-majors, l'expression de notre vive reconnaissance. *Comment se fait-il que ces faits ne soient pas relatés dans la brochure* du général Faidherbe? ils font cependant honneur à votre ville, comme au 22ᵉ corps. Bien plus, ils appartiennent à l'histoire.

« Je tenais, messieurs, à rendre cette justice aux vaillantes troupes que j'ai eu l'honneur de commander.

« Laissez-moi, en terminant, vous citer un fait qui m'est tout personnel. Nous nous disposions à quitter la ville, lorsque, d'un mouvement spontané, mes officiers me firent un rempart de leurs corps; cette action, je le dis hautement, est digne des plus beaux temps de notre histoire; j'en garderai un éternel souvenir... »

UN PRÉCÉDENT. — Ce que ne nous dit pas le général, c'est qu'il avait lui-même donné un exemple pareil, à l'égard de son propre chef le général Faidherbe.

C'était à la veille de la bataille de Pont-Noyelles; l'armée venait de s'établir sur les positions de l'Hallue et le général Paulze d'Ivoy montrait celles du 23ᵉ corps au commandant en chef qui visitait les lignes.

Ce jour-là, des coups de fusil prussiens venaient de la rive droite. Des balles sifflaient donc de temps à autre et Faidherbe, qui tenait le côté extérieur à nos lignes, se trouvait plus exposé au danger que le commandant du 23ᵉ corps, qui, lui, chevauchait entre le général en chef et les positions occupées par nos troupes. Tout en causant et sans affectation aucune, le général Paulze d'Ivoy changea, dès qu'il s'en aperçut, de position avec Faidherbe, se plaçant entre lui et l'ennemi, et la revue continua ainsi. Lui aussi avait donc fait à son chef un rempart de son corps. (Récit de M. de Thannberg.)

Quoi qu'il en soit, l'armée de Faidherbe put se retirer sans être inquiétée et aller se réorganiser sous la protection des places du Nord. C'est là que viendra la trouver, la nouvelle de la conclusion de l'armistice.

---

1. Un **brave** Saint-Quentinois nommé Tordeux, d'après le *Guetteur*.

Entre temps, le 22 janvier, les Prussiens qui nous ont suivis, ont sommé inutilement la place de Cambrai d'avoir à se rendre, et, le lendemain, Landrecies subit un bombardement de deux heures, sans plus de résultat.

Des Cadres ! — Une chose aura frappé certainement le lecteur, dans le récit de la bataille de Saint-Quentin ; c'est la vigueur des coups portés à l'ennemi par cette armée du Nord qui avait souffert de tant de fatigues, de misères et d'espoirs, déçus. Il faut voir à cela, suivant nous, deux causes, d'abord la confiance que jusqu'au bout Faidherbe avait su inspirer à ses troupes, ensuite et pour une part au moins égale, la présence dans nos régiments improvisés, de ces nombreux officiers venant de Metz, de Sedan, de Strasbourg, de Verdun, de Thionville, hommes de dévouement et d'énergie qui s'étaient évadés à travers mille dangers des mains de l'ennemi et étaient arrivés à l'armée de Faidherbe encore tout frémissants de nos premières défaites et la rage au cœur.

En Normandie. — En Normandie, rien d'important n'a eu lieu en ces derniers jours de la guerre, les Allemands s'étant dégarnis des nombreuses troupes envoyées contre Faidherbe. C'est le général Loysel qui commande l'armée du Havre.

Nous signalerons pour mémoire une entreprise courageuse des gardes nationaux de Bernay, tentée pour arrêter, le 21 janvier, une avant-garde allemande, et dans laquelle ils tuèrent quelques hommes à l'ennemi.

Disons enfin que le 25 janvier, le grand-duc de Mecklembourg arrivait à Rouen et que le Havre allait être sérieusement menacé, quand l'armistice intervint.

La funeste guerre de 1870 avait pris fin.

Les Fêtes de Lille. — A l'heure où nous mettons la dernière main à ce volume, des fêtes ont lieu, en l'honneur du général Faidherbe, dans la grande et patriotique cité de Lille, sa ville natale.

A ces fêtes, la patrie s'associe tout entière, empressée à honorer la mémoire du vainqueur de Bapaume, de ce serviteur dévoué de la République, de ce savant général, stratège émérite, à qui nous sommes redevables de plusieurs journées glorieuses, de ce soldat au cœur intrépide enfin, qui, miné par la maladie, n'en demandait pas moins, lorsque survint l'armistice, à se battre encore pour la France, montrant ainsi, comme l'a dit Bossuet « qu'une âme guerrière est maîtresse du corps qu'elle anime ».

Conclusion. — Nous voici arrivé au terme de la mission que nous nous étions donnée, de raconter par le menu, en nous appuyant sur les témoignages les plus dignes de foi, et dans une forme accessible à tous, l'histoire de ces armées de province, sorties de terre à l'appel tout brûlant de foi patriotique de Gambetta, de ces armées qui, selon l'expression aujourd'hui consacrée, nous ont sauvé l'honneur. En allant chercher jusque dans les souvenirs les moins connus recueillis par la tradition orale ou écrite, les faits de guerre ou les actes de dévouement civique accomplis par les plus humbles citoyens comme par les hommes les plus en vue de la défense nationale, nous croyons avoir fait, nous aussi, œuvre bonne, utile, patriotique.

Le grand public, pour qui cette œuvre avait été entreprise, le grand public, qui nous a soutenu de son approbation et de ses sympathies, dès nos premières pages, nous dira cette fois encore si nous nous sommes trompé; c'est lui seul que nous voulons pour juge.

Paris, 25 octobre 1896.

INDEX ALPHABÉTIQUE

DES NOMS DES PERSONNES CITÉES DANS L'OUVRAGE

A

Accary, 405, 501.
Adam, 120, 121, 482-504.
Afchain (Ernest), 107.
Alavoine, 63, 65, 66.
Albaret, 1, 7, 8, 10, 12, 14.
Albaric, 255.
Albéric, 472.
Aldévin, 143.
Aldigier, 464.
Alex, 273.
Alfonsi, 449.
Algay, 404, 503, 504.
Allaire, 244.
Allard, 139, 140, 144.
Allègre, 358.
Allonchery, 439.
Amade, 95, 222, 246, 247, 251, passim.
Aman (Paul), 140.
Ambrosini, 98, 125, 246, 247, 330.
Amos, 218, 233, 499, 500.
Ancelle, p. 2.
Angeli, 502.
André, 320.
Anglare (François), 107.
Ansart, 489.
Apert, 504.
Arcelin, 95, 148.
Argout, 119.
Arnal, 390.
Arnaud, 244.
Artu, 357.
Arzac (d'), 373.
Assy, 508.
Aubert, 134, 338, 339.
Audibert, 97, 118, 119, 120, 224, 225, passim.
Augustin (d'), 334, 336, 363, 480.
Aurelle (d'), 306.
Auzoux, 41.
Avenel, 395.
Avez, 449.
Avrial, 332.
Aymes, 102, 105, 106, 135, 218, 233, passim.
Azéma, 358.

B

Babouin, 155, 156, 159, 302, 303, 304.
Badenhuyer, 352.
Badichon, 283.
Bailleux, 213.
Bailloux, 241.
Bally, 255.
Baraguay d'Hilliers, 161.
Barbè, 252.
Barbier, 40, 238, 464.
Barbier (de Villeneuve), 107.
Barcher, 43.
Bardet, 268, 373.
Barge, 464.
Barjot, 259.
Barnabé (Alfred-Adolphe), 144.
Barneaud, 147.
Barole (Claude), 144.
Barra, 235, 236, 237.
Barrabé, 189, 198.
Barrau, 64.
Barrenne, 472.
Barret, 371.
Barrois, 439.
Barthes, 391.
Basquin, 25, 348.
Basset, 334, 421, 422, 480.
Baston, 19, 24, 29, 32.
Bâtonnier, 284.
Battavoine, 14.
Baudelaire, 382, 384.
Baudelocque, 48.
Baudet, 283.
Baudhuit, 255.
Baudin, 487.
Baudry, 142, 182, 287.
Baussin, 368, 501.
Bayle, 86, 87, 101, 121, 123, *passim*.
Bazaine, 83.
Béal, 79.
Beaudeux, 464.
Beaufils, 464.

Beauquier, 249.
Beaurani, 320.
Beauregard, 31, 262, 434, 466.
Beauvais, 31, 255.
Béhuc, 414.
Belhoste, 173.
Bell, 492.
Bell, 79, 472.
Bellais, 513, 514.
Bellanger, 393, 394, 395, 396.
Belleguerre, 500.
Bellier, 255.
Belvallette, 270, 271, 272, 335, 367, 368, *passim*.
Bemmer, 259.
Bénard (François), 196.
Benoît, 63, 395, 496.
Benoît de Laumont, 136, 137.
Benque, 449.
Béor, 131.
Berdot, 373.
Bérenger, 358.
Bernard, 489, 501.
Bernée, 373.
Bernert, 262.
Berniaud, 157.
Berquès, 222, 460-462.
Bert, 464.
Bertaux, 244, 390.
Berthelot, 255.
Bertin, 287.
Bertrand, 59, 101, 151, 152, 157, *passim*.
Besnard, 168.
Besse, 373.
Bessol (du), 84, 85, 88, 90, 99, *passim*.
Besson, 356.
Betermieux (Émile), 136.
Bétourné (Aristide), 127.
Beuve (de), 37, 46, 47.
Bideret, 301.
Bienvenu, 143, 178, 457.
Bigotte, 367.

INDEX ALPHABÉTIQUE

Billon (Henri-Bertrand), 196, 337, 338.
Binet, 301.
Biot, 439.
Biquelle Marion, 41.
Bissière, 103, 414.
Bisson, 458.
Blaës, 103, 414.
Blain, 129, 142.
Blaise, 283.
Blanc, 107, 505.
Blancal, 504.
Blanchard, 118.
Blary, 373.
Bleuzet, 472.
Blin de Bourdon, 35, 87.
Blondel, 444.
Blottières, 1, 5.
Bobeuf, 342.
Bochard, 454, 455.
Bocq, 197.
Bocquillon, 213, 233, 336, 346, 349, *passim*.
Boidin, 255.
Boiry, 403.
Boiselin, 43.
Boisguyon (de), 148, 164.
Boispréault, 44.
Boissart, 373.
Boitelle, 111, 112, 113.
Boivin-Champeaux, 291.
Bonijol du Brau (Gabriel de), 142.
Bonjean, 182.
Bonjour, 519.
Bonneau (Pierre dit Chéri), 143.
Bonnechose (de), 294, 384, 387.
Bonnefoi, 80.
Bonnemaison, 373.
Bonnet (Adolphe), 143.
Bonnier, 428, 488.
Boquet, 241, 509.
Borne, 350.
Borner, 182.

Bosch, 242.
Boschis, 147, 157, **233**.
Bosquette, 19, 29, **33**.
Bossevelle (Hilaire-Clovis), **143**.
Bottiaux, 241.
Bouché, 143.
Boucherie, 281.
Bouchette (Pierre), **142**.
Bouchez, 107, 196, 281, **349**.
Bouchez-Béru, 376.
Boudin, 363.
Boudry, 301.
Bouillon, 291.
Bouillot (François), **144**.
Bourjaillat (Louis), **107**.
Boulanger, 488.
Boulay, 178, 179.
Boulet, 488.
Boully, 260.
Bouquerot, 363.
Bourbaki, 82, 84, 95, 97, **138**, 307.
Bourceret, 448.
Bourdel, 489.
Bourdon, 62, 373.
Bourel, 484.
Bourély, 102, 105, **266**, *passim*.
Bouret (Jean).
Bourgain, 489.
Bourgeois, 13, 233.
Bourgneuf, 196.
Bourguignon, 107, **293**.
Bourion, 332, 361, 362.
Bourret, 505.
Boursel, 48.
Bouzzat, 157.
Bousquet, 384.
Boutier, 395.
Boutigny, 458.
Bouvier, 259.
Bouxin, 270, 337, 417.
Boyenval, 139.
Boyer (Nicolas), **107**.
Brame, **495**.

Branly, 481.
Brasseur, 255.
Braun, 213, 241.
Brélimier, 283.
Breton, 13.
Breuil (vicomte de), 6. 7, 8, 10, 12.
Breuil, 439.
Brian, 82.
Briand, 74, 76, 171, 172, 172, *passim*.
Briatte, 472.
Brière, 387.
Briey (de), 44.
Briffaut, 248.
Brigode - Kemlandt (Pierre-Oscar, comte de), 136, 137, 138.
Brigode (Hyacinthe de), 133, 134, 137.
Brisbaert (Henri), 136.
Broc (Jean-Baptiste), 144.
Brocvielle, 472.
Brouard, 261.
Brouard (de), 157, 408.
Brudet, 363.
Bruhy, 513.
Brunel, 284, 472.
Brunelet, 157.
Brunet, 130.
Brusley, 218, 311.
Bucart, 43.
Bucé, 201.
Bureau, 182.
Buré, 363.
Burlin, 223, 250, 251, 252, 463.
Busquet, 63, 460:
Butez, 449.

C

Cadet, 65, 66.
Cadet (Fortuné), 255.
Cadet (Marie), 255.
Cadillon, 518.
Caffeaux, 121.
Cagnart, 252.
Cahagnet, 291, 383.
Cahon, 452.
Caignard, 439.
Caille, 244.
Cailloux (Jean-François), 143.
Calonne (Auguste), 136.
Cambreleng, 472.
Camoureux (Jean), 143.
Campigny (M.), 166.
Canecaude (de), 50, 65, 171, 175.
Canisy, 103, 105.
Cannac, 505.
Canone, 111, 464.
Cappel, 449.
Cappelcesaere, 472.
Capron, 449.
Caraby, 315.
Cardon, 439.
Carette (Paul), 136.
Carnot, 497.
Caron, 134.
Caron (Joseph), 255.
Carpentier, 268, 373.
Carrère, 98, 125, 127, 246, *passim*.
Carron (Hildefonse), 255.
Cartel, 255.
Carton, 131, 134, 136, 339.
Caruel, 286, 287, 291, 382, 383.
Casenave, 118.
Casiez, 440.
Cassau, 244.
Casset, 464.
Castaigne, 404, 503, 504, 506, *passim*.
Casten, 233.
Castet, 464.
Cathelain, 259.
Caubert, 151.
Cauchois (Désiré), 168.

INDEX ALPHABÉTIQUE

Caude, 452,
Caudry, 373.
Caufournier, 395.
Caumartin, 466.
Cauvin, 372.
Cavaignac, 103, 105.
Cavalié, 376.
Cavenet, 466.
Cavrot (Ferdinand), 107.
Casenave, 131.
Cazevielle, 364.
Cerf, 512, 513, 514.
Cerisier, 244.
Chabaille, 214.
Chabanon, 249.
Chabrillat, 112.
Chaillet, 259.
Chambrelan (François), 196.
Champigny (Conrad de), 290.
Chantegreil, 152, 153, 156.
Chanzy, 306.
Chapuizot, 178.
Charlot (Louis), 144.
Charon, 72.
Charpentier, 348.
Charrier (Claude), 144.
Charry (de), 463, 464.
Chartiaux, 446.
Chartres (duc de), 49, 172.
Chas (H.), 276, 277, 280, 281, 282.
Chassard (Antoine-Théodore), 144.
Chastang, 251.
Chastel (de), 330, 331, 415, 414.
Chastel (de), 266.
Chatard, 457.
Châtelet (du), 317.
Chaudesaigues (Pierre), 107.
Chaudron, 488.
Chérel (Mme), 77.
Cherfils, 19, 29.
Cheux, 46.
Chevalier, 107.

Chevalier (Louis), 144.
Chevalier, 373.
Chevallier, 464.
Chevreux, 95, 116.
Chevrier, 242.
Chilly (de), 455.
Choart (Oscar), 107.
Chober, 320.
Chombard, 367.
Chomette, 448.
Choquet, 238, 515, 516,
Christien, 449.
Chrysostôme, 173, 177, 179.
Cirard (Louis-Mathurin), 144.
Civry (de), 174.
Claine (Alexandre), 137.
Clairet, 350.
Claisse, 349.
Claudel, 248.
Clément, 335, 482.
Clément, 446.
Clerc (Alfred-François), 144.
Clerc, 320.
Cloet, 358.
Clouet, 509.
Cocheteux, 133, 134.
Codron, 513.
Cohendet, 267.
Coillard, 464.
Coillette (Louis), 144.
Coispine, 459.
Colette, 241.
Colin, 249.
Collard, 349, 507, 508, 509.
Collet, 320.
Collignon, 346, 434, 441.
Collin (Marie), 116.
Collin, 466.
Colombey, 284.
Colombier, 320, 365, 424, 485, 486.
Comigneau, 514.
Conée (Victor), 144.
Condoumy, 45.

Constant, 481.
Constey, 374.
Copin, 488, 489.
Coquelet, 103, 105, 106, 244.
Coquempot, 444.
Coquite, 260.
Cordier, 244.
Cordier (Gaspard), 513.
Cordonnier, 376.
Cornet, 441.
Corny (de), 49, 294.
Corrette, 322.
Cortial, 79.
Cortyl, 424.
Cosmao, 255.
Coste, 123.
Coste (Louis), 145.
Costina, 60, 287.
Cotret, 478.
Cotteaux, 446.
Cottier, 283.
Cottin, 108, 109, 211, 212, 214, passim.
Couplet (Auguste), 136.
Courbet (Alfred), 144.
Coureur, 358.
Courmont, 367.
Courtois, 520.
Coutant, 25.
Couton, 464.
Couture, 284.
Couvez, 472.
Couvreur, 357.
Crametz, 255.
Crémieux, 32.
Crépel, 103, 266, 267.
Crétin, 475, 476.
Creton, 157.
Crétu, 472.
Crimes, 247.
Croixmare, 180, 193, 196.
Crouzat, 156, 158, 347.
Crouzer, 79.
Crouzet, 464.

Crozat, 504.
Crucis, 452, 472.
Cugniez, 352.
Cuisset, 367.
Culy, 341.
Cuny, 363.
Curson (de), 131.

D

Daboval, 252.
Dabrin, 502.
Dache, 291.
Danflous, 213.
Dangla, 129, 731.
Danglard (Pierre), 144.
Daniel, 287.
Damne, 464.
Danos, 117, 233, 351, 447, 448.
Dansette, 281.
Darbour, 464.
Darnaud, 107.
Daroche, 373.
Daubricourt (Henri), 137.
Daullé, 260.
Dauperti, 489.
Dautrenay (Auguste), 144.
David (F)., 255.
David (J.), 351.
Davout, 324.
Dazier, 182.
Debail, 520.
Debarge, 439.
Debeauvais, 462.
Debinne, 458.
Debreux, 242.
Decagny, 339.
Decaux, 27.
Dechelde, 255.
Decuignières, 6.
Dedoucker, 472.
Defontaine (Florimont), 80.
Défontaine, 463.
Defossez, 439.

Degaud, 244.
Degenetay (abbé), 167.
Dégénetais (Émile), 196.
Degon, 520.
Degoutin, 268, 269, 270, 337, 338, *passim*.
Degrotte, 514.
Deguise, 164.
Dehais, 38, 40, 42, 43, 44, 45, *passim*.
Dehaut, 458.
Dehon, 241.
Delagrange, 372, *passim*.
Delaine, 314.
Delalé, 271, 272, 425, 487.
Delamare, 139.
Delamare (adjoint), 198.
Delamotte (Alfred), 196.
Delaunay (Henri), 136.
Delanoix, 253.
Delapierre, 273.
Delaplanque, 141.
Delaporte (Nat. C. Alp.), 144.
Delaporte, 403.
Delattre, 241, 271, 335.
Delaunay, 43, 44.
Delaval, 244.
Delbauve, 472.
Delcor, 284.
Delcroix, 136.
Delgrange, 350.
Deliles, 134.
Delmas, 448.
Delmotte, 31.
Denisart (Alfred), 136.
Delpech, 108, 254.
Delphy, 363.
Delplanque, 238.
Delporte, 446.
Deltour, 255.
Deltour (Désiré), 256.
Delubac, 255.
Delval, 31.
Demamet, 25.

Democon, 354.
Denal, 403.
Dendre, 363, 373.
Deneuville, 143.
Denoullet (Pierre), 107.
Denouroy, 14.
Depoitte, 439.
Deput (Henri), 137.
Derache, 270.
Derique (Alexandre), 136.
Derôme, 24.
Deroux (Abel), 20, 21, 22.
Derroin, 177.
Derroja, 84, 85, 99, 102, 124, *passim*.
Deruelle, 501.
Dervillée, 244.
Desanis, 320.
Descave (Numa), 144.
Deschamps, 195.
Desestre, 39, 41.
Desfachelles, 238.
Desorthès, 255.
Despierre, 358.
Desquilbé, 117.
Desreumaux, 367.
Dessaint, 32.
Desseaux, 39, 49, 198.
Deuchez, 255.
Deudon, 255.
Deval, 336, 482.
Devèze, 363.
Devienne (A.), 19, 29, 308, 309, *passim*.
Devienne (Henri), 136.
Devillard, 255.
Devinal, 464.
Devisme, 284.
Dewulf, 512, 513, 514.
Dezwarte, 308, 340, 341, 495, 496.
Dhaine, 457.
Dhérain, 464.
Dhuée, 457.

Dhuime, 237.
Didio, 233.
Diendrot, 464.
Dieudonné, 338, 339.
Dieudonné, 360.
Dieudonné, 336, 338, 339, 360, 435, 487.
Dilliès (Édouard), 136.
Dinoir, 472.
Dirolleau, 504.
Do, 410, 459.
Dohen, 106.
Dollat, 283.
Dollot, 489.
Donnadieu, 464.
Donnet, 460.
Dorge (Pierre), 136.
Doria (de), 87, 88.
Dormay, 276, 493.
Dornat, 52, 63, 64, 65, 295, passim.
Dougnac, 362.
Dousseaux (Frédéric), 144.
Dragin, 464.
Dran, 256.
Drapier, 283.
Dreptin, 509.
Dreusnes, 472.
Drevault, 449.
Drieux, 395.
Droissart, 472.
Druelle, 31.
Druhem, 439.
Drumez, 472.
Druon, 444.
Dubar, 244.
Dubois, 14.
Dubois (docteur), 91, 92, 128, 140, 141.
Dubois (Od.), 233.
Dubois, 373.
Dubois, 505.
Dubrencq, 440.
Dubuisson, 489.

Ducasse, 373.
Duccotoy, 348.
Duchâtel, 335, 366.
Duchemin, 291.
Duchesne, 513.
Duchon, 179.
Duchossoy, 252.
Ducley, 358.
Ducrocq, 259.
Ducrotoy (Émile-Raoul), 143.
Ducrotoy, 249.
Dufayel, 19, 20, 24, 26, 29, 32, 320, 518.
Dufour, 24.
Dufour, 95.
Dufour (François), 144.
Dufour, 280, 281.
Dufour 291.
Dufour (Alfred), 469.
Dufrénois, 520.
Duhamel, 131, 132, 133, 134, 135, 144.
Dujardin, 464.
Dulargès, 296.
Dumanois, 501.
Dumarsac, 255.
Dumas, 97, 119, 224, 258, 334, *passim*.
Dumas Gilbert, 144.
Dumazer, 178.
Dumercha, 255.
Dumesnil (Mme veuve), 495.
Dumez, 248, 367.
Duminy, 513, 514.
Dumont, 238.
Dumortier, 137.
Dumortier, 255.
Duparc, 289.
Dupas, 464, 481.
Dupère (Léon), 143.
Duplay, 515.
Duplet, 352.
Duponcel, 373.
Dupont (J.-B.), 35.

Dupont (A.), 196.
Dupont (F.), 144.
Dupont (S.), 67.
Dupont, 244.
Dupray, 196.
Dupré, 16.
Dupré (L.), 244.
Dupré, 336, 482.
Dupuich, 271, 272, 273, 334, 336, *passim*.
Dupuis, 488, 489.
Duquenne, 446.
Duquesne, 241.
Durand (Paul), 48.
Durand, 460.
Durant, 472.
Durel (Auguste-Jean), 196.
Duret, 291.
Duretz (Julien), 117.
Durieux, 315.
Duriez (Jean), 136.
Dusart, 255.
Dussolier (Jean), 143.
Duthoit, 367.
Dutrieux, 113.
Duval (Raoul), 189.
Duval, 514.
Duviez, 281.
Duvignau, 148.
Duvinage, 241.
Duvivier, 239.
Duvoi, 14.

E

Echement, 447.
Edighoffen, 95, 96, 115, 116, 222, 251.
Endurand, 106, 107, 349, 350.
Engelmann (François), 144.
Enguerrand, 385.
Ernouf (baron), 2, 168.
Escoffier, 349, 350.

Espanet, 283.
Espeuilles (d'), 2, 15, 63, 64, 65, 66, 67.
Estrabeau, 107, 350, 439, 440.
Etienne (Ernest-Victor), 143.
Evard, 252.

F

Faby (de), 52, 53.
Fâche, 482.
Fagginelli, 233.
Fagot (Alfred-Gustave), 196.
Faidherbe, 82, 83, 84, 85, 86. 88, *passim*.
Faim, 177.
Falloux, 255.
Farinaux, 341.
Farjon, 462.
Farre, 82, 83, 84, 96, 97, 101, *passim*.
Fauconnet, 41.
Faultrier (de), 353, 455.
Faure, 460.
Fautrat, 152.
Fayart, 143.
Fernandez, 439.
Ferret, 488.
Ferricelli, 505.
Ferrus, 289, 290, 294.
Ferry, 505.
Feugueur, 37, 43.
Fierville (de), 109, 113.
Fiévet (Jules), 67.
Fiévet, 244.
Fiévez, 350.
Figuier (François), 214.
Filleure, 489.
Fillol, 363.
Finet, 352.
Flamant, 460.
Flaubert, 198.
Fleuriot (de), 182.

Fleuru (Léopold), 144.
Fleury (Elie), 24, 31.
Fleury (Léopold), 168.
Flichy (Mme Armand), 167.
Flinois (Adolphe), 136.
Flocher, 460.
Flory (Jacques), 118.
Fœrster, 218, 246. 248, 249, 330, passim.
Follebarbe, 283.
Folliot de Fierville, 88, 89, 90.
Fontaine, 143.
Fontaine, 314.
Fontaine (J.), 357.
Fontaine, 499.
Forestier, 80.
Forge (A. de la), 18, 19, 20, 21, 25, 27, 30, 32, 33.
Foroy, 464.
Fort (Jean), 144.
Foubert, 80.
Foulon, 464.
Fourichon, 32.
Fourmentin, 515.
Fourneau (Emile), 136.
Fournier (Désiré), 62.
Fournier (I.), 315.
Fournier (J.), 350.
Foutrein, 491, 492.
Fovel, 234.
Fraboulet (Auguste), 106.
Fradin de Linières, 158.
Fradin de Linières, 131, 157, 232, 233, 437.
Franchet, 105.
Franck, 222, 251, 460.
François (Ch.), 249.
François (G.), 373.
François, 298, 299, 301, 439.
François (Célestin), 464.
François (Aug.), 514.
Françoise, 259.
Fréchin (Jean), 144.
Fremanger, 36, 37.

Fremeau, 464.
Frémiaux, 297.
Frénoy, 458.
Fresnel, 383.
Friedmann, 103.
Furet, 283.

G

Gabet (Delphine), 252.
Gabet (Hippolyte), 252.
Gache, 106.
Gagneur, 372.
Gaignaud, 434.
Gaigneau d'Etiolles, 154, 156.
Gaillard (Victor-Léon), 196.
Gaillet, 439.
Galand, 514.
Galibert (Louis), 197.
Gallais, 37, 44.
Galliez, 120.
Gambard, 464.
Gambetta, 11, 19, 32, 42, 82, 84, passim.
Gamichau, 283.
Gandard, 374.
Gangloff, 464.
Gardé, 449.
Gardenne, 367.
Garet, 426.
Garibaldi, 20.
Garnier (Pierre), 144.
Garnier, 37, 49, 291.
Garnier, 335, 482.
Garnier (Pierre), 363.
Garreau, 516.
Gasnier, 255.
Gastumeau (Louis), 110, 112, 113.
Gaudefroy-Poret, 314, 315.
Gaudin, 281.
Gauthier (Victor), 62.
Gauthier, 320.

INDEX ALPHABÉTIQUE

Gauthier, 488.
Gauvelet, 143.
Gay, 358.
Gazet, 489.
Gazevieille, 336.
Géhin, 449.
Gengembre (Auguste), 136.
Génot, 373.
Genayer, 460.
Gentais, 448.
Georgelin, 168.
Georgeot, 352.
Gérard, 143.
Gérard (Léon), 466.
Gérard (Paul), 500.
Gérard, 502.
Géraudet, 363.
Gérauld, 315.
Ghesquière, 472.
Gignon, 458.
Gignoux, 63.
Giguel, 174.
Gillier, 505.
Ginoux, 180, 181.
Giovanninelli, 102, 103, 104, 105, 106, passim.
Giran, 283.
Girard, 151.
Girard, 357.
Giraud, 123.
Giraudeau, 127.
Giraudon, 472.
Girma (Etienne), 107.
Giron, 346, 353.
Ghislain (de), 104, 107, 108, 109, 218, passim.
Glais-Bizoin, 32.
Gobert, 151.
Gobert (Benjamin), 349.
Gobevin, 291.
Godart, 320.
Godin-Lemaire, 21.
Godon, 455.
Goffard, 351.

Gonnet, 315.
Gorée, 43, 44.
Gosse, 37, 43, 44.
Gosselin, 241.
Gossent père, 168.
Gouffier, d'Etrepagny, 73.
Goujon, 399.
Goumy (Auguste-Henri), 144.
Gournay, 489.
Goutel, 363.
Grandjean, 103, 105, 332, 364, 478.
Grandmottet, 486.
Granès (de), 157.
Grange (de la), 333, 334, 336, 338, 358, passim.
Granger, 342, 343.
Grar, 255.
Grateau, 501.
Graves, 464.
Grégoire (Baptiste), 358.
Grégoire, 448.
Grelot (Jules), 144.
Gremillie, 244.
Greux (Arthur), 142.
Grière, 367.
Grillon, 40.
Grimaud, 466.
Gringault, 252, 460, 463.
Grintelle, 143.
Grivolat, 268.
Groisselle, 248.
Grolez, 496.
Gros, 235, 236, 238.
Gros, 270.
Gros, 373.
Groscol, 73.
Groux, 501.
Gruzon, 336.
Gudin, 39, 41, 65.
Guerbaut, 255.
Guerbigny, 520.
Guérin (Jean), 143.
Guérin (Joseph), **233.**

Guérineau, 157.
Guet, 439.
Guibal, 440.
Guibert (de), 59.
Guidez, 439.
Guilbert, 158.
Guilbert (Emile), 472.
Guilhermy (de), 289.
Guillaume, 51, 53, 55, 58, 61, *passim*.
Guillaume, 214.
Guillemaut, 193.
Guillemard, 206.
Guillemot, 471, 472, 474.
Guillotaux, 505.
Guilly, 457.
Guinet, 250.
Gutzwiller, 193.
Guyot, 519, 520.

H

Hachet, 31.
Haffont, 373.
Hainaut, 446.
Halbout, 53, 394.
Hallouin (d'), 448.
Halphen, 124, 125, 268, 269, 336, *passim*.
Hamel (Victor, 341, 342, 343.
Hamel (du), 154, 178, 259, 260, 341, *passim*.
Hanau, 287.
Hannart, 283.
Hartweg, 356.
Hasse, 352.
Hau, 340.
Haudiquet, 472.
Haugueil, 393.
Hauville (Gustave-Ernest), 196.
Hauterive (d'), 230.
Hazard, 352.
Hébert (abbé), 170.

Hecquet, 94, 97, 98, 125, 126, *passim*.
Hedderbault, 367.
Heilly (d'), 141.
Heine (Henri), 324.
Heiwang, 28, 31.
Held, 489.
Hellambraud (Etienne), 109.
Hélouis, 193, 195, 197.
Henneguier, 512, 513, 514.
Henri IV, 174.
Henry (Edmond), 60.
Henz, 447, 448.
Herbert, 472.
Herbillon, 119, 257, 334.
Herbin, 98, 126, 129, 142, 143.
Hérent, 111.
Herminet, 472.
Hernot, 178.
Heutte, 106.
Heydel (Martin), 144.
Hildebrant, 241.
Hinot (Martial), 132, 134, 136.
Hiot, 273.
Histe, 464.
Hochard-Frison, 314, 315.
Hachedez, 446.
Hoche, 324.
Hollebecque, 356.
Horus (Clovis), 145.
Houdard (Palmyre), 367.
Houdart, 281.
Houdetot (de), 193.
Hourriez, 31.
Hourry, 283.
Houvain, 143.
Huart, 509.
Hubry, 363.
Hudelille, 367.
Huet, 350.
Huguin (Modeste), 107.
Huidicz, 341.
Hulin, 14.
Humbert, 158.

INDEX ALPHABÉTIQUE

Hunter, 13.
Huré, 33, 259, 260, 261.
Huret, 322.
Hurtel (Léandre), 127.

I

Igonel, 463.
Ingreneau, 252, 463.
Isambourg, 464.
Isnard, 404, 406, 470, *passim*.
Izard, 351, 447, 448.

J

Jacob, 484.
Jacquemain, 242.
Jacquemier, 151, 152, 157.
Jacquemin (François), 144.
Jacquemin, 358.
Jacques, 139.
Jacquotte, 425.
Jaenssen, 513.
Jallu, 131, 458.
Jaloux, 354.
Jamain, 107.
Jan (J.-L.), 94, 95, 96, 115, 121, *passim*.
Jan, 96, 222, 223, 251, *passim*.
Janin, 283.
Janssens, 393.
Jarquotte, 374.
Jarnu, 151.
Jarrouille, 103.
Jaspard, 449.
Jaudon, 256.
Jayet, 17ʟ.
Jean-Flèches, 464.
Jeanne, 281.
Jenson, 509.
Jeuilly, 152.
Joachim, 67.
Jobin, 387.

Jœgher (Désiré-Benjamin), 106.
Joigneaux, 293, 384, 388, 389.
Jollet, 478.
Joly (François) 145.
Jorieux, 440.
Josse, 404.
Josselin, 322, 323.
Josset, 448.
Jouan, 168,
Jouancoux, 99, 128, 129, 130.
Jouancoux (Anatole), 130, 142.
Joulié, 95.
Joulin, 222.
Jourdain (Adonice), 136.
Jourdan, 252.
Jouvainroux, 128, 129, 130, 131, 142.
Joxe, 222, 251, 252, 332, 333, 356, *passim*.
Julliard, 392, 393, 394.
Jullien, 73.

K

Kalmé, 95, 115.
Kautret, 252.
Kermisson, 182.
Kern, 501.
Kersalaün (de), 54, 60, 74, 76, 77.
Kertanguy, 157.
Kirschmayer, 14.
Knœpfli, 363.
Knoffle, 373.
Kotzuski, 95, 148,
Kulhmann (Jules - Frédéric), 113.
Kunzel, 107.

L

Labaye, 464.
Labbé, 177.

Labitte, 72.
Laborde (Mme de), 166.
Laborie, 97.
Labrié, 118, 119.
La Brière (de), 386, 387.
Lachaud (François), 144.
Lachèvre, 281.
Lacoste (Pierre-Théodore), 143.
Lacouronne, 314, 315.
Lacourt, 275, 493.
Lacrampe, 117, 242.
Lacroix, 296.
Ladent, 241.
Lafaire, 444.
Laflèche, 157.
Lafon, 52.
Lafond, 19, 29, 32.
Laforge, 447.
Lagache, 270, 425, 428, 489.
Lagaye, 501.
Lagniel, 270, 373.
Lagouarde, 502.
Lagrange (de), 134, 218, 363, 366.
Lagrassière, 320, 520.
Lagrenée, 128, 129, 130.
Lagriffe, 489.
Laguesse, 137.
Laigneaux, 73, 171, 180.
Laignel (Dominique-François), 196.
Laignel, 281.
Lainay (E. et Mme), 174.
Lainé, 39.
Lainé, 73.
Laîné, 167.
Laine, 373.
Lainiel, 472.
Lalant, 501.
Lalène-Laprade (Eug. de), 67, 244, 352, 451.
Lalène-Laprade (Joseph) (de), 67, 112, 113, 237, 451, 452.
Laluque, 152, 157.

Lambert (Pierre), 255.
Lambert (Louis), 472.
Lambert (Ferdinand), 505.
Lambeye, 109.
Lamourette, 168.
Lamuré (Gust.-Ern.). 196.
Lamy, 53, 55, 394.
Lande (François), 105.
Langlebert, 374.
Langrand, 31.
Lannes de Montebello, 123, 124.
Lantheaume, 335.
Lanthelme, 505.
Lansan, 488.
Lapoutre, 358.
Largillière, 244.
Larmoyer, 22.
La Rochefoucauld, 5, 7.
Latour, 120, 364, 423, 482.
Latreille, 449.
Laude, 472.
Launay, 449.
Laurent, 270.
Laurent, 332, 333, 361, 362, 419, 477, 478.
Lauriston, 61.
Laval, 455.
Lavallée, 514.
Lavaleur, 439.
Lavarde (Exupère), 106.
Laviolette, 91.
Lebeau, 354.
Lebègue (Louis), 145.
Lebel, 241, 334, 336, 483.
Lebert, 242.
Le Bihan, 373.
Leblanc, 142.
Leblanc, 440.
Leblond (Cyrille), 452.
Leblond (Louis), 106.
Lebourhis, 151.
Lebrun père, 37, 43, 44.
Lebrun, 37, 43, 180.
Lebrun (Jean), 244.

INDEX ALPHABÉTIQUE

Lecerf, 249.
Lecerf (Joseph), 255.
Leclair, 478.
Leclair (Gustave), 348.
Leclerc, 389.
Lecointe, 84, 85, 99, 100, 108, 110, *passim*.
Lecointre, 18, 24.
Lecompte, 28, 31.
Lecomte, 25.
Lecomte, 82.
Lecomte (Jules), 106.
Lecomte, 262.
Lecomte, 307, 602.
Lecomte, 352.
Lecoq (Jules), 252.
Lecocq, 313.
Lecoq, 497.
Lécossois, 157.
Lecot, 446.
Lecoutre (Albert-Honoré), 196.
Lecouturier, 172, 173, 183.
Lecoze, 143.
Le Crosnier, 152.
Ledez, 143.
Ledieu, 472.
Ledoigt, 387.
Le Faure (Amédée), 6, 26, 293, 520.
Lefebvre, 520.
Lefebvre, 520.
Lefebvre, 513.
Lefebvre (Abeilard), 255.
Lefebvre (Auguste), 354.
Lefebvre (Emile-Jules), 284.
Lefevre (Henri), 145.
Lefèvre, 244.
Lefèvre (Fernand), 320.
Lefèvre, 488.
Lefort, 198.
Legat, 157.
Legay, 356.
Légier, 238, 259.
Legoux-Longpré, 294.

Legrain (Charles), 113.
Legrand, 14.
Legrand (Adrien-Edmond), 196.
Legrand, 315.
Legrand (Jean), 348.
Legrand (Gustave), 464.
Legrand (Louis), 499, 500.
Legras, 60.
Leguébise, 343.
Leguen, 222, 223.
Le Laurent, 481.
Leleu, 131, 249, 458.
Lelièvre, 131, 157.
Lemaire, 409, 459.
Lemaître, 128, 129, 130, 131.
Lemaître (Eugène), 105.
Lemas (Th.), 2, 5, 7, 8, 10, 11, 13, 15, 16, 17, 34, 35.
Lemasson, 198.
Le Moal, 348.
Lemoine (Emile), 136.
Lemoine, 249.
Lemault, 255.
Lenclus (Guislain), 113.
Lenglet, 519.
Lenhard, 182.
Lenoir, 238.
Lenoir (A.) 14.
Lenoir (Charles), 144.
Lentheaume, 425.
Lenzeler (Mlle), 46.
Lepage, 40.
Lepère, 39, 40, 43.
Lepère, 281.
Lepert, 145.
Lepilliet, 444.
Lépine, 389.
Leprette (Charles-Césaire), 196.
Lequen, 462.
Leroux, 43.
Leroux, 195.
Leroux (Joseph), 255.
Leroy, 293.
Leroy (Antoine), 509.

Leroyer, 177.
Leroy (Joseph), 144.
Leray (Louis), 255.
Leroy (Louis), 464.
Lesauvage (Henri-Eugène), 196.
Leschi, 255.
Leseur, 367.
Lesgourgues, 320.
Lesques, 287, 291, 383.
Lestienne, 417.
Lesur, Victor, 106.
Letang, 141.
Létang, 356.
Leterrier, 287.
Le Terrier jeune, 291.
Le Terrisien, 481.
Lettré (Victor-Lucien), 144.
Levavasseur, 242, 352, 448.
Leverd (Paul), 136.
Lévesque (Georges), 182.
Levesque (Julien - François), 144.
Levezier, 308, 309, 371, 417, 498.
Leydier, 79.
Lheurteux, 37, 43.
Lhuissier (Auguste), 464.
Lhuissier (Julien-Louis), 283.
Liancourt (duc de), 1, 5.
Licoins, 466.
Lieutard, 335.
Liévens, 260.
Lievios, 464.
Lignières (de), 157.
Lilière, 255.
Liot, 390,
Lipowski (de), 41, 307.
Livet, 382.
Lobjeois-Brunot, 31.
Lobjois, 27.
Lochet, 373.
Logiez, 472.
Loiseau, 472.
Loisel (Jean-Frédéric), 196.

Longeac, 505.
Longelin, 472.
Longuavesne, 515.
Longuet, 444.
Lorge (Joseph), 127,
Lorho, 449.
Loridan (Charles), 244.
Lotégier (Louis), 446.
Lotigier (Victor), 256.
Louchard, 244.
Lourme, 109, 275.
Loy, 308, 371, 496, 498, 523.
Loysel, 88, 391, 394, 523.
Lucas, 4.
Lucas (Alphonse), 464.
Lucas (Philibert), 60.
Lucas (Pierre), 106.
Lucchini, 139.
Luquet (Jacques), 252.
Luquet (Jules), 252.
Lumière, 60, 61, 286, 291, 381, 449.
Luzier, 253, 283.

M

Mabille, 392.
Mac-Mahon, 520.
Madoux, Jean-Baptiste, 105.
Magnier, 224, 256, 421, 480.
Magnier (Bazile), 238.
Magnin, 252.
Mahé, Jean-Marie, 144.
Mahiat, 458.
Maillard, 464.
Maillet, 1, 5.
Maillu, 489.
Mainguy Abbé, 182.
Mains, 358.
Maire, 91.
Maisons des, 289, 294.
Malafosse, 107.
Malfait, 472.

INDEX ALPHABÉTIQUE

Mallavier, 509.
Mallet-Christi, 501.
Malvezin, 255.
Manceau (Eugène), 140.
Mangeart, 466.
Mantz, 259.
Maraimbois de, 193, 195, 196, 197.
Marat, 244.
Marcé, 489.
Marcenach, 120, 121.
Marchal, 229.
Marchand, 37, 44.
Marchand 372.
Marchand, 373.
Marcourt, 466.
Marcy, 472.
Marécaux (Jean), 241.
Marécaux, 482.
Maréchal, 215.
Maréchal, 506.
Marielle, 476.
Marietti, 157, 501.
Mariguet, 116, 242, 448.
Marin-Boudier, 37, 43.
Marin (Emile-Pierre), 196.
Marion, 336, 364.
Marion (Armand), 446.
Mariscal, 244.
Maritz, 250.
Marlière, 472.
Maroger, 123.
Marotte, 519.
Marquant, 262.
Marsaa, 174, 183.
Martin, 94, 117, 242, 351, 352.
Martin, 422.
Martin (Antoine), 472.
Martin (Charles), 462.
Martin (Edouard), 212, 214, 215.
Martin (Emile), lieutenant, 95, 222, 223, 251, 462.
Martin (Eugène), 222, 223, 251, 356, 461.

Martin (Jean), 255.
Martin (Philémon), 358.
Martin (Victor-Louis), 19, 28, 31.
Martinage, 31.
Marty, 505.
Maruy, 25.
Mazeral, 241.
Massiet, 330.
Masson, 342.
Masson, 390.
Matat, 464.
Matheu, 53.
Matis, 233, 234, 238, 350, 440, 442.
Matringhen, 489.
Maubert (Arthur), 196.
Maugin, 352.
Maupas, 256.
Maupoix, 393.
Mauroy, 315.
Maus, 224, 255, 256, 258.
Magaud, 214.
Méda, 457.
Médard, 252.
Mellier (Pierre), 144.
Ménard (Auguste-Alfred), 196.
Menesson, 320.
Mengniès, 460.
Ménil, 260.
Mennequin, 92, 222, 250.
Meny, 476, 477, 478.
Mercadé, 457.
Mercier Père, 134.
Mercier, 393.
Mercier, 482.
Merlin, 279, 313.
Merlin, 488.
Merlin, 502.
Merry, 46.
Meslier, 182.
Mesnard, 489.
Meunier, 120, 121.
Meunier, 373.

Meurant, 449.
Meusnier, 101, 149, 150, 151, 156, 163.
Meyer, 252.
Miannay, 285, 464.
Micheler, 330.
Michelet, 218, 337, 366, 372, 409, *passim*.
Mille, 255.
Millescamps, 349.
Millo, 446.
Milou, 95, 96, 115, 116.
Mimeaux, 469.
Minfrey, 348.
Minne, 513.
Mirgalet (Martial), 107.
Mocquard, 51, 52 74, 171, 182, et *passim*.
Modaine, 457.
Moiroud, 363.
Moisson, 446.
Molinari, 502.
Mollard, 107.
Mollin (Octave-Alphonse), 144.
Momont (Emile), 105.
Mongin, 249.
Montgolfier (de), 59, 290, 338.
Moniez, 244.
Monnat, 502.
Monnier, 132, 134.
Monnon, 260.
Monory, 452.
Montaigu, 444.
Montebello, 251, 434, 452.
Montfrait, 374.
Montillet (Henri), 105.
Montsarrat, 252.
Morais, 405.
Morazzani, 308, 341, 370, 494, 495, 496.
Morcrette, 464.
Moreau, 53.
Moreau, 107.
Moreau, 375, 376.

Moreau, 482.
Moreau (Alphonse), 350.
Moreau (Henri), 464.
Moreau (Joseph), 367.
Moren, 444.
Morel, 79.
Morel (Charles-Eugène), 196.
Morin, 37, 43.
Moriot, 458.
Morlet, 501, 502.
Mormentyn, 513, 514.
Moronvalle, 472.
Moroy, 449.
Moyau, 357.
Moyaux, 484.
Moynier, 213, 446.
Motte, 244.
Mouchez, 179, 191, 192, 193, 206.
Moulac, 210, 217, 218, 229, 232, possim.
Mourdire, 464.
Moureux, 395.
Mousseau, 117.
Mouton, 255.
Mouy, 464.
Mulot, 39.

N

Nadaud, 512, 513, 514.
Nanty, 131.
Napoléon Ier, 347, 359.
Napoléon III, 2.
Naudin, 222, 251, 252, 463.
Naulleau, 256.
Nègre-Lespine, 234, 238.
Négrier (de), 102, 104, 105, 266, 332, p. 478.
Neil (Louis), 105, 106.
Néry, 313.
Nétien, 198, 201.
Neuville (de), 239, 240.
Nical, 472.

INDEX ALPHABÉTIQUE

Nicolas, 124, 295, 296, 356, passim.
Nion, 198.
Noblecourt (Emile), 320.
Noblecourt (Paul), 320.
Noël, 136.
Noël, 320, 518, 519, 520.
Noël (Joseph), 255.
Nogaret, 374.
Noyelle, 244.

O

Obin, 446.
Obry, 174, 389.
Odilon, 233.
Olivier, 255.
Osépy, 336, 364.
Oudard, 212, 215.
Outhier, 157.

P

Padovani, 405, 505.
Pagano, 502.
Pagès, 131.
Paindavoine (Florent, 238).
Paley, 293, 389.
Papillon, 349.
Paradis, 488.
Parent, 246, 247, 248, 329, 354, passim.
Paret, 125.
Paris, 243, 352, 454.
Paragon, 343.
Parrot, 439.
Parsy, 464.
Parvieux, 255.
Pascal, 255.
Pascal, 382, 384, 385, 386, 390, 391.
Pascaud (Jean), 127.

Paschal, 414.
Pasquet de la Brone, 249.
Passy, 40.
Paul, 363.
Paulet, 107, 336.
Paulmier, 182.
Pauly, 433, 435, 515.
Paulze d'Ivoy, 67, 84, 86, 99, 123, passim.
Paumier (Edouard-Pierre-François), 196.
Payen, 283.
Payen, 267, 268, 409, 420, 422, passim.
Pécourt, 141.
Pédencoig, 464.
Pélisson, 502.
Peltey, 249, 458.
Peltingeas, 206, 207, 295, 391.
Pemont (Janvier), 105.
Penel, 248.
Pépin, 356.
Perennec, 464.
Péret, 253.
Peretti (de) (della Rocca), 297, 298, 300, 301.
Pernel, 489.
Perraud, 182.
Perret, 283.
Perrier, 249, 458, 460.
Perroux, 249.
Persyn (Henri).
Pessez, 234, 238, 441, 442, 443, 444.
Petit, 97, 120, 121.
Petit (Jules), 356.
Petyt, 512, 513, 514.
Peyronnet, 189, 190, 191, 197.
Pfliéger, 362.
Phalempin, 135, 136.
Phélip, 248.
Philippe (Henri), 136.
Philippini, 143.
Philippot, 211.

Picaudon, 255.
Piccavet, 224, 422, 479.
Pichard, frères, 73.
Pichat, 356.
Pichi, 233.
Pichon (Joseph), 107.
Pichon, 152, 157.
Picquet, 236.
Pidoux, 464.
Piedevache, 255.
Pierra, 147.
Pierre, 273.
Pierrot (Aimé), 145.
Piétin, 367.
Pignaux, 255.
Pigouche, 127.
Pillion, 498, 499.
Pillon-Sommerie, 14.
Pimont, 394, 395, 396.
Pinard, 46.
Pincherelle, 129, 131.
Pingaud, 128, 130.
Pinel, 476.
Pinot, 157, 372.
Piot, 472.
Piquette, 352.
Pittié, 94, 97, 102, 116, 121, *passim*.
Placet, 80.
Plaideau, 511, 512, 513.
Plaideux, 449.
Plancassagne, 297, 302, 303.
Planche, 437.
Planquart, 472.
Planté, 250, 251.
Plouvier, 143.
Plouvier, 281.
Plouvier, 403.
Pogy, 358.
Poilpré, 249, 458, 459, 470.
Pollet, 89, 90, 109, 113, 243, *passim*.
Polus, 501.
Poncelet, 102, 105.

Ponchaux, 352.
Poncin (Marcelin), 144.
Poney (Pierre-Marie), 106.
Pons, 394.
Pontevoix, 374.
Porquié, 37, 44.
Portal, 458.
Portard, 472.
Potel, 352.
Pottier (Narcisse), 106.
Poucet, 31.
Pouchain, 444.
Pouchez, 514.
Pouillé (Florian), 136.
Pouilly, 487.
Poulain, 294, 595.
Poulain, 520.
Poulain, 520.
Poulain, 520.
Poulet, 389, 482.
Poulet (Charles), 283.
Poulet-Lenglet, 292, 388, 389.
Poulpe, 133.
Poupart, 515, 516.
Pouplier (Victor), 117.
Pourroy (Laurent), 106.
Poussargue (de), 213, 214, 358, 460, 462.
Poydras, 182.
Pouzet, 221, 334, 363, 422, 480.
Prache, 505.
Prat, 464.
Prétet, 415, 469.
Prével, 142.
Prévôt, 439, 440.
Pries, 357.
Procès, 118, 119.
Prouvost, 449.
Provin, 350.
Provol, 255.
Prudent, 241.
Prunier, 37.
Pruvot, 244.
Puch (du), 174.

Pujol, 342.
Puyseux, 509.
Pyot, 263, 269, 270, 337, 338, 339, 372.

Q

Quartier, 244.
Quatremère, 281, 282.
Quénet (Auguste), 238.
Quévreux, 134.
Quévreux (Charles), 244.
Quintin, 348.

R

Raban, 37, 43.
Rabeille, 294.
Radou, 40, 44.
Ragot, 501.
Raicol, 373.
Raison, 478.
Rambaut, 367.
Ramel (E.), 205.
Ramond (Auguste), 107.
Rampin, 268, 373.
Randon (Arthur-François), 196.
Raoux, (Jean-Auguste), 144.
Rapp (de), 111.
Raspail, 52, 53, 54, 55, 57, 58, *passim*.
Rauche, 501.
Ravaud, 486.
Raynaud, 358.
Rebillard, 489.
Régnier (Fleury), 255.
Regnier, 266, 330, 414.
Reinach (de), 66.
Rémolu, 341.
Rémy, 462.
Renard, 299, 301.
Renard, 390.

Renaud, Antoine, 105.
Renaudot, 152.
Renon, 387.
Resbent, 283.
Rey-Gaurer, 463.
Reynaud, 255.
Ribière (Maurice), 144.
Ricard, 53.
Richard, 82.
Richard (Emile), 350.
Richard (Jules), 520.
Richelieu, 40.
Ricouart (Emile), 145.
Ricquier, 440.
Rigal, 464.
Ringard, 143.
Rioton, 283.
Riquier, 367.
Rissal, 514.
Robaulx de Beaurieux, 244.
Robert-le-Fort, 49.
Robert, 96, 125, 222, 223, 230, 253, *passim*.
Robert (Claude), 449.
Robillard, 489.
Robin, 218, 219, 220, 232, 275, *passim*.
Robin, 96, 115, 222, 251, 460.
Robinet, 509.
Rodox (Etienne), 144.
Rodrigue (Joseph), 143.
Roger, 157, 458.
Roger, 488.
Roger (Victor-Alexandre), 144.
Roland, 151.
Rolin, 171, 179, 192, 193, 194, *passim*.
Rolland, 101, 157, 482.
Rolland, 336.
Rolland, 383.
Roméas (Pierre), 144.
Rommelaere, 255.
Roslin, 100, 128, 129, 130, 131, 142.

Rocquigny (de), 481.
Rossi, 464.
Rossignol, 446.
Rostolan, 290, 387.
Rouanès, 356.
Rouget, 344.
Rougié, 115.
Rousseau, 244.
Roussel, 50.
Roussel, 383.
Roussel, 386, 387.
Rousset, 125, 126.
Rousset, 171, 173, 177, 178, 179, *passim*.
Routier, Laurent, 144.
Rouveure, 79, 80.
Roux, 349.
Roux, 395.
Roux, 501.
Roux (Noël-Albert), 196.
Rouzié, 95.
Rovrach, 151.
Roy, 13.
Roy, 98, 99, 125, 246, 247.
Roy, lieutenant-colonel, 289, 290, 293, 294, 295, *passim*.
Roze, 48.
Rozier, 151.
Rudant, 373.
Ruffin, 489.

S

Sablon, 472.
Sabot, 103, 105, 266, 268.
Sagez, 262.
Saignemorte, 154.
Saint-Aubert, 143.
Sainte-Foix, 386, 327.
Sainte-Marie, 157.
Sainteville, 14.
Saintigny, 502.
Saint-Jean, 449.

Saint-Vulfran, 294, 373.
Salaignac (de), 48.
Sallenave, 268.
Sallenave (Jean), 106.
Salmon, 478.
Sambuc, 140, 466.
Saniez, 489.
Sannier, 354.
Sansois, 458.
Saphore, 299.
Sassougeas, 118.
Sauret (François), 214.
Sausse, 291.
Saussier, 385, 391.
Sauvage, 295, 296, 354.
Sauvé, 171.
Savary, 160.
Scheffer, 291, 292.
Schiffer, 383.
Schrœder, 515.
Schub, 252.
Schuhmacher, 449.
Schwœbel, 335, 336, 422, 482.
Scribes (Joseph), 144.
Sculfort, 489.
Sébuide, 480.
Segard, 347.
Séguin (Alfred), 112.
Sellez, 437.
Sellier, 472.
Semaine, 249.
Seminel (Léon-Casimir).
Sénéchal, 472.
Seney, 352.
Sennequin, 16.
Sergent, 512, 513, 514.
Servant, 142.
Servant, 466.
Sève, 241.
Sibiud, 257.
Sicre, 97, 118, 119, 120.
Sieber, 244.
Siegel, 259.
Silbinde, 422.

INDEX ALPHABÉTIQUE

Simon (Jules), 14.
Simond (J. B.) 144.
Sintomer, 255.
Sion (Aimé), 144-
Sipitre, 464.
Soille, 472.
Sommervogel, 95, 115.
Sorel, 506.
Souchère, 255.
Souillart, 444.
Soulie, 255.
Soum, 243, 244, 452.
Souville, 119.
Souville (Louis), 144.
Soyez, 444.
Spetter, 440.
Spinabelli, 347.
Spriet, 299, 300.
Spriet-Demayer, 215.
Stabler, 506.
Stéfani, 223, 349, 440.
Stevenin, 182.
Steverlynck, 416, 417.
Storz (Constant), 169.
Suinot, 514.
Surloppe, 213.

T

Tablares, 291.
Taffin, 439.
Taillade, 499.
Tallandier, 94, 115, 116.
Tamisey, 336, 363, 422, 482.
Tanguy, 151, 157.
Tasson, 502.
Tauchon, 268, 269, 270.
Tarvenaux, 241.
Tavernet, 241.
Teauzein, 32.
Tellier, 120, 121.
Telot, 233.
Telotte, 255.

Terrier, 502.
Tessier, 253.
Testelin (A.), 82, 84, 219, 230, 271.
Tétu-du-Périer, 505.
Texier, 352.
Texté (Joannin), 143.
Thannberg, 149, 157, 215, 221, 372, 431, 522.
Théberge (Gustave-Auguste), 196.
Théry (Raymond), 137.
Thiébault, 98, 99.
Thierry, 242, 352.
Thionnet, 294, 295.
Thiriot, 14.
Thomain, 95, 116.
Themas, 58, 60, 74, 75, 76, *passim*.
Thomas, 103, 105.
Thomas, 373.
Thomas, 387.
Thomas (Frédéric), 144.
Thorez, 238, 284.
Thubeuf, 198.
Thurg (de), 66.
Tillier, 488, 489.
Tinchon, 244.
Tiquet, 488.
Tissandier, 356.
Tongao, 336, 482.
Tonnelier, 343.
Tordeux, 522.
Tortellier, 439.
Touche, 283.
Tournebise, 106.
Tournemine, 501.
Taurres (Alph. Etienne), 196.
Tracol, 79,
Trade (Marc-Antoine de la), 144.
Tramond, 106, 116, 234, 434, 446.
Tramoy (Joseph), 136.

Tranchant, 464.
Trappler, 238.
Tréguier François, 168.
Tréhon, 255.
Trémant, 60, 74, 288, 384, 385.
Trémoulet, 182.
Trenchant, 449.
Treuille de Beaulieu, 82.
Trichet, 255.
Troly, 246, 247, 330, 354, 454.
Turbert, 119, 224, 422.
Turpin, 472.
Turquin, 320.

U

Ultré (Clément).
Utz, 103.

V

Vacossin, 356.
Vacquier, 464.
Vagnair, 281.
Valentin, 439.
Valin, 373.
Vallantin, 446.
Vallé, 283.
Vallez, 501.
Vallon, 19, 29.
Vandame, 352.
Vandenbrouck, 501.
Vandoorne, 440.
Vanghelle, 233.
Vanhoge, 472.
Vanmessen, 496.
Vansteenberghe, 514.
Varin, 369.
Vaton, 252.
Vandalle, 472.
Vaux d'Achy (de), 504.
Veltz, 252.

Venet, 143.
Verbrenque, 472.
Verdeyn, 501.
Verdier, 336.
Verdière, 143.
Verecque (Elie), 143.
Vérecques, 143.
Vergez, 242.
Vergriete, 514.
Verhaeghe, 472.
Vernald, 488.
Vernhette, 268, 269, 270, 337, 372.
Verniol, Charles - Alphonse, 144.
Vernoux (J. B. Pierre), 144.
Verplaeste, 472.
Verquin, 496.
Verset, Louis, 145.
Verzeau, 405, 503, 505, 506, 507, 508, 509.
Vessilier, 464.
Veuillez, 241.
Veuillon, 404.
Vialis, 464.
Viammont, 463.
Viart, 464.
Viaud, 457.
Victorin, 464.
Viel, 382.
Vie-Leclerc, 15.
Vignal, 460.
Vigneron, 281.
Viguier-Compère, 315.
Villard (Joseph), 262.
Villard (Laurent), 505.
Villare, 463.
Villenoisy (de), 83, 101, 303.
Vincent, 350.
Vinciguerra, 211, 255.
Vinoy, 123.
Violette, 320.
Viot, 508.
Viradoux, 37, 43, 44.

Virot, 247.
Virtel, 157.
Vitaux, 472.
Vogel, 159, 160, 161.
Voirhaye, 159.
Voisin, 283.
Vouriot, 18, 19, 25, 30, 32.
Voyas, 151.

W

Wable, 249.
Wadel, 241.
Wagnet, 520.
Wahlen, 128, 129, 131.
Walers, 439.
Wallaert, 472.
Wasmer, 95, 96, 116, 222, 266, *passim*.

Watebled, 452.
Waterlot, 343.
Wattine, 452.
Wauquier, 473.
Wauschorr, 505.
Waymel, 473.
Welter, 179.
Wermesch, 349.
Weyl, 197.
Wilhem, 259.
Wischoff, 405.
Woirhaye, 162.

Z

Zédé, 94, 97, 102, 117, *passim*.
Zoete, 367.
Zœpffel, 457.

TABLE DES MATIÈRES

CHAPITRE I.
Premiers épisodes.. 1

CHAPITRE II.
Défense de Saint-Quentin................................... 18

CHAPITRE III.
Les Prussiens en Normandie 36

CHAPITRE IV.
Hécourt. — Villegats. — Formerie..... 51

CHAPITRE V.
Le Thil. — Vernon. — Mollu. — Débuts de l'Armée du Nord... 71

CHAPITRE VI.
Villers-Bretonneux.. 93

CHAPITRE VII.
Villers-Bretonneux (*suite*) 114

CHAPITRE VIII.
Villers-Bretonneux (*suite*). Aux tranchées de Bury. — Evacuation d'Amiens. — Chute de la citadelle....................... 146

CHAPITRE IX.
Massacres à Guitry, Hébécourt, etc. — Nuit d'Etrépagny...... 165

TABLE DES MATIÈRES

CHAPITRE X.
Buchy. — Bosc-le-Hard. Les Prussiens à Rouen............. 187

CHAPITRE XI.
Faidherbe à l'Armée du Nord. — Surprise de Ham........... 208

CHAPITRE XII.
Avant Pont-Noyelles. — Combat de Querrieux................ 216

CHAPITRE XIII.
Pont-Noyelles.. 228

CHAPITRE XIV.
Pont-Noyelles (*suite*).. 245

CHAPITRE XV.
Pont-Noyelles (*suite*).. 265

CHAPITRE XVI
Pont-Noyelles (*suite*).. 274

CHAPITRE XVII
En Normandie et sous Abbeville................................ 285

CHAPITRE XVIII
De Pont-Noyelles à Bapaume.................................. 305

CHAPITRE XIX
De Pont-Noyelles à Bapaume (*suite*)........................ 316

CHAPITRE XX
Bapaume (première journée). Achiet-le-Grand et Béhagnies... 326

CHAPITRE XXI
Bapaume (deuxième journée)................................. 344

CHAPITRE XXII
Bapaume (deuxième journée) (*suite*)........................ 359

TABLE DES MATIÈRES

CHAPITRE XXIII
Bourgtheroulde... 379

CHAPITRE XXIV
De Bapaume à Vermand....................................... 397

CHAPITRE XXV
Vermand.. 407

CHAPITRE XXVI
Vermand (*suite*)... 418

CHAPITRE XXVII
Saint-Quentin... 432

CHAPITRE XXVIII
Saint-Quentin (*suite*)... 450

CHAPITRE XXIX
Saint-Quentin (*suite*)... 468

CHAPITRE XXX
Saint-Quentin (*suite*)... 490

CHAPITRE XXXI
Saint-Quentin (*suite*)... 510

Index alphabétique des noms cités........................ 525

A LA MÊME LIBRAIRIE

BIBLIOTHÈQUE PATRIOTIQUE
13 volumes in-8° carré, dessins, cartes et plans
Chaque volume broché, couverture en couleurs 3 fr. 50. — Relié doré, plaque chromo 6 fr.

FRANÇAIS ET ALLEMANDS
Histoire anecdotique de la guerre de 1870-71
Par DICK DE LONLAY

1ᵉʳ VOLUME. — Niederbronn, Wissembourg, Frœschwiller, Châlons, Reims, Buzancy, Bazeilles, Sedan.

2ᵉ VOLUME. — Sarrebruck, Spickren, La Retraite sur Metz, Pont-à-Mousson, Borny.

3ᵉ VOLUME. — Gravelotte, Rezonville, Vionville, Mars-la-Tour, Saint-Marcel, Flavigny.

4ᵉ VOLUME. — Les Lignes d'Amanvillers-Saint-Privat, Sainte-Marie-aux-Mines, Les Fermes de Moscou et de Leipsick, Saint-Hubert, Le Point-du-Jour.

5ᵉ VOLUME. — L'Investissement de Metz, La Journée des Dupes, Servigny, Noisseville, Flanville, Nouilly, Colncy.

6ᵉ VOLUME. — Le Blocus de Metz, Peltre, Mercy-le-Haut, Ladonchamps, la Capitulation, etc.

N.-B. — Chaque volume forme un tout complet et se vend séparément

L'ARMÉE DE LA LOIRE
Relation anecdotique de la campagne de 1870-71
Par GRENEST

1ʳᵉ PARTIE. — Toury, Orléans, Coulmiers, Beaune-la-Rolande, Villepion, Loigny, 1 vol.

2ᵉ PARTIE. — Beaugency, Vendôme, Le Mans, Sillé-le-Guillaume, Alençon, 1 volume.

LES ARMÉES DU NORD ET DE NORMANDIE
Relation anecdotique de la guerre de 1870-71
Par GRENEST

Villers-Bretonneux, Ham, Pont-Noyelles, Bapaume, Saint-Quentin — Hécourt, Formerie, Bosc-le-Hard, Moulineaux, Saint-Romain, 1 vol.

L'ARMÉE DE L'EST
Par GRENEST

1ʳᵉ PARTIE. — La Bourgonce, Dijon, Nuits, 1 vol.

2ᵉ PARTIE. — La Bourgonce, Dijon, Nuits, Villersexel, Héricourt, La Cluse, 1 volume.

LES ANNIVERSAIRES DE 1870
D'APRÈS FRANÇAIS ET ALLEMANDS
Avec préface, notes et documents
Par H. GALLI

10 vol. gr. in-8° jésus illustrés de grav. en couleurs

---

10 VOLUMES GRAND IN-8° JÉSUS, ILLUSTRÉS DE GRAVURES EN COULEURS

FRANÇAIS ET ALLEMANDS
Histoire anecdotique de la guerre de 1870
Par DICK DE LONLAY

Chaque volume illustré de dessins, plans et 120 gravures en couleurs, broché 12 fr. — Relié toile, plaque spéciale, tranches dorées . . . **16 fr.** — Demi-chagrin, tranches dorées . . . **18 fr.**

1ᵉʳ VOLUME. — Niederbronn, Wissembourg, Frœschwiller, Châlons, Buzancy, Bazeilles, Sedan.

2ᵉ VOLUME. — Sarrebruck, Spickren, La Retraite sur Metz, Pont-à-Mousson, Borny.

3ᵉ VOLUME. — Gravelotte, Rezonville, Vionville, Mars-la-Tour, Saint-Marcel, Flavigny, Les Lignes d'Amanvillers, Saint-Privat.

4ᵉ VOLUME. — Sainte-Marie-aux-Chênes, Les Fermes de Moscou et de Leipsick, Saint-Hubert, Le Point-du-Jour.

4ᵉ VOLUME. — L'Investissement de Metz, La Journée des Dupes, Servigny, Noisseville, Flanville, Nouilly, Coincy, Le Blocus de Metz, Peltre, Mercy-le-Haut, Ladonchamps, La Capitulation.

L'ARMÉE DE LA LOIRE
Relation anecdotique de la campagne de 1870-71
Par GRENEST

1 vol. illustré de 120 grav. en coul. par L. Bombled. Broché **12 fr.** — Relié, tr. dor., pl. chromo **16 fr.**

LE MÉMORIAL DE SAINTE-HÉLÈNE
Par le Comte de LAS CASES

Suivi de la biographie des Maréchaux de Napoléon par Désiré Lacroix

2 vol. contenant environ 240 gravures en couleurs. Chaque vol. br. **12 fr.** Rel. toile, pl., tr. dor. **16 fr.**

L'ARMÉE DE L'EST
Relation anecdotique de la campagne de 1870-71
Par GRENEST

1 vol. illustré de 120 grav. en couleurs, par Bombled. Broché **12 fr.** — Relié, tranches dorées **16 fr.**

LA GUERRE A MADAGASCAR
Histoire anecdotique de l'expédition
Par H. GALLI

2 volumes illustrés de 240 gravures en couleurs, portraits, cartes et plans

Chaque vol. br. **12 fr.** Rel. dor., pl. chromo **16 fr.**

www.ingramcontent.com/pod-product-compliance
Lightning Source LLC
Chambersburg PA
CBHW060752230426
43667CB00010B/1532